第十二册

卷第二百六十九至卷第二百九十四
（后梁纪四至后周纪五）

白话資治通鑑

〔宋〕司马光 著
萧祥剑 主编

团结出版社

目 录

资治通鉴卷第二百六十九　后梁纪四

起癸酉（公元 913 年）十二月，止丁丑（公元 917 年）六月，共三年七个月。

【题解】本卷记录了公元 913 年十二月至 917 年六月的历史，共三年零七个月。为后梁末帝朱友贞乾化三年十二月至末帝贞明三年六月。后梁被吴国打败，岭南刘岩不再进贡，失败的宫廷政变使梁室衰微。晋王李存勖攻破幽州，刘仁恭、刘守光父子被杀，晋王实力大增，攻伐后梁。梁末帝朱友贞趁天雄节度使杨师厚身死，把魏博一分为二，逼魏博投降，晋王李存勖亲临魏州受降，与后梁名将刘鄩对峙。梁末帝朱友贞听信小人谗言，数次催促刘鄩出战。刘鄩坚守疲劳晋师的谋划失败，屡战屡败，全军覆没，后梁丢掉黄河以北的土地，国势动摇。蜀主王建趁晋梁交战，大举进军岐王李茂贞，岐国土地丧失大部。王建又打败荆南高季昌及南诏，声势达到鼎盛。南方吴越与闽通婚交好；北方契丹崛起，帮助后梁攻打晋王，出兵围困幽州，以及吴国徐知诰无意镇守润州。

均王上

乾化三年（癸酉，公元 913 年）

十二月，吴国镇海节度使徐温、平卢节度使朱瑾率领诸将抵御后梁王景仁，两军在赵步遭遇。吴国征调的部队还没会集，徐温只率领四千人和王景仁作战，不能取胜，就往后撤退，王景仁立刻率兵从后追击，一直追赶到隘口，吴国的军士们都害怕失色，这时左骁卫大将军宛丘人陈绍抓起枪大叫：“诱敌已经很深，可以进攻了。”带头跃马冲回去，大家也跟着他冲，这样一来梁兵反而往后退。徐温拍拍陈绍的背表示嘉许说:“要不是靠你的智勇,我几乎要被困住。”赐给他很多金帛,陈绍通通拿来分给部属。吴国军队集结完毕后,又和王景仁的军队在霍丘展开大战,梁兵大败,王景仁率领数骑殿后,吴人不敢逼近追击。梁军渡过淮河南下时,在能涉水而过的津口都做上标记;吴国霍丘守将朱景把这些标记浮置在木头上,移到水深的地方。梁兵败退回来的时候,看到标记,就涉水而过,士兵溺死一大半,吴国人把被溺死的后梁的士兵尸体集中起来在霍丘封筑成高土冢,炫耀自己军队所取得的胜利。

庚午日(初三日),晋王李存勖任命周德威为卢龙节度使,兼侍中,另外任命李嗣本为振武节度使。

燕主刘守光被周德威击败后,将要向南投奔沧州刘守奇,由于涉寒水过河,脚都冻肿,又迷失道路,到达燕乐县境,白天藏匿在山谷中,几天没饭吃,于是叫他的妻子祝氏到农夫张师造家中乞讨食物。张师造怀疑这个来讨饭的妇女不是普通人,追问之下,知道了刘守光藏身的地方,于是就把刘守光连同他的三个儿子一并活捉。癸酉日(初六日),晋王正在宴请属下,将吏们把刘守光押到,晋王李存勖对他说:“主人躲客人怎么躲得这么远呀?”把他和刘仁恭一齐安置在馆舍里,另外赐给他们日用的饮食、衣服、器物。晋王命令掌书记王缄草拟告捷的露布,王缄不知露布的旧例,便把情况书写在布匹上,派人拉着。

晋王李存勖打算经过云州、代州回晋阳,赵王王镕和王处直都请求他从中山、真定等地前往井陉。晋王答应了他们。庚辰日(十三日),晋王李存勖从幽州出发,刘仁恭父子都戴着刑具站在露布底下。刘守光的父母吐口水到他脸上并且骂他说:“逆贼,你把我家害到这般地步!”刘守光只是低着头,不敢吭声。甲申日(十七日),到达定州,住在城中。丙戌日(十九日),晋王和王处直一起拜谒北岳庙;这一天,行至行唐,赵王王镕在路上迎接谒见晋王。

乾化四年(甲戌,公元914年)

春季,正月,戊戌朔日(初一日),赵王王镕到晋王李存勖的军帐中为晋王敬酒祝寿。王镕表示希望能见太师刘仁恭,晋王于是命人把刘仁恭和刘守光的刑具除去,带到席上一同饮宴;王镕对刘仁恭父子回拜答礼,赠送衣服、鞍马、酒食等东西。己亥日(初二日),晋王李存勖和王镕在行唐西边打猎,王镕一路送到边境才告辞回去。

丙子日(初九日),蜀主王建命令太子掌领六军,始建崇勋府,设置僚属,后来改称为天策府。

壬子日(十五日),晋王李存勖用白绢捆绑刘仁恭父子,高奏凯歌进入晋阳城。丙辰日(十九日),晋王到太庙祭祖告捷,并亲自监督斩杀刘守光,刘守光大叫说:“我刘守光死而无恨,然而教唆我不投降的人是李小喜。”晋王于是把李小喜叫来当面对质,李小喜怒目叱喝刘守光说:“你像禽兽一样胡作非为,难道也是我教你的吗?”晋王李存勖看李小喜对旧主这般无礼,非常生气,就把他先斩杀。刘守光说:“我擅长骑马射箭,大王如果要成就霸业,何不留下我,让我为您效劳呢?”刘守光的两个妻子李氏和祝氏责备他说:“皇上,事情已经到了这种地步,活着还有什么用?”于是伸长脖子等待死刑。刘守光一直到死还不断地恳求哀号。晋王李存勖命令节度副使卢汝弼等给刘仁恭戴上枷锁,押送到代州,刺取他的心头血祭祀先王李克用的陵墓,然后将他斩杀。有人劝赵王王镕说:“大王的官爵为尚书令,这是梁朝的官名,大王已经和梁朝成为仇敌,不应该再用梁朝的官名。况且自唐太宗李世民登基以来,一直没人敢再用这个官名。现在晋王李存勖是盟主,功勋很高,职位却很低,不如把尚书令让给他。”王镕说:“不错。”于是就和王处直派遣使者公推晋王李存勖为尚书令,晋王再三辞让,最后才接,和过去的唐太宗一样,开建府署,设置行台。

高季昌因为前蜀的夔州、万州、忠州、涪州四州过去隶属荆南,打算用武力夺取这些地方。他先率领水军进攻夔州。当时蜀国的镇江节度使兼侍中嘉王宗寿镇守忠州，夔州刺史王成先向他请求拨发盔甲，王宗寿只给他一些白布袍。

王成先率领军队迎战，高季昌放火船顺风而来，想烧蜀军的浮桥，蜀招讨副使张武用大铁索在长江中阻拦，火船都过不去。不久风向倒转，荆南的水军被火烧死的和掉到江中溺死的非常多。高季昌乘一艘战舰，舰上蒙着牛皮保护，一块飞来的石块把舰尾打坏，高季昌另外换上小船逃走。荆南的部队吃了大败仗，被俘虏和斩杀的达到五千人。夔州刺史王成先秘密派人向蜀主王建奏告王宗寿不配备给士卒盔甲的情况，结果被王宗寿获知，于是王宗寿召见王成先，并斩杀他。

梁末帝朱友贞因为岐人老是入侵，于是在二月把感化节度使康怀英迁为永平节度使，让他镇守长安。康怀英即康怀贞，因为避讳后梁末帝均王朱友贞的名字而改为康怀英。

夏季，四月，丙子日（初十日），蜀主王建把镇江军的首府迁移到夔州。

丁丑日（十一日），司空兼门下侍郎、同平章事于兢因为升迁将校时谋私而被治罪，降为工部侍郎，后来又贬任莱州司马。

吴国袁州刺史刘崇景反叛，归降楚国。刘崇景是刘威的儿子。楚将许贞率领一万人马来援救他，吴国的都指挥使柴再用、米志诚率领许多将领来讨伐他。

楚国岳州刺史许德勋率领水军巡防边境，到了夜半时分，忽然刮起一阵强烈的南风，都指挥使王环顺着风势一直进逼到黄州，利用绳梯攻城，攻进州署，活捉吴国刺史马邺，大肆掠夺后撤退。许德勋说："鄂州敌军会拦击我们，最好防备一下。"王环说："我们的部队攻入黄州，鄂州的人都不知道我们从他们的城外经过，他们恐怕自救都来不及了，哪敢截击我们？"于是举起旗敲起鼓列队而行，鄂人根本没敢逼近他们。

五月，朔方节度使兼中书令颍川王韩逊过世，军中将领推举他的儿子韩洙继任为留后。癸丑日(十七日),梁末帝朱友贞下诏任命韩洙为节度使。

吴国的柴再用等和刘崇景、许贞大战于万胜冈,柴再用大败敌军,刘崇景和许贞放了袁州逃跑。

晋王李存勖攻克幽州后,计划入侵梁朝。秋季,七月,在赵州和赵王王镕及周德威会师,南侵邢州,李嗣昭又率领昭义的部队前来会合。杨师厚率兵来邢州救援,屯驻在漳水东边。晋军到达张公桥,副将曹进金投顺梁朝。晋军就撤退,各路兵马也各自回到驻地。八月,晋王回到晋阳。

前蜀武泰节度使王宗训镇守黔州,贪暴不法,擅自回到成都。庚辰日(十六日),觐见蜀主王建,对蜀主提出多项要求,言谈之间态度狂妄无礼。蜀主大怒,命令左右卫士把他当场打死。戊子日(二十四日),任命内枢密使潘峭为武泰节度使、同平章事,又任命翰林学士承旨毛文锡为礼部尚书,判枢密院。

川江三峡上有一座挡水的堤坝,有人向蜀主王建建议:乘夏、秋之际江水上涨,决堤淹灌江陵。毛文锡进谏说:"高季昌虽然不肯归服,但是他的老百姓又有什么罪过呢?陛下正要以德行来怀柔天下的人,难道忍心让邻国的老百姓成为鱼鳖的食物?"蜀主听了,才停止进行这事。

后梁末帝朱友贞任命福王朱友璋为武宁节度使。前任武宁节度使王殷是梁废帝朱友珪任命的,心里害怕,不肯交接,叛乱后投靠吴国;九月,后梁命淮南西北面招讨应接使牛存节和开封尹刘率兵讨伐王殷。冬季,十月,牛存节等驻军在宿州。吴国平卢节度使朱瑾等率兵救援徐州,牛存节等迎战,把他们打败,吴国的军队就撤退回去。

十一月,乙巳日(十三日),南诏国侵犯黎州,蜀主王建派遣夔王王宗范、兼中书令王宗播、嘉王王宗寿为三招讨,阻击南诏的侵略军。丙辰日(二十四日),在潘仓嶂把敌军打败,并且斩杀他们的酋长赵嵯政等人;壬戌日(三十日),又在山口城把他们打败;十二月,乙亥日(十三日)，攻破武侯岭的十三个营寨；辛巳日(十九日)，在大渡河大败敌军，斩获几万个首级，蛮族们都争先恐后地渡河，河上的桥断了，掉到河里溺死的有几万人。王宗范等人准备做浮桥渡过大渡河继续进攻，蜀主王建下令叫他们回去。

癸未日(二十一日)，前蜀光州刺史兼北路制置指挥使王崇铎向岐国的阶州和固镇发起进攻，攻下细砂等十一个村寨，斩杀四千人。甲申日(二十二日)，指挥使王宗俨攻破岐国长城关等四个营寨，斩获两千首级。

岐国静难节度使李继徽被儿子彦鲁毒死，彦鲁自立为留后。

贞明元年(乙亥，公元915年)，十一月始改年号为贞明。

春季，正月，己亥日(初八日)，蜀主王建驾临得贤门接受蛮夷的俘虏，并赦免他们。起初，黎、雅蛮酋刘昌嗣、郝玄鉴、杨师泰等人，虽然臣服于唐朝，接受爵位赏赐，号称𤞤金堡三王，却暗地里和南诏私通，替他们刺探军情；过去镇守蜀地的多是文臣，虽然知道实情，却没有人敢责问他们。到这时，蜀主将他们以泄露军情治罪，在成都街市上斩首，并毁掉𤞤金堡。从此以后，南诏不敢再侵犯前蜀边境。

二月，牛存节等攻下彭城，王殷全族放火自杀。

三月，丁卯日(初七日)，任命右仆射兼门下侍郎、同平章事赵光逢以太子太保，准许他告老还乡。

天雄节度使兼中书令邺王杨师厚去世。杨师厚晚年仗恃着功劳大，部众多，常常搜刮钱财，挑选军中骁勇的壮士，设置银枪效节都好几千人，优厚地赏赐他们，想要恢复过去牙兵的盛况。梁末帝朱友贞虽然表面对他尊敬礼遇，内心却有点忌怕，杨师厚一过世，梁末帝就在宫中私下接受近臣的恭贺。租庸使赵岩和判官邵赞向梁末帝建议说："魏博一带是唐朝心腹中的蠹虫，之所以二百余年来不能铲除，主要原因是魏博地广兵强。罗绍威和杨师厚先后盘踞这个地方，朝廷都没有办法节制他们。陛下如果不乘这个时候做好打算，那就正如俗语所说的'弹疽不严，必将复聚'，谁能知道后继者不会当第二个杨师厚呢？应该把魏博六州分为两个镇，来削弱它的实力。”梁末帝朱友贞觉得有道理，于是任命平卢节度使贺德伦为天雄节度使；在相州设置昭德军，把澶、卫两州划出来归它管辖，任命宣徽使张筠为昭德节度使，仍然分出一半的魏州将士人马、府库钱财归相州。张筠是海州人。贺德伦、张筠已经赴任，但朝廷又害怕魏州人不服，于是又派遣开封尹刘鄩率兵六万，从白马渡过黄河，以讨伐镇州、定州为名，其实是虚张声势强迫魏人服从。

魏州士卒数百年来都是父子相承，族与族之间婚姻盘结，不愿意分离。贺德伦屡次催促他们，将要被迁出的人都怨叹，军营里的人到处聚在一起大哭。己丑日（二十九日），刘鄩率兵进驻南乐，派遣澶州刺史王彦章率领五百名龙骧军骑兵进入魏州，屯驻在金波亭。魏州的军士们互相商议说：“朝廷忌刻我们军府力量强盛，所以设了这个计谋要使我们残破。我们六个州历代都是藩镇，部队从来也没有远出到河门以外的地方，现在却要骨肉离散，真是生不如死。”当晚，军中发生骚动，乱兵到处放火抢劫，并包围金波亭，王彦章杀出重围逃跑。第二天一早，乱兵攻进牙城，杀了贺德伦的亲兵五百人，劫持贺德伦，把他安置在城楼上。有个叫张彦的效节军军校，率领自己的伙伴，拔出刀枪，制止抢劫活动。

夏季，四月，后梁末帝朱友贞派遣供奉官扈异前往抚慰魏军，并答应任命张彦为刺史。张彦请求把相、澶、卫三州恢复和过去一样归天雄军管辖。扈异回朝，向梁末帝报告说：“张彦这人容易对付，只要教刘鄩再多加派些军队，立刻可以把他斩首，把首级传送到京师。”梁末帝听信他的话，就没有准许张彦的请求，只是再颁发一道充满褒扬之意的诏书给他。

朝廷使者再回到魏州后，张彦把诏书撕裂了扔在地上，叉着腰对着南方大骂朝廷，并且对贺德伦说：“天子愚昧昏庸，听凭别人牵着鼻子走。现在我的军队虽然还很强盛，但是如果没有外援，仍然不能自立，应当向晋王李存勖表示亲善。”于是就逼贺德伦写信向晋国求援。

李继徽的义子李保衡杀了李彦鲁，自称静难留后，率邠、宁两州来归附梁朝。梁末帝朱友贞下诏任命李保衡为感化节度使，又任命河阳留后霍彦威为静难节度使。

吴国镇海节度使徐温让他的儿子牙内都指挥使徐知训出任淮南行军副使和内外马步诸军副使。

晋王李存勖接到贺德伦的信以后，命令马步副总管李存审从赵州进兵临清。五月，李存审到达临清，刘鄩则屯驻在洹水。贺德伦又派遣使者向晋国告急，晋王于是率领大军从黄泽岭东下，和李存审在临清会师，晋王李存勖怀疑魏州人使诈，于是按兵不动。贺德伦派遣判官司空颋前去犒劳晋军，偷偷地向晋王表示："除乱应当从根本上消除。"于是就报告了张彦凶狠残暴的情形，劝晋王要先把他除去，然后就没什么可担心的了。晋王李存勖听了之后没有表态。司空颋是贝州人。

晋王率领军队向前推进，驻扎在永济。张彦挑选银枪效节五百人，都持着兵器自卫，到永济请求晋见，晋王登上驿楼，对他说："你欺凌胁迫主帅，又残害虐待百姓，这几天来到我马前诉冤的已经有好几百人了。我这次率兵而来，是为了安定老百姓，并不是贪取土地。你虽然对我来说是有功劳的，但我也不得不杀你向魏州的人有个交代。"于是就下令斩杀张彦和他的死党七个人，其余的人都害怕得两腿发抖。晋王李存勖告诉他们说："有罪的只有八个人，其他的人我不追究。从今天起你们应该为我效力。"众人都拜伏在地上，大呼万岁。第二天，晋王穿着轻便服装继续向前进军，命令张彦的部属们披上盔甲，执持着兵器，在两旁随行保护，并且仍然重用他们为帐前银枪都。乱军士兵从此顺服晋王。

刘鄩听到晋军将要到来，选出一万多士卒从洹水直达魏县。晋王留李存审屯守临清，派遣史建瑭屯驻魏县以抵御刘鄩，自己则率领亲军到达魏县，和刘鄩隔着漳河相对扎营。

后梁末帝朱友贞听说魏博投降晋王，大为后悔，又觉得恐惧，于是派遣天平节度使牛存节率兵屯驻杨刘，为刘鄩声援。不久，牛存节病死，又用匡国节度使王檀代替牛存节。

岐王李茂贞派遣彰义节度使刘知俊围攻邠州，霍彦威坚守城池抵御他。

六月，庚寅朔日(初一日)，贺德伦率领将吏请求晋王入府慰劳士卒。进入府城后，贺德伦奉上印信旌节，请求晋王兼领天雄军，晋王坚决推辞，说："最近我听说汴梁的贼人侵逼你们，所以亲自率属下远道赶来救援；后来又听说城中百姓新近遭到乱兵的祸害，所以暂且入城来慰抚他们。明公您不加鉴察，竟然要把印信旌节让给我，这实在不是我的本意啊！"贺德伦再拜请求说："现在敌寇已迫在眼前，军城中最近又发生过大的变乱，人心还不安定，德伦的心腹下属又都被张彦杀光，我现在的处境非常孤单，力量微弱，怎么能够统率部众呢？一旦又发生变故，恐怕就要辜负您这一番大恩大德。"晋王李存勖才接受。贺德伦就率领将吏们向晋王恭贺，晋王就以唐朝天子的名义，任命贺德伦为大同节度使，并且派遣他就任。贺德伦到了晋阳，被张承业留了下来。

这个时候，银枪效节都在魏州城仍然很骄横，于是晋王李存勖下令："从今以后有敢结党、造谣或者抢劫老百姓的人，杀无赦！"任命沁州刺史李存进为天雄都巡按使。凡是有造谣煽动众人，或者强取人一文钱以上的，李存进都把他们抓来在街市上公开斩首悬竿示众，并且碎尸万段。十天以后，城中恢复秩序，没有人敢再喧哗起哄。李存进本姓孙，名字叫重进，振武人。

晋王李存勖经常出征打仗，天雄军府的事情都委托判官司空颋处理。司空颋仗恃着有才有势，对任何小仇怨都公报私仇，又招权纳贿，极端骄奢。司空颋有个侄子在河南，司空颋秘密地派人去召唤他，都虞候张裕抓到他的使者，向晋王报告，晋王李存勖责备司空颋说："自从我得到魏博后，大小事情通通委任你，你怎么还这样欺骗我呢？难道这件事就不能事先和我说一声吗？”于是命令司空颋回家，当天，就下令把他的族人都抓到军门前杀了，让判官王正言代替了他的职务。王正言是郓州人。

魏州孔目吏孔谦，勤劳敏捷，多计谋，善于管理簿记账册，晋王李存勖任命他为支度务使。孔谦办事能委曲通变，因此深得晋王宠信。魏州发生新变乱以后，府库空虚，百姓穷困不堪，加上会集三镇的兵马，在黄河一带作战，将近有十年之久，军需粮饷的供应，不曾有过短缺，这都是孔谦的功劳。但是对人民横征暴敛，使得六州百姓穷愁困苦，怨恨晋王，也是孔谦所为。

张彦献魏博叛归晋国时，贝州刺史张源德不听从他，北面联合沧州、德州，南面联合刘鄩来抵御晋军，曾多次断绝镇州、定州的粮路。有人向晋王建议说：“请先派一万军队攻取源德，然后再往东兼并沧景，那么一直到海边一带的土地都能归我们所有。”晋王说：“这可不见得，贝州城非常坚固，守军又多，仓促之间恐怕不容易攻下来。反而是德州城隶属沧州，平时没有守备，如果能拿下然后派驻军队，那么沧州、贝州之间就没有办法往来互通消息，两个城如果被孤立，那么就很容易把它们攻下。”于是晋王李存勖派遣五百名骑兵，日夜赶路，偷袭德州。德州刺史没料到晋兵一下子赶到，翻墙逃走，于是晋军就攻下德州，晋王任命辽州守捉将马通为德州刺史。

秋季，七月，晋军在晚上偷袭澶州，并攻破。刺史王彦章在刘鄩的军营中，晋国人抓到了他的妻子儿女，优待他们，并且派遣秘密使者向彦章招降，彦章把晋国使者杀了，晋国人于是也把王彦章一家老小都杀了。晋王任命魏州将领李岩为澶州刺史。

晋王在魏县慰劳军队，趁机率领百余骑兵沿河而上，偷偷侦察刘鄩的军营。碰上那天天气阴沉昏暗，刘鄩在河道弯曲处的丛林里面埋伏五千军队，一哄而出，把晋王团团围了好几重。晋王于是纵马大叫，率领骑兵们冲刺突围，所到之处梁军被打得落花流水。副将夏鲁奇等人手拿短刀奋战，从午时一直战到申时才冲出重围，损失七名骑兵，夏鲁奇亲手杀了一百多名敌兵，但是身上也伤痕累累，刚好李存审的救兵赶到，才得以脱身。晋王回头对随从们说："差一点出了个大洋相，被贼人们耻笑。"左右随从都说："这样也正好可以使敌人见识见识大王的英勇。"夏鲁奇是青州人。晋王因此更加喜爱他，并赐姓名叫李绍奇。

刘鄩认为晋军都在魏州作战，晋阳城一定空虚，打算用奇计袭取晋阳，于是偷偷率兵从黄泽出发向西开进。晋军正在奇怪刘鄩的军队几日都没出来，营中又静悄悄的，就派出骑兵前去窥探，城中也没见到烟火，只有部队的旗帜偶尔在城上来回走动。晋王说："我听说刘鄩用兵，走一步路都会用一百个计谋，这中间一定有什么诡诈的把戏。"又派人前去侦察，这回才看清，原来是绑了稻草人，让它拿着旗帜，坐在驴子上在城上来回走动。又抓到城中老弱，追问之下，才知道刘鄩的部队已离开两天了。晋王李存勖说："刘鄩擅长偷袭别人，但在决战上有所欠缺，估计刘鄩的军队刚刚走到山下。"于是火速派出骑兵追赶，碰上十几天都是阴雨，黄泽附近的道路又很险要，烂泥巴都有一尺多深，士兵们只能抓着葛藤才能前进，这一来都闹肚子痛，要不就是脚泡得水肿，死的有十分之二三。晋国将领李嗣恩兼程赶路先到晋阳，于是晋阳城知道状况，赶紧调动军队布防。刘鄩到达乐平，部队的干粮快要用光；又听说晋军已经有防备，后面又有追兵，士兵都害怕起来，整个部队几乎溃散。刘鄩训勉他们说："我们现在离家千里，深入敌人后方，前后都有敌军夹击，山谷地形又是险要高深，像跌到井里面一样，我们又能往哪里逃呢？现在只有努力奋战，或许还有一线希望，要不然就是光荣战死，来报答国君的厚恩。"大家听了，都激动得掉下眼泪，这才停止骚动。周德威听说刘鄩率军西进，立刻从幽州率领千余名骑兵前往晋阳救援，到达土门，刘鄩已经整顿部队撤退下山，从邢州的陈宋口渡过漳水东进，屯驻在宗城。刘鄩的军队在进军、撤军的往来中，战马死掉将近一半。

这时，晋军缺乏军粮，刘鄩得知临清有晋军积蓄的粮食，打算占据临清断绝晋军的粮道。周德威火速追赶刘鄩，两天之内就追到南宫，派出骑兵抓了十几个刘鄩的斥候，砍断他们的手腕再放回，让他们给刘鄩带话说："周侍中已经占领临清了！"刘鄩的军队大吃一惊。第二天清晨，周德威的部队从刘鄩的营边掠过，进入临清，刘鄩只好率领部队赶往贝州。当时晋王李存勖出兵屯驻博州，刘鄩则扎营在堂邑，周德威攻击他，攻不下。第二天，刘鄩的军队在莘县扎营，晋军随后追击上来，于是刘鄩整治莘县，挖好战壕防守，又从莘县建筑了一条一直到黄河边的甬道来运输粮食；晋王则在莘城以西三十里安下军营，两军烟火相望，每天都要打好几次仗。

晋王李存勖特别喜爱元行钦的勇猛刚强，便向代州刺史李嗣源索求，李嗣源不得已，把元行钦献给晋王，晋王任命他为散员都部署，并且赐给他姓名叫李绍荣。李绍荣曾经深入敌境奋战，被剑砍中脸部，不能脱身，靠高行周的解救才保住性命。晋王想再向李嗣源索要高行周，又不好再开口，就私下里派人以高官厚禄引诱高行周，高行周推辞说："代州畜养壮士，也算是为了效忠大王，行周事奉代州，就等于事奉大王，代州曾经救我们兄弟免于一死，我实在不忍辜负他。"（代州指的是代州刺史李嗣源）晋王李存勖才作罢。

绛州刺史尹皓攻打晋国的隰州，八月，又进攻慈州，都没能够攻下。王檀和昭义留后贺瑰进攻澶州，攻下，活捉李岩，解送到东都。梁末帝朱友贞任命杨师厚的旧将杨延直为澶州刺史，让他率领一万部队帮助刘鄩，并招诱魏州人。

晋王李存勖派遣马步副总管李存审率领五千士卒攻打贝州。张源德在贝州有三千名士兵，每晚都分头出来抢劫，贝州百姓都苦不堪言，于是请求挖壕沟把州城和外界隔绝起来，好能够安心地耕种生活。李存审于是发动贝州所属八个县的百姓挖起壕沟，把贝州城团团围住。

刘鄩在莘城驻守了很长时间，军粮不能运输供给，晋军曾多次到他的营寨下挑衅，刘鄩的部队不出来。晋军于是攻击截断梁军运输的甬道，又用一千多把斧头同时砍刘鄩营寨的木栏，梁军受惊骚动，有的士兵沉不住气往外冲，被晋军俘虏。

后梁末帝朱友贞下诏书谴责刘鄩劳师费粮，造成巨大伤亡，又不速战，刘鄩回奏说："臣最近准备用奇兵直捣敌人的腹心，回头再攻取镇州、定州，预期十日就可以平定河朔。怎奈天不从人愿，连下十几天大雨，我军粮食缺乏，士卒也疲惫不堪。后来我又打算占据临清截断敌军的粮饷补给，但是周杨五一下子又追到，快得有如神助一般。臣现在撤退回来坚守莘县，让战士们休整一下，同时训练一下士兵，也是为了等待时机再打击敌人。臣观察到敌军人数众多，都擅长骑马射箭，实在是一支劲敌，不能随便地小瞧他们。假使有隙可乘，臣又怎么敢苟且偷安而让敌人逍遥自在呢？"梁末帝朱友贞又问他有什么取胜的计划，回奏说："臣现在没什么别的办法，只请求拨下粮饷，士兵每人十斛，只要能坚持下去，敌人早晚能被打败。"梁末帝一听大怒，责备说："将军出征在外，只想囤积粮食，你这是在努力破敌，还是在救饥呢？"于是派遣中使前往督战。

刘鄩召集诸军将领说："主上深居宫中，也不明白军旅的实况，只是和几个年轻新进的人商议。打仗非要临机应变不可，怎么能事先预定一定要怎么做呢？现在敌人的势力还很强盛，如果硬和他们交战，对我们一定很不利，这事该怎么办呢？"将领们都说："不管胜负都应当作一次决战，老是这样拖下去还要拖到什么时候呢？"刘鄩缄默不接腔，心里很不高兴，回头私下对亲信们说："主上愚暗，臣下又逢迎阿谀，将领们骄傲气盛，而士卒又怠惰偷安，这样下去我们要死无葬身之地了！"另一天，刘鄩又把将领们召集到营门前，每人前面都摆上一杯河水，让他们喝下去，众人都不知道是怎么回事。刘鄩给他们解释说："一杯水都难以喝掉，滔滔不绝的河水难道能够穷尽吗？"诸将都吓得变了脸色。

几天以后，刘鄩率领一万多士卒逼近镇、定的军营，镇、定二州的人都感到害怕。晋国李存审率领两千骑兵拦截梁军，李建及又率领银枪军一千人助阵，于是刘鄩的部队大败，赶紧撤退回来。晋国部队乘胜追击，一直追到梁军的营寨，俘虏、斩杀了数以千计的梁军。

刘岩到楚国迎接他的妻子，楚王马殷派永顺节度使马存护送他们。

乙未日（初七日），蜀主王建任命兼中书令王宗绾为北路行营都制置使，兼中书令王宗播为招讨使，进攻秦州；任命兼中书令王宗瑶为东北面招讨使，同平章事王宗翰为副使，一起攻打凤州。

庚戌日（二十二日），吴国任命镇海节度使徐温为管内水陆马步诸军都指挥使、两浙都招讨使、守侍中、齐国公，镇守润州，管辖有升、润、常、宣、歙、池六个州，仍旧参与军国大事；把徐知训留在广陵掌管国政。

起初，后梁末帝朱友贞做均王时，娶了河阳节度使张归霸的女儿作为妃子，即位以后，打算把她立为皇后。王妃认为皇帝朱友贞还没有正式到京城南郊去祭祀天帝，就坚决地推辞。九月，壬午日（二十四日），张妃病得很严重，后梁末帝朱友贞册封她为德妃，当天晚上她就病死。

康王朱友敬，眼睛里有两个瞳孔，自认为应该当皇帝，于是就阴谋作乱。冬季，十月，辛亥日（二十四日）晚上，德妃将要出殡，朱友敬派几名心腹躲在皇帝的寝宫；梁末帝朱友贞一入宫就发现有刺客，立刻赤着脚翻墙逃出来，召唤禁卫军搜索寝殿，抓到刺客后亲手把他们杀了。壬子日（二十五日），抓获朱友敬，把他杀死。

后梁末帝因此猜忌、疏远宗室人员，只信任赵岩和德妃的兄弟张汉鼎、张汉杰、堂兄弟张汉伦、张汉融等人，这些人都官居要职，参与军国大计的策划，每回出兵，梁末帝朱友贞也一定指派他们监军。赵岩等人依仗得势，就玩法弄权，公开卖官，因讼得贿，又在旧日的大臣之间挑拨离间，敬翔和李振虽然名为执政大臣，但建议多不被采用。李振经常装病不去参与政事，以此来回避赵岩、张归霸家族。后来政事越来越乱，以至于后梁灭亡。

刘鄩派遣士兵假装投降晋国，阴谋收买厨师毒杀晋王李存勖；事情后来泄露，晋王杀死这些士卒及其同党五人。

十一月，己未日（初三日）夜晚，前蜀宫中失火。前蜀自从得到成都后，所有的宝物通通藏在百尺楼里，都被大火烧为灰烬。诸军都指挥使兼中书令王宗侃等率领卫兵想入宫救火，蜀主王建怕有人乘机叛乱，就关起宫门不放他们进去。庚申日（初四日）早上，大火还没熄灭，蜀主从义兴门出来和群臣见面，命令主管官员把太庙的神主聚拢起来，然后分头到都城里去各处巡行，说完以后，蜀主王建又回到宫中，把宫门关闭起来，将相们都向蜀主进献帷幕和食物。

壬戌日（初六日），蜀国实行大赦。

乙丑日（初九日），梁朝改年号为贞明。

己巳日（十三日），前蜀王宗翰率兵出青泥岭，攻克固镇，与秦州将领郭守谦在泥阳川交战。前蜀兵败退，撤到鹿台山坚守。辛未日（十五日），王宗绾等在金沙谷打败了秦州的军队，活捉将领李彦巢等，乘胜进击秦州。兴州刺史王宗铎攻下阶州，刺史李彦安投降。甲戌日（十八日），王宗绾攻下成州，活捉刺史李彦德。蜀军挺进到上染坊，秦州节度使李继崇派他的儿子李彦秀捧着牌印出来投降。王宗绛进入秦州，上表启奏蜀主王建任命排阵使王宗俦为留后。刘知俊进攻邠州的霍彦威，半年没攻下，又听到秦州投降蜀国，他的妻子儿女都被迁往成都；于是解除对邠州的包围回到凤翔，想来想去，害怕被治罪，于是在夜晚率领亲信七十人，闯开关门逃出，庚辰日（二十四日），投奔蜀军。王宗绾从河池、两当率兵前进，会合王宗瑶攻打凤州，癸未日（二十七日），攻克凤州。

岐国义胜节度使、同平章事李彦韬知道岐王李茂贞势力日益衰弱，十二月，就带着耀州、鼎州两地来投降梁朝。彦韬就是温韬。乙未日（初九日），梁末帝朱友贞下诏改称耀州为崇州，鼎州为裕州，义胜军为静胜军，让彦韬恢复温姓，改名叫昭图，他所任的官职和原来一样。

丁未日(二十一日),蜀国实行大赦;改明年的年号为通正。又在凤州设置武兴军,划出文、兴两州归它管辖,任命前利州团练使王宗鲁为凤州节度使。

这一年,清海、建武节度使兼中书令刘岩,认为吴越王钱镠已被封为国王,而自己还是郡王级的南平王,就上表请求封他为南越王并加都统的职称,梁末帝朱友贞没有答应。刘岩对他的属僚们说:"现在中原乱成一团,哪一个人能算是真的天子呢?我又何必翻山越岭地去事奉万里之外的伪朝廷呢?"从此不再向朝廷了通使纳贡。

贞明二年(丙子,公元916年)

春季,正月,后梁宣武节度使、守中书令、广德靖王朱全昱去世。

后梁末帝朱友贞听说原来的河南府参军李愚学问与操行都很好,于是召他来担任左拾遗,充当崇政院直学士。衡王朱友谅地位极为尊贵,李振等大臣见到他都行拜礼,唯独李愚见到他只是作揖。梁末帝听说后就责备他说:"衡王是朕的兄长,朕都向他行拜见礼,而你只是拱手作揖,合适吗?"李愚回答说:"陛下用家人相见的礼节接见衡王,拜他是应当的。李振等人是陛下的家臣,而臣过去和衡王没有什么关系,臣可不能随意地表示过分的卑躬。"李愚见了衡王一直是这样,梁末帝竟因他固执抗命而贬黜他为邓州观察判官。

蜀主王建任命李继崇为武泰节度使,兼中书令、陇西王。

二月,辛丑日(十六日)夜,吴国的宿卫将马谦、李球劫持着吴王杨隆演登上城楼,分发武器库的兵器去讨伐徐知训。徐知训知道后准备逃走,严可求对他说:"军城发生变乱,您准备抛弃大家自己逃走,我们要依靠谁来领导呢?"徐知训这才放弃逃跑的念头。大家都还在疑虑害怕,只有严可求关起门来睡大觉,打鼾的声音在门外都能听得见。看到他这样,府中才稍微安定下来。壬寅日(十七日),马谦等把军队部署在天兴门外,诸道副都统朱瑾从润州回来,一看阵势,说:"这有什么好怕的。"回头对着城外的兵众,举手大叫一声,叛军们立刻就溃散,于是抓获了马谦和李球,将他们斩杀。

后梁末帝朱友贞曾多次催促刘鄩作战，刘鄩却闭门不出。晋王李存勖于是留下副总管李存审守营，自己贝州劳军，并且声称要回晋阳。听到这个消息，刘鄩立即向梁末帝启奏请求攻击魏州，梁末帝回复他说："现在把国内的一切人力物力都调归将军指挥了，国家的存亡，在此一举，将军你要好自为之啊！"刘鄩命令澶州刺史杨延直率领一万部队到魏州会合，杨延直夜半到了魏州城南，城中挑选了五百名壮士秘密地出击，杨延直没有防备，整个部队被击溃，只好往后撤退。第二天清晨，刘鄩率军从莘县倾巢而出，到达魏州城东，和杨延直的残余部队会合，李存审从营中率兵跟在刘鄩的后面，李嗣源率领城中的部队出击，正好晋王也从贝州赶回来和李嗣源从前面攻击。刘鄩看到后，惊讶地说："是晋王啊！"于是刘鄩引兵稍作退却，晋王李存勖紧跟在后头追击，一直到了故元城的西边，又和李存审的军队遭遇。晋王在西北面布下方阵，李存审在东南面布下方阵，在中间布下圆阵，刘鄩四面都受敌；交战很久，梁军大败，刘鄩率领数十名亲信突围逃走。梁军有七万步兵，晋兵团团围住四面攻击，败兵们都争先恐后地躲到树上，连树木都折断，晋军一路追杀到黄河边，梁军几乎被杀光，没被杀的也掉到河里溺死。刘鄩收集起被击散的军队从黎阳渡过黄河，退守滑州。

匡国节度使王檀秘密上疏建议派关西军队袭击晋阳，后梁末帝朱友贞听从了他的意见，征调河中、陕州、同华各镇的部队合计三万人，出阴地关，迅速攻到晋阳城下，日夜猛烈攻城；晋阳城中没有防备，只好征调官吏、工匠和百姓登城应战，有好几次几乎要被攻陷了，张承业非常害怕。代北的旧将安金全退居在太原，跑去见张承业说："太原是晋王的根本之地，如果失守，国家大事就全部完了。我虽然又老又病，但是也经常为国事忧虑，我请求你把库存的盔甲兵器拨交给我，我愿意替您去击退敌人。"张承业就给了他。安金全率领他的子弟和原先将领们的子弟家丁共有几百人，乘着夜色从北门出击，进攻羊马城内的梁兵；梁兵大吃一惊，只好往后撤退。昭义节度使李嗣昭听说晋阳有敌寇入侵，立刻派遣牙将石君立率领五百名骑兵赶往救援。石君立早晨从上党出发，晚上就到了晋阳。梁兵扼守在汾河桥，石君立把他们击溃，一直进到城下，大呼说："昭义侍中的大军来了。"于是进入城中。晚上，石君立又和安金全等分别从各城门出击，梁兵死伤十之二三。第二天一早，王檀率军在各地抢劫一阵后就撤退回去。晋王李存勖喜欢居功自夸，因为这次晋阳解围的谋略不是他想出来的，所以对安金全等人也就没有奖赏。

梁兵到达晋阳城下时，大同节度使贺德伦所属的士卒多逃回梁军那里，张承业恐怕发生变乱，就捕杀了张德伦。

梁末帝朱友贞听说刘鄩吃了败仗，又听说王檀无功而回，叹气说："我的大势去了！"

三月，乙卯朔日（初一日），晋王李存勖进攻卫州，壬戌日（初八日），卫州刺史米昭投降。晋王又进攻惠州，惠州刺史靳绍逃走，被活捉后斩首，晋王又重新把惠州恢复为磁州。晋王回到魏州。

梁末帝朱友贞屡次召唤刘鄩不到，己巳日（十五日），后梁末帝任命刘鄩为宣义节度使，并让他率兵驻扎黎阳。

夏季，四月，晋人攻下洺州，任命魏州都巡检使袁建丰为洺州刺史。

刘鄩被打败后，河南地区的人们都十分害怕，刘鄩又多次不接受后梁帝的召见，因此将领士卒都人心动摇。梁末帝朱友贞派遣捉生都指挥使李霸率领所属的一千军士前去戍守杨刘。癸卯日（十九日），从宋门出发，当晚，又从水门回都城，就乘机起哄，到处放火抢劫，并且进攻皇宫的建国门，梁末帝亲自登上城楼应战。龙骧四军都指挥使杜晏球率领五百名骑兵驻守在毬场，乱兵们把油浇在幕布上，再用长竿挑着，准备放火烧楼，情况十分危急；杜晏球从门缝里往外偷看，看见贼兵都没有穿戴盔甲，于是就率领骑兵出击，殊死作战，不久贼人就溃散逃走。梁末帝看见骑兵攻击贼人，大叫说："那不是我龙骧军的兵士们吗？到底带头作乱的人是谁？"杜晏球说："作乱的只有李霸一都，其余的都没有动，陛下只要率领控鹤军士们守住宫城，等到天明，臣一定能击败贼人。”接着，杜晏球就率军讨伐李霸的反叛军队，并将叛军及他们的家属全部诛灭。杜晏球也因此功被提拔为单州刺史。

五月，吴越王钱镠派遣浙西安抚判官皮光业从建州、汀州、虔州、郴州、潭州、岳州、荆南这一条路线来入贡。皮光业是皮日休的儿子。

六月，晋军进攻邢州，保义节度使阎宝坚守防御；梁末帝朱友贞派遣捉生都指挥使张温率领五百军队前往救援，张温却率领他的部属们投降晋国。

秋季，七月，甲寅朔日（初一日），晋王李存勖到达魏州。

梁末帝朱友贞嘉勉吴越王钱镠能殷勤入贡，壬戌日（初九日），加任钱镠为诸道兵马元帅。朝臣议论多认为钱镠入贡是因为顺道来做生意有利可图，实在不应过分地给他名器爵位；翰林学士窦梦征拿着丧服、麻布哭泣，后梁末帝认为他犯了罪，贬他为蓬莱尉。窦梦征是棣州人。

甲子日（十一日），吴国的润州牙将周郊作乱，攻进府中，杀了大将秦师权等人，大将陈祐等讨平叛乱，并把他杀死。

八月，丁酉日（十五日），梁末帝朱友贞起用年老辞官的太子少保赵光逢为司空，兼任门下侍郎、同平章事。

丙午日（二十四日），蜀主王建任命王宗绾为东北面都招讨，集王王宗翰、嘉王王宗寿为第一、第二招讨，率领十万军士出凤州；又任命王宗播为西北面都招讨，武信军节度使刘知俊、天雄节度使王宗俦、匡国军使唐文裔为第一、第二、第三招讨，率领十二万大军从秦州出发，前往讨伐岐王。

晋王李存勖亲自率领军队进攻邢州，昭德节度使张筠丢弃相州逃跑，晋王又将相州隶属于天雄军，任命李嗣源为相州刺史。晋王派人告诉邢州的阎宝说相州已被晋军攻下，又派遣降将张温率领原来的援军到城下劝降阎宝，阎宝只好开城投降。晋王任命阎宝为东南面招讨使，遥领天平节度使、同平章事；又任命李存审为安国节度使，镇守邢州。

契丹王阿保机率领各部落的军队三十万人，号称一百万，从麟州、胜州进攻晋国的蔚州，攻陷了，俘虏振武节度使李嗣本。派遣使者拿着木书去向大同节度使李存璋要求财货，存璋斩了来使。契丹又向云州发起进攻，李存璋倾全力抗拒。

九月，晋王李存勖回到晋阳。晋王天性仁孝，虽然经营河北，但多次回到晋阳探望生母曹夫人，每年总有好几次。

晋人派兵威胁沧州，顺化节度使戴思远放弃沧州跑到东都，沧州将领毛璋带领全城投降晋王。晋王李存勖命令李嗣源率兵前往安抚他们，李嗣源派遣毛璋到晋阳。晋王把李存审迁任为横海节度使，镇守沧州，而任命李嗣源为安国节度使。李嗣源任命安重诲为中门使，把他当作心腹，安重诲也能够为李嗣源尽力效劳。安重诲是应州的胡人。

晋王李存勖亲自率兵救援云州，前进到代州的时候，契丹人听说这个消息，就率军撤走，晋王也就回去。晋王任命李存璋为大同节度使。

晋人包围贝州已一年有余，张源德听说河北诸州都已经归晋王所有，打算投降晋国。他和部众们商议，大家都认为局势穷迫了投降，恐怕免不了一死，都不赞成；于是共同杀了张源德，继续坚守。城中的粮食吃光了，只好吃人肉充饥，最后他们只得对晋军将领说：“我们想投降，但又怕被杀死，请让我们穿着盔甲拿着武器出来投降，事情定了后再解除武装。”晋国的将领答应他们，城内的部众有三千人出来投降，解除武装后，晋国的部队把他们围起来通通杀光。晋王任命毛璋为贝州刺史。从此河北地区都归晋国所有，只有黎阳还被后梁占据着。晋王前往魏州。

吴国光州将领王言杀死光州刺史载肇，吴王派遣楚州团练使李厚讨伐他。庐州观察使张崇不等吴王命令，自己就率兵进攻光州，王言抛弃城池逃走。吴王任命李厚暂时掌理光州。张崇是慎县人。

庚申日（初八日），蜀国的新皇宫落成，在旧皇宫的北边。

天平节度使兼中书令琅邪忠毅王王檀招募很多盗贼，安置在他的帐下充当亲兵，己卯日（二十七日），这些盗贼乘着王檀没有防备，冲进军府杀了他。节度副使裴彦率领府兵讨伐诛杀他们，军府因此才安定下来。

冬季，十月，甲申日（初二日），前蜀王宗绾等率领军队从大散关出兵，大败岐兵，俘虏和斩杀一万余人，夺取宝鸡。己丑日（初七日），王宗播等出故关，到达陇州。丙寅日（十月无此日），保胜节度使兼侍中李继岌害怕岐王对他猜忌，就率领部众两万人，抛弃陇州投奔蜀军。蜀国部队进攻陇州，任命李继岌为西北面行营第四招讨。刘知俊会同王宗绾等围攻凤翔，岐兵坚守不出。碰巧下起大雪，蜀主王建就把军队召回去。前蜀主恢复李继岌原来的姓名，叫桑弘志。桑弘志是黎阳人。

丁酉日（十五日），梁末帝朱友贞任命礼部侍郎郑珏为中书侍郎、同平章事。郑珏是郑綮的侄孙。

己亥日（十七日），蜀国实行大赦。

晋王李存勖派遣使者出使吴国，商量两国共同攻打后梁。十一月，吴国任命行军副使徐知训为淮北行营都招讨使，和朱瑾等率兵进攻宋州、亳州，和晋国呼应。吴兵渡过淮河以后，移送讨伐檄文到各州县，围攻颍州。

十二月，戊申日（十七日），前蜀实行大赦，改明年的年号为天汉，国号为大汉。

楚王马殷听说晋王平定河北，就派遣使者前来表示友好；晋王李存勖也派遣使者回聘楚王。

这一年，庆州又背叛后梁归属岐国，岐将李继陟率兵占据庆州。梁末帝朱友贞下诏任命左龙虎统军贺瑰为西面行营马步都指挥使，率兵前往讨伐，贺瑰击败岐国的部队，攻下宁、衍两州。

河东监军张承业显贵当权，他的侄儿张瓘等五人从同州来投靠他，晋王李存勖因为张承业的缘故，都予以提拔任用。张承业对待家人极为严厉，有个侄子当强盗，杀了贩牛的人，张承业立刻把他抓来斩首；晋王听说这事，急忙派人去说情，已经来不及了。晋王李存勖任命张瓘为麟州刺史，张承业对张瓘说："你本是车度地方的一个小百姓，过去跟着刘开道当盗贼，干些不法的勾当；现在如果不痛改前非，死期就不远了。"从此以后，张瓘无论到哪，都不敢贪暴。

吴越的牙内先锋都指挥使钱传珦娶了闽国的媳妇，从此闽国和吴越就非常友好。

闽国开始铸造铅钱，与过去使用的铜钱并行。

起初，燕国人苦于刘守光的残暴，很多军士都逃归契丹；到了刘守光被晋军围困在幽州的时候，他北边国境的军民又多被契丹所劫掠，契丹的势力因此一天比一天壮大。甚至契丹王阿保机都自称为皇帝，他的国人尊称他为天皇王，于是阿保机册封他的妻子述律氏为皇后，并且设置了百官。至此，契丹王改年号为神册。

述律皇后勇敢果断，又多权变，阿保机每兴师动众，述律皇后经常参与谋划。阿保机曾经横渡沙漠去攻击党项，把述律皇后留下来防守后方，这时黄头、臭泊两个室韦部落乘机联合起来入侵契丹；述律皇后事先得知了消息，布置了人马等待他们的到来，交战之后奋勇杀敌，把对方打得大败，因此声名威震诸夷。述律皇后有母亲，也有婆婆，她都坐在榻上接受她们的拜见，并且说："我只拜天，不拜人。"晋王李存勖刚刚治理河北时，打算结交契丹作为后援，所以经常把阿保机当作叔父来事奉，把述律皇后当作叔母来事奉。

刘守光晚年势力衰弱，曾派遣参军韩延徽到契丹求援，契丹主耶律阿保机对他不行拜见礼十分生气，就把韩延徽发配到野外牧马。韩延徽是幽州人，有智慧有谋略，又擅长写文章。述律皇后对契丹主耶律阿保机建议说："韩延徽能够守节而不屈服，这正是当代的贤者，为何要让他牧马来侮辱他呢？应该礼敬重用他。”契丹主耶律阿保机把韩延徽叫来谈话，非常欣赏他，把他当作智囊，一举一动，都要先问问他的意见。韩延徽才开始教契丹主建立牙兵，开设军府，建筑城郭，建立街市里巷，来安置汉人，让他们都有配偶，努力开垦荒地。从此以后，汉族人都安居乐业，逃亡的人越来越少。契丹能够威服各国，韩延徽给予了很大帮助。

不久，韩延徽逃到晋阳。晋王李存勖想把他安排在幕府，掌书记王缄妒忌他；韩延徽觉得不安，就请求回东方拜望母亲。经过真定的时候，投宿在他同乡王德明的家中，王德明问他准备到哪里去，韩延徽说：“现在河北各地都归晋国所有，我看我只能再回契丹。”王德明说：“你背叛契丹国，而今又要返回去，这不是去找死吗？”韩延徽说：“自从我走后，他们好像失去了手和眼一样，现在我再回去，他们等于再得到手和眼，怎么肯害我呢？”于是看望母亲之后，又回到契丹。契丹主耶律阿保机听说他到来，十分欢喜，就像他是自天而降，拍着他的背说：“前一阵子你到哪里去了？”韩延徽说：“我想念母亲，想要告假回去，又恐怕大王不准，所以就私自回去了。”契丹主耶律阿保机更优待他，到了耶律阿保机称帝以后，任命韩延徽为宰相，后来一直升到中书令。

晋王李存勖派出使者到契丹国，韩延徽借机给晋王写信，追叙当初北去契丹的原因，并且说：“并不是我不留恋英明的主公，也不是我不想念故乡，所以不敢留下来，是怕受到王缄的谗言迫害啊！”于是又请求晋王照顾他的母亲，信中又说道，“有我韩延徽在这里，契丹一定不会南下侵边。”所以一直到晋王李存勖称帝的整个同光年间，契丹人没有再深入国境侵扰，都是韩延徽的功劳。

贞明三年（丁丑，公元 917 年）

春季，正月，后梁末帝朱友贞下诏命令宣武节度使袁象先前往援救颍州。到达颍州时，吴军已经撤退。

二月，甲申日（初五日），晋王李存勖进攻黎阳，刘鄩防御他。过了几天，没攻下，晋王就撤走了。

晋王李存勖的弟弟威塞军防御使李存矩驻守新州，他骄横懒惰，不理政事，他的侍从奴婢们经常干预政事。晋王命他招募山北部落骁勇善战的士兵及刘守光逃亡的士卒以增强南征部队的实力，又向民间征收，要百姓们出马，百姓卖十头牛才换得一匹战马，征马的期限又很急迫，边境的老百姓都怨声载道。李存矩征集到五百匹战马，亲自押送，任命寿州刺史卢文进为副将。前去随行送马的人都怕远路出征，李存矩又不体恤他们。甲午日(十五日)，部队到达祁沟关，小校宫彦璋和士兵们商量说："我听说晋王的军队和梁国的军队旗鼓相当，晋王的骑兵死伤不少。我们舍弃父母妻儿，为别人在异乡作战，千里来送死，使长又不怜惜我们，怎么办呢?"大家都说："把使长杀掉，然后拥护卢将军回新州，占据城池防守，看他们拿我们能怎么办!"于是就抓起兵器起哄，赶往驿舍。第二天大早，李存矩还没有睡醒，乱兵就冲进去把他杀了。卢文进没有办法制止他们，只好顿足捶胸抚着尸体大哭说："奴才们已害死郎君，教我有什么脸去见晋王呢?"于是就被众人呼拥着，回到新州，新州守将杨全章抵御他们，不让他们进城，于是他们又转往进攻武州，被雁门以北都知防御兵马使李嗣肱击败。周德威也派遣部队追击他们，卢文进只好率领众人投奔契丹。晋王李存勖听说是李存矩暴虐无道才引发乱事，就下令斩杀他的婢女和幕僚数人。

起初，在幽州以北七百里的地方有一个渝关，关下有一条渝水直通大海。从渝关的东北边向北沿着海边有条小道，最狭的地方不过数尺宽，两旁都是乱石山，高峻到没有办法翻越。从这里往北一直到进牛口，过去设置有八防御军，招募土兵防守，当地的田租都供应军食，不送缴到蓟城，幽州每年另外补给布匹供应战士们的衣服。当地每年都提前收割，坚壁清野等待契丹来犯，契丹军队一到，他们就紧闭壁垒不出战，等到契丹军离开的时候，他们就挑选一些勇敢善战的士兵占据隘口拦击他们，契丹军队常常一无所获地败逃。士兵们自行开垦田园，勇敢作战、有功劳的士兵，另外升级赏赐，因此契丹不敢轻易入侵。到了周德威担任卢龙节度使的时候，仗恃着武勇，不再注意边防，于是就丧失渝关天险，从此契丹人每每南下到营州、平州之间牧马。周德威还嫉妒幽州旧将中有名望的人，往往把他们杀掉。

吴王派遣使者送猛火油给契丹主耶律阿保机，说："攻城的时候，拿这油放火烧敌人的城楼，敌人如果用水灌救，火势会更旺。"契丹主大喜，就挑选了三万名精锐骑兵进攻幽州，述律皇后笑他说："哪有为了试验火油的效果而去进攻别的国家的呢？"因此指着军帐前面的树对契丹主说："这棵树没有树皮，它还可以生长吗？"契丹主回答说："当然不能。"述律皇后说："幽州城也是如此，我们只要埋伏三千名骑兵在它旁边，劫掠它的四面郊野，让城中没有粮食供应，不要几年，城中自然就困竭了，何必要如此轻举妄动呢？万一没有打胜，不但会被中原国家耻笑，我们的部落说不定也会因此瓦解。"契丹主耶律阿保机于是停止对幽州的进攻。三月，卢文进引契丹兵迅速向新州发起进攻，新州刺史安金全没办法防守，抛弃城池逃走；卢文进任命他的部将刘殷为刺史防守新州。晋王李存勖命令周德威会合河东、镇州、定州等地的兵马进攻新州，十几天了还攻不下。这时契丹主耶律阿保机率领三十万部众来救援，周德威寡不敌众，被契丹打得大败，逃奔回去。

楚王马殷派遣他的弟弟马存进攻吴国的上高，虏获了一些敌军后回去。

契丹乘胜前进包围幽州，号称百万大军，挂毡毯的大车和毡帐布满山上山下。卢文进教他攻城的方法，挖地道，日夜从四面八方同时进攻，城中也挖了地洞燃烧油膏来截击他们；卢文进又教契丹人靠着城堆土山，城中就熔铜汁洒过去，每天杀敌几千人，但是契丹人还是猛攻不停。周德威派出秘密使者前往晋王那边告急，晋王李存勖正与梁朝人在黄河之上互相对峙，相持不下，想分兵去救援，部队数目实在太少，想不救援，又怕幽州失陷，就和诸将商议，只有李嗣源、李存审、阎宝三个人劝晋王派军救援，晋王李存勖很高兴地说："从前唐太宗李世民得到李靖就能抓获突厥的颉利可汗，今天我有猛将三人，又有什么可忧虑的呢？"李存审和阎宝都认为敌人没有携带足够的粮食补给，势必不能久战，只要等他们在四野没什么可劫掠的，粮食又吃尽，自然会撤退，那时候再尾随追击。李嗣源说："周德威是社稷之臣，现在幽州城危急到朝不保夕，万一城中发生变乱，我们又怎么能够等到敌人衰弱之时呢？我请求担任前锋立刻前往杀敌。"晋王李存勖说："你说得极对。"当天，就下令部队整装待发。夏季，四月，晋王命令李嗣源领兵率先前进，在涞水驻扎；阎宝率领镇州、定州的军队跟在后面。

吴国升州刺史徐知诰整治的街市和府舍非常壮观。五月，徐温巡行到升州，非常喜欢这里的繁华富裕。润州司马陈彦谦劝徐温把镇海军的治所迁到升州，徐温听从他的意见，把徐知诰调任为润州团练使。徐知诰请求前往宣州，徐温不答应，徐知诰因此心中不愉快。宋齐丘偷偷对徐知诰说："三郎骄傲放纵，早晚会失败。润州离广陵只一水之隔，这真是天赐的良机啊！"徐知诰一听，很高兴，这才心甘情愿地去上任。三郎，指的是徐温的长子徐知训。徐温任命陈彦谦为镇海节度判官。徐温凡事只交代个大要，琐细的事务通通交由陈彦谦去处理，于是江、淮一带被治理得很好。陈彦谦是常州人。

高季昌和孔勍和好，又到梁朝来入贡。

资治通鉴卷第二百七十　后梁纪五

起丁丑(公元917年)七月,止乙卯(公元919年)九月,共二年三个月。

【题解】本卷记录了公元917年七月至919年九月的历史,共两年零三个月。为后梁末帝朱友贞贞明三年七月至五年九月。此时晋、梁双方不断大战,不分胜负。晋王李存勖死拼硬打,轻敌冒进,梁军人多势众,此消彼长之下,晋军落入下风,折损大将周德威。但梁末帝无能昏庸,忠奸不分,导致大将内讧。契丹南下围困幽州半年之久,梁未能乘势收复黄河以北,反让晋王北击契丹,南渡淮河。晋军受挫北还,后梁获得喘息之机。蜀主王建晚年猜忌,杀害功臣,宠幸奸佞,大臣争权夺利,太子王衍荒淫无度,继位后不理国政,蜀国迅速衰落。南方吴与吴越大战,互有胜败,吴国徐温退兵,保境安民,两国和好,数十年相安无事。

均王中

贞明三年(丁丑,公元917年)

秋季,七月,庚戌日(初三日),蜀主王建任命桑弘志为西北面第一招讨,王宗宏为东北面第二招讨。己未日(十二日),任命兼中书令王宗侃为东北面都招讨,武信节度使刘知俊为西北面都招讨。

晋王李存勖认为李嗣源、阎宝的军队太少,不足以和契丹对抗,辛未日(二十四日),又命令李存审率兵前往增援。

前蜀飞龙使唐文扆在朝中掌权,张格依附于他,与司徒、判枢密院事毛文锡争夺权力。文锡正要把女儿嫁给左仆射兼中书侍郎、同平章事庾传素的儿子,于是在枢密院宴请亲族,演奏音乐,事先没有向蜀主启奏，蜀主王建听到乐声，觉得奇怪，唐文扆就乘机进谗言毁谤。八月，庚寅日（十三日），蜀主下诏贬毛文锡为茂州司马，把他的儿子司封员外郎毛询流放到维州，并且没收他的全部家产；又把文锡的弟弟翰林学士毛文晏贬为荣经尉。庾传素被削职贬为工部尚书；另外任命翰林学士承旨庾凝绩暂时代理内枢密院事。庾凝绩是庾传素的本家弟弟。

癸巳日（十六日），清海、建武节度使刘岩在番禺称帝，国号为大越，实行大赦，改年号为乾亨。任命后梁的使臣赵光裔为兵部尚书，节度副使杨洞潜为兵部侍郎，节度判官李殷衡为礼部侍郎、都同平章事。建立三庙，追尊祖父刘安仁为太祖文皇帝，父亲刘谦为代祖圣武皇帝，哥哥刘隐为烈宗襄皇帝；并把广州作为兴王府。

契丹围困幽州将近二百天，幽州城内危急困窘。李嗣源、阎宝、李存审有步兵、骑兵共七万名在易州会师，李存审说："敌众我寡，敌人多骑兵，我们多步兵，如果在平原遭遇的话，敌人以万名的骑兵践踏我们的阵地，我们就一个也别想活了。"李嗣源说："敌人没有多少军需，而我们每当行军必须拉着粮食随军，如果在平原地带和他们相遇，敌人一定会抢我们的粮食，我军就不战自溃了。不如从山中秘密地赶往幽州，和幽州城中的友军会合，如果半路上碰上敌军，也可占据险要的地势防守。"甲午日（十七日），李嗣源、阎宝、李存审率兵从易州向北出发，庚子日（二十三日），翻过大房岭，沿着山涧向东进发。李嗣源和养子李从珂率领三千名骑兵在前面打先锋，距离幽州六十里的时候，和契丹的部队遭遇，契丹的部队吃惊地往后退却，晋军就乘机包抄尾随。契丹的部队走在山上，晋国的部队走在山涧中，每到谷口的地方，契丹兵常截击晋军，李嗣源父子奋力作战，才能够前进。李嗣源父子到达山口，契丹派出一万余名骑兵横在出口，晋军大惊失色；李嗣源率领一百余名骑兵一马当先，脱掉头盔，舞动马鞭，用胡语对着契丹人说："你们无故侵犯我们的疆土，晋王命令我率兵百万直捣西楼，消灭你们的种族。"于是跃马奋击，三次冲进敌人的阵地，斩杀一名契丹酋长。后头的军队也一齐往前冲，于是契丹的部队往后撤退，晋军才出了山口。李存审命令步兵砍伐树木，做成鹿角，每人拿着一枝，部队停下时用鹿角就刚好做成营寨。契丹兵围着营寨冲过去，寨中就万箭齐发，满天的飞箭把太阳都遮蔽住，契丹死伤的人马把路都塞满。援军快要到达幽州城时，契丹军已摆好阵势等待他们的到来。李存审命令步兵在后面摆好阵势，告诫他们不要轻举妄动，先让一些老弱士兵拖着树枝和燃烧的枯草在前面走着，一时烟尘遮天滚滚而来，契丹人搞不清晋军到底来了多少人马；于是双方就混战成一团，李存审在这时候发动后头的步兵迎头痛击敌军，契丹兵大败，收拾残余的部队后从北山遁去，所抛弃的车子、营帐、铠甲、兵器、羊马牲畜等满山遍野，晋兵从后头一路追击，俘虏斩杀数以万计的敌兵。辛丑日（二十四日），李嗣源等进入幽州，周德威见到他，握着他的手痛哭流涕。契丹任命卢文进为幽州留后，后来又任命他为卢龙节度使。卢文进经常住在平州，每年都率领奚族的骑兵入侵北方边境，杀害抢劫当地军民。晋人从瓦桥运送粮食到蓟城，虽然派兵护送，但还是免不了会被契丹人抢劫。契丹人每次入侵，卢文进就率领汉人士兵做向导，卢龙巡守所属各州都被抢劫得残破不堪。

刘鄩从滑州入京朝见，朝廷公议追究河朔失守的责任，九月，削除他平章事的职务，贬为亳州团练使。

冬季，十月，己亥日（二十五日），后梁末帝朱友贞加封吴越王钱镠为天下兵马元帅。

晋王李存勖回到晋阳。晋王连年出征，所有军府中的大小政事通通委任张承业，张承业鼓励百姓耕田种桑，囤积钱财米谷，收购兵器马匹，凡是征收租税、执行法令，非常严格，王亲国戚也不能享受特权，因此军城内外秩序井然，军需粮饷从不缺乏。晋王李存勖有时需要钱去赌博或赏赐戏子，张承业往往加以限制，钱拿不到手。晋王就在钱库摆设酒宴，命令他的儿子李继岌特别为张承业起舞，张承业就送他一条宝带和一匹骏马作为答谢。晋王李存勖指着库里一堆堆的钱叫着李继岌的小名对张承业说："和哥缺钱，七哥你应当把一堆积钱送给他，宝带、骏马不算丰厚。"张承业说："送郎君的赏钱都是出自承业的俸禄，至于库里的这些钱，是大王要拿来畜养战士的，承业不敢拿公家的东西作为私人的送礼。"晋王李存勖听了这话很不高兴，就借着几分酒意出言挖苦张承业，张承业生气地说道："我只不过是个老差官罢了！也不是要为子孙打算，所以珍惜这仓库里的钱，为的是要辅佐大王成就霸业。要不然，钱是大王的，您自己拿去用好了，何必再问我！只不过钱财花光，老百姓也离散，到时候一无所成而已。"晋王听了大怒，回过头向李绍荣要剑，张承业站起来，拉住晋王的衣服，哭着说："我受先王临终之命，发誓为国家诛灭汴梁朱氏，如果因为吝惜库存的钱物而死于大王手下，我在地下见到先王也就无愧了。今日请大王把我处死好了！"阎宝在旁边掰开张承业的手教他下去，张承业挥拳就把阎宝打倒在地，大骂他说："阎宝！你本来是朱温的同党，受了我们晋国的大恩，从来就不想尽忠报答主上，反而想要靠谄媚来赢得主上的恩宠吗？"曹太夫人听到了这件事，急忙找人来召晋王过去，晋王一听慌了神，赶忙叩头向张承业赔罪说："我喝了酒冒犯七哥，一定也连带地得罪了太夫人，七哥帮我痛饮几杯，好帮我分担一点罪过。"晋王连饮四杯，承业竟连一杯也不肯喝。晋王入宫后，太夫人派人来向张承业赔罪说："小儿冒犯了特进，刚刚我打了他一顿。"第二天，太夫人曹氏和晋王李存勖都到张承业家里来道歉。不久，按照先帝的遗旨，授予张承业开府仪同三司、左卫上将军、燕国公。张承业一再推辞不接受，一直到死都只称唐官。

掌书记卢质，好酒又傲慢无礼，曾经叫晋王的弟弟们为猪狗，晋王心里怀恨；张承业恐怕卢质终究要大祸临头，于是乘机对晋王李存勖说："卢质老是对大王无礼，请让我替大王把他杀了。"晋王说："我正在招请四方的贤人才士来共同帮我成就功业，七哥怎么说这样过头的错话呢？"张承业于是站起来向晋王李存勖恭贺说："大王能够如此，还怕得不到天下吗？"卢质因此得以免祸。

晋王李存勖的元妃是卫国韩夫人，其次是燕国伊夫人，再次是魏国刘夫人。刘夫人最受晋王宠爱，她的父亲是成安人，平日以替人医病为业。刘夫人小时候，被晋国的将领袁建丰抢来，后来送进王宫，她生性狡诈强悍，又爱嫉妒人，这时跟随晋王在魏州。她的父亲听说她而今显贵，就到魏宫来求见，晋王把袁建丰召来辨认。袁建丰说："当时得到刘夫人的时候，有个黄胡子老人家保护着她，正是这个人。"晋王于是就把这事告诉刘夫人，刘夫人当时正跟其他的夫人争宠，竞相夸耀自己的出身门第，觉得承认出身于贫寒微贱的家庭是一种耻辱，于是就大发脾气说："妾离开故乡时已经略微能够记得事情，妾的父亲不幸死于乱兵之手，妾曾经守着尸体大哭一番然后才离去，今天哪里来的乡巴佬敢到这里？"于是让人在宫门口把刘老头儿打了一顿。

越主刘岩派遣客省使刘瑭出使吴国，告诉他们自己已经登基称帝，劝吴王也称帝。

闰十月，戊申日（初二日），蜀主王建任命判内枢密院庾凝绩为吏部尚书、内枢密使。

十一月，丙子朔日（初一日），冬至，蜀主王建在圜丘祭祀上天。

晋王李存勖听说黄河结冰，说："打了好几年仗，由于受黄河的限制，不能渡河作战，如今河床自己结冰，这是天助我们。"于是立刻赶往魏州。

蜀主王建任用刘知俊为都招讨使，各位将领都是原来的有功之臣，大家都不太听他的指挥，又嫉妒他，所以一直没有什么功绩。唐文扆又几次谗言毁谤他，蜀主王建也妒忌他的才能，曾经对左右亲信说："我老了，将来刘知俊不是你们所能驾驭的。"十二月，辛亥日（初六日），拘捕刘知俊，说他想阴谋叛乱，在炭市把他斩杀。

癸丑日（初八日），蜀国实行大赦，把明年的年号改为光天。

壬戌日（十七日），后梁末帝朱友贞任命张宗奭为天下兵马副元帅。

梁末帝朱友贞论定平定庆州的功劳，丁卯日（二十二日），任命左龙虎统军贺瑰为宣义节度使、同平章事，不久，又任命他为北面行营招讨使。

戊辰日（二十三日），晋王李存勖在朝城打猎。这一天，天气大寒，晋王看看河上的冰已结得坚硬，于是就率领步兵、骑兵试着渡河。梁朝的甲士有三千名戍守在杨刘城，沿着河几十里建筑一连串的营寨，彼此都可以看得到，晋王发起猛攻，都攻下了。于是进攻杨刘城，命令步兵斩断鹿角等防御工事，背负着芦苇填平壕沟，从四面发起进攻，当天就攻下杨刘城，抓获守将安彦之。

在杨刘城失守以前，后梁租庸使、户部尚书赵岩曾对后梁末帝朱友贞说："陛下登基以来，还没有祭祀上天，大家都觉得这样跟藩镇诸侯没有差别，会被四方各国轻视，请陛下临幸西都举行祭天典礼，顺便也可以晋谒宣陵。"敬翔却劝谏说："自从刘鄩作战失利以来，不论是朝廷还是老百姓都非常穷困，人心惶惶；现在圜丘举行大礼，势必要大行赏赐，这样做实际上是贪慕虚名而遭受弊害。而且强敌就在黄河之上，陛下的车驾怎好随意地移动？我看等到北方的敌人平定之后，再来报答王业的根本也不晚。"梁末帝朱友贞没有听从敬翔的进谏。己巳日（二十四日），梁末帝前往洛阳，准备车驾礼服，修饰宫殿。郊祭上天的日子都定了，忽然听说杨刘城失守，道路上谣传晋军已攻到大梁，扼守在汜水，随从的官吏们都担忧自己的家人，相对痛哭；梁末帝朱友贞恐慌失措失去主意，于是停止郊祀，奔回大梁。

甲戌日（二十九日），梁末帝朱友贞任命河南尹张宗奭为西都留守。

这一年，闽王王审知给他的儿子牙内都指挥使王延钧娶了越主刘岩的女儿。

贞明四年（戊寅，公元918年）

春季，正月，乙亥朔日（初一日），蜀国实行大赦，恢复国号为蜀。

梁末帝朱友贞回到大梁。晋军一直侵掠到郓州、濮州以后才率军而还。敬翔向梁末帝上了一个奏章说："国家年年战败，疆土一天比一天小。陛下又住在深宫之中，商议大事的对象多是左右的近臣，这样怎么能够衡量敌我的胜负呢？先帝在世的时候，拥有黄河以北的全部疆土，又亲自统率着豪杰猛将，尽管这样还不能处处顺利如意。现在敌人已到了郓州，而陛下好像还不大在意。我听说李存勖继位，到现在有十年了，不论是攻城还是野战，都是亲自督战、身犯矢石，就如最近进攻杨刘城来说，据说他也背负着攻城的束薪身先士卒，所以能一鼓作气攻下。陛下温文儒雅，安然自若，而派贺瑰之流去抵挡敌人，期望他们驱逐敌寇，我不知道他们能做什么。陛下应当广泛地去询问老臣们，看看还有什么别的好办法，要不然，我恐怕灾患是不会停止的！臣虽然驽钝怯弱，但也受过国家的厚恩，陛下如果缺乏人才，我请求让我到边境去效力。"奏章呈上去后，赵岩、张汉杰等都向梁末帝说敬翔事实上是在抱怨，于是梁末帝朱友贞就不考虑任用他。

吴王任命右都押牙王祺为虔州行营都指挥使，并让他率领洪州、抚州、袁州、吉州的部队去攻打谭全播。严可求用厚利招募赣石的水工来帮助行船，所以吴国的军队迅速地进逼到虔州城下，这时虔州人才发觉。

前蜀太子王衍嗜酒好色，喜欢游戏。蜀主王建曾经从夹城经过，听到太子和诸王在那里斗鸡、击球吵闹不休的声音，叹气说："我身经百战才建立这一片基业，这些人真能守住吗？"从此厌恶当初主张拥立王衍的张格，但内宫有徐贤妃为张格做主，竟没法将他赶走。信王王宗杰颇有才干谋略，经常上表陈述对时政的意见，蜀主王建很看重他，有废太子立他的意思；二月，癸亥日（二十日），王宗杰突然病死，蜀主对他的死感到十分怀疑。

后梁河阳节度使、北面行营排阵使谢彦章率领数万士兵向杨刘城发起进攻。甲子日（二十一日），晋王李存勖从魏州轻骑到达黄河边；谢彦章修建营垒防守，把黄河堤防决口，水弥漫了好几里的地方，以此来阻挡晋军，晋军没办法前进。谢彦章是许州人。安彦之溃散的士兵们多聚集在兖州、郓州的山谷中当强盗，同时在观望着两国的胜负，后来晋王李存勖招募他们，不少人就投靠晋王。

己亥日（二月无此日），蜀主王建任命东面招讨使王宗侃为东、西两路诸军都统。

三月，吴越王钱镠始设立元帅府，并设置属僚。

夏季，四月，癸卯朔日（初一日），蜀主王建封他的儿子王宗平为忠王，王宗特为资王。

岐王派出使者到前蜀，请求互通友好。

己酉日（初七日），梁末帝朱友贞任命吏部侍郎萧顷为中书侍郎、同平章事。

保大节度使高万金过世。癸亥日（二十一日），梁末帝任命忠义节度使高万兴兼任保大节度使，并让他镇守鄜州和延州。

司空兼门下侍郎、同平章事赵光逢告老还乡，己巳日（二十七日），梁末帝朱友贞同意他以司徒的官位退休。

蜀主王建自从永平末年得病以来，一直视力昏暗不明，到现在更加严重。因为北面行营招讨使兼中书令王宗弼为人沉静有谋略，五月，就把他召回成都，任命为马步都指挥使。乙亥日（初三日），蜀主王建召诸大臣们进入寝殿，告诉他们说："太子没有什么能耐，但我不能违背诸位的请求，越过长幼次序立他。如果他不能继承大业，你们可把他安置到别宫，希望你们别杀他，只要是我王氏的子弟，各位可选择一个较合适的辅佐他继位。徐妃的兄弟，将来只能给他们优厚的俸禄、爵位，千万别让他们掌理军队或参与政事，以成全他们的宗族。"

内飞龙使唐文扆掌管皇帝的亲兵已经很长时间，经常参与机密的事情。他想要除去诸大臣，于是派人守住宫门；王宗弼等三十余人天天到朝堂，就是没有办法进去晋见蜀主王建，唐文扆屡次以蜀主的命令安抚他们，准备等蜀主王建过世，就发动政变。于是派遣他的同党内皇城使潘在迎侦察宫外的动静，潘在迎把他的阴谋报告了王宗弼等人；于是王宗弼等人夺门而入，向蜀主王建报告唐文扆的罪状，于是蜀主任命天册府掌书记崔延昌暂时代理六军事务，并且召太子入宫服侍。丙子日（初四日），把唐文扆贬为眉州刺史。翰林学士承旨王保晦因附会唐文扆，也削了他的官位，把他流放泸州。潘在迎是潘炕的儿子。

丙申日（二十四日），蜀主王建下诏，把朝廷内外的财赋、中枢人事的任免以及各种司法刑狱等的公文全委任庾凝绩办理，将都城以及行营军旅的事情委派宣徽南院使宋光嗣管理。

丁酉日（二十五日），削去唐文扆的官爵，流放雅州。辛丑日（二十九日），任命宋光嗣为内枢密使，和兼中书令王宗弼、王宗瑶、王宗绾、王宗夔等一起接受蜀主的遗诏辅政。起初，蜀主承袭唐朝的惯例，任命枢密使都是使用文人，到了唐文扆获罪以后，蜀主王建认为好多将领都是家乡许州的故旧，害怕他们不能听从幼主的使用，所以用宦者宋光嗣取代士人做枢密使。从此宦者掌握权力。

六月，壬寅日（初一日），蜀主王建过世。癸卯日（初二日），太子王衍登皇帝位，尊奉徐贤妃为太后，徐淑妃为太妃。任命宋光嗣兼领六军诸卫的事务。

乙卯日（十四日），王衍杀唐文扆、王保晦。又命令西面招讨副使王全昱在秦州把天雄节度使唐文裔杀掉，免去左保胜军使领右街使唐道崇的官职。

吴国内外马步都军使、昌化节度使、同平章事徐知训傲慢淫暴。威武节度使、知抚州李德诚有几十名家妓，徐知训向他要，李德诚派遣使者辞谢说："我家中所有的家妓都年纪大了，有的还有孩子，实在不够资格去侍奉贵人，我会另外为您留意挑选一些年轻美貌的。"徐知训很生气，对来使说："以后我要杀了李德诚，连同他的妻子也一起要过来。"

徐知训对吴王杨隆演戏弄轻慢，没有君臣礼节。曾经和吴王一起演戏，自己当主角参军，却让吴王当丑角苍鹘，扎着两束发，穿着件破衣服，拿着顶帽子在徐知训后头跟从。又曾经在浊河划船游玩，吴王先上岸，徐知训用弹弓打他。又曾经到禅智寺赏花，徐知训借酒装疯，态度恶劣，吴王害怕得都哭了起来，在座的人都发抖；左右扶吴王登船回去，徐知训就乘快船从后追赶，没赶上，就用铁挝杀吴王的身边属吏出气。将佐们没有敢说话的，徐知训的父亲徐温都不知道这些事。

徐知训和他的弟弟徐知询都对徐温的养子徐知诰没有礼貌，唯独三弟徐知谏对徐知诰以兄礼相待。徐知训曾经召集兄弟们饮酒，徐知诰没到，徐知训大发脾气说："这小子不来吃酒，难道要吃我的剑吗?"徐知训曾经和徐知诰一起饮酒，埋伏了甲士准备杀他，徐知谏暗地里在桌下踩了徐知诰的脚警告他，于是徐知诰假装上厕所，趁机逃掉。徐知训把剑交给左右侍从刁彦能让他去追杀徐知诰；刁彦能骑马追到半路，只举起剑让徐知诰看看就回去，回来后告诉徐知训说是没有追上。

平卢节度使、同平章事、诸道副都统朱瑾派他家里的女艺人去问候徐知训，徐知训打算强行占为己有，朱瑾愤愤不平。徐知训又讨厌朱瑾的地位比他高，于是在泗州设置静淮军，派朱瑾出任静淮节度使，朱瑾更加痛恨他，但是表面上事奉徐知训更加恭敬谨慎。朱瑾有一匹喜爱的马，怕它冬天冷养在幄幕中，夏天怕它被蚊虫叮咬养在纱罩中；又有个宠妓长得非常漂亮。徐知训到朱瑾家中来向他道别，朱瑾摆下酒宴，亲自举杯向徐知训敬酒，让那位漂亮的宠妓出来唱歌助兴，又把自己喜爱的马匹送给徐知训作为寿礼，徐知训非常高兴。朱瑾于是邀请徐知训到内堂，却偷偷在门内埋伏壮士。朱瑾把妻子陶氏叫出来拜见徐知训，趁着徐知训答礼回拜的时候，从后面用笏板把他打倒在地，呼唤埋伏的壮士们出来把徐知训斩杀。朱瑾事先在廊下绑着两匹悍马，准备杀掉徐知训的时候，偷偷教人把马放了，两匹悍马互相踢咬打闹，声音很大，所以屋内发生的事外头的人都不知道。朱瑾提着徐知训的头出来，徐知训的随从好几百人都吃惊四处逃散。朱瑾赶到吴王府，把知训的头拿给吴王杨隆演说："我已经为大王除掉祸害。"吴王感到害怕，用衣服遮住了脸不敢看，向里面走，说："舅舅你自己去做，这件事我不敢知道。"朱瑾大骂说："这奴才真是不堪共成大事。"于是把徐知训的脑袋摔到柱子上，拔剑将要走吴王府时，子城使翟虔等已经把王府的门关上，调来军队要讨伐他，朱瑾只好从后面翻墙出去，朱瑾跌断了脚，回头对追捕他的人说："我为万人除害，我一个人来承担大家的忧患。"说完就自杀了。

徐知诰在润州听到变乱，就用宋齐丘的建议，立刻率兵渡过长江，当时朱瑾已死，就安抚平定军府内外，当时徐温因为其他儿子都还弱小，于是就命令徐知诰代替徐知训掌理吴国的政事，把朱瑾的尸体沉在雷塘，诛灭他的家族。

朱瑾杀徐知训的时候，泰宁节度使米志诚带着十来名骑兵打听朱瑾的去向，听说他已经死了，才返回去；宣谕使李俨当时贫穷困苦，居住在海陵；徐温怀疑他们和朱瑾共谋，把他们都杀了。严可求还怕米志诚不肯接受命令，假称在袁州大败楚国的军队，将领、官吏们都入府向吴王杨隆演恭贺，让勇士们埋伏在戟门口，等米志诚来到，把他抓获杀死，把他的几个儿子也杀了。

壬戌日(二十一日)，晋王李存勖从魏州去杨刘慰劳军队，他亲自划船到黄河上测量水的深浅，河水的深度只淹没了枪。晋王告诉将领们说："梁军无意作战，只是想依靠河水阻止我们，让我们的部队疲劳，我们应当涉水去进攻他们。"甲子日(二十三日)，晋王李存勖率领亲信部队带头过河，其他部队都紧跟其后，大家都提起甲衣，横着枪，组成军阵向前推进。这一天河水又落了许多，刚到膝盖。匡国节度使、北面行营排阵使谢彦章率领部众在岸边防守，晋兵没有办法登岸，稍微往后撤退，梁兵从后追击。到了中流，晋兵鼓噪着又往回攻，谢彦章抵挡不住，撤退上岸，晋兵顺势进攻，梁兵大败，死伤的人员数都数不清，河水都变红，谢彦章孤身逃走。这一天，晋军攻陷了梁军临河的四个营寨。

前蜀唐文扆被杀后，太傅、门下侍郎、同平章事张格内心感到不安，有人劝张格称病，等待命令。礼部尚书杨玢恐怕自己因此失势，对张格说："您有帮助册立主上的大功劳，还有什么好担忧的呢？"庚午日（二十九日），蜀主王衍把张格贬为茂州刺史，杨玢贬为荣经尉；吏部侍郎许寂、户部侍郎潘峤都因为是张格的同党而被贬官。张格不久又被贬为维州司户，庾凝绩奏请把张格迁移到合水镇，命令茂州刺史顾承郾负责侦察张格做的阴暗的事。王宗侃的妻子因为和张格同姓，想要救他，对顾承郾的母亲说："好好地告诫你的儿子，千万可别替人家报仇，以后账会算到你头上来的。"顾承郾听从他母亲的话。庾凝绩知道以后，十分生气，按公事失职的罪行让顾承郾承担罪责。

秋季，七月，壬申朔日（初一日），前蜀主王衍封兼中书令王宗弼为巨鹿王，王宗瑶为临淄王，王宗绾为临洮王，王宗播为临颍王，王宗裔、王宗夔以及兼侍中王宗黯都为琅琊郡王。甲戌日（初三日），封王宗侃为乐安王。丙子日（初五日），任命兵部尚书庾传素为太子少保兼中书侍郎、同平章事。蜀主王衍并不亲自处理政事，朝廷内外官职任免都由王宗弼决定。王宗弼营私舞弊，全国上下都怨声载道。宋光嗣生性敏捷，善于迎合主上的心意，蜀主王衍非常宠信他，因此蜀国的国势渐渐衰弱。

吴国的徐温回到广陵的朝廷，他怀疑诸将都参与了朱瑾的谋划，准备大开杀戒。徐知诰、严可求两人把徐知训的过错和引起祸乱的原因详细地向徐温报告，徐温的怒气才稍微消下去，命令人到雷塘把朱瑾的骨头捞起来另行安葬，并且责备徐知训左右的部将们不能劝止补救，都治了罪；只有刁彦能经常上书劝谏，徐温特别奖赏他。戊戌日（二十七日），任命徐知诰为淮南节度行军副使、内外马步都军副使、通判府事，兼江州团练使。又任命徐知谏代理润州团练事务。徐温仍然回到金陵镇守，总掌吴国的大政，其他琐碎事务通通交给徐知诰去决定。

徐知诰和徐知训的所作所为截然相反，侍奉吴王杨隆演特别恭敬，接见士大夫很谦虚，以宽容驭使众人，以节俭约束自己。他以吴王杨隆演的名义下令，免除百姓在天祐十三年以前所欠的税收，其他部分等丰年大家收入充裕的时候再补缴。又征求民间的贤才，接纳部属的规劝，清除盗贼奸人，杜绝请托。军民一致归心，就是强悍的功臣英勇的武将也没有不心悦诚服的。在此以前，吴国有一种按人口征收的丁口钱，田赋也是按照耕种田地的多少交钱，这样使钱变贵，货物反而轻贱，百姓都觉得这是沉重的负担。齐丘劝徐知诰，认为“钱并不是耕田种桑所直接收获的，现在让老百姓缴交金钱，这是教老百姓舍本逐末。请免除丁口钱，其余的租税通通用稻谷、布匹等实物缴交，细绢每匹值一千钱的可以抵缴税金三千钱”。有人反对说：“这样一来，朝廷每年要损失好几万亿铜钱。”齐丘说：“哪有老百姓富足了，国家却反而贫穷的呢?”徐知诰听从他的建议。从此以后，江、淮之间空旷的土地全部开垦出来，满山遍野都种植上桑柘树，国家因此富足起来。

徐知诰想要重用齐丘，徐温却讨厌他，于是任命齐丘为殿直、军判官。徐知诰每夜把齐丘带到水中的亭子秘谈，常常谈到半夜，或者在高堂上，除去四面八方的屏障，只在中间摆了个大火炉，两人相向而坐，也不说话，只用拨火用的铁筷子在灰烬上写字，随手把它抹去，他们所谋划的事情，外面的人们无法得知。

虔州非常险要坚固，吴军久攻不下。后来军中流行瘟疫，王祺也病了，于是吴王杨隆演任命镇南节度使刘信为虔州行营招讨使。不久，王祺过世。谭全播向吴越、闽国、楚国求救。吴越王钱镠任命统军使钱传球为西南面行营应援使，率领二万名士卒进攻吴国信州；楚将张可求率领万名士卒屯驻在古亭，闽国军队则屯驻在雩都，共同来救援谭全播。吴国信州的守军只有几百人，出来迎战吴越军，战事失利；吴越军包围了信州城。信州刺史周本，把城门打开，但是在城内又张起布幕，召集僚佐们登上城楼饮酒奏乐，满天的飞箭像下雨一样，周本等人安然坐着不动；吴越的部队怀疑他们另有埋伏，在半夜，解除包围撤走。吴国任命前舒州刺史陈璋为东南面应援招讨使，率兵入侵吴越的苏州、湖州等地，钱传球从信州往南屯驻汀州。晋王李存勖派出秘密使者拿着书信去吴国请求会师，吴人以攻打虔州艰难而推辞。

晋王李存勖准备大举入侵梁国，周德威率领幽州军队三万人，李存审率领沧州、景州的军队一万人，李嗣源率领邢州、洺州的部队一万人，王处直率领易州、定州的部队一万人，另外还有麟州、胜州、云州、蔚州、新州、武州各路的兵马，奚、契丹、室韦、吐谷浑等部落，也都出兵会合。八月，又会合河东、魏博的部队，在魏州举行盛大检阅。

蜀国的亲王们都担任统军的军使，彭王王宗鼎对他的兄弟们说："亲王掌兵，这是引起祸乱的根源。现在主上年少，群臣的势力强大，将会引起很多流言蜚语，整军经武的事实在不是我们适宜做的。"因此坚决辞去军使职务，前蜀主王衍答应他的请求，让他管理书舍、种植松竹来自寻乐趣。

泰宁节度使张万进轻佻奸险好作乱，当时梁朝小人专权，向张万进索求财货，张万进听说晋国快要出兵，己酉日（初九日），派遣使者归降晋国，向晋国求援。梁朝任命亳州团练使刘鄩为兖州安抚制置使，率兵前往讨伐。

甲子日（二十四日），前蜀顺德皇后去世。

乙丑日（二十五日），蜀主王衍任命内给事王廷绍、欧阳晃、李周辂、宋光葆、宋承蕴、田鲁俦等为将军及军使，让他们参与国家政事，这些人骄傲放纵，贪婪残暴，成为蜀国的大祸害，周庠几次向蜀主王衍痛切劝谏，蜀主都不听。欧阳晃觉得他所住的房子不够宽敞，于是在晚上顺风纵火，烧掉他宅第西边军营的好几百间房子。第二天一早，召集工匠来扩充他的房子；前蜀主王衍对这件事情也不闻不问。

宋光葆是宋光嗣的堂弟。

晋王李存勖从魏州到了杨刘，率兵抄略郓州、濮州等地才回去，又沿着黄河进军，驻扎在麻家渡。贺瑰、谢彦章等率领梁朝部队屯驻在濮州北方的行台村，两方对峙，都不出战。

晋王喜欢亲自率领轻骑逼近敌人的营寨挑战，因此好几次都陷入险境，靠李绍荣奋力作战保护他，才得以脱身。赵王王镕和王处直都派遣使者写信劝告晋王说："百姓的命运都维系在大王身上，我们唐朝的中兴也维系在大王身上，大王为何要如此轻视自己身体的安危呢？"晋王李存勖笑着对使者说："要平定天下的人，不自己身经百战怎么能够达成目的呢？怎么可以深居帷房养肥自己呢？"

有一天，晋王李存勖要出军营，都营使李存审拉住马缰绳哭着劝谏说："大王应当为天下的百姓保重。攻城掠地、冲锋陷阵的事，应该是将士们的职务，是存审应该做的，不是大王的事。"晋王被李存审拉住马缰绳才返回。另一天，晋王李存勖察知李存审不在，催马急忙出营，回头对左右侍从们说："那老家伙就会妨碍人玩玩的兴致！"晋王率领数百名骑兵直奔梁军营寨，谢彦章在河堤下埋伏五千精兵；晋王李存勖率领十余名骑兵翻越堤防，梁朝埋伏的军队冲出来，把晋王内外包围了几十重，晋王李存勖在重围中奋战，后头跟上来的晋国骑兵在包围圈外头进攻，总算把晋王救出来。这时李存审的援军也正好赶到，梁军才撤回去。晋王这时才开始认识到李存审给他讲的话完全是一片忠心。

吴国的刘信派遣将领张宣等在晚上率领三千士兵偷袭在古亭的楚国将领张可求，把他打得大败；刘信又派遣梁诠等率兵攻击吴越及闽国的军队，两国听说楚国的部队吃了败仗，也退却了。

梅山蛮族入侵邵州，楚国将领樊须把他们击退回去。

九月，壬午日（十二日），前蜀内枢密史宋光嗣把判六军的官位让给了兼中书令王宗弼，前蜀主王衍同意了。

吴将刘信昼夜攻打虔州，杀死敌军数千人，仍没有攻下；于是派人游说谭全播，让他提供人质，呈献财货，吴兵就撤退回去。徐温听了大发脾气，把刘信的使者狠狠地杖打一顿。刘信的儿子刘英彦当时正统领亲兵，徐温派给他三千名士兵，对他说："你的父亲处在上游的地方，又率领着十倍于敌人的兵力，居然攻不下虔州，这是存心要造反！你可以带这些兵马，和你父亲一起造反！"又派遣升州牙内指挥使朱景瑜和他一起到刘信那儿去，对他们说："全播守城的士卒都是农夫，经过一年多的饥饿窘困，妻子儿女又都在城外，重围解开以后，一定互相道贺离去，只要他们听说吴军还要来攻打，一定都会逃跑，谭全播所守的城也就成了空城，只要我们再去，就一定能够攻陷。"

冬，十一月，壬申日（初三日），蜀国把神武圣文孝德明惠皇帝王建安葬在永陵，庙号高祖。

越主刘岩到南郊祭祀，实行大赦，改国号为汉。

刘信听到徐温的话，非常害怕，又率兵回头进击虔州。先锋的部队才到，虔州的部队就溃散了，谭全播逃往雩都，被追上活捉回来。吴国任命谭全播为右威卫将军，承领百胜节度使。

此前，吴越王钱镠经常从虔州到梁朝入贡，这时道路断绝，于是走海道经过登州、莱州，然后再到大梁。

起初，吴国的徐温认为自己权势虽重，职位却很卑微，于是劝吴王说："现在大王和各将领们都是节度使，虽然大王有都统的名义，但总觉得还不足以指挥统御他们，我请求大王建立吴国，即位称帝，治理各路节度使。"吴王没有答应。严可求多次劝说徐温，让他任用次子徐知询取代徐知诰管理吴国大政，徐知诰和骆知祥经过一番谋划，决定把严可求派出去担任楚州刺史。严可求接到任命后，到达金陵，觐见徐温，劝徐温说："我们奉行唐朝的正朔，常常声称要兴复唐室。现在姓朱的和姓李的两方正在相争，看情势，姓朱的渐渐衰微下去，李氏一天天兴旺起来。等到姓李的取得了天下，我们能北面向他称臣吗？不如赶快建立吴国，维系民心。"徐温大喜，又把严可求留下来，让他参与政事，开始草拟建国称帝的礼仪。徐知诰知道严可求不可能出任楚州刺史，于是把自己的女儿嫁给严可求的儿子严续。

晋王李存勖要进逼大梁，但是梁军扼守在他的前方，坚守壁垒，不肯出战，有一百多天。十二月，庚子朔日（初一日），晋王李存勖把军队推进到距离梁军只有十里的地方扎营。

起初，北面行营招讨使贺瑰擅长率领步兵，而排阵使谢彦章擅长率领骑兵，贺瑰对谢彦章与自己齐名耿耿于怀。有一天，贺瑰和彦章一起在野外部署防务，贺瑰指着一处高地对谢彦章说："这个地方可以建立一排栅栏。"到了后来，晋军正好在那个地方建栅防守，贺瑰就怀疑谢彦章和晋国私通。贺瑰几次都要出战，对谢彦章说："主上把全国的部队交给我们两人，可以说国家的命运都依靠我们了。现在顽强的敌人已经进逼到我们门口，而我们却还逗留着不肯出战，这样做对吗?"谢彦章回答他说："强大的敌人前来入侵欺凌，速战速决最有利于他们。现在我们深沟高垒，占据着渡口要害的地方，他们怎么敢深入进来?如果我们轻率地和他们作战，万一有什么失误，大事就办不成了。"贺瑰听了，更加怀疑他，偷偷地到梁末帝朱友贞那里进谗言毁谤他，又和行营马步都虞候曹州刺史朱珪图谋，趁着犒赏军士的时候，埋伏甲士，把谢彦章和濮州刺史孟审澄、别将侯温裕等人通通杀掉，然后向梁末帝报告说他们阴谋反叛。审澄和温裕都是骑兵中的优秀将领。丁未日（初八日），梁末帝朱友贞任命朱珪为匡国留后，癸丑日（十四日），又任命他为平卢节度使兼行营马步副指挥使来奖赏他。

晋王李存勖听说谢彦章被杀死，高兴地说："他们的将领自相残杀，马上就要灭亡。贺瑰为人凶残暴虐，已失去士卒的拥护之心，我们如果率兵直接攻击大梁，他们又怎能坚守壁垒不出来呢?能和他们决一死战，没有打不胜的。"晋王李存勖准备亲自率领一万名骑兵直捣大梁，周德威劝他说："梁人虽然杀了他们的大将，但是部队还完好无缺，如果我们轻易行动希望能占到便宜，恐怕没有什么好处。"

晋王不听他的。戊午日(十九日),晋王下令,让军中所有的老弱将士撤回魏州,他率兵直奔汴梁。庚申日(二十一日),把军营毁掉,率兵前进,号称十万大军。

辛酉日(二十二日),蜀国把明年的年号改为乾德。

贺瑰听说晋王李存勖率兵向西行动,也放弃营垒跟在晋军后面。晋王征调魏博的三万名普通百姓随部队出发,好帮忙扎营建栅,晋军所到之处,营垒栏栅马上就建好。壬戌日(二十三日),晋军到了胡柳陂。癸亥日(二十四日)早上,斥候报告说梁兵已经从后头跟上来了。周德威说:"敌人兼程赶来,还没有安身的地方,而我们的营栅已经很牢固,用来守备是没有什么问题的,但是,我们是深入敌境,一举一动都要考虑得十分周全,不能轻举妄动。这里离大梁很近,梁国的兵士们一想起他们的家,内心都非常激动愤慨,如果不用个好方法来对付他们,恐怕不容易占到便宜。大王最好按兵不动,请让我率领骑兵去骚扰他们,让他们不能休息,等到黄昏,营垒建立不起来,炊饭的柴火也没准备,那时候再趁着他们疲乏,可一举把他们消灭。"晋王说:"从前在黄河上恨没有看到敌人,现在敌人来了又不打,还等待什么,你为什么胆怯呢?"回头对李存审说:"下令运送粮饷的车子先出发,我替你们殿后,破了贼就走!"于是马上率领亲军出了营门,周德威不得已,只好率领幽州的部队跟了上去,他对他的儿子说:"我们要死无葬身之地了。"

贺瑰将军队组织成战阵赶到,横跨数十里。晋王李存勖率领银枪都攻进他的阵中,冲杀攻击,来回跑了十几里路。梁军的行营左厢马军都指挥使、郑州防御使王彦章战败,往西逃往濮阳。晋国的粮饷车队在战阵的西边,远远看见梁军的旗帜,大惊溃散,冲进幽州部队的阵中,幽州部队也乱成一团,自相践踏;周德威没有办法制止,父子两人都战死。魏博节度副使王缄和武器、粮草同行,也战死。

晋军已经乱得没有队形。这时梁军又从四面八方围抄过来,攻势很猛。晋王占据高丘收集散兵,到中午的时候,晋军的声势才稍微振作起来。陂中有个土山，贺瑰率兵将它占领。晋王对将士们说："今天，能攻下这座山的人得胜，我和各位一起把它夺下来。"于是率兵首先登上了山，李从珂和禁卫军大将王建及率领步兵跟在他的后面，梁兵见势纷纷下山，于是晋军夺取了这座山。

太阳已经快下山了，贺瑰的部队部署在山的西边，晋兵远远看去，心里都有点害怕。晋国将领们多认为各路部队还没有完全会合，不如收兵回营，明天早上再战。天平节度使、东南面招讨使阎宝说："王彦章的骑兵已经到濮阳，山下只有步卒，傍晚都想回家，我们居高临下攻打，一定会打败他们。现在大王率军深入敌境，周德威的侧翼部队已经失利，如果我们再撤退回去，一定会被他们乘机攻击。我们还没集结的各路兵马如果听到梁军又打胜，一定会没有交战自行溃散。凡是在决战的时候判断敌情，只能认真观察敌我双方的总的情况，如果总的情况搞清楚，决断时就要毫不犹豫。大王的成败，就在此一战。如果不能奋力取胜，就算是收拾残余的部众北返，恐怕河朔也没有办法保有了。"昭义节度使李嗣昭说："贼人还没有建好营垒，天晚了都想收兵回去，我们只要以精锐的骑兵骚扰他，让他们没空吃晚饭，等到他们撤退的时候，我们再从后头追击，一定可以击败他们。如果我们收兵回营，让他们回去喘息整顿后再来会战，谁胜谁负就很难说了。"王建及穿起战衣横执武器出发，说："敌人的大将已经逃跑，大王的骑兵一无所失，现在攻打这些疲乏的士卒，就像摧毁腐朽之物一样轻而易举。大王只要登上山头，看臣替大王破贼。"晋王李存勖恍然大悟说："不是你们提醒我，我差点判断错误。"于是李嗣昭、王建及率领骑兵大声呼叫着攻进敌阵，各路部队随后跟进，梁朝军队大败。晋国的元城令吴琼、贵乡令胡装分别率领万名平民百姓，在山上拉着树枝扬起尘土，大声地鼓噪着，助长声势。梁国部队自相践踏，抛弃的盔甲堆积得像小山一样高，死亡的人将近三万。胡装是胡证的曾孙。在这一天，两军损失士卒各有三分之二，都不能重新振兴起来。

晋王李存勖回到营垒中，听到周德威父子战死，哭得非常悲恸，说："损失我两员优秀的大将，这都是我的罪过呀！"于是把周德威的儿子幽州中军兵马使周光辅升任为岚州刺史。

李嗣源和李从珂失去联系，李嗣源看到晋军被挫败，又不知道晋王到哪里去了，有人告诉他："晋王已经渡河往北去了。"于是李嗣源乘着黄河上结冰也渡河往北，准备前往相州。当天，李从珂随从晋王，在攻取土山和傍晚的战役里都有功劳。甲子日（二十五日），晋王李存勖进攻濮阳，攻了下来，李嗣源听说晋军打了胜仗，又来濮阳觐见晋王，晋王很不高兴，说："你以为我已经死了不成？你渡河要到哪里去？"李嗣源赶快磕头请罪。晋王因为他儿子李从珂有功，就只罚他喝一大杯酒；从此晋王李存勖对待李嗣源逐渐冷淡。

起初，契丹主耶律阿保机的弟弟撒剌阿拨号称北大王，打算在国内阴谋作乱。事情被发觉，契丹主责备他说："我和你是手足之亲，而你竟然如此居心，我如果杀了你，那岂不是同你一样了吗？"于是就把他囚禁一年，然后释放。撒剌阿拨于是率领他的部众投奔晋国，晋王李存勖对他很优厚，把他收为养子，任命他为刺史；在胡柳作战的时候，撒剌阿拨的妻子也投奔来晋国。

晋军到了德胜渡，王彦章部队的败兵有逃到大梁的，他们说："晋国的军队打胜，大军马上就要到这里。"不久，晋国失散的士兵也冒冒失失地闯到大梁打听他们部队的所在，于是整个京城发生恐慌。梁末帝朱友贞立刻驱赶京城的人登城防守，同时又想逃到洛阳去，因为天黑才作罢。梁国溃散的部队回来归队的不到一千人，作战中受伤的都四处逃散，逃回他们的故乡，一个月以后才整顿成军。

贞明五年（己卯，公元 919 年）

春季，正月，辛巳日（十二日），蜀主王衍到城南郊外祭祀上天，实行大赦。

晋国李存审在德胜渡的南北建筑两个城防守，晋王李存勖任命李存审代替周德威为内外蕃汉马步总管。晋王回到魏州以后，派李嗣昭到幽州暂时管理军府事。汉主刘岩册立越国夫人马氏为皇后，马氏是马殷的女儿。

三月，丙戌日（十八日），蜀国北路行营都招讨、武德节度使王宗播等从散关进攻岐国，渡过渭水，击败岐国的将领孟铁山；碰上连日下大雨，才撤退回去，于是分出兵马戍守兴元、凤州和威武等地。戊子日（二十日），天雄节度使、同平章事王宗昱进攻陇州，没有攻下。前蜀主王衍奢侈放纵没有节制，每天和太后、太妃在显贵的大臣家里游玩饮宴，又到附近的名山游赏，饮酒作诗，所耗费的钱财简直没法算计。仗内教坊使严旭强行夺取士民家的女儿送进宫中，如能送出厚重的贿赂就能幸免，因此他一直升迁到蓬州刺史。而太后、太妃则分别下令，公开出售刺史、县令、录事参军等官职，每有官职出缺，好多人都争抢着送礼，礼送多的人就可以买上。

晋王李存勖亲自担任卢龙节度使，任命中门使李绍宏管理军府事，以代替李嗣昭。李绍宏是宦官，本来姓马，晋王另外赐给他姓名，让他和掌理岚州事务的孟知祥都担任中门使；孟知祥又推荐教练使雁门人郭崇韬，说他善于处理繁杂的事务，晋王任命郭崇韬为中门副使。郭崇韬这个人，风流潇洒，又有机智谋略，处断事情非常果决，晋王李存勖日渐宠信他。起初，中门使吴珪、张虔厚两人都因不能得晋王的欢心先后被治罪，到了李绍宏出任幽州的职务，孟知祥怕遭到灾祸，就推说生病请求辞职，晋王便任命孟知祥为河东马步都虞候。从此，郭崇韬专门管理国家机密。

梁末帝朱友贞下诏命令吴越王钱镠大规模进讨淮南。钱镠任命节度副大使钱传瓘为诸军都指挥使，率领五百艘战舰，从东洲出发进击吴国。吴国派遣舒州刺史彭彦章和副将陈汾防御。

吴国徐温带领将帅以及藩镇官吏请求吴王杨隆演称帝，吴王没有答应。夏季，四月，戊戌朔日（初一日），吴王登吴国王位。实行大赦，改年号为义武；建立宗庙和社稷等神庙，设置百官，宫中的一切文物制度都仿照天子礼制。自称以金德继承唐的土德，在丑月（十二月）举行腊祭。改谥武忠王杨行密为孝武王，庙号太祖，改谥威王杨渥为景王，尊奉母亲为太妃；任命徐温为大丞相，都督中外诸军事，诸道都统，镇海、宁国节度使，守太尉兼中书令、东海郡王。任命徐知诰为左仆射、参政事兼知内外诸军事，仍兼领江州团练使，任命扬府左司马王令谋为内枢密使，营田副使严可求为门下侍郎，盐铁判官骆知祥为中书侍郎，前中书舍人卢择为吏部尚书兼太常卿，掌书记殷文圭为翰林学士，馆驿巡官游恭为知制诰，前驾部员外郎杨迢为给事中。卢择，是醴泉人；杨迢是杨敬之的孙子。

钱传瓘和彭彦章两军相遇，钱传瓘命令每只船上装载灰土、豆子以及沙子。乙巳日（初八日），大战于狼山附近的江面。吴国的船舰乘风前进，钱传瓘把舰队带开躲避，等吴国的船过去了以后，钱传瓘就率领舰队从后面跟上来，吴国的舰队掉转头来要和他们交战，钱传瓘下令顺风扬灰，弄得吴国人眼睛都睁不开；到了两边船舷靠在一起后，钱传瓘又下令在己方的船板上铺上沙，而在对方的甲板上撒下豆，豆被受伤的人所流的血弄湿，吴国兵士一踩到都摔得四脚朝天。钱传瓘因此放火烧吴军的船只，吴军大败。彭彦章奋力作战，兵器被砍坏，抓起木头继续作战，身上受了十几处创伤，陈汾却按兵不动，不肯前来救援；彭彦章知道没有希望，就自杀了。钱传瓘俘获吴国副将七十多人，斩杀的首级有一千多个，焚烧的战舰有四百艘。吴国人斩杀陈汾，把他的家产集中起来全部没收，将陈汾一半家产赏赐给彭彦章家属，给他的妻子终身奉养。

贺瑰进攻德胜南城，分兵多路一起推进，用竹索把十多艘战船连在一起，蒙上生牛皮，像城墙一样在上面设置防御敌军进攻的短墙和木栅栏，把船横在黄河中，好截断晋国的救兵，使他们没办法渡河。晋王李存勖亲自率军前来救援，在黄河北岸列阵，没有办法前进；于是派遣善于游泳的马破龙游过河到南城去见守将氏延赏，氏延赏告诉他说守城的弓箭、石块马上就要用光，城池随时会陷落。于是晋王李存勖在军门前堆一大批金银布帛，悬赏征求能破梁朝战舰的人；大家都不晓得该怎么办，晋王亲军将领李建及（即王建及，因为曾经做李罕之的养子，所以史书有时称他为李建及）说："贺瑰率领他的全部军队来，希望在此一举。如果我军不渡过黄河，正好让他们得志。今天的事情，我李建及请求和他们决一死战。"于是挑选一批忠贞敢死的士兵，有三百人，都披上盔甲，拿着斧头，由李建及带领，乘着小船前进，接近战舰的时候，满天的流矢像下雨一样落下，李建及派拿斧头的军士到战船中间，把连接的竹索砍断，又用木罐装上木柴，浇上油点火，从上流顺水放下来，再用巨舰载着甲士，大声鼓噪进攻。梁国战舰连接的竹索被砍断，顺着河水往下漂流，梁兵被烧死的、溺死的有一大半，晋兵于是就渡过黄河。贺瑰突围逃跑，晋军在后面追赶，一直追到濮州才返回。贺瑰退扎在行台村。

蜀主王衍命令天策府的各个将领不得擅自离开驻地。五月，丁卯朔日（初一日），左散旗军使王承谔、王承勋、王承会都违犯命令，蜀主后来都原谅他们。从此这条禁令就没办法实行。

楚军向荆南发起进攻，高季昌请求吴国援救，吴王命令镇南节度使刘信等率领洪、吉、抚、信四州的步兵从浏阳直奔潭州，命令武昌节度使李简等率领水军进攻复州。刘信等到达潭州的东方边境，楚兵就停止对荆南的进攻，撤退回去。李简等攻入复州，活捉潭州知州鲍唐。

六月，吴国在沙山打败吴越的部队。

秋季，七月，吴越王钱镠派钱传瓘率领三万多士卒向吴国常州进攻，徐温率各军将领抵御，右雄武统军陈璋率领水军从下面的海门跟在吴越军的后面。

壬申日（初七日），吴越与吴在无锡交战。徐温生病发烧，没有办法指挥部队，吴越的军队猛攻中军，满天的流矢像雨一样落下来，镇海节度判官陈彦谦把中军的旗鼓迁移到左方，又找了一个长相酷似徐温的人，穿上铠甲，在那里发号施令，这样徐温才稍微能够休息一下；不久，徐温的病好了一点，又出来指挥作战。当时长期干旱，草都枯黄，吴国部队乘机顺风放火，吴越部队大乱，大败，将领何逢、吴建都被杀，被斩杀的首级有一万个。钱传瓘逃走了，吴国的军队一直追击到山南，又把他打败。陈璋在香弯也击败吴越军。徐温悬赏活捉叛将陈绍的人，赏一百万钱，指挥使崔彦章捉到。陈绍勇敢有谋略，徐温又让他掌兵。

起初在衣锦作战时，吴军的马军指挥曹筠背叛投奔吴越，徐温没有治曹筠妻子的罪，反而对她很好。另外派遣秘密使者对曹筠说："让你不得意而离去，这是我的过错，你不必担心你的妻子儿女。"等到这次战役，曹筠又投奔回吴国。徐温责备自己过去不用曹筠建议的三件事，绝口不提筠叛变的罪过，把田地房宅归还给他，恢复他的军职。曹筠内心惭愧而死。

徐知诰请求率领两千步兵，换上吴越军的旗帜、铠甲和仪仗，跟随吴越的败兵往东，偷袭苏州。徐温说："你的计划很好，但是我现在只想休兵，没时间照你所说的去做。"将领们都认为："吴越军队主要依靠船只，现在天气大旱，水路干涸，这是老天灭亡他们的时候，应当将我们的步兵和骑兵全部调动起来，一举消灭他们。"徐温叹口气说："天下经过多年的战乱，老百姓已经非常困苦，而且钱公钱镠也是不能随便轻视的；如果战争再延续不停，恐怕也是值得各位担心的事。现在我们打胜，教他们知道害怕，我们停止进攻，怀柔他们，使两国百姓都能够安居乐业，君臣高枕无忧，这不是很快乐吗？何必一定要再多做一些杀戮的事情呢？"于是领兵回去。

吴越王钱镠看到何逢的战马，悲痛得不能控制自己，将士们都衷心归服他。他宠姬郑氏的父亲犯法应当处死，左右大臣都替他说情，钱镠说："怎么可以因为一个妇人就乱了我们国家的法律？"于是把郑氏逐出宫去，然后把她的父亲处斩。钱镠从小生活在军队中，晚上从不卧睡，极端疲倦了就枕在圆木的小枕头上，或者靠在大铃上，睡熟了圆木的小枕头或大铃就会倾倒，他就醒过来，他把这个称作"警枕"。他还在卧室内放一个粉盘，如有什么需要记下来的就写在粉盘中，一直到老也是这样孜孜不倦。有时候睡得熟一点，外头有人来报告事情，教侍女在窗纸上弹弹，他就醒了。又时常弹射铜丸到楼墙外头去，以提醒值更的人提高警觉。有一回微服出行，在晚上要敲开门城北，守门的小吏不肯开门，说："现在就算是大王亲自来了也不能开。"于是他只好从另一个城门进城。第二天，把守北城门的官吏召来，给了他很丰厚的赏赐。

丙戌日（二十一日），吴王杨隆演立他的弟弟杨濛为庐江郡公，杨溥为丹阳郡公，杨浔为新安郡公，杨澈为鄱阳郡公，立他的儿子杨继明为庐陵郡公。

晋王李存勖回到晋阳后，任命巡官冯道为掌书记。中门使郭崇韬认为陪着晋王吃饭的将领太多，请求减少数量。晋王发脾气说："我给为我效死命的部将们准备一点吃的，这种事也不能做主，那干脆教军中另外推选一个河北主帅，我回太原去好了！"说完就把冯道召来让他草拟告示通知大家。冯道拿着笔迟疑徘徊一直不写，说："大王正要平定河南，安定天下，郭崇韬所请求的也不算是大过错；大王不听他的就是了，何必拿这个去惊动远近的部属呢？如果让敌国听到，会说大王君臣不和，这恐怕不是增加威望的做法。"正好郭崇韬进来谢罪，晋王才停止让冯道写告示。

起初，唐朝灭掉高丽，到了天祐初年，高丽石窟寺有个独眼僧人叫躬乂，聚集一批部众占据开州称王，国号大封国，到这时，派佐良尉金立奇向吴国纳贡。

八月，乙未朔日（初一日），宣义节度使贺瑰去世。梁朝任命开封尹王瓒为北面行营招讨使。王瓒率领五万兵马，从黎阳渡过黄河，迅速地攻击澶州、魏州，一直到顿丘，和晋兵遭遇才撤退回来。王瓒治军非常严格，令行禁止，占据晋军德胜城上游十八里处的杨村，在黄河的两岸修筑营垒，从洛阳运来竹子、木材搭造浮桥，从滑州接连不断地运来粮饷。晋国蕃汉马步副总管、振武节度使李存进也在德胜建造浮桥，有人劝他说："造浮桥要竹索、铁牛（沉在水中绑竹索的）、石囷(放在岸上固定竹索的),这些东西我们都没有,怎么造得成功呢?”李存进不听这些人的话,他用苇绳拴住大战船,再拴在土山上的大树上,一个多月就修成浮桥,人们都佩服他的聪明。

吴国徐温派遣使者带着吴王杨隆演的国书把无锡的俘虏送到吴越;吴越王也派遣使者到吴国请和。从此吴国休养士民,三十多州的百姓都安居乐业达二十多年。吴王杨隆演和徐温曾多次给吴越王钱镠去信,劝说钱镠在国内称王,钱镠没有听从他们的话。

九月,丙寅日(初二日),梁末帝朱友贞下诏削去刘岩的官爵,命令吴越王钱镠前往讨伐。钱镠表面上接受命令,实际上并不采取行动。

吴国庐江郡公杨濛有才气,常常叹气说:“我们的国家竟被别人把持,这样怎么可以呢?”徐温听了杨濛的话后,对他产生恶感。

资治通鉴卷第二百七十一　后梁纪六

起己卯（公元 919 年）十月，止壬午（公元 922 年），共三年三个月。

【题解】本卷记录了公元 919 年十月至 922 年的历史，共三年零三个月。为后梁末帝朱友贞贞明五年十月至龙德三年。晋梁双方仍然夹河大战，不分胜负。梁末帝听信蛊惑，逼反冀王朱友谦，丢失河中之地，国势更衰。河北成德镇将杀赵王王镕，投附后梁，末帝无动于衷，失去收复河北诸镇的大好时机。契丹南下被晋王李存勖打败，晋王乘势攻破镇州，军事上压倒后梁，谋称帝位。张承业因晋王不听谏言，忧郁而终。南方吴、闽、南汉、吴越诸国保境安民。吴国徐温尊奉杨溥即吴王位。蜀主王衍轻率伐岐，荒于政务，淫逸骄奢，丧失民心。

均王下

贞明五年（己卯，公元 919 年）

冬季，十月，吴国派杨濛出任楚州团练使。

晋王李存勖到魏州，征调几万名民工，扩建德胜北城，每天和梁军进行争夺战，大大小小打了一百多仗，双方各有胜负。左射军使石敬瑭和梁朝部队在黄河边大战，梁兵攻击石敬瑭，把他战马的披甲砍断，横冲兵马使刘知远把自己所乘的马让给他，自己乘坐断甲的马在后头慢走殿后；梁国部队怀疑有埋伏，不敢追击，两个人得以脱身，因此石敬瑭更加宠爱刘知远。石敬瑭、刘知远的先人都是沙陀人。石敬瑭是李嗣源的女婿。

刘鄩在兖州包围张万进已经一年多，城中危急困窘，晋王李存勖正和梁朝军队在黄河旁作战，没有力量救援他。张万进派遣亲信将领刘处让来向晋王请求援兵，晋王没有答应，刘处让在军门把自己的耳朵割下来，说：“如果请不到救兵，活着还不如死了算了！”晋王李存勖很钦佩他的义气，准备出兵救援，刚好刘鄩已经把兖州屠城，把张万进全族都杀灭，才作罢。晋王李存勖任命刘处让为行台左骁卫将军。刘处让是沧州人。

十一月，吴国武宁节度使张崇入侵安州。

丁丑日（十三日），后梁末帝朱友贞任命刘鄩为泰宁节度使、同平章事。

辛卯日（二十七日），王瓒率领部队到达戚城，和李嗣源作战，没有取得胜利。

后梁军在潘张修筑营垒，储蓄粮食，潘张离杨村五十里。十二月，晋王李存勖亲自率领骑兵从黄河南岸往西，截击梁军运送粮饷的部队，并俘虏他们，正要回去，梁军在回程的要道上埋伏，晋国军队大败。晋王率领几名骑兵逃走，被梁军的几百名骑兵团团围住，李绍荣认出晋王的旗帜，单枪匹马奋勇前往救驾，晋王李存勖才勉强脱身。戊戌日（初五日），晋王又和王瓒在黄河南岸交战，王瓒先取得胜利，俘获晋将石君立等。不久大败，王瓒乘着小船渡河，退守杨村北城，损失的兵马数以万计。梁末帝朱友贞听说石君立非常勇敢，想用他为将领，于是把他关在监牢里，优厚馈赠他，派人去游说他归降，石君立说：“我是晋国的败军之将，如果被梁人任用，就算是尽忠报效，又有谁能相信我呢？而且人各有君主，我又怎肯反被仇敌所用呢？”梁末帝还是很爱惜他，把俘虏的晋国将领通通杀掉，唯独留下石君立。晋王乘胜进击，攻下濮阳。后梁末帝把王瓒召回，任命天平节度使戴思远代理北面招讨使，驻扎在黄河抵御晋军。

己酉日（十六日），蜀国雄武节度使兼中书令王宗朗犯罪，被削去官职，恢复原姓名全师朗，命令武定节度使兼中书令桑弘志讨伐他。

吴国禁止百姓私藏武器，盗贼却越来越多。御史台主簿京兆人卢枢向吴王杨隆演建议说：“现在四方纷争，应该教导百姓作战。尤其是让善良的人畏惧法律不敢藏有兵器，奸险之人却玩刀弄棒，这是想要消除争战，却反而招来盗贼呀！应该团结民间兵力，让他们平时熟悉战事，有变乱的时候，也好各自保卫乡里。”吴王杨隆演听从了卢枢的意见。

贞明六年（庚辰，公元 920 年）

春季，正月，戊辰日（初五日），蜀国桑弘志攻克金州，活捉全师朗，把他呈献到成都，蜀主又把他释放。

吴将张崇进攻安州，没有攻下，率兵返回。张崇在庐州，贪暴不法。庐江百姓控告他们的县令收受贿赂，徐知诰于是派遣侍御史知杂事杨廷式前往调查，准备以此警告张崇。杨廷式说：“杂端（侍御史知杂事叫杂端）查处案件，权责重大，这件事非好好地究办不可。”徐知诰问道：“你要怎么办才好？”杨廷式说：“把张崇戴上刑具押起来，派官员到升州，也好责问一下都统。”徐知诰说：“所要调查的只是县令而已，哪需要闹得这么大？”杨廷式说：“县令只是个小官，实际的情形是张崇命令他榨取民间的钱财，然后再转献给都统，我们怎能只拍苍蝇而不敢打老虎呢？”徐知诰辞谢他说：“我本来就认为这种小事不必麻烦你。”徐知诰因此更加器重杨廷式。杨廷式是泉州人。

自从晋王得到魏州后，任命李建及为魏博内外牙都将，统率禁卫军银枪效节都。李建及为人忠诚豪壮，得到的赏赐，通通分给手下的士卒，能和他们同甘共苦，所以能得到士卒的拼死效力，每次都能立功，但也遭到同僚们嫉妒。宦者韦令图任李建及部的监军，他在晋王李存勖面前谗毁李建及说：“李建及把个人的财物拼命施舍给部下，这个人的野心不小，恐怕不能让他统领牙兵。”晋王因此就对李建及产生怀疑；李建及知道后，照样我行我素。三月，晋王李存勖免去李建及的军职，任命他为代州刺史。

汉国的杨洞潜奏请设立学校，开科取士，设立铨叙选拔的制度；汉主刘岩听从他的建议。

夏季，四月，乙亥日（疑误），后梁末帝朱友贞任命尚书左丞李琪为中书侍郎、同平章事。李琪，是李珽的弟弟，生性潇洒随便，仗恃赵岩、张汉杰的势力，到处收受贿赂。萧顷和李琪同时担任宰相，萧顷为人恭敬谨慎，暗地里察探李琪的短处。过了一段时间，有代理官职的人向李琪要求正式派任，李琪收了贿赂后就把代理改为正式派任。萧顷把这件事上奏给梁末帝。梁末帝十分生气，想把李琪流放到远方，经赵岩、张汉杰的帮助，才未流放，降为太子少保。

河中节度使冀王朱友谦率兵袭取同州，赶走忠武节度使程全晖，程全晖逃回大梁。朱友谦让他的儿子朱令德担任忠武留后，并上表请求梁末帝朱友贞正式的任命，梁末帝发怒，不肯答应。又恐怕朱友谦怒恨，己酉日（十七日），任命朱友谦兼任忠武节度使。后梁末帝的命令下达时，朱友谦已向晋王请求符节和斧钺，归降晋王，于是晋王李存勖直接发出亲笔手令任命朱令德为忠武节度使。

吴宣王杨隆演性情厚道恭敬，徐温父子把持国政，未曾有不平的意思表现在言行举止上，徐温因此对他很放心。后来徐温主张建国称制，不是杨隆演所乐意的，他经常喝酒，很少吃饭，慢慢就卧病在床。

五月，徐温从金陵入京朝见，参与商议谁可以为嗣君。有人迎合徐温的心思说："蜀先主刘备对诸葛武侯说：'嗣子如果不成才的话，先生可以取而代之。'"徐温很严肃地说："我如果有意取天下的话，在杀张颢的时候就做了，哪还要等到今天？就算杨氏没有儿子，如果有女儿也应该立她继位。今后再有敢胡言乱语的人一定处斩。"于是以宣王杨隆演之命迎接丹杨公杨溥回来代行处理政事，调任杨溥的哥哥杨濛任舒州团练使。

己丑日（二十八日），宣王杨隆演过世。六月，戊申日（十八日），杨溥即位为吴王，尊奉他的母亲王氏为太妃。

丁巳日（二十七日），蜀国任命司徒兼门下侍郎、同平章事周庠同平章事，并充任永平节度使。

后梁末帝朱友贞任命泰宁节度刘鄩为河东道招讨使，率领感化节度使尹皓、静胜节度使温昭图、庄宅使段凝等进攻同州。

闰月，庚申朔日(初一日)，蜀主王衍在万里桥建高祖原庙(已立太庙又再立的庙叫原庙)，率领后妃、百官用平日食用的美味并演奏音乐祭祀。华阳尉张士乔上表劝谏，认为不合于礼，蜀主很生气，要杀他，太后认为不能杀，于是免了他的官职，把他流放到黎州。张士乔感到愤怒，跳水自杀。

刘鄩等围攻同州，朱友谦向晋国求救；秋季，七月，晋王李存勖派遣李存审、李嗣昭、李建及和慈州刺史李存质等率兵前往救援。

乙卯日(二十六日)，前蜀主王衍颁发诏书，准备到北边巡视。任命礼部尚书兼成都尹长安人韩昭为文思殿大学士，地位在翰林承旨之上。韩昭不学无术，因为会逢迎拍马而得到蜀主宠信，能随时出入宫禁，他向蜀主王衍请求拿通州、渠州、巴州、集州这几州刺史的官职卖钱，用来建造房子，蜀主答应他。有识之士都意识到蜀国快要灭亡。

八月，戊辰日(初十日)，蜀主从成都出发，他身披金甲，头戴珠帽，手拿弓箭而行，部队的旌旗人马，连绵有一百多里。雒县县令段融启奏说：“大王实在不适宜远离京城，应该委派大臣前去征讨。”蜀主王衍不听他的。九月，军队驻扎在安远城。

李存审等人到达河中，当天就渡过黄河。梁军一向轻视河中的军队，每次交战都穷追不舍。李存审挑选两百名精锐士兵，混杂在河中的部队中，直逼刘鄩的营垒；刘鄩派出一千名骑兵追击他们，发现晋国的部队已经到了，大吃一惊，从此，刘鄩不敢轻易出动。晋军驻扎在朝邑。

河中归顺梁朝很久，将士们对归顺梁还是晋摇摆不定。诸路兵马会集后，粮草价格飞升，朱友谦的儿子们劝他暂时向梁朝归顺，好让梁军退走，朱友谦说：“过去和康怀贞作战时，晋王亲自来救援我们，甚至挑灯夜战。现在正和梁军相持，晋王又命令将帅披星戴月赶来援救，还给我们物资粮食，我们怎么能辜负他呢？”

晋军分兵去攻打华州，破坏华州的外城。李存审等按兵不动几十天以后，才出兵进逼刘鄩的营垒，刘鄩率众倾巢而出，大败，收拾剩余的部众退守罗文寨。又过了十几天，李存审对李嗣昭说：“野兽被逼急走投无路时会反过来和人拼命，不如放开一条路让他们逃走，再从后面追击他们。”于是派人在沙苑牧马。等刘鄩乘着黑夜逃去，晋军追击到渭水，又把他打败，斩杀虏获很多人。李存审等人张贴檄文，告示关右，同时率兵攻占很多地方，一直到下邽，谒拜唐帝的陵墓，在陵前痛哭一番后返回。

河中兵进攻崇州，静胜节度使温昭图很害怕。梁末帝朱友贞的使者供奉官窦维游说他说：“您所管辖的只不过华原、美原两个县，名义上是节度使，其实是一名镇将，比起人家大藩镇，哪能同日而语？您是否有意换个大藩镇呢？”温昭图说：“是这样的！”窦维说：“我来替您想个办法。”让温昭图上书请求换个地方；后梁末帝于是让汝州防御使华温琪暂为静胜留后。

冬季，十月，辛酉日(初三日)，蜀主王衍前往武定军，几天后，又回到安远。

十一月，戊子朔日(初一日)，蜀主王建任命兼侍中王宗俦为山南节度使、西北面都招讨、行营安抚使，任命天雄节度使、同平章事王宗昱，永宁军使王宗晏，左神勇军使王宗信为三名招讨作为副职，辅助王宗俦领兵伐岐。军队出故关，在咸宜建筑壁垒屯驻，又进入良原。丁酉日(初十日)，王宗俦进攻陇州，岐王亲自率领一万五千人屯驻汧阳。癸卯日(十六日)，蜀将陈彦威出散关，在箭筈岭击败岐国部队，蜀兵的粮食吃完，就撤退回去。王宗昱屯驻泰州，王宗俦屯驻上邽，王宗晏、王宗信屯驻威武城。庚戌日(二十三日)，前蜀主王衍自安远城出发，十二月，庚申日(初三日)，到达利州，阆州团练使林思谔前来朝见，请求临幸他的治所，蜀主答应了。癸亥日(初六日)，蜀主乘船顺嘉陵江而下，龙舟彩船金碧辉煌，嘉陵江两岸交相辉映，所经州县操办供给劳民伤财，百姓愁苦抱怨。壬申日（十五日），蜀主到达阆州，州民何康的女儿非常漂亮，正要出嫁，蜀主把她强娶过来，赐给她夫家一百匹帛，她的丈夫悲恸过世。癸未日（二十六日），前蜀主王衍到梓州。

赵王王镕依仗世代镇守成德，深得赵地人心，生长在富贵的环境中，仪态从容安逸，建造府第园池，极尽一时盛况，每天只知道到处游玩，不亲自处理政事，大小事情都依靠属僚们完成，深居在自己的府第，大权都移到左右臣子手中。行军司马李蔼、宦官李弘规在朝廷内外专权，宦官石希蒙尤其靠阿谀奉承得到赵王王镕的宠爱。

起初，刘仁恭派牙将张文礼随他的儿子刘守文镇守沧州，刘守文到幽州探望父亲刘仁恭时，张文礼在后头占据城池作乱，沧州的部队讨伐他，张文礼于是逃奔到镇州。张文礼好吹牛皮，自称通晓军事，赵王王镕很重视他，把他收为养子，改名为王德明，把军事都交给他掌理。王德明率领行营部队随从晋王李存勖征战，王镕想要用他为心腹，于是派都指挥使符习替代王德明，让他回来，任防城使。

王镕晚年信佛，喜欢求仙，专门讲习佛经，又学习道家符箓，广设斋醮向仙道祈祷，冶炼金丹。在西山建了一栋华丽的房子，常去游玩。每次出去游山玩水，往往几个月才回来，将士们随从的常常有上万人，来往供应吃的、用的，耗费巨大，军士和百姓都觉得吃不消。这个月，赵王王镕从西山回来，住宿在鹘营庄，石希蒙劝赵王再到别处去玩，李弘规对赵王说："晋王正在黄河两岸和梁军血战，栉风沐雨，迎着箭石身先士卒，而大王您却把供应军需的物资挪用于不紧急的花费上面；眼下正处在艰难困苦时期，人心难测，王老是让府第空虚着而率领随从远游，万一有奸人乘机作乱，关起城门，拒绝您回去，那要怎么办?"赵王准备回去，石希蒙又偷偷和赵王说："李弘规乱造离间人心的谣言，又说出不恭敬的话来胁迫大王，这是准备向外人夸耀来增加自己的威望。"赵王于是留了下来，住了两三天还不想回去。李弘规教内牙都将苏汉衡率领亲军，披上盔甲，拔出兵刃，到军帐前对赵王说:“士卒们离家在外风吹日晒已经很久,都想跟大王一起回去!”李弘规随即走上前来对赵王王镕建议说:“石希蒙老劝您不停出游,我听说他背地里要阴谋叛变,我们请求杀了他安抚大众。”赵王不听他的,牙兵于是起哄大闹,砍下石希蒙的脑袋,往前向赵王请求,赵王王镕又怒又怕,立刻赶回王府。当晚,派他的长子副大使王昭祚和王德明率兵包围李弘规及李蔼的家,把他们全族都诛杀,被牵连治罪的有十几家。又将苏汉衡杀掉,拘捕他的党羽,彻底追究他们反叛的情况,赵王的亲信部队感到十分惊恐。

吴国的金陵城建成,陈彦谦呈上开销账册,徐温说:“我委任你办这件事,哪还须核计你的开销?”于是把账册通通烧了。

当初闽王王审知承照制书让他的侄儿泉州刺史王延彬兼任平卢节度使。王延彬治理泉州十七年,军民都能安居乐业。恰好王延彬得到了白鹿和紫芝,僧人浩源认为这是王者的符瑞,从此王延彬就骄傲放纵,秘密派遣使者从海路到梁朝入贡,请求封他为泉州节度使。事情败露后,王审知诛灭浩源及其同党,罢免了王延彬的官爵,打发他回家。

汉主刘岩派遣使者到蜀国,表示愿意彼此和好交往。

吴越王钱镠派遣使者到楚国为他的儿子钱传琇求婚,楚王马殷答应他的请求。

龙德元年(辛巳,公元921年)是年五月始改年号为龙德。

春季,正月,甲午日(初七日),前蜀主王衍回到了成都。

起初,前蜀主王衍为太子时,高祖王建为他聘娶兵部尚书高知言的女儿为妃,太子妃不受宠信;后来韦妃入宫,蜀主对她更是疏远,这时候太子妃被遣送回娘家,高知言吓得病倒,从此吃不下东西,后来就病死。韦妃是徐耕的孙女,特别漂亮,蜀主到徐家去的时候,见到她而觉得喜爱,太后于是就把她纳进后宫,蜀主不愿意被批评说是娶了母亲家族的亲人,就假称她是韦昭度的孙女。开始任她为婕妤,后来逐渐升为正妃。前蜀主经常挂起锦缎围成屏障,在里面击球，往往到较远的地方而屏障外的人不知道。又喜欢日夜焚烧各种香料，时间久了觉得厌倦，又另外焚烧皂荚来冲淡原有的香气。用缯帛结成山形，在山上结出宫殿楼阁等的形状，缯帛如果被风吹雨打损坏，就用新的换上。

有时在缯山上饮酒作乐，一住十来天都不想下来。在缯山前面又挖了一条水渠直通宫中，有时候在晚上乘船回去时，命令宫女们在前面船上拿着千余支蜡烛，面向后站立照着，水面上光明得有如白昼。有时在宫禁里面畅饮，乐声喧腾，一直闹到天亮。这些情况经常发生。

甲辰日（十七日），后梁把静胜节度使温昭图改派为匡国节度使，镇守许昌。温昭图一向事奉赵岩，所以能得到有名的藩镇。

前蜀主、吴主曾多次写信劝晋王李存勖称帝，晋王把这些书信让他的僚属们看，并说："过去王建王太师也曾经给先王写信，劝说唐室灭亡，大家应该各据一方称帝。先王对我说：'过去天子临幸石门，我出兵讨伐贼臣，那时，声威振天下，我如果挟持天子占据关中，自己起草赐封九锡和禅让的诏书，又有哪个人能阻止得了我？只是我们家世世代代忠孝，只知道为皇室效劳立功，篡逆的事情绝不能做，以后你也应当以努力恢复唐朝社稷为志向，千万不能学这些家伙的作为！'这话就好像还在耳边一样，所以他们这个说法我是想都不敢想。"晋王说完就哭了。不久，晋王的左右将佐以及藩镇官吏们不断劝他称帝，于是他让有关部门购买玉石制作传国宝物。黄巢攻破长安的时候，魏州僧人传真的师父得到传国宝物，收藏了四十年，这时候，传真以为传国宝物是普通的玉石，准备把它卖掉，有人认出这块玉，说："这是传国宝物啊！"传真于是带到行台献给晋王，晋王李存勖的左右将佐们都举杯祝贺。

张承业在晋阳听说这件事，到魏州劝晋王李存勖说："我们先王世世代代都效忠唐朝，为国家的患难奔波，老奴三十多年来替大王筹措整理财税，征调补给兵马，是为了消灭叛逆的贼人，好恢复本朝的社稷啊！现在河北才刚刚平定，朱氏逆贼还存在，大王就要登上大位，这绝不是我们一向出兵征伐的本意，天下拥护我们的人不就一下子要解散了吗？大王何不先灭掉朱氏，报了历代圣王的深仇，然后寻到唐王室的后人拥立为帝，向南夺取吴国，向西夺取蜀国，横扫天下，合为一家，到那个时候，就算是高祖、太宗再活过来，又有谁敢居于比您高的地位？推让得越久，将来得到的也能保持得更稳固。老奴我没有别的意思，只是因为我曾经受过先王的大恩大德，想为大王建立万年不朽的基业而已。"晋王李存勖说："这本来也不是我要的，但是群臣们的意思我没办法拒绝啊！"张承业知道这事阻止不了，悲恸地哭着说："天下诸侯奋力血战，本来也都是为了恢复唐朝，现在大王自己攫取战果，这是误了老奴啊！"随即返回晋阳，忧劳成疾，再也没能起来。

二月，吴改年号为顺义。

赵王王镕杀掉李弘规、李蔼后，让他的儿子王昭祚掌管政权。王昭祚性情骄傲刚愎，掌握大权后，把凡是过去依附李弘规的人都杀灭全族。李弘规统率的五百士卒想要逃走，他们聚集在一处哭着商量，却不晓得该逃到哪里去。刚好各部都得到赏赐，赵王气恼亲军杀石希蒙，单独不发给他们赏赐，大家更感到害怕。王德明心里一向有谋叛的意思，于是就乘着他们害怕的时候用话激他们说："赵王命令我把你们这些人全部坑杀。我觉得你们没有罪却被杀死，想服从赵王的命令又不忍心杀你们，不杀你们我又得罪了赵王，我该怎么办呢？"大家都感动地哭出来。这天晚上，赵王亲军中有人住在潭城西门，他们在一起喝酒，相与谋划。酒喝到半醉，有个比较骁勇壮健的人说："我们都了解王太保（指王德明）的意思，将来的富贵，就决定在今天晚上！"说完他们就翻过城墙进到城内。这时赵王王镕正在府内烧香接受符箓，两个人进去砍下他的脑袋退了出来，放火烧了王府。军校张友顺率领众人到王德明家中，请求他担任留后，王德明就恢复原来的姓名张文礼，并且把王氏全族都杀灭，只留下王昭祚的妻子普宁公主，以此来托身后梁。

三月，吴国把吴越王钱镠的堂弟龙武统军钱镒送回钱塘，钱镠也把吴国将领李涛送回广陵。徐温任命李涛为右雄武统军，钱镠任命钱镒为镇海节度副使。

张文礼派遣使者告诉晋王李存勖赵州已乱，奉表劝晋王登基，请求晋王授予他符节和斧钺。晋王正摆下酒宴畅饮作乐，一听到这消息，投下酒杯，悲哀得哭出来，准备出兵讨伐张文礼。左右属僚们都认为张文礼虽然犯了大罪，但是晋国正和梁朝对抗，不能再在自己的侧后方树立敌人，应该暂且依从他的请求好生安抚他。晋王不得已，夏季，四月，派节度判官卢质秉承旧制授张文礼为成德留后。

陈州刺史惠王朱友能造反，率军直逼大梁，梁末帝朱友贞下诏陕州留后霍彦威、宣义节度使王彦章、控鹤指挥使张汉杰等率兵前往讨伐。朱友能进军到陈留，部队被打败，逃回陈州，各路军队包围陈州。

五月，丙戌朔日(初一日)，梁末帝朱友贞改年号为龙德。

起初，刘鄩与朱友谦有姻亲关系。刘鄩奉诏讨伐朱友谦时，部队到达陕州，先派遣使者带信给朱友谦，向他劝说利害关系；等了一个多月，朱友谦不听他的，刘鄩才率兵进攻。尹皓和段凝一向妒忌刘鄩，乘机向梁末帝朱友贞毁谤说："刘鄩逗留不进攻，这是给贼人喘息的机会，让他们能等到援军到达。"梁末帝相信他们的谗言。刘鄩被打败回来，以生病的理由请求解除兵权，梁末帝下诏准他到西都洛阳医治，秘密让洛阳留守张宗奭用毒酒害他，丁亥日(初二日)，刘鄩去世。

六月，乙卯朔日(初一日)，发生日食。

秋季，七月，惠王朱友能投降。庚子日(十七日)，后梁末帝朱友贞下诏免去他的死罪，降他为房陵侯。

晋王李存勖答应各藩镇要他登基的请求，开始访求唐朝旧臣，以便充当朝廷百官。朱友谦派遣前礼部尚书苏循到晋王的行台，苏循到魏州，一进入牙城，看到行台官府就弯腰拜起来，说这是拜殿。看到晋王后又高呼万岁，行“舞蹈”之礼，激动得甚至掉下眼泪，自称臣。第二天，苏循又献上三十支大笔，自称是皇帝批诏书用的“画日笔”。晋王李存勖十分高兴，马上恢复苏循的官职，任命他为河东节度副使。

张承业特别反感苏循。张文礼虽然接受晋国任命，但是心里还是觉得不安稳，又派遣密使借着卢文进的关系向契丹求援；另外也派遣使者告诉梁朝说：“王氏已经被乱兵杀了，普宁公主倒是安然无恙。现在臣已向北方召唤契丹，请求朝廷再派一万名精锐部队相助，从德州、棣州渡河，那么晋国人要逃都来不及了。”梁末帝朱友贞犹疑不能决定。敬翔说：“陛下如果不乘这个机会收复黄河以北，那么晋人很难再被攻破。应当顺从他们的请求，机不可失啊！”赵岩、张汉杰这一班人却都说：“现在强敌就迫近在黄河上，调动我们全部的军力来抵御，都还怕抵挡不住，哪还有闲暇分出一万军士去救张文礼呢？况且张文礼根本就是心怀贰志，想要靠此来巩固他的势力，对我们又有什么好处呢？”于是后梁末帝停止对张文礼的援救。

晋人曾多次在边境和黄河渡口边抓获张文礼送给契丹和后梁国用蜡丸密封、用白绢书写的书信，晋王李存勖每次都派使者给张文礼送回去，张文礼感到惭愧惧怕。张文礼猜忌刻赵国的旧将，借故就把他们诛灭。符习率领一万赵国军士在德胜跟随晋王作战，张文礼请求把他召唤回去，改派其他将领代替他，又任命符习的儿子符蒙为都督府参军，还派人带着钱财布帛到行营慰劳将士取悦符习。

符习求见晋王李存勖，痛哭流泪请求让他留下来，晋王对他说：“我和赵王曾经订立同盟要共同讨伐逆贼，我们的情义像骨肉手足一般，万没想到赵王身边出现祸端，我心里感到十分哀痛。你如果不忘旧君，能够替他报仇吗？我愿意资助你兵马粮饷。”符习和部将三十多人匍匐在地上哀恸地哭着说：“故使（指王镕）授给我等每人一把剑，教我们要去驱逐敌寇，我们听到发生变故后，满腔的冤气愤怒无处投诉，想要举剑自刎，又想到这样对已死的人也没有什么益处。现在大王念在故使以前辅佐的辛勤，允许我们报仇，我们不敢劳烦军府的兵马，我们愿意率领部下前去捉拿凶手，来报答王氏对我们世世代代的恩情，即使死去也没什么悔恨的。”

八月，庚申日（初七日），晋王李存勖任命符习为成德节度留后，又命令天平节度使阎宝、相州刺史史建瑭率军帮助他，自邢州、洺州向北进发。张文礼肚子长疽病倒；甲子日（十一日），晋兵攻下赵州，刺史王铤投降，晋王李存勖又任命他为刺史，张文礼听到这个消息，又惊又怕，就过世了。他的儿子张处瑾隐瞒不发布死讯，和他的党羽韩正时计划倾全力抵御晋军。九月，晋军渡过滹沱河，围攻镇州，决开漕渠的水灌城，俘获深州刺史张友顺。壬辰日（初十日），史建瑭被流箭击中身亡。

晋王李存勖打算分出一部分兵力攻打镇州，后梁北面招讨使戴思远听说后，谋划用杨村的人马袭击德胜北城。晋王抓到投降的后梁兵后才知道这件事。冬季，十月，己未日（初七日），晋王李存勖命令李嗣源把军队埋伏在戚城，叫李存审屯驻在德胜，先派出骑兵引诱梁军，假装部队很弱又很胆怯。于是梁军争先恐后地进击，晋王率领中军在后头严阵以待；梁兵到达的时候，晋王李存勖派三千精锐铁骑奋力反击，梁军大败，戴思远逃回杨村，士卒被晋军杀伤以及自相践踏掉进河水、陷入冰中，损失两万多人。晋王李存勖任命李嗣源为蕃汉内外马步副总管、同平章事。

起初，义武节度使兼中书令王处直没有儿子，妖人李应之在陉邑得到叫刘云郎的男孩，就把他送给了王处直，说：“这个小孩有富贵相。”让王处直收为义子，取名叫王都。王都长大后，巧辩使诈，王处直很喜爱他，特别设置新军，让他掌管。王处直有个庶出的儿子王郁，得不到宠爱，就投奔晋国，晋王李克用把女儿嫁给他，他几次升迁，做到新州团练使。王处直的其他儿子都还幼少；后来王处直任命王都为节度副大使，准备把他立为继承人。

晋王李存勖讨伐张文礼的时候，王处直认为镇州、定州唇齿相依，怕镇州被灭亡后，定州就孤立无援，于是极力向晋王进谏，认为现在正在和梁朝对抗，应该暂且赦免张文礼的罪。晋王回答他说张文礼杀国君，照理绝对不能赦免；王处直又想暗中勾引梁军，但又怕对易州、定州不利。王处直觉得担忧，想到新州靠近契丹，就秘密派人去告诉王郁，要他们贿赂契丹，教契丹人入侵边境，好解救镇州之围；王处直的部将们都劝他不能这么做，王处直就是不听。王郁一向恨王都冒充继承他的本宗，就以此来请求王处直把自己立为继承人，王处直答应他的请求。

军府的人们都不愿招致契丹人入侵，王都也忧虑王郁夺取他的地位，就偷偷地与书吏和昭训阴谋劫持王处直。刚好有一天王处直在城东设宴款待张文礼的使臣，傍晚回来的时候，王都率领几百名新军埋伏在王府中，起哄大吵大闹，劫持王处直，对他说："将士们都不愿意把契丹人召来，请令公您暂且住到西边的房。"于是把王处直的妻妾都一并幽禁在王府西边的房舍，又把王处直在中山的子孙以及平日引为心腹的部将通通杀了。王都自立为留后，又上书向晋王报告详情；晋王就让王都代替王处直的职位。

吴国徐温劝说吴王去南郊祭祀，有人说："国家新成立，礼乐还没有完备，过去唐朝祭祀上天的时候，开销有巨万之大，现在我们恐怕没有能力办到。"徐温说："哪有王者不事奉上天的！我听说事奉上天，贵在诚心诚意，又何必要多花费呢？唐朝每次在南郊祭祀上天，开启南门的时候，门枢上都要灌一百斛的油脂，这是末世过于奢侈骄泰的流弊，又哪值得效法呢？"甲子日（十二日），吴王到京城南郊祭祀上天，以太祖配享。乙丑日（十三日），实行大赦；加封徐知诰同平章事，兼领江州观察使。不久以后又改江州为奉化军，让徐知诰兼任节度使。徐温听说寿州团练使崔太初因苛刻烦琐失掉民心，想要征调他，徐知诰说："寿州是边疆大镇，征调他恐怕会发生变乱，不如教他入京朝见，把他留下来。"徐温很生气地说："一个崔太初都没办法节制，又能拿别人怎么办?”于是调他为右雄武大将军。

十一月，晋王派李存审、李嗣源驻守德胜，亲自率兵进攻镇州。张处瑾派遣他的弟弟张处琪和幕僚齐俭向晋王认罪请求归降，晋王不答应，倾全力进攻，十天还没攻下。张处瑾派韩正时率领千名骑兵突围而出，赶往定州，打算向王处直请求援救。晋军一直追到行唐，把韩正时俘获斩杀。

契丹主已经允许卢文进出兵援救张文礼，王郁又劝他说:“镇州美女如云，金银布帛堆积如山，天皇王要赶紧前去，这些东西就都是你的，要不然，就要通通归晋王所有。”契丹主耶律阿保机觉得很有道理，就征调所有的部众南侵。述律皇后劝他说:“我们拥有盛产羊马的富饶西楼，这里也算是其乐无穷，何必要劳师远征乘人之危占取便宜呢?我听说过晋王用兵，天下无敌，我们如果有什么危险失败，后悔也来不及了!”契丹主耶律阿保机不听她的劝告。十二月，辛未日(二十日)，契丹主率军进攻幽州，李绍宏据城防守。契丹军队长驱南下，围攻涿州，十天就攻下，活捉了刺史李嗣弼。然后进攻定州，王都向晋王告急，晋王从镇州率领五千亲军前往援救，并派遣神武都指挥使王思同率兵驻扎狼山以南抵御契丹人。

后梁高季昌派都指挥使倪可福带领一万多士卒修筑江陵外城，高季昌前去巡视，责备他进度太慢，就打了他一顿棍子。高季昌的女儿是倪可福儿子倪知进的媳妇，高季昌对他的女儿说:“回去告诉你公公，我只是想树立威严，教众人都认真办事而已。”并将数百两银子送他。

这一年，汉国任命尚书左丞倪曙同平章事。

辰州、溆州的蛮族入侵楚国，楚宁远节度副使姚彦章率军击败他们。

龙德二年(壬午，公元922年)春季，正月，壬午朔日(初一日)，王都到西边房舍去看望王处直，王处直挥拳殴打他的胸部，说:“逆贼!我哪一点对不起你!”四处没有兵刃，王处直就要咬王都的鼻子，王都把袖子都拉断，才得脱身。没过多久，王处直忧愤而死。

甲午日（十三日），晋王李存勖到达新城南面，侦察的骑兵回来说契丹军的前锋驻扎在新乐，准备过沙河向南进军。晋国将士们听了都大惊失色，开始有士兵逃亡，主将把他们抓回后处斩，但还是没有办法阻止逃亡的发生。将领们都说："敌人出动全部兵力前来进犯，我们恐怕寡不敌众；听说梁军也入侵，我们最好把军队调回魏州解决最根本的问题，或者撤掉对镇州的包围，率军向西进入井陉来回避一下。"晋王李存勖听了犹豫不能决定。郭崇韬说："契丹人是被王郁引诱，本来是要夺取财货而来，并不是真能解救镇州危难。大王最近才大败梁军，声威震动夷、夏各国，契丹人一听到大王来了，一定心惊气丧，如果再能打败他们前锋的话，他们一定就会逃回去。"李嗣昭从潞州到达，也说："现在强敌在前，我们只能前进，不能后退，不能轻易动摇人心。"晋王李存勖于是说："帝王的兴起，自有天命，契丹还能拿我怎么样？我们率领数万人平定山东（指现在的河北一带，因为在太行山以东，所以叫山东），现在碰上这些小贼却要躲避他，将来还有什么脸威临四海？"于是亲自率领五千名精锐铁骑带头进发。到了新城北面，一半军队刚走出桑林，契丹一万多名骑兵看到他们，都吓得逃走。晋王李存勖于是兵分两路，分头追击，追了几十里，俘获契丹主耶律阿保机的儿子。当时沙河上桥很狭窄，河上结的冰又很薄，契丹士卒跌到水中溺死的很多。当晚，晋王停驻在新乐。契丹主随军带的车帐扎在定州城下，败兵到来，契丹军全部退到望都坚守。晋王李存勖来到定州，王都到马前迎接，请求把自己的爱女嫁给晋王的儿子李继岌。

戊戌日（十七日），晋王李存勖率兵进逼望都，契丹兵迎战，晋王率领一千名亲军打前锋，碰上奚族酋长秃馁率领的五千名骑兵，被秃馁的军队包围，晋王奋力作战，出入敌阵好几次，从午时一直打到申时仍打得难分难解。李嗣昭听到晋王被围，赶紧率领三百名骑兵从侧面攻击敌军，敌人退走，晋王才得以冲出重围。晋军发动全面攻势，奋力进击，契丹兵大败，晋军一直追击到易州。碰巧下了近十天的大雪，地上积了好几尺雪，契丹人马都得不到粮草，沿路死了好多人。契丹主耶律阿保机举起手指着天，对卢文进说："老天没有让我到这里来。"于是就往北撤退回去。晋王李存勖率军从后追击，到契丹兵停留过的地方，观察他们宿营的场所，看到铺在地上的稻草，摆设得圆是圆，方是方，好像都经过编结剪裁一样，虽然已撤离，却连一根杂乱的都没有，晋王叹气说："胡虏执法竟然能这么严格，这是中原军队赶不上的。"晋王到达幽州，派遣两百名骑兵在契丹部队的后方追踪，交代他们说："敌人离开国境后就可以回来了。"骑兵仗恃着勇敢就往前追击，结果被契丹人全部抓获，只有两个骑兵从别的路上逃跑才得以逃脱。

契丹主耶律阿保机怪罪王郁，把他绑起来带回去，从此再也不听他的意见。

晋国代州刺史李嗣肱率兵平定妫州、儒州、武州等地，晋王任命他为山北都团练使。

晋王北攻镇州时，李存审对李嗣源说："梁国人听到我们在南方兵力减少，却还不进攻德胜，这一定是准备偷袭魏州。我们两人都聚在这里干什么？不如分出部队来防备他们。"于是就分出一部分兵力屯驻澶州。戴思远果然出动杨村全部的梁军直奔魏州，李嗣源率兵赶在梁军的前面，驻扎在狄公祠，又派人向魏州告警，让他们有所防备。戴思远的部队到达魏店，李嗣源就派遣他的部将石万全率领骑兵向梁军挑战。戴思远知道晋军在魏州已经有防备，于是往西渡过洹水，攻下成安，大肆劫掠一番撤退回去。又率领五万部队进攻德胜北城，设置好几道的壕沟、营垒，彻底截断城内外的联络，日夜发动猛攻，李存审倾全力防守。晋王李存勖听说德胜的形势危急，二月，从幽州出发，五天到达魏州。戴思远听说晋王率军将要到来，就烧毁军营逃回杨村。

蜀主王衍喜欢微服出游，酒家、妓院无处不到；后来他怕人们，就下令让士民们都戴大帽子。

晋国天平节度使兼侍中阎宝修筑墙垒把镇州包围起来，又决开滹沱河水淹镇州城，内外往来都被断绝，城中粮食被吃光，丙午日（二月无此日），城中派出五百多人到城外找食物。阎宝故意让他们出来，埋伏下兵马俘虏他们；但是这些人出来后就开始进攻围城营垒，阎宝轻视他们，没有加以防备，不大一会儿城中又有数千人相继拥过来。晋军各路人马还没会集，镇州部队于是破坏围城的营垒冲了出来，放火攻击阎宝的军营，阎宝抵挡不住，只好退守赵州。镇州部队就把晋军营垒全部毁掉，接收晋军留下来的粮草，搬了好几天都没有搬完。晋王听说此事，调昭义节度使兼中书令李嗣昭为北面招讨使，代替阎宝。

夏季，四月，蜀国的军使王承纲的女儿正要出嫁，蜀主就把她纳进宫里，王承纲向蜀主要人，蜀主王衍大发脾气，把他流放到茂州。王承纲的女儿听说父亲被治罪，自杀了。

甲戌日（二十四日），张处瑾派出一千多名士卒到九门外迎接夺取的晋军粮食，李嗣昭在旧营设下伏兵，阻击迎粮士卒，差不多把梁军全都杀掉或捕获。只剩下五个人躲在城墙角落，李嗣昭骑着马绕着他们，用箭射杀，镇州的士兵一箭射过来，刚好射中嗣昭的脑袋，李嗣昭箭囊中的箭用完，他拔出头上所中的箭，一箭就把对方射死。刚好天色晚了，李嗣昭回到营中，伤口流血不止，当晚就过世。晋王李存勖听说这件事，好几天都吃不下酒肉。李嗣昭遗命：把泽州、潞州的所有兵马通通交给判官任圜指挥，让他继续督导各路兵马进攻镇州。任圜发布命令和以前完全一样，镇州人不知道李嗣昭被射死。任圜是三原人。

晋王李存勖任命天雄马步都指挥、振武节度使李存进为北面招讨使。又命令李嗣昭的儿子们护送灵柩归葬晋阳；李嗣昭的儿子李继能不接受命令，率领父亲的牙兵几千人，从行营保护灵柩要回潞州。晋王李存勖派遣他的同母弟弟李存渥赶快骑马追上去劝说他们，李继能的兄弟们都感到气愤，想杀了李存渥，李存渥得知后急忙逃了回去。李嗣昭有七个儿子：李继俦、李继韬、李继达、李继忠、李继能、李继袭、李继远。其中李继俦担任泽州刺史，应当继承爵位，但他个性一向懦弱。李继韬则生性凶悍狡猾，把李继俦囚禁在别屋，然后假装士卒们强迫拥护他为留后，李继韬表面上假装推辞，又把这事情向晋王李存勖报告。晋王因为频频用兵，在不得已的情况下，改昭义军为安义军，任命李继韬为留后。

阎宝兵败后又被免职，很羞愤，背上又长了个疽，在甲戌日（二十四日）过世。

汉主刘岩相信术士的话，到梅口镇游玩以躲避灾祸。当地接近闽国的西方边境，闽国将领王延美率领军队偷袭他，走到离刘岩还有几十里的地方时，侦察的人告诉刘岩，刘岩赶紧逃跑，才免遭袭击。

五月，乙酉日（初六日），晋国李存进到达镇州，在东垣渡扎营，并在滹沱河两岸建造营垒。

晋国卫州刺史李存儒，本姓杨，名叫婆儿，因为会演戏而得到晋王宠爱。这个人力气相当大，晋王赐给他姓名，又派他担任刺史；他却专门敛财，守城士卒只要交月课钱，他都放他们回家。八月，梁朝庄宅使段凝和步军都指挥使张朗率兵乘着黑夜渡过黄河偷袭他，天亮的时候攻进城中，活捉李存儒，攻下卫州。戴思远又和段凝攻下淇门、共城、新乡，这时，澶州以西、相州以南的地区都归后梁所有。晋军失去三分之一的军用储备，后梁军又振作起来。后梁末帝朱友贞任命张朗为卫州刺史。张朗是徐州人。

九月，戊寅朔日（初一日），张处瑾派他的弟弟张处球乘李存进没有准备，率领七千士兵迅速扑向东垣渡。当时晋军的骑兵也正在向镇州城进发，双方人马在路上都没有碰面。镇州部队攻到李存进的营门，李存进仓促之间率领十几人在桥上抵抗，镇州人马往后撤退，晋国骑兵正好截断他们的退路，前后夹击，镇州部队几乎全军覆没，李存进也战死。晋王任命蕃汉马步总管李存审为北面招讨使。镇州城内食尽力竭，张处瑾派出使者到行台请求投降，还没有得到回报，李存审的部队已兵临城下。丙午日（二十九日）的晚上，城内的领李再丰当内应，偷偷放下绳索让晋军攀上城头。天亮时，晋军已经全部攻进城里，活捉张处瑾的兄弟和家人，以及他们的党羽高濛、李翥、齐俭等人，押送到行台，赵国的人们都强烈要求杀了吃他们的肉，又把张文礼的尸体在街市上车裂示众。赵王过去的侍者在灰烬中找到赵王的遗骸，晋王李存勖命令用隆重祭礼好好安葬赵王。晋王李存勖任命赵国将领符习为成德节度使，乌震为赵州刺史，赵仁贞为深州刺史，李再丰为冀州刺史。乌震是信都人。

符习不敢接受成德节度使，他辞让说："故使赵王没有留下后代，又没安葬，符习应当服斩衰重服来安葬他，等事情办妥再听候大王的差遣。"把赵王安葬后，他马上就到行台。赵国人都请求晋王李存勖兼领成德节度使，晋王答应了。于是晋王划出相州、卫州两地设置了义宁军，任命符习为节度使。符习又推辞说："魏博是个霸府，不可以分割，我只希望能封我河南梁国的一个镇，我再自己去把它攻下。"于是晋王李存勖任命他为天平节度使、东南面招讨使。加任李存审兼侍中。

十一月，戊寅日（初二日），晋特进、河东监军使张承业去世，曹太夫人到张承业的府第为他服丧，和他的儿子、侄儿们服的丧礼一样。晋王李存勖听到张承业的死讯，好几天都吃不下饭。于是命令河东留守判官何瓒代理河东军府的事务。

十二月，晋王任命魏博观察判官晋阳人张宪兼任镇冀观察判官，并且暂时代理镇州军府的事务。

魏州赋税拖欠得很多，晋王李存勖因此责怪司录济阴人赵季良，赵季良说："殿下什么时候能够平定河南的梁人？"晋王大发脾气说："你的职务就是监督收税，自己的本分都做不好，还敢管我军事方面的事情？"赵季良回答说："殿下正在计划平定天下，却不爱护自己的百姓，一旦百姓有叛离的心意，恐怕殿下连河北都不能保有，何况是河南呢?”晋王听后很高兴，向他道歉。从此，晋王对赵季良很重视，每次商量大事都让他参与谋划。

这一年，契丹改年号为天赞。

朝鲜大封王躬乂，性情残忍，海军统帅王建把他杀了，自立为王，重新称高丽王，定开州为东京，平壤为西京。王建生活节俭，对人宽厚，国内人民生活安定。

资治通鉴卷第二百七十二　后唐纪一

起止癸未(公元 923 年)，共一年。

【题解】本卷记录了公元 923 年一年的史事，为后唐庄宗李存勖同光元年。晋王李存勖与梁末帝朱友贞大战数年，仍不分胜败。梁末帝听信谗言，任用宦官监军，妨碍良将用兵，导致梁军屡战屡败。晋王刚愎，谋略不当，先后发生张文礼、李继韬叛乱。九二三年二月，晋王在魏州即位，国号大唐。李嗣源用计夺取郓州，梁将王彦章在危机时刻出奇兵打败晋军，围困杨刘，形势发生逆转。生死存亡之际，梁末帝罢免王彦章起用庸才段凝，王彦章军败，唐军进军大梁，梁末帝自杀，后唐代后梁。后梁全境归服唐庄宗李存勖。楚王马殷、荆南高季昌相继归附。庄宗宠信伶官，宠爱刘夫人，游猎宴赏，拒谏敛财，吴、荆南离心。蜀主王衍荒淫，听到后梁灭亡，祈福求神，不思危。

庄宗光圣神闵孝皇帝上

同光元年(癸未，公元 923 年)是年四月即位始改年号为同光。

春季，二月，晋王李存勖下令设置百官，在河东、魏博、易定、镇冀四镇判官选拔前朝士族，任命为宰相。河东节度判官卢质的条件、资格最合适，卢质却坚决推辞，请求任命义武节度判官豆卢革和河东观察判官卢程；晋王李存勖于是即刻征豆召革、卢程二人，拜为行台左、右丞相，任命卢质为礼部尚书。

后梁末帝朱友贞派遣兵部侍郎崔协等，任命吴越王钱镠为吴越国王。丁卯日(二十二日)，钱镠建国，仪仗侍卫的名称比照天子的制度，称住的地方为宫殿，府署为朝廷，给部属的命令为制敕，将领、官吏们对他都要自称臣，只是不更改年号，向梁朝上表的时候只自称吴越国而不称镇海、镇东军。任命清海节度使兼侍中钱传瓘为镇海、镇东留后，总理军府事务。设置百官，有丞相、侍郎、郎中、员外部、客省等使。

李继韬虽然接受晋王李存勖的命令为安义留后，但心里始终不安，他的幕僚魏琢、牙将申蒙又从中挑拨说："晋国没有什么人才，将来终究要被梁国并吞。"刚好晋王李存勖正在设置百官，三月，征召监军张居翰、节度判官任圜赶赴魏州，魏琢、申蒙又向李继韬游说，说："晋王急忙征召这两人，实情可想而知。"李继韬的弟弟李继远也劝继李韬归附梁国，李继韬于是派李继远出使前往大梁；请求以泽州、潞州向梁国归附称臣。梁末帝朱友贞大为高兴，把安义军改名叫匡义军，任命李继韬为节度使、同平章事。李继韬留下他的两个儿子作为人质。

安义军旧将裴约戍守泽州，边哭边对部下说："我事奉故使已经有二十几年，看到他均分财货，犒赏士卒，只为一心一意要消灭仇敌。现在故使不幸过世，灵柩都还没有安葬，而郎君却马上就有背弃君亲的心志，我宁死也不愿意随从他们！"于是就占据州城防守。后梁末帝朱友贞任命勇将董璋为泽州刺史，并让他率兵攻打裴约。

李继韬散发钱财，招募军士，尧山人郭威前往应募。郭威醉酒后意气用事杀了人，被逮捕在监狱中，李继韬爱惜他有才干勇气，就放他逃走。

契丹侵略幽州，晋王李存勖问郭崇韬谁可以率兵作战，郭崇韬推荐横海节度使李存审。当时李存审正生病，己卯日（初五日），晋王下令改派李存审为卢龙节度使，带病登车上任。又任命蕃汉马步副总管李嗣源兼领横海节度使。

晋王李存勖在魏州牙城南面修筑祭祀用的坛宇，夏季，四月，己巳日（二十五日），登到坛上，祭告天帝，登上皇帝位，国号叫大唐，大赦天下，改年号为同光（原来用唐朝的年号天祐）。尊奉生母晋国太夫人曹氏为皇太后，嫡母秦国夫人刘氏为皇太妃。任命豆卢革为门下侍郎，卢程为中书侍郎，都同平章事；郭崇韬、张居翰为枢密使，卢质、冯道为翰林学士，张宪为工部侍郎、租庸使，又任命义武掌书记李德休为御史中丞。李德休是李绛的孙子。

后唐庄宗李存勖下诏卢程到晋阳册封太后、太妃。起初，太妃没有儿子，却性情贤淑，不妒忌别人；太后原来是武皇李克用的侍姬，太妃常常劝武皇要对她好一点，太后自己也谦虚退让，因此两人相处得很欢洽。接受册封后，太妃到太后的宫中向她道贺，表现得很高兴，太后却有点儿不太好意思。太妃说："但愿我们的儿子享国能够长久一点，我们将来死了埋在地下，墓园还能够有人照顾，其他的还谈什么呢?"两个人因此又面对着面哭了一会儿。

豆卢革、卢程两人都轻佻浅薄，没有什么特殊才能，后唐庄宗李存勖因为他们是衣冠大族后代，又是霸府大镇的幕僚长，所以就起用他们。

起初，李绍宏担任中门使、郭崇韬担任中门副使。到这时，李绍宏从幽州被征召回朝，郭崇韬嫉恨原来的老同事地位在他之上，就推荐张居翰为枢密使，建议让李绍宏为宣徽使，李绍宏因此非常恨郭崇韬。张居翰为人温和谨慎而怕事，军国机密政事都由郭崇韬掌管。支度务使孔谦自认为才能勤敏出众，应该当上租庸使；可是大家都认为他出身低，背景差，不适宜一下子就主管重要的职位，所以郭崇韬另外推荐张宪，而让郭谦当他的副使，孔谦心中也不高兴。

后唐把魏州升为兴唐府，在这里建东京，又在太原府建西京，同时把镇州升为真定府，建北都。任命魏博节度判官王正言为礼部尚书，兼任兴唐尹；任命太原马步都虞候孟知祥为太原尹，代理西京副留守；任命潞州观察判官任圜为工部尚书，兼任真定尹，并代理北京副留守；任命皇子李继岌为北都留守、兴圣宫使，兼判六军诸卫事务。当时唐国共有十三个节度、五十个州。

闰月，唐庄宗李存勖追尊皇曾祖李执宜为懿祖昭烈皇帝，祖父李国昌为献祖文皇帝，考（父死称考）晋王李克用为太祖武皇帝。在晋阳立宗庙，从高祖、太宗、懿宗、昭宗至懿祖以下，共七个庙宇。

甲午日（二十日），契丹入侵幽州，一直攻到易定才回去。

这时契丹人经常入侵后唐，强夺他们的粮食，幽州一年的粮食不够半年用。卫州被后梁夺取，潞州内部也发生叛乱，人们都感到危险，认为不能消灭后梁，后唐庄宗李存勖也为此担忧。刚好梁国郓州将领卢顺密来归降。起先梁国天平节度使戴思远屯驻杨村，留下卢顺密和巡检使刘遂严、都指挥使燕颙防守郓州，所以卢顺密就对后唐庄宗说："驻守郓州的士兵不足一千人，刘遂严、燕颙都丧失民心，可以用偷袭的方法把它攻取下来。"郭崇韬等都认为："孤军远袭，万一作战失利，将白白损失几千人，卢顺密的建议不能采行。"后唐庄宗私下把李嗣源叫到他的帐中来商议说："梁人现在正打算并吞泽州、潞州，东方一定没有防备，如果能攻取东平，就等于击溃他们的心腹部位。东平你看有可能攻下吗？"李嗣源在上次胡柳战役时因为渡河往北撤退一直觉得惭愧，就一直想再建立奇功补过，于是回答说："现在我们多年用兵，百姓都疲乏不堪，如果不出奇计来取胜，又有什么办法能完成我们的大功业呢？我希望一个人挑起这次战役的重担，一定会有好消息报告您。"后唐庄宗很高兴。壬寅日（二十八日），派遣李嗣源率领他所属的五千名精兵从德胜赶往郓州。到达杨刘镇的时候，天色已经晚了，又下着阴雨，道路上一片漆黑，将士们都不希望再前进，高行周说："这是上天助我啊，敌人一定没有防备。"当天夜里，部队渡过黄河兵临郓州城下，城里的人却还不知道，李从珂首先登上城墙，杀掉守备的士卒，打开城门放进外头人马，进攻牙城，城中大乱。癸卯日（闰月无此日）早上，李嗣源的人马通通攻进城中，攻下牙城，刘遂严和燕颙逃回大梁。嗣源禁止部队放火抢劫，安抚当地官吏百姓，活捉知州事节度副使崔笃、判官赵凤，送往兴唐。后唐庄宗李存勖极为高兴，说："总管你真是奇才，我们的事情成功了。"马上任命李嗣源为天平节度使。

后梁末帝朱友贞听说郓州失守，十分害怕，在大街上把刘遂严、燕颙斩了，罢免戴思远招讨使的官职，降为宣化留后；派遣使者责备北面的各将领段凝、王彦章等人，催促他们赶快进兵作战。敬翔知道梁国已经很危急，把绳子放在靴子中，入宫觐见后梁末帝说："先帝夺取天下的时候，不认为臣没有才能，臣所提的建议没有不被采纳的。现在敌人的势力日益强大，而陛下又忽视臣的建言，臣活着也没有什么用，还不如死了算了。"于是取出绳子准备上吊自杀。梁末帝朱友贞立刻阻止他，问他到底想建议什么，敬翔说："事情已经很紧急了，不起用王彦章为大将的话，事情就没办法挽救。"后梁末帝听从他的建议，让王彦章代替戴思远为北面招讨使，仍然用段凝为副招讨使。

后唐庄宗李存勖听说这件事后，亲自率领亲军驻守澶州，命令蕃汉马步都虞候朱守殷防守德胜，告诫他说："王铁枪勇敢果决，现在又是满肚子的愤激之气，一定会来攻击你，你可得好好防备！"朱守殷是后唐庄宗小时候的奴仆。

后唐庄宗又派遣使者送信给吴王，告诉他唐国已攻下郓州，请求共同出兵攻击梁国。五月，使者到吴国，徐温想骑墙观望，派水师沿着海岸北上，看哪边打胜就帮助哪边。严可求说："如果梁国要求我们登陆去帮助他们，我们要用什么理由拒绝？"于是徐温停止行动。

梁末帝朱友贞召见王彦章，问他多长时间可以击败敌人，王彦章回答说："三天。"左右大臣们听了都哑然失笑。王彦章出了皇宫，两天之内，就赶到滑州。辛酉日（十八日），举行一个大规模酒宴，又暗中派人在杨村准备船只；当天夜里，命令六百名甲士，都拿着大斧，船上载运一些铁匠，准备鼓风的皮囊和火炭，顺流而下。宴会还没结束，王彦章假装起来上厕所，率领几千名精锐部队沿着黄河南岸进逼德胜。当时天正下着小雨，朱守殷没有防备，梁军在船上的士兵就把连接晋军船只的锁烧断，又把浮桥上的绳索用巨斧砍断，而王彦章同时率军猛攻南城。唐军在黄河上的浮桥断了，德胜南城也同时被攻破，数千人被斩首，距离彦章接受梁末帝朱友贞的命令刚好是三天。

朱守殷用小船载着士卒渡过黄河援救，已来不及了。王彦章又向潘张、麻家口、景店诸寨发起进攻，都攻下来。王彦章声势大振。

后唐庄宗李存勖派遣宦官焦彦宾迅速赶到杨刘，与杨刘镇使李周在那里坚守。又命令朱守殷放弃德胜北城，拆下屋子的木料做成大木筏，载运兵士和武器顺河东下，前往杨刘协助防守；又把德胜北城的粮草、柴火等都迁移到澶州，这样一来损失了一大半物资。王彦章也把德胜南城的房屋木料拆下做成木筏沿河东下，王彦章和朱守殷两军各靠一边行船，遇上黄河的弯曲之处，就要在河中流交战一番，满天的流箭像下雨一样，有时候整条船都翻覆，一天之内交战到百余次，两边互有胜负。到了杨刘后，两方差不多都损失一半士卒。

己巳日（二十六日），王彦章和段凝率领十万部众进攻杨刘，百路并进，日夜不停，又连接九艘巨舰，横在河上的渡口，以断绝唐军的援兵。杨刘城几次都要失陷，靠着李周全力防守，和士卒们同甘共苦，最后王彦章还是没办法攻下，于是率兵退到城南驻扎，把营寨连起来坚守。杨刘城向后唐庄宗李存勖告急，请求以每日行军百里的速度前去救援；后唐庄宗率兵前往援救，并且说："有李周在那里，有什么忧虑的？"于是日行六十里，在路上还照常打猎。六月，乙亥日（初二日），后唐庄宗率军到达杨刘。梁兵设下的壕沟、营垒有好几重，布防得很严密，根本就攻不进去，后唐庄宗很头痛，问郭崇韬有什么好计策，郭崇韬回答说："现在王彦章占据着河上渡口要地，认为这样就能毫不费力地攻下东平；实际情形是如果我们的援军不往南去救援，东平就确实守不住。臣请求在博州东岸修筑营垒巩固河上的渡口，这样既可以接应东平，又可以分散敌人的兵力。只是担心王彦章侦探到这一消息，直接逼近我们，那么城就建立不起来。希望陛下招募敢死的士卒，让他们每天都向后梁军挑战以牵制敌人，如果王彦章十天不向东开进，那么城就可以建起来。"当时李嗣源防守郓州，河北的消息不通，人心渐渐离散，眼看着早晚就要保不住。刚好梁国右先锋指挥使康延孝偷偷地向李嗣源请求投降，康延孝是太原的胡人，曾经犯罪，就逃亡投奔梁国，隶属于段凝的部属。李嗣源派遣押牙临漳人范延光送康延孝密封的蜡书到后唐庄宗李存勖所在地去，范延光向后唐庄宗报告说："杨刘的防备已经很稳固，梁军一定攻不下来，请求在马家口修建营垒以打通通往郓州的道路。"后唐庄宗听从了他的建议，于是派遣郭崇韬率领一万人在晚上出发，加倍赶路前往博州，到达马家口后，渡过黄河，在南岸日夜不停地筑城。后唐庄宗在杨刘，和梁国的部队日夜不停地苦战。郭崇韬修筑新城共用六天，王彦章听到此事，率领数万大军直奔新城，戊子日（十五日），王彦章猛攻新城，连接十几艘巨舰横在黄河中流以阻断郭崇韬的援军通路。当时城墙才刚建好，高度不够，土石也不牢固，又没有城楼和其他的守备设施；崇韬慰劳士卒们，亲自带头，四面防御，又派遣秘密使者向后唐庄宗李存勖告急。后唐庄宗从杨刘亲率大军前来救援，在新城的西岸布阵。城内看到援军来了，士气大振，大声吆喝辱骂梁军，梁军把连接船只的绳索砍断，撤回战舰；后唐庄宗的船刚要渡河，王彦章撤除包围，退到邹家口坚守。郓州向后唐庄宗奏报的道路才打通。

李嗣源秘密上表给后唐庄宗，请求究办朱守殷战败的罪责，庄宗不答应。

秋季，七月，丁未日（初五日），后唐庄宗李存勖率领军队沿着黄河向南开进，王彦章等放弃邹家口，又开赴杨刘。甲寅日（十二日），唐国游弈将李绍兴在清丘驿南方打败梁国游散部队，段凝以为唐国部队已经在黄河上游渡河，大惊失色，当面就责怪王彦章，怪他不应该深入敌境，以至于疏忽后方防务。

乙卯日（十三日），前蜀侍中魏王王宗侃去世。

戊午日（十六日），后唐庄宗李存勖派骑将李绍荣直抵后梁营，抓获后梁军哨兵，后梁军更加恐惧，李绍荣又用火点着木筏焚烧后梁军连在一起的战船。王彦章等听说后唐庄宗率兵已经到达邹家口，己未日（十七日），就解除对杨刘的包围，撤退到杨村防守；唐兵从后追击，梁兵又退守德胜。梁兵前后猛攻各城，士卒遭到流矢、飞石攻击，掉到河里溺死的和中暑而死的，将近有一万人，抛弃的粮草、盔甲兵器、锅子帐幕，往往数以千计。杨刘解围的时候，城内已经三天没东西吃了。

王彦章憎恨赵岩、张汉杰干扰国政，他当招讨使后，对亲信说："等我打胜回来的时候，我一定要杀尽这些奸臣，好告谢天下人!"赵岩、张汉杰听到这些话，私下议论说："我们宁可死在沙陀人的手中，也不可让王彦章来杀我们。"于是两人合作想要扳倒王彦章。段凝一向妒忌王彦章的才能，又谄媚附和赵岩、张汉杰两人，在军中动辄就和王彦章作对，千方百计损伤他的声誉，唯恐他建立战功，又暗中侦伺王彦章的过失，向梁末帝朱友贞打小报告。每次军队的捷报到达京城的时候，赵岩、张汉杰两人都把功劳归给段凝，因此王彦章最后连一点功劳都没有。到了后来退守杨村的时候，梁末帝听信谗言，恐怕王彦章立下了大功难以节制，就把他调回大梁，让他率兵和董璋一起攻打泽州。

甲子日(二十二日)，后唐庄宗李存勖到达杨刘慰劳李周，说："要不是你善于防守，我的事业早失败了。"

中书侍郎、同平章事卢程因私事求于兴唐府，兴唐府的官吏们没有答应，他就用鞭子抽打府吏们的背。光禄卿兼兴唐少尹任团，是任圜的弟弟，也是皇帝堂姐的女婿，知道这事就跑去找卢程理论。卢程骂他说："你是什么东西?你想依靠妇人的力量来压我不成?"任团只好跑去向后唐庄宗报告。庄宗大怒，说："朕错任这个蠢物为宰相，他竟然敢侮辱朕的九卿!"打算命令卢程自杀。卢质全力解救，才将卢程贬为右庶子。

裴约派遣密使向后唐庄宗告急，庄宗说："我哥哥李嗣昭不幸生了这个畜生，只有裴约还能知道是非、忠奸。"回头对北京内牙马步军都指挥使李绍斌说："泽州是个弹丸小地方，对朕也没有什么用处，你替我去把裴约救回来。"八月，壬申日(初一日)，李绍斌率领五千士卒前往援救裴约，还没有到达泽州，泽州城已被攻破，裴约也战死，后唐庄宗李存勖十分痛惜。甲戌日（初三日），庄宗李存勖从杨刘返回兴唐。

梁末帝朱友贞命令滑州的梁军决开黄河河堤，让河水往东流注到曹州、濮州以及郓州一带，阻止晋军的进攻。

起初，后梁末帝曾派遣段凝在黄河上监督大军作战，敬翔、李振多次请求罢免他。梁末帝说："段凝又没有什么过错。"李振说："如果等到他有过错，国家就危险了。"到这时，段凝重重地贿赂赵岩和张汉杰两个人，请他们设法让自己担任招讨使，敬翔和李振知道了，都极力反对；最后由于赵岩、张汉杰一手包办，段凝终于代替王彦章担任北面招讨使，于是军中老将们都愤恨不平，士卒们也不服气。天下兵马副元帅张宗奭对梁末帝朱友贞说："臣担任天下兵马副元帅，虽然老朽，自信还能替陛下抵御北方的敌人。段凝是个晚辈，过去立下的功劳和声名都还不足以教人心服，现在大家对他的新职都议论纷纷，这样下去恐怕会给国家带来忧患。"敬翔也劝梁末帝说："将帅的人选关系到整个国家的安危，现在国家的局势已经很危急，陛下怎能不特别谨慎小心呢？"后梁末帝朱友贞都没有听从。

戊子日（十六日），段凝率领全军大约五万人在王村扎营，又从高陵津渡过黄河，在澶州各县剽掠，一直前进到顿丘。

梁末帝朱友贞命令王彦章率领保銮骑士和其他部队约一万人，屯驻在兖州、郓州的边境，准备收复郓州，并派张汉杰监督他的军队。

庚寅日（十九日），后唐庄宗李存勖率兵屯驻在朝城。

戊戌日（二十七日），康延孝率领一百多骑兵来投奔后唐，后唐庄宗脱下锦袍玉带赏赐给他，任命他为南面招讨都指挥使，兼任博州刺史。庄宗李存勖屏退侍从，单独向康延孝询问梁国的状况，康延孝回答说："梁国的辖地并不小，兵员也不算少；但是仔细考察他们的所作所为，将来一定会灭亡。为什么这么说呢？梁主本人昏庸懦弱，赵岩、张汉杰兄弟又专权跋扈，对内勾结后宫近侍，对外广收贿赂，任官职位的高低只看贿赂送的多少，根本不看人的才能和品行，也不考虑过去的功勋劳绩。段凝智慧勇气一样都没有，一旦得势，位居王彦章、霍彦威之上，他掌兵以后，只知道克扣军饷，好拿去事奉巴结朝中权贵。梁末帝每次出兵，不把军权交给将帅，经常用亲信监督军队，军队前进与否，常受这些人制约。最近又听说梁末帝准备数路出兵，命令董璋率领陕州、虢州、泽州、潞州等地的部队从石会关进逼太原，霍彦威率领汝州、洛州的部队从相州、卫州、邢州、洺州进攻镇州、定州，王彦章、张汉杰率领禁军进攻郓州，段凝、杜晏球则率领大军和陛下对抗，听说已经决定在十月大举进兵。依臣看，梁兵如果聚合在一起，可以说不算少，但是如果分成数路，那每一路的数量就不多了，陛下可以沉住气养精蓄锐，等到他们兵力分散以后，率领精锐骑兵五千人，从郓州直接攻到大梁，擒捉伪王朱友贞，不出十天到一个月时间，天下就可以平定。”后唐庄宗李存勖十分高兴。

前蜀主王衍把文思殿大学士韩昭、内皇城使潘在迎、武勇军使顾在珣当作陪伴嬉游饮宴的人，随从陪侍蜀主游玩、宴会，和宫女们相杂而坐，或者是互相唱和淫艳歌曲，或者是打情骂俏，极尽粗鄙淫乱，而蜀主王衍却很高兴。顾在珣是顾彦朗的儿子。

当时枢密使宋光嗣等专断国家大事，任意施威肆虐，专门顺从前蜀主王衍的欲望来盗用大权。宰相王锴和庾传素等只知道保全自己的地位，也没有人敢规劝谏正。潘在迎常劝蜀主王衍把进谏的人杀掉，以免他们毁谤国家。嘉州司马刘赞献上陈后主三阁图，并作歌讽劝蜀主；贤良方正蒲禹卿呈奏对策，所说的话也极为切要直爽；蜀主王衍虽然没怪罪他们，但是也不采用他们的意见。

九月，庚戌日（初九日），蜀主王衍因为当天是重阳节，就在宣华苑宴请近臣，喝到酒酣耳热的时候，嘉王王宗寿忽然利用机会痛言国家将会危险，并且激动得痛哭流泪。韩昭、潘在迎说：“嘉王喜欢在喝酒后哭泣。”因此蜀主一笑了之。

后唐庄宗李存勖驻扎在朝城，后梁将段凝率兵进军临河县南面，澶州西面、相州南面每天都有敌人侵犯。唐国自从德胜之役失利后，损失的粮草有数百万之多，租庸副使孔谦就横征暴敛，以供应军需，老百姓多四散逃亡，因此租税的收入更加减少，仓库里的积蓄还不够半年的支出。泽州、潞州又攻不下。卢文进、王郁率领契丹兵多次侵入瀛州、涿州以南，传言秋冬草木凋枯河上结冰时，再深入唐境攻击。又听说梁军准备分兵数路大举入侵。后唐庄宗深觉忧愁，就召集将领们开会商量。宣徽使李绍宏等都认为郓州城门以外的地区都是敌人的地境，形势孤立，路途遥远，实在难以防守，有了还不如没有，建议拿来和梁国交换卫州和黎阳，然后双方订盟讲和，以黄河为界，这样就可以休养生息，等到财力稍微宽裕，再作打算。庄宗听了，很不高兴，说："这样下去，我就没有葬身之地了。"于是停止与诸位将领商议，单独召见郭崇韬。郭崇韬回答说："陛下不梳洗、不解甲，已经超过十五年了，原意也是希望洗刷国家的仇恨耻辱。现在已正式登基，定立尊号，河北的军民天天都在盼望天下能够早日太平，我们才刚刚取得郓州这么一点点地方，居然没办法守住而抛弃它，那么将来又怎么能够拥有整个中原呢？臣恐怕这样一来整个部队都会解体。将来粮食吃尽，部队也离散，就算能和梁国划河为界，又教谁替陛下来防守呢？ 臣曾经详细询问过康延孝黄河以南的情况，权衡双方的形势，日夜都在思考这个问题，认为成败的关键一定就在今年。梁朝现在把精锐部队全部交给段凝，占据着我国南部边地，又决开黄河河堤用来防备，认为我们短时间内不可能渡过黄河，他们就依仗这个有利条件不再设防；又派王彦章进攻郓州，意思是期待奸人在我们内部作乱。段凝本来也不是大将的材料，根本没办法临机应变，做出适当的决策，这个人不值得担心。来降的人都说大梁根本没有什么守军，陛下如果留一部分部队守住魏州，固守杨刘，另外亲自率领精锐部队会同郓州的部队长驱直入，进攻汴梁，他们城中空虚，一定是听到风吹草动就自行溃散。如果能砍下伪主朱友贞的脑袋，那么各将领自然就会投降。如果不这样，今年秋天作物收成不好，军粮已经快用尽，陛下不下定决心，大功如何能够完成？俗谚说：‘在人来人往的路中间建房子，三年也建不成。’帝王应运而生，这一定有上天的旨意，关键就在陛下是不是能有自信。”后唐庄宗李存勖说：“这些正合乎我的想法。大丈夫成则为王，败则为虏，我已经决定行动了。”司天上奏说：“今年天道不利，深入敌境一定不会成功。”后唐庄宗没有听信。

王彦章率军渡过汶水，准备进攻郓州，李嗣源派李从珂率领骑兵部队前去迎战，在递坊镇打败梁军的前锋部队，俘虏了三百名将士，斩杀二百人，王彦章退守中都。戊辰日（二十七日），捷奏传到朝城，后唐庄宗大为高兴，对郭崇韬说：“郓州已经传来捷报，这可以增强我们的士气。”己巳日（二十八日），庄宗命令将士们把全部家属送回兴唐府。

冬季，十月，辛未朔日（初一日），发生日食。

后唐庄宗李存勖派遣魏国夫人刘氏和皇子李继岌回兴唐，并且和他们诀别，说：“事情的成败，就在这一次决战；如果不能成功，你们把家人都聚在魏宫，然后引火自焚！”仍然命令豆卢革、李绍宏、张宪、王正言共同坚守东京。

壬申日（初二日），后唐庄宗率领大军从杨刘渡过黄河，癸酉日（初三日），到达郓州，半夜的时候，又率军渡过汶水，任命李嗣源为先锋。甲戌日（初四日）清晨，遇上梁军，一战打下来，把对方打败，乘胜追击到中都，把中都城团团围住，城中没有守备，过了一会儿，梁兵往外突围，唐军从后追击，又把他们打败。王彦章率领几十个骑兵逃跑，龙武大将军李绍奇单人独马追击他，李绍奇听出是王彦章的声音，说：“这是王铁枪！”于是拔出长矛刺他，彦章受了重伤，马又跌倒，于是被活捉；唐军另外也活捉都监张汉杰、曹州刺史李知节、副将赵廷隐、刘嗣彬等两百多人，同时斩杀数千个首级。赵廷隐是开封人，刘嗣彬是刘知俊族人的儿子。

王彦章曾经对人说："李存勖是个斗鸡小儿，没有什么可怕的。"到这时候，庄宗李存勖问他说："你常常说我是小鬼头，今天服气不服气？"又问他说，"你号称是出色的将领，怎么不会守兖州？中都也没有壁垒城墙，你怎么防守呢？"王彦章回答他说："天命已去，没有什么好说的。"后唐庄宗很珍惜王彦章的才干，想起用他，赐药让他治疗创伤，并且多次派人去诱导他。王彦章说："我本来是一介平民，蒙受了梁国的恩泽，被升任为上将，和你唐国的皇帝交战十五年；现在战败被俘虏，死是我的本分，就算皇帝怜悯我要让我活下去，我又有什么面目去见天下的人呢？难道能早上还是梁国的大将，到了晚上就变成唐国的臣子？这是我所不肯做的事。"庄宗李存勖又派遣李嗣源亲自去游说他，王彦章躺着对李嗣源说："你不是邈佶烈吗？"王彦章一向轻视嗣源，所以叫他小名。诸将领们都向庄宗祝贺这次的胜利，庄宗举酒对李嗣源说："今日之功，全靠你和郭崇韬的力量。如果听了李绍宏等人的话，就耽误了我的大事了。"

后唐庄宗李存勖又对各位将领说："原来我所忧患的只有王彦章，今天他已被抓获，这是天意要消灭梁国。段凝目前还在黄河边上，是进是退，应该向哪个方向去才好呢？"诸将都认为："消息虽然传说大梁没有什么防备，但是真正的虚实我们却没有办法确定。现在梁国在东方的各城，原有的部队都被征调在段凝的手中，剩下的只是一座空城，如果以陛下的天威前去，没有攻不下的。如果能先扩大我们的领土，往东一直达到海边，然后伺机而动，这样就是万全之策了。"康延孝则极力建议立刻攻取大梁。李嗣源说："兵贵神速。现在王彦章已被抓获，段凝一定还不知道，即使有人跑去告诉他，段凝是信是疑也需要三天来决定。假使他们知道我们的动向，即刻派出救兵，要走直路，则会被自己决开的黄河阻挡，一定要从白马才能渡到黄河南岸，几万部队，渡河的船只恐怕一下子也没办法准备齐全。而我们这里距大梁最近，前面又没有山川险要，排着方阵也能横行无阻，如果昼夜兼程，两三天就可以到达。段凝还没有离开黄河边，朱友贞就会被我们活捉了。康延孝所说得极为正确，请陛下率领大军慢慢前进，臣愿意率领一千名骑兵打先锋。”后唐庄宗听从了他的建议。命令下达后，各路军队都踊跃希望出发。

当天晚上，李嗣源率领前锋部队兼程直奔大梁。乙亥日(初五日)，后唐庄宗李存勖从中都出发，带着王彦章随行，又派遣中使去问王彦章说：“我这次出击能攻下大梁吗?”王彦章回答：“段凝手上还有六万精锐部队，虽然主将并不是适当的人才，但是也不至于一下子就背叛，我看你们恐怕攻不下。”庄宗知道他最终也不会为自己所用，于是就下令把他斩杀。

丁丑日(初七日)，后唐军到达曹州，后梁军驻守在那里的将领投降后唐军。

王彦章部队的败兵有先逃回大梁的，有人告诉梁末帝朱友贞说：“王彦章已经被活捉，唐军现在长驱直入，马上就要到了。”梁末帝聚集族人，痛哭说：“国家的运祚完了!”于是召集群臣，询问对策，群臣都没有办法回答。梁末帝对敬翔说：“朕过去常常忽视你的建议，才会有今天。现在事情已经很急迫，你千万不要再抱怨，现在的情形该怎么办?”敬翔边哭边说：“我蒙受先帝的厚恩，差不多三十多年，名为宰相，其实是朱家的老奴，如同儿子一般侍奉陛下。臣以前几次向陛下建议，无非是想竭尽奴才的忠心。陛下开始任用段凝的时候，臣曾经极力表示绝对不适宜，朝中小人朋比为奸，以至于有今天这个局面。现在唐兵马上就要攻到，段凝的大军又被阻隔在黄河以北，无法赶来救援。臣想建议陛下暂时出行避一下敌军势头，陛下一定不肯；如果要陛下出奇策和敌人决一死战，陛下也一定没有办法很果决地做成决定；就算张良、陈平再活过来，又有谁能替陛下出个好计策呢? 臣请陛下先赐我死，臣实在不忍心看到宗庙灭亡。”于是和后梁末帝面对面痛哭一场。

梁末帝派遣张汉伦快马赶往段凝的部队催促他们回来救援；张汉伦到滑州，从马上摔下来，摔断腿，又被河水阻隔，没有办法再前进。

当时城中还有几千控鹤军，朱珪请求率领这些军队出去迎战，梁末帝朱友贞没答应，下令开封尹王瓒驱使百姓登城防守。

起初，梁国陕州节度使邵王朱友诲，朱全昱的儿子，生性聪明颖悟，人心都归向他。有人向梁末帝报告说他和禁军勾结，想要作乱，梁末帝就把他召回大梁，和他的哥哥朱友谅、朱友能等一起幽禁在别第。到了唐国的军队快要到达的时候，梁末帝怀疑他的兄弟们会乘着危机作乱，于是把他们和皇弟贺王朱友雍、建王朱友徽全部杀掉。

后梁末帝朱友贞登上大梁城建国楼，当面选择亲信，丰厚地赏赐他们，然后教他们穿上百姓的衣服，带着蜡封的诏书，前往催促段凝的部队，可是求救的人一离开京城，就私自逃命去了。有人请求梁末帝到洛阳，再召集各路人马抵御唐军，唐军就算取得都城，势必不能长久停留。又有人建议梁末帝到段凝的军中去，控鹤都指挥使皇甫麟说："段凝本来就不是将才，他的官位是因为得到陛下的宠幸才升任的，现在形势危急窘迫，指望他能临机应变，转败为胜，恐怕很难。况且段凝一得悉王彦章已被击败，胆子早已吓破，又怎能知道他一定会替陛下效死力呢？"赵岩说："局势已经如此，陛下如果下了此楼，又有哪个人是靠得住的？"梁主于是作罢。又召唤宰相来商议，郑珏建议由他带着传国宝向唐军诈降，以此来舒缓国家的灾难，梁末帝朱友贞问他："今天我当然不会再舍不得这宝物，但是照你这个计策，问题就能够解决吗？"郑珏低着头沉吟了好久，最后只好说："恐怕解决不了。"后梁末帝的左右大臣们都缩着脖子发笑。后梁末帝朱友贞日夜哭哭啼啼，不知道怎么办好。他把传国之宝放在卧室里，有一天忽然不见了，后梁主以为是左右大臣们偷去迎接后唐军了。

戊寅日（初八日），有人来报告说唐军已经越过曹州，声势浩大，尘埃满天，赵岩对侍从们说："我过去对温许州一向很好，料他不至于背弃我。"于是跑到许州。

后梁末帝朱友贞对皇甫麟说："李氏是我世世代代的仇人，理难投降他们，不能等着让他们来杀害我。我又没有勇气自杀，你可帮我砍下脑袋。"皇甫麟哭着说："臣替陛下挥剑杀唐军，这个做得到，要杀陛下，臣不敢奉命。"梁末帝说："你难道想出卖我吗？"皇甫麟要先自杀，梁末帝拉住他说："朕和你一起死。"于是皇甫麟就先杀了梁末帝，然后自杀而死。梁末帝朱友贞，温恭俭约，没有什么荒淫的过失，只因为宠信赵岩、张汉杰等小人，让他们作威作福，又疏远敬翔、李振等旧臣，不听他们的意见，所以最终导致灭亡。

己卯日（初九日）早晨，李嗣源的军队到达大梁城，向封丘门发起进攻，王瓒开门出来投降，李嗣源进城以后，就先安抚军民。当天，后唐庄宗李存勖从梁门入城，梁国的文武百官都到马前迎接，拜伏在地请罪，后唐庄宗慰劳他们，让他们先回到原有职位安顿。李嗣源来迎接并向庄宗恭贺，庄宗高兴得都有点按捺不住，手拉着李嗣源的衣服，用头碰它说："我能拥有天下，都是你们父子努力的功劳，将来这天下我就和你们共同分享。"后唐庄宗命令访求后梁末帝朱友贞，不一会儿，有人拿着后梁末帝的脑袋献给后唐庄宗李存勖。

李振对敬翔说："如果后唐庄宗下诏赦免我们，我们朝见新的君主吗？"敬翔回答说："我们两人是梁国的宰相，国君昏庸不能谏正，国家灭亡不能挽救，新君如果拿这事问我们，我们要怎么回答？"这夜天没亮，就有人来告诉敬翔说："崇政使李太保已经入宫朝见去了。"敬翔叹息地说："李振枉费他还是一个男子汉大丈夫！朱氏和新君世世代代都为仇敌，现在我们国家亡了，国君死了，就算新君不降罪诛杀我们，我们又有什么面目进入皇宫的建国门呢？"于是自缢而死。

庚辰日（初十日），梁国的百官又到朝堂上请罪，后唐庄宗李存勖下令赦免他们。

赵岩到达许州，温昭图迎接他回府第后，就斩下脑袋来向唐国呈献，并且把他所携带的财货吞没。温昭图恢复了原名温韬。

辛巳日(十一日)，后唐庄宗下诏王瓒收梁末帝朱友贞的尸体，停灵在佛寺，又把他的脑袋上漆，用盒子装起来，藏在太社。

段凝从滑州渡过黄河前往增援，命令诸军排阵，使杜晏球为前锋。到封丘后，遇上李从珂的部队，杜晏球率先投降后唐军。壬午日(十二日)，段凝率领五万名部众到达封丘，也解除武装，请求归降。段凝率领诸大将到后唐庄宗的宫阙外请罪，谢谢慰劳并赏赐他们，抚慰士卒，让他们各回驻地。段凝在公卿中间出入，扬扬得意，没有一点羞愧的意思，梁朝的旧臣们看到这一情景，都恨不得咬他的脸，挖他的心。

丙戌日(十六日)，后唐庄宗李存勖下诏贬后梁中书侍郎同平章事郑珏为莱州司户、萧顷为登州司户、翰林学士刘岳为均州司马、任赞为房州司马、姚顗为复州司马、封翘为唐州司马、李怿为怀州司马、窦梦征为沂州司马，崇政学士刘光素贬为密州司户，陆崇贬为安州司户，御史中丞王权贬为随州司户；贬他们是因为这些人世代受过唐朝的恩泽，但是又担任梁国大官显宦的缘故。刘岳是刘崇龟的侄子；姚顗是万年人；封翘是封敖的孙子；李怿是京兆人；王权是王龟的孙子。

段凝、杜晏球上书后唐庄宗说："伪梁的重要人物赵岩、赵鹄、张希逸、张汉伦、张汉杰、张汉融、朱珪等人，窃权作威作福，残害群臣百姓，不可不诛杀他们。"庄宗下诏说："敬翔、李振带头辅佐朱温，共同颠覆唐朝社稷；契丹人撒剌阿拨背叛兄长抛弃母亲，辜负国家的大恩，这些人应该和赵岩等人全族都押到街市上诛杀；其余的文武将吏等一概不再追究。"又下诏追废朱温、朱友贞为平民，毁掉他们的宗庙神主。

后唐庄宗李存勖当初和梁军在黄河边作战时，梁军的拱宸左厢都指挥使陆思铎擅长射箭，常在箭杆上刻上自己的姓名，曾经放箭射庄宗，射中马鞍，庄宗李存勖把箭拔出收藏起来。到这时候，陆思铎随着大家投降，庄宗把箭拿出来给他看，陆思铎伏在地上请罪，庄宗抚慰他并且赦免他的罪。不久，后唐庄宗授他为龙武右厢都指挥使。

因为豆卢革还在魏州，后唐庄宗李存勖命令枢密使郭崇韬暂行中书事。

后梁的各藩镇都逐渐进朝投降，有的上表请求治罪，后唐庄宗都加以抚慰并赦免他们。宋州节度使袁象先首先入朝，陕州留后霍彦威也紧跟着入朝。袁象先带了珍奇的财货几十万，到了京中到处贿赂刘夫人和权贵、伶人、宦官等。十天后，朝廷内外的人都争相赞誉他，因此特别得到庄宗的恩宠。己丑日(十九日)，庄宗下诏表示，伪朝的节度使、观察使、防御使、团练使、刺史和各将领，一律不更改，将校官吏中原先投奔后梁的人一律不追究。

庚寅日(二十日)，豆卢革从魏州来到大梁。甲午日(二十四日)，加封郭崇韬守侍中，又兼领成德节度使。郭崇韬兼掌朝廷内外大小事务，向皇帝呈献谋划，规劝过失，都能竭尽忠心，毫无保留，也向庄宗推荐人才。豆卢革只是坐享其成，其实并没什么作为。

丙申日(二十六日)，后唐庄宗李存勖赐滑州留后段凝姓名为李绍钦，赐耀州刺史杜晏球姓名为李绍虔。

乙酉日(十月无此日)，后梁西都留守河南尹张宗奭来朝见，后唐庄宗恢复他的名字叫张全义，他向庄宗呈献的财物马匹数以千计，庄宗命令皇子李继岌和皇弟李存纪等以兄礼事奉张宗奭。庄宗李存勖本来要掘开梁太祖朱温的坟墓，劈开他的棺材，焚烧他的尸体，张全义上书说："朱温虽然是国家的深仇大敌，但是这人已死了，刑戮也没办法再加到他身上，杀灭他的族人，已足以报仇，臣请求不要毁棺焚尸，也算是表示陛下圣王的恩泽。"后唐庄宗听从他的意见，只是铲除他坟上的宗庙，砍掉他坟上的树木而已。

戊戌日(二十八日)，后唐庄宗李存勖加封天平节度使李嗣源兼中书令；又任命北京留守李继岌为东京留守、同平章事。

后唐庄宗李存勖派遣使者去各道宣谕，后梁末帝朱友贞任命的五十多名节度使都已向后唐庄宗上表进贡。

楚王马殷派遣他的儿子牙内马步都指挥使马希范入京朝见，呈缴洪、鄂行营都统的印信，并且献上本道将领、官吏的名籍册。

荆南节度使高季昌听说后唐庄宗消灭了后梁，为避唐庙讳，改名叫高季兴。他打算亲自入朝，梁震劝他说："唐国有并吞天下的野心，我们若整饬军队、据险防守，还怕没有办法自保，何况是离开几千里路前去入朝呢？而且您算来也是朱氏的旧将，我们怎能预料他们不会把你当仇敌看待呢？"高季兴不听他的劝告。

后唐庄宗派遣使者把消灭后梁的事告诉了吴、前蜀，两国都感到害怕。徐温怪严可求说："你前次阻止我的计谋，现在可要怎么办？"严可求笑着说："我听说后唐庄宗初得中原，意气骄傲自满，统御部下也没有什么原则法度，我看不出数年，他们内部一定会发生变乱，我们暂且用卑下的言辞、厚重的礼物敷衍他，守卫好我们的国土，安定百姓，再等待机会。"唐使带来的文书称为诏，吴国人不肯接受，后唐庄宗把它换了，用对等国的礼节，称"大唐皇帝致书于吴国主"，吴国人回书称"大吴国主上大唐皇帝"，信中的用词和礼节就像下级对待上级一样。

吴国有人上告寿州团练使钟泰章侵占官马，徐知诰用吴王的命令派遣滁州刺史王稔去巡察霍丘，代为寿州团练使，改钟泰章任饶州刺史。徐温把钟泰章召唤到金陵，派陈彦谦去责问了他好几次，钟泰章都不回答。有人问钟泰章说："你为什么不肯自我表白？"钟泰章说："我在扬州，十万大军中号称壮士，寿州离淮水只有几里远，我所掌握的步兵骑兵不下五千人，如果我有别的想法，难道王稔能靠他的单枪匹马代替我？我决不能对不起国家，就算贬为县令我都愿意上任，何况刺史呢？又何必自我表白来彰显朝廷的过失呢？"徐知诰想用法令整顿将领们，就请求收捕钟泰章治罪。徐温说："如果不是钟泰章的话，我早已死在张颢的手中，今天富贵了，怎么可以背负他呢？"于是命令徐知诰为他的儿子徐景通娶钟泰章的女儿，并以此消解两人之间的间隙。

舆鬼星附近出现彗星，有一丈多长，前蜀国的司天监说国家将会有大灾。蜀主王衍下令在玉局化设置道场，右补阙张云上疏，认为："这是百姓怨恨之气上达于天，所以彗星出现，这是亡国的征象，不是作法祈福就可以消除的。"前蜀主王衍非常生气，把张云流放到黎州，结果张云死在路上。

郭崇韬向后唐庄宗李存勖建议说："河南的节度使、刺史上表的时候都只自称姓名，如果不任命新官，他们免不了要忧虑猜疑。"十一月，庄宗才开始下诏任命他们新官。

滑州留后李昭钦通过伶人景进向皇宫贡献财货，被后唐庄宗任命为泰州节度使。

后唐庄宗李存勖从小就擅长音律，所以伶人多得到宠幸，常常随侍左右；庄宗有时还自敷粉墨，与优人们在庭中嬉戏，来取悦刘夫人。其艺名叫作"李天下"，因为他在演戏时，自己喊自己"李天下，李天下"。有一个叫敬新磨的戏子突然上前打他的脸，后唐庄宗突然变了脸色，众戏子也感到害怕，敬新磨却慢慢地说："治理天下的只有一个人，还要叫谁呀？"庄宗一听非常高兴，就厚厚地赏赐他。后唐庄宗曾经在中牟打猎，践踏了老百姓的庄稼，中牟令挡在马前进谏说："陛下是天下百姓的父母，为何要毁掉他们的食粮，让他们流散而转死在沟壑中呢？"庄宗大怒，把他吓退下去，准备要杀他。敬新磨追上去把他捉回庄宗的马前，责备他说："你是县令，难道不知道我们天子好打猎吗？你为何放纵老百姓四处耕种，而妨害了天子驰骋打猎呢？你的罪真该死！"因此请求后唐庄宗李存勖把他杀掉，庄宗笑了笑就把他释放了。

优伶们常出入皇宫，捉弄欺负士大夫，大臣们非常愤恨，但是没人敢吭声；也有大臣巴结依附他们，希望能因此得到皇帝的恩宠，各地的藩镇则争相以财货贿赂结交他们。优伶中最为败坏朝政、残害忠良的，要数景进。景进喜欢收集一些民间琐事向庄宗报告，庄宗也很想知道一些外面的事情，就把景进当作自己的耳目。景进每次入宫奏报，庄宗常常屏退左右近臣再问他，因此景进得以施其谗惑奸诈的伎俩，干预国家政事，从将相大臣往下的官员们都害怕他，孔谦常把他当作兄长来对待。

壬寅日（初二日），岐王李茂贞派遣使者送来国书，向庄宗李存勖恭贺灭梁，书中李茂贞以叔父自居，文辞和礼节都很倨傲。

癸卯日（初三日），河中节度使朱友谦入朝拜见后唐庄宗李存勖，庄宗设宴款待他，给他的赏赐无法计算。

张全义请后唐庄宗迁都到洛阳，庄宗答应了。

乙巳日（初五日），后唐庄宗赐给朱谦姓名为李继麟，让皇子李继岌把他当作兄长来对待。

后唐庄宗李存勖任命康延孝为郑州防御使，并且赐名为李绍琛。

后唐庄宗撤销北都，复称成德军。

后唐庄宗赐给宣武节度使袁象先姓名为李绍安。

匡国节度使温韬入朝拜见后唐庄宗，庄宗李存勖赐给他姓名为李绍冲。李绍冲带了很多金银布帛贿赂刘夫人及权贵、伶人、宦官等。十天后，皇帝又派遣他回驻守地。郭崇韬说：“国家替唐朝洗雪耻辱，温韬把唐朝天子的陵墓几乎挖遍，他的罪行可以说和朱温相等，怎么能再让他镇守藩镇呢？这样天下的义士会怎么样看我们？”庄宗说：“当初我们进入汴梁的时候，就已经赦免他的罪行。”最终还是派遣他回驻地。

戊申日（初八日），中书上奏认为：“国家的财用还不充裕，请求酌量保留三省、寺、监官等官员，其余的一概停用，等现任的官员满二十五个月后，依次递补；西班武官从上将军以下，也请命令枢密院准此办理。”后唐庄宗批准，但官员们多叹息埋怨。

起初，梁均王朱友贞准备到洛阳南郊祭天，听说杨刘失陷只好作罢，原来准备的仪仗器物都还在。张全义敦请庄宗李存勖赶快临幸洛阳，拜谒过唐朝的太庙，就可以到南郊祭祀上天；后唐庄宗听从他的意见。

丙辰日（十六日），后唐庄宗把梁国东京开封府又改回宣武军汴州。梁国把宋州改为宣武军，庄宗下诏改名为归德军。

后唐庄宗下诏文武官员先到洛阳。

有人议论任命功臣郭崇韬为宰相，他不了解朝廷典章制度，应当用前朝名家来辅佐他。有人推荐礼部尚书薛廷珪、太子少保李琪，这两人曾经是册封太祖时的册礼使，年高德劭，又有文采，应该任命为宰相。郭崇韬却向庄宗启奏说薛廷珪为人浮华，没有宰相的才干；李琪则偏颇险恶，没有士君子的风度；反而是尚书左丞赵光胤为人廉洁方正，在梁国未亡之前，北人都称赞他有宰相器度。豆卢革则推荐礼部侍郎韦说熟悉朝廷典章制度。丁巳日（十七日），任命赵光胤为中书侍郎，与韦说都为同平章事。赵光胤是赵光逢的弟弟；韦说是韦岫的儿子；薛廷珪是薛逢的儿子。赵光胤性格轻率，喜欢自夸；韦说谨慎庄重，遵守常法。

赵光逢在梁国被罢相后，闭门不和宾客交往，赵光胤时常见他，不免谈到政事；后来，赵光逢在门上写道："请不要谈中书省的事。"

租庸副使孔谦畏惧张宪为人公正，想要独掌租庸使的事务，就对郭崇韬说："东京是重要的地方，一定要派大臣去镇守，这适当的人选非张公不可。"郭崇韬于是奏请庄宗任命张宪为东京副留守，掌理留守事务。戊午日（十八日），庄宗李存勖任命豆卢革判租庸使，兼任诸道盐铁转运使。孔谦大失所望。

己未日（十九日），庄宗李存勖加封张全义为代理尚书令，高季兴为代理中书令。当时高季兴正好入朝，庄宗待他非常优厚，从容问他说："我计划向吴国和蜀国发起进攻，这两国应先打哪个呢？"高季兴觉得蜀国道路险阻，难以攻取，于是就回答说："吴国地方狭小，百姓穷困，就算攻下来，也没有什么用处，不如先进攻蜀国，蜀国土地富饶，国君荒淫，百姓怨恨，讨伐它的话，一定能攻下。攻下蜀国后，再顺流东下，攻取吴国就如反掌那么容易。"后唐庄宗说："很好！"

辛酉日(二十一日),后唐庄宗以永平军大安府为西京京兆府。

甲子日(二十四日),后唐庄宗从大梁出发。十二月,庚午日(初一日),到达洛阳。

吴越王钱镠任命行军司马杜建徽为左丞相。

壬申日(初三日),后唐庄宗下诏把汴州的宫苑作为行宫。

后唐庄宗李存勖把耀州改称顺义军,延州改称彰武军,邓州改称威胜军,晋州改称建雄军,安州改称安远军;其余的藩镇,都恢复唐朝的名称。

庚辰日(十一日),御史台启奏说:“朱温篡逆,删改本朝的《律令格式》,并且把本朝的旧本通通收集焚烧,现在台司和刑部、大理寺所用的都是伪朝的法令。听说定州收藏敕令的库房中还藏有本朝的《律令格式》,请求下令定州,让他们抄录一份送上。”后唐庄宗听从他的意见。

李继韬听说后唐庄宗李存勖灭了梁国,又忧愁又害怕,不知道要怎么办,原来打算往北逃往契丹,刚好庄宗下诏征召他到京城;李继韬准备出发,他的弟弟李继远说:“哥哥因反叛闻名,哪里容得下你?你去和不去一个样,不如挖沟修垒,坐吃存粮,这样还可以拖延一些时间。如果你入朝,立刻就会被杀死。”有人则劝李继韬说:“先令公对国家有过大功,皇上对您又是叔父之亲,您去一定没事。”李继韬的母亲杨氏,很会攒积钱财,家产有百万之多,于是李继韬就和杨氏同行,所带的银子就有四十万两,其他的财货也差不多有这个价值,到了京城后就大肆贿赂、馈赠。于是伶人和宦官都争相替他说情,说:“李继韬本来没有什么邪恶的阴谋,只是被奸人迷惑。李嗣昭是至亲,又很贤能,不能没有后嗣。”杨氏又亲自入宫朝见庄宗,哭着请求赦免李继韬的死罪,又抬出先人来说情;又另外向刘夫人哀求,刘夫人也帮着说情。到了李继韬入宫请罪,庄宗就赦免了他,李继韬留在京城有一个多月,几次都随从庄宗出游打猎,庄宗李存勖还是像过去一样宠幸他。皇弟义成节度使、同平章事李存渥痛斥李继韬,李继韬心里更觉得不安，又贿赂左右近臣请求回原来的藩镇，庄宗不许。李继韬偷偷派人给他弟弟李继远送信，教军士们放火作乱，希望天子能再派他前往安抚；但是事情泄露，辛巳日（十二日），庄宗把他贬为登州长史，不久在天津桥南斩杀了他，同时还斩杀了他的两个儿子。后唐庄宗又派使者去上党斩杀李继远，让李继达任军城巡检。

后唐庄宗又召代理知军州事李继俦到朝廷，李继韬被杀后，李继俦占据李继韬的家室，他挑选妓妾，搜寻钱财，不多时就准备上路。李继达非常愤怒，说："我们家兄弟父子同时有四个人被杀，大哥丝毫没有骨肉之情，竟然如此贪婪荒淫；我真是觉得可耻，没脸见人，活着还不如死了算了！"

甲申日（十五日），李继达穿上孝服，率领所属的百名骑兵在戟门前叫喊："有谁愿和我一起造反？"接着就攻打李继俦的住宅，杀了李继俦。节度副使李继珂听到发生变乱，招募了千余名百姓，进攻子城。李继达知道大势已去，就开东门逃回家中，把妻子儿女杀了，准备投奔契丹，出城后数里，随从们都各自逃命，于是他也自杀。

甲申日（十五日），吴王又派遣司农卿洛阳人卢蘋出使唐国；严可求事先预料到后唐庄宗会问什么话，先教卢蘋该怎么回答。卢蘋到了唐国，一切竟然都如严可求所预料的一样。卢蘋回国后，报告说唐主沉迷出游打猎，吝惜钱财，拒绝忠谏，朝廷内外都有怨言。

高季兴在洛阳时，后唐庄宗左右的伶人宦官贪得无厌地向他索取财物，高季兴十分憎恨。庄宗李存勖想要把高季兴留下来，郭崇韬进谏说："陛下新近才得到天下，各地诸侯不过派遣子弟或将领们入贡，只有高季兴亲自入朝，应当特别褒奖他，以鼓励以后的人；如果硬把他留下来，不但背弃亏损信义，又将使天下人心都因此失望，这恐怕不是好办法。"于是庄宗就差遣高季兴回去。高季兴兼程赶路回去，到了许州，对左右随从说："这次行动有两个失误：我入朝是一个失误，朝廷把我放了又是一个失误。"经过襄州的时候，节度使孔勍留下他来宴请。半夜，高季兴一行打开关门，不告而别。丁酉日

（二十八日），高季兴到达江陵，握着梁震的手说："没听你的话，差点儿逃不出虎口。"又对部将们说，"新朝经过百战才取得河南，皇帝居然举手对功臣们说'我在十指上得到天下'，这么夸矜自己的本事，那别人岂不都是毫无功劳了？属下怎会不离心呢？他又沉溺打猎和女色，这样下去，如何能够长久呢？我没有什么好担心的了。"于是高季兴修缮城池，积蓄粮食，招纳原来后梁国的士兵，做战斗的准备。

资治通鉴卷第二百七十三　后唐纪二

起甲申(公元924年),止乙酉(公元925年)十月,共一年十个月。

【题解】本卷记录了公元924年至925年十月的历史,共一年零十个月。为庄宗李存勖同光二年至同光三年十月。庄宗宠信伶人、宦官,宦官多达万人,宦官监军,唐朝弊政逐渐恢复。庄宗无治国才干,骄淫败政,毁魏州即位祭坛为临时毬场;随意践踏禾稼民田;大兴土木选美,拜妖僧祈雨;听信谗言,借故笞杀刚正大臣河南令罗贯,所为遭南汉主轻蔑。庄宗嫡母太妃、生母太后接连故去,庄宗尽孝哀丧。蜀主王衍败政,任命宦官为节镇,荒淫臣属妻女。庄宗派遣使打探蜀中虚实,蜀主不思戒备,后唐大军杀到,势如破竹,才兼程西逃。

庄宗光圣神闵孝皇帝中

同光二年(甲申,公元924年)

春季,正月,甲辰日(初五日),幽州上奏说契丹人入侵,到了瓦桥。后唐庄宗李存勖任命天平军节度使李嗣源为北面行营都招讨使,陕州留后霍彦威为他的副帅,宣徽使李绍宏为监军,率兵前往救援幽州。

孔谦又对郭崇韬说:"首座相公豆卢革日理万机,事务繁忙,所住的地方又远,租庸的公文积压起来,应该另外想个办法解决。"豆卢革曾经打了借条向省库调用几十万钱,孔谦把借条拿给郭崇韬看,郭崇韬有一回就拿这事暗示豆卢革,豆卢革一想,心里害怕,就奏请后唐庄宗李存勖让郭崇韬掌理租庸,郭崇韬坚决推辞,庄宗问:"那么谁能担任这个职务?"郭崇韬回答说:"孔谦虽然多年掌管金钱粮谷,但是如果立刻委于重任,恐怕不能得到大家的好评,我想还是再用张宪比较好。”后唐庄宗立即下令召见张宪。孔谦更加失望。

岐王李茂贞听说后唐庄宗进入洛阳，内心感到不安，派遣他的儿子行军司马彰义节度使兼侍中李继曮入贡，才开始上表称臣。庄宗因为岐王李茂贞是前朝老臣，又和先王是同辈，对他特别优遇，每回颁赐诏书的时候都只称岐王而不直呼他的名字。庚戌日(十一日)，庄宗李存勖加封李继曮为中书令，并把他送回去。

后唐庄宗下敕：“宦官不应在外面居留，前朝宦官以及各道监军和私人家里所养的人，不论贵贱，一律遣送回朝廷。”当时在庄宗左右的宦官已经有五百人，到这时候差不多达到一千人，庄宗都赐给他们优厚的俸禄，并且委以重任，把他们当作心腹。宫内的各司使，从前朝天祐年间以后都以一般士人代替，从这时候起又恢复使用宦官。不久，宦官又开始干预政事。后唐庄宗又在各道设置监军，节度使有的奉派出征，有的被留在京城，军府中的政事通通归监军处理，这些宦官欺凌主帅，仗势争权，因此各藩镇对他们都十分愤恨。

契丹军开出边境。后唐庄宗命令李嗣源率兵回师，命令泰宁节度使李绍钦、泽州刺史董璋戍守瓦桥。

李继曮看见唐国部队强盛，回去后对岐王李茂贞报告，岐王更加害怕；癸丑日(十四日)，岐王上表请求以藩臣之礼对待自己，后唐庄宗下诏没有答应。

孔谦不满张宪到来，于是对豆卢革说：“金钱粮谷这种小事，一个能干的官吏就足够办理。魏都是国家的根本之地，难道不更重要吗?兴唐尹王正言的操守有余，可惜智力不足，如果万不得已，让他居朝廷之上，大家一起辅佐他，这还比委派他独当一面合适。”豆卢革就替他把这意思告诉郭崇韬，郭崇韬于是奏请皇帝把张宪留在东京。甲寅日(十五日)，庄宗李存勖任命王正言为租庸使。王正言糊涂软弱，孔谦贪图他容易被控制，才提名让他出任租庸使。

李存审启奏契丹人退去，唐国又得到新州。

戊午日(十九日)，后唐庄宗李存勖下敕：盐铁、度支、户部三司一并隶属于租庸使管辖。

后唐庄宗派遣他的弟弟李存渥、他的儿子李继岌到晋阳迎接太后、太妃。太妃说："先王的陵墓、宗庙都在这里，如果我们都去，每年四时谁来祭祀呢？"于是就留在晋阳不去洛阳。太后到洛阳，庚申日（二十一日），后唐庄宗亲自在河阳出迎；辛酉日（二十二日），庄宗随从太后进入洛阳城。

二月，己巳朔日（初一日），后唐庄宗李存勖到南郊祭祀上天，大赦天下，孔谦想多聚敛财物博取宠信，于是大赦的诏书所免除的租税，孔谦又征收不误。从此，每次后唐庄宗下发诏令，人们都不相信，百姓忧愁怨恨。

郭崇韬刚到汴梁、洛阳时，接受了很多藩镇给他的馈赠，他的亲信中有人规劝他，郭崇韬说："我的职位兼领将、相，俸禄和赏赐有巨万之多，难道还需依靠这些外来的钱财？但是伪梁末季，贿赂成了一种风气，现在河南的藩镇都是梁国的旧臣，过去主上的仇敌，如果拒绝他们的馈赠，他们的心里不是会觉得害怕吗？我只不过是替国家把这些钱贮藏在私室而已。"等到后唐庄宗李存勖快要到南郊祭天时，郭崇韬带头贡献钱十万缗慰劳军队。起初，宦官劝庄宗把天下的财赋分为内、外府，州县所缴来的归外府，充作政府的经费，而方镇所呈献的则拨入内府，充作皇帝宴游和赏赐左右所用。于是外府常常空虚、毫无节余，而内府钱财则堆积如山。到了有司要办理郊祀的时候，缺乏劳军钱，郭崇韬对庄宗说："臣已倾尽家财来帮助此次大典，希望陛下也能拿出内府的钱财来帮助有司。"庄宗李存勖听了沉默半天，最后才说："我在晋阳另有储积，可以命令租庸使去运来相助。"于是拿李继韬家中的金银布帛几十万来补助，军队士卒们对此很不满意，开始怨恨，并产生叛离的想法。

河中节度使李继麟奏请抽安邑和解县盐池的税，分季每三个月征收缴输送一次。己卯日（十一日），后唐庄宗李存勖任命继麟充任制置两池榷盐使。

辛巳日（十三日），后唐庄宗进封岐王李茂贞为秦王，并且允许他朝见时不称名，不下拜。

郭崇韬知道李绍宏心里不舒服，于是设置内句使，掌管查核三司的财赋，让李绍宏担任这个职务，希望以此消除他的恨意，但是李绍宏终究还是不高兴，结果只是使州县里增加移报手续的麻烦。

郭崇韬位兼将相，又兼任地方节度使，他以天下为己任，权力和庄宗李存勖相近，每天早晚门前的车马都是满满的。他生性刚强急躁，遇事就发作，宠臣们有所贪求，他就刻意压制他们，因此宦官们都很恨他，早晚都在庄宗面前说他的坏话；郭崇韬非常气愤，但是也无可奈何。豆卢革和韦说曾经问他说："汾阳王郭子仪本来是太原人，后来才迁居到华阴，您世代居住在雁门，是不是也是他的同宗呢？"郭崇韬说："因为遭到变乱，家里的族谱已经失去，不过曾经听先人讲过，我上距汾阳王不过四世。"豆卢革说："那汾阳王应该是您的同族祖先了。"郭崇韬因此就以贵族后裔自居，喜欢评判别人的流品，大量引用浮华无实的人，鄙弃有功劳的旧臣。有人向他求官职，他却说："我很了解你的功绩和才能，但因出身寒门，不敢起用，害怕名流们讥笑。"因此宫内嬖幸宠臣中伤他，外头功勋旧臣怨恨他。郭崇韬几次请求把枢密使的职位让给李绍宏，庄宗李存勖都不许；又请求把枢密院的事务分一部分归宫内诸司管辖，好减轻自己的权力，但是宦官却不停地毁谤他。郭崇韬郁郁不得志，和亲信部属商量，准备前往镇守地避一避风头。亲信劝他说："不可以。蛟龙离开了水，蝼蚁都可以制服它。"

在此以前，后唐庄宗李存勖打算把刘夫人立为皇后，因有正妃韩夫人在，皇太后平素又恨刘夫人，郭崇韬也曾多次劝说，因此庄宗没有把刘夫人立为皇后。这时崇韬的亲信建议说："您如果请求册立刘夫人为皇后，皇上一定非常高兴。宫内如果有皇后帮您，那么伶人、宦官们就不能对你有所不利了。"郭崇韬接纳了他的建议，就和宰相率领百官一起启奏说刘夫人应该正位中宫。癸未日（十五日），后唐庄宗李存勖册立魏国夫人刘氏为皇后。刘皇后出身微贱，尊贵以后，只知道积蓄钱财，在魏州的时候，连柴薪、蔬菜、水果等东西都卖。当了皇后，四方呈献来的财物都分为两份，一份送给皇帝，一份送给中宫。因此刘皇后的财宝堆积如山，只用来抄写佛经或馈赠尼师而已。

当时皇太后的诰命、皇后的教令和皇帝的制敕并行于藩镇之间，大家都同样奉行。

后唐庄宗李存勖下诏，命令蔡州刺史朱勍疏浚索水，使索水成为水上运输道路。

三月，己亥朔日（初一日），蜀主王衍在怡神亭宴请近臣，喝到酒酣的时候，君臣和宫女们都脱帽露出发髻，肆无忌惮地喧哗吵闹。知制诰京兆人李龟祯进谏说："君臣沉溺酒色，不忧劳国事，臣恐怕会引来北方敌人算计我们的阴谋。"前蜀主王衍不听他的规劝。

乙巳日（初七日），镇州报告说契丹人将要侵犯边境。后唐庄宗李存勖下诏让横海节度使李绍斌、北京左厢马军指挥使李从珂等率领骑兵分道前往边境防备；又命令天平节度使李嗣源屯驻邢州。李绍斌本姓赵，名行实，幽州人。

丙午日（初八日），庄宗李存勖加任高季兴兼尚书令，并且进封为南平王。

李存审自认身为诸将之首，没有得到参与攻克汴梁之功，感到激愤，病情加重，曾多次上表请求朝见庄宗，郭崇韬扣压住不许他入朝。李存审病得很严重，上表乞求能在活着时再见庄宗一面，才准许了他。起初，庄宗李存勖曾经与右武卫上将军李存贤角力，李存贤没尽全力，庄宗说："你如能赢我，我就派你当藩镇节度使。"李存贤于是奉命，只把庄宗挤倒就停止。到了这时准许李存审入朝，庄宗任命李存贤为卢龙行军司马，十天后又任命为节度使，庄宗李存勖还说："手搏之约，我不能说话不算数。"

庚戌日（十二日），幽州启奏说契丹的部队入侵新城。

有功之臣都害怕伶宦毁谤，内心都感到不安。蕃汉内外马步副总管李嗣源请求解除兵权；庄宗李存勖不允许。

自从唐末衰乱，士大夫家有人将做官凭证在同族亲戚中出卖，于是乱了礼教，甚至有舅舅和叔叔要拜外甥和侄儿的，候选的官吏假冒顶替的很多。郭崇韬想革除这种弊端，就下令吏部严加考核。当时南郊祀天的时候，参与执事的官吏有一千两百人，后来考核通过被登录的不过几十人，十分之九的人补官的文凭"告身"都被涂销。候选、候补官员有的在道路上号啕大哭，有的饿死在旅馆。唐朝各陵墓都被温韬挖掘，庚申日（二十二日），后唐庄宗任命工部郎中李途为长安按视诸陵使。

皇子李继岌代替张全义判六军诸卫事。

夏季，四月，己巳朔日（初一日），群臣给后唐庄宗上尊号叫昭文睿武至德光孝皇帝。

后唐庄宗李存勖派遣客省使李严出使前蜀，李严十分夸耀后唐庄宗的威德，有统一天下的志向；并且提到朱氏篡位窃国的时候，其他诸侯都没有勤王的行动。王宗俦认为他所说的话明明是在指责蜀国，请求把他斩首，蜀主王衍不许。宣徽北院使宋光葆建议说："晋王有侵略我们国家的意向，我们应该选任将领，训练士卒，屯驻在边境，储积粮食，整修战舰来防备他们。"于是前蜀主王衍任命李光葆为梓州观察使，充当武德节度留后。

乙亥日（初七日），后唐庄宗李存勖加封楚王马殷兼任尚书令。

庚辰日（十二日），后唐庄宗赐给原保义留后霍彦威姓名为李绍真。

秦忠敬王李茂贞过世，遗书启奏让他的儿子李继曮代理凤翔军府事务。

起初，巡义牙将杨立很受李继韬宠爱，李继韬被杀后，杨立闷闷不乐，打算叛乱。刚好朝廷征调安义三千名士兵前往涿州戍守，杨立就对他的属下们说："以前潞州部队从来就没有去戍守边境，现在朝廷驱使我们，把我们投到绝塞蛮荒之地，这是不想留我们在潞州了。我们与其暴尸沙场，不如占据城池自立，如果事情成功，大家都能安享富贵；如果失败，大不了落草为寇。”因此聚众鼓噪，攻打子城的东门，烧掠街上的商店。节度副使李继珂、监军张弘祚两人丢下城池逃跑，于是杨立自称为留后，派遣将士向后唐庄宗上表请求任命为节度使。庄宗下诏任命天平节度使李嗣源为招讨使，武宁节度使李绍荣为部署，帐前都指挥使张廷蕴为马步都指挥使，前往讨伐。

孔谦将钱借贷给百姓，然后让百姓用低价的丝来偿还贷款，而且经常下发檄文让州县的官吏来督促。翰林学士承旨、权知汴州卢质建议说：“梁国的赵岩过去当租庸使的时候，利用贷款收敛百姓钱财，因此使百姓怨恨。陛下革故立新，替民除害，但是有司却还没把过去的做法改过来，这岂不是赵岩又活过来了吗？今年春天，霜雪为害作物，茧丝的收成很差，只缴纳原有的赋税，老百姓都怕要流离失散了，何况还用高利贷来加重他们的负担，老百姓怎么负担得了？臣只事奉天子，不事奉租庸使，现在圣旨还没颁下，租庸使的公文却一直在催促，希望能够及早颁发明确的命令。”但后唐庄宗李存勖没有答复他。

南汉国主率兵入侵闽国，屯驻在汀州、漳州的边境；闽国的军队进击，汉主战败逃走。

当初在胡柳战役中，优伶周匝被梁人抓获，后唐庄宗李存勖经常思念他。进入汴梁那一天，周匝到马前谒见，庄宗非常高兴。周匝哭着向庄宗说：“臣之所以还能够生还，完全是梁国教坊使陈俊和内园栽接使储德源的帮助，我向皇上乞求两个州来报答他们。”庄宗答应了他。郭崇韬进谏说：“和陛下一起攻取天下的，都是英豪忠勇之士，现在大功刚刚完成，还没有封赏任何一个人，却先以伶人担任刺史，这样恐怕会失去天下人心。”因此周匝的建议没有实行。一年之后，优伶经常提起这件事，后唐庄宗对郭崇韬说：“我已经答应过周匝，这一来我就愧见他们三个人了。你说得当然极有道理，但是就算为我变通一下，把这件事解决了吧！”五月，壬寅日（初五日），任命陈俊为景州刺史，储德源为宪州刺史。当时亲军中有跟从后唐庄宗转战南北而没有封得刺史的人无不愤怒叹息。

乙巳日（初八日），右谏议大夫薛昭文给后唐庄宗上疏，认为：“各藩镇僭窃名号的还很多，讨伐的谋划不可停止。此外，士卒长久以来随众征战，赏赐给他们的并不丰裕，大多都还很穷困，应该把四方呈献及南郊祀天所剩余的财货再一次颁赏。再者，黄河以南的各路军队都是从前梁朝的精锐，恐怕那些僭窃名号的各国会偷偷用厚利引诱他们，应该加以收抚。还有，户口流亡四散在外的，应该宽省徭役、薄收赋税来安定抚集他们。再者，土木不急的工役，应该加以裁减。还有，请求另选空隙的地方牧马，不要让它们践踏京畿附近百姓的田园。”后唐庄宗都没有听从他的意见。

戊申日（十一日），前蜀主王衍派李严回归后唐。起初，后唐庄宗李存勖因为李严要到蜀国去，命令他用马去买蜀国宫中的珍奇玩物，而蜀国的法令禁止把锦绮珍奇的东西传入中原，比较粗糙低劣的才准流入中原，叫作“入草物”。李严回国后，把这事向庄宗报告，庄宗听了非常生气，说：“王衍难道可以免为入草之人吗？”李严于是向庄宗报告说：“王衍非常幼稚荒淫，不亲理政事，又斥退旧臣，只亲近小人。那些掌权的大臣如王宗弼、宋光嗣等人，只知道一味讨好主上，对于财货贪得无厌，朝廷上贤愚颠倒，刑赏混乱，君臣上下只知道骄奢淫侈相互攀比。依臣看来，只要大兵一到，立刻就会土崩瓦解，这是可以翘起脚来等待的。”后唐庄宗认为他讲得对。

后唐庄宗因为潞州背叛的缘故，庚戌日（十三日），下诏命令天下州镇不准再修筑城墙、挖浚城沟，并且把守城的器具通通毁掉。

壬子日（十五日），新上任的宣武节度使兼中书令、蕃汉马步总管李存审在幽州去世。李存审出身微贱，常常告诫他的儿子们说：“你们父亲年轻的时候，提着一把剑离开故乡，四十年来，地位做到将相，但是这中间出于万死而侥幸得到一生的场合也不止一次，从骨中挖出箭头也有一百多枚。”于是把挖出的箭头拿出，让他们收藏起来，说，“你们生活在富裕的家庭里，应当知道你们的父亲起家是很不容易的。”

幽州报告说契丹人将要入侵，甲寅日（十七日），后唐庄宗任命横海节度使李绍斌充任东北面行营招讨使，率领大军渡过黄河往北进军。契丹的部队屯驻在幽州东南城门之外，到处都是敌人的骑兵，他们所用的粮草大多是从当地抢夺来的。

壬戌日（二十五日），后唐庄宗任命李继曮为凤翔节度使。

乙丑日（二十八日），后唐庄宗任命代理归义留后曹义金为归义节度使。当时瓜州、沙州和吐蕃杂居，曹义金派遣使者绕道入贡，所以庄宗特意任命他。

李嗣源率领部队的前锋到达潞州时已经夕阳西下。部队刚刚安顿下来，张廷蕴就率领部属百余名壮士越过壕沟、城墙攻上去，守军不能抵御，张廷蕴就斩开关门，引导各部队进城。到了天亮的时候，李嗣源和李绍荣率领大军到达，这时潞州城已经攻下来，李嗣源等很不高兴。丙寅日（二十九日），李嗣源启奏说潞州已经平定。六月，丙子日（初九日），在镇国桥磔杀了杨立和他的党羽。潞州城高池深，后唐帝庄宗李存勖命令夷平。

丙戌日（十九日），后唐庄宗任命武宁节度使李绍荣为归德节度使、同平章事，并留他在宫中，担任警卫，给他的待遇十分丰厚。庄宗有时甚至和太后、皇后一起到他家中去。庄宗有个宠姬，生得很漂亮，曾经生了儿子，刘后嫉妒她。刚好李绍荣的妻子过世，有一天，李绍荣在宫禁中侍卫，庄宗问他：“你要再娶吗？我替你求婚。”刘皇后于是就指着宠姬说：“皇上如果可怜李绍荣，何不就把她赐给他！”庄宗不便说不好，只好含糊表示答应；刘皇后赶快让李绍荣拜谢庄宗。第二天一早，后唐庄宗去看他的宠姬时，已经被轿子抬出皇宫。庄宗李存勖因为这件事情托病，好几天都没吃饭。

壬辰日（二十五日），后唐庄宗李存勖任命天平节度使李嗣源为宣武节度使，代替李存审为蕃汉内外马步总管。

秋季，七月，壬寅日(初五日)，前蜀主王衍任命礼部尚书许寂为中书侍郎、同平章事。

孔谦又向郭崇韬说王正言的坏话，同时用丰厚的礼物贿赂伶人宦官，希望能得到租庸使，最后还是不能如愿，内心非常不快。癸卯日(初六日)，就上表请求解职；庄宗很生气，认为他想逃避事务，准备以法处理他，景进到后唐庄宗面前求情解救，才使他免于处分。

梁国所决开的黄河年年成为曹州、濮州的大患，甲辰日(初七日)，后唐庄宗李存勖命令右监门上将军娄继英督导汴州、滑州的部队把决口补起来。但是没过多久，河堤又崩坏了。

庚申日(二十三日)，后唐庄宗李存勖在新州设置了威武军。

契丹仗恃国势强盛，派遣使者向后唐庄宗李存勖索要幽州，安置卢文进。当时东北方的各夷族都归属契丹，只有渤海国还没有臣服；契丹主打算入侵中原，又恐怕渤海国偷袭他的后方，于是就先发兵进攻渤海国的辽东，并派遣将领秃馁和卢文进占据营州、平州等地干扰后唐的燕地。

八月，戊辰日(初二日)，蜀主王衍任命右定远军使王宗锷为招讨马步使，率领二十一路大军屯驻洋州；乙亥日(初九日)，又任命长直马军使林思锷为昭武节度使，戍守利州，防备唐国。

后唐租庸使王正言中风得病，神志恍惚，不能处理政事，景进在后唐庄宗面前反复说这件事情。癸酉日(初七日)，后唐庄宗任命副使、卫尉卿孔谦为租庸使，右威卫大将军孔循为副使。孔循就是赵殷衡，梁国亡了以后恢复本来的姓名。孔谦从此就能遂行他的心志，横征暴敛来满足庄宗李存勖的需求，百姓几乎活不下去。癸未日(十七日)，庄宗赐给孔谦封号为丰财赡国功臣。

后唐庄宗又派遣使者李彦稠入前蜀国，九月，己亥日(初三日)，李彦稠到达成都。

癸卯日(初七日)，后唐庄宗在京城近郊打猎。当时庄宗经常出外游玩打猎，随从的骑兵践踏了百姓的庄稼，洛阳令何泽躲在草丛中，等到庄宗到了，拦住马进谏说："陛下征收赋税一向急迫，现在作物要长成，又带一大堆人来把它践踏，这一来，教官吏们如何处理呢？百姓又要靠什么活下去呢？臣下希望皇上先赐我死。"后唐庄宗安慰他并把他送走。何泽是广州人。

契丹进攻渤海，无功而回。

蜀国前山南节度使兼中书令王宗俦认为蜀主王建已经丧失为主的品德，就找王宗弼商量把蜀主废掉，王宗弼还在犹豫不定。庚戌日（十四日），王宗俦因为忧愤过世。王宗弼对枢密使宋光嗣、景润澄等说："王宗俦以前教我要杀你们，现在没事了。"宋光嗣等伏地哭着向他道谢。王宗弼的儿子王承班听说后，对人们说："我家难免一场灾难。"

乙卯日（十九日），蜀主王衍任命前镇江军节度使张武为峡路应援招讨使。

丁巳（二十一日），幽州方面报告契丹入侵。

冬季，十月，辛未日（初六日），天平节度使李存霸、平卢节度使符习上奏说："所属州县多反映租庸使往往直下公文指挥公事，而节度使都不知道，这样实在不合规程。"租庸使则辩称："近年惯例，公事都是直下州县。"后唐庄宗裁断说："朝廷的惯例，中央的公文不直接下发到州县，州县的官吏也不能直接上奏。现在天平、平卢两道所讲的事情，是本朝过去的规定；而租庸使所陈述的，是伪朝梁国最近的做法。从今天起，州县不准自行上奏，凡事一定要由本道转呈，租庸使催缴各地的赋税也要经过观察使转达。"虽然庄宗下达这道命令，实际上并没有执行。

易州、定州报告契丹入侵。

前蜀国宣徽北院使王承休请准在各军中选择一万两千勇敢善战的士卒，安置在属于国主管辖的左、右龙武步骑四十军里，武器及供给都要优于其他军队，并任命王承休为龙武军马步都指挥使，又任命副将安重霸为副使，旧将领们听了没有不觉得愤怒耻辱的。安重霸是云州人，事奉王承休，因为狡黠谄媚，又会送礼巴结，所以王承休很喜欢他。

吴越王钱镠又开始向唐朝进贡物品，壬午日（十七日），后唐庄宗就用原来梁国所封的旧官爵封他。钱镠的贡礼很丰厚，又贿赂权臣，请求赐金印、玉册，赐诏的时候不称名，封号称国王等事。有司启奏说："惯例只有天子能用玉册，王公都只能用竹册；此外，不是四方夷族，一律不封国王。"但庄宗还是委曲顺从了钱镠的意思。

吴王到白沙观看叠层的大船，下命令把白沙改名叫迎銮镇。徐温从金陵前来朝见。起初，徐温命令亲信官吏翟虔担任阁门、宫城、武备等使的职务，好就近监视吴王的举动，翟虔对吴王的防范十分严苛。到这时候，吴王对徐温称雨为水，徐温请问是什么缘故。吴王说："雨是翟虔父亲的名字，我一向避讳惯了。"于是又对徐温说："您的忠诚，我是知道的，但是翟虔太无礼，宫中和宗室想做什么事都不行。"徐温赶快磕头请罪，并且请求把翟虔处斩。吴王说："杀他太过分了，把他迁徙到很远的地方就可以了。"于是把翟虔流放到抚州。

十一月，蜀主王衍派遣蜀国翰林学士欧阳彬来唐国聘问。欧阳彬是衡山人。蜀主王衍又差遣李彦稠东返唐国。

癸卯日（初九日），后唐庄宗李存勖率领亲军在伊阙打猎，命令跟随他的官吏们谒拜后梁太祖朱温的坟墓。部队经历山川险阻的地方，几天不停，有时又在晚上合围野兽；士卒跌到悬崖谷底，摔死或摔伤的很多。丙午日（十二日），庄宗李存勖才回到皇宫。

蜀国因为和唐国修好，就罢去威武城的戍守，把关宏业等二十四军召唤回成都。戊申日（十四日），又撤了武定、武兴招讨刘潜等三十七军。

丁巳日（二十三日），后唐庄宗李存勖赐给护国节度使李继麟铁券，并且任命他的儿子李令德、李令锡为节度使，其他的儿子只要稍微大一点也都派任官职，他家受到的宠爱在所有藩镇中是居于首位的。

庚申日（二十六日），蔚州报告契丹入侵。

辛酉日（二十七日），蜀主王衍罢去天雄军招讨使，命令王承骞等二十九军回成都。

十二月，乙丑朔日（初一日），蜀主王衍任命右仆射张格为中书侍郎、同平章事。起初，张格被降罪贬官的时候，中书吏王鲁柔乘危落井下石；到了张格再拜相掌权的时候，就把王鲁柔活活打死。许寂对人们说："张公才能虽高但见识短浅，杀死一个王鲁柔，其他人谁能保全自己？这是他自取祸难的开始。"

蜀主王衍罢去金州的屯戍，命令王承勋等七军回成都。

己巳日（初五日），后唐庄宗李存勖命令宣武节度使李嗣源率领宿卫兵三万七千人前往汴州，不久又去幽州抵御契丹人的侵略。

庚午日（初六日），后唐庄宗和刘皇后到张全义的住处，张全义把贡献给庄宗的物品全部摆出来。酒喝得正高兴的时候，刘皇后奏请后唐庄宗说："妾从小就失去父母，看到老者就想起自己的亲人，请求让我以父礼事奉张全义。"庄宗答应了她。张全义诚惶诚恐，再三推辞，经不住刘皇后的一再坚持，最后还是接受了刘皇后的参拜，张全义于是又呈献财物表示感谢恩宠。第二天，刘皇后命令翰林学士赵凤拟书向张全义致谢，赵凤秘密地向庄宗启奏说："自古没有说为天下之母而竟拜人臣为父母的。"庄宗嘉许他的正直，但是终于还是教他照着做了。从此，刘皇后和张全义每天都派遣使者往来问候、馈赠东西，从来没有间断过。

起初，唐朝僖宗李儇、昭宗李晔的时候，宦官的势力虽大，还没有担任节度使的。蜀国的安重霸劝王承休求取秦州节度使，王承休于是向蜀主王衍说："秦州多美妇人，臣请求替陛下到那里去采选，好呈献进宫。"蜀主王衍答应了他，庚午日（初八日），任命王承休为天雄节度使，封鲁国公。把龙武军作为王承休的卫队。

乙亥日（十一日），蜀主王衍任命前武德节度使兼中书令徐延琼为京城内外马步都指挥使。徐延琼以外戚的身份代替王宗弼位列旧将领的上面，大家都感到不平。

壬午日（十八日），镇州报告契丹部队入侵岚州。

辛卯日（二十七日），前蜀主王衍改明年的年号为咸康。

卢龙节度使李存贤过世。

这一年，蜀主王衍把普王王宗仁改封为卫王，雅王王宗辂改封为豳王，褒王王宗纪改封为赵王，荣王王宗智改封为韩王，兴王王宗泽改封为宋王，彭王王宗鼎改封为鲁王，忠王王宗平改封为薛王，资王王宗特改封为莒王；同时撤了王宗辂、王宗智、王宗平三人的军队职务。

同光三年（乙酉，公元 925 年）

春季，正月，甲午朔日（初一日），前蜀国实行大赦。

丙申日（初三日），后唐庄宗李存勖下令有司改葬唐朝的昭宗和少帝，后来因为财政困难而作罢。

契丹人入侵幽州。

庚子日（初七日），后唐庄宗李存勖从洛阳出发；庚戌日（十七日），到达兴唐。

后唐庄宗下诏，命令平卢节度使符习在离酸枣较远的地方修筑河堤以防御黄河决口。

起初，李嗣源北征的时候，经过兴唐，东京府库中有供御用的细铠，李嗣源就行文交给副留守张宪，请求拨付五百领；张宪因为军队行动迅速，来不及先向庄宗启奏，就先拨付给李嗣源。庄宗知道后非常生气，说："张宪没奉到我的旨意，就擅自把我的铠甲交给李嗣源，这是什么意思？"于是罚了张宪一个月的俸禄，并命令他亲自去军中把铠甲取回。后唐庄宗因为义武节度使王都即将来朝拜，打算开辟一块球场，张宪说："过去都把行宫的廷中开辟为球场，前年陛下在这里即帝位，原建的坛不能毁掉，臣请求在行宫的西边另外开辟球场。"过了几天，新球场还没建成，庄宗李存勖就下令毁去即位的坛。张宪对郭崇韬说："这坛是主上祭祀上帝，最初接受天命的地方，怎么能够毁掉呢?”郭崇韬就找机会向庄宗进谏，庄宗李存勖反而下令马军和步军两个虞候立即把坛毁掉。张宪私下里对郭崇韬说:“忘天背本，再没有比这更不吉祥的事了。”

二月，甲戌日(十一日)，后唐庄宗李存勖任命横海节度使李绍斌为卢龙节度使。

丙子日(十三日)，李嗣源启奏说在涿州打败契丹的部队。

后唐庄宗认为契丹的存在是个忧患，和郭崇韬谋划，因有名望的老将们差不多都不在了，李绍斌的威望素来不高，想要把李嗣源转去镇守真定，好替李绍斌声援，郭崇韬觉得这个办法很好。当时郭崇韬兼领真定，庄宗就想把郭崇韬移去镇守汴州，郭崇韬推辞说:“臣在宫内掌理要职，在朝廷上又参与军国大事，这已是极端的富贵，又何必要兼领藩镇呢? 况且群臣中还有人跟随陛下多年，身经百战，所得到的赏赐不过一个州。臣毫无功劳，只是因为随侍皇上身边，偶尔参赞皇上圣明的决断，就得到这样的地位，我心里常常感到不安;现在另外委派有功勋的贤臣，使臣能够解除节度使的职务，这是臣最大的愿望呀!而且汴州是关东的要地，土地广，人口多，臣又不能亲自前往治所，只是委派他人代理职务，这样不等于是空城吗?恐怕不是巩固国家根基的做法。”庄宗李存勖说:“我深知你对我一片忠心，然而你为我出谋划策，夺取汶阳，保住并且巩固黄河渡口，以后又从这条路乘虚直捣大梁，成全我的帝业，难道百战之功可以和你相比吗?现在朕贵为天子，怎可以让卿没有尺寸的土地呢?”但是郭崇韬还是坚决地一再推辞，庄宗后来就答应了他。庚辰日(十七日)，移李嗣源为成德节度使。南汉主听到后唐帝消灭了后梁感到很害怕，就派遣宫苑使何词入贡，同时窥探中原的强弱。甲申日(二十一日)，何词到达魏州。回去以后，向汉主报告说唐国皇帝骄奢淫逸，没有什么作为，不值得害怕。汉主听了大为高兴，从此断绝了和中原的来往。

后唐庄宗李存勖性情刚愎好胜，不愿意权归臣下，到了洛阳后，听信伶人宦官的谗言，对过去那些老将疏远忌恨。李嗣源的家在太原，三月，丁酉日（初五日），上表请求改派卫州刺史李从珂为北京内牙马步都指挥使，好就近照顾家中，庄宗大怒说："李嗣源虽然掌握兵权，驻守大镇，但是军职任免的权力还是在朕的手中，他怎能擅自替他的儿子请求？"于是贬李从珂为突骑指挥使，让他率领数百人戍守石门镇。李嗣源对这件事又忧虑又害怕，于是就上书表白，过了好久才停止。辛丑日（初九日），李嗣源请求到东京朝见庄宗，庄宗没答应。郭崇韬认为李嗣源的功勋高，地位重要，心里也妒忌他，私下对人说："总管令公李嗣源不是久居人下的人，我看皇家的子弟都比不上他。"于是偷偷劝后唐庄宗把李嗣源召来，让他任警卫官，罢免他的军权，以后又劝庄宗把李嗣源除掉，庄宗都没有听从他的意见。

己酉日（十七日），后唐庄宗从兴唐出发，从德胜渡过黄河，经过杨村、戚城，看到过去的战场，指示给群臣们看，显得很高兴得意。

洛阳的宫殿修建得宏伟深邃，宦官们打算让后唐庄宗增加侍妾和宫女，于是就假装说宫中黑夜里发现鬼物。后唐庄宗打算让巫觋们来驱逐这些鬼物，宦官说："臣过去事奉唐朝的咸通和乾符天子（指唐懿宗和僖宗），那时，六宫的人数，贵贱合计不下万人，现在宫廷里面大半都空虚着，所以鬼物出来四处游荡。"庄宗李存勖于是命令宦官王允平、伶人景进去民间挑选女子，远的地方到了太原、幽州、镇州，好充实后宫，所选来的不下三千人，也不问她们的来历。庄宗李存勖从兴唐回来的时候，就用牛车把她们载走，挤满道路。张宪启奏说："各营的妇女失散了一千多名，恐怕是随从的各部队偷偷地把她们带去。"其实是都进入宫内。

庚辰日（三月无此日），后唐庄宗到达洛阳；辛酉日（二十九日），下诏又恢复称洛阳为东都，兴唐府为邺都。

夏季，四月，癸亥朔日（初一日），发生日食。

起初，五台山的僧人诚惠用虚妄的邪术来迷惑人，自称能降服天龙，呼风唤雨；庄宗李存勖很尊崇信仰他，亲自率领后妃和皇弟、皇子参拜他，诚惠也安然坐着受礼不起来，于是群臣没有人敢不拜。

当时，正好天大旱，庄宗从邺城迎接诚惠到洛阳，让他祈雨。军民们早晚盼望，但是过了几十天就是不下雨。有人对诚惠说："皇上认为大师祈雨无效，准备把你烧死。"诚惠听后就逃跑了，因感到惭愧害怕而死。

庚寅日（二十八日），中书侍郎、同平章事赵光胤过世。

太后自从和太妃分别，经常恍恍惚惚不高兴，虽然娱乐玩耍的东西在她面前到处都是，但也不能使她开颜而笑。太妃与太后分开后，也心情郁闷，最后病倒。太后派遣宫中的使者送药，使者相续于道路，太后一听到太妃的病加重，往往吃不下饭，又对庄宗李存勖说："我和太妃情同姐妹，想亲自去探望她。"庄宗借口天气暑热，路途又远，苦苦地劝阻她，劝了很久太后才作罢。于是只派遣皇弟李存渥等前往侍候。五月，丁酉日（初六日），北都启奏太妃过世。太后听了，悲哀得好几天都吃不下饭，庄宗一直劝慰，不离左右。太后因此得病，又想亲自去给太妃送葬，后唐庄宗极力劝阻，她才没有去。

闽王王审知病得很严重，命令他的儿子节度副使王延翰暂时代理军府的事务。

从春天到夏天一直天旱，六月，壬申日（十一日），才开始下雨。

后唐庄宗李存勖受不了盛夏的湿热，想在宫中挑选一块高敞凉爽的地方，结果都不满意。宦官于是乘机进言说："臣看见过去长安全盛的时候，大明、兴庆两宫的楼观都数以百计。现在皇上却找不到避暑的地方，恐怕宫殿的规模还比不上当时公卿的房舍。"庄宗于是任命宫苑使王允平另外建一栋高楼避暑。宦官们说："郭崇韬经常愁眉不展，是因为孔谦老议论费用不足，虽然陛下想修建一座楼来避暑，恐怕最后怕建不成。"庄宗说："朕用内府里的钱，不必动用国家的经费。"但还是担心郭崇韬会劝谏，于是派遣宫中的使者去告诉他说："今年特别炎热，朕过去在黄河之上，和梁国的军队对抗，行营又低又湿，当时还穿着盔甲，骑着战马，亲犯矢石，都没有觉得这么热，现在住在深宫中，而这大热天还是度不过去，这可怎么办？"郭崇韬回答说:“陛下过去在黄河边时,强敌还没有消灭,深深思念的是洗除耻辱和杀敌报仇,那时虽然也有酷暑,但您也不在意。现在外患已经消除,四海之内都臣服归顺,所以虽然有舒适华丽的楼台,还是会觉得闷热。陛下如果能不忘过去艰难的时候,那么暑气自然就会消去。”庄宗李存勖听了默不作声。宦官们说:“郭崇韬的住处,和皇宫不同,当然他就不知道皇上热得受不了。”庄宗最终还是命令王允平修筑楼阁,每天动用一万名工人,所耗费的经费有巨万之多。郭崇韬劝谏说:“现在两河一带又有水灾,又有旱灾,军粮也不充裕,盼望能够暂时停止工程,等来年丰收了以后再说。”后唐庄宗没有听从他的规劝。

后唐庄宗李存勖准备讨伐蜀国,辛卯日(三十日),下诏命令各镇收买战马。

吴镇海节度判官、楚州团练使陈彦谦身体有病,徐知诰恐怕他会有遗言提到继嗣的事情,就派人馈赠他医药和金银布帛,使者相继于路上。陈彦谦临终的时候,秘密地留下一封信给徐温,请他任命自己的亲生儿子为后嗣。

太后病得很厉害。秋季,七月,甲午日(初三日),成德节度使李嗣源认为边境战争稍停,上表请求入京朝见太后,庄宗李存勖不准。壬寅日(十一日),太后过世,庄宗过分哀伤,五天以后才开始吃饭。

八月,癸未日(二十三日),河南令罗贯被杖打而死。起初,罗贯任礼部员外郎,性情刚直,被郭崇韬赏识,任用他去当河南令。罗贯办理政事一向不怕权贵豪族,伶人、宦官向他请托事情,书函堆了一桌子,罗贯也不答复他们,而都拿去给郭崇韬看,郭崇韬就向庄宗报告,因此伶人、宦官们对他都恨得咬牙切齿。河南府尹张全义也认为罗贯高傲,心里对他非常不满,就派奴婢去向刘皇后诉苦,刘皇后和伶人、宦官们一起在庄宗面前诋毁罗贯,庄宗李存勖听了很生气,但是表面上没发作。刚好庄宗亲自前往寿安视察坤陵的工事,一路上道路泥泞不堪,桥梁也多有损坏,庄宗就问这事该谁主管,宦官回答说是河南令。庄宗大怒，把罗贯抓到监狱，狱吏动刑，打得他体无完肤，第二天，庄宗下诏把罗贯杀了。郭崇韬劝后唐庄宗李存勖说："罗贯犯了桥路不修的罪，但按照法律也不应该定死罪。"庄宗生气地说："太后的灵驾就要出发，天子早晚都在这条路上往来，桥梁道路却没整修好，你说他没罪，分明是包庇袒护他。"郭崇韬说："陛下以万乘的至尊，却对一个县令发怒，将来让天下人议论说陛下用法不平允，这是臣的罪过。"庄宗说："他既然是你喜爱的人，该怎么处置由你看着办吧!"于是拂袖而起，回宫去了，郭崇韬跟在后面，一再劝解不止；庄宗干脆把殿门关上，郭崇韬就进不去了。最后罗贯还是被处死，在府门前把他的尸体示众，远近的人都认为他死得冤枉。

丁亥日（二十七日），后唐庄宗派遣吏部侍郎李德休等赐给吴越国王玉册、金印和红袍御衣等物。

九月，蜀主和太后、太妃到青城山游玩，经过丈人观、上清宫，又到彭州阳平化、汉州三学山，后来才回去。

乙未日（初五日），后唐庄宗李存勖册封皇子李继岌为魏王。

丁酉日（初七日），后唐庄宗与宰相商议讨伐前蜀，威胜节度使李绍钦平时巴结讨好宣徽使李绍宏，李绍宏推荐说："李绍钦有盖世奇才，就算孙武和吴起也赶不上他，可以派他担当大任。"郭崇韬说："段凝（李绍钦投降唐国以前的姓名）是亡国将领，非常奸邪谄媚，绝对不能信任。"大家就一致推举李嗣源，郭崇韬说："契丹的气焰正嚣张，总管李嗣源不能离开河朔。魏王是君位的继承人，但他没有立过什么特殊功劳，请按照过去的惯例，应该任命他为讨伐蜀国的统帅，成全他的威名。"庄宗李存勖说："我儿子还小，哪有办法独担大任，应该再替他找个副帅。"不久又说："再没有人比你更合适了。"庚子日（初十日），庄宗任命魏王李继岌充任西川四面行营都统，郭崇韬充任东北面行营都招讨制置等使，军事方面的事务都委任他全权处理。又任命荆南节度使高季兴充任东南面行营都招讨使，凤翔节度使李继曮充任都供军转运应接等使，同州节度使李令德充任行营副招讨使，陕州节度使李绍琛充任蕃汉马步军都排阵斩斫使兼马步军都指挥使，西京留守张筠充任西川管内安抚应接使，华州节度使毛璋充任左厢马步都虞候，邠州节度使董璋充任右厢马步都虞候，客省使李严充任西川管内招抚使，率兵六万前往讨伐蜀国。同时下诏让高季兴率兵夺取夔、忠、万三州作为荆南巡属。都统设置中军，任命供奉官李从袭充任中军马步都指挥使监押，高品李廷安、吕知柔充任魏王府通谒。

辛丑日(十一日)，任命工部尚书任圜、翰林学士李愚参与都统的军机事务。

自从六月甲午日(疑误)下雨以来，很少能看见太阳和星星，江河百川到处溢流，雨下了七十五天才停下来。

郭崇韬因为北都留守孟知祥过去对他有推荐引进的恩情，要出发的时候，对后唐庄宗李存勖说："孟知祥这个人诚信忠厚，又有谋略，如果攻下西川想找个军帅的话，没有人比他更合适了。"又推荐说邺都副留守张宪为人恭谨庄重，又有见识，可以任命为宰相。戊申日(十八日)，大军向西出发。

前蜀国安重霸劝王承休请求前蜀主王衍到东面的秦州去游玩。王承休到任以后，立刻毁掉府署，开始建造行宫，征调大批民工，又强取民间女子，教她们唱歌跳舞，然后画成图送给韩昭，让他向蜀主王衍进言；又呈献花木图，夸赞秦州山水风土的美妙。蜀主王衍就准备前往秦州，群臣劝谏，蜀主都不听；王宗弼上表劝谏，蜀主王衍把他的奏章扔在地上；太后哭哭啼啼地不吃饭，极力劝阻，也没有效果。前秦州节度判官蒲禹卿上了个几乎有两千字的奏章，大意是说："先帝创业时十分艰难，打算流传万世。陛下从小生长在富贵人家，迷恋酒色。秦州是羌、胡人杂居的地方，经常流行恶性疟疾等传染病，百姓困于力役，郡县为了供应官府所需，疲惫不堪。而凤翔长久以来就与我们结仇，一定又会因此挑起怨隙，唐国刚和我们建立友好关系，因为这次大军出动，怕也会引起疑心。先皇从来就没有无故出游的，陛下却随意地经常离开皇宫。过去秦始皇嬴政东游，后来銮驾就再没回京，隋炀帝杨广南巡，龙舟也再没有北返。我们蜀国一向国力强盛，足以雄视邻国，边境没有烽火战乱的忧虑，但是国家内部却有心腹之患，一方面老百姓流离失业，一方面盗贼公然横行。过去历史上成汉国君李势向桓温屈服，蜀汉国君刘禅也向邓艾投降，可见山河的险固，也不是十分可靠的。”韩昭对蒲禹卿说：“我暂时把你这奏章收下，等到主上从秦州回来，再命令狱吏一个字一个字问你！”王承休的妻子严氏长得很美丽，前蜀主王衍曾经与她私通，所以蜀主王衍坚决想去。

冬季，十月，排阵斩斫使李绍琛和李严率领三千名骁勇的骑兵和万名步兵当前锋，招讨判官陈乂到了宝鸡，推称生病请求留下来。李愚怒骂他说：“陈乂见到容易的场合就敢进军，害怕困难的环境就要停下来。现在大军已经进入险境，人心易于动摇，应该把他斩首示众，以儆效尤！”因此，军中再没有敢踌躇不前进的。陈乂是蓟州人。

癸亥日（初四日），前蜀主王衍率领数万大军从成都出发。甲子日（初五日），到达汉州。武兴节度使王承捷报告说唐国的部队已经往西挺进，蜀主王衍认为这是臣下们共谋要阻碍他出游，不肯相信，并且夸口说：“我正想耀武扬威一番！”于是向东前进。在路上还和大臣们吟诗赋歌，根本不在意。

丁丑日（十八日），李绍琛率军向前蜀威武城进攻，前蜀指挥使唐景思率兵投降。城使周彦等知道难以坚守，也投降了。唐景思是秦州人。唐军得到城中的二十万斛粮食。李绍琛放蜀国的败兵一万多人逃去，然后兼程赶往凤州。李严迅速传书向王承捷招降。李继曮散尽凤翔所储积的粮草补给各路部队，还是不够，于是人心都有点忧虑恐惧。郭崇韬进入散关，指着当地的山说：“我们如果进攻不能成功，就不能再回到这里来。应当尽力决一死战。现在运来的粮食快要吃完，应当首先夺取凤州，那里有粮食。”将领们都说蜀国地势险要坚固，没有办法长驱直入，应该先按兵不动，再等待机会。郭崇韬就问李愚的意见，李愚说："蜀人对于他们主上的荒淫都觉得苦不堪言，没有人肯替他效力。我们应该趁着他们人心分崩离析的时候，用迅雷不及掩耳的方式进击，那么他们吓都吓破胆，就算有险阻的地势，又有谁能防守呢？用兵的形势绝对不可缓下来。"当天李绍琛的捷报也传到，郭崇韬非常高兴，对李愚说："您料敌如此准确，我还有什么好担忧的？"于是就兼程向前挺进。戊寅日（十九日），王承捷持凤、兴、文、扶四州的印节投降，得到八千多降兵，四十万斛粮食。郭崇韬说："平定蜀国是必定无疑了。"因此以都统的命令让王承捷代理武兴节度使。

己卯日（二十日），蜀主王衍到达利州，威武的败兵逃回来，蜀主才相信唐兵真的来了。王宗弼、宋光嗣对前蜀主王衍说："我们东川、山南的兵力还很完整，陛下只要以大军扼守利州，唐国的军队又怎么敢孤军深入呢？"蜀主王衍听从他们的建议。庚辰日（二十一日），蜀主王衍任命随驾清道指挥使王宗勋、王宗俨、兼侍中王宗昱三人为三招讨，率领三万部队迎战唐军。从驾的部队从绵州、汉州一直到深渡，前后连绵有千里之远，士卒们都很怨恨，说："皇帝赏赐给龙武军的粮草有其他军的好几倍，其他军队怎么能来抵御敌军呢？"

李绍琛等率军经过长举，兴州都指挥使程奉琏率领他的所属部队五百人前来投降，并且请求先修筑桥梁栈道来等候唐军，于是唐军的前进就不必担心道路的险阻。辛巳日（二十二日），兴州刺史王承鉴抛弃城池逃走，李绍琛等就攻下兴州，郭崇韬任命唐景思暂代兴州刺史。乙酉日（二十六日），成州刺史王承朴弃城逃走。李绍琛等和前蜀国三个招讨在三泉作战，前蜀军大败，五千余人被斩首，其余的士卒都溃逃。唐军又在三泉得到十五万斛粮食，从此军用粮草就很充足。

戊子日（二十九日），后唐在坤陵埋葬了贞简太后。

蜀主王衍听说王宗勋等人战败，就从利州兼程往西逃去，并且砍断桔柏津的浮桥；下令中书令、判六军诸卫事王宗弼率领大军防守利州，又下令将王宗勋等三个招讨斩杀。

李绍琛昼夜兼程直奔利州。蜀国的武德留后宋光葆写信给郭崇韬，说："请求唐兵不要进入我们管辖的地境，我们愿意率领所属的辖地归降，如果不能按约定办，我就背城一战，以此来报答蜀主。"郭崇韬回信表示愿如约接纳他们。己丑日（三十日），魏王李继岌到达兴州，宋光葆率领所属的梓、绵、剑、龙、普五州，武定节度使王承肇率领所属的洋、蓬、壁三州，山南节度使王宗威率领所属的梁、开、通、渠、麟五州，阶州刺史王承岳率所属阶州，都向唐国归降。王承肇是王宗侃的儿子。其余城镇都望风归附后唐军。

天雄节度使王承休和副使安重霸谋划伏击后唐军，安重霸说："如果突袭他们不能够得胜，那么大势就去了，蜀中有十万精锐的部队，形势又险固，唐兵就算再英勇，又怎能直渡剑门天险呢？您身受国家的厚恩，听到国家有难，不能不去救援，我愿意和您一起率兵西进。"王承休一向很信任他，就听从他的建议。安重霸又建议用钱财买通羌人，走文州、扶州这条路回去；王承休也听从了，于是让安重霸率领龙武军和招募来的兵士一万两千人随行。将出发的时候，州里的人在城外饯行。王承休已经上路了，安重霸在马前向他参拜说："国家用全部力量夺得秦、陇二州，如果我也跟随你回朝，谁来坚守这里呢？开府您可以安心出发，重霸愿意替您留守。"当时王承休已经上路，没有办法，只好和招讨副使王宗汭从扶州、文州这一条路往南前进；当地都是不毛之地，羌人又随时出来抄掠他们，只好一边作战一边行进，士卒受冻挨饿，到达茂州的时候，只剩下两千人而已。于是安重霸就率秦、陇二州投降后唐军。

高季兴经常想夺取三峡，只是害怕前蜀峡路招讨使张武的威名，不敢前进。到这时候，乘着唐国的兵势，就让他的儿子行军司马高从诲暂时代理军府的事务，他亲自率领水军上溯三峡，要攻取施州。张武用铁锁截断江上的通路，高季兴派遣勇士乘着船前往砍断铁锁，刚好碰上起了大风，船被风一吹，绊在铁锁上，既不能进，又不能退，旁边张武的军队矢、石纷纷打下来，把高季兴的战船都打坏，高季兴只好乘了一只小船逃走。后来张武听说北路陷落战败，因此让夔、忠、万三州派使者到后唐魏王李继岌那里请求投降。

崇韬送信给王宗弼等，向他们陈说利害关系，李绍琛的部队还没到达利州，王宗弼就抛弃城池，率领部队往西逃去。王宗勋等三招讨从后追赶，在白芀追上王宗弼，王宗弼从怀中把诏书拿出来给他们看，说："宋光嗣教我要杀你们。"三个招讨使和王宗弼一起哭了起来，最后他们合谋准备与唐军议和。

资治通鉴卷第二百七十四　后唐纪三

起乙酉(公元925年)十一月,止丙戌(公元926年)三月,共五个月。

【题解】本卷记录了公元925年十一月至926年三月的历史,共记录五个月史事。为后唐庄宗李存勖同光三年末至同光四年三月。这一年大旱民饥,军粮不继,唐庄宗不知体恤,依然游猎玩赏,践踏苗稼。唐庄宗晚年昏暴,郭崇韬独掌军权,与太子李继岌产生间隙,唐庄宗听信谗言,对郭崇韬起杀心。刘皇后赐李继岌手札诛杀郭崇韬。唐庄宗竟置之不理,反而把郭崇韬灭族,祸及朱友谦,逼反李继琛和魏州戍兵。庄宗命将平叛,不肯赏赐,将士心寒,军心不振。李绍荣讨伐邺都不胜,李嗣源前往时被乱兵挟持,反叛进军大梁,诸军镇闻风影从。唐庄宗御驾亲征,刘皇后吝财不赏,遭将士唾弃。庄宗东征,士兵未战先散,被迫返回洛阳。

庄宗光圣神闵孝皇帝下

同光三年(乙酉,公元925年)

十一月,丙申日(初七日),前蜀主王衍回到成都,朝廷百官和宫中妃嫔们到七里亭迎接。蜀主王衍就到妃嫔群中效仿回鹘队率领她们入宫。丁酉日(初八日),蜀主王衍出来在文明殿会见群臣,哭得衣襟都沾湿,君臣相向,竟然没有一句拯救国家危难的话。

戊戌日(初九日),李绍琛到达利州,修好桔柏的浮桥。昭武节度使林思谔原先抛弃城池逃到阆州,这时又派遣使者前来请求归降。甲辰日(十五日),魏王李继岌到达剑州,蜀国武信节度使兼中书令王宗寿率领所属遂、合、渝、泸、昌五个州投降。

王宗弼到成都后，登上大玄门，严兵自卫。蜀主王衍和太后亲自前往慰劳他，王宗弼骄傲怠慢，完全没有人臣的礼节。乙巳日（十六日），王宗弼劫持蜀主王衍及太后、后宫和诸王，把他们迁到西宫，并且收取传国玉玺，又派遣亲信到义兴门搬取内库的金银布帛，通通搬回自己家中。王宗弼的儿子王承涓持剑进入宫中，领着几个前蜀主王衍宠爱的姬妾回到家中。丙午日（十七日），王宗弼自称西川兵马留后。

李绍琛进兵到达绵州，仓库和民房等都被蜀兵放火焚烧，蜀兵又砍断绵江上的浮桥，江水很深，没有船只渡江，李绍琛对李严说："我们孤军深入敌境，只有速战才对我们有利。乘蜀军心惊胆战时，只需要一百个骑兵速过鹿头关，他们连出来投降的时间都没有。假如把浮桥修好再进攻，那一定会停留好几天，如果让王衍把鹿头关巩固住，那就会顿挫我们的攻势；如果再拖延十来天，胜负就不可知了。"于是就和李严乘着马浮水渡江，随后的部队能渡过对岸的只一千多人，溺死在河中的也有一千多人，于是就攻进鹿头关；丁未日（十八日），占据汉州，在那里驻扎了三天，后面的部队才到达。

王宗弼派遣使者拿着钱财、马牛、酒肉去慰劳后唐军，并把前蜀主王衍的信送给李严，说："您来我就投降。"有人劝李严说："您第一个提出讨伐蜀国的计划，蜀国人对您恨入骨髓，您千万不能去。"李严不听劝阻，欣然快马进入成都，抚慰当地的军民，告诉他们唐国的大军马上就要到了。蜀国君臣和后宫都恸哭失声，蜀主王衍带着李严去见太后，把他的母亲、妻子托付给李严，请他照顾。王宗弼仍然坚守在城上，李严命令他撤除所有高台。

己酉日（二十日），魏王李继岌到达绵州，蜀主王衍命令翰林学士李昊起草上呈唐国庄宗李存勖的降表，又命令中书侍郎、同平章事王锴起草致唐军的降书，派遣兵部侍郎欧阳彬拿着这些表章、书信迎接李继岌和郭崇韬。

王宗弼说前蜀国的君主大臣们早就想归服于后唐，只是因为内枢密使宋光嗣、景润澄和宣徽使李周辂、欧阳晃等迷惑了蜀主王衍；于是把他们都斩首，用箱函装了首级送给李继岌。又责备文思殿大学士、礼部尚书、成都尹韩昭谄佞阿谀，在金马坊门枭首示众。内外马步都指挥使兼中书令徐延琼、果州团练使潘在迎、嘉州刺史顾在珣和贵戚们都惶恐不安，倾尽家中的金帛妓妾贿赂王宗弼，仅能免于一死。凡是王宗弼平素不喜欢的人，王宗弼都把他们杀了。

辛亥日（二十二日），李继岌到达德阳。王宗弼派遣使者奉笺表，报告已把蜀主王衍迁移到西第，并且安抚城中军民，上表等待王师。又让他的儿子王承班带着蜀主王衍的后宫和珍玩贿赂李继岌和郭崇韬，请求任命他为西川节度使，李继岌说："这些都是我家的东西，怎么用这些东西作为贡献呢？"把王宗弼送来的东西留下而把来人送走。

李绍琛在汉州住了八天等待李继岌的到来，甲寅日（二十五日），李继岌到达汉州，王宗弼前来迎接；乙卯日（二十六日），李继岌到达成都。丙辰日（二十七日），李严带领蜀主王衍和百官仪卫等到升迁桥投降，蜀主王衍穿着白衣，衔着璧，牵着羊，用草绳绕着脖子，百官都穿着衰绖丧服，赤着脚，载着空棺木，号啕大哭，等候处置。李继岌接受前蜀主王衍的玉璧，郭崇韬解开前蜀主脖子上的草绳，并把那些空棺都烧掉，按照后唐庄宗李存勖的旨意，免除他们的罪过，并释放他们。蜀国的君臣都向着东北拜谢。丁巳日（二十八日），唐国的大军进入成都。郭崇韬严禁军士侵扰百姓，所以市面上都安然无事。从唐军出师到攻下蜀国，共七十天；得到十个节度，六十四个州，二百四十九个县，三万名军队，铠仗、钱粮、金银、缯帛等数以千万计。

高季兴听到蜀国灭亡，当时正在吃饭，吃惊得汤匙、筷子都掉了，说："这是老夫的过错！"梁震说："不必担心，唐庄宗李存勖得到蜀国后，会更加骄傲，不久就要灭亡，哪里能知道他不是为我们谋福呢？"

楚王马殷听说蜀国灭亡，就上表声称："臣已经在衡山的山麓准备好告老退隐的地方，愿意呈上印信，请求让臣终老余年。”后唐庄宗下了一道诏书安慰了他一番。

平定前蜀国的功劳，李绍琛最多，爵位也在董璋之上。但是董璋一向和郭崇韬交情很好，所以郭崇韬屡次召唤董璋商议军事。李绍琛心中不平，对董璋说：“我有平定蜀国的功劳，你不过是个跟班的小角色，却天天在郭公的门下进谗言出馊主意，想要害我。我身为都将，难道不能根据军法杀了你吗？”董璋跑去告诉郭崇韬。十二月，郭崇韬上表给庄宗李存勖，任命董璋为东川节度使，并且解除他的军职。李绍琛知道了更加愤怒，说：“我亲冒白刃，历经危险，才平定两川，现在董璋却坐享其成！”于是跑去见郭崇韬，对他说：“东川是个重要的地方，尚书任圜文武双才，应当上表皇上任他为帅。”郭崇韬听后很生气地说：“李绍琛想造反吗？怎么敢违犯我的指挥。”李绍琛感到害怕而退了回去。

起初，后唐庄宗李存勖派遣宦官李从袭等人随从魏王李继岌征伐蜀国；李继岌虽然名为都统，但是军中的一切人事安排都出于郭崇韬之手，郭崇韬整天处理事务，将领官吏等宾客满门，而都统府除了大将们早晨前来拜见请安外，牙门里冷冷清清，李从袭等人感到羞辱。到了攻取蜀国后，蜀国的贵臣大将争相以宝货、妓乐贿赂郭崇韬和他的儿子郭廷诲，魏王李继岌得到的，只不过是一些马匹、束帛、唾壶、麈柄而已，李从袭等人心里更加愤恨不平。

王宗弼当西川留后时，贿赂郭崇韬请求做西川节度使，郭崇韬表面上答应，但过了很久王宗弼还没有得到这个官，王宗弼于是率领蜀国的将吏们呈文求见李继岌，请求他留下郭崇韬镇守蜀国，李从袭等人于是对李继岌说：“郭公父子都很专横，现在又让蜀人来请求让他当统帅，他的心思恐怕难以预测，大王你不能不做点防备。”李继岌于是对郭崇韬说：“皇上依靠侍中你如同山岳，不会让你离开庙堂，难道还肯把元老大臣弃置在蛮荒之地吗？而且这事不是我敢做主的，请让他们自己到京城陈情。”从此李继岌和郭崇韬之间就产生了猜疑。这时正好宋光葆从梓州来，他诉说王宗弼诬杀宋光嗣等的情况。又赶上郭崇韬曾向王宗弼征用几万缗的劳军钱，王宗弼不给，于是士兵们都埋怨愤怒，在夜晚放火喧闹。郭崇韬想杀王宗弼表白自己的立场，己巳日(初十)，郭崇韬向李继岌报告，收捕王宗弼和王宗勋、王宗渥等人，责备他们不忠的罪状，把他们全族都杀灭，没收所有的家产。前蜀人争抢着吃王宗弼的肉。

辛未日(十二日)，闽忠懿王王审知过世，他的儿子王延翰自称威武留后。汀州的百姓陈本聚集三万名部众围攻汀州，王延翰派遣右军都监柳邕等率领二万士卒前去讨伐。

癸酉日(十四日)，王承休、王宗汭到达成都，魏王李继岌责问他们说："你们位居大镇，拥有强兵，为什么不抵抗？"回答道："害怕大王的神明威武。"李继岌问："那么为什么不投降？"回答说："王师并没进入我的辖境。"李继岌说："你率领多少人进入羌人的地境？"回答说："一万两千人。"李继岌又问："现在回来的有几人？"回答说："两千人。"李继岌最后说："那好，你们可以为这一万人的死偿命了。"于是把两人都杀了，同时被杀的还有他们的儿子。

丙子日(十七日)，任命知北都留守事孟知祥为西川节度使、同平章事，并催促他去洛阳。庄宗李存勖和群臣商议另外挑选北都留守，枢密承旨段徊等讨厌邺都留守张宪，不希望他留在朝廷，于是都建议说："北都留守非张宪不可。张宪虽然有宰相的器度，但是现在国家新近得到中原，宰相就在天子眼前，如果什么事情办得不妥当，还有皇上纠正他，和北都单独维系一方的安危比起来，就显得没那么重要了。"于是调张宪出任太原尹，主持北都留守事务。任命户部尚书王正言为兴唐尹，主持邺都留守事务。王正言年纪已大，有点昏聩，庄宗就派武德使史彦琼为邺都监军。史彦琼本来是个伶人，得到庄宗的宠爱，魏、博等六州的军队钱粮事务通通归他管理，所以就作威作福起来，欺凌忽视将帅们，自王正言以下的人，都巴结事奉他。

起初，后唐庄宗李存勖得到魏州禁卫军近八千人，把他们当作自己的亲信部队，这些人作战十分勇敢，天下无敌。在黄河两岸战役的时候，庄宗常依赖他们，他们也屡建奇功，于是庄宗李存勖答应他们，等平定梁国以后要大大地赏赐他们。在平定了黄河以南后，虽然对他们也不止一次地进行赏赐，但这些人却自恃有功，骄傲贪婪，更加抱怨。这一年发生大饥荒，百姓流散逃亡，租税征收不足，加上久雨，路上泥泞难行，水陆的粮运都有困难，东都的仓库都空了，没有东西发给士兵们。租庸使孔谦每天在上东门外盼望诸州从水上运来粮食，只要粮食一到，随时就发给他们。军士们没粮食可吃，有的把妻子典押给别人做工，有的甚至卖子女，老弱在荒野采食野菜，百十成群，往往就在野外饿死。到处谣言流传，怨叹不已，而庄宗却照常游玩田猎。己卯日（二十日），后唐庄宗李存勖到白沙打猎，皇后和皇子、后宫等都随行。庚辰日（二十一日），停宿在伊阙；辛巳日（二十二日），停宿在潭泊；壬午日（二十三日），停宿在龛涧；癸未日（二十四日），才回皇宫。当时天正下着大雪，随行的官吏士卒们有人冻死在路上。伊州、汝州一带饥荒情形尤其严重，卫兵经过的地方，就责问地方官吏，要他们供给所需的东西；如果得不到，就破坏他们的日常用具，把他们的房屋拆掉当柴，比盗贼敌人都厉害，甚至县里的官吏们都逃到山谷之间躲藏起来。

有一条白龙出现在汉宫，南汉主刘岩就改年号为白龙，并改名为龚。

长和的骠信郑旻派遣布燮郑昭淳向南汉国求婚，汉主把女儿增城公主嫁给他。长和就是唐朝时的南诏国。

成德节度使李嗣源入京朝见庄宗李存勖。

闰十二月，己丑朔日（初一日），孟知祥到达洛阳，后唐庄宗对待他十分优厚。

因为军队的储备不充足，后唐庄宗与大臣商议，豆卢革以下的大臣们都想不出办法。吏部尚书李琪上奏章向庄宗建议说：“古时候都是衡量收入，然后再决定开销，先计算农业的收成，然后再征调军队，所以纵使有水、旱灾，而没有缺乏军粮的忧虑。近代以来都是靠向农民征税来供养军队，从来都没有过农民富足而兵用不足，或者农民贫困而军队却能丰衣足食的情况。现在纵使不能减免租税，假使能先把折纳、纽配这些苛捐杂税等名目除去，农人就可以稍微喘一口气了。”后唐庄宗马上按照李琪所讲的，敕令主管官吏照办，然而终究没能执行。

丁酉日(初九日)，后唐庄宗李存勖下诏，凡前蜀四品以上的官员按不同情况降职安排，五品以下的，如果才能或门第都没有什么特殊的，就放他们回田里；唐军入蜀时率先投降或有功劳的，则交代郭崇韬有机会就优先奖励、任用他们。又赐给蜀主王衍诏书，大略是说：“一定会分封你一块土地，绝不会把你逼上绝路，日、月、星三辰在上做证，一句话也不欺骗你。”

庚子日(十三日)，彰武、保大节度使兼中书令高万兴过世，任命他的儿子保大留后高允韬为彰武留后。

后唐庄宗李存勖因为洛阳军粮不充裕，准备前往汴州，谏官劝谏说：“节俭开销，自然就够用，自古以来没有去迁就粮食的天子。现在淮南的杨氏还没有消灭，不应让他们看出虚实。”后唐庄宗便打消去汴州的行动。

辛亥日(二十三日)，后唐庄宗李存勖封皇弟李存美为邕王，李存霸为永王，李存礼为薛王，李存渥为申王，李存乂为睦王，李存确为通王，李存纪为雅王。

郭崇韬一向痛恨宦官，曾经秘密地对魏王李继岌说：“大王他日得到天下，骟了的马都不能骑，更何况任用宦官？应当把他们全部辞去，专门起用士人。”吕知柔躲在外头偷听，听到了他这一番话，从此宦官们都对郭崇韬切齿痛恨。

当时成都虽被攻取，但蜀中盗贼四起，布满山林。郭崇韬恐怕唐国大军离去，这些盗贼更会成为后患，于是命令任圜、张筠等分头率领部队讨伐，因此停留很久还是没有办法班师回朝。庄宗李存勖派遣宦官向延嗣前来催促，郭崇韬不肯到城外迎接；接见的时候，礼节又很倨傲，向延嗣非常生气。李从袭对向延嗣说：“魏王是太子，主上多福，而郭公如此独裁，郭廷诲和他的同党们经常往来，每天和军队中勇敢的将领们、蜀地的豪杰们喝酒胡混，指天画地、胡吹乱捧。最近听说请求他父亲上表皇上派他为蜀帅；又对他父亲说：‘蜀国这地方非常富饶，大人应该好自打算。’现在各军的将领都是郭氏的同党，魏王等于是寄身在虎狼之口，一旦有什么变化，我们都不知道要埋骨在什么地方了。”于是就相对哭泣。向延嗣回京后，就把这情形一五一十地向刘皇后报告，刘皇后哭着向庄宗李存勖投诉，并请求及早挽救李继岌，使他免于一死。

在此以前，后唐庄宗听到蜀人请求郭崇韬做他们的统帅，心中已经愤愤不平，这时又听到向延嗣的这番话，不能不表示怀疑。庄宗查阅蜀国府库的账册，怀疑说：“人家都传说蜀国的珍宝不计其数，怎么这上面只登载这么少呢？”向延嗣说：“臣听说蜀国被攻破之后，那里的珍宝财物都到了郭崇韬父子手中，郭崇韬现有黄金一万两，白银四十万两，钱币百万缗，名贵的马上千匹，其他的东西价值也与此相当，他的儿子郭廷诲搜刮到的，又在这些数目之外，所以皇上所得到的就不多了。”庄宗于是气得脸上都变了色。到了孟知祥要去上任的时候，庄宗对他说：“听说郭崇韬有谋反的意思，你到了那儿，替朕把他杀了。”孟知祥说：“郭崇韬是国家有功勋的元老重臣，不应该会这样，等臣到达蜀国后仔细观察，如果没有异心就送他回来。”后唐庄宗李存勖答应了。

壬子日（二十四日），孟知祥从洛阳出发。不久，又派遣衣甲库使马彦珪赶往成都观察郭崇韬的举动，如果他遵奉皇帝的旨意班师回朝就算了，如果有稍为迟延或跋扈的样子，就和李继岌把他解决。马彦珪私下跑去见刘皇后，劝她说：“我看如果像向延嗣所说蜀中形势，忧患就在朝夕，现在皇上当断不断，成败的时机，间不容发，怎么能够在三千里之外不顾缓急请示呢？”刘皇后于是劝庄宗，庄宗说：“传闻的话，一下子也没有办法分辨真假，怎么可以立刻就下判断呢?”刘皇后得不到要领，退下来后就自己下教令给李继岌，教他把郭崇韬杀了。孟知祥走到石壕，马彦珪在晚上来敲他的门，宣读诏书，催促孟知祥赶快前往镇地，孟知祥私下叹气说:“灾乱又要开始了。”于是日夜兼程，赶赴成都。

起初，楚王马殷得到湖南时，不征收商人的税，因此四面八方的商人都聚集在这里。湖南出产铅和铁，马殷采用军都判官高郁的建议，用铅、铁铸钱，这样一来商旅如果离境，这种钱到别的地方就不能用，只好再买其他的货物带走，所以楚国就能以国境内多余的货物交易天下百货，国家因此富饶起来，湖南的百姓原来都不种桑养蚕，高郁命令百姓缴税的时候都要用布帛代替金钱，不久，民间的织布业盛行起来。

吴越王钱镠派遣使者沈瑫给吴国送来一封信，把接受玉册、被封为吴越国王的事告诉了吴国。吴国人认为他们的国名和自己相同，就不肯接受国书，并且把沈瑫遣送回去；仍然命令国境保持警戒，不准和吴越通使、通商。

明宗圣德和武钦孝皇帝上之上

天成元年(丙戌，公元926年)是年四月方改年号为天成。

春季，正月，庚申日(初三日)，魏王李继岌派遣李继曮、李严带领人马把王衍及其家族、百官数千人送到洛阳。

河中节度使、尚书令李继麟依仗自己和后唐庄宗是老朋友，有战功，后唐庄宗给他的待遇也很丰厚，但苦于伶人宦官经常向他求乞而且贪得无厌，于是就拒绝不给。唐国大军征伐蜀国的时候，李继麟大阅部队，派遣他的儿子李令德率军随从出征。景进和宦官们就毁谤他说:“李继麟听说朝廷调动大军，以为要讨伐他，吃惊害怕，就赶快校阅部队，准备抵抗。”又说，“郭崇韬所以敢在蜀中跋扈，是因为和河中暗中勾结，内外互相呼应的缘故。”李继麟听到这些话后感到很害怕，准备亲自到朝廷说明情况，他的亲信们都阻止他，李继麟说："郭崇韬侍中的功劳比我高。现在的情势十分危急，如果我能见到皇上，当面陈述我们效忠的诚心，那些谗佞的人就有罪了。"癸亥日（初六日），李继麟到了朝廷。

魏王李继岌将要从成都出发，命令任圜暂时代理留守，以等待孟知祥。各部队的去留都已经安排妥当，当天，马彦珪到达成都，把刘皇后的教令拿给李继岌看，李继岌说："大军将要出发，郭崇韬也没有什么迹象，怎么可以做这种对不起人的事呢？你们不能再说这种话了。而且主上没有诏书，只凭刘皇后的教令就杀了招讨使，这事能这么做吗？"李从袭等哭着劝他说："既然已经有这回事，如果让郭崇韬知道，半路上再发生什么变故，那就没有办法收拾了。"马彦珪和李从袭一起对他详细陈说利害关系，李继岌不得已，只好答应。甲子日（初七日）早上，李从袭以李继岌的命令召唤郭崇韬前来商议事情，李继岌到楼上回避。郭崇韬正上台阶的时候，李继岌的侍从李环用大铁槌把郭崇韬的脑袋打碎，并且杀了他的儿子郭廷诲、郭廷信。而外头的人还不知道这件事。都统推官饶阳人李崧对李继岌说："现在部队远在三千里之外，一开始就没有皇上的命令而擅自杀死大将，大王怎么可以做出这种危险的事情？难道不能忍一忍到洛阳再说吗？"李继岌说："公所说得极是，我后悔都来不及了。"李崧于是召唤了几个书吏，教他们上楼，然后撤去梯子，让他们伪造庄宗的诏书，用蜡假造中书的印章，然后再向外宣布，部队稍微安定下来。郭崇韬的左右随从都四处逃窜，只有掌书记滏阳人张砺跑到魏王府抚尸痛哭了很久。李继岌任命任圜代替郭崇韬总管军政。

魏王通谒李廷安献上前蜀国的乐工二百余人，其中有个叫严旭的，过去王衍任用他为蓬州刺史，庄宗李存勖问他说："你怎么能得到刺史？"回答说："因为我会唱歌。"庄宗教他唱唱看，觉得还真不错，答应恢复他过去的职务。

戊辰日（十一日），孟知祥到达成都。因为当时杀了郭崇韬，人心还没安定下来，孟知祥抚慰官吏人民，犒赏将领士卒，所以不论班师或留守的，都顺从孟知祥的意愿。

闽人攻破陈本的领地，把他斩杀。

契丹主耶律阿保机向女真和勃海国发起进攻，但又害怕后唐乘虚而入。戊寅日(二十一日)，派遣梅老鞋里来后唐互通友好。

马彦珪回到洛阳，庄宗下诏公布郭崇韬的罪状，并且杀了他在洛阳的儿子郭廷说、郭廷让、郭廷议等，朝野上下有的骇异，有的惋惜，大家都议论纷纷，庄宗就派遣宦官暗中侦察。保大节度使睦王李存乂是崇韬的女婿；宦官们想要全部除去崇韬的党羽，于是报告说："李存乂对着诸位将领捋衣出臂，痛哭流涕，为郭崇韬申冤，他的言辞对朝廷很不满。"庚辰日(二十三日)，庄宗下令把李存乂幽禁在家中，不久又把他杀了。

景进说："河中有人来告说，李继麟和郭崇韬阴谋反叛。现在郭崇韬死了，又和李存乂共谋。"宦官们于是都劝庄宗迅速把李继麟除去，庄宗就把李继麟迁为义成节度使。当夜，派遣蕃汉马步使朱守殷率军包围他的府第，把李继麟赶到徽安门外杀了，又恢复他原来的姓名朱友谦。朱友谦有两个儿子，朱令德担任武信节度使，朱令锡担任忠武节度使。庄宗李存勖下诏让魏王李继岌在遂州杀掉朱令德，又下令郑州刺史王思同在许州诛杀朱令锡，另外派河阳节度使李绍奇到河中诛杀朱友谦的家人。李绍奇到了朱友谦家中，朱友谦的妻子张氏率领家人二百多口出来见李绍奇，对他说："朱氏宗族该死，但希望不要错误地把平民也杀掉。"于是把她家一百多名奴仆分出来，另外一百多口族人就走了刑场。张氏又取出铁券给李绍奇看，说："这是去年皇帝赐给我们家的，我是个妇道人家，不认得字，不知道里面写些什么。"李绍奇看了以后也觉得惭愧。朱友谦旧日的部将史武等七人，当时担任刺史，也被连坐诛杀全族。

当时洛中各军饥饿困迫，编造谣言，伶官们收集起来告诉后唐庄宗，所以朱友谦、郭崇韬因此遭祸。成德节度使兼中书令李嗣源也被谣言波及，庄宗李存勖就派遣朱守殷去侦察他。朱守殷私下对李嗣源说：“令公的勋劳功业已经震动主上，应该赶快想办法回藩镇，好远离灾祸。”李嗣源说：“我的良心上对得起天，下对得起地，是祸是福都没有什么好躲避的，一切都听从命运的安排。”当时伶人、宦官得势，功臣和旧将无法自保，李嗣源有多次处境非常危险，全靠宣徽使李绍宏及其左右的保护营救才得以保全。

魏王李继岌留下马步都指挥使陈留人李仁罕、马军都指挥使东光人潘仁嗣、左厢都指挥使赵廷隐、右厢都指挥使浚仪人张业、牙内指挥使文水人武漳、骁锐指挥使平恩人李延厚等戍守成都。甲申日（二十七日），李继岌从成都出发，命令李绍琛率领一万两千人为他的后援部队，在路上行进或休息时，经常和中军相距三十里远。

二月，己丑朔日（二月朔日是戊子日，己丑日是初二日），庄宗李存勖任命宣徽南院使李绍宏为枢密使。

魏博指挥使杨仁晸率领他所属的部队戍守在瓦桥，一年以后换他回来，到达贝州，朝廷认为邺都空虚，怕军队到了发生变乱，下令他们屯驻在贝州。

当时天下人都不大清楚郭崇韬的罪状，民间谣传说：“郭崇韬杀了李继岌，在蜀自立为王，所以族灭了他的家人。”朱友谦的儿子朱建徽当时担任澶州刺史，后唐庄宗李存勖密令邺都监军史彦琼去杀他。门吏向邺都留守王正言报告说：“史彦琼半夜骑着马出城，没有说他向哪里去。”又有人传讹说：“刘皇后把李继岌的死归咎于皇帝，已弑杀皇帝，所以赶忙召唤史彦琼前去商量。”于是人们更加惊慌。

杨仁晸的部下皇甫晖和他的朋友夜里赌博没赢，因为人心不安，于是乘机作乱，劫持杨仁晸说：“主上所以能取得天下，完全是靠我们魏军的效力；魏军人不解甲、马不解鞍，也已经有十余年了，现在天下已经平定，天子不但不体念我们过去的功劳，反而对我们更加猜忌。我们远离家乡在外戍守已有一年多了，正高高兴兴地要轮换回家，谁想到离家只有咫尺远的时候，却不让我们和家人相见。现在听说刘皇后已弑杀皇帝，京师发生动乱，将士们都盼望能随您回去，我们仍然向朝廷上表报告。如果天子万福，仍然无恙，而发兵讨伐我们，凭我们魏博的兵力足以抵御他们，怎么能知道这不是重新获得富贵的机会呢？”杨仁晸不从，皇甫晖就把他杀了；又劫持小校，小校也不依从他，皇甫晖又把小校杀了。效节指挥使赵在礼听说发生变乱，衣服的带子都来不及系上，翻墙就要逃走，被皇甫晖追上，拉住他的脚，把他拉下来，然后拿杨仁晸和小校两个人的脑袋给他看，赵在礼一看害怕了，只好依从。乱兵于是公推赵在礼为主帅，在贝州烧杀抢夺。皇甫晖是魏州人；赵在礼是涿州人。第二天早晨，皇甫晖等保护着赵在礼向南直奔临清、永济、馆陶，他们所经过的地方都被抢劫一空。

壬辰日（初五）晚上，有人从贝州跑来通报说军队发生叛变，正要进犯邺都，都巡检使孙铎等赶忙跑去见史彦琼，请求他发下盔甲，好登城守备。史彦琼怀疑孙铎等人有叛变的心意，就说：“报告的人说乱贼今天到了临清，按照里程计算，六日晚才能到这里，到时再做防备也不晚。”孙铎说：“贼兵既然作乱，一定会乘着我们没有防备的时候偷袭，所以一定会日夜赶路，怎么会按照一般的行程前进呢？请仆射率领部众登城防守，铎另外招募一千名劲兵埋伏在王莽河迎击他们，贼兵的攻势如果顿挫，一定会溃散，那时就可以把他们消灭。如果一定要等他们攻到城下再防守，万一有奸人做内应，事情就危险了。”史彦琼说：“只需用严兵守城，何必出去迎战？”当晚，贼兵的前锋进攻北门，弓箭乱发。当时史彦琼率领所属的部队防守北门城楼，听到乱兵的呼喊声，当时就被吓散。史彦琼单人匹马逃奔到洛阳。

癸巳日（初六日），贼兵进入邺都，孙铎等防守不住，也逃走了。赵在礼占据宫城，任命皇甫晖和军校赵进两人为马步都指挥使，放纵士卒大肆抢掠。赵进是定州人。

王正言正伏案准备召集官吏起草奏书，没有人来，王正言很生气，家人对他说：“贼兵已经进城，在街市上烧杀抢夺，官吏们都四处逃散，您还叫谁呀？”王正言大吃一惊，说：“我原先还不知道呢！”又下令备马，马也找不到，只好亲率属僚们步行出府门前往拜见赵在礼，一再叩拜请罪。赵在礼也回拜，说：“只是士卒们想回家，尚书重德，不要自己卑躬屈膝！”安慰他们一番就把他们送走了。

大家公推赵在礼为魏博留后，并且把这情形向庄宗李存勖启奏。北京留守张宪的家人在邺都，赵在礼很优遇他们，又派遣使者送信去招降张宪；张宪连信都不拆，把来使斩杀，然后向庄宗报告。

甲午日（初七日），后唐庄宗李存勖任命景进为银青光禄大夫、检校右散骑常侍兼御史大夫、上柱国。

丙申日（初八日），史彦琼到达洛阳。后唐庄宗问枢密使李绍宏谁可以任为大将，李绍宏再次请求起用李绍钦，后唐庄宗答应了他的请求，并命令李绍钦逐条送上他的计谋策略。李绍钦所提出的副将人选，都是过去梁国的旧将，和他交情好的，庄宗一看，起了疑心，这事就作罢。刘皇后说：“这是小事，还不必劳动大将，只要李绍荣就能办好了。”庄宗于是命令归德节度使李绍荣率领三千名骑兵前往邺都招抚，同时也征调各道的兵马，防备乱兵不服招抚。

郭崇韬被杀时，李绍琛曾经对董璋说：“你又准备到谁家门上去窃窃私语呢？”董璋非常害怕，赶快赔罪。魏王李继岌率军回到武连，碰到宣诏的使者，告诉他们朱友谦已伏罪被诛杀，又命令董璋率兵前往遂州诛杀朱令德。当时李绍琛率领后军在魏城，听到这件事，认为庄宗不委任自己而竟委任董璋去杀朱令德，大为吃惊。不久董璋率军经过李绍琛的部队，也不前来拜谒。李绍琛大怒，就乘着喝酒的时候对部将们说：“皇上南面夺取大梁，西面平定巴、蜀，都是郭崇韬的计谋，我的战功。至于弃离伪朝，归顺我朝，和我们掎角呼应而终于攻破梁国的，则是朱有谦公。现在朱、郭两人都是无罪而被杀灭全族，我看归朝以后，大概也要轮到我了，天哪，冤枉啊！又能怎么办呢！”李绍琛率领的多是河中的部队，河中的将领焦武等在军门号哭说：“西平王朱友谦有什么罪过，而全族被杀灭，我们如果回去，也一定会像史武等一样被诛杀，我们绝不再往东回去了。”当天，魏李王继岌到达泥溪，李绍琛到达剑州，派人对继李岌说：“河中的将士号哭不停，好像要作乱。”丁酉日（初九日），李绍琛从剑州率兵回到西边，自称西川节度、三川制置等使，并向成都发出檄文，声称已奉诏代替孟知祥，并招告蜀中百姓，三天之内招来了五万人。

戊戌日（十一日），李继曮到达凤翔，监军使柴重厚不把印信交给他，只催促他前往京城。

己亥日（十二日），魏王李继岌到达利州，李绍琛派人砍断桔柏津的浮桥。李继岌听说后，任命任圜为副招讨使，率领七千名步兵骑兵，和都指挥使梁汉、监军李延安追击讨伐他。

庚子日（十三日），邢州左右步直兵赵太等四百人，占据城池，自称安国留后；庄宗下诏命令东北面招讨副使李绍真讨伐他们。

辛丑（十三日），任圜首先命令别将何建崇攻下剑门关。

李绍荣到达邺都，攻打邺都南门，并派人以皇帝的诏书宣谕赵在礼等。赵在礼用羊和酒来慰劳士卒，在城上礼拜他们说：“将士们想家，擅自回来，相公如果能为我们向皇上求情，使我们得以免死，我们怎能不改过自新呢？”于是就以庄宗李存勖的赦令通告军士们。史彦琼在城外叉着手大骂说：“你们这帮该死的乱贼，攻破城后把你们碎尸万段！”皇甫晖对大家说：“听史武德这话的口气，皇上好像并没有要赦免我们。”于是又聚众鼓噪，抢了敕书，亲手把它撕坏，然后据城防守。李绍荣进攻不利，就把这情形向庄宗报告，庄宗李存勖大怒说：“城攻破的时候，一个活口也别给我留下！”于是调集各路军队讨伐。壬寅日（十四日），李绍荣撤退驻扎在澶州。

甲辰日（十七日）晚上，从马直军士王温等五人杀死军使，阴谋作乱，抓住被杀了。从马直指挥使郭从谦本来是个优人，艺名叫郭门高。庄宗和梁军在得胜相对抗的时候，招募勇士前往梁营挑战，郭从谦去应募，居然能够斩杀并俘虏敌人回来，因此更加得到庄宗的宠信。庄宗挑选各部队骁勇善战的兵士编成亲军，分别设置四个指挥使，号称从马直，郭从谦从军使一直累积功绩升到指挥使。当初郭崇韬刚掌权时，郭从谦把他当作叔父来事奉他，睦王李存义把郭从谦当作养子。到了郭崇韬、李存义获罪被杀后，郭从谦常以私人的钱财犒赏从马直的将校们，对着他们流泪，辩称郭崇韬是冤枉的。王温作乱以后，庄宗李存勖开玩笑地对他说："你已经背负过我去归附郭崇韬和李存义，现在又教王温造反，你到底想怎么样？"郭从谦更加害怕，退下来后，私下对将校们说："皇上因为王温的缘故，准备等邺都平定以后，把你们通通坑杀，家中所有的财产应当全部买成酒肉，不要做长远打算。"因此，后唐庄宗的亲军士卒们都感到心里不安。

乙巳日（十八日），王衍到达长安，庄宗李存勖下诏把他留在那里。

起先，后唐庄宗李存勖的各位兄弟虽然任节度使，但都留在京师，只依靠他们的俸禄生活。戊申日（二十日），庄宗开始命令护国节度使永王李存霸到河中。

丁未日（二十日），李绍荣率领各道兵马再度攻打邺都。庚戌日（二十三日），副将杨重霸率领数百名士卒登上城头，但是没有后继的部队，杨重霸等人都战死。贼兵知道朝廷不赦免他们，就坚守城池毫无投降的意思。朝廷很担忧，就天天派出宫中使者前去催促魏王李继岌东还。李继岌让中军精锐的部队都跟随任圜讨伐李绍琛去了，他留在利州等待他们，所以未能东回。

李绍荣讨伐赵在礼长时间没有战功，赵太占据邢州，李绍荣也未能攻下。沧州的部队发生动乱，小校王景戡把他们讨平后，自称留后；河朔的各州县也相继报告说发生变乱。庄宗就想亲自出征邺都，宰相和枢密使说京师是根本重地，皇帝的车驾不能轻易出动，庄宗李存勖说："将领们都没有一个能用的。"群臣都回答说："李嗣源是最有功劳的旧将。"后唐庄宗心中忌恨李嗣源，于是说："我爱惜李嗣源，准备留在身边宿卫。"大家都说："别人没有再合适的了。"忠武节度使张全义也说："河朔最近多事，如果拖久了，恐怕麻烦就大了，应该赶快命令总管李嗣源进兵前往讨伐，如果依靠李绍荣这些人，恐怕成功会遥遥无期。”李绍宏也一再建议。庄宗因为朝廷内外都互相推荐，甲寅日（二十六日）命令李嗣源率领皇帝的亲军前去讨伐邺都。

延州报告说绥州、银州的部队作乱，劫掠州城。

董璋率领二万士卒驻扎在绵州，正遇上任圜讨伐李绍琛。庄宗李存勖派遣宫中的使者崔延琛前往成都，碰上了李绍琛的军队，就欺骗他说：“我奉皇上的命令前去征召孟知祥回朝，您如果稍微慢一点前去，自然能够得到蜀地。”崔延琛到了成都后，就劝孟知祥赶快防备。孟知祥下令浚深壕沟，修建栅栏，以备防守之用，并且派遣马步都指挥使李仁罕率领四万人，骁锐指挥使李延厚率领二千人，前往讨伐李绍琛。李延厚召集他的部队告诉他们说：“年轻力壮，又勇敢善战，想要建立功名、求取富贵的人往东！衰老生病，又害怕懦弱、厌恶出征打仗的人往西！”最后率领选出的七百士卒出发。

这天，任圜的军队在汉州追到李绍琛，李绍琛出兵迎战。招讨掌书记张砺请求把精锐部队埋伏在后面，用体弱的士卒去引诱他们，任圜听从了他的意见，命令董璋率领东川的老弱残兵先接战，然后退却。李绍琛轻视任圜是书生出身，又看到他的部队都是老弱，于是极力追击；埋伏的部队出击，把李绍琛的部队打得大败，斩杀几千个首级。从此李绍琛躲进汉州城，紧闭城门，不肯出战。

三月，丁巳朔日（初一日），李绍真启奏说克复邢州，擒捉赵太等人。庚申日（初四日），李绍真率兵到达邺都，扎营在城的西北方，把赵太等在邺都城下示众杀死。

辛酉日（初五日），任命威武节度副使王延翰为威武节度使。

壬戌日（初六日），李嗣源到达邺都，在城西南安下营寨。甲子日（初八日），李嗣源下令军中第二天一早攻城。当天夜里，从马直军士张破败发动叛乱，带领很多人大声喧闹，杀死都将，焚烧营寨。第二天一早，乱兵逼到中军，李嗣源率领亲军迎战，没办法抵挡，乱兵的声势更盛。李嗣源叱骂他们，问他们说：“你们究竟想干什么？”回答说:“将士们随从皇上十年,身经百战,才得到天下。现在皇上背弃恩情,一味立威,贝州的戍卒想家,皇上却不赦免他们,说‘城破了以后,要把魏博的部队全部坑杀’;近来从马直少数士卒争逐喧闹,便想很快把这些士卒杀掉。现在大家商量想和城里的人联合起来,击退各路军队,请皇上在河南称帝,您李嗣源在河北称帝,成为这里军民的主上。”李嗣源哭着劝告他们,乱兵不听。李嗣源说:“你们不听我的话,那就让你们去胡作非为好了,我自己回京师去。”乱兵拔出刀来把他围住,说:“这些人都是虎狼,也不识尊卑,令公要到哪里去呢?”于是就簇拥着李嗣源和李绍真要进城,结果城里的人不让外面的军队进去,皇甫晖率兵迎击张破败,把他斩杀,城外的军队都溃散。赵在礼率领将校们前来迎接拜见李嗣源,哭着谢罪说:“将士们都辜负了令公,我们怎敢不听从令公的命令?”李嗣源骗赵在礼说:“凡是要成就大事,一定要依靠兵力,现在城外的部队流散无所归属,我出去替你们收集起来。”赵在礼同意李嗣源和李绍真一起出城,他们住在魏县,被击散的士卒有一些又回来了。

汉州城没有防御用的壕沟,只是竖立起一些木头作为栅垒。乙丑日(初九日),任圜进攻栅栏,放火焚烧,李绍琛就率兵出战于金雁桥,战败,率领十余名随从逃奔绵竹,被追上活捉。孟知祥亲自到汉州犒赏部队,和任圜、董璋等设置酒宴欢饮,并且下令把李绍琛的槛车拉到酒席中,孟知祥亲自倒一大杯酒给李绍琛,对他说:“你已经拿着皇上给你的符节,又有平定蜀国的功劳,为什么还忧患你不能富贵,而寻求坐这种槛车呢?”李绍琛说:“郭侍中郭崇韬辅佐皇上,功劳第一,几乎兵不血刃,就攻下两川,没罪却一下子全族被诛杀。像绍琛这样的人又怎敢说一定能够保住脑袋,我就是因为这样不敢再回朝去。”魏王李继岌抓获李绍琛之后,就率兵日夜兼程向东进发。

孟知祥得到陕虢都指挥使汝阴人李肇和河中都指挥使千乘人侯弘实,就任命李肇为牙内马步都指挥使,任命侯弘实为副使。蜀中的盗贼还没平定,孟知祥就选任廉能的官吏,让他们治理州县,去除苛捐杂税，安集失散的百姓，颁下宽大的政令，对百姓明示革新的决心。同时又派遣左厢都指挥使赵廷隐、右厢都指挥使张业率军分别去讨伐盗贼，最后盗贼被全部消灭。

李嗣源被乱兵逼迫的时候，李绍荣有一万士卒驻扎在邺都城南，李嗣源相继派遣牙将张虔钊、高行周等七人通知他，想和他联合起来消灭乱兵。李绍荣怀疑李嗣源有诈，就留下使者，关闭营垒，不肯出兵。到了李嗣源被乱兵拥进城中去的时候，李绍荣就率军退走。李嗣源出城到魏县，部众不满百人，也没有兵器，李绍真所率领的五千名镇州兵，听到李嗣源出城，就前去归附他，于是李嗣源统率的部队声势逐渐振作起来。李嗣源哭着对诸将们说："我明天就回藩镇，上奏皇上请求治罪，听从皇上的裁决。"李绍真和中门使安重诲都劝他说："这个办法不好。您是大军的元帅，不幸被凶人劫持；李绍荣不战而退，回朝后一定拿您当借口，您如果回藩镇，那便变成据地要挟国君，这样不就刚好印证谗佞的人毁谤您的话了吗？不如连夜赶往京城，亲自面见天子，这样或许能够表明自己的心志。"嗣源说："对！"丁卯日（十一日），从魏县出发向南直奔相州，遇到马坊使康福，得到几千匹马，才组成军队。康福是蔚州人。

平卢节度使符习率领所属的部队要前往围攻邺都，听说李嗣源的部队溃散，就率军回去；到达淄州的时候，监军使杨希望派兵迎击他，符习害怕，又率军往西前行。青州指挥使王公俨向杨希望进攻，并杀死他，占据淄州城。

当时近侍中担任诸道监军的人，都依仗着庄宗李存勖的恩宠和节度使们争夺权力，到了邺都发生兵变，各地多发生杀监军的事。安义监军杨继源阴谋要杀害节度使孔勍，孔勍就先引诱他前来把他杀了。武宁监军认为李绍真跟随李嗣源，阴谋杀害原来跟从李绍真的将士，占据彭城抗拒李绍真。权知留后淳于晏就先率领将领们把武宁监军杀了。淳于晏是登州人。

戊辰日（十二日），因为军粮不足，庄宗李存勖下令河南尹先向百姓预借夏秋的租税；结果民不聊生。

忠武节度使、尚书令齐王张全义得知李嗣源被劫进邺都，又担心，又害怕，吃不下饭；辛未日(十五日)，在洛阳去世。

租庸使因仓库储备不足，极力压缩削减军粮，军士的流言更加厉害。宰相害怕，就率领百官上表说："现在租庸的财力已经竭困，而宫内的府库却还有结余。各部队的军士们都没有办法养活家属，如果再不加以救济，恐怕会有叛离的心意。等过了荒年，财物还是会聚集回宫内。"庄宗本要答应，刘皇后说："我们夫妇以君主身份面临万国，虽然借助武力的功劳，也是由天命安排。命运既然由天掌握，人们能把我们怎么样？"宰相又在偏殿向庄宗劝说，刘皇后在屏风后偷听，不久，就派人带了妆具和三个银盆，还有三个年幼皇子出来说："大家都说宫中的蓄积很多，但是四方所呈献上来的宝物都随手赏赐给臣下，剩下的只有这些，请拿去卖了，好补助军用的不足！"宰相听后十分害怕地退出宫。

李绍荣从邺都退到卫州坚守，上奏后唐庄宗说李嗣源已经叛变，与乱兵合伙。李嗣源派遣使者上表向庄宗辩白，一天中派去好几人。李嗣源的长子李从审当时担任金枪指挥使，庄宗李存勖对李从审说："我深深知道你父亲忠厚，你前去告诉他朕的意思，不要让他起了疑心。"李从审到达卫州，李绍荣把他囚禁起来，要杀他，李从审说："你们既不相信我的父亲，我又不回到我父亲的驻地，那么请求再把我放还禁卫军去。"李绍荣才放了他。庄宗怜惜李从审，赐给他名字叫李继璟，对待他像自己的儿子一样。此后李嗣源上给庄宗的奏章，都被李绍荣拦截，没有办法送到京城，李嗣源因此更加猜疑恐惧。石敬瑭说："事情都是因为果决而成功，因为犹豫而失败，哪有上将和叛兵进入贼城，而将来却能安然无事的？大梁是天下的要会，我请求率领三百名骑兵先前去攻取，如果幸运地能攻下，公再率领大军赶来，如此才能保全生命。"突骑指挥使康义诚说："主上没有德政，军民们怨恨愤怒，您顺从大家就会活下来，如果坚守节操就会死去。”于是李嗣源下令安重诲发出檄文集中部队。康义诚是代北的胡人。

当时齐州防御使李绍虔、泰宁节度使李绍钦、贝州刺史李绍英都驻守在瓦桥，北京右厢马军都指挥使安审通驻守在奉化军，李嗣源派遣使者召唤他们。李绍英是瑕丘人，本来姓房，名叫知温；安审通是安金全的侄子。李嗣源的家在真定，虞候将王建立先杀了监军，因此李嗣源的家属才得以保全。王建立是辽州人。李从珂从横水率领所属的部队由盂县赶往镇州，和王建立的部队会合，兼程赶去归附李嗣源。李嗣源因为李绍荣在卫州，就计划从白皋渡过黄河，分出三百名骑兵由石敬瑭率领作为前锋，又命令李从珂殿后，于是军队声势大盛。李嗣源的侄子李从璋从镇州率兵往南，经过邢州时，邢州人拥立他为邢州留后。

癸酉日（十七日），后唐庄宗下诏让怀远指挥使白从晖率领骑兵扼守河阳桥，拿出一些金帛赏赐给各路军队，枢密宣徽使及供奉内使景进等也都呈献金银布帛以赞助皇帝的赏赐。军士们背着东西，一边走还一边骂说：“我的妻子儿女都饿死了，现在才拿到这些东西又有什么用？”甲戌日（十八日），李绍荣从卫州到达洛阳，庄宗李存勖到鹞店慰劳他，李绍荣说：“邺都的乱兵已经派遣他们的党羽翟建白占据博州，打算渡过黄河来袭击郓、汴，希望陛下巡幸关东来招抚他们。”后唐庄宗听从了他的意见。

景进等向庄宗李存勖建议说：“魏王李继岌还没有到来，康延孝刚刚平定，西南方面还不很安定。王衍的同党不少，如果他们听说您东征，恐怕会发生变化，不如消灭他们。”庄宗于是派遣宫中的使者向延嗣带着诏书前去诛杀他们。诏书上写着：“王衍一行，通通杀戮。”已经中书用过印并且由皇帝画可了。枢密使张居翰再检视一遍时，就在殿堂的柱子上把“行”字擦去，改写成“家”字，因此蜀国的百官和王衍的仆役得以免于被杀的有千余人。向延嗣到达长安，在秦川驿把王衍的宗族通通杀了。王衍的母亲徐氏将死的时候，呼叫着说："我的儿子以一个国家迎降还免不了被诛灭全家，你们背信弃义，我知道你们也要遭受这种灾难。"

乙亥日（十九日），庄宗李存勖从洛阳出发；丁丑日（二十一日），暂时驻留汜水；戊寅日（二十二日），派遣李绍荣率骑兵沿着黄河向东进军。李嗣源的亲信同伙中追随后唐庄宗的人大多逃跑。有人劝李继璟应该早一点逃走脱身，但是继璟终究还是没有逃走的意思。庄宗屡次派遣李继璟到李嗣源那里去，李继璟都坚决推辞，表示愿意以死在皇帝的面前来表明赤诚。庄宗听说李嗣源在黎阳，就强行派遣李继璟渡过黄河去召唤他，李继璟在半路上遇到李绍荣，被李绍荣所杀。

吴越王钱镠有病，他到衣锦军那里，命令镇海、镇东节度使留后钱传瓘监国。吴国徐温派遣使者前来探病，左右劝钱镠不要接见，钱镠说："徐温阴险狡猾，这回名义上是探病，实际上派人来窥探我。"于是强打起精神出来会见使者。徐温果然聚集兵马准备攻击吴越，听到钱镠病好，才作罢。钱镠不久自临安东还钱塘。

吴国任命左仆射、同平章事徐知诰为侍中，右仆射严可求兼门下侍郎、同平章事。

庚辰日（二十四日），后唐庄宗李存勖从汜水出发。

辛巳日（二十五日），李嗣源到达白皋，遇到好几船来自山东上供的绢帛，于是拿这些东西赏给军队。安重诲的随从们抢船，行营马步使陶圮就把他们斩杀，然后传观各部队，因此军中纪律肃然。陶圮是许州人。李嗣源渡过黄河，到达滑州，派人去招抚符习，符习和李嗣源在胙城相会，安审通也率兵前来会合。知汴州孔循派遣使者奉表往西迎接庄宗，同时也派遣使者秘密地向李嗣源投诚，说："谁先到谁将得到汴州。"在此以前，后唐庄宗李存勖派遣骑将满城人西方邺镇守汴州。石敬瑭派遣副将李琼率领劲兵攻入封丘门，石敬瑭再亲自率兵随后赶到，从西门进入大梁，于是占据城池，西方邺投降了。石敬瑭派人通知李嗣源，催促他入城；壬午日（二十六日），李嗣源进入大梁。

这一天，后唐庄宗李存勖到达荥泽东面，命令龙骧指挥使姚彦温率领三千骑兵为前锋，并说："你们都是汴州人，我进入你们的地境，不愿意让其他部队在前，怕骚扰你们的家室。"于是优厚地赏赐他们，然后派他们出发。姚彦温却马上率领他的部队叛变前去投降嗣源，对李嗣源说："京师危险紧迫，主上被赐名李绍荣的元行钦所迷惑，大势已去，不可再侍奉皇上。"李嗣源说："你自己不忠，还说这种悖乱的话！"于是立刻夺去姚彦温的部队。指挥使潘环戍守王村寨，囤积有几万石粮草，庄宗派人前去观察，潘环也逃奔到大梁。

后唐庄宗到达万胜镇，听说李嗣源已经占据大梁城，诸军离叛，神色沮丧，他登上高处叹息地说："我不行了！"于是下令班师回朝。庄宗出关的时候，随从的兵马有两万五千人，到了回来的时候，又失去了万余人，于是留下秦州都指挥使张唐率领三千名步兵、骑兵守关。癸未日（二十七日），庄宗回来经过罂子谷，道路狭窄，每碰到卫士执持着兵器的，都好话抚慰他们说："刚刚有报告说魏王李继岌又呈献西川的金银五十万，到达京城后，一定全部分给你们。"卫士回答说："陛下的赏赐已经晚了，人们也不会感谢圣恩了。"庄宗李存勖只是流泪。又索取袍带赐给随从的官吏，内库使张容哥报告说已经赏赐光了，卫士们骂张容哥说："让我们国君失去社稷的，都是这一班阉宦！"于是抽出刀子追他；有人营救，张容才免于被杀。张容哥对他的同僚们说："刘皇后吝惜钱财，才会有今天这种情形，现在却把过错通通归到我们身上；假如事情有什么变化，我们都会被碎尸万段，我不忍心等到那个时候。"因此，他跳进黄河淹死。

甲申日（二十八日），后唐庄宗李存勖到达石桥的西面，摆开酒宴，悲痛地对李绍荣等诸位将领说："你们事奉我以来，急难、富贵无不和你们同当同享，现在你们让我落到这种地步，难道就没有什么办法可以挽救吗？"将领们一百多人，都割断头发放在地上，发誓要以死来报答庄宗，于是君臣相向大哭。当天晚上，进入洛城。李嗣源命令石敬瑭率领前军赶往汜水收抚流散的部队，李嗣源率军从后跟进；李绍虔、李绍英率领部队也来相会。

丙戌日（三十日），宰相和枢密使共同启奏说：“魏王李继岌率领的西征部队即将回来，皇上应该控制汜水，收抚流散的士卒，等候西征部队的到达。”后唐庄宗李存勖听从他们的建议，亲自到上东门外检阅骑兵，告诫他们明天早晨向东进军。

资治通鉴卷第二百七十五　后唐纪四

起丙戌（公元926年）四月，止丁亥（公元927年）六月，共一年三个月。

【**题解**】本卷记录了公元926年四月至927年六月的历史，共一年零三个月。为后唐明宗李嗣源天成元年四月至天成二年六月。唐庄宗李存勖众叛亲离被乱兵杀害，李嗣源入主洛阳，等到北都安定，李继岌败亡，西路军归服，才即位称帝。明宗大杀宦官，整肃纲纪，仍有汴滑兵变。明宗大杀芦台乱军，血染永济渠。明宗不善治国，滥赐告身，三路大军征讨荆南，竟不能剿灭。姚坤奉命向契丹告哀，拒绝契丹割地的阴谋。契丹主耶律阿保机死，述律后立次子耶律德光，计谋诛杀不服大臣，掌控政局。闽国政变，王延钧杀兄王延翰。孟知祥杀监军李严整军备战，图谋割据西川。

明宗圣德和武钦孝皇帝上之下

天成元年（丙戌，公元926年）

夏季，四月，丁亥朔日（初一日），后唐庄宗李存勖出行前的戒严等都已办好准备出发，骑兵陈列在宣仁门外，步兵陈列在五凤门外。从马直指挥使郭从谦不知道睦王存乂已经死了，想拥戴他作乱，于是率领所属的部队，在营中拔出剑来，大叫起哄，和黄甲两军一起进攻兴教门。当时庄宗正在吃饭，得知外面发生叛乱，就率领诸王和近卫骑兵前去迎击，把乱兵赶出门外。当时蕃汉马步使朱守殷率领骑兵驻守在门外，庄宗派遣宫中的使者紧急征召他，想要和他一同夹击贼兵；朱守殷不来，领兵在北邙茂密的树林中休息。乱兵焚烧兴教门，攀过城墙进入城内，庄宗李存勖身边的近臣和宿卫的将领都脱下盔甲逃跑，只有散员都指挥使李彦卿和宿卫军校何福进、王全斌等十几人奋力抵抗。不一会儿，庄宗被流箭射中，鹰坊人善友扶着庄宗从门楼上走下来，来到绛霄殿的屋檐下把箭拔下来，庄宗口渴闷躁要喝水。刘皇后没有亲自来探视，教宦官呈上酪浆。不久，后唐庄宗李存勖就去世了。李彦卿等恸哭一阵后也都离去，左右侍卫都四散，善友收拾了一些檐下陈列的乐器，盖覆在庄宗李存勖的尸体上，放火把他火化。李彦卿是李存审的儿子；何福进、王全斌都是太原人。刘皇后用袋子装满金银财宝，系在马鞍上，与申王李存渥和李绍荣等人率领七百余名随从，放火焚烧嘉庆殿，从师子门逃走；通王李存确、雅王李存纪都逃奔到南山。宫里的人也都四处逃散，朱守殷进入宫中，挑选三十多个宫女，让她们各自拿了些乐器和珍贵的玩物，放在他家。此时各路军队把都城洗劫一空。

当天，李嗣源到达罂子谷，听到京城变乱，哭得非常悲恸，对部将们说："皇上一向得到军士们的拥戴，正是被这群小人蒙蔽迷惑才到了这种地步，现在我将到哪里去呢？"

戊子日（初二日），朱守殷派遣使者赶来告诉李嗣源，说："京城发生变乱，各部队烧杀抢夺，希望您赶快前来援救！"乙丑日（初三日），李嗣源进入洛阳，住在自己的宅里，禁止焚烧抢掠，在灰烬中拾取庄宗李存勖的遗骨，然后把他安葬。

李嗣源进入邺都的时候，前直指挥使平遥人侯益摆脱李嗣源回到洛阳，庄宗抚摩着他痛哭流涕。到这时候，侯益自行捆绑起来，前来向李嗣源请罪；李嗣源说："你做人的臣下能够尽节，又有什么罪过呢？"于是还让他担任原职。

李嗣源对朱守殷说："你好好地巡回检查，以待魏王李继岌到来。淑妃、德妃还在皇宫中，尤其要特别优厚供给她们所需要的东西。我等先皇的陵墓建成，国家大统也有人继承，就回藩镇去替国家捍卫北方。"

这一天，豆卢革率领百官送上书札劝李嗣源即皇帝位，李嗣源当面告诉他们说："我奉皇帝的旨意前去讨贼，不幸部属发生叛变，军队失散；想要回朝向皇上报告，又被李绍荣阻隔，狼狈到今天这个局面。我本来也没有什么其他的意思，各位却突然要推举我，简直是太不了解我了，希望这样的事情再也不要提了！"豆卢革等人坚决请求，李嗣源就是不答应。

李绍荣想投奔河中去靠拢永王李存霸，跟从他的部队渐渐逃散。庚寅日(初四日)，李绍荣到达平陆，只剩下几名随从，被人活捉，打断腿后解送到洛阳。李存霸也率领几千名部属抛弃镇地逃奔到晋阳。

辛卯日(初五日)，魏王李继岌到达兴平，听到洛阳发生动乱，又率军西行，准备退保凤翔。

向延嗣到凤翔，以庄宗李存勖的命令杀死李绍琛。

起初，庄宗李存勖命令吕、郑两个内侍留在晋阳，一个监管军队，一个监管仓库，自留守张宪以下的官吏都尽力奉承他们。

后来邺都发生变乱，庄宗又任命汾州刺史李彦超为北都巡检。李彦超是李彦卿的哥哥。

庄宗死后，推官河间人张昭远劝张宪奉表拥李嗣源为帝，张宪说："我一个书生，从平民布衣的身份升到今天佩戴金印紫绶朝服的大臣，都是先帝的恩典，我怎么可以苟且偷生而不觉得惭愧呢？"张昭远哭着说："这些都是古人的事迹，而您却能亲身实行，您的忠义可以千古不朽了。"

有一个叫李存沼的人，是庄宗的近亲，他从洛阳跑到晋阳，假传庄宗的命令，暗地计划要和两个内侍杀了张宪和李彦超，占据城池防守。李彦超知道这件事，偷偷地报告张宪，想先发制人。张宪说："我受了先皇的厚恩，不忍心做这种事情。我知道坚守信义到头来都免不了遭到灾祸，这也是天命吧。"李彦超正计谋，还没做最后的决定。壬辰日(初六日)的晚上，军士们一起在牙城杀了两名内侍和李存沼，然后到处抢劫，一直闹到天亮。张宪一听说发生变乱，赶快逃奔到忻州去。正好李嗣源的信送到这里，李彦超给士卒下命令，城里才安定下来，于是他就代理太原军府。

百官第三次送上书札请求李嗣源监国，李嗣源答应了他们的请求。甲午日(初八日)，李嗣源住进兴圣宫内，开始接受百官的列班朝见。所下的命令称作教，百官称呼他为殿下。庄宗李存勖后宫的妃嫔还留下一千多人，宣徽使挑选其中几百名年轻美貌的呈献给监国李嗣源，监国说："要这些人干什么?"宣徽使回答说："宫中的职务不能没有人掌理。"监国说："要掌理宫中的职务必须熟悉过去的事例，这些人怎么知道呢?"于是全部用老旧的宫人派补宫中职务，让那些年轻人都出宫回亲戚家，没有亲戚的任凭他们随便去哪里。蜀中所送来的宫人也照此办理。

乙未日(初九日)，任命中门使安重诲为枢密使，镇州别驾张延朗为副使。张延朗是开封人，在梁国当过租庸使，他工于心计，善事权贵，把女儿嫁给了安重诲的儿子，所以安重诲引荐了他。

监国李嗣源令各地访求诸王。通王李存确、雅王李存纪藏匿在民间，有人向安重诲告密，安重诲和李绍真商议说："现在殿下已经在国家危亡的时候监国，对诸王也应该早做处置，好统一人心。殿下性情慈善，不能告诉他。"于是秘密派人到农舍杀了他们。一个多月以后监国李嗣源才听说这件事，严厉地谴责了安重诲，伤心惋惜了很久。

刘皇后和申王李存渥逃到晋阳，在路上和李存渥通奸。李存渥到晋阳，李彦超不接纳，他又跑到凤谷，被部下杀死。第二天，永王李存霸也来到晋阳，随从的士卒都四散逃光，李存霸于是削去头发，穿上佣人的衣服，前往拜见李彦超，对李彦超说："我情愿当一个荒山野僧，希望能得到您的庇护。"军士们争着想杀李存霸，李彦超说："六相公到我们这里来，我们当向朝廷报告，听候指示。"军士们不听他的，就在府门的碑下把李存霸杀了。刘皇后躲在晋阳当尼姑，监国李嗣源派人前来把她杀了。薛王李存礼和庄宗的幼子李继嵩、李继潼、李继蟾、李继峣等人，遭到变乱以后，都不知下落。只有邕王李存美中风得病，半身不遂，才免于一死，住在晋阳。

徐温、高季兴听说庄宗李存勖被杀，更加器重严可求、梁震。

梁震向高季兴推荐前陵州判官贵平人孙光宪，让他掌管书牍记录。高季兴大修战船，准备进攻楚国，孙光宪劝他说："荆南经过战乱，靠着您的治理，休养军士、人民，慢慢地才开始有一点复苏的迹象，如果还要和楚国交战，其他国家可能趁着我们国力衰竭的时候算计我们，那这事就很叫人担心。"高季兴于是停止与楚国交战的准备。

戊戌日（十二日），李绍荣到达洛阳，监国李嗣源责备他说："我有什么地方对不起你，你竟杀了我的儿子？"李绍荣也怒目瞪着他说："先帝又有什么地方对不起你？"于是监国就下令把他斩杀，恢复他原来的姓名元行钦。

监国李嗣源怕征讨前蜀的军队回来发生变故，于是任命石敬瑭为陕州留后；己亥日（十三日），又任命李从珂为河中留后。

枢密使张居翰乞求告老归田，监国李嗣源答应了。李绍真屡次推荐孔循的才干，庚子日（十四日），任命孔循为枢密副使。李绍宏请求恢复他姓马。

监国李嗣源下发教令，谴责租庸使孔谦奸巧谄谀、侵占剥夺，使军民贫困的罪行，并将他处死。凡是孔谦所立的苛刻聚敛的法律，通通废除，又废除了租庸使和内勾司，依旧设置盐铁、户部、度支三个司，并且委任宰相一人管理。又罢去各道的监军使；同时认为庄宗李存勖是因为宦官的缘故才亡国，所以命令各道把宦官全部杀掉。

魏王李继岌从兴平退到武功，宦官李从袭说："是福是祸，虽然还不能确定，但是与其退却，不如前进，请您赶快往东前去平定京城的灾乱。"李继岌接纳了他的建议，回师东进。到了渭水之滨，代理西都留守的张钱已经把河上的浮桥砍断，他们只好顺流泅渡过河，当天到达渭南，心腹吕知柔等人都已逃跑躲起来。李从袭就对李继岌说："时机已经失去，您要自己做个了断。"李继岌彷徨不知所措，不禁流下眼泪，就伏在床上，命令仆人李环把他勒死。于是任圜代他率领部队继续往东前进。监国李嗣源命令石敬瑭去安抚他们，士卒们没有不同意见，都归顺李嗣源。

在此之前，监国命令他的亲信李冲为华州都监，来接应魏王李继岌的部队。李冲擅自逼迫华州节度使史彦镕入朝；同州节度使李存敬经过华州的时候，李冲又把他杀了，并且屠杀他的全家；又杀西川行营都监李从袭。史彦镕去向安重诲哭诉，安重诲就派遣史彦镕再回镇地，召李冲回朝。

自从监国李嗣源进入洛阳，内外重要的事情都由李绍真决定。李绍真擅自把威胜节度使李绍钦和太子少保李绍冲两人收押到狱中，准备要把他们杀了。安重诲对李绍真说："温韬（李绍冲）和段凝（李绍钦）两人所犯的罪恶都是在梁国的时候，现在殿下新近平定内乱，正期望安定万国，难道是专为您报仇的？"李绍真因此才稍微收敛一些。辛丑日（十五日），监国李嗣源下令，恢复了李绍冲、李绍钦的姓名温韬、段凝，并放他们回归家乡。

壬寅日（十六日），任命孔循为枢密使。

主管官吏商议监国李嗣源即皇帝位的礼仪。李绍真、孔循认为唐朝的世运已经完了，应当自己建立国号。监国李嗣源问左右近臣说："什么叫国号？"回答说："先帝曾经由唐朝赐姓，后来又灭了梁国为唐朝复仇，算是直接承继唐朝昭宗之后，所以国号叫唐，现在曾经在梁国做过官的人都不愿意殿下也称唐国。"监国李嗣源于是说："我十三岁时事奉献祖李国昌，献祖把我看作同一宗族，对我就像对待儿子一样。后来又侍奉武皇李克用近三十年，侍奉先帝李存勖近二十年，每次筹划治理国家的大事和攻伐征战，我没有不参与的。武皇李克用的基业就是我的基业，先帝李存勖的天下就是我的天下，哪有同一个家而称两个国号的？"于是下令执政大臣，再仔细商议。吏部尚书李琪说："如果更改国号，那么先帝就等于是陌生的路人，他的灵柩又托付谁来料理呢？不只是殿下忘记三世旧君的恩情，就是我们当臣子的也不能心安，前代由旁支入继大统的情形也很多，应该用嗣子在先帝灵柩前即位的礼仪。”大家都赞成他的意见。丙午日（二十日），监国李嗣源从兴圣宫前往西宫，穿着斩衰的丧服，在庄宗李存勖的灵柩前即皇帝位，在场的百官都穿着缟素的孝服。不一会儿，监国李嗣源穿上皇帝的礼服和礼帽，接受册书，百官们穿着吉祥的服装祝贺。

戊申日（二十二日），明宗李嗣源下令朝廷内外臣子都不准进献鹰犬等珍奇玩物。

有司弹劾太原尹张宪委弃城池的罪状；庚戌日（二十四日），后唐明宗李嗣源赐张宪死。

任圜率领征蜀的部队两万六千人回到洛阳，明宗李嗣源慰劳安抚他们，命令他们各自回到军营。

甲寅日（二十八日），大赦天下，更改年号。酌情留下后宫一百人，宦官三十人，教坊一百人，鹰坊二十人，御厨五十人，其余的人愿到哪里就到哪里。宫内的各司使务有名无实的，通通裁撤。又分别差遣部队前往邻近京城的地区接受粮食补给，以节省来往运输的麻烦。并且下令免除夏、秋税的省耗（苛捐杂税的一种名目），节度、防御等使，在每年元旦、冬至、端午和皇帝圣诞四个节日准许进贡，但不得借此向百姓征敛财物；刺史以下则不准向皇帝进贡。候选官吏先前告身文书人，命令三铨制止他们欺诈伪造，其余按旧的规定办理。

五月，丙辰朔日（初一日），任命太子宾客郑珏、工部尚书任圜为中书侍郎、同平章事。任圜仍判管三司。任圜忧劳公务就如同他自己的事一般，拔选贤能才俊的君子，斥退投机幸进的小人。一年之后，府库充实，军民富足，朝廷的纲纪稍微建立起来。任圜常常把致天下太平当作自己的责任，因此安重诲很忌刻他。武宁节度使李绍真、忠武节度使李绍琼、贝州刺史李绍英、齐州防御使李绍虔、河阳节度使李绍奇、洺州刺史李绍能，分别请求恢复原来的姓名霍彦威、苌从简、房知温、王晏球、夏鲁奇、米君立，被明宗李嗣源批准。苌从简是陈州人。王晏球本来是王氏的儿子，被杜姓人家所收养，所以请求恢复王姓。

丁巳日（初二日），开始命令百官除平常朝廷的朝见以外，每隔五天进内殿问安。

几百个宦官都逃藏在山林之中，有人干脆削发出家当和尚，有七十几个逃到晋阳，明宗李嗣源下诏北都指挥使李从温把他们全杀了。李从温是后唐明宗的侄儿。

后唐明宗李嗣源认为前相州刺史安金全对晋阳有功，壬戌日（初七日），任命金全为振武节度使、同平章事。

丙寅日（十一日），赵在礼请求明宗李嗣源前往邺都。戊辰日（十三日），明宗任命赵在礼为义成节度使，赵在礼以军情未安为由，没有到义成节度使镇所。

李彦超入朝，明宗说："河东能够安然无恙，都是你的功劳。"庚午日（十五日），任命他为建雄留后。

甲戌日（十九日），加封王延翰为同平章事。

后唐明宗李嗣源不识字，四面八方的奏书都让安重诲读给他听，安重诲也不能全部通晓，于是上奏说："臣只是以忠实的心事奉陛下，得以位居要职，当代的事务还能稍微晓得一点，至于古代的事情，那就不是臣所能知道的了。盼望能仿效前朝侍讲、侍读和近代直崇政、枢密院等制度，挑选通晓文学的大臣和臣一同办事，以供陛下询问。"于是设置端明殿学士。乙亥日（二十日），任命翰林学士冯道、赵凤为端明殿学士。

丙子日（二十一日），准许郭崇韬归葬故乡，并恢复朱友谦的官职爵位；两家被没收了的财货田宅，全部归还给他们。

戊寅日（二十三日），任命安重诲兼领山南东道节度使。安重诲认为襄阳是重要的地方，不能没有主帅，不适宜用兼领的方式，于是坚决推辞；后唐明宗帝答应他的请求。

后唐明宗李嗣源下诏调汴州控鹤指挥使张谏等三千人去戍守瓦桥。六月，丁酉日（十二日），部队出城后，又回来作乱，在街市上烧杀抢夺，并且杀了权知州、推官高逖。又逼迫马步都指挥使、曹州刺史李彦饶当他们的主帅，李彦饶说："你们要我当你们的主帅，就要听从我的命令，从现在起不可以再烧杀抢夺。"众人答应了。己亥日（十四日）的早晨，李彦饶在室内埋伏甲士，诸位将领进来祝贺，李彦饶说："前日鼓动叛乱的只有几个人而已。"于是就抓张谏的同党四人，把他们斩杀。张谏的党羽张审琼率领部众在建国门又鼓噪作乱，李彦饶就调派军队攻击他们，把这批四百人的乱兵通通杀了，军队和州县才安定下来。当天，就任命节度推官韦俨暂时代理军队和州县的事务，并且上表向明宗报告。庚子日（十五日），明宗下诏任命枢密使孔循掌理汴州，并且逮捕作乱的士卒三千家，把他们全都杀了。李彦饶是李彦超的弟弟。

前蜀百官到达洛阳，蜀永平节度使兼侍中马全说："国家已经灭亡到这种地步，活着还不如死了算了。"于是绝食而死。明宗李嗣源任命前蜀国平章事王锴等担任诸州府的刺史、少尹、判官、司马等职务，也有些人又回到蜀中。

辛丑日（十六日），滑州都指挥使于可洪等放火作乱，进攻魏博戍守部队的三指挥，把他们赶走。

乙巳日（二十日），后唐明宗李嗣源敕命："朕的名字有两个字，但只要不连称，都不需避讳。"

戊申日（二十三日），加封西川节度使孟知祥兼侍中。

李继曮到达华州，听说洛中叛乱，又回到凤翔。后唐明宗为他诛杀了柴重厚。

高季兴上表请求把夔、忠、万三州划归他的属郡，后唐明宗李嗣源下诏批准。

安重诲仗恃着明宗对他的恩宠，骄傲横行，殿直马延有一回不小心冲撞了他的前导侍从，安重诲立刻就在马前把他斩杀，御史大夫李琪把这事向明宗报告。秋季，七月，安重诲告知后唐明宗，要求下诏，说马延侵侮冲撞身居要职的大臣，要告诫全国。

于可洪和成守在魏博的将领互相上奏说对方作乱，后唐明宗派遣使者去查验落实。辛酉日（初七），把于可洪押到街市上斩杀，首谋的滑州左崇牙全营的士卒都被全族诛杀，帮助作乱的右崇牙两长剑建平将领约一百人也被诛杀全族。

壬申日（十八日），开始命令百官每隔五天入朝问一次安，并依次上奏本部门公事。

契丹主耶律阿保机进攻渤海，攻下夫馀城，改名叫东丹国。命令长子耶律突欲镇守东丹，号称人皇王；又任命他的次子耶律德光镇守西楼，号称元帅太子。

后唐明宗李嗣源派遣供奉官姚坤告诉契丹主耶律阿保机庄宗李存勖去世。契丹主听说庄宗被乱兵所害，痛哭地说："这是我们的朝定儿啊（朝定儿即胡语'朋友的小孩'）！我正想要去援救他，只因为渤海还没有攻下，不能前往，以至于我儿竟遭此灾祸。"胡人说"朝定"，就等于中国话说"朋友"，契丹主耶律阿保机又对姚坤说："现在的天子当时听说洛阳危急，怎么不去援救呢？"姚坤回答说："因为道路太远去不了。"契丹主说："那么为什么自立为皇帝？"姚坤于是向他解释明宗李嗣源登基的前后缘由，契丹主说："汉人老喜欢说些冠冕堂皇的话，你不必再多说。"耶律突欲当时服侍在契丹主耶律阿保机的身旁，插了一句话说："牵牛践踏人家的田，田主就把牛抢下来，这样可以吗？"（引《左传》成语比喻李嗣源得天子不当）姚坤说："中国当时无君主，后唐天子不得已才即位的；就好比当年天皇王拥有国家一样，难道也是强行夺取的吗？"契丹主耶律阿保机只好说："你说得也有道理。"又说，"听说我儿李存勖喜欢声伎女色，游玩田猎，难怪会有今天这种结局。我从听到这事以后，全家都不喝酒，并且遣散伶人，放走犬鹰。如果还像他一样的话，我们也会很快灭亡。"又说，"我儿李存勖和我虽然是世代交谊，然而曾多次和我战争。我和现在的天子没有什么怨恨，足以和好。如果能够给我黄河以北的地方，我就不会再向南侵犯。”姚坤说：“这事不是使臣能够决定的。”契丹主耶律阿保机大怒，把他囚禁起来。过了十几天，又把他召唤来，说：“要黄河以北的土地恐怕不容易，这样好了，只给我镇、定、幽这几州也可以。”于是教人拿纸笔给他，逼他写同意书，姚坤不肯写，契丹主耶律阿保机要杀他，因为韩延徽劝谏，又把姚坤关起来。

丙子日（二十二日），在雍陵安葬光圣神闵孝皇帝李存勖，庙号为庄宗。

丁丑日（二十三日），镇州留后王建立启奏说涿州刺史刘殷肇不肯把职位交给继任的官吏，企图作乱，已经讨伐抓获了他。

己卯日（二十五日），在应州设置彰国军。

门下侍郎、同平章事豆卢革、韦说在后唐明宗李嗣源面前奏请事情时，有时没礼貌不恭敬。当时百官的俸禄都要打一点折扣，唯独豆卢革父子领的是全额；百官从五月领起，而豆卢革父子从正月就开始领；因此大家议论纷纷。韦说又把孙子假冒成儿子，奏请任官，又接受候补官吏王傪的贿赂，把他派在京城附近的州县。李嗣源下令任命库部郎中萧希甫为谏议大夫，豆卢革、韦说表示反对。萧希甫因此痛恨他们，就上奏章说“豆卢革、韦说不忠于前朝，看脸色阿谀奉承”；因此又诬陷他们说：“豆卢革强占百姓的田地，又纵容佃户杀人；韦说夺取邻家的水井，为的是拾取井中收藏的宝物。”于是明宗下令贬豆卢革为辰州刺史；贬韦说为溆州刺史。庚辰日（二十六日），后唐明宗赏赐萧希甫金帛，提拔他为散骑常侍。

辛巳日（二十七日），契丹主耶律阿保机在夫馀城过世，述律皇后把难以节制的将领和酋长们的妻子找来，说：“我现在一人独居，你们不可不效法我。”又把他们的丈夫召集来，哭着问他们说，“你们想念先帝吗？”大家都回答说：“我们受先帝的厚恩，怎么会不想他？”述律皇后说：“果然思念他，就应该去见他。”于是就把他们都杀死。

癸未日（二十九日），明宗李嗣源把豆卢革贬为费州司户，韦说贬为夷州司户。甲申日(三十日),将豆卢革流放陵州,把韦说流放合州。

孟知祥私下有占据蜀中自立的意思,于是整理仓库,得到二十万具铠甲,设置左右牙等兵十六个营,一共有一万六千人,驻扎在牙城内外。

八月,乙酉朔日(初一日),发生日食。

丁亥日(初三日),契丹述律皇后命令她的小儿子安端少君驻守东丹,她和长子耶律突欲奉侍着契丹主耶律阿保机的丧事,率领大家从夫馀城出发。

起初郭崇韬把前蜀的骑兵分为左、右骁卫等六个营,共三千人;步兵分为左、右宁远等二十个营,共有二万四千人。庚寅日(初六日),孟知祥又增设左、右冲山等六个营,共六千人,驻扎在罗城内外;又设置义宁等二十个营,共一万六千人,分别戍守在管辖的州县,好就近取得粮饷补给;又设置左、右牢城四个营,共四千人,分别戍守在成都境内。

王公俨杀死杨希望后,打算求得后唐明宗李嗣源颁给他节钺,就宣称符习治理部属过于苛刻,军府官兵的意思都不愿意他回来。符习要回青州,到达齐州,王公俨派兵阻止他,符习不敢再前进。王公俨又教将士们上表给明宗李嗣源,请求任命他为军帅,后唐明宗下诏,任命他为登州刺史。

王公俨并不马上去赴任,而是借口说被军队的事情延留;明宗于是调天平节度使霍彦威任平卢节度使,在淄州聚集大军,准备要发兵进攻;王公俨一看害怕了,乙未日(十一日),才去上任。

丁酉日(十三日),霍彦威到达青州,追上并活捉王公俨,把他的家族和同党全部斩杀,支使北海人韩叔嗣也牵涉到这件案子,他的儿子韩熙载将要投奔吴国,偷偷告诉他的朋友汝阴进士李谷,李谷送他到正阳,畅饮一番后分手。韩熙载对李谷说:“吴国如果起用我为宰相,我就长驱直入平定中原。”李谷笑着说:“中原如果用我为宰相,夺取吴国如同取囊中之物。”

庚子日(十六日),幽州报告说契丹人入侵边境,后唐明宗李嗣源命令齐州防御使安审通率兵抵御。

九月,壬戌日(初八日),孟知祥设置左、右飞棹兵六营,共六千人,分别戍守在靠着长江的各州,使他们熟悉水战,防备夔、峡。

癸酉日(十九日),卢龙节度使李绍斌请求恢复原姓赵,明宗李嗣源批准,还赐给他名字为德钧。赵德钧的养子赵延寿娶了明宗的女儿兴平公主,所以赵德钧更加蒙受宠任。赵延寿本来是蓚县县令刘邟的儿子。

加封楚王马殷署理尚书令。

契丹述律后喜欢中子耶律德光,想立他为契丹主。到了西楼,让他和耶律突欲一起骑着马立在帐前,然后她对各位酋长说:"这两个儿子我都很喜爱,也不知道该立谁好,你们可以选出你们认为该立的抓住他的缰绳。"酋长们都知道她的意思了,于是争着向前抓住耶律德光的马缰绳,欢欣雀跃地说:"我们都愿意事奉元帅太子。"述律皇后就说:"既然是大家要立他,我怎敢违背大家的意思?"于是就立耶律德光为天皇王。耶律突欲心中不平,率几百骑兵投奔后唐,被巡逻的人阻止。述律后没有治他罪,只是把他遣送回东丹。天皇王耶律德光尊奉述律皇后为太后,国家的大小事情都由她裁决。述律太后又迎娶她的侄女当天皇王后。天皇王耶律德光生性孝顺恭谨,母亲生病吃不下饭,他也吃不下饭;陪侍在母亲身旁,对答如果有不合母亲心意的,母亲只要扬起眉毛,不高兴地瞪他一眼,他立刻就害怕地赶快退下,不是母亲再召唤他不敢求见。耶律德光任命韩延徽为政事令。同意姚坤回归后唐复命,并派遣大臣阿思没骨馁来后唐国告诉契丹主耶律阿保机去世的消息。

壬午日(二十八日),明宗李嗣源赐李继曮名字为从曮。

冬季,十月,甲申朔日(初一日),首次赏赐文武官员春天和冬天穿的衣服。

昭武(当作威武)节度使、同平章事王延翰骄奢淫逸,残忍凶暴,己丑日(初六日)，自称为大闽国王。建造宫殿，设置百官，朝中的威仪和文物都仿照天子的制度，臣下们称他为殿下。赦免境内的罪犯，追尊其父亲王审知为昭武王。

静难节度使毛璋骄横不遵守法度，训练士卒，修缮武器，专横跋扈，欺上压下。明宗李嗣源下诏颍州团练使李承约担任节度副使，就近监视他。壬辰日(初九日)，又把毛璋迁为昭义节度使。毛璋不准备接受命令，李承约和观察判官长安人边蔚反复劝说，过了很久，毛璋才答应交出原来的职务。

庚子日(十七日)，幽州奏告契丹卢龙节度使卢文进投奔。起初，卢文进替契丹镇守平州，明宗李嗣源登基后，就派遣密使向他游说，告诉他改朝换代，再也不计较过去的仇怨。卢文进的部属都是中原人，都想回家，于是就杀戍守平州的契丹人，率领他的十多万士卒、八千多辆车帐来投奔。

当初，魏王李继岌、郭崇韬计算蜀中富裕的百姓应当交纳犒赏钱五百万缗，任凭他们用金银缯帛充当，昼夜督促他们上交，有的人被逼自杀。这些钱犒赏部队后，剩下两百万缗。到这时候，任圜判理三司，知道成都府库非常富饶，于是派遣盐铁判官、太仆卿赵季良为致送孟知祥兼任侍中任官令的使者，并让他留在那里兼任三川都制置转运使。甲辰日(二十一日)，赵季良到达成都。蜀人打算一点东西都不给他，孟知祥说："府库里剩余的钱是别人聚集的，要解送到朝廷，还可以答应。至于州县的租税，这是拿来赡养十万卫戍部队的，绝对不能转送到朝廷。"因此赵季良只拿走府库里的东西，不敢再说制置转运的事。

安重诲认为孟知祥和东川节度使董璋都占据险要的地方，并且拥有强大的军队，时间久了，怕没有办法节制；又知道孟知祥是庄宗李存勖的近亲，于是私下想算计他。客省使、泗州防御使李严请求担任西川监军，认为一定能制服孟知祥；己酉日(二十六日)，任命李严为西川都监，文思使太原人朱弘昭为东川副使。李严的母亲非常贤明，对他说：“你先前出谋划策消灭蜀国，今日再去那里，一定会被蜀人杀死作为报答。”

过去的惯例，吏部要发给任官证书“告身”的时候，先责令当事人缴交朱胶、绫轴的工本费。动乱以后，贫穷的人只领取派官令，大多不再交钱领取告身。十一月，甲戌日（二十一日），吏部侍郎刘岳建议说：“任职凭证上有褒贬训诫的话，哪里能让人初任职就不看呢？”于是明宗李嗣源下令文班的丞、郎、给、谏和武班的大将军以上的官职，都赐给告身。后来执政大臣们建议，认为朱胶、绫轴的花费不多，朝廷既然派任官职，发给俸禄，何必还计较这些小钱，于是向明宗启奏说：“以后凡是任官不必再交钱，都赐给告身。”当时，派任的官吏除了正员官以外，其他的试衔、帖号等都只是拿来宠赐激励军中的将校，到了长兴年间，授予的官越来越多，甚至军中卒伍，使、州、镇、戍中的小吏，都得到了银印青绶，级别接近御史台官，每年赐给的任职凭证数以万计。

闽王王延翰轻视欺侮他的兄弟，继承王位才一个多月，让他的弟弟王延钧任泉州刺史。王延翰多次强取民间的女子充作他的后宫，而且不停地选取。王延钧就上书极力劝谏，王延翰非常生气，因此两人之间就有了猜疑。他们父亲王审知的养子王延禀当时担任建州刺史，王延翰下令教他选取民间女子，王延禀回报的时候词语不恭逊，因此两人也互相有了猜忌。十二月，王延禀、王延钧联合袭击福州。王延禀顺流而下先到福州，福州指挥使陈陶率兵抵抗，战败自杀。当晚，王延禀率领一百多名壮士进逼福州西门，爬墙进入城中，捉住守门的官吏，打开仓库，取得武器。攻到王府寝门的时候，王延翰大惊，逃到别室躲起来；辛卯日（初八日）早上，王延禀把他抓到，公布他的罪行，声称王延翰和他的妻子崔氏共同弑杀先王王审知，通告军民百姓，就在紫宸门外把他们斩首。这一天，王延钧到达城南，王延禀打开城门让他进去，尊崇王延钧为威武留后。

癸巳日（初十日），任命卢文进为义成节度使、同平章事。

庚子日（十七日），任命皇子李从荣为天雄节度使、同平章事。

赵季良等运回蜀国的金银布帛价值有十亿之多，到达洛阳，当时朝廷财政匮乏，靠着这些钱财，才得以渡过难关。

这一年，吴越王钱镠认为中原动乱，朝廷的命令也不能到达，于是改年号为宝正；其后又和中原来往，避讳不用这个年号。

天成二年（丁亥，公元 927 年）

春季，正月，癸丑朔日（初一日），后唐明宗李嗣源改名叫李亶。

孟知祥听说李严来监督他的军队，因此憎恨他。有人建议他向明宗李亶请求废止这件事，孟知祥说："何必如此？我自然有办法应付他。"于是派遣官吏到绵州、剑州去迎接李严。碰巧武信节度使李绍文去世，孟知祥就宣称说曾经接受过庄宗李存勖的密诏，允许他权宜处理事情，于是在壬戌日（初十日），任命西川节度副使、内外马步军都指挥使李敬周为遂州留后，催促他前去上任，然后再向明宗李亶上表启奏。李严先派使者到达成都；孟知祥认为过去他对李严有恩，希望他惧怕而自己返回，于是陈列重兵给李严看，李严却不介意。

安重诲认为孔循从小在宫廷里事奉，熟悉朝廷里过去的典章制度，也知道朝廷官员的品行才能，很多事情都听他的话。豆卢革和韦说获罪被削职后，朝中商议要另外设置宰相，孔循的意思是不用河北人，原先他已推荐郑珏，这时他又推荐太常卿崔协。任圜想用御史大夫李琪；郑珏一向厌恶李琪，于是孔循就极力阻挠这件事，他对安重诲说："李琪这个人不是没有文才，而是不廉洁。宰相要求端正庄重有器度，这样才能够成为朝廷百官的典范。"后来有一天在明宗李嗣源面前商议，明宗问谁可以当宰相，安重诲推荐崔协。任圜说："安重诲并不熟悉朝中人物，这是被别人蒙骗。崔协虽然出身世族名家，但是却认不得几个字。臣已经是以不学无术玷辱相位了，为何又要再加上一个崔协，让天下的人取笑呢？"后唐明宗说："宰相是个重要的职位，你们再重新商议一下。我在河东时见书记冯道多才博学，与世无争，这个人可以任宰相。"退朝以后，孔循也不打揖告别，径自拂袖而去，一边还抱怨说："天下的事情一也要听任圜的，二也要听任圜的，任圜是什么东西？如果崔协暴毙，那也就算了；如果崔协不死，我一定要让他当宰相。"于是好几天托病不肯上朝，明宗教安重诲劝他，才又入朝。安重诲私下对任圜说："现在正缺乏人才，就让崔协补个职位，好不好？"任圜说："明公您舍弃李琪而让崔协当宰相，就好比抛弃苏合香丸，而取用屎壳螂推转的臭粪球。"孔循和安重诲在一起公干，两人每天都说李琪的坏话并吹嘘崔协。癸亥日（十一日），明宗李嗣源终于任命端明殿学士冯道和崔协一起为中书侍郎、同平章事。崔协是崔邠的曾孙。

戊辰日（十六日），王延禀要回建州，王延钧送他，将要分别的时候，王延禀对王延钧说："好好守住先人传留下来的基业，以后不要再来麻烦你老哥了！"王延钧虽然恭敬地道谢，但是脸色变了。

庚午日（十八日），首次下令天下的长吏每十天一定要亲自讯问囚犯。

孟知祥对李严的礼节待遇都十分优厚，有一天，李严去拜见孟知祥，孟知祥对他说："你以前奉派出使到王衍这里，回去后却建议派兵来讨伐蜀国，庄宗李存勖听信你的话，后来使得两国都因此灭亡，现在你又来了，蜀国的人都觉得害怕。而且天下各地都已废除监军，只有你偏要来监督我的军队，这是什么意思呢？"李严听后感到害怕，苦苦哀求，孟知祥说："众怒我是没办法阻止的啊！"于是把他押下去斩杀。孟知祥又召来左厢马步都虞候丁知俊，丁知俊吓得半死，孟知祥指着李严的尸体对他说："过去李严奉令出使的时候，你是他的副使，那么可算是他的故人了，你替我把他埋了。"于是捏造事实向明宗李嗣源启奏说："李严假宣陛下的口头敕令，说是代替我，让我到陛下那里。他又擅自允许将士优待奖赏，我已经把他诛杀。"内八作使杨令芝因事去蜀中，到达鹿头关的时候，听到李严被杀，赶快逃回去。朱弘昭在东川，听到这消息，心里害怕，计划要赶快回洛阳；刚好有军务，董璋派他入朝奏报，朱弘昭先假装推辞，然后才受命出发，因此得以免死。

癸酉日（二十一日），后唐明宗李嗣源任命皇子李从厚为同平章事，并充任河南尹，掌理六军诸卫的事务。李从厚是李从荣的母弟。李从荣听到这消息，非常不高兴。

己卯日（二十七日），加封枢密使安重诲兼任侍中，孔循为同平章事。

吴国马军都指挥使柴再用全副武装进入朝廷，御史弹劾他，柴再用仗恃着功劳大，不服气。侍中徐知诰佯装在便殿冒犯吴王的起居，退下来后自己上表弹劾请罪，吴王颁下优渥的诏书不加追究，徐知诰却坚决请求罚减一个月的俸禄。因此朝廷内外得到整肃。

契丹改年号为天显，在木叶山安葬了契丹主耶律阿保机。述律太后的左右近臣有比较凶恶奸诈的，述律太后往往命令他说："替我传话给先帝！"到了墓前就把他杀了，前后杀了几百人。最后，轮到平州人赵思温，赵思温不肯去，述律太后说："你过去事奉先帝时很受宠信，为什么不肯去？"赵思温回答说："和先帝最亲近的没有人比得上太后了，太后如果先去，臣一定跟从。"述律太后说："我不是不肯随从先帝到地下去，只是因为嗣子还幼弱，国家无主，我暂时还不能去。"于是砍下一只手腕，命令他放在墓中。赵思温也因此免于一死。

后唐明宗李嗣源下令冀州刺史乌震三次率兵运粮前往幽州。二月，戊子日（初十日），任命乌震为河北道副招讨，遥领宁国节度使，屯驻在卢台军，接替泰宁节度使、同平章事房知温，好让房知温回兖州。

庚寅日（初九日），任命保义节度使石敬瑭兼任六军诸卫副使。

丙申日（十五日），任命从马直指挥使郭从谦为景州刺史，等他到任，派遣使者把他全家诛杀。

高季兴得到三州，请求朝廷不要任命刺史，自己派子弟充当，后唐明宗李嗣源没有答应。到了夔州刺史潘炕被罢职，高季兴就派兵攻进夔州城，杀卫戍军队占据夔州。朝廷新派奉圣指挥使西方邺为刺史，高季兴也不接受；又派兵进攻涪州，没攻下。先前魏王李继岌派遣押牙韩珙等押送蜀国珍货金帛四十万，顺江而下。高季兴在峡口把韩珙等杀了，抢走全部东西。朝廷责问他这件事，高季兴答复说："韩珙等率领的船队下行到峡口时，已经在水上行走了数千里，要想知道翻船淹死的缘故，应该自己去询问水神。"

后唐明宗李嗣源一听大怒，壬寅日(二十一日)，下令削去高季兴的官职和爵位，任命山南东道节度使刘训为南面招讨使、知荆南行府事，忠武节度使夏鲁奇为副招讨使，率领步兵、骑兵共四万人前往讨伐。又任命东川节度使董璋充任东南面招讨使，新夔州刺史西方邺为他的副使，率领蜀兵下三峡；并且会合湖南军队，三面向高季兴发起进攻。

三月，甲寅日(初三日)，任命李敬周为武信留后。

丙辰日(初五日)，后唐开始设置监牧，饲养繁殖马匹。

起初，庄宗李存勖攻克后梁时，依靠的是魏州牙兵之力。但是后来庄宗李存勖灭亡的时候，皇甫晖和张破败的作乱也是由于牙兵。赵在礼被迁往滑州，不去上任，也是被部下挟制。赵在礼计划脱祸，就秘密地派遣心腹前往京城，向明宗李嗣源请求移守镇地，明宗于是任命皇甫晖为陈州刺史，赵进为贝州刺史，把赵在礼改派为横海节度使；又任命皇子李从荣镇守邺都，命令宣徽北院使范延光率领军队护送他上任，同时掌理邺都军事。于是调出奉节等九指挥三千五百人，派军校龙晊率领他们，戍守在卢台军，以防备契丹人侵略；但不发给铠甲兵仗，只是在长竿上系着旗帜来分别队伍，因此部队都垂头丧气出发。半路上听到孟知祥杀李严的消息，大家都骚动不安，谣言纷纷；到了卢台，刚好朝廷不依顺序擢升乌震为副招讨使，军中更是谣言满天飞。

房知温怨恨乌震突然来代替自己，乌震来到以后，房知温没有交出印信符节。壬申日(二十一日)，乌震在东寨召唤房知温和诸道先锋马军都指挥使、齐州防御使安审通两人一起赌博，房知温就趁机鼓动龙晊的部队在席上把乌震杀了。乌震的部下在营外大吵大闹，安审通脱身逃跑，抢了一条船渡过黄河，率领着骑兵在对岸按兵不动。房知温怕事情不能成功，也骑上马就要出营门，兵士们抓住他的缰绳说："您应当统率士卒，又要到哪里去呢？"房知温骗他们说："骑兵们都在黄河以西，不去收取他们，只靠步兵，怎么能成就事业？"于是就跃马上船，渡过黄河，到安审通那里，和他商议一起攻击乱兵，乱兵于是就往南逃。骑兵慢慢地跟在后头，队伍非常整齐。乱兵们相互看着吓得脸色都变了，只好排好队举着火炬在夜间行走，在荒滩水泽中走得很疲乏。第二天一早，骑兵从四面八方一起进攻，乱兵死伤殆尽，剩下的人又逃回原来的营寨，但是营寨已被安审通放火烧了，乱兵进退失据，于是就溃散了。逃藏在草丛、壕沟中而脱身的，不到十分之一二。范延光回到淇门，听说卢台兵乱，就又派滑州部队回到邺都，准备逃跑。

后唐明宗李嗣源派遣客省使李仁矩去西川传达诏令，安抚孟知祥以及那里的官民，甲戌日（二十三日），李仁矩到达成都。

刘训的部队到了荆南，楚王马殷派遣都指挥使许德勋等人率领水军屯驻在岳州。高季兴坚守在营寨里不出来应战，同时请求吴国援救，吴国派出水军援助他。

夏季，四月，庚寅日（初十日），明宗李嗣源下令把卢台乱兵在营的家属满门处斩。命令到达邺都，把九指挥的门关起来，驱赶三千五百家共一万多人到石灰窑，全部斩杀，永济渠的水都被染成红色。

朝廷虽然知道房知温是这次变乱的主谋，但为了安抚他，怕他叛变，癸巳日（十三日），加派房知温兼任侍中。

此前，孟知祥派遣牙内指挥使文水人武漳到晋阳去迎接孟知祥的妻子琼华长公主和儿子孟仁赞。经过凤翔时，李从曮听说孟知祥杀了李严，就把他们留住，然后报告后唐明宗，明宗同意他们回蜀中。丙申日（十六日），一行人到达成都。

盐铁判官赵季良和孟知祥是旧相识，孟知祥奏请留赵季良为副使，朝廷不得已，在丁酉日（十七日），任命赵季良为西川节度副使。李昊回到蜀中，孟知祥任命他为观察推官。

江陵地势卑下，气候潮湿，又碰上接连下雨，粮食补给不上，将士们也染上疾病，尤其是主帅刘训病得非常严重。癸卯日（二十三日），后唐明宗李嗣源派遣枢密使孔循前往观察，同时权衡攻防事宜。

五月，癸丑日（初三日），任命福建威武留后王延钧为本道节度使、琅邪王。

孔循到达江陵，进攻没有攻下，派人进城去劝说高季兴，高季兴理都不理他。丙寅日（初六日），明宗李嗣源派遣使者赐给湖南行营一万套夏衣；丁卯日（十七日），又派遣使者赐给楚王马殷鞍马玉带，要求他运送粮草给行营的部队，但是楚国终究没有送来。庚午日（二十日），后唐明宗李嗣源下令刘训率兵返回。

楚王马殷派遣中军使史光宪进朝入贡，后唐明宗赏赐给史光宪骏马十匹，美女两人。经过江陵的时候，高季兴抓住史光宪把骏马、美女都抢了下来，然后向吴国请求归附。徐温说："真正治国的人应当务求实效而抛弃虚名。高氏臣服唐朝已经很久，洛阳与江陵也相距不远，唐朝的步兵和骑兵要攻击江陵非常容易，我们用水师逆流前去救援则很难。如果接受人家的归附，而不能救援，让他们陷入危险，我们能不觉得惭愧吗？"于是接受高氏的贡物，推辞他向吴称臣，听任他归附后唐。

任圜情性刚直，依仗自己和后唐明宗李嗣源有旧交，做事敢做敢当，有权势但后唐明宗宠幸的人们都嫉妒他。根据过去的制度，使者所用的馆券都是由户部所发，安重诲请求由宫中核发，和任圜两人在明宗面前争论不休，甚至吵到声色俱厉。退朝后，宫人问明宗说："刚刚和安重诲争论的是谁？"后唐明宗李嗣源说："宰相。"宫人说："妾过去在长安的宫中，没见过宰相、枢密向皇上奏事的态度敢这样的，这样是轻视皇上呀！"明宗更加不高兴，后来就用了安重诲的建议。任圜因此请求罢去三司之职，后唐明宗下诏，命枢密承旨孟鹄暂判三司副使。孟鹄是魏州人。

六月，庚辰日（初一日），太子詹事温辇请求后唐明宗李嗣源册立太子。

丙戌日（初七日），门下侍郎、同平章事任圜被罢去太子少保。

己丑日（初十日），任命宣徽北院使张延朗掌理三司。

壬辰日（十三日），贬刘训为檀州刺史。

丙申日（十七日），封楚王马殷为楚国王。

西方邺在三峡中击败荆南水师，又取得夔、忠、万三州。

资治通鉴卷第二百七十六　后唐纪五

起丁亥(公元927年)七月，止己丑(公元929年)，共二年六个月。

【题解】本卷记录了公元927年七月至929年的历史，共二年零六个月。为后唐明宗李嗣源天成二年七月至天成四年。马殷即王位，国吴杨溥称帝。马殷率军击败犯境吴军，并多次战胜荆南。马殷年老，其子马希声掌政，马希声听信流言，冤杀谋士高郁。吴国徐知诰独掌大权，险些毒杀徐知询。明宗在黄河以北用兵，王晏球平定义武王都叛乱，契丹两次南犯，全军覆没而逃。明宗李嗣源与赵凤论不死铁券，他能听善言而不采取行动，使安重诲独断专权。西川孟知祥、董璋联姻不听朝廷命令。

明宗圣德和武钦孝皇帝中之上

天成二年(丁亥，公元927年)

秋季，七月，任命归德节度使王晏球为北面副招讨使。

丙寅日(十七日)，升夔州为宁江军，任命西方邺为节度使。

癸酉日(二十四日)，以给高季兴夔、忠、万三州一事定为豆卢革、韦说的罪行，把他们赐死。

把段凝流放到辽州，把温韬流放到德州，把刘训流放到濮州。

任圜请求退休居住磁州，后唐明宗李嗣源答应了他的请求。

八月，己卯朔日(初一日)，发生日食。

册礼使到达长沙，楚王马殷开始建国，他建立宫殿，设置百官，都和天子一样，只有少数官名稍微更改：翰林学士改称文苑学士，知制诰改称知辞制，枢密院改称左右机要司，群臣称马殷为殿下，他所下的命令称作教。任命姚彦章为左丞相，许德勋为右丞相，李铎为司徒，崔颖为司空，拓跋恒为仆射，张彦瑶、张迎掌理机要司。但是管内官属通通称摄，唯有朗州武平军、桂州静江军的节度使都是先任命然后再呈报朝廷核准。拔跋恒本姓元，为避马殷父亲名讳才改为拓跋。

九月，后唐明宗李嗣源对安重诲说："李从荣的左右有人假传朕的旨意，要他不要接近儒生，认为这样会减弱人的志气。朕因为李从荣年纪轻轻地就镇守大藩，所以选择名儒辅佐他，现在奸人竟然敢讲这样的话！"明宗打算要斩杀这些人；安重诲只是请求对这些人严加防备。

北都留守李彦超请求恢复原来的姓氏符，明宗李嗣源批准了。

丙寅日（十八日），任命枢密使孔循兼任东都留守。

壬申日（二十四日），契丹派遣使者前来敦睦邦交，唐国也派遣使者回聘。

冬季，十月，乙酉日（初七日），后唐明宗李嗣源从洛阳出发去汴州。丁亥日（初九日），到达荥阳。

民间谣传后唐明宗打算亲自率兵攻打吴国，又传说要制服东方诸侯。宣武节度使、检校侍中朱守殷听了，又怀疑又害怕，判官高密人孙晟劝朱守殷造反，于是朱守殷就登城防守。明宗李嗣源派遣宣徽使范延光前去劝慰，范延光说："如不及早攻打他们，汴州就会越来越坚固。我希望率领五百骑兵一起前往。"明宗答应了。范延光在黄昏的时候出发，天还没亮时已走了二百里路，抵达大梁城下，和汴州的守军交战，汴州部队大吃一惊。戊子日（初十日），明宗李嗣源到达京水，派遣御营使石敬瑭率领亲兵兼程赶去支援。有人对安重诲说："那些被免除官职而在外面的人，乘乱贼还未被击败，或许能成为祸患，不如把他们消灭了。"安重诲认为很有道理，于是奏请明宗派遣使者赐任圜死。端明殿学士赵凤哭着对安重诲说："任圜是位义士，怎么会造反呢？你如此滥用刑戮，怎么能够辅佐国家！"明宗的使者到达磁州，任圜聚集他的族人开怀畅饮，然后就死，神色不变。

己丑日（十一日），明宗李嗣源到达大梁，四面进攻，城中官吏百姓縋绳逃出来投降的很多。朱守殷知道大势已去，就杀光他的族人，然后伸长脖子命令左右把他斩杀。登上城的人们望见后唐明宗圣驾，都争着打开城门出来投降。孙晟逃奔到吴国，徐知诰以客相待。

戊戌日（二十日），下诏免除三司拖欠的赋税约二百万缗。

辛丑日（二十三日），吴国大丞相、都督中外诸军事、诸道都统、镇海与宁国节度使兼中书令东海王徐温去世。

起初，徐温的儿子行军司马、忠义节度使、同平章事徐知询认为他的哥哥徐知诰不是徐氏的儿子，多次请求代替他执掌吴国国政，徐温说："你们的能力都比不上他。"严可求和行军副使徐玠也几次劝徐温要以徐知询代替徐知诰，徐温因为徐知诰非常孝顺恭谨，一直不忍心这样做，徐知诰的养母陈夫人说："徐知诰是我们家贫穷时就收养了的，为什么我们富贵了以后要抛弃他呢？"但是严可求等还是一再劝说。徐温想率领各地藩镇入京朝见，劝吴王即位称帝，将要出发时，生病了，于是派遣徐知询带着奏章前去向皇帝劝进，趁此机会留下来代替徐知诰掌政。徐知诰也草拟好奏章，请求出任洪州节度使，本来预备第二天一早就呈上去，这天晚上，徐温的死讯传来，才没有上表。徐知询很快回到金陵。吴主赠徐温为齐王，谥号忠武。

山南西道节度使张筠病了很久，将领们求见都不接见。副使苻彦琳等怀疑他已经死了，怕左右的近臣有奸谋，于是要求暂时交出兵符、印信；张筠一听非常生气，就把苻彦琳和判官、都指挥使一起逮捕下狱，诬指他们谋反。明宗李嗣源下诏把苻彦琳他们都押送到京城，经过核查后发现苻彦琳没有谋反的证据，就把他们释放。调张筠为西都留守。

癸卯日（二十五日），任命保义节度使石敬瑭为宣武节度使，兼任侍卫亲军马步都指挥使。

十一月，庚戌日（初三日），吴王杨溥即皇帝位，追尊孝武王杨行密为武皇帝，景王杨渥为景皇帝，宣王杨隆演为宣皇帝。

安重诲建议讨伐吴国，明宗李嗣源不答应。

甲子日（十七日），吴国实行大赦，改年号为乾贞。

丙子日（二十九日），吴主杨溥尊奉太妃王氏为皇太后，任命徐知询为诸道副都统、镇海宁国节度使兼侍中，加徐知诰都督中外诸军事。

十二月，戊寅朔日（初一日），孟知祥征发二十万民丁修建成都城。

吴主杨溥封他的哥哥庐江公杨濛为常山王，弟弟鄱阳公杨澈为平原王，哥哥的儿子南昌公杨珙为建安王。

起初，晋阳有个会相面的人叫周玄豹，他曾经说后唐明宗李嗣源的相貌贵不可言，后唐明宗即位后，打算把他召到朝廷里来。赵凤说："周玄豹说陛下应当会成为天子，现在已经应验，陛下再也没有什么好问他的了。如果把他安置在京城里，那些轻浮狂荡的危险人物就一定会聚集到他的门下，争相去为自己问吉凶。自古以来，术士胡言乱语，使人灭族的事迹很多，这样恐怕不是使国家安定的做法。"后唐明宗任命周玄豹为光禄卿，并以此职退休，赏给他很多金帛。

中书舍人马缟请求用汉光武帝刘秀时的典章制度，在七庙之外另立亲庙；中书门下则建议用汉孝德、孝仁皇的例子，先祖称皇不称帝。明宗想让先祖兼称帝，群臣于是援引德明、玄元、兴圣皇帝等的例子，建议都在京师立庙；明宗下令立在应州的旧宅，从高祖考妣以下都追谥为皇帝、皇后，他们的墓都称为陵。

汉主前往康州。

这一年，蔚、代沿边境的地方一斗粮食的价钱不到十钱。

天成三年（戊子，公元928年）

春季，正月，丁巳日（初十日），吴主杨溥封他的儿子杨琏为江都王，杨璘为江夏王，杨璆为宜春王，宣帝杨隆演的儿子庐陵公杨玢为南阳王。

昭义节度使毛璋非常骄奢僭越，常常穿着天子的赭色袍子，纵情饮酒玩乐，左右官吏有胆敢劝谏的，毛璋就把他的心剖开来看看。后唐明宗李嗣源听说此事，征调他为右金吾卫上将军。

契丹人攻陷平州。

二月，丁丑朔日（初一日），出现日食。

后唐明宗李嗣源预备前往邺都，当时随从的各部队家属才刚迁到大梁，一听说又要前往邺都，大家都很不高兴，到处胡乱流传谣言；明宗知道后，就不去了。

吴国自从后唐庄宗李存勖消灭后梁以来，使者往来不断。庚辰日（初四日），吴国使者到达唐国，安重诲认为杨溥居然敢称帝，和唐国分庭抗礼，又敢派遣使者前来窥探虚实，于是就拒绝不肯接受，从此以后后唐就和吴国断绝关系。

张筠到达长安，守兵关起城门，拒绝接纳他；张筠只好单骑入京，明宗李嗣源任命他为左卫上将军。

壬辰日（十六日），宁江节度使西方邺攻下归州。没过多久，荆南又夺了回去。

枢密使、同平章事孔循性情狡猾，善于花言巧语，安重诲很亲信他。明宗李嗣源原要替皇子迎娶安重诲的女儿，孔循对安重诲说："明所居的是近密的职务，不宜再和皇子联婚。"于是安重诲就向明宗推辞。过了一段时间，有人对安重诲说："孔循善于挑拨离间，不能把他安排在可以和皇上密切接触的职务上。"孔循知道了，就私下派人去结交王德妃，请求皇家收纳他的女儿；德妃于是向明宗请求迎娶孔循的女儿为李从厚的妃子，明宗答应了。安重诲知道后非常愤怒。乙未日（十九日），后唐明宗任命孔循为同平章事、忠武节度使兼东都留守。

安重诲性情刚愎。秦州节度使华温琪入朝，请求留在朝廷，后唐明宗表彰了他，任他为左骁卫上将军，每月除俸禄外还赏赐他些钱谷。过了一年多，明宗对安重诲说："华温琪也算是元老大臣，应该选一处重镇来安置他。"安重诲回奏说没有缺额。后来，明宗李嗣源又屡次提到这件事，安重诲不高兴地说："臣已经屡次报告说没缺额，现在只有枢密使可让他代替。"明宗说："那也可以。"安重诲就没话可回答。华温琪听说这件事后非常害怕，好几个月不敢出门。

安重诲很厌恶成德节度使、同平章事王建立，于是向明宗李嗣源上奏说王建立和王都相互勾结，有谋反的意思。王建立也向明宗启奏说安重诲专权，请求入朝当面报告，明宗于是召唤他入朝；王建立到了京城后，向明宗报告安重诲和宣徽使判三司张延朗结交婚姻，里外勾结，作威作福。三月，辛亥日(初五日)，后唐明宗接见安重诲，满脸怒气，对他说："现在给你一镇自己休息，用王建立代替你，张延朗也放为外任。"安重诲说："臣辛勤地事奉陛下几十年，正值陛下龙飞，臣也受命参赞机密，幸好几年来天下还能太平无事，现在一下子要把臣贬斥到外镇去，臣很愿意知道到底是犯了什么罪！"明宗李嗣源很不高兴地起身走了，后来又把这件事告诉了宣徽使朱弘昭，朱弘昭说："陛下平日对待安重诲如同左右手，为何却因为小事生气就要贬退他？请再慎重考虑。"明宗不久就又召唤安重诲前来，好言慰抚他。第二天，王建立向明宗辞别，准备回镇地去，明宗说："卿不是才启奏说要入京替朕担劳分忧吗？现在又要到哪里去？"刚好门下侍郎兼刑部尚书、同平章事郑珏请求退休，己未日(十三日)，命郑珏为左仆射退休；癸亥(十七日)，任命王建立为右仆射兼中书侍郎、同平章事、判三司。

孟知祥屡次和董璋争夺卖盐的利益，董璋鼓励商人们把东川的盐卖到西川，孟知祥觉得很头痛，后来就在汉州设置三场课征重税，一年可以得到税钱七万缗，从此商贩们不再到东川贩盐了。

楚王马殷到达岳州，派遣六军使袁诠、副使王环、监军马希瞻等率领水军攻打荆南，高季兴也用水军迎战。到了刘郎洑，马希瞻在晚上把几十艘战舰埋伏在港中；第二天一早，两军交战，马希瞻率领埋伏的战舰拦腰截击高季兴的舰队，高季兴大败，楚军俘虏斩杀几千名敌军，进逼江陵。高季兴请求讲和，并把史光宪送还楚国。楚军撤回去后，楚王马殷责备王环为什么不乘胜拿下荆南，王环说："江陵位在唐国和吴、蜀之间，这是四面交战受敌的地方，最好是把它留下来，作为我们的屏障。"马殷听后很高兴。王环每次出战，身先士卒，能和众人同甘共苦；他常在座位旁放置针药，每次出战回来，就在帐前把伤兵找来，亲自替他们敷药治疗。所以士卒一分配到他的部队，都互相道贺说："我们得到死后的归所了。"所以每次作战，都会建立功勋。

楚国发动所有水军向南汉发起攻击，包围南汉的封州。汉主以《周易》来卜问吉凶，得到"大有"卦，于是实行大赦，并且把年号改为大有；汉主又命令左右街使苏章率领三千名神箭手、一百艘战舰前往封州救援。苏章到达贺江，把大铁链沉到江中，然后在两岸设置巨轮，控制铁链，又建筑长堤把巨轮隐蔽起来，在堤后埋伏壮士。苏章乘轻舟去迎战，假装战败，楚人追击，进入堤坝；南汉士兵把轮子上的铁链拉开，楚军的战船进退不得，汉兵就从两岸用强弩射击，楚军大败，解除了对封州的包围，逃了回去。汉主任命苏章为封州团练使。

夏季，四月，后唐明宗李嗣源任命邺都留守李从荣为河东节度使、北都留守，又任命客省使太原人冯赟为北都副留守、夹马指挥使新平人杨思权为步军都指挥使来辅佐李从荣。戊寅日（初三日），任命宣武节度使石敬瑭为邺都留守、天雄节度使，加同平章事；任命枢密使范延光为成德节度使。丙戌日（十一日），任命枢密使安重诲兼任河南尹，任命河南尹李从厚为宣武节度使，仍旧掌理六军诸卫事。

吴国右雄武军使苗璘、静江统军王彦章率领一万水军向楚国的岳州发起进攻，到了君山。楚王马殷派遣右丞相许德勋率领一千多艘战船去抵御吴军，许德勋说："吴人是想趁我们没有防备的时候攻击我们，如果看到我们的大军，一定会害怕逃走。"于是就在角子湖埋伏部队，又派王环趁夜率领三百艘战舰断绝吴军的退路。第二天黎明，吴国部队进军到荆江口，准备会合荆南的军队进攻岳州，丁亥日（十二日），到达道人矶。许德勋命令战棹都虞候詹信率领三百艘轻舟攻击吴军的后方，许德勋亲自率领大军从正面攻击，前后一夹击，将吴军打得大败，俘虏苗璘、王彦章，把他们带回楚国。

起初，义武节度使兼中书令王都在易定镇守了十多年，自己任命刺史以下的官吏，所交的租赋都用来供养本地军队。安重诲掌权以后，稍微用法制裁压抑他；后唐明宗李存勖也因为王都是篡夺父亲的职位，非常厌恶他。当时契丹屡次进犯边境，朝廷在幽州、易州一带大量屯驻军队，大将来来去去，王都暗中加以防备，久而久之，和朝廷之间就产生猜疑。王都担心朝廷会把他调到其他藩镇，他的心腹和昭训劝他要有保全自己的办法，王都于是向卢龙节度使赵德钧求婚。又知道成德节度使王建立和安重诲之间有怨隙，于是派遣使者前去和王建立结交为兄弟，暗中计划恢复过去唐朝末年河北藩镇割据的局面，王建立假装答应，暗中却向明宗李嗣源报告。王都又把用蜡封好的密信送给青、徐、潞、益、梓五个统帅，挑拨离间他们。王都还派人去劝说北面副招讨使归德节度使王晏球，王晏球没有听从他；于是又用金钱收买王晏球帐下的将领，要他们暗算王晏球，但也不能成功。癸巳日（十八日），王晏球把王都阴谋造反的情形报告明宗，明宗下诏宣徽使张延朗和北面的将领们商议讨伐王都。

戊戌日（二十三日），吴国调常山王杨濛为临川王。

庚子日（二十五日），后唐明宗李嗣源下诏罢免王都官爵。壬寅日（二十七日），任命王晏球为北面招讨使，暂时主持定州事务。又任命横河节度使安审通为副招讨使，任命郑州防御使张虔钊为都监，发动各道兵马，会集讨伐定州。当天，王晏球进攻定州，攻下定州的北关城。王都用重金贿赂奚酋秃馁，向他求救。五月，秃馁率领一万名骑兵闯入定州境内；王晏球撤退到曲阳防守，王都和秃馁一道前来攻打。王晏球在嘉山下迎战，大破敌军，秃馁率领二千名骑兵逃回定州。王晏球一路追击到定州城下，攻下西关城。定州城非常坚固，无法攻下，王晏球扩建西关城，并设置行府，使定州、祁州、易州三州的百姓交纳税赋供给这里的军队，让他们在这里防守阵地。

辛酉日（十七日），任命天雄节度副使赵敬怡为枢密使。

王晏球听说契丹人出兵援救定州，就率领大军直奔望都，派遣张延朗分一部分兵力退守新乐。张延朗于是赶往真定，留下赵州刺史朱建丰率领部队修筑新乐城。契丹人已经由别的路线进入定州，和王都联合趁夜进攻新乐，攻破新乐，把朱建丰杀了。乙丑日（二十一日），王晏球和张延朗在行唐会合，丙寅日（二十二日），到达曲阳。王都乘着新胜的余威，发动所有的部队，和契丹五千名骑兵会合，总计一万多人，在曲阳截击王晏球，丁卯日（二十三日），两军在城南交战。王晏球召集将领们，下令说："王都轻薄骄傲，一战就能把他抓获。今天是诸位报效国家的时候。都扔掉弓箭，用短兵器进攻，回头观望的斩首。"于是骑兵先进击，挥舞着铁鞭短剑，一直冲进敌人的阵地，把敌军打得大败，横尸遍野；契丹的部队死伤过半，其余生还的都向北逃去；王都和秃馁靠着几名近卫的保护才勉强脱身。卢龙节度使赵德钧又在半路截击契丹兵，逃走的人几乎没有一个活下来。

吴国派遣使者向楚国请求和好，并请求归还苗璘、王彦章。楚王马殷把他们送回去，并派许德勋为他们饯行。许德勋对两人说："楚国地方虽小，但是旧臣、宿将都还在，希望吴国以后不要再打我们的主意了。一定要等到这些少壮的驹马互争马槽的时候（比喻楚王的儿子们互相争位），才可能算计我们。"当时马殷有很多宠妾，嫡庶之间没有分别，儿子们也都骄纵奢侈，所以许德勋才特地讲了这番话。

六月，辛巳日（初八日），高季兴又请求向吴国称臣，吴国给高季兴进爵为秦王，后唐明宗李嗣源诏令楚王马殷讨伐高季兴。马殷派遣许德勋率兵进攻荆南，并任命他的儿子马希范为监军，部队进驻到沙头；高季兴的侄子云猛指挥使高从嗣单枪匹马进逼到楚国的营寨前，要求单独和马希范一决雌雄，楚国副指挥使廖匡齐出营和他决斗，当场就把他拉住两脚撕开。高季兴害怕了，第二天，就派人来讲和，许德勋于是率军回去。廖匡齐是赣县人。

王晏球知道定州有防备，不容易在急切之间攻下来，但是朱弘昭、张虔钊却宣称大将害怕了；明宗李嗣源下诏书催促他赶快攻城。王晏球不得已，乙未日（二十二日），只好下令攻城，死伤了三千名将士。

在此之前，后唐明宗下诏调西川的军队去戍守夔州，孟知祥派遣左肃边指挥使毛重威率领三千人前往夔州。不久，孟知祥启奏说："夔、忠、万三州已经平定，请求把戍守的部队召回去，以节省运补粮食的开销。"明宗不准。孟知祥于是私下派人去策动，毛重威率领部属们鼓噪起哄，逃回西川；明宗李嗣源下令追究毛重威的罪责，经过孟知祥的求情才赦免他。

陕州行军司马王宗寿请求埋葬故蜀主王衍。秋季，七月，追封王衍为顺正公，用诸侯的礼仪把他埋葬。

北面招讨使安审通过世。

东都百姓中违犯法律私自造酒曲的人，东都留守孔循将其全家诛灭。有人建议百姓自由造酒，在秋天收税的时候每亩再加收五钱；己未日（十六日），明宗李嗣源下令批准。

壬戌日（十九日），契丹又派遣酋长惕隐率领七千名骑兵前来解救定州，王晏球在唐河北面迎战，把契丹的部队打得大败；甲子日（二十一日），王晏球追击到易州，当时下了很久的雨，河水都上涨，契丹人被后唐军所俘获斩杀以及掉入河中淹死的不计其数。

戊辰日（二十五日），后唐明宗任命威武节度使王延钧为闽王。

契丹人败走，道路泥泞，人马饥饿疲乏，进入幽州境内。八月，壬戌日（初一日），赵德钧派遣牙将武从谏率领精锐的骑兵截击他们，并且分出部队扼守在险要的通道，活捉惕隐等几百人；剩下的败兵残将逃散到村落，村民们都抓起木杖追击，最后能逃回契丹的不过几十人。从此以后，契丹人灰心丧气，不敢轻易来侵犯边塞。

起初，庄宗李存勖在黄河以北地区攻城略地时，拣到一个小孩，把他养在宫中，等他长大以后，赐给他姓名叫李继陶；明宗李嗣源即位以后，就把他放出宫。王都得到他后，教他穿上黄袍，坐在城墙上，然后就对王晏球说："这是庄宗皇帝的儿子，已经登上帝位。你受过先朝的厚恩，难道就一点都不顾念吗？"王晏球说："你玩这些小把戏有什么用？我现在教你两个办法：如果不率领全军出来决战，那么就束手投降，除此之外没有什么活路。"

王建立因为不识字，请求罢免掌理三司，明宗李嗣源不准。

乙未日（二十三日），吴国实行大赦。

吴越王钱镠想立他中间的儿子钱传瓘为嗣子，就对他的儿子们说："你们都说说看立过什么功劳，我选一个功劳最多的立为嗣子。"钱传瓘的哥哥钱传璹、钱传璙、钱传璟等都公推钱传瓘功劳最大，于是上奏请求后唐明宗授给钱传瓘两个镇。闰八月，丁未日（初五日），后唐明宗李嗣源下诏任命钱传瓘为镇海、镇东节度使。

戊申日（初六），赵德钧把契丹的俘虏惕隐等呈献给明宗李嗣源，将领们都请求把他们杀了，明宗说："这些人都是敌人的骁勇战将，如果把他们杀了，敌人就绝望了，不如暂时把他们留着，好和缓边境的祸患。"于是赦免惕隐等酋长五十人，把他们安排在亲卫中，其余六百多人全部斩杀。

契丹派遣梅老季素等人来朝进贡。

起初，卢文进投降，契丹任命蕃汉都提举使张希崇代替他为卢龙节度使，驻守平州，并派遣亲信将领率三百骑兵去监督他。张希崇本来是个书生，原担任幽州牙将，后来陷身契丹，生性平和简易，契丹将领慢慢地对他信任，于是他就和部属们计划要南返祖国。部属们都哭着说："回家本来就是我们时时刻刻不能忘记的事，可是敌人那么多，我们人数又这么少，要怎么办？"张希崇说："我把他们的将领骗来杀了，他们的士兵一定会溃散逃走。这里离契丹人的大本营有一千多里路，等到他们知道消息再调兵前来，我们已经离开这里很远了。”大家都说:“这个办法好!”于是就先挖了些陷阱,又给里面放了石灰。第二天,把敌将们都召集来饮酒,喝到酒醉以后,把他们连同随从们一齐杀了,然后再丢到坑中。契丹的兵营设在城北,张希崇于是急速征调部队进攻,契丹的部众都四散逃逸;张希崇于是率领所属的两万多人前来投奔后唐,后唐明宗李嗣源下诏任命他为汝州刺史。

吴国的王太后去世。

九月,辛巳日(初九日),荆南在白田击败楚国的部队,活捉楚国的岳州刺史李廷规,解送到吴国。

乙未日(二十三日),后唐明宗李嗣源下令,因为温韬盗挖唐朝帝王的陵墓,段凝反叛,就在他们所在地赐死他们。

己亥日(二十七日),任命武宁节度使房知温兼任荆南行营招讨使,掌理荆南行府事;又分别派遣宫中的使者征调各道的军队前往襄阳,讨伐高季兴。

辛丑日(二十九日),调庆州防御使窦廷琬为金州刺史。冬季,十月,窦廷琬占据庆州拒绝执行调令。

丙午日(初五日),任命横海节度使李从敏兼任北面行营副招讨使。李从敏是皇帝的侄子。

戊申日(初七日),后唐明宗李嗣源下诏,命令静难节度使李敬通出兵讨伐窦廷琬。

王都占据定州,守备坚固,四周巡察很严,他部下有些将领曾多次想翻城出来响应官军,但都没有成功。后唐明宗李嗣源派遣使者去催促王晏球攻城,王晏球和使者一齐骑马绕着城观察,指着城对使者说:“这城这么高峻,就算是城里的人任由外头的军队进攻,恐怕也不是靠着云梯、冲车就能攻得上去。只是徒然地丧失精锐的士卒,对贼人一点损害也没有,如此又为的是什么呢?不如收用三州的租税,爱民养兵,等待时机,他们一定从内部崩溃。”后唐明宗听从了他的意见。

十一月，有司建议为唐哀帝李柷立宗庙，明宗李嗣源下诏命令在曹州立庙。

平卢节度使晋忠武公霍彦威去世。

忠州刺史王雅攻下归州。

庚寅日（十九日），皇子李从厚娶孔循的女儿为妃，孔循因此有机会前往大梁，就极力结交王德妃这一帮人，又向明宗请求留在大梁。安重诲把他的情况全部上奏给后唐明宗，极力排斥他留在大梁，婚礼办完，就催促他回到自己的镇所。

甲午日（二十三日），任命中书侍郎、同平章事王建立为同平章事，充任平卢节度使。

丙申日（二十五日），后唐明宗问赵凤："帝王赏赐给人们铁券，这是为什么呢？"赵凤回答说："和他立誓，要让他的子孙都能永久享有爵位俸禄。"明宗说："先朝得到这个赏赐的只有三个人，郭崇韬和李继麟不久都是全族被杀灭，朕也几乎不能免祸。"于是就叹息了很久。赵凤说："帝王的心中存有大的信义，本来就不必刻在金石上。"

十二月，甲辰日（初三日），李敬周启奏说攻下庆州，杀灭窦廷琬全族。

荆南节度使高季兴得病卧床，命令他的儿子行军司马、忠义节度使、同平章事高从诲暂管军府事。丙辰日（十五日），高季兴过世。吴主杨溥任命高从诲为荆南节度使兼侍中。

史馆修撰张昭远上书说："我见先朝时，皇弟、皇子都喜欢乐舞及艺人，进门就给姬妾装饰打扮，出门就夸耀自己有仆人骏马。这些人的风气尚且如此，怎么能成为贤人呢？皇上的皇子们应当审慎地选择好的老师，命令皇子们谦恭地向他们学习，讲习圣人礼义的经典，讨论国家安危的道理。古时候人君即位以后就册立太子，这是为了显明嫡、庶的分别，阻塞祸乱发生的根源。现在通过占卜来确立储君这件事，臣不敢轻率地议论。至于在降恩赏赐、婚姻、觐见、侍养等方面，对于嫡庶和长幼，应该要有所分别，这是明示他们之间的等差地位，并且可以杜绝侥幸非分的想法。”后唐明宗李嗣源很赞赏他的说法，但没有能付诸实施。

闽王王延钧批准二万名百姓出家为僧，因此闽中的僧人很多。

河东节度使、北都留守李从荣，年轻骄傲，不亲自处理政务，后唐明宗李嗣源派遣平时和李从荣相处比较好的亲信和他住在一起，让这个人心平气和地劝说和引导李从荣。这人私下对李从荣说：“河南相公（指李从荣的弟弟李从厚）恭敬谨慎，喜好善行，又对品行端正的贤士非常亲近礼敬，颇有少年老成的风范；相公年纪比他大，应该自我勉励，别让声名屈居在河南相公之下。”李从荣很不高兴，等他告退后，就把这件事告诉步军都指挥使杨思权说：“朝廷的人都推崇李从厚而说我的坏话，看来我要被废掉了吧？”杨思权说：“相公手中握有强大的部队，而且还有我效忠您，有什么好担心的？”于是就劝李从荣多招募部属，修整盔甲兵器，暗中做充实自己力量的打算。杨思权又跑去对明宗左右的近臣说：“你老是称赞弟弟贬抑哥哥，我们难道就不能帮助他吗？”这个人感到害怕，于是就把这些情况告诉了北都副留守冯赟，冯赟又秘密上奏给后唐明宗。后唐明宗李嗣源召杨思权到朝廷，因为李从荣的缘故，没有治他的罪。

天成四年（己丑，公元 929 年）

春季，正月，冯赟调入朝中担任宣徽使，他对执政说：“李从荣性情刚愎而且轻举妄动，应当选择德高望重的人去辅佐他。”

王都、秃馁打算突破包围逃出去，但没有成功。二月，癸丑日（十三日），定州都指挥使马让能打开城门接纳官军，王都全族放火自焚，唐军活捉秃馁和二千名契丹士兵。

辛亥日（十一日），任命王晏球为天平节度使，和赵德钧两人都加任兼侍中的职务。秃馁被送到大梁，在街市上被当众斩杀。

枢密使赵敬怡过世。

甲子日（二十四日），后唐明宗李嗣源从大梁出发。

丁卯日（二十七日），门下侍郎、同平章事崔协在须水县过世。

庚午日(三十日),后唐明宗到达洛阳。

王晏球在定州城下,每天用自己的财物慰劳士卒,从开始攻城到攻下城,从来没有杀过一个士卒。三月,辛巳日(十一日),王晏球入朝,后唐明宗李嗣源称赞他的功劳;王晏球只是谦称说长久以来劳烦后方运补粮食而已。

皇子右卫大将军李从璨性情刚愎,安重诲掌权后,李从璨不服从他。明宗东巡,任命李从璨为皇城使,李从璨和客人在会节园宴饮,喝到酒酣耳热时,开玩笑地坐到皇帝的御榻上,安重诲于是向明宗李嗣源启奏应该诛杀他;丙戌日(十六日),李嗣源赐李从璨死。

横山地区的蛮族侵扰邵州。

楚王马殷命令他的儿子武安节度副使、判长沙府马希声掌理政事,并且总管内外诸军事,从此国家的政事都是经过马希声,然后才报告马殷。

夏季,四月,庚子朔日(初一日),下令禁止铁锡钱的流通。当时湖南专用锡钱,一个铜钱值一百个锡钱,锡钱充入中原,法令难以禁止这些钱实行流通。

丙午日(初七日),楚国的六军副使王环在石首击败荆南军队。

后唐开始命令沿边境的地方设置市场买党项的良马,不让他们送到洛阳。此前,党项人到京城,以进贡马匹为名义,朝廷只好估算马的价值算钱给他们,再加上馆驿的招待和另外的赏赐,每年要开销五十多万缗;有司吃不消这样的耗费,所以下令禁止。

壬子日(十三日),后唐明宗李嗣源任命皇子李从荣为河南尹、判六军诸卫事;任命李从厚为河东节度使、北都留守。

契丹入侵云州。

甲寅日(十五日),任命端明殿学士、兵部侍郎赵凤为门下侍郎、同平章事。

五月,乙酉日(十七日),中书启奏说:“太常改谥哀帝为昭宣光烈孝皇帝,庙号景宗。既然已经称宗,就应该入祀太庙,在别庙就不应该称宗。”于是下令除去庙号。

后唐明宗李嗣源将去南郊祭祀，派遣客省使李仁矩用皇帝的诏令告示两川，命令西川贡献钱一百万缗，东川贡献钱五十万缗。两川都推说军用不足，西川只献五十万缗，东川则献十万缗。李仁矩是明宗在藩镇时的客将（指在外地调来的将领，不是原来的部属），安重诲对他也很好，于是仗恃着恩宠，骄傲怠慢。到达梓州的时候，董璋设酒宴招待他，到了正午他还不去赴宴，拥着妓女喝酒。董璋非常生气，就带了随从带着兵器进入驿站，教李仁矩站在台阶下，骂他说："你只听说西川斩杀李严，难道说我们不能杀人吗?”李仁矩吓得一把眼泪一把鼻涕，一再地赔罪哀求，总算免于一死；后来东璋又送了许多财货向李仁矩谢罪。李仁矩回朝后，报告说董璋不守法度，不久明宗李嗣源又派遣通事舍人李彦珣往东川。李彦珣入境后，在小节方面失礼，董璋就拘捕了跟从他的人，李彦珣逃了回去。

高季兴背叛之后，他的儿子高从诲直言规劝，高季兴不听。高从诲承袭爵位后，对幕僚们说："唐国近而吴国远，舍弃近的而去归附远的，这不是好办法。”于是就通过楚王马殷的关系向唐国请罪。又写信给山南东道节度使安元信，请求他向明宗李嗣源保奏，愿意再称臣纳贡。丙申日（二十八日），安元信把高从诲的信呈报给明宗，后唐明宗答应了他的请求。

契丹入侵云州。

六月，戊申日（十一日），又将邺都恢复为魏州，留守、皇城使一并停置。

庚申日（二十三日），高从诲自称前荆南行军司马、归州刺史，上表给后唐明宗请求归附。秋季，七月，甲申日（十七日），明宗任命高从诲为荆南节度使兼侍中。己丑日（二十二日），撤销荆南招讨使。

八月，吴国武昌节度使兼侍中李简因病请求回到江都。癸丑日（十七日），在采石过世。徐知询是李简的女婿，就擅自把李简的两千亲兵留在金陵，并推荐李简的儿子李彦忠代替他父亲镇守鄂州，徐知诰却任命龙武统军柴再用为武昌节度使；徐知询非常生气，说："刘崇俊是哥哥的亲戚，他家三世为濠州刺史。李彦忠是我妻子的家族，难道不能任职吗？"

起初，楚王马殷用都军判官高郁为主要谋臣，国家依靠他富强起来，邻国都嫉妒他。庄宗李存勖入主洛阳后，马殷派遣他的儿子马希范入贡，庄宗很喜欢马希范的机智敏捷，说："最近听人传说马氏会被高郁霸占，现在看马殷有这么出色的儿子，高郁又怎么能够霸占他的国家呢？"高季兴也故意造谣离间高郁和马殷的关系，但是马殷不理会。于是高季兴就派遣使者送信给节度副使、知政事马希声，故意夸赞高郁的功劳声名，表示愿意和他结为兄弟。使者对马希声说："高公季兴经常说'马氏政事都出于高郁'，这是子孙们的忧患啊！"马希声竟相信这些话。行军司马杨昭遂，是马希声妻子娘家的人，有夺取高郁职位的野心，于是天天在马希声面前进谗言。马希声几次对马殷报告，说高郁奢侈僭越，私下和邻国来往，请求把高郁诛杀。马殷说："成就我功业的，全靠高郁出力；你不要再说这样的话了！"马希声又一再请求罢除高郁的兵权，于是马殷只好把高郁降职为行军司马。高郁对他的亲信们说："赶快给我营造好西山，我要退休了。小狗慢慢大了，能咬人了。"马希声听了这话，更加生气，第二天，就假借马殷的命令在军府署舍中把高郁杀了，榜示内外，诬指高郁要阴谋叛变，并且把他的同党们都杀了。到了傍晚，马殷还不知道，当天，起了大雾，马殷对左右侍从们说："我过去随从孙儒渡过淮河，每次杀了无辜的人，都会碰上奇异的征候，监狱难道又有人冤死了吗？"第二天，官吏们报告高郁的死讯，马殷捶胸大哭说："我已经老了，政事也不是我自己说了算，致使我过去的有功之臣横遭这些冤酷。"一会儿又回过头来对他左右的人说："我怎么可以长久地居住在这里呢？"

九月，后唐明宗李嗣源和冯道从容地聊起近年来五谷丰登，四方无事。冯道说："臣常记得过去在先皇幕府的时候，奉命出使中山，经过井陉险道的时候，臣害怕马跌倒，所以很谨慎地拉着缰绳，幸好没有什么差错；到了平路的时候，就放开缰绳驰骋，不久却摔倒了。凡是治理国家也是这个道理。”明宗深以为然。明宗又问道：“今年虽然收成很好，老百姓过得可富足？”冯道说：“种庄稼的人遇上灾年就饿殍满道，遇上丰年又为粮食价格便宜而发愁，无论是丰年还是灾年，都有困苦，只有庄稼人是这样呵！臣记得进士聂夷中的诗说：‘二月卖新丝，五月粜新谷；医得眼下疮，剜却心头肉。’（二月就把新丝卖掉，五月就把新谷卖掉，这是因为先行向人借贷，要赶快还债，农民的生活捉襟见肘，就好像刚医好了眼下的疮，却挖下了心头的肉来补的呀！）他的词语虽然鄙俚，却能道尽田家困苦的情形。农人在士、农、工、商四民之中最为辛苦，作为人主不能不了解这些情况。”明宗听了很高兴，命令身边的人把这首诗抄录下来，自己时常讽诵。

戍守在东川的鄜州士卒要回本道的时候，董璋擅自把年轻力壮的留下，挑选一些老弱的让他们回去，同时还收了他们的武器。

癸巳日（二十七日），西川右都押牙孟容的弟弟担任资州的税官，因为监守自盗被判死罪，观察判官冯豫和中门副使王处回为他求情，孟知祥说：“即使是我的弟弟犯了法也不能饶恕，何况是别人呢？”

吴越王钱镠喜欢在他的国内自夸，朝廷派去的使者违心地奉承他，他就会赠送给一批丰厚的礼物，不然的话接待的礼节就很疏落。曾经写信给安重诲，文辞和礼节都很倨傲。明宗李嗣源派遣供奉官乌昭遇和韩玫出使吴越，乌昭遇和韩玫两人之间有过节，出使回来后，韩玫启奏说：“乌昭遇见到钱镠后，自称是臣，以大礼拜见，称镠为殿下，又私下把朝廷的事情告诉钱镠。”安重诲奏请赐乌昭遇死。癸巳日（二十七日），后唐明宗下令钱镠以太师的身份退休，其余的官爵都被罢免，凡是吴越国的进奏官、使者、纲吏等，由所在地方官把他们抓起来治罪。钱镠命他的儿子钱传瓘等上表明宗帝，辩称受到冤枉，明宗李嗣源都没有答复。

起初朔方节度使韩洙死后，他的弟弟韩澄被任命为留后。不久，定远军使李匡宾聚集党徒占据保静镇作乱，朔方就不太安定；冬季，十月，丁酉日（初二日），韩澄派遣使者带着绢表前来请求朝廷正式任命他为节度使。

原来的磁州刺史康福，精通胡语，后唐明宗退朝后，经常把他叫进便殿，咨询当时的一些事情，康福用胡语回答后唐明宗的提问。安重诲因无法探知内容，很厌恶他，常常警告他说：“康福，你如果在皇帝面前乱讲话，小心我砍了你的脑袋！”康福心里害怕，就请求外放。安重诲认为灵州深入胡人的地境，主帅大多遇害，戊戌日（初三日），任命康福为朔方、河西节度使。康福求见明宗，痛哭流涕地想辞去这个职务；明宗李嗣源命令安重诲再为康福换一个镇所，安重诲说：“康福以刺史的资历，没有建立什么特别的功勋就升为节度使，他还想要求什么？而且也正式发布命令，很难再更改！”明宗不得已，只好对康福说：“安重诲不肯更改，这不是朕的意思。”康福就告辞出发，明宗派遣将军牛知柔和河中都指挥使卫审崄等率领一万部队护送他上任。卫审崄是徐州人。

辛亥日（十六日），划出阆、果两州设置保宁军，壬子日（十七日），任命内客省使李仁矩为节度使。

在此之前，西川经常调拨一些粮草送给峡路，孟知祥推辞说本道兵多，难以供奉别的藩镇，后唐明宗李嗣源下诏不允许停止调拨，而且多次催促他。甲寅日（十九日），孟知祥启奏说财力困乏，不肯奉行诏命。

吴国诸道副都统、镇海宁国节度使兼侍中徐知询自以为手握兵权，占据金陵上游，心中轻视徐知诰，曾多次和徐知诰争权夺利，在内部互相猜忌，徐知诰很忧患。内枢密使王令谋说：“公辅政这么久，又挟天子以令境内，哪一个敢不听你的，徐知询年纪轻轻，又对人没有恩信，他又能怎么样？”徐知询对待他的弟弟们很刻薄，弟弟们都埋怨他。徐玠知道徐知询是无法辅佐的料子，于是私下归附徐知诰，把他的短处都告诉徐知诰。吴越王钱镠派遣使者送给徐知询金玉鞍勒、器皿等东西，上面都装饰着龙凤；徐知询也不避嫌，就拿来使用。

徐知询的典客周廷望劝徐知询说："你如果能真心诚意把这些宝货捐献出来交结朝中有功劳的勋旧大臣，使他们都和你同心同意，还有谁还和徐知诰在一起呢？"徐知询接受了他的建议，就派周廷望到江都去进行这件事。周廷望和徐知诰的亲信周宗交情很好，就秘密地通过他的关系向徐知诰投诚，并且把徐知询的阴谋通通告诉徐知诰。徐知询叫徐知诰到金陵去参加父亲徐温的除丧仪式，徐知诰推说吴主不准他的假，周宗对周廷望说："大家都传言侍中（指徐知询）有七件事不遵守人臣的本分，有僭越谋反的嫌疑，应该教他赶快入京谢罪。"周廷望回到金陵，把这话告诉徐知询。十一月，徐知询入京朝见，徐知诰把他留下来担任统军，兼领镇海节度使，同时又派遣右雄武都指挥使柯厚征调金陵的守军回镇江都，徐知诰从此开始独揽吴国政权。徐知询责备徐知诰说："先王（指徐温）去世，哥哥也是他的儿子，办丧事的时候却不去参加，这样做可以吗？"徐知诰回答他说："你拔着剑等我，我怎么敢去，你是为人臣下的，竟敢拥有和使用国君的车驾袍服，你这么做也可以吗？"徐知询又把周廷望的话拿来质问徐知诰，徐知诰说："把你的所作所为告诉我的，也是周廷望。"于是斩杀周廷望。

壬辰日（二十七日），吴主杨溥加尊号为睿圣文明光孝皇帝，实行大赦，改年号为大和。

康福走到方渠，羌族人出兵阻截他，康福把他们打跑。到了青刚峡，碰上吐蕃野利、大虫两个族，有几千帐那么多的人，他们都不知道唐国的军队来了，于是康福派遣卫审峹乘其不备立刻发动攻击，把他们打得大败，几乎全部都斩杀或俘虏。从此声威大振。于是进军到灵州，从此朔方才开始接受康福代替为朔州节度使。

十二月，吴国加封徐知诰兼任中书令，并领宁国节度使。徐知诰请徐知询来喝酒，用金子做的酒杯酌酒给他喝，并说："祝弟弟长寿到一千岁。"徐知询怀疑酒中下毒，就拿另外一个杯子把酒分成两半，长跪呈献给徐知诰说："希望和哥哥每人分享五百岁。"徐知诰的脸色都变了，只是来回地看着左右，就是不肯接杯子，徐知询捧着酒坚持要他喝。左右侍从们都不知道要怎么办，伶人申渐高赶快向前说些风趣话，想缓和一下紧张的气氛，同时抢过两杯酒就一起都喝下去，然后怀揣金盅就急忙往外走，徐知诰偷偷派人用良药去给申渐高解酒毒，但他已因脑子溃烂而死。

奉国节度使、知建州王廷禀报告说有病，回家中休养，请求朝廷把建州交给他的儿子王继雄掌理；庚子日（初五日），后唐明宗李嗣源下诏任命李继雄为建州刺史。

安重诲已经安排李仁矩去镇守阆州，让他和绵州刺史武虔裕都率兵去赴任。武虔裕是明宗李嗣源过去的老部属，也是安重诲的表兄。安重诲让李仁矩刺探董璋谋反的证据，李仁矩就把一些情况添枝加叶地向明宗打小报告。朝廷又派武信节度使夏鲁奇修建遂州城池，修缮武器，增派兵力防守。董璋听到后大为恐惧。当时又有消息传说朝廷要再划出绵、龙两州另建一个节镇，孟知祥听到了，也觉得害怕。董璋一向和孟知祥有过节，两人从不往来。到这时，董璋派遣使者到成都，请求为他的儿子迎娶孟知祥的女儿为妻；孟知祥答应了他的请求，并商量团结起来一起抗拒朝廷。

资治通鉴卷第二百七十七　后唐纪六

起庚寅（公元930年），止壬辰（公元932年）六月，共二年六个月。

【题解】本卷记录了公元930年至932年六月的历史，共二年零六个月。为后唐明宗李嗣源长兴元年至长兴三年六月。后唐权臣安重诲气量狭小，想杀明宗养子李从珂，被明宗忌恨。安重诲逼反东川节度使董璋，西川节度使孟知祥与董璋联手反叛朝廷。官军作战失利，众臣乘安重诲督战之机发动弹劾，明宗杀死安重诲父子。官军退出西川，明宗推责安重诲。孟知祥三请董璋联名谢罪，董璋不愿，发兵讨伐成都，孟知祥得胜占据全蜀。楚王马希声去除国号，恢复藩镇名号。吴国执政徐知诰让儿子徐景通留守江都，自己镇守金陵。闽主王延钧诛杀王延禀。吴越王钱镠薨，其子钱传瓘继位，善处政理，上下同心。

明宗圣德和武钦孝皇帝中之下

长兴元年（庚寅，公元930年）是年二月始改年号为长兴。

春季，正月，董璋派遣部队在剑门修筑七个营寨。辛巳日（十六日），西川节度使孟知祥派其副使赵季良到梓州来与董璋修好结交。

鸿胪少卿郭在徽奏请铸造面值五千、三千、一千的大钱；朝廷认为他指虚为实，胡说八道，就把他降为卫尉少卿、同正。

吴国调迁平原王杨澈为德化王。

二月，乙未朔日（初一日），赵季良回到成都，对孟知祥报告说：“董璋这个人贪残好胜，野心大，谋略短，终究是我们西川的祸害。”孟知祥的部属都指挥使李仁罕、张业打算设酒席宴请他；此前二日，有尼姑密告说，这两个属将阴谋在宴请时谋害孟知祥；孟知祥下令追查，但是却没有什么实据，丁酉日(初三日)，孟知祥下令把首先造谣的军校都延昌和王行本两人推出去腰斩。戊戌日(初四日)，孟知祥赴宴的时候，左右侍从都不带，只单独一人前往李仁罕家中；李仁罕跪地磕头，痛哭流涕说："老兵只有效死命来报答主公的恩德。"从此，孟知祥所部诸将都心悦诚服地亲近和依附于他。

壬子日(十八日)，孟知祥、董璋一起上表给明宗李嗣源，说："两川听说朝廷在阆中设立节度使，又在绵州、遂州增强兵力，心里觉得惶恐担忧。"明宗颁下诏书抚慰他们。

乙卯日(二十一日)，后唐明宗李嗣源祭祀圜丘，大赦天下，改年号为长兴。凤翔节度使兼中书令李从曮入朝陪祭。三月，壬申日(初八日)，明宗下令把李从曮调迁为宣武节度使。

癸酉日(初九日)，吴主杨溥立江都王杨琏为太子。

丙子日(十二日)，后唐任命宣徽使朱弘昭为凤翔节度使。

康福启奏说攻下保静镇，斩杀李匡宾。

后唐恢复安义军的旧名，仍称昭义军。

后唐明宗李嗣源准备册立曹淑妃为皇后，曹淑妃对王德妃说："我一向有胸中烦热的毛病，实在不愿意参加交接应对的场合，妹妹就请你代我去做吧！"王德妃说："中宫的地位和皇上相当，谁敢代理？"庚寅日(二十六日)，立曹淑妃为皇后。王德妃对待皇后恭顺谨慎，皇后也怜爱她。

起初，王德妃因为安重诲的推荐才能够进宫，所以对他非常感激。明宗李嗣源生性节俭，但是在位久了以后，宫中的花费渐渐地奢侈起来，安重诲每每加以规劝，曹德妃取用外库的锦缎做地毯，重诲极力劝谏，并且引庄宗李存勖的刘皇后做鉴戒，曹德妃从此就怨恨他。

荆南高从诲派使者奉呈表章来到吴国，表示高氏祖坟在北方，害怕被后唐朝廷讨伐，吴兵会来不及援助他，所以准备和吴国断绝往来。吴国派遣部队讨伐他，没有取胜。

董璋怕绵州刺史武虔裕窥探他的所作所为，夏季，四月，甲午朔日（初一日），就上表请求明宗李嗣源任命虔裕兼任他的行军司马，然后在府廷把他囚禁起来。

宣武节度使符习，仗恃着是老将领，在议论的时候老和安重诲作对，安重诲于是探求他的过失，向明宗李嗣源报告；丁酉日（初四日），下诏命令符习以太子太师的名衔告老去官。

戊戌日（初五），加任孟知祥兼中书令，夏鲁奇同平章事。

以前，后唐明宗李嗣源镇守真定时，其养子李从珂与安重诲曾在饮酒时争吵，李从珂殴打安重诲，安重诲躲避，才得以免遭殴打；酒醒之后，李从珂很后悔，向安重诲谢罪，但是安重诲心中老是记恨这件事。到这时，安重诲掌握大权，从皇子李从荣、李从厚以下都忙着巴结他。当时李从珂担任河中节度使、同平章事，安重诲多次在明宗李嗣源面前说他的坏话，明宗没有听信。安重诲于是假托明宗的命令，要河东牙内指挥使杨彦温驱逐李从珂。这一天，李从珂到城外去视察战马，杨彦温就部署军队关起城门不接纳他，李从珂派人去叩门责问他说：“我一向厚待你，你为何要这样做？”杨彦温回答说：“我杨彦温不敢对您负恩，我是受枢密院的宣示，请您入朝。”李从珂于是就停留在虞乡，派人把这情形向明宗报告。使者到达京城后，壬寅日（初九日），明宗向安重诲说：“杨彦温怎么会这么说呢？”安重诲回答说：“这是奸人胡说八道，应该立即派兵讨伐他。”明宗怀疑这件事，想把杨彦温抓来查问详情，于是就任命他为绛州刺史。安重诲坚决请求派遣军队前去讨伐，于是任命西都留守索自通、步军都指挥使药彦稠率兵前往讨伐。明宗命令药彦稠一定要活捉杨彦温，好当面询问他。又召唤李从珂到京城洛阳。李从珂知道是被安重诲陷害，赶快入朝进行表白。

加任安重诲兼任中书令。

李从珂来到洛阳，明宗李嗣源责令他回自己的府第，断绝入朝请见。辛亥日（十八日），索自通等人攻下河中，斩杀了杨彦温，癸丑日

（二十日），把首级传送到京城呈献给明宗，明宗对药彦稠没有活捉杨彦温觉得非常生气，严厉地责备药彦稠。安重诲指使冯道、杨凤表奏李从珂失于职守，应该加罪。明宗李嗣源说："我儿被奸人陷害，真相还没调查清楚，你们为何讲这种话，难道是不要教他活在这个世上了吗？我看这绝不是你们自己的意思。"两人吓出一身冷汗，赶快告辞退出。过了几天，赵凤又对明宗谈起此事，明宗没表态。第二天，安重诲亲自向明宗提这件事，明宗说："朕昔日还当小校的时候，家里很贫穷，靠这个小孩捡拾马粪，帮忙家计，现在我是天子，难道连他也不能庇荫吗？你想怎么处置他对你比较方便？"安重诲说："陛下父子之间的事，为臣何敢乱说！只能听凭陛下裁夺！"明宗李嗣源说："让他闲居在自己家里也就可以了，何必再多谈此事！"

丙辰日（二十三日），任命索自通为河中节度使。索自通到了镇地，秉承安重诲的意思，收检军府中的盔甲兵器，几次呈报给朝廷，说是李从珂私造的；靠着王德妃在中间保护，李从珂才免于被治罪。士大夫不敢与李从珂往来，只有礼部郎中、史馆修撰吕琦和他居住相近，有时去看他，李从珂遇到有事奏请时，都是问了吕琦之后才办。

戊午日（二十五日），明宗李嗣源加尊号为圣明神武文德恭孝皇帝。

安重诲奏言昭义节度使王建立经过魏州时有动摇人心之语，五月，丙寅日（初三日），明宗李嗣源下令王建立以太傅的职位退休。

董璋召集民兵校阅，让他们剪发，在他们脸上刺字，以资识别，防止逃亡，又在剑门之北设置永定关，布列烽火。

孟知祥屡次上表要求划出云安等十三个盐监隶属西川，以卖盐的收入来供给宁江的屯戍部队。辛卯日（二十八日），明宗李嗣源批准。

六月，癸巳朔日（初一日），出现日食。

辛亥日（十九日），后唐明宗下令凡是防御使、团练使、刺史、行军司马、节度副使等官职，今后一律由朝廷委派，各道不准自行推荐。

董璋派兵劫掠守卫在遂州、阆州的官军。秋季，七月，戊辰日(初七日)，两川因为朝廷陆续增兵屯驻遂州、阆州，再次上书反对，从此东北方中原一带的商旅很少有人敢再进入蜀地。

八月，乙未日(初四日)，捧圣军使李行德、十将张俭引领告密人边彦温向明宗李嗣源奏告：“安重诲发动军队，号称要亲自讨伐淮南的吴国；又找占卦相命的人来替他算命。”明宗李嗣源把这事问侍卫都指挥使安众进和药彦稠，两人回答说：“这是奸人要离间陛下和有功勋的旧臣之间的关系。安重诲事奉陛下三十年了，现在能幸运地安享富贵，怎么会再去谋反呢？臣等愿意以全宗族的性命为他保证。”明宗便把边彦温杀了，召见安重诲慰抚，君臣相对哭泣。

任命前忠武节度使张延朗兼任工部尚书，充任三司使。三司使的名称从这时开始。

吴国中书令徐知诰因为海州都指挥使王传拯有威名，得人心，正赶上团练使陈宣罢官归家，徐知诰许诺由王传拯代替他；但不久又派遣陈宣回海州，反而征调王传拯到江都去。王传拯非常愤怒，认为被陈宣谗言毁谤，己亥日(初八日)，率领部属到府署向陈宣辞行，趁机把陈宣杀了，抢劫州城，然后率领五千名部众投奔唐朝。徐知诰知道了，说：“这是我的过错啊！”于是免除王传拯妻子、儿女的罪。涟水制置使王岩率兵进入海州，便任用王岩为威卫大将军，主持海州政事。

王传拯是王绾的儿子，他的叔叔王舆是光州刺史。王传拯派遣密使带信到光州，王舆把使者抓起来，呈报到朝廷，并且请求免职回京；徐知诰任命王舆为控鹤都虞候。当时吴国政权掌握在徐氏手中，领兵宿卫者尤其难得，徐知诰因为王舆为人厚重慎密，所以用他。

壬寅日(十一日)，赵凤启奏说：“听说近日有奸人诬陷大臣，动摇国家的柱石，还没有被全部治罪。”明宗李嗣源于是收押李行德和张俭，都把他们全族诛杀。

立皇子李从荣为秦王；丙辰日(二十五日)，立李从厚为宋王。

董璋之子董光业任宫苑使，在洛阳，董璋给他写信说："朝廷把我的支郡划出另外建立节镇，并且屯驻三千士兵，看来是非要杀我不可。你去见枢要大臣，替我告诉他：朝廷如果再派一名士卒进入斜谷，我一定造反！我就在此地和你诀别。"董光业把这封信拿给枢密承旨李虔徽看了。没过多久，朝廷又派遣别将荀咸乂率兵前去戍守阆州，董光业对李虔徽说："不等这支部队到达，我的父亲就会造反。我不敢爱惜自己的生命，但是怕这么一来还得劳烦朝廷调兵遣将，希望能阻止派出这支军队，我保证我父亲绝不会怎样。"李虔徽把这话转告安重诲，安重诲不听。董璋听到这件事，就干脆造反。利州、阆州、遂州三州的守将都向朝廷报告，说董璋已经聚集三万部队要进攻三镇。安重诲说："我早就知道董璋要这样，陛下太容忍他，不肯讨伐啊。"明宗说："我不亏负于人，人亏负于我便要讨伐他。"

九月，癸亥日（初三日），西川进奏官苏愿向孟知祥禀告："朝廷要派大军讨伐两川。"知祥和副使赵季良商议，季良建议先让东川的部队攻下遂州、阆州，然后两川再合力防守剑门，就算朝廷派来大军，也不会有内顾之忧。孟知祥采纳他的意见，派遣使者和董璋约定，共同举兵反抗朝廷。董璋移送讨伐的檄文到利、阆、遂三镇，责备他们离间朝廷和两川关系的罪过，并且亲自率兵进击阆州。庚午日（初十日），孟知祥任用都指挥使李仁罕为行营都部署，汉州刺史赵廷隐做他的副手，简州刺史张业为先锋指挥使，率领三万部队进攻遂州；另外派遣别将牙内都指挥使侯弘实和先登指挥使孟思恭两人率领四千部队会同董璋进攻阆州。

安重诲长期掌握大权，内外怨恨他的人很多；王德妃和武德使孟汉琼渐渐拥有势力，几次在明宗李嗣源面前说他的坏话。安重诲心里又担心又害怕，上表给明宗请求解除机要职务，明宗说："朕对你没有什么怀疑，以前诬告你的人，朕也都把他们诛杀，你为何还要这样？"甲戌日（十四日），安重诲又当面向皇帝启奏说："我出身贫寒卑贱，得到如此高位，现在被人诬告说我要谋反，假若不是陛下极度圣明，我就灭门无后了。但是臣终究是才能微薄而担当重任，恐怕还是不能阻止别人的议论纷纷，盼望陛下能赐给我一镇，让臣安享余年。"明宗李嗣源不许，安重诲又一再地要求，明宗发脾气说："要去你去好了，我还怕找不到人！"前成德节度使范延光劝明宗挽留安重诲，并且说："安重诲如果辞职了，谁能代替他？"明宗说："你难道就不可以？"范延光说："臣受陛下差遣的时间很短，而且才能也赶不上安重诲，怎敢担当这样的重任呢？"明宗派孟汉琼到中书去，命群臣商量安重诲要辞职的事，冯道说："诸位果真爱惜安令公，解除他的枢要任务为宜。"赵凤说："您失言了！"于是回奏认为大臣不可轻易变动。

东川的兵马进到阆州，戍守的诸将都说："董璋早就存有反叛的野心，用金银财帛讨好他的士卒，他的部队锐气勇不可挡，我们应该构筑深沟高垒来挫挫他的锐气，不要十天，朝廷的救援大军一到，贼人自然就会逃散了。"李仁矩说："蜀兵懦弱没有战斗力，怎能抵挡我军的精兵强卒！"于是就调兵出战，还没有接战就溃不成军逃了回来。于是董璋日夜进攻，庚辰日（二十日），阆州城陷落，董璋杀了李仁矩，并且灭了他全族。过去，董璋在后梁为将时，指挥使姚洪曾经隶属于他的部下，此时正领兵千人戍守阆州；董璋事先秘密地写信向他招降，姚洪把信扔到厕所。

城被攻陷后，董璋把姚洪抓起来责问说："我过去在行伍间提拔你，你今天怎么负我？"姚洪骂说："老贼！你从前在李姓富人家当奴才，给人扫马粪，得到一丁点肉吃，你就觉得感恩不尽。现在天子任用你当节度使，有哪点对不起你而你却要造反？你自己负天子，我又受过你什么恩，竟然说我负你？你是个奴才胚子，本来就无耻；我是个义士，难道还肯跟你一样？我宁愿为天子死，也不能和你这个奴才并生！"董璋大怒，就在面前烧起一个大锅，命令十名壮士把他的肉煮来吃，姚洪到死前还一直不停地大骂。明宗李嗣源把姚洪的两个儿子安置在侍卫中，优厚地抚恤他的家属。

甲申日（二十四日），任命范延光为枢密使，安重诲任职如故。

丙戌日（二十六日），明宗下令削去董璋的官职爵位，并且派兵前往讨伐。丁亥日（二十七日），任命孟知祥兼任西南供馈使，任用天雄节度使石敬瑭为东川行营都招讨使，夏鲁奇为他的副手。

董璋派孟思恭分领一部分军队进攻集州，孟思恭轻躁进军，大败逃回；董璋很生气，就把他遣回成都，孟知祥免去他的官职。

戊子日（二十八日），任命石敬瑭暂时主持东川的事务。庚寅日（三十日），任用右武卫上将军王思同为西都留守兼行营马步都虞候，做伐蜀前锋。

汉主派遣将领梁克贞、李守鄘进攻交州，攻下了，活捉静海节度使曲承美回去，又任命将领李进驻守交州。

冬季，十月，癸巳日（初三日），李仁罕包围遂州，夏鲁奇依城抵御固守；孟知祥命令都押牙高敬柔率领资州的义军两万人，建筑一道长城把遂州团团围住。夏鲁奇派遣马军都指挥使康文通出城作战，康文通一听说阆州已经陷落，便带领他的部众投降李仁罕。

戊戌日（初八日），董璋带领人马攻向利州，途中遇到大雨，粮秣运输跟不上，又回阆州。孟知祥听到这消息，大吃一惊，说："刚攻破阆中，正应该直取利州，利州的守将胆怯，一定会望风逃去，我们获得利州的储粮，然后据守漫天寨的险要，北方的援军就没有办法往西救援武信。现在董公局促在阆州，抛了剑阁，这不是好办法。"准备派兵三千帮助守卫剑门；董璋坚决拒辞说："此事已经有了准备。"

钱镠趁着朝廷册封闽王的使者裴羽还朝的机会，附呈一张奏表向明宗李嗣源请罪；他的儿子钱传瓘和将帅们也屡次上表给明宗为他辩解。癸卯日（十三日），明宗下敕文，释放两浙纲使，听其自便。

任命宣徽北院使冯赟为左卫上将军、北都留守。

丁未日（十七日），诛杀董璋全族。

楚王马殷病得很严重，派遣使者到京城，请求朝廷允许他传位给儿子马希声。朝廷怀疑马殷已死，辛亥日（二十一日），便把马希声起用复职为武安节度使兼侍中。

孟知祥任命故蜀镇江节度使张武为峡路行营招收讨伐使，率领水军进逼夔州，并且任命左飞棹指挥使袁彦超为他的副帅。癸丑日（二十三日），东川兵攻陷征、合、巴、蓬、果五州。

丙辰日（二十六日），吴国左仆射、同平章事严可求过世。徐知诰任命他的长子大将军徐景通为兵部尚书、参政事，这是因为徐知诰要亲自出镇金陵的缘故。

南汉大将梁克贞攻入占城，掠取占城的财宝货物而归。

十一月，戊辰日（初九日），张武到达渝州，渝州刺史张环向他投降，于是张武攻下泸州，派遣先锋将朱偓分领部队进逼黔州、涪州。

己巳日（初十日），楚王马殷去世，遗命给几个儿子，要兄死弟续；并且在祠堂安置了一把宝剑，说："如果有人违背我的遗命就斩杀他。"将领们原商议要派兵把守四方国境，然后再发布死讯，兵部侍郎黄损说："我们死了国君，但是另有新君，何必要事先防备，应该派遣使者到各个邻郡去说明先君去世、后君嗣位。"

后唐石敬瑭进入散关，阶州刺史王弘贽、泸州刺史冯晖与前锋马步都虞候王思同、步兵都指挥使赵在礼带领军队出人头山后，经过剑门的南边，再回头攻击剑门，壬申日（十三日）攻下了，斩杀三千名东川的兵士，俘虏都指挥使齐彦温，于是就占据该地防守。冯晖是魏州人。甲戌日（十五日），弘贽等攻破剑州，后续大军接继不上，于是就放火把房子烧了，运走粮草，又退回剑门防守。

乙亥日（十六日），明宗李嗣源下诏免去孟知祥的官职爵位。

己卯日（二十日），董璋派使者到成都告急。孟知祥听说剑门失守，大为恐惧，并说："董璋果然贻误于我！"庚辰日（二十一日），派遣牙内都指挥使李肇率领五千名士兵赶去救援，并且告诫他说："你要日夜兼程赶路，先占据剑州，北面的官军就无可奈何了。"又派遣使者前往遂州，命令赵廷隐率领一万名士卒赶往剑州会师。又派遣故蜀永平节度使李筠率领四千名士卒赶往龙州，守住要害。当时天气寒冷，士卒们都害怕，观望徘徊，不肯前进，赵廷隐流着眼泪告诉他们说：

"现在北军气势强盛，你们如不竭尽全力去抵挡敌军，那样老婆孩子就都要为别人所有!"兵众的心情才激奋起来。

董璋从阆州率领两川的部队屯驻在木马寨。

起先，西川牙内指挥使太谷人庞福诚、昭信指挥使谢锽屯驻来苏村，听到剑门失守，相互说道："如果北军再攻下剑州，那么两蜀的局势就危险了。"于是立刻率领所属的部队一千余人抄近路赶往剑州。这时朝廷派来的官军有一万多人，正从北山大批南下，当时已是黄昏，庞福诚、谢锽商议说："我们寡不敌众，要是等到天明，我们的人就没有存活的了。"于是庞福诚趁着黑夜率领几百名部属登上北山，在官军的营后大声鼓噪，谢锽率领其余部队持着短刀从正面猛烈进攻，官军大吃一惊，全营的人都逃光，又退回到剑门防守，十多天不敢出来。孟知祥听到这一消息，十分高兴地说："我原来认为王弘贽等人攻下剑门后，会直接攻取剑州，坚守剑州城，或者率兵直逼梓州，这一来董公一定要丢弃阆州逃回去；我们的部队失去援助，也势必要解除对遂州的包围。如此一来，就内外受敌，两川震动，形势令人担心；现在，他们焚毁剑州，掠运粮食东归剑门，屯扎兵马不再前进，我的事情就好办了。"

官军分路赶往文州，将要攻击龙州，被西川定远指挥使潘福超、义胜都头太原人沙延祚击败。

甲申日(二十五日)，张武在渝州去世；孟知祥命令袁彦超代替他统率军队。

朱偓将要到达涪州的时候，武泰节度使杨汉宾抛弃黔南，逃奔忠州；朱偓追击到丰都，然后回师占领涪州。孟知祥任命成都支使崔善暂时代理武泰留后。董璋派前陵州刺史王晖领兵三千会合李肇等分别屯驻剑州南山。

丙戌日(二十七日)，马希声继承楚王爵位，并且声称先王遗命废去先前建国的制度，恢复节度使藩镇的旧制。

契丹的东丹王突欲认为失去继承王位的地位，于是率领亲信四十人渡过渤海，从登州来投奔后唐。

十二月，壬辰日（初三日），石敬瑭率军到剑门；乙未日（初六日），进军屯驻剑州北山。赵廷隐的部队部署在牙城的后山，李肇、王晖的部队则部署在河桥。石敬瑭率领步兵进攻赵廷隐，赵廷隐选五百名神箭手埋伏在石敬瑭的归路上，悄然无声地等待他的来临；到了双方的部队接近兵矛都快要碰到一起的时候，才扬旗击鼓呐喊出击，北军败退逃走，跌落到山谷底下，被俘虏和斩杀的有一百多人。石敬瑭又派出骑兵向河桥冲锋，李肇下令用强弩射击，骑兵没有办法前进。傍晚，石敬瑭引兵退去，赵廷隐领兵潜随其后，与伏兵联合进击，打败石敬瑭的兵众。石敬瑭还军屯扎在剑门。

癸卯日（十四日），夔州启奏说又收复开州。

庚戌日（二十一日），任命武安节度使马希声为武安、静江节度使，加任兼中书令。

石敬瑭征蜀未能取得功效，使者从前线来到朝廷，大多诉说道路艰险狭窄，进兵极为困难，函谷关以西的人为军队转运粮饷，搞得很疲惫，往往逃窜躲藏到山谷中，聚合当盗贼。明宗李嗣源很忧虑，壬子日（二十三日），对亲近大臣们说：“有谁能替我办事？看来我必须亲自出征了。”安重诲说：“臣的职位忝为参与机密，军威不振，这是臣的罪过，臣请求亲自前往前线督战。”明宗批准了。重诲立即拜辞明宗，癸丑日（二十四日），便上路，每天奔驰数百里。西方关中一带的藩镇听到这件事，没有不惊惶害怕的。于是钱帛、粮草日夜运往利州，人马倒毙在山谷中的不知道有多少。当时明宗李嗣源已经疏远安重诲，石敬瑭本来就不愿意西征，这时重诲离开明宗身边，于是才敢几次上表向明宗报告，认为蜀地实在不适宜出兵讨伐，明宗深以为然。

西川士卒原先有一千五百人戍守夔州，明宗李嗣源下令都放他们回去。

长兴二年(辛卯，公元931年)

春季，正月，壬戌日(初三日)，孟知祥上表感谢朝廷遣还戍兵。

庚午日(十一日)，川军李仁罕攻陷遂州，官军守将夏鲁奇自杀。

癸酉日(十四日)，石敬瑭再次引兵到剑州，屯驻北山。孟知祥斩下夏鲁奇的脑袋，挂在长竿上警示北军。夏鲁奇的两个儿子随从石敬瑭在军中，哭着请求要前去夺取他们父亲的脑袋回来安葬，石敬瑭说："孟知祥是一个长者，他一定会安葬你们的父亲，这难道不比你们取回脑袋让你们父亲身首异处要好吗?"后来孟知祥果然收了夏鲁奇的尸体安葬。石敬瑭同赵廷隐交战不能取得胜利，又还军剑门。

丙戌日(二十七日)，加任高从诲兼任中书令。

东川把原先占领的合州归还给武信军。

起初，凤翔节度使朱弘昭讨好安重诲，连连得以领治大的节镇。安重诲经过凤翔的时候，朱弘昭到马前来迎接，接待到府舍中，延请安重诲到他寝室，叫妻子儿女都出来拜见，又进奉酒食，对他执礼非常恭谨。安重诲流泪对朱弘昭说："小人用谗言构陷我，几乎得罪不能免死，幸亏仰赖君主洞察明透，才得以保全我的宗族。"安重诲离去以后，朱弘昭就向明宗李嗣源启奏说："安重诲说坏话，埋怨皇上，绝不能让他到行营，不然恐怕会抢夺石敬瑭的兵权。"又写信告诉石敬瑭说："安重诲的行为非常乖张，如果到了前线，恐怕将士们会惊疑害怕，这一来部队不必等到交战就会自行溃散，最好能阻止他。"石敬瑭非常害怕，立刻向明宗启奏说："安重诲如果前来，恐怕军士们的情绪会有变化，最好赶快把他征召回去。"此时，宣徽使孟汉琼从西面前线回朝，也奏说安重诲的过失和罪行，于是明宗下诏召唤安重诲还京。

二月，己丑朔日(初一日)，石敬瑭认为遂州、阆州已经陷落，粮草运输接继不上，于是放火烧了军营，率军北返。西川的前线部队立刻把这情形报告给孟知祥，孟知祥把报告的文书藏起来，故意问赵季良说："北军一直进逼，要怎么办?"赵季良说："他们到不了绵州，必然要退回去。”孟知祥问是什么原因，赵季良说：“论形势我们安逸，他们疲劳，他们又孤军深入千里，粮草若吃尽，还能不撤回去吗？”孟知祥听了哈哈大笑，把前线传回的文书拿给他看。

安重诲到达三泉的时候，得到明宗李嗣源的诏书，要他立即回朝廷；回程经过凤翔的时候，朱弘昭不接纳他进城，安重诲害怕，快马驰奔向东续进。

两川兵马追赶石敬瑭到利州，壬辰日（初四日），昭武节度使李彦琦抛弃城池逃走；甲午日（初六日），两川的部队进入利州。孟知祥任命赵廷隐为昭武留后，赵廷隐派遣使者秘密地向孟知祥建议说：“董璋这个人生性多诈，只能和他同忧患，不能和他共享乐，以后一定会成为您的祸患。不如趁着他到剑州劳军的时候解决他，然后合并两川的部众，您将来就可以取得天下了。”孟知祥不答应。董璋来到赵廷隐的军营，留住一夜而去。赵廷隐叹息说：“不依我的计谋，祸害难以制止了。”

庚子日（十二日），孟知祥任命武信留后李仁罕为峡路行营招讨使，让他率领水军往东攻占地盘。

辛丑日（十三日），任用枢密使兼中书令安重诲为护国节度使。赵凤向明宗李嗣源启奏说：“安重诲是陛下的家臣；他的内心是绝对不会背叛陛下的，只是因为做人做事不够周密，被别人谗言陷害；陛下如果不能明察他的心迹，安重诲恐怕就活不久了。”明宗认为赵凤与安重诲结为朋党，不高兴。

乙巳日（十七日），赵廷隐、李肇从剑州率兵回成都，留下五千名部队戍守利州。丙午日（十八日），董璋也回东川，只留下三千士卒戍守果州、阆州。

丁巳日（二十七日），李仁罕攻陷忠州。

吴国的徐知诰准备任命中书侍郎、内枢密使宋齐丘为宰相，宋齐丘认为自己的资历、声望都很浅，想用谦让的姿态来显示清高，于是报请回洪州安葬父亲，趁机进入九华山，停留在应天寺，然后上表请求朝廷准许他隐居；吴主杨溥下诏征召他，徐知诰也亲自写信招请他，他都不回来。徐知诰派其子徐景通亲自入山敦促劝说，宋齐丘才回朝，封为右仆射，让他告老退休，把应天寺改名为“征贤寺”。

三月，己未朔日（初一日），李仁罕攻陷万州；庚申日（初二日），又攻陷云安监。

辛酉日（初三日），赐给契丹东丹王突欲姓东丹，名慕华，并且任命他为怀化节度使、瑞慎等州观察使；他的家兵和以前俘获的契丹酋长惕隐等人都赐姓名。惕隐姓狄，名怀惠。

李仁罕到达夔州，宁江节度使安崇阮抛弃镇地，和杨汉宾从均州、房州逃回去；壬戌日（初四日），李仁罕攻陷夔州。

后唐明宗李嗣源解除安重诲的枢机职务后，召见李从珂，流着泪对他说：“如果先前按照安重诲的意思，你现在怎么还能见到我？”丙寅日（初八日），任命李从珂为左卫大将军。

壬申日（十四日），横海节度使、同平章事孔循去世。

乙酉日（二十七日），又任命钱镠为天下兵马都元帅、尚父、吴越国王，并派遣监门上将军张篯前去宣谕明宗的旨意，告诉钱镠过去朝廷强迫他退休，是安重诲假托诏命所为。

丁亥日（二十九日），任命太常卿李愚为中书侍郎、同平章事。

夏季，四月，辛卯日（初三日），把王德妃升为淑妃。

闽国奉国节度使兼中书令王延禀听说闽王王延钧有病，委任他的次子王继升为建州留后，自己带领建州刺史王继雄统率水军进袭福州。癸卯日（十五日），王延禀进攻西门，王继雄进攻东门。王延钧派遣楼船指挥使王仁达率领水军抵御。王仁达在船上埋伏甲士，然后竖白旗假装投降，王继雄一看，十分高兴，连身边的侍卫也不带，一个人登上王仁达的船来慰抚他；王仁达斩杀王继雄，把他的脑袋挂在竿上，竖在西门。王延禀正放火攻城，看到王继雄的脑袋，大哭，王仁达于是派兵进击，王延禀的部队就溃散，左右亲信用斛抬着他逃走，甲辰日（十六日），王仁达追上抓获了王延禀。王延钧见到他说：“果然麻烦你老兄再下福州！”王延禀惭愧得无话可答。王延钧把他囚禁在别室，派遣使者到建州招抚他的党羽，不料王延禀的党羽杀了使者，拥护着王继升和他的弟弟王继伦投奔吴越去了。王仁达是王延钧的侄儿。

任用宣徽北院使赵延寿为枢密使。

己酉日（二十一日），天雄节度使、同平章事石敬瑭兼任六军诸卫副使。

辛亥日（二十三日），任用朱弘照为宣徽南院使。

五月，闽王王延钧下令把王延禀押到街市上斩杀，恢复其原姓名周彦琛，派遣他的弟弟都教练使王延政到建州去抚慰官吏、百姓。

丁卯日（初十日），停止计亩收酒税钱，城内官造按旧价减半，乡村听由百姓自己制造；民众觉得很方便。

己卯日（二十二日），任命孟汉琼掌理内侍省的事务，充任宣徽北院使。孟汉琼本来是赵王王镕的家奴。当时范延光、赵延寿虽然名为枢密使，但是鉴于安重诲刚愎自用而获罪，所以对于朝廷的政事往往都不敢表示明确的意见；只有孟汉琼和王淑妃在宫中掌权，得到明宗李嗣源的信任，所以大家都很害怕他们。起初，宫中需要和索取稍有超越正常用度，安重诲就抓住上奏后唐明宗李嗣源，因此非分的求取几乎断绝。到了这时候，孟汉琼干脆就以中宫的命令直接取用府库的东西，不再经由枢密院和三司，也没有正式的文书，因此取用的东西就不晓得有多少。

辛巳日（二十四日），任用相州刺史孟鹄为左骁卫大将军，充任三司使。

昭武留后赵廷隐从成都前往利州，过了一个月，就请求增派部队，进攻兴元和秦州、凤州；孟知祥认为士卒疲乏，百姓困顿，没有答应他。

护国节度使兼中书令安重诲内心觉得不安，就上表向明宗李嗣源请求告老退休；闰月，庚寅日（初三日），后唐明宗李嗣源下诏让他以太子太师衔告老退休。就在这一天，他的儿子安崇赞、安崇绪逃奔河中。

壬辰日（初五日），明宗任命保义节度使李从璋为护国节度使。甲午日（初七日），又派遣步军指挥使药彦稠率兵前往河中。

安崇赞等人到了河中，安重诲吃惊地说："你们为什么来这里？"停了一下子，又说，"我知道了，这不是你们的本意，这是别人要你们来的。我以死殉国，还有什么话说呢？"于是就把两个儿子抓起来，然后附了奏表一起送往京城去。

第二天，有内廷使者到来，见到安重诲，悲痛啼哭不止；安重诲问是什么缘故，宫中的使者说："大家都传言令公有反叛的野心，朝廷已派遣药彦稠率兵前来，就快到这里了。"安重诲说："我受到国家的大恩，就算死了也不足以报答，怎敢有反叛的野心呢？又劳烦国家兴师动众，给皇上添忧愁，这样我的罪过就更重了。"安崇赞兄弟二人被押解到陕州的时候，明宗李嗣源传来诏书命令把他们囚禁在监狱里。皇城使翟光邺平时很厌恶安重诲，明宗派遣他前往河中察看，并且交代说："安重诲如果有反叛的野心就把他杀了。"翟光邺到达河中后，李从璋就率领甲士包围了安重诲的府第，然后自己进去见安重诲，在庭中就拜了下去。安重诲大惊，走下台阶答拜，李从璋猛然奋起用锤挝击碎他的头部；安妻张氏惊慌援救，也被击毙。

河中的报告到达京城，己亥日（十二日），明宗下诏，宣布安重诲的罪状为离间孟知祥、董璋、钱镠等和朝廷的关系，并且诬指他想亲自率兵进攻淮南，好夺取兵权，又派人偷偷地把两个儿子带往他镇守的本道；于是连安重诲两个儿子也一并诛杀。

丙午日（十九日），后唐明宗李嗣源派西川进奏官苏愿、东川军将领刘澄各自回到本军镇所，告谕两川说因安重诲专权，朝廷对他兴兵讨伐两川，现在安重诲已经伏罪死亡。

六月，乙丑日（初九日），重新任命李从珂同平章事，充任西都留守。

丙子日(二十日)，后唐朝廷命令所辖诸道均衡民众的田税。

闽王王延钧喜好神仙之术，道士陈守元、巫者徐彦林和盛韬等一起劝他建宝皇宫，规模盛大，王延钧就任命陈守元为宫主。

秋季，九月，己亥日(十五日)，重新赐予东丹慕华的姓名为李赞华。

吴国的镇南节度使、同平章事徐知谏去世；任命诸道副都统、镇海节度使、守中书令徐知询接替他的职务，并且赐爵号为东海郡王。徐知诰召徐知询入朝的时候，徐知谏也参与这件事的谋划。徐知询上任的时候，在路上遇见他的归葬行列，就抚着棺木哭着说："老弟对我如此用心，我也不怨恨你，然而你有何面目见先王于地下呢?"

辛丑日(十七日)，加任枢密使范延光同平章事。

辛亥日(二十七日)，后唐明宗李嗣源敕令把内廷五坊豢养的鹰隼都放回山林，以后朝廷内外都不得进献。冯道说："陛下可以称得上仁德广及禽兽了。"明宗说："不是这样。朕过去曾经随从武皇打猎，当时秋天的庄稼已经成熟，有一只野兽逃进田里，武皇派遣骑士抓回来，等到抓着野兽的时候，田里的庄稼已经所剩无几，从这件事考虑起来，打猎实在是有损无益，所以我不干那种事情。"

冬季，十月，丁卯日(十三日)，洋州指挥使李进唐进攻通州，攻下了。

壬午日(二十九日)，后唐任用王延政为建州刺史。

十一月，甲申朔日(十一月朔日是甲申日，甲寅是十二月朔日)，出现日食。

癸巳日(初十日)，苏愿到达成都，孟知祥听说他的亲戚在后唐朝廷做官的都安然无事，就派使者告诉董璋，想要和董璋一同上表谢罪。董璋大怒说："孟公的亲戚都还平安，当然应该归附朝廷，我的亲人已被灭族，还谢个什么东西!诏书都在苏愿的肚子里，刘澄怎么能够知道，难道我连这些都闹不清吗?"从此两人重新成为怨敌。

乙未日(十二日)，李仁罕从夔州领兵返还成都。

吴国中书令徐知诰向吴主杨溥上表说，自己辅政时间长了，请求告老回金陵；吴主杨溥于是任命徐知诰为镇海、宁国节度使，镇守金陵，其余的官职照旧，像过去徐温的时候一样，仍然总揽朝政。又任命他的儿子兵部尚书、参政事徐景通为司徒、同平章事，掌理中外左右诸军事，留在江都辅佐朝政；又任命内枢使、同平章事王令谋为左仆射，兼门下侍郎，任命宋齐丘为右仆射，兼中书侍郎，二人并同平章事，兼内枢使，以协助徐景通。

赐给德胜节度使张崇爵位为清河王。张崇在庐州贪婪残暴，庐州百姓都觉得苦不堪言，张崇曾经几次入朝，用优厚的财货结交权贵，因此常又能回到镇地，成为庐州二十多年的祸害。

十二月，甲寅朔日（初一日），首次准许老百姓自行铸造农器和杂铁器，每两亩田在夏秋收成的时候征收农具税三钱。

武安、静江节度使马希声听说后梁太祖朱温嗜好吃鸡，很羡慕，承袭王位以后，就每天杀五十只鸡来吃；居丧期间也没有哀戚的表情。庚申日（初七日），在衡阳安葬武穆王马殷，出殡行列正要出发的时候，他一口气吃了好几盘鸡羹，前吏部侍郎潘起讥刺他说："从前阮籍居丧吃蒸小猪；哪一代没有'贤人'啊！"

癸亥日（初十日），徐知诰到达金陵。

昭武留后赵廷隐向孟知祥报告说利州的城堑已经修建完毕，前一次在剑州作战的时候，牙内都指挥使李肇和他的功劳相等，愿意把昭武的职位让给李肇。孟知祥褒奖他的谦让，但是不允许；赵廷隐三次表示让位，癸酉日（二十日），孟知祥把赵廷隐召回成都，让李肇去代替他。

闽国陈守元等人假称奉宝皇的命令，对闽王王延钧说："您如果能暂时避开王位，接受道术，那么就可以当六十年的天子。"王延钧相信了，丙子日（二十三日），命令他的儿子节度副使王继鹏暂时代理军府的事务；王延钧则避开王位，接受符箓，取道名玄锡。

爱州的将领杨廷艺养了三千名义子，计划收复交州；南汉交州守将李进知道这情形，却因为接受贿赂，不向汉主报告。这一年，杨廷艺发动军队围攻交州，汉主派遣承旨程宝前去救援，援军还没到的时候，交州城就陷落。李进逃归，南汉主把他杀了。程宝围攻交州，杨廷艺出城迎战，程宝战败而死。

长兴三年(壬辰，公元 932 年)

春季，正月，枢密使范延光上奏："从灵州到邠州的方渠镇，使臣和外国前来入贡的人多被党项掠夺，请皇上派兵前往讨伐。"己丑日(初七日)，明宗李嗣源派遣静难节度使药彦稠、前朔方节度使康福等率领七千名步兵、骑兵前往讨伐党项。

乙未日(十三日)，孟知祥妻福庆长公主去世。

孟知祥因为朝廷对他恩宠优厚，而董璋挡住绵州的道路，不肯让他派遣使者前往朝廷致谢，于是和节度副使赵季良等人商议，想派使者从峡江这一条路线进京上表，掌书记李昊说："您如果不和东川商量而独自派遣使者进京，那么将来负约的责任就在我们身上了。"因而又派人告诉董璋，董璋不听从。

二月，赵季良和诸位将领商量要派遣昭武都监太原人高彦俦率兵攻取壁州，好阻止山南的部队转入山后各州；孟知祥和僚佐们商议，李昊说："朝廷派遣苏愿等回来，我们都还没有上书表示谢意，现在又要派兵侵犯朝廷辖地，您如果不顾在中原的祖坟和甥侄辈们，干脆就传送檄文，派兵直接攻取梁州、洋州，何必还顾到小小的壁州呢！"孟知祥便停止攻取壁州。赵季良从此厌恶李昊。

辛未日(十九日)，初次命令国子监校定《九经》，并且刻板印刷出卖。

药彦稠等奏报攻破党项十九个部族，俘虏二千七百人。

赐给高从诲渤海王的爵位。

吴国的徐知诰在府舍中建造礼贤院，聚集图书，延揽士大夫，与孙晟及海陵陈觉议论时事。

孟知祥再三地派遣使者去劝说董璋，认为皇上对两川优礼有加，如果不上表谢罪的话，恐怕又会遭到讨伐；董璋还是不听他的。三月，辛丑日（十九日），孟知祥派李昊到梓州，详细向董璋分析利害形势。董璋见到李昊后，破口大骂，非常愤怒，最后还是不听孟知祥的劝告。李昊回来，对孟知祥说："董璋不容商量，而且有袭取西川的意图，您可要戒备他。"

甲辰日（二十二日），闽王王延钧复位。

吴越武肃王钱镠患病，对所属文官武将说："我这一病一定好不了，儿子们又都愚笨懦弱，有谁能够继承我当主帅的？"大家都哭着说："两镇令公钱传瓘性情仁孝，又有功劳，谁不爱戴他！"钱镠于是把所有的印信、钥匙都拿出来交给了钱传瓘，对他说："将领、官吏们都拥戴你，你可得好好地守住这份家业。"又对他说，"今后，子孙们要亲善地对待中原，不要因为中原统治者易姓而放弃侍奉大国的礼节。"庚戌日（二十八日）钱镠去世，终年八十一岁。

钱传瓘和兄弟们在同一个幄帐中守丧，内牙指挥使陆仁章说："令公继承先王的霸业，文武官员们早晚都要前来拜见，应该和诸位公子们分开住。"于是命令主事者另外设一个幄帐，扶钱传瓘住到里头，然后对将领、官吏们宣布，"从今以后只需到这里觐见令公，这个幄帐中禁止诸公子和随从们随便进入。"并且亲自日夜不停地在帐外警戒守卫，几乎没有休息过。钱镠在世的最后几年，左右大臣们都争相归附钱传瓘，只有陆仁章数次因其他事冒犯他。到这个时候，钱传瓘慰勉他，陆仁章说："先王在位时，仁章不知侍奉令公，现在为您尽力，犹如侍奉先王啊。"钱传瓘很嘉许他，称叹不已。

钱传瓘继承爵位后，改名叫元瓘，兄弟们名字中有"传"字的都改为"元"。并且宣称遵先王钱镠的遗命，除去建国的仪制，用藩镇的礼法；又免除百姓田地荒废者的租税。任命处州刺史曹仲达暂时代为掌理政事。设置择能院，掌管选拔评定优劣之事，派浙西营田副使沈崧领导此事。

内牙指挥使富阳人刘仁玘及陆仁章长时间当权，陆仁章性刚直，刘仁玘喜欢贬低人，二人都被众人厌恶。有一天，将领们一起到府门去向钱元瓘请求杀他们两个人；钱元瓘派他的侄子钱仁俊出来告诉他们说："这两位将军侍奉先王已经很久了，我正指望他们能为我效力，你们竟然想逞私人恩怨而杀掉他们，这怎么能行呢？我是你们的王，你们应当听我的命令，不然的话，我回临安归隐，避开贤者出头的路。"众人一听都害怕，赶快告退。于是钱元瓘任命陆仁章为衢州刺史，刘仁玘为湖州刺史。内外有上书进行私人攻讦的，钱元瓘都搁置不理，因此将吏和睦。

起初，契丹的舍利萴剌和惕隐都被赵德钧俘虏，契丹几次派遣使者前来请求遣送两人回去。明宗李嗣源和群臣商议，赵德钧等人都说："契丹人所以几年来都不敢侵犯边境，反而派遣使者前来求和，就是因为这两个人在我们这里的缘故。如果放他们回去，那么边境的麻烦马上就会发生。"明宗把这意见拿去问冀州刺史杨檀，杨檀回答说："萴剌是契丹的勇将，过去帮助王都阴谋危害社稷，幸而擒住他，陛下免他一死，赐给他的恩惠已经很多。契丹丢掉他如同断了手足。而且他们在我们朝廷中这么些年，已经了解中国的虚实，如果放他们回去，对我们的危害一定很大，他们只要一出边塞，就会向南边发矢进攻，到那时要后悔恐怕也来不及了。"于是明宗才作罢。杨檀是沙陀人。

明宗要授予李赞华河南藩镇，群臣都认为不可，后唐明宗李嗣源说："我和他的父亲相约为兄弟，所以李赞华来投靠我。我老了，后代继位的国君，就算招抚他，难道就一定招得来吗？"夏季，四月，癸亥日（十一日），任命李赞华为义成节度使，并且为他选派朝中的官吏做幕僚辅佐他。李赞华只是优游享受，不参与政事；明宗很喜欢他，虽然他偶尔有不法的行为，也不追究，并且把庄宗李存勖的昭容夏氏嫁给他。赞华喜欢喝人血，姬妾们多刺破手臂，好让他吸吮人血；婢仆者有些小过失，或者挖目，或者刀割、火灼；夏氏无法忍受他的残酷，奏请离婚去当尼姑。

乙丑日(十三日),加任宋王李从厚兼中书令。

东川节度使董璋聚会众将谋议袭击成都,众将都说一定能够攻克;只有前陵州刺史王晖说:“剑南万里的幅员,数成都的势力最强大,现在正是大热天,又师出无名,恐怕不会成功。”孟知祥知道了,派马军都指挥使潘仁嗣统领三千人马到汉州侦察。

董璋进入西川境内,攻破白杨林镇,抓住守将武弘礼,声势很盛,孟知祥很担忧,赵季良说:“董璋的为人,虽然作战勇猛,但是对待部属们没有恩情,兵士们不会真心拥护他。如果他坚守城池,我们还难以攻下,但是如果在野外作战,他一定会被我们俘虏,现在他不守着巢穴,对您是有利的。董璋用兵的习惯总是把精锐部队摆在前锋,您最好用老弱残兵在前面引诱他们深入,然后再用精兵强将以逸待劳,这样在开始阶段我们会受到小的损失,但最后一定会取得大的胜利。董璋一向有威名,现在一下子率兵攻来,我们的人心一定都浮动害怕,您最好亲自率兵前去抵御,好加强大家的信心。”赵廷隐也赞成赵季良所说的,也说:“董璋轻躁而没有谋略,这一回率兵前来,一定要失败,我替您去把他俘虏来。”辛巳日(二十九日),任赵廷隐为行营马步军都部署,统领三万人抗拒董璋。

五月,壬午朔日(初一日),赵廷隐来辞别孟知祥。董璋的兴兵文书送到成都,还有给赵季良、赵廷隐及李肇的信,信里诬指赵季良、赵廷隐和他勾结,要他带兵前来。

孟知祥把信拿给赵廷隐,赵廷隐看都不看,就扔在地上,说:“这不过是他的反间计,要令公杀副使和我罢了。”再拜然后出发。

孟知祥说:“事情一定能顺利成功。”李肇一向不大认得字,看了后说:“董璋大概是要我造反。”把董璋派来的使者囚禁起来,也调集兵马做自我保全的准备。

董璋的部队到达汉州,潘仁嗣和他在赤水大战,大败,被董璋俘虏,董璋于是攻下汉州。

癸未日(初二日),孟知祥留下赵季良、高敬柔守卫成都,自己带领八千兵马奔向汉州。到达弥牟镇，赵廷隐把部队部署在镇北。甲申日(初三日)，天快亮的时候，赵廷隐把部队推进到鸡踪桥，义胜定远都知兵马使张公铎把军队部署在他后头。不久，董璋远远望见西川部队的声势很盛，就把部队撤退到武侯庙下，董璋帐下的骁勇士卒们都起哄说："日正当中，让我们在这里晒太阳是干什么？"董璋于是就上马挥兵前进。两军的前锋刚交战，东川的右厢马步都指挥使张守进就向孟知祥投降，并且提供情报说："董璋的兵马全部在这里，再没有后继部队，应该快速出击。"孟知祥登上一座土堆指挥作战，左明义指挥使毛重威、左冲山指挥使李瑭两人把守鸡踪桥，都被东川的部队所杀；赵廷隐三次交战都吃了亏，牙内指挥副使侯弘实的部队也往后撤退，孟知祥害怕了，就用马鞭指着后头的预备部队。张公铎于是率领他的部众大声呼喊着向前冲锋，东川的部队大败，死了几千人，俘虏东川中都指挥使元瓌、牙内副指挥使董光演等八十余名大小将领。董璋捶打着胸脯说："亲近兵士都丧失了，我还依靠谁啊！"只同几个骑兵逃遁而去，其余兵众七千多人投降，把潘仁嗣也救了回来。孟知祥率兵追击董璋，一直追到五侯津，东川马步都指挥使元瑰也投降。西川的士卒攻进汉州的府第，找不到董璋，于是争着搜取董璋留下来的财宝，也顾不得再追了，董璋最终能够逃掉。赵廷隐一直追击到赤水，又招降董璋的三千士卒。当晚，孟知祥停留在雒县；命令李昊撰写榜示，告谕安抚东川军民，又写信慰问董璋，告诉他自己将前往梓州，亲自询问他为何负约，并且想了解所以被讨伐的罪状。乙酉日(初四日)，孟知祥和赵廷隐在赤水会师，往西回去了，命令赵廷隐统兵进攻梓州。

董璋退至梓州，坐着肩舆回来，王晖迎接时问道："太尉率领全军出征，现在回来的不到十个人，是什么缘故？"董璋痛哭流涕，没法回答。到了府第，吃饭的时候，王晖和董璋的侄子牙内都虞候董延浩率领了三百名士兵大声鼓噪，就要冲进来。董璋带着妻子儿女登上城垣，儿子董光嗣自杀身亡。董璋到了北门城楼，呼叫指挥使潘稠，要他去讨伐乱兵。潘稠带着十名士卒登城，砍下董璋的脑袋，又取了董光嗣的脑袋，一并交给王晖，王晖于是率领全城的军民迎接赵廷隐，向他投降。赵廷隐进入梓州，封闭府库财物等待孟知祥到来。李肇听说董璋失败，才把原来囚禁的董璋派来的使者杀了，并报告孟知祥。

丙戌日（初五日），孟知祥回到成都；丁亥日（初六日），又率领八千士兵前往梓州。到达新都，赵廷隐呈献董璋的脑袋。己丑日（初八日），从玄武出发，赵廷隐率领东川的将领、官吏们前来迎接。

朔方节度使康福向后唐朝廷奏报，党项掠劫者已经伏诛，其余都已降附。

壬辰日（十一日），孟知祥生病；癸巳日（十二日），病得很厉害，中门副使王处回在左右服侍，每回厨师进奉饮食，王处回一定把碗中的东西吃光才叫人端出来，这样做是要安定众人的心。李仁罕从遂州回来，赵廷隐在板桥迎接他，李仁罕也不称赞赵廷隐在东川立下的功劳，反而当面侵侮赵廷隐，赵廷隐非常生气。乙未日（十四日），孟知祥病好了；丁酉日（十六日），进入梓州。戊戌日（十七日），犒赏战士，饮宴之后，孟知祥对李仁罕和赵廷隐说："两位将军谁要留下来镇守这个地方？"李仁罕说："令公如果一定要再让我回蜀州去，那我也只好去。"赵廷隐则闷不作声。孟知祥有一点惊愕，回头散会后，命令李昊撰写命令，等两个将领有一人退让，就任命另一人为留后。李昊说："以前梁朝太祖朱温、我朝庄宗李存勖都一身而兼领四镇，现在二将不肯相让，只有令公自己领管为宜。您最好赶快回成都，同赵季良仆射商量。"

己亥日（十八日），契丹使者迭罗卿向明宗李嗣源告辞要回国，明宗说："朕一向想安定边境，恐怕不能不稍微应付他们的请求。"便把萴骨舍利遣返，与使者同归。契丹因为萴剌没有遣回，从此屡次侵犯云州及振武。

孟知祥命令李仁罕回遂州，留下赵廷隐担任东川巡检，命令李昊暂时代理梓州军府事物。李昊说：“两虎相争，在下可不敢奉命夹在中间，我情愿和您一齐回去。”于是任命都押牙王彦铢为东川监押。癸卯日（二十二日），孟知祥到达成都，赵廷隐不久也领兵向西还军。

孟知祥对李昊说：“我虽然得到东川，但是烦恼却越来越深。”李昊问是什么缘故，孟知祥说：“自从我离开梓州，收到李仁罕七次表文，都说‘您应该亲自领镇东川，不然诸将不会心服’。赵廷隐则说：‘本来也不敢说一定要得到镇守东川的职务，但是因为仁罕毫无谦让的表示，所以我就非要和他争不可。’你替我对赵廷隐讲，我要把阆州再恢复为保宁军，另外增加果、蓬、渠、开四个州，让他去镇守，我则亲自兼领东川，好教李仁罕死了心。”赵廷隐心里对这安排还有些不满意，本来要求要和李仁罕决斗，让得胜的人去镇守东川；后来李昊一再劝说，他才接受任命。六月，任命赵廷隐为保宁留后。戊午日（初七日），赵季良带领将吏请求孟知祥兼镇东川，孟知祥答应了。赵季良等又请求孟知祥称王，发布命令暂称制书，赏赐功臣；孟知祥不准。

董璋发兵进攻孟知祥的时候，山南西道节度使王思同把这一情况向朝廷做了报告，范延光对明宗李嗣源说：“如果两川被其中一个贼人合并，然后占据险要，安抚部众，我们要再攻取就困难了，不如趁他们相争的时候，早点收拾他们。”明宗李嗣源命王思同用兴元之兵暗中规划准备进取西蜀。不久，听到董璋失败死亡，范延光又对明宗报告说：“孟知祥虽然占据全部蜀地，但是手下的士卒都是东方人，孟知祥怕他们想家，发生叛变，本来也希望倚靠朝廷威望来镇压他们，陛下如果不能委屈包容一点，好好安抚他，那么他就没有自新的机会了。”明宗说：“孟知祥原是我的旧识，因为被人离间，才造成今天这个局面，安抚他哪算委屈了朕呢？”于是派遣供奉官李存瑰带着诏书去颁赐给孟知祥，说：“董璋因为狐狼成性，自己招致灭族的下场，爱卿的祖宗墓园和亲戚都保障安全，你应该保全家世的美名，遵守君臣的大节。”李存瑰是李克宁的儿子，孟知祥的外甥。

闽王王延钧对陈守元说："你为我问问宝皇：既然能当天子六十年，以后又将怎么样？"第二天，陈守元进宫报告说："昨晚我替您上了奏章，得到宝皇的圣旨，说您六十年后会成为大罗仙主。"徐彦等人也说："北庙的崇顺王曾经见过宝皇，所说的也和陈守元相同。"于是延钧更加自负，开始计划称帝自立，就向朝廷上表启奏说："钱镠死了，请封臣为吴越王；马殷死了，请任命臣为尚书令。"后唐朝廷不理他，他从此便断绝朝贡。

资治通鉴卷第二百七十八　后唐纪七

起壬辰(公元932年)七月，止甲午(公元934年)闰正月，共一年八个月。

【题解】本卷记录了公元932年七月至934年闰正月的历史，共一年零八个月。为后唐明宗李嗣源长兴三年七月至后唐末帝李从珂清泰元年闰正月。大理寺少卿康澄上奏五不足惧、六深可畏，唐明宗下令褒奖。夏州守将李彝超不听朝命，官军讨伐失利。秦王李从荣轻佻峻急，骄纵不法，明宗知其人而不加以裁制，李从容反叛被杀。明宗驾崩，第五子宋王李从厚即位，李从厚仁弱，致使小人专权，妒能忌贤，朝廷尽失威严。孟知祥在蜀地称帝。石敬瑭得机为北京留守。

明宗圣德和武钦孝皇帝下

长兴三年(壬辰，公元932年)

秋季，七月，辛巳朔日(初一日)，朔方守军启奏说夏州的党项入侵，已经把他们击退，追击到贺兰山。

己丑日(初九日)，加封镇海、镇东节度使钱元瓘守中书令。

庚寅日(初十日)，李存瑰到达成都，孟知祥感激涕零拜受诏书。

武安、静江节度使马希声因为湖南连年发生大旱灾，就下令关闭南岳和辖内各神祠的庙门，但还是没下雨。辛卯日(十一日)，马希声去世，六军使袁诠、潘约等迎在朗州请镇南节度使马希范拥立他为主。

乙未日(十五日)，孟知祥派遣李存瑰回京城，上奏章向明宗李嗣源谢罪，并报告福庆公主的丧事。从此又向后唐朝廷自称藩属。

庚子日(二十日)，任命西京留守、同平章事李从珂为凤翔节度使。

废除武兴军，恢复凤、兴、文三州隶属于山南西道。

丁未日（二十七日），任命门下侍郎、同平章事赵凤同平章事，充任安国节度使。

八月，庚申日（十一日），荆南马希范到达长沙；辛酉日（十二日），承袭其兄马希声的职位。

甲子日（十五日），孟知祥让李昊替武泰留后赵季良等五位留后起草奏章，请求朝廷册封孟知祥为蜀王，允许他行使墨制诏书的权力，并且赵季良等五人也向朝廷请求赐给自己节度使的旌节，李昊说："过去将领们攻取方镇以后，就可以获得镇守该地的权力，现在又让他们自己向朝廷请求节钺，而且还替您请求封爵，这一来大小的权力通通在属下们的手上了；如果您自己向皇帝请求这些事，难道不可以吗？"孟知祥恍然大悟，于是命令李昊替他草拟奏章，向明宗请求代行墨制诏书，自行派补两川刺史以下的官吏；又上表请求朝廷任命赵季良等五个留后为节度使。

起初，安重诲图谋占取两川，自从孟知祥杀死李严，每回任命刺史，都派东方的军队护送上任，小州不少于五百人，夏鲁奇、李仁矩、武虔裕等人上任的时候则各有几千人，都是用牙队的名义。等到孟知祥攻取遂、阆、利、夔、黔、梓六个军镇以后，得到的东方士卒不下三万人，孟知祥恐怕朝廷会征召他们回去，就上表请求允许他们的妻子到驻地来。

吴国徐知诰扩建金陵城，周围有二十里。

起初，契丹已经强大，把卢龙诸州抢掠遍了，幽州城门以外，到处是契丹的骑兵。每回从涿州运送粮食前往幽州，敌人多在阎沟埋伏兵马，趁机抢夺。到了赵德钧担任节度使后，就在阎沟建城，派兵防守，命名为良乡县，于是运粮的道路才渐渐打通。幽州城东十里外，百姓不敢去打柴放牧；赵德钧在州城之东五十里修建潞县城，派兵驻防，于是靠近州城的百姓才得以耕种。到这时候，又在离州城东北一百多里的地方建三河县城，好打通到蓟州的运输道路，敌人的骑兵前来攻击，赵德钧都把他们击退。九月，庚辰朔日（初一日），奏报三河县城建设完毕。边民赖以生存。

壬午日（初三日），任命镇南节度使马希范为武安节度使，兼侍中。

孟知祥命令他的儿子孟仁赞代理行军司马，兼任都总辖两川牙内马步都军事。

冬季，十月，己酉朔日（初一日），明宗李嗣源又派遣李存瑰前往成都，告诉孟知祥：凡是剑门以南，从节度使、刺史以下的官吏，都由孟知祥派任完毕后再向朝廷报备，朝廷从此不再派任；只是不让戍兵的妻子去戍所，对那些兵众也不再征召东还。

秦王李从荣喜欢作诗，聚集浮华放荡的文士高辇等人在幕府中，同他们相与唱和，标榜自夸。每有宴饮的时候，常常命令属下们当场作诗，如果作得不合他的意，当面就撕裂了丢到地上。壬子日（初四日），李从荣入宫觐见明宗，明宗对他说："我虽然不认得字，但是却喜欢听儒生们讲论经文的意义，可以启发人的智慧和思考。我过去看见庄宗李存勖喜欢作诗，但是武将的子弟们，本来文章的事就不在行，只是白白让人背地笑话，你不要效法那个。"

丙辰日（初八日），幽州守军启奏说契丹人在捺剌泊屯驻军队。

前彰义节度使李金全屡次呈献马匹给明宗，明宗不接受，对他说："你在镇地的治绩怎么样啊？可别老是只会呈献马匹给朕。"李金全是吐谷浑人。

壬申日（二十四日），大理少卿康澄上书启奏："臣听说童谣不是祸福的根本，妖祥也不是兴衰的原因，所以殷王武丁的时候，有一只雉飞到鼎的上头鸣叫，太戊时桑、谷一起生在朝廷之上，这两件大家认为不祥的事，并不能影响殷朝这两位君主把国家复兴起来；晋怀帝司马炽的时候，神马在南城门嘶叫，魏明帝曹叡的时候，张掖水中涌出石马、五牛、石龟，这两件大家认为吉祥的事，也不能延长魏晋的国运。由此悟出国家有不足惧的事情五件，有深可畏的事情六条：寒暑的变化不规则，这不值得害怕；日月星辰的运行乱了次序，这也不值得害怕；小人乱造谣言不值得害怕；山岳崩落，川河干涸，不值得害怕；害虫损害作物，这也不值得害怕。而贤人隐居不出值得担心；士农工商不安居乐业值得担心；上下通同作弊值得担心；社会上人们都寡廉鲜耻值得担心；是非毁誉，淆乱真相，这值得担心；听不到臣下对皇上的直言劝谏，这值得担心。不需要害怕的，希望陛下把它摆在一边，不要理会；值得担心的，希望陛下能注意，不要有所差失。”明宗李嗣源用嘉许的诏书奖励他。

秦王李从荣像鹰眼一样常常侧目看人，既轻薄又尖刻；他被任用为判理六军诸卫事务后，参与朝政，往往骄纵不守法纪。起初，安重诲担任枢密使，明宗李嗣源对他非常信任，李从荣和宋王李从厚自小孩子起就和他非常熟，所以虽然掌握兵权，但是常常被安重诲所节制，对他非常敬畏。到了安重诲死了以后，王淑妃和宣徽使孟汉琼以明宗的命令派范延光和赵延寿两人担任枢密使，李从荣都轻视侮辱他们。河阳节度使、同平章事石敬瑭兼任六军诸卫副使，他的妻子永宁公主和李从荣是异母所生，平时相互憎恨看不起。李从荣又认为李从厚的声望超过自己，于是就特别嫉恨他；李从荣又因为李从厚的声望超过自己，对他尤其忌刻；李从厚则一向用谦卑的态度事奉他，所以两人之间的嫌隙，旁人看不大出来。石敬瑭不想和李从荣共事，常想补外官避开他。范延光、赵延寿也担心遭殃，几次请辞机要的职务，并且请求由勋旧大臣们轮流担任，明宗李嗣源都不批准。刚好这时契丹入侵，明宗命令大家推举一个元帅大臣前去镇守河东，范延光和赵延寿都说：“当今的元帅大臣够资格前往的只有石敬瑭和康义诚两人。”石敬瑭本人也愿意去，于是明宗立刻命令派他担任这个职务。等到诏书下来，不落六军副使的职位名款，石敬瑭又辞谢不受，明宗便任用宣徽使朱弘昭主持山南东道的事务，代替康义诚的职位，让康义诚到朝廷来。

十一月，辛巳日（初三日），任命三司使孟鹄为忠武节度使，任命原忠武节度使冯赟充任宣徽南院使，判三司。孟鹄本来是个掌案牍的书吏，与范延光是同乡，友谊深厚，几年之间被荐引提拔到节度使；明宗虽然晓得提拔太快，然而不能不认可。

乙酉日（初七日），明宗李嗣源因为胡寇渐渐进逼北方边境，派人催促大臣们迅速决定河东元帅的人选；石敬瑭希望能得到这个职务，但是范延光、赵延寿两人想用康义诚，于是大家商议很久，一直不能决定。枢密直学士李崧认为非石太尉前去不可，范延光说："我也几次奏请用他，但是皇上想把他留在身边统领宿卫军。"刚好明宗派遣宫中的使者又来催促，于是大家才采用李崧的意见。丁亥日（初九日），任命石敬瑭为北京留守、河东节度使，兼大同、振武、彰国、威塞等军蕃汉马步总管，加兼侍中。

己丑日（十一日），加封枢密使赵延寿同平章事。

吴国任命诸道都统徐知诰为大丞相、太师，加领得胜节度使；徐知诰谦辞丞相、太师的职位。

大同节度使张敬达集中兵力防守要害关塞，契丹兵不敢南下而退还本地。张敬达是代州人。

蔚州刺史张彦超本来是沙陀人，曾经是李嗣源的养子，因为和石敬瑭有过节，他一听说石敬瑭兼任北方各军镇的马步总管，就带领全城军民降附契丹，契丹任命他为大同节度使。

石敬瑭到达晋阳，任命部将刘知远、周瑰两人为都押衙，把他们当作心腹亲信；军事委托刘知远，财政收入委托周瑰。周瑰是晋阳人。

十二月，戊午日（十一日），任命康义诚为河阳节度使，兼侍卫亲军马步都指挥使；又任命朱弘昭为山南东道节度使。

这一年，南汉国主刘龑立他的儿子刘耀枢为雍王，刘龟图为康王，刘弘度为宾王，刘弘熙为晋王，刘弘昌为越王，刘弘弼为齐王，刘弘雅为韶王，刘弘泽为镇王，刘弘操为万王，刘弘杲为循王，刘弘为思王，刘弘邈为高王，刘弘简为同王，刘弘建为益王，刘弘济为辩王，刘弘道为贵王，刘弘昭为宜王，刘弘政为通王，刘弘益为定王；不久，又把刘弘度改封为秦王。

长兴四年（癸巳，公元 933 年）

春季，正月，戊子日（十一日），加封秦王李从荣为尚书令，兼任侍中。庚寅日（十三日），任命端明殿学士归义人刘昫为中书侍郎、同平章事。

闽国有人说，闽王王延钧未成国主之前所住的真封宅有龙出现，便把这所宅第改名为龙跃宫。接着就谒拜宝皇宫受其册封，设置仪仗军卫，进入府中后，登上皇帝位，国号大闽，实行大赦，改年号为龙启；又把自己的名字改为璘。追尊父亲王审知、祖父王恁，立五庙。任命幕僚李敏为左仆射、门下侍郎，他的儿子节度副使王继鹏为右仆射、中书侍郎，两人都为同平章事；又任命亲信部属吴勖为枢密使。唐朝的册礼使裴杰和程侃两人刚好在这时到达海门，闽主王延钧就任命裴杰为如京使；程侃坚持要求北返，闽主不答应。闽主王延钧知道国家幅员小，地点又偏僻，经常注意和四面邻境搞好关系，因此闽地境内还算安定。

二月，戊申日（初二日），孟知祥以代行墨制诏书的方式任命赵季良等五名留后为五镇的节度使。

凉州大将拓跋承谦及当地父老上表，请求后唐朝廷任命暂为留后的孙超为节度使。明宗李嗣源问使者说："孙超是什么人啊?"使者回答说："张义潮在河西的时候，朝廷派出二千五百名天平军戍守凉州，黄巢之乱后，凉州和朝廷的来往被党项人所隔绝，戍守在当地的郓州人也渐渐死光，孙超和城中的人都是他们的子孙。"

乙卯日（初九日），任用马希范为武安、武平节度使，兼任中书令。

戊午日（十二日），定难节度使李仁福过世；庚申日（十四日），军队拥立他的儿子李彝超为留后。

癸亥日（十七日），后唐任用孟知祥为东西川节度使、封蜀王。

起初，河西各藩镇都报告说李仁福私下和契丹人有勾结，朝廷怕他和契丹人联合起来，并吞河右，再往南侵逼关中，刚好这时李仁福过世，三月，癸未日(初七日)，朝廷就任命他的儿子李彝超为彰武留后，把原彰武节度使安从进改派为定难留后，仍然命令静难节度使药彦稠带兵五万，由宫苑使安重益为监军，护送安从进赴镇所上任。安从进是振武军索葛人。

乙酉日(初九日)，朝廷才正式下令任命赵季良等人为五镇的节度使。

丁亥日(十一日)，明宗李嗣源下敕文告谕夏州、银州、绥州、宥州的将士吏民，说："夏州是偏远的边境，李彝超年纪太轻，没有办法镇守该地，防御外夷，所以把他改派到延安去，如果遵旨的话，就能享有像李从曮、高允韬一样富贵的福分；如果抗命，就会遭到像王都、李匡宾一样灭族的惨祸。"夏季，四月，李彝超启奏说，被当地的军士百姓拥护挽留，没法前往朝廷新派任的镇地，明宗下诏派使者去催促他。

奏事的人建议给亲王们设立师傅，宰相惧怕秦王李从荣，不敢派人，请求让秦王自己选择师傅。秦王府判官、太子詹事王居敏向李从荣推荐兵部侍郎刘瓒，李从荣就上表请求任命刘瓒为师傅。癸丑日(初七日)，明宗任命刘瓒为秘书监、秦王傅，又任命前襄州支使山阳人鱼崇远为记室。刘瓒自认是被贬官，就向明宗哭诉，但还是没有办法推辞。秦王府里的幕僚们都是一些新进少年之辈，为人轻躁而又以巴结为能事，只有刘瓒能从容冷静地进行规劝，李从荣非常不喜欢他。刘瓒虽然名义上是秦王傅，李从荣却一向把他当属下看待，刘瓒觉得委屈；李从荣觉察到了，从此告诫守门人不要给他通报，每月听凭他到一次府内，或者一天也不召见他，也不供膳。

李彝超不奉行诏书命令，派遣他的哥哥阿啰王防守青岭门，并且聚集辖境内党项的各族胡人图谋自保。药彦稠等进驻芦关，李彝超派遣党项人抄掠他的粮食补给和攻城器具，官军从芦关退守金明。

闽国主王璘立他的儿子王继鹏为福王，充任宝皇宫使。

五月，戊寅日（初三日），封皇子李从珂为潞王，李从益为许王，皇侄天平节度使李从温为兖王，护国节度使李从璋为洋王，成德节度使李从敏为泾王。

庚辰日（初五日），闽国发生地震，闽主王璘避开王位，潜心修道，命令福王王继鹏暂时代理国政。起初，第一任闽王王审知性情节俭，府舍都比较简陋；到此时，大肆兴建宫殿，极尽土木豪华。

甲申日（初九日），明宗李嗣源忽然患了风疾；庚寅日（十五日），稍微好一点，就在文明殿接见群臣。

壬辰日（十七日）晚上，夏州城上升起火作为信号，天一亮，就有几千名胡人骑兵前来救援，安从进派遣先锋使宋温把他们击退。

吴国宋齐丘劝徐知诰把吴主杨溥迁到金陵，徐知诰便在金陵营建宫城。

明宗李嗣源十几天没接见群臣，京城里人心惶惶，有人跑到山野中躲起来，有人则藏身在军营中。秋季，七月，庚辰日（初六日），明宗勉强带病上广寿殿，人心才安定下来。

安从进攻打夏州。夏州的城垣是赫连勃勃所筑，坚固得像铁石一般，斫凿不能使它破毁。城外四郊又有党项的万余名骑兵在那里游动，随时会抄掠官军的粮饷，官军也没地方割草牧马。通往中原的山路险要狭窄，关中的百姓往那里运输一斗粟、一捆柴草都要耗费好几缗钱，民间都困乏不堪，无力再继续供应。李彝超兄弟登上城墙对城外的安从进说："夏州是贫瘠的地方，也没有珍宝蓄积可以供给朝廷赋税；只是因为祖父、父亲历代守住这片土地，不愿意到我们手上把它失去了而已。这么小的一个城，就算你们打胜，也没有什么光荣，又何必让国家劳动人马、耗费钱财呢？希望你替我们上表向皇帝报告，如果朝廷能准许我们改过自新，或者派遣我们去征伐异城，我愿意去打先锋。"明宗李嗣源听说这种情况，壬午日（初八日），命令安从进带兵返回。

后来，知道李仁福阴事的人，说："李仁福怕朝廷调动他的人马，便放风说要联合契丹相互支援，其实契丹并未与他勾结；致使朝廷错误地兴兵讨伐，结果无功而还。"从此夏州就轻视朝廷，每回有人叛变，就私下和他联络交通，好邀取贿赂。明宗的病老不好，征讨夏州又没有结果，军士们都谣言纷纷。乙酉日（十一日），明宗对京城军队都按等级颁给优厚的赏赐；因为无功行赏，从此士卒更加骄纵。

丁亥日（十三日），赐予钱元瓘爵位吴王。钱元瓘对待兄弟很优厚，他的哥哥中吴、建武节度使钱元璙从苏州入京朝见，钱元瓘用家人的礼节接待他，举酒祝贺他，并且说："这里本来是哥哥的王位，而现在却被小弟我占据，这都是哥哥赐给我的。"钱元璙说："先王是选择贤德的人册立，现在君臣的名分已经定了，元璙只知道对主上忠顺而已。"于是两兄弟感动得相对哭泣。

戊子日（十四日），闽主王璘复位。起初，福建中军使薛文杰，为人乖巧谄媚，闽主王璘喜爱奢侈，薛文杰便用搜刮民财的手段来迎会他，王璘于是任命他为国计使，非常信任他。薛文杰私底下探求有钱人的罪状，常借故抄没他们的家财，被治罪的人胸背都被拷打，还用铜斗火烫他们。建州土豪吴光到京城朝见，薛文杰看上他的家财，就找他的罪过，准备治他的罪；吴光怨恨愤怒，就率领他的部众将近一万人反叛投奔吴国去了。

明宗李嗣源任命工部尚书卢文纪、礼部郎中吕琦为蜀王册礼使，并赐蜀王一品朝服。孟知祥自己制作九旒冕，九章衣，车服旌旗的样式都模拟天子。八月，乙巳朔日（初一日），卢文纪一行到成都。戊申日（初四日），孟知祥穿上衮服、冠冕，准备仪仗卫队，来到驿馆，下到台阶下，面向北，接受明宗李嗣源的册封，然后坐上玉辂；回到府门，再坐着步辇进府。卢文纪是卢简求的孙子。

戊申日（初四日），群臣为明宗李嗣源上尊号为圣明神武广道法天文德恭孝皇帝，实行大赦。在京城和各道的将士们各按等级给予优厚赏赐。一月之内两次颁发优厚赏赐，因此朝廷的用度更加窘困。

太仆少卿何泽看到明宗李嗣源卧病，秦王李从荣权势正在发展，他希望自己能重新得到起用，便上表请求立李从荣为太子。明宗看到奏表，眼泪都掉下来，私底下对左右的近臣们说："群臣请我册立太子，朕只好回太原的旧宅去养老了。"不得已，只好在壬戌日（十八日），下诏命令宰相和枢密使商议。丁卯日（二十三日），李从荣觐见明宗李嗣源，说："臣私下听说有奸人请求皇上册立臣为太子；臣年纪还轻，而且还想学习如何治理军民，不愿意当这个名位。"明宗说："这是大臣们一致要求的。"李从荣退下来后，就去见范延光和赵延寿，说："你们各位执政的要让我当太子，是想夺我的兵权，把我幽禁在东宫而已。"范延光等知道明宗李嗣源的意思，而且对于李从荣的话也觉得害怕，于是就详细地向明宗报告；辛未日（二十七日），明宗李嗣源任命李从荣为天下兵马大元帅。

九月，甲戌朔日（初一日），吴主杨溥立德妃王氏为皇后。

戊寅日（初五日），明宗李嗣源加范延光、赵延寿兼侍中。

癸未日（初十日），中书启奏：节度使见元帅的礼仪，虽然带衔平章事，仍要用军人礼节进见和参拜；后唐明宗李嗣源听从了。

明宗李嗣源要加宣徽使、判三司冯赟同平章事；冯赟的父亲名叫冯章，执政大臣误引用过去的旧制，庚寅日（十七日），加封冯赟同中书门下二品，充当三司使。

秦王李从荣请求把严卫、捧圣步骑两指挥作为自己的牙兵。每次入朝，他随从的骑兵有好几百名，都张着弓，带着箭，在大路上奔驰；命令文士试替他草拟讨伐淮南的檄文，文中表示自己将要平定天下。李从荣对执政大臣不满，私底下对亲信们说："我一旦南面为帝，一定要把他们全族杀灭。"范延光、赵延寿两人知道后，心里害怕，几次请求补外官，好避开他。明宗李嗣源认为他们是看到自己生病，才想离开朝中，非常生气，说："要走就走好了，还上表干什么！"赵延寿的妻子齐国公主替赵延寿在内宫说情，她说："赵延寿确实有病，不能胜任机要职务。”丙申日(二十三日),两人又向明宗请求,说:“臣等并不是害怕辛劳,只是想和勋旧大臣们轮流担任。臣等也不敢一下子就都离开,请先让一个人补外官,如果新继任的人不称职,再召唤臣,臣就立刻回来。”明宗才答应。戊戌日(二十五日),任命赵延寿为宣武节度使;又任命山南东道节度使朱弘昭为枢密使、同平章事。明宗制命下来,朱弘昭又推辞不受,明宗斥责他说:“你们这些人都不想在我身边,我供养你们干什么?”朱弘昭才不敢再说。

吏部侍郎张文宝从海路出使吴越国的杭州。途中船坏了,水手们用小船载着他,被风吹着,漂流到吴国的天长;随行的两百人,只有五个人活着。吴主杨溥很优厚地礼遇他,赠送给他和随从们仪仗衣服和钱币,有好几万,并且还为他通知吴越的钱氏,让他们来边境上迎接。张文宝只接受饮食,其余的都辞谢,说:“本朝与吴国很长时间不通问讯,现在既不是君臣关系,又不是宾主关系,如果接受这些东西,用什么言辞来致谢?”吴主杨溥很赞赏他。他居然完成朝廷委派的任务,到杭州而还。

庚子日(二十七日),任命前义成节度使李赞华为昭信节度使,把他留在洛阳,只接受俸禄,不前往镇地。

辛丑日(二十八日),明宗下诏:大元帅李从荣地位在宰相之上。

吴国的徐知诰因为国内接连发生水灾、火灾,就说:“军民都非常困苦,我怎么可以独自一人享乐?”便把所有的侍妓全部打发出去,把歌舞演奏的乐器都焚烧。

闽国内枢密使薛文杰劝闽王王璘压制宗室们;闽王的侄子王继图气不过,就要阴谋造反,因此被治罪诛杀,牵连一千多人。

冬季,十月,乙卯日(十二日),后唐范延光、冯赟奏称:“西北胡人前来京城卖马,往来如织,每天公家要使用的绢不下五千匹,总计耗费国家费用的十分之七,请求朝廷委托沿边各处镇所,选择胡人所卖马中优良的发给凭证,然后再把数量呈报给朝廷。”明宗批准了。

戊午日(十五日),任用前武兴节度使孙岳为三司使。

范延光几次托孟汉琼、王淑妃向明宗李嗣源请求派任外官；庚申日（十七日），任命范延光为成德节度使，另外任命冯赟为枢密使。明宗认为亲军都指挥使、河阳节度使、同平章事康义诚为人淳朴忠实，亲近和信任他。当时亲近的大臣大都请求派任外官，好避开秦王李从荣的祸害，康义诚估计自己难以脱身，于是就让他的儿子去事奉秦王，遇事力求用恭敬顺从、模棱两可的态度去对待，希望能够获得保全。

权知夏州事李彝超上奏章向明宗李嗣源谢罪，请求洗清他的罪状；壬戌日（十九日），朝廷任命李彝超为定难军节度使。

十一月，甲戌日（初二日），明宗李嗣源给范延光饯行，喝完酒，明宗说："卿现在要远离了，有什么事要毫不保留地说。"范延光回答说："朝廷大事，盼望陛下能和内外的辅佐大臣们商量决定，不要听小人们的话。"于是相对哭泣而后分别。当时孟汉琼得到重用掌权，与私附他的人结为朋党，蒙蔽迷惑明宗的听闻，所以范延光才这么说。

庚辰日（初八日），更改慎州为怀化军。设置保顺军于洮州，领有洮州、鄯州等地。

戊子日（十六日），明宗李嗣源的病又发作，己丑日（十七日），病情加重。秦王李从荣进宫探病，明宗低着头，抬不起来。王淑妃说："李从荣在这里。"明宗没有应声。李从荣出宫，听到宫内的人都在哭，以为明宗已经死了，第二天早上，自称有病不进宫省问。这天晚上，明宗稍见好转，李从荣却不知道。

李从荣知道当时人心舆论对他不利，害怕继承不了皇帝大位，便同他的党羽策划，要用武力入宫侍卫，先制服权臣。辛卯日（十九日），李从荣派遣都押牙马处钧去对朱弘昭和冯赟说："我想率领牙兵进入宫中侍候皇上，防备非常情况，我应当要住在哪里？"两人回答说："王可以自己选择。"回头两人又私下对马处钧说："皇上平安无事，秦王应该竭尽心力实行忠孝之道，不可乱信坏人的胡说。"李从荣知道了，非常生气，又派马处钧去对两人说："你们两个难道不爱你们的家族了吗？要不然怎么敢拒绝我呢？”两人很忧愁，就进宫把这事告诉王淑妃和宣徽使孟汉琼，大家商议后，都认为：“现在这情形，非康义诚来没有办法解决。”于是召唤康义诚前来商议，康义诚竟然不表示意见，只说：“我只是一个军人，不敢参加什么意见，我只听相公们的指挥。”朱弘昭怀疑康义诚不想当着众人表态，夜间，把他邀请到家里再次问他，康义诚回答得和原来一样。

壬辰日（二十日），李从荣穿着常服，从河南府带领一千名士卒，部署在天津桥。当天黎明的时候，李从荣派遣马处钧到冯赟家里，对他说：“我今天决定要入宫，暂时要住在兴圣宫。你们都是有家有眷的人，做事可得好好考虑，祸福的决定是只在须臾之间。”又派马处钧去见康义诚，康义诚答复说：“只要秦王来到，我必奉迎。”

冯赟快马奔入右掖门，见到朱弘昭、康义诚、孟汉琼及三司使孙岳，他们正聚集在中兴殿门外会商，冯赟便把马处钧的传语告诉他们，并因而责难康义诚说：“秦王讲‘祸福的决定，只在须臾之间’，那么他想干什么可想而知了，你不要因为儿子在秦王府，就左右观望啊！皇上提拔我们，从平民布衣，一直升到将相，如果让秦王李从荣的军队进入端门，把皇上往哪里摆？我们这些人的家族中难道还有人能活命吗？”康义诚还没来得及答话，守门的官吏来报告说秦王李从荣已经带兵到了端门之外。孟汉琼拂袖而起，说：“今天的事情，已经危及君父的安全，而你还在观望着投靠哪边比较有利吗？我绝不爱惜剩余的生命，我自己带兵去抵抗！”于是就进入殿门，朱弘昭、冯赟也跟随着，康义诚不得已，也只好跟他们进去。

孟汉琼见了明宗李嗣源，奏报说：“秦王从荣造反，他的兵众已攻到端门，马上要打进宫内来，可要大乱了。”宫中的人都相对大声号哭，明宗说：“李从荣何苦要这样呢？”就问朱弘昭说，“真有这回事吗？”朱弘昭回答：“有，刚刚已命令守门的人把宫门关上了。”明宗指着天，掉下眼泪，对康义诚说：“卿自己去做主处理吧。只是不要惊扰百姓！”控鹤指挥使李重吉，是李从珂的儿子，当时正侍卫在明宗身边，明宗对他说：“我和你的父亲，冒着战场矢石的危险平定天下，你父亲几次在危急的时候救过我；李从荣这些人又干过些什么事？今天居然被人煽动，敢做出这种叛逆的事情，我本来就知道这些人不足以托付大事，应该叫你父亲来，把兵权交给他。你替我部署把宫门都封闭起来。”李重吉立刻率领控鹤兵把守宫门。孟汉琼披上盔甲，骑上战马，召唤马军都指挥使朱洪实，让他带领五百骑兵去讨伐李从荣。

此时，李从荣正倚踞着胡床，坐在桥上，让左右侍从召唤康义诚来。当时端门已经封闭，使者就想叫开左掖门，在门缝中一窥探，看到朱洪实正率领骑兵从北前来，于是赶快跑回去向李从荣报告。李从荣大吃一惊，立刻下令拿护胸的铁掩心穿戴起来，然后坐在那里调理弓箭。一会儿朱洪实的骑兵掩击过来，李从荣逃回河南府，他的幕僚们都逃散躲起来，牙兵们则在嘉善坊一带抢掠一番后也都溃散。李从荣和他的妃子刘氏躲在床底下，皇城使安从益前来把他们斩杀，并且杀了他的儿子，把首级呈献上来。起初，孙岳也能够参与内廷的秘密谋议，冯赟、朱弘昭两人担忧李从荣乖戾，孙岳曾经为他们分析祸福关系；康义诚很痛恨他，到这时，就趁着大乱秘密派骑士把孙岳射杀。明宗李嗣源听说李从荣死，悲痛惊骇，几乎从御榻上跌下来，几次昏死后才又苏醒过来，因此病情就更严重了。李从荣有一个儿子还很幼小，养于宫中，众将要求把他杀掉，明宗涕泣着说：“这孩子有什么罪？”但是最后不得已，还是把孩子交给他们。癸巳日（二十一日），冯道率领群臣，在雍和殿觐见明宗李嗣源，明宗泪如雨下，说：“我家里的事演变到这种地步，实在没有脸见各位。”

宋王李从厚当时担任天雄节度使；甲午日（二十二日），明宗派遣孟汉琼前去征召李从厚，派他暂时掌理天雄军府的事务。

丙申日（二十四日），追废李从荣为平民。执政诸人共同评议李从荣所属官吏的罪名，冯道说：“李从荣所亲信的是高辇、刘陟、王说而已，任赞在秦王府到官才半个月，王居敏、司徒诩有病告假已经半年，这些人怎么会参与其事呢？王居敏尤其受到李从荣的厌恶，昨日李从荣率兵攻向宫中的时候，和高辇、刘陟等人并马而行，指着日影说：‘明天这时候，已经把王詹事杀了。’这些人自然不是和他同谋的人，怎可以全部都诛杀呢？”朱弘昭说：“如果李从荣能够打进光政门，任赞那一伙人会怎样行事，那时我们这些人还能留下遗族吗？而且首、从的罪只是差一等而已，现在首犯已经被杀戮，而从犯如果都不追究，皇上难道不会认为我们包庇奸人吗？”冯赟极力反对，才商议用流放和贬官的方式治罪。当时谘议高辇已经伏罪被杀。丁酉日（二十五日），元帅府判官、兵部侍郎任赞、秘书监兼王傅刘瓒、友苏瓒、记室鱼崇远、河南少尹刘陟、判官司徒诩、推官王说八个人都被流放远方；河南巡官李瀚、江文蔚等六个人被勒令免职，回归乡里；六军判官、太子詹事王居敏、推官郭晙等都被贬官。李瀚是唐武宗朝宰相李回的同族曾孙；司徒诩是贝州人；江文蔚是建安人。江文蔚投奔吴国，徐知诰给他很隆重的礼遇。

起初，李从荣所作所为失道，六军判官、司谏郎中赵远劝谏他说：“大王身居嗣子的地位，应当勤修德业，为何所作所为却是如此呢？您别认为父子至亲的关系是绝对可靠的，难道没看到恭世子和戾太子的往事吗？”（晋献公的世子和汉武帝的太子都是被父亲所杀）李从荣听了很生气，就把他贬为泾州判官；待到李从荣失败，赵远因为讲过这些话而声名流播。赵远字上交，是幽州人。

戊戌日（二十六日），后唐明宗李嗣源过世。明宗生性不猜疑忌刻，与人无争，登基的时候已经超过六十岁，每晚都在宫中焚香向上天祷告说：“我是胡人，因为动乱，被大家所推举出来，盼望上天早一天降生圣人，好当百姓的君王。”他在位时粮谷多次丰收，兵戈战乱少见，从五代时期来衡量，稍称小康。

辛丑日（二十九日），宋王李从厚到达洛阳。

闽主王璘尊鲁国太夫人黄氏为皇太后。

闽主喜好崇拜鬼神，巫人盛韬等都受到宠信。薛文杰对闽主说：

“陛下的左右有很多奸臣，不由鬼神来判别，没办法知道。盛韬很会看鬼，应该让他来侦察。”闽主王璘接纳他的建议。薛文杰厌恶枢密使吴勖，当时吴勖正卧病在家，薛文杰前去探视，对他说：“主上因为您久病不愈，想免除您的近密职务，在下报告说您只是头痛的小毛病，已经快要好了。主上如果派遣使者来探病，您千万别说是其他的病。”吴勖答应了。第二天，薛文杰教盛韬对闽主说：“刚才我见到北庙崇顺王审讯吴勖谋反的事，用铜钉钉他的脑顶，并用金椎锤击。”闽主王璘把这事告诉薛文杰，薛文杰说：“不一定可信，应该派个使者去探问。”使者去了，吴勖果然答称头痛，于是立即把吴勖收捕下到狱中，闽主王璘派薛文杰和狱吏拷问他，吴勖只好胡乱认罪，和他的妻子儿女一并被诛杀。闽国的百姓因此更加愤恨不平。

吴光请求吴国派兵攻闽，吴国信州刺史蒋延徽不等朝廷正式命令到达，就率兵会同吴光进攻建州。闽主王璘派遣使者向吴越求救。

十二月，癸卯朔日（初一日），才开始为明宗李嗣源发丧，宋王李从厚即后唐皇帝之位，是为闵帝。

秦王李从荣死了后，朱洪实的妻子入宫，司衣王氏和她谈到秦王，王氏说：“秦王作为人子，不在皇帝身边侍候疾病，以致被人归加罪名，这是他自找的；但如果说是谋反，这恐怕是严重的诬赖了。司徒朱洪实承受秦王恩惠最多，当时没为他辩明，真是可惜！”朱洪实听到了，大为害怕，于是和康义诚一起把这话报告给闵帝李从厚，并且说王氏私附李从荣，替他侦察宫中的事情，辛亥日（初九日），闵帝梁朝赐王氏死。事情还牵连王淑妃，王淑妃平素对李从荣很厚待，闵帝从此便对王淑妃产生怀疑。

丙辰日（十四日），任命天雄左都押牙宋令询为磁州刺史。朱弘昭认为诛杀秦王李从荣、迎立闵帝李从厚是他的功劳，想要把持朝政；宋令询过去跟随闵帝李从厚左右的时间最久，一向得到闵帝的信任，朱弘昭不愿闵帝的旧人在闵帝身边，所以把他外放。闵帝李从厚不愉快，但也无可奈何。

孟知祥听说明宗李嗣源过世，对他的属下们说："宋王李从厚年幼懦弱，把持朝政的都是一些小吏出身的小人，这样一定会发生动乱，不信可等着看。"

辛未日(二十八日)，闵帝李从厚开始驾临中兴殿处理朝政。闵帝自从服完以日代月的丧制后，就召学士来读讲《贞观政要》《太宗实录》等书，有励精图治的意思；但是掌握不到要点，又生性宽柔，缺乏决断。李愚私下对同僚们说："我们皇上有事找人商议的时候，很少找到我们，我们地位高，责任重，这事也真教人担心。"大家屏住气息不敢回答。顺化节度使、同平章事、判明州钱元珦，骄横放纵，不守法度，每当有事请求王府而得不到满足时，就上书侮慢顶抗发泄不满。曾对一名小吏生气，就设置铁床烧他，臭味充满全城。吴王钱元瓘派遣牙将仰仁诠到明州征召他入京，仰仁诠的左右亲信怕钱元珦难以制服，劝他事先防备，仰仁诠不听他们，只穿着常服就直接到钱元珦的厅事去，钱元珦看见仰仁诠来了，吓得两腿发抖，接着就跟着他回到钱塘，被幽禁在别第。仰仁诠是湖州人。

闽主王璘把福州改为长乐府。

亲从都指挥使王仁达有擒捉王延禀的功劳，生性慷慨，启奏事情的时候毫不避讳。闽主王璘厌恶他，曾私下对左右近臣说："王仁达智谋太多，我还能够驾驭他，但他不会臣服少主。"到这时，竟诬陷他要叛乱，把他全族诛杀。

起初，马希声和马希范同一天出生，马希声的母亲是袁德妃，马希范的母亲是陈氏。马希范怨恨马希声先被立为世子而不让给他，等到继承王位以后，马希范对袁德妃不加以礼遇。马希声的同母弟弟马希旺担任亲从都指挥使，马希范每次借故责骂他，袁德妃请求准许马希旺把官职交还，出家当道士，马希范也不准，把他解除军职后，让他居住在竹屋草门之中，不得参与兄弟间的饮宴聚会。袁德妃死后，马希旺也忧愤而死。

潞王上

清泰元年（甲午，公元934年）是年四月入立，始改年号为清泰。

春季，正月，戊寅日（初七日），闵帝李从厚实行大赦，更改年号为应顺。

壬午日（十一日），加河阳节度使兼侍卫都指挥使康义诚兼侍中，判六军诸卫事。

朱弘昭、冯赟嫉妒侍卫马军都指挥使、宁国节度使安彦威和侍卫步军都指挥使、忠正节度使张从宾，甲申日（十三日），就把安彦威派出去当护国节度使，另外任命捧圣马军都指挥使朱洪实接替他；把从张宾派出去当彰义节度使，另外任命严卫步军都指挥使皇甫遇代替他。安彦威是崞县人；皇甫遇是真定人。

戊子日（十七日），任命枢密使、同平章事朱弘昭和同中书门下二品冯赟、河东节度使兼侍中石敬瑭三人都兼中书令。冯赟自认为升迁得太快，坚辞不肯接受；己丑日（十八日），改兼侍中。

壬辰日（二十一日），封荆南节度使高从诲为南平王，封武安、武平节度使马希范为楚王。

甲午日（二十三日），封镇海、镇东节度使吴王钱元瓘为吴越王。

吴国的徐知诰在金陵另外营建私第，乙未日（二十四日），自己迁居到私第，把府舍空出来，以等待吴主杨溥前来。

后唐凤翔节度使兼侍中潞王李从珂，年轻时与石敬瑭跟从明宗李嗣源征伐，立过功，有声望，又得人心；朱弘昭和冯赟两人的地位名望一向都差他们很远，一旦执掌朝政，对他们两人就很忌刻。明宗李嗣源生病的时候，潞王李从珂多次派他的夫人进宫看望事奉；到明宗李嗣源病逝的时候，潞王李从珂却推说有病不肯前来，使臣到凤翔去，回来后有人就报告说侦察到潞王不为人知的私事。当时潞王的长子李重吉担任控鹤指挥使，朱弘昭、冯赟两人不愿意让他掌理禁兵，己亥日（二十八日），调李重吉出任亳州团练使。潞王李从珂有个女儿李惠明出家为尼，住在洛阳，也被召入禁中。潞王李从珂由此产生疑惧。

吴将蒋延徽在浦城打败闽兵，接着包围建州。闽主王璘派遣上军使张彦柔、骠骑大将军王延宗统兵万人救援建州。王延宗的部队走到半路，士卒们都不肯前进，说："如果不能得到薛文杰，没有办法前去讨贼。"王延宗派使者赶回京城报告，国人都震惊了。太后和福王王继鹏哭着对闽主王璘说："薛文杰盗取玩弄国家的大权，冤枉害死很多无辜的人，全国上下都痛恨他已经很久了。现在吴兵深入国境，我们的士兵不愿前进，国家一旦被颠覆，还留着薛文杰干什么？"薛文杰当时也在旁边，就争着和他们陈说利害关系。闽主王璘说："我不想把你怎么样，你自己考虑怎么办吧。"薛文杰出宫，王继鹏在启圣门外等他，用笏把他打倒在地，然后用槛车押送到前方的军中，街上的百姓都争着用瓦砾扔他。薛文杰会术数，自己说只要过了三天就会没事。押送的人听到，就兼程赶路，两天就到达，士卒们见到他都欢喜跳跃，割下他的肉来吃；闽主王璘很快派出使者要来赦免他，已经来不及了。起初，薛文杰认为过去的槛车太宽阔，于是下令改造，新槛车形状像木柜，四面攒插铁钉，锋尖朝内，人一活动便要触碰它。这种槛车刚制成，薛文杰就首先被装进去。与此同时，党附薛文杰的盛韬也被杀。

蒋延徽攻建州即将攻克，徐知诰因为蒋延徽是吴太祖杨行密的女婿，和临川王杨濛一向交情很好，怕他攻下建州后会奉杨濛自立，图谋恢复吴国，于是派遣使者前来召唤他回去。蒋延徽也听说闽国和吴越的军队都快到了，于是把部队撤退回去；闽兵从后追击，把他们打得大败，士卒死伤很多，蒋延徽就归罪都虞候张重进，把他杀了。徐知诰把蒋延徽贬降为右威卫将军，遣派使者到闽国以求和好。

闰正月，后唐闵帝李从厚把左谏议大夫唐汭和膳部郎中、知制诰陈乂同时任命为给事中，充当枢密直学士。唐汭以有文学才能随从闵帝李从厚，经历三镇都在幕府中。等到闵帝即位，将领和官吏有才干的，都被朱弘昭、冯赟逐斥。唐汭生性迂疏，朱弘昭、冯赟怕闵帝李从厚心中的怒气不时发作，便把唐汭引入枢密近侍，而用他们的党羽陈乂监视他。

丙午日（初五日），尊奉明宗李嗣源的曹皇后为皇太后。

安远节度使符彦超的奴仆王希全、任贺儿看到朝廷多事，很不安定，阴谋杀害符彦超，占据安州依附吴国。晚上，两人敲门假称有紧急文书到达，符彦超出门到厅堂，两个奴才就把他杀了，用符彦超的名义召集将领，有不肯听话的就杀。己酉日（初八日）早上，副使李端率领州兵讨伐诛杀他们和他们的同党。

甲寅日（十三日），封王淑妃为太妃。

蜀国将领官吏们都劝蜀王孟知祥称帝；己巳日（二十八日），孟知祥在成都即皇帝位。

资治通鉴卷第二百七十九　后唐纪八

起甲午(公元934年)二月，止乙未(公元935年)，共一年十一个月。

【题解】本卷记录了公元934年二月至935年的历史，共一年零十一个月。为后唐潞王李从珂清泰元年二月至清泰二年。闵帝李从厚猜疑石敬瑭、李从珂，政权未稳而下诏换镇，潞王抗命，闵帝派兵征讨，官军在凤翔城溃败。潞王一路东进，各地望风而降，闵帝出奔，竟无将相相随。潞王兵不血刃进入洛阳，即位称帝，在卫州弑杀闵帝，后唐全境归服。末帝李从珂无识人之明，竟然抓阄选宰相，臣辅不敢进言。石敬瑭返归北都，以契丹犯边为名，储蓄兵马粮草。吴国徐知诰加紧禅代脚步。闽主王继鹏杀父自立。荆南大臣孙光宪见微知谏，荆南主高从诲知过能改。

潞王下

清泰元年(甲午，公元934年)

二月，癸酉日(初三日)，蜀主孟知祥任用武泰节度使赵季良为司空兼门下侍郎、同平章事，领节度使名衔如故。

吴国人大都不愿意迁都，都押牙周宗对徐知诰说："主上如果西迁金陵，公又须东行，不但花费太大，而且违背大家的意愿。"丙子，吴主杨溥遣宋齐丘前往金陵，告诉徐知诰迁都之事作罢。

此前，徐知诰很早就有让吴主杨溥把皇位传给自己的意图，因为吴主杨溥没有什么失德之处，怕逼他禅位会引起众人不服，所以就想等待继位的国君再说；宋齐丘也赞成这样做。有一天，徐知诰对着镜子夹白须，叹气说："国家安定，但是我却老了，可有什么办法呢?"

周宗了解徐知诰的意图，就请求前往江都，把禅位的意思向吴主杨溥暗示一下，并且把这件事告诉了宋齐丘。宋齐丘认为周宗抢了他的先，心里很忌妒他，于是派遣使者赶往金陵，带着他的亲笔信极力劝阻徐知诰，认为天时、人事都还不到最恰当的时机；徐知诰有点吃惊。几天后，宋齐丘本人也到了，就向徐知诰请求斩周宗向吴主杨溥谢罪，后来把周宗贬为池州副使。过了一段时间，节度副使李建勋、行军司马徐玠等人屡次陈述徐知诰的功业，应该早日依从民众的期望，召回周宗恢复他都押牙的职务。徐知诰从此便疏远宋齐丘。

后唐朱弘昭、冯赟不想让石敬瑭久居太原，想召回权知天雄军府的孟汉琼。己卯日（初九日），就把成德节度使范延光改派为天雄节度使，好代替孟汉琼；把潞王李从珂改派为河东节度使，兼北都留守；把石敬瑭改任为成德节度使。一律不颁发正式诏书，只是分别派遣使者带着枢密院的文书护送着前往各个军镇。

吴主杨溥下诏要徐知诰搬回府舍。甲申日（十四日），金陵发生大火；乙酉日（十五日），又发生大火。徐知诰怀疑发生事变，集中兵力以自卫。己丑日（十九日），回到原来的府舍。

后唐潞王李从珂已经与朝廷猜忌疏远，朝廷又任命洋王李从璋暂主凤翔事务。李从璋生性粗率、幸灾乐祸，以前代替安重诲镇守河中，就亲自把安重诲杀了；潞王李从珂一听说他要来，更加厌恶，想抗命，又考虑到军力薄弱，粮草不足，不知道该怎么办。于是就和将领们商议，大家都说：“闵帝李从厚年轻，国家政事都操纵在朱弘昭、冯赟手中，大王您功高名大，震慑君主，离开镇所必然不能保全自己。不能接受别人的替代。”潞王又问观察判官滴河人马胤孙说：“现在如果奉命调职，要路过京师，该怎么办才比较好？”马胤孙回答说：“国君有召唤，不等车驾准备好就该前往，这回前去，参加先皇的葬礼，然后再出发前往镇地，有什么好犹豫的呢？这些人出的都是坏主意，不可听他们的。”大家都笑他。潞王于是移送檄文到邻近各道，檄文上说：“朱弘昭等趁着先帝病重的时候，杀了长子李从荣，拥立少子李从厚，把持朝廷大权，疏离骨肉至亲，动摇各地藩镇，怕他们会把国家弄得灭亡。现在，我即将入朝清除君主身边的坏人，如此大事又不是我独力所能办到，愿意请求邻藩各道支援，合力达到这个目的。”

潞王李从珂因为西都留守王思同正扼守在从凤翔往东到洛阳的必经之路上，所以特别想和他搞联合，就派推官郝诩、押牙朱廷乂等人相继来到长安，向他陈述利害关系，并且用美貌的女妓引诱他，如果他不肯听从，就命两人就近解决他。王思同对他属下的将领官吏说：“我受到明宗李嗣源的大恩，现在如果和凤翔一起造反，就算事情成功享受荣华富贵，仍然是一个叛逆的臣子，更何况事情失败受辱，将会流为千古的丑事呢！”于是就把郝诩等抓起来，上书向朝廷报告。当时邻近各道多把潞王李从珂的使者拘捕起来，不然的话就是不置可否，心存观望，只有陇州防御使相里金全心全意地依附顺从于李从珂，派判官薛文遇往来商议联络。相里金是并州人。

朝廷研究讨伐凤翔的事。康义诚不想调派在外边，害怕丢了兵权，于是建议任命王思同为统帅，任命羽林都指挥使侯益为行营马步军都虞候。侯益知道军队的状况，恐怕会发生变乱，就推辞不肯出征；执政大臣很生气，就把他贬为商州刺史。辛卯日（二十一日），任用王思同为西面行营马步军都部署，前静难节度使药彦稠做他的副手，前绛州刺史苌从简为马步都虞候，其余严卫步军左厢指挥使尹晖、羽林指挥使杨思权等担任副将。尹晖是魏州人。

蜀主孟知祥任命中门使王处回为枢密使。

丁酉日（二十七日），加封王思同为同平章事，主持凤翔行府；又任命护国节度使安彦威为西面行营都监。王思同虽然有忠义之心，但是没有能力统御军队；潞王李从珂熟悉军事，将士们期盼能享受富贵的，都心向着他。闵帝李从厚派遣殿直楚匡祚捉亳州团练使李重吉，把他囚禁在宋州。洋王李从璋受命赴任，行至函谷关西，听说凤翔抗拒朝廷命令，便回来了。

三月，安彦威和山南西道节度使张虔钊、武定节度使孙汉韶、彰义节度使张从宾、静难节度使康福等五人向闵帝李从厚启奏说要会师进讨凤翔。孙汉韶是李存进的儿子，李存进是李克用义子，本姓孙。

乙卯日（十五日），各道兵马汇集在凤翔城外，开始攻城，攻下了东、西关城，城中战死很多人。丙辰日（十六日），继续进兵攻打城垣，一定要把城池攻取下来。凤翔的城墙低，壕沟浅，一切守备都很缺乏，大家心中都觉得危急。潞王李从珂登上城墙哭着对城外的军队说："我还没有成年的时候，就随着先帝身经百战，出生入死，全身都是刀伤，才建立今天的国家；你们跟随过我，都是亲眼看见过这些事的。现在朝廷信任谗臣，猜忌骨肉至亲，我有什么罪而受到诛伐啊？"因而痛哭不已，听到的人都哀伤而同情他。

张虔钊性情偏激急躁，他负责主攻城西南，用刀驱逼士兵登城，士兵发怒，大骂他，反而回过头来攻击他，张虔钊骑上马赶快逃掉，杨思权于是大声呼叫："大相公（指潞王）才是我们的主公。"然后率领军士们解下盔甲，丢下兵器，向潞王李从珂请求归降，从西门进入城中，杨思权写了一张纸送给潞王说："盼望潞王攻下京城以后，任命臣为节度使，别再派臣当防御、团练使。"李从珂立即写了个"杨思权可任邠宁节度使"的字条给他。王思同还不知道这些情况，还在督促士卒们攻城，尹晖大叫说："城西的部队已经入城接受赏赐了。"于是大家都抛弃盔甲兵器投降，呼声惊天动地。到了中午，乱兵已经全部入城，外头的军队也四散溃退，王思同等六名节度使都逃走。潞王李从珂把城中将领官吏百姓等人的钱财全征集犒赏军队，连鼎、釜都估算价值赏给他们。丁巳日（十七日），王思同、药彦稠等败退到长安，西京副留守刘遂雍关上城门不接纳他们，只得奔向潼关。刘遂雍是刘鄩的儿子。

潞王李从珂于是建立大将的旗鼓，整顿部队后，往东方推进，把孔目官虞城人刘延朗当作心腹。潞王李从珂开始还担心王思同等人会联合力量据守长安进行抵抗，到了岐山，得知刘遂雍不让王思同进城，十分高兴，就派使者前去慰问安抚刘遂雍。刘遂雍把府库中的钱财全部搬到外头来，军士们到的，就给赏，叫他们通过；到了潞王李从珂到达的时候，前头的部队已经全部赏赐完毕，都没有进城骚扰。

庚申日（二十日），潞王李从珂来到长安，刘遂雍迎接拜见他，聚敛民间资财来充当赏金。

这一天，西面步军都监王景从等人从前线奔逃回洛阳，朝廷内外都很震惊。闵帝李从厚不知该怎么办，对康义诚等人说："先帝去世的时候，朕正在外头镇守方镇，当时由谁来继位，完全由各位决定，朕实在没有野心要和人争夺国家的大权。朕在继承大业后，因为年纪还轻，把国事都委任给诸位。朕对兄弟并没有什么猜忌，只是诸位以国家的大计告诉朕，朕又怎好违背大家的决定呢？兴兵讨伐凤翔之初，各位都夸大其词，认为凤翔乱寇很容易讨平；现在可好，事情到了这种地步，有什么办法可以免去祸患呢？朕想亲自去迎接潞王，把帝位让给他，如果还不免被治罪，那也是心甘情愿的了。"朱弘昭、冯赟一听，大为害怕，不敢回答。康义诚想带着全部宿卫部队迎降潞王李从珂作为自己的功劳，就说："西征部队惊散溃退，是由于主将指挥失误造成。现在侍卫部队还有很多，臣请求亲自率领前去扼守住要害，然后着急流散的部队，再慢慢另作打算，请陛下不要过分忧虑！"闵帝李从厚派遣使者去征召石敬瑭，想要让他率兵前去抵御。康义诚坚决请求自己带兵前去，闵帝于是召集将士们加以抚慰，并且搬空府库，把财物全拿来赏赐他们，还答应平定凤翔后，每人再赏两百缗钱，如果府库中的钱不够，就拿宫中的珍玩宝物补足。因此，军士更加骄横，肆无忌惮，背负着赏赐的东西，在路上张扬说："到了凤翔，还要再弄一份。"闵帝李从厚派遣楚匡祚到宋州把李重吉杀了；楚匡祚对李重吉严刑拷打，逼他交出家财。又把在宫中的惠明尼姑杀掉。

起初，马军都指挥使朱洪实很受秦王李从荣厚爱，待到朱弘昭当了枢密使，朱洪实把他当作同宗兄长；李从荣把军队部署在天津桥的时候，朱洪实第一个替孟汉琼攻击李从荣，康义诚因此怀恨他。辛酉日(二十一日)，闵帝李从厚亲自到左藏，赏给军士们金银布帛。康义诚、朱洪实一起议论这次用兵的利与弊，朱洪实因为主张用禁军固守洛阳，就说："如果这样，他们就不敢直接进攻洛阳，我们可以慢慢计划反攻，可以万无一失。"康义诚很生气，说："朱洪实讲这话，是准备要造反吗?"洪实反驳说："你自己要造反，还说谁造反?"两个人越骂声音越大。闵帝李从厚听到，召唤二人来询问，二人各把自己的意见向闵帝诉说，闵帝不能明辨二人争辩的是非，便把朱洪实斩杀，军士更加愤怒。

壬戌日(二十二日)，潞王李从珂到达昭应，听说前军抓获王思同，潞王说："虽然王思同的谋划有所失误，然而他为其奉侍的主上竭尽心力，也是可以嘉许的。"癸亥日(二十三日)，到达灵口，前锋部队把王思同送到，潞王李从珂责备他，王思同回答说："我出身行伍，受到先帝的提拔，升到节度使大将的地位，常因无法建功报答大恩感到惭愧。我并不是不知道归附大王马上就能够得到富贵，帮助朝廷反而会自取祸殃，但只是担心死了以后没脸在九泉之下见到先帝。现在失败了，要被抓去杀头，也算是死得其所，请早一点把我杀了吧!"潞王不禁被他感动，说："你去休息休息吧!"潞王本来想赦免他，但是杨思权这一帮人都不愿意再和他见面。潞王带军经过长安的时候，尹晖霸占王思同所有的家产和妓妾，几次对刘延朗说："如果留下王思同，怕会失去士卒的心。"趁着潞王李从珂酒醉，不等向上报告，擅自杀了王思同和他的妻子。潞王酒醒之后，恼怒刘延朗，叹息了许多天。

癸亥日(二十三日)，闵帝李从厚任命康义诚为凤翔行营都招讨使，王思同为副帅。

甲子日(二十四日)，潞王李从珂攻到华州，俘获药彦稠，把他囚禁起来。乙丑日(二十五日)，到达阌乡。朝廷前后派出的军队，碰上西方的叛军就投降，没有一人作过战。丙寅日（二十六日），康义诚率领侍卫兵从洛阳出发，闵帝李从厚下诏任命侍卫马军指挥使安从进为京城巡检，安从进已经接到潞王李从珂的密信，暗中布置心腹之人。

这一天，潞王到达灵宝，护国节度使安彦威、匡国节度使安重霸都投降，只有保义节度使康思立还打算坚守陕城以等待康义诚的救援。在此以前，捧圣军有五百名骑兵戍守在陕西，这时担当潞王的先头部队，到了陕州城下的时候，对城上的守军呼叫说："十万名禁军已经拥立新皇帝，你们这几个人还想干什么？再不归降就只会使一城的人都肝脑涂地而已。"于是，捧圣军兵卒争着出城迎降，康思立不能阻挡，不得已自己也出来迎降。

丁卯日（二十七日），潞王李从珂到达陕州，属僚们劝李从珂说："现在大王已经快到京城，听说皇帝的车驾已经离开，大王应该暂时在这里停留一下，先移送檄文慰抚京城军民。"潞王李从珂采纳了这意见，移送檄文去告诉洛阳的文武军民，除了朱弘昭、冯赟两个家族不赦免之外，其余人等都不要有忧疑。

康义诚的军队到达新安，所部将士自己结合，百八十人为一群，丢弃盔甲兵器，争先恐后地前往陕州向潞王李从珂投降，一路上络绎不绝。康义诚到了干壕，手底下只剩几十个人；这时碰上潞王李从珂的前锋斥候骑兵十多人，于是康义诚解下所佩带的弓、剑作为信物，随着候骑请求向潞王投降。

戊辰日（二十八日），闵帝李从厚听说潞王李从珂的军队已经到达陕州，康义诚的军队溃散，忧悲害怕，不知道该怎么办，于是急忙派出宫中使者召唤朱弘昭前来商议对策，朱弘昭说："急切召见我，是要加罪于我啊。"于是就自己跳井自杀。安从进听说朱弘昭死了，就把冯赟杀死在他家中，并且杀灭他全族的人，然后把朱弘昭和冯赟的脑袋传送呈献给潞王李从珂。闵帝李从厚想逃奔魏州，就征召孟汉琼，让他先去魏州安置，孟汉琼不应召命，自己单骑奔向陕州。

起初，闵帝李从厚在藩镇的时候，很宠幸牙将慕容迁，即位以后，任命他为控鹤指挥使；闵帝打算向北渡过黄河，就秘密和他商议，教他率领属下的士卒守住玄武门。当晚，闵帝带着五十名随从出玄武门，对慕容迁说："朕要暂时前往魏州，再慢慢计划兴复，你带着有马的控鹤军随朕来。"慕容迁说："生死都追随皇上。"表面上团结在闵帝周围；等到闵帝出了宫城后，他就关了城门不跟随。

己巳日（二十九日），冯道等入宫朝见，到了端门，听说朱弘昭和冯赟死了，闵帝李从厚也向北逃逸；冯道和刘昫就准备回去，李愚说："天子出走，我们这些人未能参与谋划。现在，太后还在宫中，我们应当到中书省去，派小黄门太监听取太后如何进止，然后再回自己的宅第，这是人臣的大义啊！"冯道说："皇上已经无法守住社稷，为人臣子的只知道事奉国君，现在已经没有国君，还要进宫，这样恐怕不太好吧？潞王李从珂已经到处在张贴榜示，我们不如回去等他的教令。"于是大家就往回走。刚走到天宫寺，安从进派人来告诉他说："潞王正在兼程前来，就快要到了，相公应该率领百官到谷水去迎接。"于是冯道就停留在寺中，派人去召集百官。中书舍人卢导到了，冯道说："等舍人好久了，现在最急需的是向潞王劝进的文书，应该赶快草拟。"卢导说："潞王入京，百官列队去欢迎也就可以，如果真要废立国君，也应当等太后的教令，怎么可以立刻商议劝进呢？"冯道说："我们做事只求实在，不要拘泥形式。"卢导说："哪有天子在外，人臣却突然拿皇帝大位劝人进据的啊！如果潞王坚持在北面守臣节，用君臣大义来责备我们，将用什么话来回对？公不如率领百官到皇宫门口，进呈名字，向太后请安，然后请示太后的决定，那么进退之间，就没有什么问题了。"冯道还来不及回答他，从进已经几次派人来催促了，说："潞王到了，太后和太妃都派遣宫中的使者去迎接，百官怎么可以不去呢？"冯道等人就纷纷前往。过了一会儿，潞王还是没到，三个宰相停留在上阳门外头等候，卢导从前面走过，冯道又把他叫来商量，卢导的回答还是和先前一样。李愚说："舍人的话是对的。我们这些人的罪过是拔下头发也数不尽了。”

康义诚到陕州来等待罪处，潞王李从珂责备他说：“先帝过世以后，拥立嗣君由你们决定，当今皇帝在居丧期间，国家的政事也是由你们安排，为什么就不能好好地尽心尽力，而把我的弟弟陷害到这种地步呢?”康义诚一听，大为恐惧，伏在地上叩头请求死罪。潞王李从珂一向厌恶他的为人，但一下子还不想把他杀了，就暂时赦免他的罪。马步都虞候苌从简和左龙武统军王景戡都被部下们捉起来，向潞王投降，于是洛阳派来的军队全部都投降。潞王李从珂上书给太后听从进止，于是率军从陕州向东进发。

夏季，四月，庚午朔日（初一日），天还没有亮，闵帝李从厚到达卫州以东几里的地方，遇到石敬瑭；闵帝大喜，便向他询问如何保存社稷的大计，石敬瑭说：“听说康义诚已经率兵西征，结果如何呢?陛下怎么会跑到这里来?”闵帝李从厚说：“康义诚也叛变了。”石敬瑭低头一再长叹，说：“卫州刺史王弘贽，是宿将，又熟悉军国大事，我请求前去和他商议。”于是石敬瑭就前去会见王弘贽，征求他的意见，王弘贽说：“前代天子出奔的情况很多，但是却都带有将相、侍卫、府库、法物随行，使臣下们有所瞻仰；现在什么都没有，只带着五十名随从，就算我们有忠义之心，又能够怎么样呢?”石敬瑭回去后，到卫州驿去见闵帝，把王弘贽的话告诉了闵帝。弓箭库使沙守荣、奔洪进上前责备石敬瑭说：“您是明宗的爱婿，富贵相互共有，忧患也应该相互体谅、承担。现在，天子奔波在外，把希望寄托给您，以图复兴，你竟然拿这四样来做托词，这简直是要依附叛贼而出卖天子呀!”沙守荣就抽出佩刀要刺杀石敬瑭，石敬瑭的亲将陈晖上前救援，沙守荣和陈晖格斗，战死，奔洪进也拔剑自刎。石敬瑭的牙内指挥使刘知远率领军队冲进来，把闵帝身边的左右侍卫和随从人员都杀光，只留下闵帝李从厚，然后离去。石敬瑭赶往洛阳。

这一天，太后命宫内诸司的人到千壕迎接潞王，潞王李从珂赶忙把来使遣回洛阳。

起初，潞王李从珂从河中罢官，回到洛阳家中，王淑妃几次派遣孟汉琼去慰问他。孟汉琼就自认为对潞王有旧恩，到渑池西边的时候，见到潞王，大哭，想向潞王解释。潞王李从珂说："任何事都不必说，我都知道了。"孟汉琼到了随从臣吏之中，潞王下令把他斩首在路边。

山南西道节度使张虔钊讨伐凤翔的时候，留下武定节度使孙汉韶防守兴元。张虔钊打了败仗后，逃回兴元，和孙汉韶带着两镇的土地投降蜀国；蜀主孟知祥命令奉銮肃卫马步都指挥使、昭武节度使李肇率领五千名部队回利州，右匡圣马步都指挥使、宁江节度使张业领兵一万人屯驻大漫天迎接他们。

壬申日(初三日)，潞王李从珂到达蒋桥，百官在路上列班迎接，潞王传命，因尚未拜谒明宗李嗣源的灵柩，还不能接见大家。冯道等人都上书劝进。潞王李从珂入宫觐见太后、太妃，然后到西宫，伏在先皇的灵柩上恸哭，自己陈述所以到京城来的原因。冯道率领百官列班拜见，潞王也答拜。冯道等又上书劝进，潞王立刻告诉冯道等人说："我这次前来，完全是不得已，等闵帝李从厚回京，先皇安葬完毕后，我还要回去镇守藩镇；各位明公突然讲到这样的事，很没有意思啊!"

癸酉日(初四日)，太后下令把少帝李从厚废为鄂王，又任命潞王李从珂掌理军国大事，并且暂时使用书诏印。百官都到至德宫门前请罪，潞王命令他们都各复原职。甲戌日(初五日)，太后命令潞王即皇帝位；乙亥日(初六日)，潞王李从珂在明宗李嗣源灵柩前即位。

后唐末帝李从珂从凤翔出发时，答应入洛阳以后给军士每人赏钱一百缗。到了洛阳后，就问三司使王玫府库中钱财的存量，王玫回答说有几百万。后来实际检查的结果是金、帛的数量不过三万；而赏赐军士们的钱算起来总共要用到五十万缗钱。末帝非常生气，王玫就建议征收京城百姓的钱财来补足，过了几天，也只征到几万缗，末帝对执政的大臣们说："军队不能不赏，百姓不能不体恤，这事怎么办为好?”执政的人建议，按房子再收税，不论官民，自己居住或者向人租的，一律预交五个月的房屋税，末帝李从珂批准。

王弘贽把闵帝李从厚迁到州舍住下，末帝李从珂派遣王弘贽的儿子殿直王峦前去用毒酒把闵帝毒死。戊寅日(初九日)，王峦到达卫州，拜见闵帝李从厚，闵帝问他为什么前来，王峦不回答。王弘贽几次进酒，闵帝知道其中有毒，不肯喝，王峦把他勒死。

闵帝生性仁慈宽厚，对待兄弟非常和睦，虽然被秦王李从荣猜忌，但是闵帝以坦诚的胸怀对待他，最终能够免除灾患。继承帝位以后，对潞王李从珂也没有什么猜忌，而朱弘昭、孟汉琼那一伙人横生猜疑离间，闵帝不能不听从他们，所以招致祸败。

孔妃还在皇宫里，末帝李从珂派人去对她说:“我的儿子李重吉现在在哪里呀?”于是就杀了孔妃和她的四个儿子。

闵帝李从厚在卫州期间，只有磁州刺史宋令询派遣使者前来问候他的生活起居;听到他遇害，痛哭半日，自己也上吊死了。

己卯日(初十日)，石敬瑭入京朝见末帝李从珂。

庚辰日(十一日)，任用刘昫判理三司。

辛巳日(十二日)，蜀国实行大赦，把年号改为明德。

末帝李从珂从凤翔起兵时，曾经召唤兴州刺史刘遂清，刘遂清迟疑不肯来。后来听说末帝进入洛阳，于是就召集三泉、西县、金牛、桑林全部的戍兵回京，把散关以南的城镇通通抛弃，全被蜀国所接收。癸未日(十四日)，刘遂清入京朝见末帝，末帝本来要追究他的罪责，后来因为他能主动回来归附，便赦免了他。刘遂清是刘鄩的侄儿。

甲申日(十五日)，蜀国将领张业率兵进入兴元、洋州。

乙酉日(十六日)，后唐末帝李从珂改年号为清泰，实行大赦。

丁亥日(十八日)，任命宣徽南院使郝琼暂时掌理枢密院，前三司使王玫为宣徽北院使，凤翔节度判官韩昭胤为左谏议大夫，充任端明殿学士。

戊子日(十九日),斩杀河阳节度使、判六军诸卫兼侍中康义诚,灭他全族。

己丑日(二十日),后唐诛杀药彦稠。

庚寅日(二十一日),释放王景戡和苌从简。

有关官员千方百计搜敛民财,只收得六万,末帝李从珂发怒,下令凡欠税的人都一律抓到军巡使的监狱里,日夜催逼,监狱中住满了人,百姓为此甚至有上吊、跳井自杀的。军士们到街市上游荡满脸都是一副骄横的样子,市民们聚在一块,骂他们说:"你们为主上奋力作战,建立功劳,确实也很辛苦,但是却让我们遭受严刑拷打,被迫献出财物来作为你们的奖赏,你们这些人还扬扬得意,难道你们就不知愧对天地吗?"

这个时候,把存放金帛财赋的左藏中所有旧物以及各道的贡献之物,乃至太后、太妃所用的器皿服饰簪环全部拿出来,只有二十万缗,末帝觉得头痛,刚好李专美晚上在宫内值班,末帝就责备他说:"你号称很有才干,现在不能替我解决这个问题,你还要留着那些才干做什么用呢?"李专美谦谢说:"臣的才干实在低劣,只是陛下太提拔我了,但是要给军队的赏金不够,这不是臣的责任。我私下想,自从长兴末年以来,老是赏赐士卒,所以士卒们都开始骄纵;接下来又为先皇李嗣源营造陵寝,又出兵打仗,国库中的钱财就枯竭了。即便是有无尽的财富,最终也难以满足这些骄纵士卒的贪欲,因此,陛下才能够在国家危困之中拱手而得天下。说到一个国家的存亡,并不是专看能否有优厚的赏赐,应该是要看能不能够修明法度,建立纲纪。陛下如果不修改以前错误的做法,臣恐怕只是会使百姓更加困苦,国家存亡,恐怕还很难预料。现在,国家财力只有这些,应该根据所得到的平均分给大家,何必非履行当初所许诺的不可呢?"末帝李从珂认为他讲得对。壬辰日(二十三日),下诏命:凡是各部队在凤翔归附的,从杨思权、尹晖等人开始各赐给马二匹,骆驼一头,钱七十缗,以下的军士则每人钱二十缗,在京城归附的每人十缗。军士们不满意,颇有怨言，就造了一首歌谣说：“除去菩萨，扶立生铁。”因为闵帝李从厚小字菩萨，又生性仁慈懦弱，末帝李从珂则个性刚严，大家都有点后悔。

丙申日(二十七日)，把圣德和武钦孝皇帝李嗣源安葬在徽陵，庙号叫明宗。末帝李从珂穿戴丧服护随到陵墓，并留宿在陵所。

五月，丙午日(初七日)，任命韩昭胤为枢密使，庄宅使刘延朗为枢密副使，权知枢密院房暠为宣徽北院使。房暠是长安人。

末帝李从珂和石敬瑭都是由于勇武善斗而服侍在明宗李嗣源左右，但是两人在心中都互相竞争，并不友好。末帝李从珂即位后，石敬瑭不得已，只好入京朝见，先帝的陵寝建造安葬完毕后，一直不敢开口说要回镇地去。当时石敬瑭久病之后瘦得皮包骨，曹太后和魏国公主多次替他讲情；但是末帝李从珂从凤翔带来的将领幕僚很多人都劝末帝把他羁留在洛阳，只有韩昭胤和李专美认为赵延寿镇守在汴州，不宜对石敬瑭猜忌，免得他们不安。末帝也看到石敬瑭瘦得皮包骨，不觉得担心，便说：“石郎不但是内亲，关系密切，而且他从小与我共同经历艰难；现在我做了天子，不依靠石郎还能依靠谁呀?”便仍任用他为河东节度使。

戊午日(十九日)，任命陇州防御使相里金为保义节度使。

丁未日(初八日)，阶州刺史赵澄向蜀国投降。

戊申日(初九日)，末帝李从珂任用羽林军使杨思权为静难节度使。

己酉日(初十日)，张虔钊、孙汉韶带着全族的人迁居成都。

庚戌日(十一日)，任命司空兼门下侍郎、同平章事冯道同平章事，充任匡国节度使。

末帝李从珂任用天雄节度使兼侍中范延光为枢密使。

末帝李从珂从凤翔起兵的时候，把天平节度使李从曮家中的钱财、盔甲、兵器都拿来供应军需。将要出发的时候，凤翔的百姓拦着马请求仍任用李从曮镇守凤翔，末帝答应了，到此时，便把李从曮调迁为凤翔节度使。

起初，明宗李嗣源任北面招讨使的时候，平卢节度使房知温担任副都部署，当时末帝李从珂作为别将受房知温统领，有一回喝酒的时候起了争执，两人还拔刀相向。末帝率兵进入洛阳后，房知温秘密地和行军司马李冲计划抗拒他，李冲建议先上表给末帝，好前去观察形势，李冲回去后，向房知温报告说洛阳已经安定下来。壬戌日（二十三日），房知温入京朝见，表示谢罪，末帝优礼他；房知温的贡纳也很丰厚。

吴国镇南节度使、兼中书令东海康王徐知询过世。

蜀国攻取成州。

六月，甲戌日（初五日），末帝李从珂任用皇子左卫上将军李重美为成德节度使、同平章事，兼河南尹，判六军诸卫事。

文州都指挥使成延龟率领全州军民归附蜀国。

吴国徐知诰准备教吴主杨溥禅位给他，但是又忌刻昭武节度使兼中书令临川王杨濛，于是派人告发杨濛收藏亡命之徒，擅自打造兵器，有谋反的行迹；丙子日（初七日），把杨濛降封为历阳公，幽禁在和州，命令控鹤军使王宏领兵二百人监守他。

刘昫与冯道通婚，结成儿女亲家。刘昫性情狭隘、好计较小事，李愚性情刚愎偏颇；冯道出镇同州后，二人议论往往不能一致，遇到有应该改变的事情，李愚就对刘昫说："这是过去你们亲家翁干的，我看还是改改比较好吧!"刘昫非常愤恨，从此两人动不动就发生争执，甚至破口大骂，都想在不是朝见的时候能谒见末帝李从珂，因此很多政事往往被耽误拖延。末帝觉得很为难，想另行任命宰相，于是先问亲信的臣子，看朝中谁的名望适宜当宰相，大家都回答说尚书左丞姚顗、太常卿卢文纪和秘书监崔居俭三人合适；但是如果考察三人的才能、品行，则各有优劣，末帝不能决定，于是把三人的名字放在琉璃瓶内，夜里，焚香祝天，再用筷子到瓶里去夹，首先夹到卢文纪的名条，其次夹到姚顗。秋季，七月，辛亥日（十三日），任命卢文纪为中书侍郎、同平章事。崔居俭是崔荛的儿子。

末帝李从珂要杀楚匡祚，韩昭胤劝谏说："陛下是天下人之父，天下人都是陛下之子，施用法律一定要至公无私。楚匡祚是接受诏命才去追索李重吉家财的，不得不那样做。现在如果把楚匡祚全族都诛杀，不但对死者没有什么帮助，反而会使大家不服气。"乙卯日（十七日），末帝李从珂把楚匡祚长期流放登州。

丁巳日（十九日），册立沛国夫人刘氏为皇后。

回鹘入贡的使者在来往的路上往往被河西一带的胡人掠夺，末帝李从珂下诏命令将军牛知柔率领禁军护送，会同邠州兵马共同讨伐他们。

吴国的徐知诰把左仆射兼中书侍郎、同平章事宋齐丘召唤回金陵，改派他为诸道都统判官，另加任司空，但是，对于各种事务都不让他干预；宋齐丘屡次请求退休家居，徐知诰把南园赐给他。

护国节度使洋王李从璋，归德节度使泾王李从敏，都免除镇守方镇的职位，住在洛阳的私宅中，末帝李从珂对他们很不好，李从敏在宋州也参与杀害李重吉的事，所以末帝尤其厌恶他。有一回，李从璋、李从敏在宫中陪着末帝李从珂宴饮，喝到酒酣耳热的时候，末帝忽然回头对两人说："你们两个都是些什么东西，居然敢霸占大的方镇？"二人极为惊恐，太后叱喝他们说："皇帝醉了，你们俩快回去！"

蜀国在雅州设置永平军，任命孙汉韶为节度使。又任命张虔钊为山南西道节度使、同平章事；张虔钊坚决推辞不去。

蜀主孟知祥患风疾一年多，这时病情严重；甲子日（二十六日），册立他的儿子东川节度使、同平章事、亲卫马步都指挥使孟仁赞为太子，仍然监理国事。又召司空、同平章事赵季良和武信节度使李仁罕、保宁节度使赵廷隐、枢密使王处回、捧圣控鹤都指挥使张公铎、奉銮肃卫指挥副使侯弘实等接受遗诏，辅佐朝政。当夜，孟知祥去世，保守秘密不发丧。王处回夜间开义兴门告诉赵季良，王处回痛哭不已，赵季良板起脸来，很严肃地对他说："现在强悍的将领们手上握着重兵，都在等待动乱的时机，我们应该赶快拥立嗣位的新君，好断绝这些人非分的念头，怎么可以只在这里相对哭泣呢？”王处回才停止哭泣，向赵季良道谢。赵季良教王处回去见李仁罕的时候，先看看他的态度再决定怎么告诉他。王处回到李仁罕的府第，见李仁罕布置了防备措施才出来，便没有把实情告诉他。

丙寅日（二十八日），宣布先王孟知祥的遗命，命令太子孟仁赞改名为昶。丁卯日（二十九日），太子孟昶登上皇位。

起初，后唐末帝李从珂由于王玫回答府库左藏现存财物失实，因此任用刘昫代管盐铁、户部、度支三司。刘昫命令判官高延赏彻底查核，发现原来都是一些历年拖欠的老账，奸吏因为催收这些欠债的时候可以从中得到好处，所以都把它留着。刘昫把这一情况详细地向末帝做了汇报，并且建议经过查实可以征收到的抓紧督促缴纳，实在缴纳不出的干脆全部免除，韩昭胤也认为这样做很好。八月，庚午日（初二日），末帝李从珂下诏，规定凡是长兴以前户部和各道所拖欠的三百三十八万缗老账，因为只是徒然浪费一大批账册，所以全部免除，不再征收。贫苦百姓非常欢喜，三司的官吏却埋怨不满。

辛未日（初三日），末帝李从珂任用姚顗为中书侍郎、同平章事。

右龙武统军索自通因为过去在河中时曾和安重诲一起陷害过末帝，内心觉得不安，戊子日（二十日），退朝后经过洛水，就投水自杀。末帝李从珂听说以后很吃惊，封赠他为太尉。

丙申日（二十八日），任命前安国节度使、同平章事赵凤为太子太保。

九月，癸卯日（初六日），末帝下诏，命凤翔增兵把守东安镇，防备蜀国进扰。

蜀国卫圣诸军都指挥使、武信节度使李仁罕自恃是宿将有功劳，又受先王孟知祥托付辅政，就请求判六军，他先命令进奏吏宋从会把这意思告诉枢密院，又到学士院去打听是否已在草拟诏书。蜀主孟昶不得已，只好在甲寅日（十七日），加任李仁罕兼中书令，判六军事；任用左匡圣都指挥使、保宁节度使赵廷隐兼任侍中，做他的副手。

己未日（二十二日），云州守军启奏说契丹入侵，北面招讨使石敬瑭启奏要亲自率兵屯驻百井，以防备契丹。辛酉日（二十四日），石敬瑭表奏振武节度使杨檀在边境上还击契丹，把他们打退。

蜀国奉銮肃卫都指挥使、昭武节度使兼侍中李肇听说蜀主孟昶即位，态度观望，不马上入朝，到达汉州的时候，留在那里和亲戚欢宴饮酒，停了十几天；冬季，十月，庚午日（初三日），才到达成都，称说脚有病，扶着手杖入朝，见到蜀主孟昶也不拜。

戊寅日（十一日），左仆射、门下侍郎、同平章事李愚被免去相职，只担任本职左仆射，吏部尚书兼门下侍郎、同平章事、判三司刘昫也免去相职，改任右仆射。三司吏属听说刘昫被罢免宰相，都相互祝贺，没有一个人跟随他到新官署。

蜀国捧圣控鹤都指挥使张公铎与医官使韩继勋、丰德库使韩保贞、茶酒库使安思谦等都是从蜀主孟昶为藩王时就跟随他的，他们一向怨恨李仁罕，于是共同在蜀主孟昶面前说李仁罕的坏话，说李仁罕有谋反的野心；蜀主孟昶命令韩继勋等人和赵季良、赵廷隐等谋划，趁着李仁罕入宫朝见的时候，命令武士把他抓起来杀掉。十六日，蜀主孟昶下诏公布李仁罕的罪状，同时被诛杀的还有李仁罕的儿子李继宏和宋从会等几个人。当天，李肇入宫时就不敢再用拐杖，并且向蜀主孟昶下拜。

蜀国源州都押牙文景琛占据州城反叛，果州刺史李延厚发兵讨伐，平定这场叛乱。

蜀主孟昶的左右近臣认为李肇太倨傲无礼，请求把他诛杀；戊子日（二十一日），蜀王封李肇为太子少傅让他退休，迁往邛州。

吴主杨溥加封徐知诰大丞相、尚父、嗣齐王等尊号，并且赐给他九锡；知诰徐都谦辞，没有接受。

后唐雄武节度使张延朗领兵包围蜀国文州，阶州刺史郭知琼攻下尖石寨。蜀国的李延厚率领果州军队屯驻在兴州，派先登指挥使范延晖率兵救援文州，张延朗解除围城，率兵撤退回去。兴州刺史冯晖从乾渠率领戍兵回凤翔。

十一月，徐知诰召唤他的儿子司徒、同平章事徐景通还归吴国西都金陵，任命他为镇海、宁国节度副大使、诸道副都统、判中外诸军事；任命他的另一个儿子牙内马步都指挥使、海州团练使徐景迁为左右军都军使、左仆射、参政事，留在江都辅佐朝政。

十二月，己巳日（初三日），任命易州刺史安叔千为振武节度使，齐州防御使尹晖为彰国节度使。安叔千是沙陀人。

壬申日（初六日），石敬瑭启奏说契丹退走，就率兵回晋阳。

乙亥日（初九日），末帝李从珂征召雄武节度使张延朗为中书侍郎、同平章事、判三司。

辛巳日（十五日），汉国皇后马氏过世。

甲申日（十八日），蜀国在和陵安葬文武圣德英烈明孝皇帝孟知祥，庙号高祖。

乙酉日（十九日），把鄂王李从厚安葬在徽陵城南，坟堆只有几尺高；看到的人都为他觉得悲哀。

这一年的秋天、冬天发生旱灾，百姓多流散逃亡，同州、华州、蒲州、绛州尤其严重。

南汉主刘龑命令总判六军的秦王刘弘度募集宿卫兵一千人，都是市井的无赖子弟，而刘弘度却亲昵他们。同平章事杨洞潜进谏说："秦王，是国家的继承人，应当让他亲近品行端正的士人。要他掌理军队已经不恰当了，何况他还亲昵一帮小人呢？"汉主刘龑回答说："只不过是教小孩子一点军事，却让你担忧了。"后来还是没告诫刘弘度。杨洞潜外出，看到卫士抢夺商人的财物，商人也不敢控诉，于是叹气说："国家的政事乱到这个地步，还要宰相干什么？"因而以有病辞谢朝政回到自己宅第；很长时间，也不召他入朝，便去世了。

清泰二年（乙未，公元 935 年）

春季，正月，丙申朔日（初一日），闽国实行大赦，改年号为永和。

二月，丙寅朔日（初一日），蜀国实行大赦。

甲戌日（初九日），后唐末帝李从珂任用枢密使、天雄节度使兼侍中范延光为宣武节度使兼中书令。

丁丑日（十二日），夏州节度使李彝超启奏生病，由他的哥哥行军司马彝殷暂时掌理军州的事务；李彝超不久就去世。

戊寅日（十三日），蜀主孟昶尊奉他的母亲李氏为皇太后。李太后是太原人，本来是后唐庄宗李存勖的后宫宫女，用来赐给蜀高祖孟知祥为妻。

己丑日（二十四日），追尊末帝李从珂的母亲鲁国夫人魏氏为宣宪皇太后。

闽主王璘立淑妃陈氏为皇后。起初，闽主两度娶刘氏为妻，都是士族，虽然长得漂亮，却得不到闽主的宠爱。陈后本来是闽太祖王审知的侍婢金凤，虽然长得不漂亮，却妖媚淫荡，所以闽主很宠爱她，又任命她的族人陈守恩和陈匡胜为殿使。

三月，辛丑日（初七日），末帝李从珂任用前宣武节度使兼侍中赵延寿为忠武节度使兼枢密使。

任命李彝殷为定难节度使。

己酉日（十五日），赠吴越王钱元瓘的母亲陈氏为晋国太夫人。钱元瓘性情孝顺，对母亲的族属尊敬尽礼，赐赏很丰厚，但是从未给他们升官和授予重任。

壬戌日（二十八日），任命彰圣都指挥使安审琦兼领顺化节度使。安审琦是安金全的儿子。

太常丞史在德，性格狂放不羁，上书诋毁朝廷内外的文武之士，请求普遍进行考试，从而黜拙拔能；执政和朝中的大臣们都非常愤怒，卢文纪和补阙刘涛、杨昭俭等都请求末帝李从珂治他的罪。末帝对学士马胤孙说："朕新近才君临天下，正应该广开言路，让大家踊跃建言，如果朝中的大臣因为向我建言而被治罪，以后还有谁敢说话？你替朕写一份诏书，把朕的这番意思告诉大家。"于是下了诏书，大意是说："从前魏征请求唐太宗李世民奖赏皇甫德参，现在刘涛等人请求罢黜史在德，事情相同而评价两样，为什么相差这样远？史在德的话虽说的重，他的本意也不过是想对朕尽忠，朕怎么能够责怪他呢？"杨昭俭是杨嗣复的曾孙。

吴国加任徐景迁同平章事、知左右军事；徐知诰命令尚书郎陈觉辅佐他，徐知诰对陈觉说："我年轻的时候，和宋子嵩（宋齐丘）两人议论，喜欢互相诘难，有时我气得丢下宋子嵩回家，有时宋子嵩拂袖而去。宋子嵩好几次都带着衣箱子向着秦淮门要走，我常交代看门的留住他。我现在已经年纪大了，还没有能够对时事样样通晓，何况徐景迁年少担当国家大事，所以委屈您老先生来教导他啊。"

夏季，四月，庚午日（初六日），蜀国任命御史中丞龙门人毋昭裔为中书侍郎、同平章事。

癸未日（十九日），末帝李从珂加封枢密使、刑部尚书韩昭胤中书侍郎、同平章事。辛卯日（二十七日），任命宣徽南院使刘延皓为刑部尚书，充任枢密使。刘延皓是皇后的弟弟。癸巳日（二十九日），任命左领军卫大将军刘延朗为本卫上将军，充任宣徽北院使，兼任枢密副使。

五月，丙申日（初三日），契丹入侵新州及振武。

庚戌日（十七日），赐给振武节度使杨檀名字为光远。

六月，吴国德胜节度使兼中书令柴再用过世。起初，史官王振曾经问他所立过的战功，柴再用说："鹰犬的细小作用，都是国家社稷的灵验，我有什么功劳？"竟然没有告诉王振。

契丹入侵应州。

河东节度使、北面总管石敬瑭返归镇所后，暗中谋划如何保全自己。末帝李从珂喜欢探查外头的事情，常常命令端明殿学士李专美、翰林学士李崧、知制诰吕琦、薛文遇、翰林天文赵延义等人轮流在中兴殿庭值班，和他们谈话有时谈到深夜。当时石敬瑭的两个儿子都在宫内担任内诸司使，曹太后又是石敬瑭妻子晋国长公主（原来封为魏国公主）的母亲，于是石敬瑭贿赂曹太后的左右侍从，让他们侦察末帝的秘密谋议，所以不论大小事情，都能够知道。石敬瑭常常在宾客面前自称病弱不能领兵为帅，希望朝廷不猜忌他。

当时，契丹频繁侵扰北部边界，守卫的禁军大多设防在幽州和并州，石敬瑭和赵德钧两人一再向朝廷请求增派军队并运补粮草，日夜不停。甲申日（二十一日），末帝李从珂下诏向河东有积蓄的人家借调菽粟。乙酉日（二十二日），又下诏教镇州百姓捐献五万匹绢给晋阳的总管府，好征购军粮。又征调镇州、冀州的人夫、车辆一千五百乘，运粮补给代州；又下诏命令魏博征购军粮。当时接连发生水灾、旱灾，百姓都饥饿不堪，石敬瑭派人督催缴纳非常严厉紧急，崤山以东的百姓流离失散，开始露出动乱的兆头。

石敬瑭率领大军屯扎忻州，朝廷派使者前来赐给军士夏衣，宣读诏书慰问他们，军士们乘机一再呼叫万岁，有拥立石敬瑭的意思。石敬瑭觉得害怕，幕僚河内人段希尧建议把带头的人抓起来杀了，石敬瑭于是命令都押衙刘知远斩杀了挟马都将李晖等三十六人，并且把他们的脑袋传送到各部队示众。段希尧是怀州人。末帝李从珂听说这些情况，更加怀疑石敬瑭。

壬辰日（二十九日），末帝李从珂下诏："窃盗不论赃物多少，以及纵火的强盗，都施行极刑。"

闽国的福王王继鹏和宫女李春鷰私通，王继鹏向陈后请求，陈后向闽主王璘报告后把宫女李春鷰赐给王继鹏。

秋季，七月，末帝李从珂任用枢密使刘延皓为天雄节度使。

乙巳日（十三日），任命武宁节度使张敬达为北面行营副总管，率兵屯驻代州，这是为了分散石敬瑭的兵权。

末帝李从珂因为时局常常感到忧虑，曾经很平和地责备过卢文纪等人，批评他们没有提供什么规劝和赞同的建议。丁巳日（二十五日），卢文纪等呈上奏章报告说："臣等每五天进宫问候皇上起居，和文武两班大臣一同晋见，只能得到短暂的当面对答的机会，但眼前又都是侍卫，就算是有一点觐见，也不敢当众提出。臣私下看见前朝唐肃宗李亨上元年间后，设置延英殿，有时宰相有要事报告，或者天子有事要询问臣下，因为旁边没有侍卫的臣子，所以觐见的人都能畅所欲言。希望能够恢复这个办法，只让掌理机要的大臣在旁边侍候。”末帝李从珂下诏批示说：“旧制施行五日问起居时，百官都退场，只有宰相单独留下来，像平常的事情仍然可以陈奏。遇到机密的事情，不按五天的期限，或者另选日期在阁门听取牓子，自当让侍臣都屏退，在便殿接见，何必一定要沿用延英殿的名称呢？”

吴国润州团练使徐知谔，亲昵狎近小人，游赏宴集，废弃正务，他在牙城西边建了一大排商店，亲自经营贸易。徐知诰知道后非常生气，就把徐知谔的左右臣下叫来臭骂一顿；徐知谔因此心里非常害怕。有人对徐知诰说：“忠武王当年最喜欢徐知谔，然而却把身后的大业传给了您。前几年徐知询失了镇所，大家都议论纷纷，到现在还没有平息。如果徐知谔能进德修业，享有声望，训练士卒，爱养百姓，对您又有什么好处呢？”徐知诰有所领悟，对待徐知谔更加宽厚。

九月，丙申日（初四），吴国实行大赦，改年号为天祚。

己酉日（十七日），末帝李从珂任用宣徽南院使房暠为刑部尚书，充任枢密使，宣徽北院使刘延朗任为南院使，仍兼任枢密副使。于是刘延朗和枢密直学士薛文遇等人在宫中当权，房暠和赵延寿虽名为枢密院长官，事实上所建议的话末帝听信采用的不到十分之三四。房暠就随顺时势，凡事都不争先；每次幽州、并州派遣使者入朝上奏，枢密院的一班大臣都环坐在那里进行议论，房暠总是低着头打盹，等他一觉醒来，伸伸脖子，拉拉衣裳，使者早已经走了；向末帝建议派任官吏的事也全都让刘延朗去决定。各地的方镇、刺史进京的，一定要先贿赂刘延朗，然后再商量呈献给末帝的。如果贿赂得多，就获得优先，得到内地的官职；贿赂少的后办，只能得到边远的职差。因此，各地将帅都怨愤不满，而末帝李从珂不能察觉。

蜀国金州防御使全师郁入侵金州，攻下水寨。城中士卒才一千人，都监陈知隐假称有其他的事，率领三百名士卒沿河逃走；防御使马全节把自己的全部私财都拿出来赏赐供军队，出奇兵死命战斗，蜀兵才退回去。戊寅日（疑误），末帝李从珂下诏斩杀陈知隐。

起初，闽主王璘有个宠幸的臣子叫归守明，常进出闽主的寝宫；闽主王璘晚年患了风疾，陈后就和归守明及百工院使李可殷私通，闽国人都厌恶他们，但是没有人敢讲话。

李可殷曾经在闽主王璘面前说皇城使李仿的坏话，皇后的本家陈匡胜对福王王继鹏没有礼仪，李仿和王继鹏都怨恨这些人。闽主王璘病得很严重，王继鹏就显得很高兴。李仿认为闽主王璘的病一定不会好，冬季，十月，己卯日（十八日），就派几名壮士拿着白棍子攻击李可殷，把他打死，这事震惊朝廷内外。庚辰日（十九日），闽主王璘的病稍微好一点，陈皇后向他报告了这件事。闽主王璘强撑着病体临朝视事，追问李可殷被打死的详情，李仿心里害怕，就跑出宫外，不久，率领着他属下的士卒鼓噪着冲进皇宫。闽主王璘一听说发生变乱，就藏匿在九龙帐下，乱兵冲进去刺他后就跑掉。闽主王璘在那里哀号，还不能断气，宫女们不忍看着他受苦，就帮他早一点断了气。李仿与王继鹏杀陈皇后、陈守恩、陈匡胜、归守明及王继鹏的弟弟王继韬；因为王继韬素来同王继鹏相互厌恶。辛巳日（二十日），王继鹏托称皇太后的命令，要他监国。当天，就登上皇帝位。改名叫昶，给他的父亲上谥号为齐肃明孝皇帝，庙号惠宗。不久，又自称权知福建节度事，派遣使者向后唐呈上奏章，实行大赦；又立李春鷰为贤妃。

起初，闽惠宗王璘娶南汉主刘龑的女儿清远公主，派宦官闽清人林延遇在番禺建立府邸，专门掌握国内的信息。汉主刘龑赐给他一所大宅，俸给赏赐非常优厚，有几次问他闽国的事情，林延遇都不回答，退下来后，对人说："离开闽国就透露闽国的机密，离开越国就透露越国的机密，身处别人的宫禁之中，怎么能这样做呢？"汉主刘龑听到后，很赏识他，任命他为内常侍，负责考核宫内各司。林延遇听说惠宗王璘被臣下杀害，就请求回国，没有得到南汉主刘龚的允许，穿了丧服向着他的国家方向哭了三天。

荆南节度使高从诲，生性开明通达，能够亲近礼敬有贤德的士人，把政事都委交给梁震，以兄长的礼节对待他；梁震常常叫高从诲为郎君。

楚王马希范喜爱奢侈糜费，和他游乐谈笑的人都夸赞他的盛况。高从诲对僚佐说："马王马希范可称得上是大丈夫了。"孙光宪回答说："天子诸侯的礼节都是有等第差别的。那个乳臭未干的小孩那么骄奢僭越，只是取一时的快意，根本就不做长远的考虑，立刻就会遭到危险灭亡，又哪值得羡慕呢？"高从诲很久以后也明白过来，说："先生的话是对的。"后来，高从诲对梁震说："我自己反省平日的享受，已经很过分了。"于是抛弃平日的不良嗜好，改以研读经史做消遣，减省刑罚，减收赋税，境内因此就非常安定。

梁震说："先王高季兴待我如同布衣之交一样，把嗣王托付给我。现在嗣王能够自立，可以不使先王遗业坠落。我已经老了，不想再事奉人了。"于是坚决请求退休。高从诲留不住他，就替他在土洲建筑房子。梁震身披鹤氅，自称是荆台隐士，每回到府舍的时候，都是骑着牛一直进到厅事。高从诲时常到他家中拜访，一年四季赏赐非常优厚。高从诲从此就把政事托付给孙光宪。

◆臣司马光说：孙光宪看到细微的兆头而能够进谏，高从诲听到正确意见能够改正，梁震在功业完成以后能急流勇退，自古拥有国家的人如能这样，又怎么会亡国败家丧身呢？◆

吴国加封中书令徐知诰为尚父、太师、大丞相、大元帅，进封齐王，设置特殊的礼节，又划出升、润、宣、池、歙、常、江、饶、信、海十个州为齐国；徐知诰谦辞尚父、丞相等尊号，也没接受特别礼仪。

闽国皇城使、判六军诸卫李倣专权把持朝政，暗中培养亡命之徒，闽主王昶与拱辰指挥使林延皓等合谋除掉他。林延皓等人假装亲附李倣，李倣对他们也不起怀疑。十一月，壬子日（二十一日），李倣入宫朝见闽主王昶，林延皓等人在内殿埋伏了几百名卫士，把李倣抓起来杀了，把脑袋挂在朝门示众。李倣属下的部队一千多人拿着白棍子进攻应天门，攻不下，就放火烧启圣门，抢走李倣的脑袋，投奔到吴越。闽主王昶下诏宣布李倣弑君以及杀死王继韬等罪名，告示朝廷内外。闽主王昶任用建王王继严暂领判理六军诸卫的事务，任用六军判官永泰人叶翘为内宣徽使、参政事。

叶翘学识渊博，为人质朴正直，闽惠宗王璘把他提拔为福王王昶的朋友，王昶用师傅的礼遇对待他，多方面得到他的帮助和益处，宫中的人都叫他“国翁”。王昶继承王位后，骄傲放纵，不和叶翘商量国事。有一天，王昶正在处理事情，叶翘穿着道士的服装经过庭中，向外头走去，王昶把他召唤回来，拜见他，说：“军国的事情太多，忙昏了头，好久没向您请教，这是孤的过错。”叶翘磕头答谢说：“老臣辅助引导得不得法，以致使陛下即位以来没一件好事可以称道，希望您放我告老回乡，保存躯骸归土。”王昶说：“先帝把孤托付给您，国家的政令有不对的地方，您应该教导孤，怎么反而要抛弃孤自己离去呢?”于是优厚地赐给叶翘金银财帛，抚慰他，教他复位。王昶的元妃梁国夫人李氏，是同平章事李敏的女儿，王昶宠爱李春鷰，对待李夫人很不好。叶翘劝谏说：“李夫人是先帝王璘的甥女，又是以正礼聘娶来的，为何因为有了新爱就冷落了她呢?”王昶听了不高兴，从此就疏远他。不久，叶翘又呈上奏章建议其他事，王昶在奏章后批说：“一叶随风落御沟。”便把叶翘放归永泰，叶翘因年老去世。

后唐末帝李从珂嘉许马全节的功劳，就把他征召到京城来。刘延朗向他要求贿赂，马全节没有什么东西可以给他；刘延朗就想把他派为绛州刺史，朝廷内外议论纷纷，为他打抱不平。末帝李从珂听说后，乙卯日(二十四日)，任命马全节为横海留后。

十二月，壬申日(十一日)，任命中书侍郎、同平章事充枢密使韩昭胤为同平章事，充任护国节度使。

乙酉日(二十四日)，任命前匡国节度使、同平章事冯道为司空。

当时好久没有正式任命三公，朝廷对他的职掌也弄不太清楚；卢文纪让他掌管祭祀时的扫除，冯道听了以后说："司空只是个负责扫除的职务而已，我担心什么。"接着卢文纪也意识到这样做不合适，于是停止实行。

闽主王昶赐洞真先生陈守元号为天师，非常信任看重他，甚至在改换将领、宰相，或者施行刑罚、选拔人才的时候，都要和他商量；陈守元接受贿赂、请托，有求必应，门庭若市。

资治通鉴卷第二百八十　后晋纪一

起止丙申(公元936年),共一年。

【题解】本卷记录了公元936年一年的史事。为后晋高祖天福元年。唐末帝李从珂即位,朝臣建议与契丹和亲,全力防范石敬瑭,末帝犹豫未行。末帝放石敬瑭回晋阳,移镇逼反石敬瑭。末帝倾全国之兵讨伐晋阳,与敌人打阵地战,却忽视防范契丹。吏部侍郎龙敏建言立契丹降将李赞华为契丹主,北行内耗契丹,末帝竟不施行。唐军河南、河中诸镇士兵围攻晋阳,反被围于晋安寨。赵德钧率领河北士兵暗中投靠契丹,末帝统军亲征,既不不进,也不破敌。石敬瑭割燕云十六州换得契丹相助,在晋阳称帝。晋安寨唐军投降,赵德钧军队溃退,末帝禁军溃散奔逃。末帝返回洛阳,自焚,后晋代后唐。

高祖圣文章武明德孝皇帝上之上

天福元年(丙申,公元936年)

春季,正月,吴国徐知诰开始建立大元帅府,用他的幕僚分别执掌吏、户、礼、兵、刑、工六部及盐铁。

丁未日(十七日),唐主李从珂封他的儿子李重美为雍王(唐主指后唐潞王。因为从本年开始,用后晋的年号纪年,所以改称潞王为唐主)。

癸丑日(二十三日),唐主李从珂为了庆祝千春节(千春节就是唐主的生日),摆设酒席。晋国长公主一祝完寿,就辞别唐主,要回晋阳。这时唐主李从珂已经喝醉,说道:"为什么不多留些时候,忙着赶回去想帮助石郎造反哪?"石敬瑭听说后,更加害怕。

三月,丙午日(十七日),唐主李从珂任用翰林学士、礼部侍郎马胤孙为中书侍郎、同平章事。马胤孙天性拘谨文弱，所负责的中书省的政务，大多积压停滞，而且很少接见宾客，当时的人，都把马胤孙叫作“三不开”，意思是口不开、印不开、门也不开。

石敬瑭把他在洛阳及诸道的财货全部收拢送回晋阳，说：“流言可畏，若不加以澄清，将来万一闹得不愉快，要怎么疏通排解才好呢?”当时没人回答他。

端明殿学士、给事中李崧退下来对同僚吕琦说：“我们这些人受恩深厚，怎能把自己等同于众人，一概观望呢？现在能想些什么办法呢?”吕琦说：“河东方面若有阴谋，一定会结交契丹作为后援。契丹述律国母因为耶律赞华在中国，屡次请求和亲；只因朝廷没有答应他们放回荝剌等人的要求，所以和亲才未能成功。现在如果真把荝剌等人送回契丹，每年以相当于十余万缗价值的钱币作为礼物送给他们，与他们结盟讲和，他们一定欣然接受。这样一来，河东方面虽想猖狂妄动，也无能为力了。”李崧说：“你说的与我的想法一样。然而钱、粮都要从三司支出，需要进一步同张丞相商量。”于是就把这个计策告诉张延朗，张延朗说：“依照两位学士的计策，不但可以控制河东，而且还可以节省十分之九的守边费用，没有比这更妥善的计策了。假如皇上赞同的话，只要责成我来办，我将在国库所藏的财物之外，设法张罗来供应他。”又一个晚间，二人秘密地把这个办法陈述给唐主李从珂，唐主大喜，称道二人忠心，二人私下草拟《遗契丹书》等待命令。

过了一段时间，唐主李从珂把吕琦、李崧二人的计谋告诉枢密直学士薛文遇，薛文遇回答说：“以天子那样尊崇的地位，委屈自己去事奉夷狄，不是很羞辱吗？而且假如敌寇依照往例要求我们把公主下嫁给他们，我们又怎么拒绝呢?”接着就诵读唐人戎昱的《昭君诗》说：“安危托妇人。”唐主李从珂的思想便改变。一天，紧急召来李崧和吕琦到后楼，很恼火，责备他们说：“你们这班人，都熟知古今盛衰兴亡的道理，目的应是辅佐国君，获致太平。现在居然想出这种馊主意！我就一个女儿，还满身奶味呢，你们也想把她丢弃在沙漠吗？而且还要把养兵的钱财送给敌寇的朝廷，又是什么用意呢？”两人一听感到恐惧，吓得冷汗直冒，说道：“臣等的本意也是在竭尽愚智报效国家，并不是在替胡虏做打算，希望陛下明察。”二人一边说着，一边不停地下拜谢罪，而唐主李从珂一直诟骂。一会儿，吕琦拜得身手都酸了，气力也用尽了，于是稍微歇了一下。唐主就说：“吕琦倔强，你还肯把我当君主看待吗？”吕琦说：“我们谋事不善，愿请陛下治罪，多拜有什么用？”这么一说，唐主李从珂的气消了一点，教他们不要再拜，各赐一杯酒，以缓和气氛，就此结束这一次的召见。从此以后，群臣也就不敢再提和亲的事了。丁巳日（二十八日），任命吕琦为御史中丞。从这件人事命令来看，唐主李从珂是有意疏远他。

吴国的徐知诰任命他的儿子副都统徐景通为太尉、副元帅，都统判官宋齐丘、行军司马徐玠为元帅府左、右司马。

闽主王昶改年号为通文，封贤妃李氏为皇后，尊称皇太后为太皇太后。

静江节度使、同平章事马希杲有好的政声，监军裴仁照向楚王马希范诽谤他，说他收买人心，马希范对马希杲产生怀疑。夏季，四月，汉将孙德威侵略蒙、桂二州，马希范任命他的弟弟武安节度副使马希广代理军府事务，自己带领步兵和骑兵共五千人前往桂州。马希杲得到这个消息，很害怕，他的母亲华夫人特地到全义岭迎接马希范，向他谢罪，说：“马希杲治理政事不得法，招致敌兵入境，烦劳殿下亲自跋涉险阻之地，都是我的罪过。希望殿下取消我的封邑，去做洒扫宫廷的工作，来赎免希杲的罪愆。”马希范说：“我很久没看到马希杲了，听说他的治绩和德行都特别优异，所以特地来看看他，并没有其他的缘故啊。”结果孙德威从蒙州引汉兵离去，而马希范将马希杲迁调到朗州去做刺史。

荆南高从诲遣派使者送信给徐知诰，劝他即皇帝位。

起初，石敬瑭想要试探唐主李从珂的心理，连上好几封奏表，自述体弱多病，请求解除兵权，迁调到其他藩镇去做节度使。唐主李从珂就与执政大臣商议，准备顺从他的请求，调他去镇守郓州。房暠、李崧、吕琦等人都极力谏劝，认为不能这样做，唐主犹疑了很长时间。

五月，庚寅日(初二日)夜间，李崧因有急事请假在外，薛文遇独自承值夜班，唐主李从珂同他议论河东的事情，薛文遇说："有句谚语说得好：'在大路边盖房子，三年也盖不成。'有关河东这件事情，须由圣上自己决定，群臣都只为各自的身家打算，哪里肯尽他的心力？由臣看来，河东方面，调动他，他要造反，不调他，他也要造反，只是早晚的问题，不如先动手把他解决。"在此之前，术士盛传国家今年会得到一位贤能的大臣辅佐，提出奇谋，安定天下，唐主李从珂想：所谓的贤能的辅佐大臣，大概就是指薛文遇。因此听了他的话，非常高兴，说："你的话消除了我的疑虑，使我的胸怀开朗许多。不论是成是败，我决定照原议去做。"于是立刻写下任命官吏的文书，交给学士院，命学士草拟诏令。辛卯日(初三日)，任命石敬瑭为天平节度使，任用马军都指挥使、河阳节度使宋审虔为河东节度使。制令一出，文武两班听到呼叫石敬瑭的名字，相顾失色。

甲午日(初六日)，任用建雄节度使张敬达为西北蕃汉马步都部署，催促石敬瑭速赴郓州。石敬瑭很是疑惧，便和他的将佐计议说："我上次入朝进见，再回河东的时候，皇上当面答应我，在我有生之年，决不再任命别人来取代我的职位。现在忽然又下了这道命令，皇上的意思，莫非就像今年千春节跟公主所说的话一样吧？ 我并没有兴兵作乱，而朝廷却首先发起事端，我怎么能束手待毙地死于道路之间呢？现在我要暂且发送一份奏表推说有病，不能上任，借此来观察朝廷真正的意图。假如朝廷不再逼我，那我就拥戴他；若是派兵来压我，那我就另作打算。"幕僚段希尧极力主张拒绝朝廷命令。石敬瑭因为他为人直率，并不责怪他。节度判官华阴人赵莹劝石敬瑭去郓州赴任；观察判官平遥人薛融说："我是个书生，不懂得遣兵作战的事。”都押牙刘知远说：“明公带兵已久，获得士卒们的衷心拥戴。现在据有形势险要的地盘，战马精良，士气强盛，如果昭告天下，起兵号召，帝业可以成功，为什么只为一纸诏令就自投虎口呢？”掌书记洛阳人桑维翰说：“皇上当初即位时，明公入朝觐见，皇上岂能不知蛟龙不可放回到深渊的道理？但是最终还是把河东军镇再次交给了您。这是天意要把最有用的名器交给您的意思。明宗李嗣源虽已崩逝，而遗爱还在人间，当今皇上以庶子旁支的身份，继立为国君，民心并不归附。您是明宗心爱的女婿，现在皇上拿谋反叛逆的罪名加列明公的头上，这不是叩头谢罪所可赦免的，只有好好想出一套保全自己的计策。契丹向来同明宗李嗣源协约做兄弟之邦，现在，他们的部落近在云州、应州，您如果真能推心置腹地曲意讨好他们，万一有了急变之事，早上叫他晚上就能来到，还担心什么事不能办成呢？”石敬瑭听了，主意就此决定，不再动摇。

过去，朝廷猜疑石敬瑭，任用羽林将军宝鼎人杨彦询为北京太原的副留守，石敬瑭将要起兵造反，也把情况告诉了他。杨彦询说：“不知河东兵粮有多少，能够抵抗得了朝廷吗？”石敬瑭身边的部属想把杨彦询杀了，石敬瑭说：“只有这位副使我要亲自保护他，你们不要多说了。”

戊戌日（初十日），昭义节度使皇甫立奏报石敬瑭叛乱。石敬瑭上表称：“皇帝是养子，不应继承帝位，请传位给许王李从益。”唐主李从珂气得亲手将那封奏表撕掉，丢在地上。同时下诏答复他，说：“你和鄂王（鄂王就是以前的闵帝）李从厚的关系本来不算疏远，可是从前你却曾杀光鄂王的随从人员，单留鄂王一人在卫州。这件事情，天下人都知道得很清楚。现在你所说的要我传位给许王李从益的那些话，谁肯相信？”壬寅日（十四日），唐主李从珂下制令，削夺石敬瑭的官爵。乙巳日（十七日），任命张敬达兼任太原四面排阵使，又任命河阳节度使张彦琪为马步军都指挥使，任命安国节度使安审琦为马军指挥使，保义节度使相里金为步军都指挥使，右监门上将军武廷翰为壕寨使。丙午日(十八日),又任命张敬达为太原四面兵马都部署;义武节度使杨光远为副部署。丁未日(十九日),又任命张敬达主持太原行府事,任命前彰武节度使高行周为太原四面招抚、排阵等使。杨光远离任后,定州军作乱,牙将千乘县人方太讨伐平定叛乱。

张敬达率领三万名军队在晋安乡扎营,戊申日(二十四日),张敬达奏报说西北先锋马军都指挥使安审信叛变投奔晋阳。安审信就是安金全的侄子,石敬瑭跟他是故旧。在此之前,雄义都指挥使马邑人安元信带领部属六百多人戍守代州,代州刺史张朗对他很照顾。安元信私下秘密地劝张朗说:“我看石令公是个长者,他举兵造反,必能成功;您何不暗地派人去表达心意,可以保全自己。”张朗不听,从此二人互相猜忌。安元信设计要杀张朗,没有成功,于是就带领部属投奔安审信,安审信也率领部下几百骑兵与安元信联合夺取百井,投奔晋阳。石敬瑭问安元信说:“你到底看出什么利害关系,竟舍弃势力较为强大的唐,而归附较为弱小的我呢?”安元信答道:“元信并不会看天象望星气,只是根据人事来做出的决断。帝王之所以能够统御天下,最重要的是取决于信誉。而如今皇上对令公失大信。像令公这样既亲且贵的人,尚且不能保全自己,何况是既疏远又卑贱的人呢?我看唐之灭亡,可以翘腿安坐而等待,还有什么强大可言呢?”石敬瑭听了很高兴,让他掌管军事。振武西北巡检使安重荣戍守代北,也率领步兵和骑兵五百人投奔晋阳。安重荣是朔州人。朝廷任命宋审虔为宁国节度使、充当侍卫马军都指挥使。

天雄节度使刘延皓靠着皇后家族的权势,骄奢放纵,侵夺别人的财产,扣减将士们的粮饷和赏赐,设宴饮酒,毫无节制,捧圣都虞候张令昭就想趁着众心怨怒的时机,以魏博之地响应河东,于是在癸丑日(二十五日)天未亮的时候,率领兵众攻打主将所居的牙城,攻了下来;刘延皓脱身逃去,乱兵大肆抢掠。张令昭上奏说:“刘延皓处置不当,安抚无方,以致军心大乱;臣已经将士卒安抚停当,并代理军府事务,请皇上正式颁授旌节。”刘延皓到了洛阳,唐主李从珂很生气，下令要贬他到远方去，皇后出面替他讲情。六月，庚申日（初三日），只是削去刘延皓的官爵，让他回自己的宅第。

辛酉日（初四日），吴国太保、同平章事徐景迁因病罢官，改派他的弟弟徐景遂代替徐景迁为门下侍郎、参知政事。

癸亥日（初六日），唐主李从珂任用张令昭为右千牛卫将军，暂时主持天雄军府事。张令昭因为当时调遣发动的各路人马还没有集结，所以暂且接受新的任命。不久又有诏命，调张令昭去做齐州防御使，张令昭名义上说被士卒强留，实际上是等待河东起兵成败的局势明朗化再作打算。唐主李从珂派使者去告诫他，他却把使者杀掉。甲戌日（十七日），任命宣武节度使兼中书令范延光为天雄四面行营招讨使，掌理魏博行府事务；命张敬达为太原四面招讨使，命杨光远为副使。丙子日（十九日），任命西京留守李周为天雄军四面行营副招讨使。

石敬瑭的儿子右卫上将军石重殷、皇城副使石重裔听说石敬瑭起兵造反，躲藏在民间市井中。石敬瑭的弟弟沂州都指挥使石敬德，则杀掉妻子和儿女后逃亡，不久被抓回来，死在狱中；石敬瑭的堂弟彰圣都指挥使石敬威自杀身亡。秋季，七月，戊子日（初二日），搜捕到石重殷和石重裔，将他们杀了，将藏匿他们的那一家，连带整个家族全都杀光。

庚寅日（初四日），楚王马希范从桂州北还。

云州步军指挥使桑迁奏报说，应州节度使尹晖赶走云州节度使沙彦珣，收集兵卒归附河东。丁酉日（十一日），沙彦珣上表称桑迁阴谋叛变，响应河东，带兵包围内城。沙彦珣突破包围走出西山，占据雷公口，第二天，收集军士，回到城里，反击乱兵。桑迁战败逃走，云州城又恢复安定。就在同一天，尹晖捉到桑迁，送往洛阳斩首。

丁未日（二十日），范延光攻下魏州，斩张令昭。朝廷下诏：把他的党羽七个指挥都诛除。

张敬达派遣原先屯驻在怀州的彰圣军去戍守虎北口，彰圣军指挥使张万迪却带领五百名骑兵投奔河东。丙辰日(三十日),朝廷下诏:把张万迪的家属全部诛杀。

石敬瑭派使者从僻路向契丹求救,让桑维翰草写表章向契丹主耶律德光称臣,并且请求用对待父亲的礼节来事奉他,约定事情成功之日,将卢龙军那一辖区以及雁门关以北的各州割让给他们。刘知远劝谏石敬瑭说:“向契丹称臣,就已经够了;又要以事奉父亲的礼节来事奉他,未免做得太过头。用丰厚的金银财物收买他,就完全可以把他的援兵招来,不一定要答应给他们土地,给了土地,恐怕将来会替国家留下无穷的祸患,到时候,后悔已来不及了。”石敬瑭不采纳他的意见。称臣的奏表送到契丹,契丹主耶律德光非常高兴,告诉他的母亲述律太后说:“孩儿最近梦见石郎派遣使者来,现在果然来了,这真是天意啊。”便向石敬瑭写了回信,答应等到仲秋时节,发动全国人马来支援他。

八月,己未日(初三日),任命范延光为天雄节度使;又任命李周为宣武节度使、同平章事。

癸亥日(初七日),应州奏报:契丹三千骑兵进攻州城。

张敬达设置很长的包围工事来攻打晋阳。石敬瑭任命刘知远为马步都指挥使,安重荣和张万迪的降兵,全都归他指挥。刘知远执行军令没有私心,抚慰降兵也如抚慰亲兵一样,因此士卒都同心协力,合作无间。石敬瑭亲自登上城墙,在城上短垣的庇护下,冒着敌人的箭镞,去犒劳守兵。刘知远说:“看张敬达这些人筑设高垒深沟,想做持久打算,他们没有其他好的办法,不足为虑。希望明公多派使者从小径出去,到各个地方经营其他外务。至于守城这件事,十分容易,我一个人就应付得了。”石敬瑭很感动,握着刘知远的手,拍拍他的肩背,表示赞赏。

戊寅日(二十二日),后唐朝廷任用成德节度使董温琪为东北面副招讨使,用来帮助卢龙节度使赵德钧。

唐主李从珂派端明殿学士吕琦到河东犒劳远征的军队。杨光远对吕琦说:“请您附带奏告陛下,请主上稍微减少昼夜操劳。贼兵如果没有援兵,用不了多少天就可以平定;如果他们搬引契丹的军队来,那么我就让他进城去,可以一战就将他们打败。”唐主很欣慰。唐主李从珂听说契丹答应石敬瑭在仲秋八月的时候,出兵救援,于是就频频督促张敬达,要他赶紧进攻晋阳,但不能攻下。每当营建军事工程的时候,就受到风雨的吹袭。那条长长的围城堡垒,也经不起雨水的冲刷而遭到破坏,无法整修复原。晋阳城中日益窘迫,粮食储备因浸泡而缺乏。

九月,契丹主耶律德光率领五万名骑兵,号称三十万,从扬武谷向南推进,一路旌旗招展,绵延五十多里。代州刺史张朗、忻州刺史丁审琦绕城自守,敌人骑兵经过城下时,也不诱降威胁他们。丁审琦是洺州人。

辛丑日(十五日),契丹主耶律德光到达晋阳,列阵于汾水北岸的虎北口,先派人去对石敬瑭说:“我想就趁今日一口气攻破贼兵,可以吗?”石敬瑭派人驰奔告诉他们说:“南军力量雄厚,不可以轻视,请等到明天议论好如何开战也不晚。”结果石敬瑭所派的使者,还没到达契丹那边,契丹就已经跟唐军的骑兵将领高行周、符彦卿交战了。因此石敬瑭赶紧派刘知远出兵助战。张敬达、杨光远、安审琦率步兵列阵于晋阳城西北的山下,契丹派遣三千名装备轻便的骑兵,不穿战衣,直向唐兵冲杀过去。唐兵看到契丹兵那么虚弱,争着去驱逐他们,一直赶到汾水水湾,契丹兵冲过汾水而去;唐兵则沿着河岸前进。契丹埋伏的军队突然从东北冲上来,把唐兵切断为两部分,在北边的步兵,大部分被契丹所杀;在南边的骑兵,被将领带回晋安寨。契丹指挥军队乘胜追击,唐兵大败,步兵被杀死的,将近万人,只有骑兵没有受损。张敬达等收集余众退保晋安,契丹也率领其兵返回虎北口。石敬瑭俘获后唐降兵一千余人,刘知远劝石敬瑭把他们都杀了。

这天晚上,石敬瑭出北门,会见契丹主耶律德光。契丹主握住石敬瑭的手，只恨相见晚。石敬瑭问说："皇帝远道而来，兵马疲倦，仓促间和唐兵交战，而获大胜，这是什么道理呢？"契丹主耶律德光说："起初，我从北方南下，原以为唐兵一定会挡住雁门一带的各条通路，在险要的地方埋伏奇兵。这样的话，我就没办法前进了。没想到，我派人侦察的结果是居然什么都没有，所以我才能够长驱直入，并且由此知道大事一定会成功。敌我两军，既已遭遇，我方士气正盛，敌人气势正衰，若不趁着这个时机紧急发动攻势，旷日持久，那谁胜谁负就不可预料了。这就是我之所以速战而胜的道理，不能用谁劳谁逸的通常道理来衡量。"石敬瑭很是叹服。

壬寅日（十六日），石敬瑭带兵和契丹会合，包围晋安寨。把军营扎在晋安寨的南边，长一百多里，宽五十里，设置许多系着警铃的绳索和猛犬，敌人半步都别想通过。这时，张敬达等人所率领的士兵还有五万人，马一万匹，却四顾茫然，无路可逃。甲辰日（十八日），张敬达派出使者向后唐朝廷报告打了败仗，此后便没有再通音讯。唐主李从珂极为恐惧，派彰圣都指挥使符彦饶率领洛阳的步兵和骑兵驻守河阳；命天雄节度使兼中书令范延光率领魏州兵二万由青山向榆次推进；又命卢龙节度使、东北面招讨使兼中书令北平王赵德钧率领幽州兵向契丹军队的后方进发。又命耀州防御使潘环集合蒲州、潼关以西各辖区的守兵，从晋州、绛州两乳岭，向慈州、隰州方面进发，共同援救晋安寨。契丹主耶律德光把军帐移到柳林，流动的骑兵过了石会关，还没有遇到唐兵。

丁未日（二十一日），后唐主李从珂下诏书，宣布亲征。雍王李重美说："陛下眼疾还没有好，不能远路跋涉到风沙之地，为臣虽然尚在童稚之年，愿意代替陛下向北方征讨。"唐主的原意，本来就不想去，听了李重美的话，颇为高兴。可是张延朗、刘延皓以及宣徽南院使刘延朗等大臣还是劝唐主李从珂亲自去，唐主不得已，于是第二天戊申日（二十二日），从洛阳出发，并对卢文纪说："朕一向听说你有宰相的才干，所以力排众议首先重用你，现在祸难到了如此地步，你的高明计策又在哪里呢?”卢文纪只是下拜谢罪，不能回答。己酉日(二十三日)，派刘延朗监督侍卫步军都指挥使符彦饶的部队赶往潞州，以做大军的后援。诸路军队自从在凤翔推戴李从珂以来，日益骄悍不听指挥，符彦饶害怕他们作乱，不敢用法纪来约束他们。

唐主李从珂到达河阳，害怕再往北走，就召集宰相、枢密使商议进攻方略，卢文纪迎合唐主的意旨，说:“国家的根本，大半在河南。胡人的军队忽来忽往，不能长久停留;晋安寨本来就很坚固，何况又已调遣三路兵马去救援。河阳是天下军事重地，皇上的车驾应该留在此地，安抚南北，暂且派机要大臣前往督战，假使不能解围，再请皇上北行，也还不晚。”张延朗想借这个因由使赵延寿解除枢要机务，便说:“卢文纪的意见是对的。”唐主询访其余的人，没有人敢讲别的意见。泽州刺史刘遂凝，是刘鄩的儿子，暗中和石敬瑭有来往，也上表说皇上的车驾不可进入太行山麓。于是唐主李从珂又与大臣商议适合派往北方的近臣人选。张延朗与翰林学士须昌人和凝等都说:“赵延寿的父亲赵德钧率卢龙的兵马前来共赴国难，应该派赵延寿前去与他们会合。”庚戌日(二十四日)，派枢密使、忠武节度使、随驾诸军都部署、兼侍中赵延寿带兵二万人前往潞州。辛亥日(二十五日)，唐主李从珂推进到怀州。任命右神武统军康思立为北面行营马军都指挥使，率领扈从骑兵开赴团柏谷。康思立是晋阳的胡人。

唐主李从珂忧虑晋安的军事形势，向群臣询问对策，吏部侍郎永清人龙敏建议立李赞华为契丹国主，命令天雄、卢龙二镇分兵送他归国，从幽州直趋西楼，朝廷公开宣布这个消息，契丹主耶律德光一定会有内顾之忧。然后招选军中精锐的士卒来袭击契丹，这是一个解围的良策。唐主李从珂也认为这个计策很好;可是执政大臣担心这样做不会有什么效果，讨论了半天，最后还是没有结论。

唐主的忧愁沮丧表现在神色之上，从早到晚只是酣饮悲歌，臣子们有的劝他北行，他就说:“不要再提了!石郎使我怕得心胆落地!”

冬季，十月，壬戌日(初七日)，下诏大肆收集天下将吏以及民间的马，又调遣平民为兵，每七户人家，出征夫一人，自己备办战衣和兵器，称为“义军”。限期在十一月全部集中起来，命令陈州刺史郎万金训练他们作战布阵的能力。这道诏命，是采用张延朗的主意。总共得马二千多匹，征夫五千人，实际上没什么用处；而民间却受到极大的骚扰。

起初，赵德钧暗中怀有异志，想要乘着动乱夺取中原，自己请求救援晋安寨。唐主李从珂命他从飞狐道出代州，绕到契丹之后，抄袭其部落；赵德钧请求率领“银鞍契丹直”三千名骑兵，从土门路向西进发，唐主李从珂答应了他。赵州刺史、北面行营都指挥使刘在明已先带兵守易州；赵德钧经过易州，命令刘在明带领部下跟随自己。刘在明是幽州人。赵德钧到镇州，任命董温琪为招讨副使，要挟他和自己一道西行，又上表说兵少，必须与泽州、潞州合兵。于是又从吴儿谷直向潞州进发。癸酉日（十八日），到达乱柳。当时范延光已接受诏命带领本部二万人屯驻辽州，赵德钧又请求跟魏博兵相合。范延光知道赵德钧会合各路兵马，心志很难推测，便上表朝廷声称魏博兵已经入贼境，不能再向南行军数百里与赵德钧会合，这才作罢。

汉主刘龑任命宗正卿兼工部侍郎刘濬为中书侍郎、同平章事。刘濬，是刘崇望的儿子。

十一月，后唐朝廷任命赵德钧为诸道行营都统、依旧任东北面行营招讨使。任命赵延寿为河东道南面行营招讨使，又任命翰林学士张砺为判官。庚寅日（初五日），任命范延光为河东道东南面行营招讨使，而让宣武节度使、同平章事李周当他的副使。辛卯日（初六日），任命刘延朗为河东道南面行营招讨副使。赵延寿在西汤与赵德钧相遇，把所带的兵全部归属赵德钧。唐主李从珂派吕琦带着皇上的敕告文书赐给赵德钧，犒赏军队。赵德钧一心要合并范延光的部队，因此逗留不进。朝廷屡次下达诏书催促他，赵德钧便引领部队向北屯扎在团柏谷口。

癸巳日（初八日），吴主杨溥下诏，让齐王徐知诰设置百官，以金陵府为西都。

前坊州刺史刘景岩是延州人，家财富有而且喜爱侠义，交结豪杰，家里设置丁夫兵仗，人们都慑服他的势力强大，整个州县无人能比。彰武节度使杨汉章政绩不好，不论胡人或汉人都很失望，正巧又碰上搜求天下马匹和调遣“义军”这件事，杨汉章带领步兵、骑兵几千人准备按期去会师，正在野外进行检阅。刘景岩暗中派人去扰乱他们，说：“契丹兵马强盛，你们有去无回。”大家听了害怕，就杀死杨汉章，推举刘景岩为留后。唐主李从珂不得已，丁酉日（十二日），任命刘景岩为彰武留后。

契丹主耶律德光对石敬瑭说：“我从三千里以外来帮助你解决危难，必然会成功。观察你的器宇容貌和见识气量，真的是个中原的国主啊。我想立你做天子。”石敬瑭再三谦让推辞，将领和官吏们又不断劝他即位，于是就接受了。契丹主耶律德光做册书，命石敬瑭为大晋皇帝，脱下自己的衣冠交给他穿戴，又筑土坛于柳林。当天，石敬瑭即皇帝位。割幽州、蓟州、瀛州、莫州、涿州、檀州、顺州、新州、妫州、儒州、武州、云州、应州、寰州、朔州、蔚州一共十六州给契丹，并且还答允每年输送三十万匹帛布给他们。己亥日（十四日），后晋高祖石敬瑭下制令，更改长兴七年为天福元年，实行大赦；敕命各种法制都遵守明宗李嗣源时的旧规。任命节度判官赵莹为翰林学士承旨、户部侍郎、掌理河东军府的事务；掌书记桑维翰为翰林学士、礼部侍郎、代理枢密使的职务；观察判官薛融为侍御史，掌理杂事；节度推官白水人窦贞固为翰林学士；军城都巡检刘知远为侍卫马军都指挥使；客将景延广为步军都指挥使。景延广，是陕州人。立晋国长公主为皇后。

契丹主耶律德光虽然把军队屯扎在柳林，他们的辎重和老弱士兵都在虎北口，每当太阳西落便结扎停当，以便仓促之间遁逃，而赵德钧想要依靠契丹夺取中国，因此到达团柏一个多月，一直按兵不动；距离晋安寨只有一百里，却连消息都不能相通。赵德钧连连上表替赵延寿请求做成德节度使，说："臣现在远征在外，幽州势孤力单，所以想让赵延寿在镇州，这样就左右都便于接应。"唐主李从珂回答说："赵延寿现正在攻击贼兵，哪有时间前往镇州？等到贼兵被平定，自当答应你的请求。"赵德钧还是请求不已，唐主李从珂很生气地说："赵氏父子坚持要得到镇州，是什么意思？如果能够打退胡寇，即使要取代我的位置，我也甘心情愿，若是玩弄寇兵以胁求君主，只怕要落得猎犬狡兔都毙命的下场。"赵德钧听到这些话，非常不高兴。

闰十一月，赵延寿向唐主李从珂献出契丹主耶律德光所赐的诏书以及铠甲、马匹、弓矢、刀剑，诈称赵德钧遣派使者致信给契丹主，替朝廷缔结良好邦交，劝请契丹率兵回国。实际上另写一封秘密的信，连带厚重的金银布帛，送给契丹主耶律德光，说："假如扶立我当中原的皇帝，我愿用现有的兵力向南去平定洛阳，和契丹结为兄弟之国；仍旧承诺石氏长久镇抚河东。"契丹主认为自己已经深入敌国境内，晋安还没攻下，赵德钧的部队还很强，范延光在他的东边，又怕太行山以北诸州遮断他的归路，想要答应赵德钧的请求。

皇帝（指石敬瑭）知道了这件事，非常害怕，赶紧派桑维翰去见契丹主耶律德光，游说他说："契丹大国发动义兵来救援孤危，一次战斗就使唐兵瓦解，退守到一个寨栅之后，食粮用尽，力量穷竭。赵德钧父子不忠于唐，不信于契丹，只是畏惧大国的强盛，一向怀着野心，按兵不动，观望局势的演变，不是一个肯为国家牺牲生命的人，有什么值得害怕，而要听信他夸大而狂妄的言辞，贪图这毫毛之末的小利，抛弃眼看就完成的大功呢？而且假如晋得天下，将会倾尽中原所有的财货，来奉献大国，哪里是这一点点小利可比得上的呢？"契丹主耶律德光说："你看见过捕鼠的人吗，不防备它，还可能咬伤了手，何况是大敌啊！"回答说："现在大国已经扼住它的喉咙，又怎能再咬人呢？"契丹主说："我并没有改变以前的约定，只是军事家的权变与谋略，不得不这样做。"桑维翰说："皇帝凭着信义去援救人家的急难，四海之内所有的人都看到了，也都听到了，为什么还要一日再三改变诺言，使皇帝的大义有始无终呢？臣个人替皇帝设想，决不赞同这样做。”说着，便跪在军帐前面，从清晨一直到傍晚，流着泪向契丹主耶律德光争辩。契丹主终于听信了他，指着军帐前的石头对赵德钧的使者说：“我已经许诺石郎，除非这块石头烂了，才能改变。”

龙敏对前任郑州防御使李懿说：“您是皇室近亲，现在国家的危亡，眼看就要降临，您难道一点都不忧心吗？”李懿替他解说赵德钧一定能打败敌人的情状。龙敏说：“我是燕地人，知道赵德钧的为人，他胆小而无谋略，只是对于守城稍有长处而已。何况他现在内蓄奸谋，这样的人怎么能依恃呢？我倒有一个大胆的计策，只怕朝廷不敢做。现在护驾的士兵还有一万多人，马将近五千匹。假如选择精良的骑兵一千名，让我跟郎万金来率领，从介休山的山路推进，趁着黑夜直冲敌军，进入晋安寨，只要有一半的人马能够进去，事情就成功了。张敬达等陷入重重包围，得不到朝廷的信息，假如让他们知道大军就在近处的团柏，那么纵使有钢铁般的屏障，也可冲陷，何况是敌寇的包围呢？”李懿将龙敏的计策报告唐主李从珂，后唐主说：“龙敏的志向极为壮烈，可惜现在用这个办法已经晚了。”

丹州义军作乱，赶走刺史康承询，康承询逃奔鄜州。

晋安寨被围了几个月，高行周、符彦卿多次率领骑兵出战，由于寡不敌众，都不能成功。粮食和草料都用完，只好把木片削薄，淘洗马粪中的草筋来喂马。马吃不饱，于是互相咬啮，马尾和鬃鬣都秃了；马如果死掉，就分给将士们吃。援兵始终没有到来。张敬达性情刚烈，当时的人们叫他“张生铁”。杨光远、安审琦劝张敬达向契丹投降，张敬达说：“我受明宗李嗣源和当今皇上李从珂的厚恩，做元帅打了败仗，罪过已经够大，何况是投降敌人呢？现在援兵早晚就要到了，应当暂等一下。如果落到力尽势穷的地步，而援兵不来，那么各军将士砍下我的头，带到寨外去投降，以便自求多福，也还不迟。”杨光远向安审琦使眼色要杀掉张敬达，安审琦不忍下手。高行周知道杨光远要暗算张敬达，常常带领精壮骑兵尾随张敬达护卫他，张敬达不知其中缘故，对别人说：“高行周常常跟在我后头，是什么意思呢？”于是高行周不敢再跟随。军中各将领每天早晨都要到招讨使的营帐集会，甲子日（初九日）那天，高行周、符彦卿两人还没到，杨光远趁张敬达没有戒备，杀了他；率领诸将上表向契丹投降。契丹主耶律德光一向常听说诸将的名字，一一加以慰劳，赐给他们皮衣皮帽，并乘机开玩笑地说：“你们也真是大恶汉，不用盐和乳浆做作料居然也吃掉上万匹战马！”杨光远等人非常羞惭。契丹主耶律德光钦佩张敬达的忠烈精神，命部下收敛他的尸体，慎重埋葬，并且还祭拜他；同时对他的部下以及晋军的将领们说：“你们为人臣子，应当效法张敬达才是。”当时晋安寨中的战马，还有五千匹左右，铠甲器械还有五万具，契丹全部把它带回国去。另把所有的唐兵和将领交给后晋高祖石敬瑭，并对大家说：“勉力效忠你们的主上。”马军都指挥使康思立愤恨惋伤而死。

后晋高祖石敬瑭因为晋安已经投降，派使者谕告诸州。代州刺史张朗杀了来使；吕琦奉后唐主李从珂的诏书慰劳雁门关以北诸军，到了忻州，遇到后晋的使者，也把他杀掉，并对刺史丁审琦说：“敌寇经过你城下，而你不拦阻，用意明显可见，将来回到朝廷的时候，肯定没有保全身家性命的可能，不如早一点率领军民从五台山奔往镇州。”临行时，丁审琦后悔，紧闭刺史所居的城门，不听吕琦的话。州兵想攻打他，吕琦说：“国家落到这个地步，为什么还要再自相残杀？”于是率领兵将奔向镇州，丁审琦便向契丹投降。

契丹主耶律德光对后晋高祖石敬瑭说：“桑维翰对你很忠心，应该让他做宰相。”丙寅日（十一日），后晋高祖石敬瑭任命赵莹为门下侍郎、同平章事；桑维翰为中书侍郎、同平章事，仍代理枢密使的职务。又任命杨光远为侍卫马步军都指挥使；刘知远为保义节度使、侍卫马步军都虞候。

后晋高祖石敬瑭与契丹主耶律德光将要领兵向南进军，想留下他的一个儿子戍守河东，征求契丹主的意见。契丹主要高祖石敬瑭唤出所有的儿子，由他亲自选择。高祖哥哥的儿子石重贵，他的父亲石敬儒早死，高祖把他当作自己的儿子抚养，他的相貌和高祖很像，但是身材比较短小，契丹主耶律德光指着他说：“就这个大眼睛的可以。”于是就任命石重贵为北京留守、太原君、河东节度使。契丹派他的将领高谟翰为前锋，和晋安寨的降兵一同进发。丁卯日（十二日），到达团柏，与唐兵交战，赵德钧、赵延寿先逃跑，符彦饶、张彦琦、刘延朗、刘在明也跟着逃跑，士兵大乱溃逃，相互践踏而死的数以万计。

己巳日（十四日），刘延朗、刘在明到怀州，后唐主李从珂才知道石敬瑭已即帝位，杨光远已经投降。朝廷群臣大多认为“天雄军军府实力还算充足，城郭也还巩固，契丹一定畏惧山东，不敢南下，因此唐主应该前往魏州”。唐主李从珂认为李崧一向和天雄节度使范延光要好，就召李崧来商议具体事宜。薛文遇不知这是单独召见，也相继到来。唐主看到薛文遇，很生气，立刻变了脸色。李崧暗地踩薛文遇的脚，示意他走，薛文遇这才离去。唐主李从珂说：“我看见这东西肉就发颤，刚才几乎要拔佩刀刺他。”李崧说：“薛文遇是个小人，谋划失策，贻误国家；刺死这种人，不但无益，反而更损国家的声名。”于是李崧就趁这个机会劝唐主李从珂回南方。唐主依了他。

洛阳方面听说北方赵德钧诸将的军队大败，朝野人心大为震恐，居民四向流出，逃窜在山谷中。看守城门的人请上级下令禁止，河南尹雍王李重美说：“国家多难，不能当好百姓的主管，又禁止他们去求生，只能增加恶名；不如听其自便，事情安定了自然会归还。”于是下令给守关的人，听任百姓到任何地方。因此民众才安定一些。

壬申日（十七日），唐主李从珂回到河阳，命令诸将分别防守南、北城。张延朗请求后唐主再去滑州，以便同魏博声势相接，后唐主没能做出决定。

赵德钧、赵延寿向南逃奔到潞州，后唐败兵渐渐跟上他们，他的将领时赛率领卢龙轻骑兵向东回到渔阳。晋高祖石敬瑭已先派昭义节度使高行周回潞州备办粮食，到了潞州城下，看见赵德钧父子在城上，高行周说：“我与大王是同乡，所以不敢不给你一条忠告，城中连一斗粟都没有，无法防守，不如赶紧迎接皇上。”甲戌日(十九日)，晋高祖石敬瑭和契丹主耶律德光到达潞州，赵德钧父子在高河迎接高祖车驾，契丹主耶律德光劝慰他们，他们父子下拜于晋高祖的马前，恭敬地问道：“分别以后安好吗?”后晋高祖石敬瑭不看他们，也不同他们交谈。契丹主耶律德光问赵德钧说：“你在幽州所设置的‘银鞍契丹直’在什么地方?”德钧指出所在，契丹主下令将他们全部杀死于潞州城的西郊，总共达三千人。于是拘拿了赵德钧、赵延寿，押送到契丹。

赵德钧谒见契丹主耶律德光的母亲述律太后，把带来的宝货及没收得来的田宅都献出来做贡物，述律太后问道：“你最近为什么到太原去?”赵德钧答道：“是奉了唐主李从珂的命令。”述律太后指着天说：“你向我的儿子请求立你做天子，你怎么胡乱说话呢?”又指着自己的心，说，“这是不可欺骗的。”又说，“我儿出发的时候，我告诫他说：‘赵大王若带兵向北方渝关进发，就赶紧率兵回国，太原是不可救的。’你想做天子，为什么不先打退我的儿子，然后慢慢图谋，也还不晚。你作为人臣，既辜负自己的君主，不能攻击敌人，又想乘着危乱之时谋求自己的利益，你干出来这样的事，还有什么面目来求生存呢?”赵德钧低着头，不能回答。述律太后又问说，“你所献的财宝货物在此，那田宅又在什么地方呢?”赵德钧说：“在幽州。”述律太后说：“幽州现在属于谁?”答说：“属于太后。”太后说：“那么又怎么算是献给我呢?”赵德钧更加惭愧，从此忧闷郁积，吃的不多，过一年就死了。张砺与赵延寿一起进入契丹，契丹主耶律德光仍然让他做翰林学士。

后晋高祖石敬瑭将要进军上党，契丹主耶律德光举着酒杯对他说：“我远道而来履行协约，现在大事已经完成，我如果再向南进军，黄河以南的人必然要引起大的惊骇；你应该自己率领汉兵南下，人心一定不怎么害怕。我命太相温率领五千骑兵保卫着你，把你送到黄河渡口。想随你渡河的，不拘多少，随他们的意。我暂时留在这里，等候你的消息，如果有紧急情况，我就下太行山去救援你；若洛阳已经平定，我就回到北方。”说完，和晋高祖石敬瑭握着手，相对哭泣，过了很久都舍不得分别；于是脱下自己身上的白色貂皮大衣，亲自给高祖披上，赠送良马二十匹，战马一千二百匹，说，“世世代代子孙不要相忘。”又说，“刘知远、赵莹、桑维翰都是创业的功臣，没有大的过失，不要丢弃他们。”

起初，张敬达出兵之后，唐主李从珂派左金吾大将军历山人高汉筠防守晋州。张敬达死后，建雄节度副使田承肇率领部下进攻高汉筠在军府的办公厅。高汉筠开门请田承肇进去，不慌不忙地对他说：“我和您都是受朝廷的委任，为何如此相迫？”田承肇说：“要拥戴您做节度使。”高汉筠说：“我老了，基于道义，决不做谋乱的祸首，至于我的死生问题，随您怎么处理。”田承肇向随身的军士使个眼色，教他们杀高汉筠，军士们把刀子丢在地上，说：“高金吾是好几朝负有重望的大臣，为什么要害死他？”田承肇见情形不对，马上转口谢罪，说：“与您闹着玩罢了。”听由高汉筠归还洛阳。后晋高祖石敬瑭在路途中遇上他，说道：“朕担忧您为乱兵所伤，现在见到您，我很高兴。”

符彦饶、张彦琪到达河阳，秘密地向唐主李从珂说：“现在胡人的军队大举南下，黄河的河水又浅，人心已经离散，此地已没办法防守。”丁丑日（二十二日），唐主李从珂下令河阳节度使苌从简和赵州刺史刘在明防守河阳南城，切断河上的浮桥，回洛阳。派遣宦官秦继旻、皇城使李彦绅在昭信节度使李赞华的府邸将他杀死。

己卯日（二十四日），后晋高祖石敬瑭到达河阳，苌从简投降，迎接的舟楫已经准备好。彰圣军留守在河阳的军士捉拿刘在明投降，高祖石敬瑭释放他，让他复职返回镇所。

后唐主李从珂命令马军都指挥使宋审虔、步军都指挥使符彦饶、河阳节度使张彦琪、宣徽南院使刘延朗带领千余骑兵到达白司马阪踏勘战斗的地方，有五十多骑士兵渡河投奔到北方的后晋军队。诸将对宋审虔说："什么地方不可作战？谁肯待在这个地方？"于是就回去了。庚辰日（二十五日），唐主李从珂又和四位将领商议，想要再率军前赴河阳。可是军中将校都已经飞快地呈上降状，迎接后晋高祖石敬瑭。高祖石敬瑭考虑到唐主李从珂可能向西奔逃，就派契丹的骑兵一千名，去控扼渑池。

辛巳日（二十六日），后唐主李从珂与曹太后、刘皇后、雍王李重美及宋审虔等人携带着传国宝玺登上宣武楼自焚。刘皇后堆积薪柴，要烧宫殿。李重美劝谏她说："新天子到来，一定不会露天居住。今天把它烧掉，以后又要重新劳动百姓。我们死了，还要给百姓留下怨恨，又有什么好处呢？"于是刘皇后就不烧宫殿了。王淑妃对曹太后说："事态已经很紧急了，我们应该暂且躲避一下，以等待姑丈。"曹太后说："我的儿子、孙子、媳妇、女儿到了如此地步，我怎么忍心独自生存？妹妹你自己保重吧。"淑妃于是就和许王李从益藏在毬场，因而得以幸免。

这天晚上，后晋高祖石敬瑭进入洛阳，住在自己的旧府第。后唐士兵都解脱铠甲等待问罪，后晋高祖安慰大家，并加以释放。命刘知远安排处理京城事务。刘知远将汉兵和契丹兵分开，令汉兵各自回营；把契丹兵安顿在天宫寺。整个城里很安宁，很有秩序，没有人敢违反命令。那些逃出城外躲藏的百姓，没有几天都回来恢复旧业。

起初，高祖石敬瑭在河东军镇时，受到唐朝的猜忌，中书侍郎、同平章事、判三司张延朗不愿河东多积蓄财货，所有财税，除了应留军府的以外，全部收归朝廷。高祖就因此事怨恨张延朗。壬午日（二十七日），百官入宫朝见，唯独把张延朗扣押交付御史台究办，其余的都谢恩免究。

甲申日（二十九日），高祖石敬瑭车驾入宫，举行大赦："应中外官吏一切不问，只有贼臣张延朗、刘延皓、刘延朗奸邪贪猥，罪行难于容忍宽贷；中书侍郎、平章事马胤孙、枢密使房暠、宣徽使李专美、河中节度使韩昭胤等，虽然身居重要的职位，但是没有盲从附和，都不加以定罪，只是剔除他们的官籍。宫中和外廷的臣子、官僚先归顺的，委托中书省和门下省另外加以任命差遣。”刘延皓躲藏在龙门，过了几天，自杀而死。刘延朗想逃往南山，结果被捕，被杀。把张延朗斩首；不久选任三司使，难以找到合适的人选，高祖石敬瑭后悔匆忙杀死张延朗。

闽人听说唐主李从珂灭亡，叹息说：“潞王的罪行，我们没有听说过，他比起我们的国君又能怎么样呢?”

十二月，辛酉朔日（初一日），后晋高祖石敬瑭前往河阳饯送太相温和契丹兵回国。

追废唐主李从珂为庶人。

丁亥日（初三日），高祖石敬瑭任用冯道兼任门下侍郎、同平章事。

曹州刺史郑阮贪婪暴虐，指挥使石重立乘着中原战乱的时机，把他杀掉，灭杀他整个家族。

辛卯日（初七日），高祖石敬瑭用后唐中书侍郎姚顗为刑部尚书。

起初，朔方节度使张希崇治理政事很有威信，无论汉人或胡人都敬爱他。他的重大政绩是推行屯田政策，以节省运送粮食的开支。在朔方镇守五年，请求向内地迁调，后唐潞王李从珂就调他为静难节度使。后晋高祖石敬瑭与契丹修好，担心契丹再次攻取灵武，癸巳日（初九日），仍然用张希崇为朔方节度使。

起初，成德节度使董温琪贪婪残暴，积存的财货，达到亿万，以牙内都虞候平山人秘琼为心腹。董温琪和赵德钧都淹留在契丹，秘琼把董温琪的家人全部杀掉，埋葬在一个坟坑里，把他的家财都夺取，自称留后，上表称军队动乱。

同州的小军官门铎杀死节度使杨汉宾，焚烧州城，到处抢劫。

后晋高祖石敬瑭下诏封赠李赞华为燕王，派使者护送他回契丹丧葬。

张朗率领他的部下入朝。

庚子日(十六日),任命唐中书侍郎、同平章事卢文纪为吏部尚书;任命皇城使晋阳人周瑰为大将军、充任三司使。周瑰推辞说:"臣自知才干不能称职,宁可因为躲避事责而被陛下见弃,也比冒恃陛下的宠爱而获罪要好。"后晋高祖石敬瑭准许了他。

后晋高祖石敬瑭获悉平卢节度使房知温去世的消息,派天平节度使王建立率兵去巡察安抚青州。

改兴唐府为广晋府。

安远节度使卢文进获悉高祖石敬瑭是契丹扶立的,考虑到自己本是契丹的叛将,于是在辛丑日(十七日),放弃镇所投奔吴国。所过镇戍的地方,召唤其主将,告诉他们缘故,主将都向他拜辞而退。

徐知诰认为镇南节度使、太尉兼中书令李德诚和德胜节度使兼中书令周本地位高声望大,想让他们率领众将吏推戴自己当皇帝,周本说:"我蒙受先王大恩,自从徐温父子把持政事以来,恨不能解救杨氏的危机,现在又要我做这种事,怎么可以呢?"他的儿子周弘祚强迫他,不得已只好跟李德诚率领诸将到江都,上表奏报吴主杨溥,陈述徐知诰的功德,请实行册命天子的典礼,又到金陵劝徐知诰即皇帝位。宋齐丘对李德诚的儿子说:"令尊是太祖的元勋,今天声名扫地了。"这个时候,吴宫发生许多妖异的事情,吴主杨溥说:"吴国的福祚大概将要完了!"左右侍从的人说:"这是天意,不是人事所能改变的啊!"

高丽王王建出兵打败新罗、百济,东夷各国都归附他,总共拥有二京、六府、九节度、一百二十郡。

资治通鉴卷第二百八十一　后晋纪二

起丁酉(公元937年),止戊戌(公元938年),共二年。

【题解】本卷记录了公元937年至938年的历史,共二年。为后晋高祖石敬瑭天福二年至天福三年。桑维翰建言晋高祖割燕云十六州,此时为首辅重臣,上奏晋高祖安抚藩镇,结好契丹,整修武备,劝课农桑,中原开始安定。魏、孟、滑三州叛乱,晋高祖派兵讨伐,不能取胜,实行大赦后,首恶范延光请降,叛乱平息。石敬瑭尊礼契丹主耶律德光,自称儿皇帝。石敬瑭下诏求谏,缓建宫室,奖励农耕,任由民间铸钱,缓解民困的局面。吴国禅代徐知诰,都金陵,国号唐,史称后唐,出现新兴景象。闽主王昶荒淫残暴,卖官课税,百姓嗟怨。南汉主刘龚轻浮暴虐,兵败交州,国势日衰。楚主马希范纵情游乐。契丹接管燕云十六州,日益强盛,改称大辽。

高祖圣文章武明德孝皇帝上之下

天福二年(丁酉,公元937年)

春季,正月,乙卯日(初二日),发生日食。

下诏任命前任北面招收指挥使安重荣为成德节度使,秘琼为齐州防御使。派引进使王景崇向秘琼说明利害关系。安重荣和契丹将领楚思温一同前往镇州,秘琼不敢抗拒命令。丙辰日(初三日),安重荣上奏称已经就职任事。王景崇是邢州人。

契丹把幽州称为南京。

李崧、吕琦逃匿在伊阙民间。后晋高祖石敬瑭认为镇守河东时,李崧推举有功,心里感激他;也不责备吕琦。乙丑日(十二日),任命吕琦为秘书监;丙寅日(十三日),任命李崧为兵部侍郎、掌理户部。

起初，天雄节度使兼中书令范延光还微贱的时候，有个术士张生对他说："您将来必定做将相。"范延光贵显后，很信任器重他。范延光曾经梦见蛇从肚脐钻入腹中，便把这件事询问张生，张生说："蛇，就是龙；这是帝王的征兆。"从此，范延光就有非分的念想。后唐潞王李从珂一向和范延光友好，等到赵德钧败溃，范延光从辽州率兵回魏州，虽然上表请求归降，但是内心不踏实；暗中写信结交秘琼，想和他一同谋乱。秘琼接到他的信，没有回他，范延光怀恨在心。秘琼将往齐州，经过魏州辖境，范延光为了灭口，贪图他的财货，派兵在夏津截击他，把他杀了。丁卯日（十四日），范延光奏称夏津捕捉强盗，士兵误杀秘琼，后晋高祖不作究问。

戊寅日（二十五日），高祖石敬瑭任用李崧为中书侍郎、同平章事，充枢密使；任用桑维翰兼枢密使。这时后晋刚得天下，藩镇大多还不服从；有的虽服从，也还反复不定。经过连年战火，朝廷的库存，已经用尽，民间生活困苦贫穷，契丹人却征调索求没完没了。桑维翰劝高祖石敬瑭推诚心、弃旧怨以安抚藩镇，说好话、送厚礼，以应付契丹；训练士卒、修理兵器，以整饬军备；鼓励从事农桑，以充实仓库；畅通商贾往来，以累积财货。几年之间，中原就稍见安定。

吴太子杨琏娶齐王徐知诰的女儿为妃。

徐知诰开始修建太庙、社稷祭坛，更改金陵为江宁府，把牙城称作宫城，府中的厅堂称为殿；委任左、右司马宋齐丘和徐玠为左、右丞相，马步判官周宗、内枢判官黟人周廷玉为内枢使。其余文武百官都依照吴朝的旧制，设置骑兵八军，步兵九军。

二月，吴主杨溥任命卢文进为宣武节度使、兼侍中。

戊子日（初五日），吴主杨溥派宜阳王杨璪前往西都金陵，册命齐王；齐王徐知诰接受册命，在辖境实行大赦，册立王妃称作王后。

吴越王钱元瓘的弟弟顺化节度使、同平章事钱元珦得罪钱元瓘，被废为庶人。

契丹主耶律德光从上党经过云州，大同节度使沙彦珣出城迎候。契丹主耶律德光留住他，不让他回军府。节度判官吴峦在城里，对他的部众说："我们属于有礼义之俗的国家，怎么可以做夷狄的臣民啊！"众人推举吴峦领导全州事务，关闭城门，不接受契丹的命令。契丹攻打它，攻打不下。应州马军都指挥使金城人郭崇威也羞于做契丹的臣子，毅然决然挺身而起，回南边老家。

契丹主耶律德光经过新州，命令威塞节度使翟璋收集犒劳军队的钱十万缗。起初，契丹主耶律德光的父亲契丹太祖耶律阿保机强盛，室韦、霫、奚都成为他的属地为其役使。奚王去诸受不了契丹的贪心暴虐，率领他的群众往西迁徙到妫州，投靠刘仁恭父子，称为西奚。西奚王去诸死，他的儿子扫剌继承王位。唐庄宗李存勖灭刘守光，赐扫剌姓李，名叫绍威。李绍威娶契丹逐不鲁的姐姐。逐不鲁得罪契丹，投奔李绍威；李绍威收容他。契丹主生李绍威的气，攻打他，不能胜。李绍威死，他的儿子拽剌继位。等到契丹主耶律德光从上党回北方，拽剌出迎归降。这时，逐不鲁也死了。契丹主耶律德光说："你实在是没有罪过的，扫剌、逐不鲁有负于我。"便令人把二人的尸骨挖掘出来，磨碎后散扬。奚族各部畏惧契丹的暴虐，大部分背叛逃跑。契丹主耶律德光慰劳翟璋说："我会替你请求任命别人来接替你的职位，好让你回南方。"己亥日（十六日），翟璋上表请求征调他到京师。不久契丹派翟璋带兵讨伐背叛的奚族，攻打云州，有功劳，但契丹始终把他留住，不放他走。翟璋因此忧闷死去。

翰林学士张砺从契丹逃归南方，被追赶的契丹骑兵抓获，契丹主耶律德光责备他说："你为什么离我而去？"张砺回答说："我是汉人，吃的食物、穿的衣服，都跟这里不一样，活着也不如死的好，希望早一点赴死。"契丹主耶律德光回过头来对通事高彦英说："我常常告诫你要好好对待这个人，为什么让他无处安身而离去？假如现在真的让他走掉，又怎么能够再找回来呢？"于是抽打高彦英向张砺谢罪。张砺事奉契丹主非常忠贞正直，遇到问题往往进言，没有什么隐藏和躲避的，契丹主耶律德光很器重他。

起初，吴越王钱镠的小儿子钱元球，多次建立军功，钱镠赐给他护从用的兵仗。等到钱元瓘继位，钱元球做土客马步军都指挥使、兼中书令，仗着恩宠，骄矜放肆，增设兵器达数千具，国人大部分都归附他。钱元瓘对他产生疑忌，就派人委婉劝他自动捐献一些兵器仪仗出来，出朝去判理温州，钱元球没答应。铜官庙吏检举钱元球派亲信祈祷神祇，请求神祇保佑他拥有吴越的江山；又写信藏在蜡丸里，然后带着蜡丸从排水沟进出，和他的哥哥钱元珦谋议。三月，戊午日（初五日），钱元瓘派使者去找钱元球来宫中饮宴，钱元球到达以后，左右的人说钱元球有刀从袖子里掉下来，说着就上前格斗，把他杀了，同时也把钱元珦杀死。钱元瓘要调查审问和钱元珦、钱元球暗中勾结的将领和官吏，他的儿子钱仁俊劝他说："昔日东汉光武帝刘秀打败王莽，三国时曹操破了袁绍，都把其他人与他们往来的书信烧了，用以平息出现的反叛和倾覆。现在，我们也应该效法他们。"钱元瓘听从了这个意见。

有人找到后唐潞王李从珂的脊骨和大腿骨，把它交给朝廷，庚申日（初七日），下诏用国王的礼仪，把李从珂埋葬在徽陵的南边。

后晋高祖石敬瑭派使者到后蜀去宣告即位的事，并且叙论姻亲之好；后蜀主孟昶用对待平等国家的礼节回信。

范延光招募士卒，修缮兵器，把他辖区内的刺史都召集到魏州，准备发动叛乱。这时高祖石敬瑭正打算迁都大梁，桑维翰说："大梁，控扼着北方的燕、赵。南边通往长江、淮河，水路和陆路都在这里相会，物资富饶。现在范延光谋反的形迹已经暴露，而大梁距离魏州不过十驿（三百里）。他如果发动事变，大军马上就到来，这正是所谓'迅雷不及掩耳'呀。"丙寅日（十三日），下诏，托言洛阳漕运不足，东巡汴州。

吴徐知诰立他的儿子徐景通为王太子；徐景通坚持不接受。追尊死去的父亲忠武王徐温为太祖武王；死去的母亲明德太妃李氏为王太后。壬申日（十九日），更改自己的名字为诰。

庚辰日(二十七日),后晋高祖石敬瑭从洛阳出发,留前任朔方节度使张从宾为东都巡检使。

南汉主刘龚因为生病痊愈,实行大赦。

交州将领皎公羡杀安南节度使杨廷艺并代替他的职位。

夏季,四月,丙戌日(初四日),高祖石敬瑭到达汴州;丁亥日(初五日),大赦天下。

吴越王钱元瓘恢复建立国号,如同庄宗李存勖同光年间一样。丙申日(十四日),在辖境内实行大赦,册立他的儿子钱弘僔为世子。任用曹仲达、沈崧、皮光业为丞相,镇海节度判官林鼎掌管教令。

丁酉日(十五日),加宣武节度使杨光远兼侍中。

闽主王昶建紫微宫,用水晶装饰,工程浩大,雕琢精美,两倍于宝皇宫。又派使者分别到各州侦察人民的隐私。

五月,吴国徐诰采用宋齐丘的计策,想联结契丹夺取中原。于是派使者带着美女和珍贵的器物,从海上航行,和契丹建立友好关系;契丹主耶律德光也派人回访。

丙辰日(初五日),后晋高祖石敬瑭下敕令:暂时把汴州的牙城署名为大宁宫。

壬申日(二十一日),进封范延光的爵位为临清郡王,安抚他的心情。

追尊前四代的考妣为皇帝皇后。己卯日(二十八日),下诏,太庙所藏唐室罪人的首级听由亲属故旧加以收葬。起初,武卫上将军娄继英曾经臣事后梁均王朱友贞,任内诸司使,这时,请求收殓均王的首级以便埋葬。

六月,吴诸道副都统徐景迁去世。

范延光向来把军府的政事委任给元随左都押牙孙锐办理,孙锐依恃恩宠独断专横,符文奏章有不如意的就当着范延光的面把它撕碎。正巧范延光连病十几天,孙锐秘密找来澶州刺史冯晖,跟他共同商议,逼范延光造反;范延光也想着张生替他解梦的一番话,就应允了。

甲午日（十三日），六宅使张言奉晋高祖石敬瑭之命出使魏州回朝，奏言范延光造反的情况；义成节度使符彦饶奏报范延光派兵渡过黄河，焚烧草市；晋高祖下令侍卫马军都指挥使、昭信节度使白奉进率领一千五百名骑兵驻扎在白马津防备范延光。白奉进，是云州人。丁酉日（十六日），任命东都巡检使张从宾为魏府西南面都部署。戊戌日（十七日），派侍卫都军使杨光远率领步兵和骑兵一万人驻守滑州。己亥日（十八日），派护圣都指挥使杜重威带兵驻守卫州。杜重威，是朔州人，娶皇帝的妹妹乐平长公主为妻子。范延光任命冯晖为都部署，孙锐为兵马都监，率领步兵和骑兵二万人沿着黄河，向西挺进，抵达黎阳口。辛丑日（二十四日），杨光远奏报说他已经率领军队过了胡梁渡。

后晋高祖石敬瑭任用翰林学士、礼部侍郎和凝为端明殿学士。和凝在门上写个字条，声明不见宾客。前任耀州团练推官襄邑人张谊写信给和凝，认为："切近中枢的职位，是天子的耳目，应该知道天下四方的利病得失，怎么能够拒绝宾客呢？虽然对自己方便，可是辜负国家，于心何安？"和凝格外看重他，把他推荐给桑维翰，不久，就擢用他做左拾遗。张谊就向高祖石敬瑭进言说："北狄契丹有援助立朝的功劳，应该表面与他敦信修好，内部认真加强边境上的戒备，不能自己放松警惕，开启他的兴兵侵犯之心。"后晋高祖认为他讲得很正确。

契丹攻打云州，连攻半年，不能攻下。吴峦派使者抄小路潜回朝廷，上表求救。晋高祖石敬瑭特地为此事写信给契丹主耶律德光，请他退兵。契丹主也就下令翟璋解围而去。后晋高祖把吴峦召唤回来，任用他为武宁节度副使。

丁未日（二十六日），任命侍卫使杨光远为魏府四面都部署，张从宾为副部署，兼诸军都虞候，命昭义节度使高行周带领本部兵马驻守相州，任命他为魏府西面都部署。军士郭威原来隶属于刘知远，应当随从杨光远北征，郭威不愿意，告诉刘知远，请刘知远把他留下。人家问他什么缘故，郭威说："杨公有奸诈的才能，没有英雄的气概，得到我，有什么用？真能赏识我使我能一展抱负的，大概只有刘公吧！"

后晋高祖石敬瑭下诏，命令张从宾派数千河南兵出击范延光。范延光让人去诱劝张从宾，张从宾便同范延光一起造反，杀担任河阳节度使的皇子石重信，委任上将军张继祚掌理河阳留后的事务。张继祚是张全义的儿子。张从宾又率领军队进入洛阳，杀了皇子代理东都留守石重乂，委任东都副留守、都巡检使张延播掌理河南府政务，但不让他在府治事，而要他跟着部队。又调取内库的钱帛用以犒赏属下士兵，留守判官李遐不肯给，士兵们把他杀死。张从宾率兵扼守汜水关，将要进逼汴州。后晋高祖石敬瑭命奉国都指挥使侯益率领天子的卫兵五千人和杜重威联合讨伐张从宾，又命宣徽使刘处让从黎阳分一部分人马去讨伐他。当时，军书往来纷繁，随从晋高祖在大梁的官员没有不烦扰惊恐的，只有桑维翰从容指挥军事，神色自若，接待应对宾客不改正常规范，众人见了心里略觉平静。

方士向闽主王昶报告，说有白龙夜晚出现在螺峰；闽主就兴建了白龙寺。当时种种工事，纷纷进行，费用不够。闽主王昶对吏部侍郎、判三司候官蔡守蒙说："听说各执政大臣任命官吏都接受人家的贿赂，有这回事吗？"蔡守蒙回答说："不负责任的议论不值得相信。"闽主说："朕知道这种事已经很久了，现在我把任职授官的权力委托给你，你固然要选择贤能的人除授官职；但那些不良的，以及欺罔假冒求官的人，也不要拒绝他，只要教他缴纳财货，就登录他的名字呈上来。"蔡守蒙一向清廉，认为这样做不行。闽主王昶便生起气来，蔡守蒙也就害怕而依了他。从此除授官吏，只看所缴的财货多少而定等级。闽主王昶又拿出尚未填写姓名的堂牒，教医工陈究到外头去卖官，专门搜刮民财，没有满足，贪得无厌。又下诏民间如有隐瞒年龄者用刑杖笞背，隐瞒人口者处死，逃亡者诛杀全族。果、菜、鸡、猪，都征收重税。

秋季，七月，张从宾进攻汜水，杀巡检使宋廷浩。后晋高祖石敬瑭全副武装，备好矫健快马，将奔往晋阳躲避敌人的攻势。桑维翰向他叩头苦谏说："贼兵的锋芒虽然强盛，其势不能持久，请少等待一下，不可轻率动移。"后晋高祖这才留止未动。

范延光派遣使者用蜡丸密书招诱失职的人，右武卫上将军娄继英、右卫大将军尹晖在大梁，温韬的儿子温延濬、温延沼、温延衮居留在许州，都响应范延光造反。范延光命令温延濬兄弟夺取许州，召集的党徒已达上千人。娄继英和尹晖事迹泄露，都从大梁逃走。壬子日（初二日），晋高祖下令：由于范延光奸邪谋乱，诬蔑忠臣，污辱良将，从今以后，凡是捕获替范延光传递蜡书的人，一律奖赏捕获人，杀死传递蜡书的人，并且将蜡书烧掉，不要把蜡书的内容奏报朝廷。尹晖将投奔吴国，被人杀死。娄继英逃往许州，投靠温氏。忠武节度使苌从简严加戒备，温延濬等人没有适当的时机可供发难，想杀娄继英表明心迹，温延沼阻止他，和娄继英一起投奔张从宾。娄继英知道温延濬等人要杀他的计划，劝张从宾捉获温家三兄弟，把他们都杀了。

白奉进在滑州。有军士在夜间进行抢掠，白奉进下令捕捉他们，抓获五个人，其中三个是白奉进的下属，两个是符彦饶的下属，白奉进把他们都杀了；符彦饶因为白奉进没有先通知他，就擅自处决，非常生气。第二天，白奉进带了几个侍从卫兵到符彦饶那里向他道歉，符彦饶说："军中各单位各有处分，为什么将滑州军士不分类别就一并斩首，毫无宾主之礼呢？"白奉进说："军士犯法，还分什么你和我？在下已经承担责任向你道歉，而你还是怒气难消，这难道不是想和范延光一起造反吗？"说罢，拂袖而起，符彦饶没有留他。营帐里的士兵们喧聒大闹，捉住白奉进，把他杀了。白奉进的侍从卫兵夺门而出，在营外大声呼叫，于是各军争着穿上战衣，拿起武器，喧吵喊叫，禁也禁止不了。奉国左厢都指挥使马万心慌意乱，不晓得怎么办，率领步兵想跟乱兵一起行动，正好遇着右厢都指挥使卢顺密率领部下出营。卢顺密用严厉的声音对马万说："符公擅自杀死白公，一定是和魏城有通谋。这里相距大梁行宫只有二百里，我们这些人和军士的家属都在大梁，为什么不想着报效国家，竟想助长祸乱，自取灭族的下场呢？现在我们应该合力擒捉符公，送呈天子，建立大功。军士们服从命令的就赏，违抗命令的就杀，不要再顾虑了！"这时马万的部下士兵还有在跳跃喊叫的，卢顺密连杀好几个，众人不敢再乱动。马万不得已，只好依从他，和奉国都虞候方太等一同进攻节度使所住的牙城，活捉符彦饶，命令方太的部下把他送往大梁。甲寅日（初四日），后晋高祖石敬瑭敕令在班荆馆斩杀符彦饶，对于他的兄弟们都没有究问。

杨光远领兵从白皋向滑州进军，士卒听说滑州动乱，想推举杨光远为君主。杨光远说："天子岂是你们这等人所玩弄的物体？起初在晋阳时之所以投降，乃是由于穷困逼迫，无可奈何。现在再改变主意，那就真正是不折不扣的叛贼了。"于是他的部下就不敢再提这件事。当时魏州、孟州、滑州三镇相继叛变，人心动摇，后晋高祖石敬瑭向刘知远询问对策，刘知远回答说："帝王的兴起，都是由天命决定的。陛下从前在晋阳，粮食都撑不了五天，可不久就成就大业。现在天下已经平定，国内有强劲的军队，又连结北方强大的胡虏，那些老鼠之辈，又能怎么样呢？希望陛下以深厚的恩情对待将相，臣以威严的军法管束士卒；恩情和威严并重，京城自然安定，根本的所在巩固，枝叶自然也就不会受到伤害。"于是刘知远订定严格的法条禁令，保护晋高祖安全的部队没人敢犯法。有个士兵偷人家一幞纸钱，纸钱的主人把他抓到，送交给刘知远。左右的属下请求把他放了，刘知远说："我是按实际情况来诛杀他的，不计较它的多少。"居然把他杀了，从此众军士畏服。

乙卯日（初五日），后晋高祖石敬瑭任命杨光远为魏府行营都招讨使、兼理行府事务；任命昭义节度使高行周为河南尹、东京留守；任命杜重威为昭义节度使、充任侍卫马军都指挥使；任命侯益为河阳节度使。后晋高祖因为滑州方面奏报军情都由马万领头，所以提升马万为义成节度使。丙辰日(初六日)，任用卢顺密为果州团练使，方太为赵州刺史；不久得知平定滑州是卢顺密的功绩，便改任卢顺密为昭义留后。

冯晖、孙锐率领军队到六明镇，杨光远引诱他们渡黄河。等到他们渡到河心，便加以攻打，冯晖和孙锐的军队大败，溺死大部分，杨光远的军队斩首三千级，冯晖和孙锐逃回魏州。

杜重威、侯益领兵到达汜水，遇到张从宾的兵众一万多人，同他们交战，几乎把他们俘获斩尽，便攻克汜水。张从宾逃走，骑着马渡黄河，被淹死，虏获他的党徒张延播、张继祚、娄继英，解送大梁，全部斩首，并诛杀他们全族。史馆修撰李涛向晋高祖石敬瑭上书说，张继祚的父亲张全义有再造洛阳的功劳，请赦免他的族人。于是只杀张继祚的妻子和儿女。李涛，是李回的族曾孙。

后晋高祖石敬瑭下诏：东都留守司的百官全部迁赴行在。

杨光远上奏朝廷说，掌理博州事务的张晖引领州城的军民归降。

安州威和指挥使王晖听说范延光作乱，杀了安远节度使周瑰，自己统领军府，打算等待范延光胜利就依附他，若范延光失败，则渡过长江，投奔吴国。晋高祖石敬瑭派右领军上将军李金全率领一千名骑兵前往安州巡视考察，承诺赦免王晖的罪，任命他为唐州刺史。

范延光知道事情不能成功，于是归罪于孙锐而杀他全族，派使者奉表请罪。戊寅日(二十八日)，杨光远报告朝廷，后晋高祖石敬瑭不准许。

吴同平章事王令谋前往金陵劝徐诰接受禅让，徐诰推辞不受。

山南东道节度使安从进担心王晖投奔吴国，派行军司马张朏领兵会合复州兵在冲要路上阻挡他。王晖在安州大肆掠夺，将要投奔吴国，部下将领把他杀死。八月，癸巳日(十三日)，把这件事的真相传知朝廷。李金全到达安州，安州的将士参与作乱的有好几百人，李金全开导劝说他们，把他们全部遣送到京城等候发落；不久听说指挥使武彦和等数十人携带很多财货，于是在野外埋伏士兵，把他们抓起来，斩首。武彦和将死，大声呼叫，说："王晖是罪恶最重大的人，天子还赦免了他，我们是被要挟而跟他的，又有什么罪呢？"后晋高祖石敬瑭虽然知道李金全的情况，但把事情掩盖起来，不加究问。

吴国历阳公杨濛知道吴国快要败亡，甲午日（十四日），杀了守卫他的军使王宏；王宏的儿子带领兵卒攻击杨濛，杨濛射杀了他。因为德胜节度使周本是吴国的元勋旧臣，所以带两名骑兵到庐州，想要投靠他。周本听说杨濛到来，便要去见他，他的儿子周弘祚坚定地劝他不要见，周本生气地说："我家的少主来了，为什么不让我去见他？"周弘祚将两扇门扉关上，不让他父亲出去，同时派人到外边把杨濛抓起来，送往江都。徐诰派使者假称吴主杨溥的诏命，在采石把他杀死，追废为悖逆庶人，断绝杨氏的宗室册籍。侍卫军使郭悰在和州把杨濛的妻子杀了，徐诰归罪于郭悰，把他贬移到池州。

乙巳日（二十五日），赦免张从宾、符彦饶、王晖的党羽；尚未被诛杀的，都不再追究。

后梁、后唐以来，士大夫奉旨出使，以及百姓们被抢夺俘虏而留在契丹的，朝廷遣使到契丹将他们全部赎回来，让他们回家。

吴国司徒、门下侍郎、同平章事、内枢使、忠武节度使王令谋年老有病，连牙齿都没有了，有人劝他退休，王令谋说："齐王的大事还没有完成，我哪里敢只顾自己的安逸？"等到他病重危急，就极力劝徐诰接受禅让。就在当月，吴主杨溥下诏，把帝位禅让给齐王徐诰。李德诚又到金陵率领百官劝齐王徐诰即帝位，宋齐丘不肯在劝进表上签名。九月，癸丑日（初四日），王令谋去世。

甲寅日（初五日），任命李金全为安远节度使。

娄继英还来不及安葬梁均王朱友贞自己就受诛而死，后晋高祖石敬瑭下诏后梁旧臣右卫上将军安崇阮与均王旧妃郭氏把他安葬。

丙寅日（十七日），吴主杨溥命江夏王杨璘奉献皇帝的国玺和绶带给齐王徐诰。冬季，十月，甲申日(初五日)，齐王徐诰在金陵即皇帝位，实行大赦，改年号为升元，改国号为唐。追尊太祖武王为武皇帝。乙酉日(初六日)，派右丞相徐玠带着上尊号的册书去觐见吴主杨溥，称：受禅老臣徐诰谨拜稽首上皇帝尊号曰高尚思玄弘古让皇。宫室、乘坐的轿子、衣服和车驾全都照旧，宗庙、正朔、徽章和衣服车马所崇尚的颜色，也都依照吴国的制度。丁亥日(初八日)，立徐知证为江王，徐知谔为饶王。任用吴太子杨琏领职平卢节度使、兼中书令，封为弘农公。

唐主徐诰在天泉阁宴请群臣，李德诚说："陛下上应天意，下顺民心，只有宋齐丘不快乐。"说着就拿出宋齐丘阻止他劝唐主即位的一封书信，唐主徐诰接过那封信，看都不看，并说："子嵩(宋齐丘字子嵩)是我三十年的老朋友，必定不会负我。"宋齐丘顿首拜谢。

己丑日(初十日)，唐主徐诰上表让皇改东都宫殿的名称，都取自道教经典。让皇常常穿着道士服装，练习摒除谷食的方术。辛卯日(十二日)，吴国宗室建安王杨珙等十二人被降封爵为公，同时加官，增加食邑。丙申日(十七日)，任命吴同平章事张延翰和门下侍郎张居咏、中书侍郎李建勋三人同时为同平章事。让皇由于唐主徐诰上表，致书表示不敢当；而唐主仍然上表称谢不改。

丁酉日(十八日)，南唐主徐诰加授宋齐丘为大司徒。宋齐丘虽然任左丞相，但不能参与政事，心里怨怒，听说南唐主徐诰所作词中称"布衣之交"，便抗辩说："臣还是布衣的时候，陛下已贵为刺史；今天陛下做天子，可以不用老臣了。"回家后，乃向唐主请罪，唐主徐诰亲手写诏书安慰他，不再改变原来的任命。过了一段时间，宋齐丘不知该怎么办才好，于是又上书，请迁徙让皇于别州，以及斥逐吴太子杨琏到远方，断绝跟他们的婚姻关系；南唐主徐诰没有听从他的意见。

乙巳日(二十六日)，立王后宋氏为皇后。戊申日(二十九日)，任命诸道都统、判元帅府事徐景通为诸道副元帅、判六军诸卫事、太尉、尚书令、吴王。

闽主王昶命令他的弟弟威武节度使王继恭向后晋朝廷上表报告他继承闽国君位，并请求在晋都大梁设立住所，以便使者安歇。

十一月，乙卯日（初六日），南唐吴王徐景通改名为璟。

唐主徐诰赐杨琏妃号为永兴公主；杨琏妃听到人家叫她为公主，伤心流泪，教人家不要再用这样的名号称呼她。

戊午日（初九日），南唐主徐诰立他的儿子徐景遂为吉王，徐景达为寿阳公；任命徐景遂为侍中、东都留守、江都尹，率领留司百官到东都。

戊辰日（十九日），后晋高祖石敬瑭下诏，加吴越王钱元瓘为天下兵马副元帅，进封吴越国王。

安远节度使李金全任用亲信属吏胡汉筠为中门使，军府的事务全部委任他办理。胡汉筠贪猾残忍，搜刮贪求无厌。后晋高祖石敬瑭听说后，派一个清廉的官吏贾仁沼去取代他的职位，同时召回胡汉筠，授给他其他职务，希望借此保全功臣。胡汉筠得到消息，非常恐惧，于是开始劝李金全图谋不轨。乙亥日（二十六日），李金全上表声称胡汉筠生病，不能起程。李金全的旧友庞令图多次劝他说："贾仁沼是位忠义之士，用他来代替胡汉筠，所获的助益太多了。"胡汉筠利用夜晚派壮士翻墙进入庞令图家，灭他全族。又向贾仁沼下毒，贾仁沼舌头腐烂而死。胡汉筠与推官张纬勾结，共同谄媚惑乱李金全，李金全宠爱他更加深厚。

十二月，戊申日（三十日），后蜀实行大赦，改明年的年号为明德。

后晋高祖石敬瑭下诏，加马希范为江南诸道都统，制置武平、静江等军事。

这一年，契丹改年号为会同，改国号为大辽，公卿庶官的设置都仿效中原，并且参用中原人，任用赵延寿为枢密使，不久，又兼任政事令。

天福三年（戊戌，公元938年）

春季，正月，己酉日（初二日），发生日食。

南唐德胜节度使兼中书令西平恭烈王周本因为不能保存吴国，愧恨去世。

丙寅日（十九日），南唐命侍中吉王徐景遂参判尚书都省。

蜀主孟昶任命武信节度使、同平章事张业为左仆射兼中书侍郎、同平章事、枢密使，武泰节度使王处回兼任武信节度使、同平章事。

二月，庚辰日（初三日），左散骑常侍张允向后晋高祖石敬瑭上呈《驳赦论》，认为："帝王遇到天灾常常实行大赦，这种做法是为了修德。假设现在有两个人打官司而遇赦，那么理亏的人，侥幸获免；理直的人含冤不伸，冤气升腾，上闻于天，这足以招致灾祸，并不是消除灾祸的方法。"晋高祖石敬瑭下诏褒奖他。高祖乐意听正直的言论，下诏百官各上封书言事，命吏部尚书梁文矩等十人设置详定院来加以考核，无可取的留在中枢，有可取的就施行。几个月后，应诏的不足十人。乙未日（十八日），再一次颁下御札催促这件事。

三月，丁丑日（三十日），敕命禁止民间铸造铜器。起初，唐代时，天下共有三十六所铸钱的矿冶所，自从战乱以来，都停工废弃，钱币耗损一天比一天厉害，很多民众销毁钱币，铸造各种铜器，所以下令禁止铸造铜器。

中书舍人李详上疏，他认为："十年以来，多次颁布赦令，各行政区的职掌，都准许长官推广恩惠，任用他亲信的人。各地藩镇推荐的人动辄就超过数百名，以至于藏典、书吏、优伶、奴仆这些人，开始任命就要达到银印青绶的官阶，穿的都是紫色袍，拿的都是象牙笏，拥有的名义和所使用的器物，都超越他们的本分，造成浮滥的现象，以至于贵贱分不出来。请从今以后，各行政区除主掌兵权的将校以外，节度使所治理的州，任由节度使自己选任'不给铜印，给本朱记以为印信'的大将以上十人，奏报朝廷。其他的州，只准长官自己选任都押牙、都虞候、孔目官，奏报朝廷，其余的人员只是委托本道酌量调迁职名。"后晋高祖石敬瑭听从这个意见。

夏季，四月，甲申日（初七日），南唐宋齐丘主动向唐主徐诰申述说丞相不应该不参与政事。唐主徐诰答复他说办公厅还没有设备好。

吴让皇再三推辞，不住旧宫，屡次请求迁居；李德诚等也常提这件事。五月，戊午日（十二日），南唐主徐诰把润州牙城改名为丹杨宫，任用李建勋为迎奉让皇使。

杨光远仗恃自己统率重兵，干预朝廷的政事，常有对抗的意见上奏，后晋高祖石敬瑭常委屈自己采纳他的意见。庚申日（十四日），任命杨光远的儿子杨承祚为左威卫将军，娶后晋高祖女儿长安公主为妻，次子杨承信也拜受美好官职，恩宠为当时之冠。

壬戌日（十六日），南唐主徐诰任命左宣威副统军王舆为镇海留后，客省使公孙圭为监军使，亲吏马思让为丹杨宫使，迁徙让皇居住在丹杨宫。

宋齐丘再次陈说自己被唐主左右侍从离间，南唐主徐诰大怒；宋齐丘回到府第，穿起白衣等待治罪。有人说："宋齐丘是勋旧大臣，不应为了小过舍弃他。"唐主徐诰说："宋齐丘虽有才干，却不识大体。"后来还是命吴王徐璟持着亲笔诏书去召他回来。

六月，壬午日（初七日），有人献毒酒的处方给南唐主徐诰，唐主说："违反我国法律的自有正常的刑罚，要这个东西干什么？"群臣们争相建议把府寺州县名称中有"吴"和"阳"字的都改掉，留守判官杨嗣请求改姓羊，徐玠说："陛下本来就是上应天意，下顺民心，并不是由悖逆之道取得；谄邪之人专门抓住这些事更改讨好，这都不是当务之急，不要听从他们。"南唐主徐诰认为很对。

河南留守高行周上书建议整修洛阳宫殿。丙戌日（十一日），左谏议大夫薛融劝谏说："现在宫室虽然已经烧坏，可是还比帝尧用茅茨所盖的宫室壮观多了；整修的费用虽然很少，可是比起汉文帝刘恒的露台来，还是多得太多。何况魏州城还没有攻下，不论是国家或人民，都贫困窘迫，实在不是陛下整修宫殿的时候。等待海内平靖安宁，再经营这些也不为晚。"后晋高祖石敬瑭采纳了他的意见，并赐予褒奖的诏书。

己丑日(十四日),金部郎中张铸上奏说:“我看见乡村里一些还没有固定户籍的人家,并不是不勤于耕种,也并不是不愿意安居乐业,只是因为种树未满十年,垦田不到三顷,略微建立一点维生的事业基础,就已经被县府的有司调遣去服徭役,索求沉重的赋税,用严厉的刑罚加以逼迫,不免抛弃事业,想再迁往其他地方。请求允许:从今以后,民众垦田到五顷以上的,三年以后才听由县司徭役。”后晋高祖石敬瑭听从这个意见。

秋季,七月,中书省上奏说:“朝代虽然不同,但制度并没什么差异,请委托官员取出后唐明宗李嗣源和后唐末帝李从珂清泰时的诏敕,详细审定,把可以推行长久的,编纂起来。”己酉日(初四日),后晋高祖石敬瑭诏命左谏议大夫薛融等详加审定。

辛酉日(十六日),后晋高祖石敬瑭命制作“受命宝玺”,刻上“受天明命,惟德允昌”的文句。

八月,后晋高祖石敬瑭给契丹国主耶律德光及述律太后上尊号,戊寅日(疑误),任命冯道为述律太后册礼使,左仆射刘煦为契丹主册礼使,备办卤薄、仪仗、车辂,到契丹举行典礼,契丹主耶律德光非常高兴。后晋高祖石敬瑭事奉契丹非常恭敬,上表称臣,称契丹主耶律德光为“父皇帝”;每次契丹派使者到来,晋高祖石敬瑭就在别殿拜受诏书。每年除了要奉送金帛三十万之外,每遇吉凶庆吊,年节馈赠,玩好珍奇,也都络绎不绝地奉送过去。甚至于应天太后、元帅太子、伟王、南北二王、韩延徽、赵延寿等各大臣都有所赠送;契丹稍有不如意,就派使者来指责,晋高祖常低声下气地向他赔罪。而后晋的使者到契丹,契丹神气傲慢,说话不客气。使者回来,把这情形告诉大家,朝野人士都感到羞辱,而晋高祖石敬瑭侍候契丹一点儿也没有倦怠的感觉,因此晋高祖石敬瑭在位时都跟契丹没有仇怨。输送的金帛,不过是几个县的田租赋税,往往托词民间困乏,不能满额送到。后来,契丹主耶律德光多次制止后晋高祖石敬瑭上表称臣,只叫他写信时自称“儿皇帝”,像家人之间行礼一样。

起初，契丹得到幽州，便取名为南京，任命后唐降将赵思温为留守。赵思温的儿子赵延照在后晋，后晋高祖石敬瑭任命他为祁州刺史。赵思温秘密交代赵延照向高祖说敌寇的政情终会变化，请以幽州归附朝廷；晋高祖石敬瑭不肯。

契丹派使者到南唐，宋齐丘劝唐主徐诰送他优厚礼物，好好接待他，待到他回途行至淮河以北，暗中派人杀了他，打算以此来离间契丹同后晋的关系。

壬午日（七月无此日），杨光远奏报说，前任澶州刺史冯晖从广晋城中出战，趁机投降，并说范延光粮食已经吃完，情势穷困。己丑日（七月无此日），任命冯晖为义成节度使。

杨光远攻打广晋，一年多攻不下来。后晋高祖石敬瑭因为师兴过久，百姓困疲，便派在内廷供职的宦者朱宪进入广晋城告谕范延光，答应调他镇守大藩镇，并说：“假如你投降以后仍杀你，那么我发誓：白日在上，我无由享国！”范延光对节度副使李式说：“皇上讲信用，说不死就不会死。”于是就撤下守备，但还是拖延不决。宣徽南院使刘处让又进城劝告他，范延光才下了决心。九月，乙巳朔日（初一日），杨光远送范延光的两个儿子范守图、范守英到大梁。己酉日（初五日），范延光派牙将奉表等候处分。壬子日（初八日），后晋高祖石敬瑭得诏书来到广晋，范延光率领属众在牙门丧服迎接，使者宣读诏书将他释放。朱宪是汴州人。

契丹派使者到洛阳，把赵延寿的妻子唐燕国长公主接回去。

壬戌日（十八日），南唐太府卿赵可封请唐主徐诰恢复本姓，姓李，设立唐室宗庙。

庚午（二十六日），杨光远上表请求入朝；命刘处让暂时主持天雄军府事。己巳日（二十五日），后晋高祖石敬瑭下制令任用范延光为天平节度使，又赐给铁券。广晋城中将校、官吏、军士、民众，都在这天把以前所有的罪一律赦免，不再追究。张从宾、符彦饶的余党以及从官军逃走、背叛而入魏州城的人，也放过他们。分别任命范延光的心腹将领和助手李式、孙汉威、薛霸为防御使、团练使、刺史，他的牙兵也都擢升为侍卫亲军。

起初，河阳行军司马李彦珣是邢州人，父母住在乡下，没有受过供养。后来，李彦珣与张从宾一同反叛，张从宾失败，李彦珣投奔广晋。范延光任用他为步军都监，让他登城拒守。杨光远寻访到李彦珣的母亲，把她安置在城下，借此招李彦珣归降。李彦珣拿起弓箭，将他母亲射死。范延光投降后，后晋高祖石敬瑭任命李彦珣为坊州刺史。近臣说李彦珣是杀母亲的人，杀母亲是穷凶极恶、大逆不道的罪行，绝不可赦。晋高祖说："赦令已经颁布施行，不能再改。"还是派他去赴任。

◆臣司马光说：治理国家的人固然不可以不讲求信用，然而李彦珣的罪恶，被天神地祇人鬼所不容。晋高祖石敬瑭如果赦免他背叛国君的过失，惩治他残杀母亲的罪恶，对于他的信用又有什么损害呢？◆

辛未日（二十七日），任命杨光远为天雄节度使。

冬季，十月，戊寅日（初五日），契丹派遣使者奉献宝册，给后晋高祖石敬瑭加上尊号，叫作英武明义皇帝。

后晋高祖石敬瑭基于大梁是舟车交会的地方，便于水道转运米粮，于是在丙辰日（十月无此日）那天，在汴州设置东京，又把汴州改为开封府，把东都改为西京，把西都改为晋昌军节度。

后晋高祖派遣兵部尚书王权出使契丹，表示对上尊号的谢意。王权以为自己累世任中原朝廷的将相，感到羞耻，因此对人说："我老了，怎么能向以穹庐为家的夷狄屈膝下跪呢？"于是借口衰老多病而加以推辞。高祖石敬瑭很生气，戊子日（十五日），王权因此停职。

起初，郭崇韬死后，宰相很少有兼枢密使的。自从高祖石敬瑭即位，桑维翰、李崧却兼任，宣徽使刘处让和宦官们心里都很不愉快。杨光远围攻广晋时，刘处让好几次为了军事奉命往来。杨光远奏报请求大多超越本分，高祖常常若依若违，不置可否，桑维翰却根据法令加以裁减。杨光远因此对刘处让有不平的口吻，刘处让说：

“这都是执政宰相的意思。”杨光远从此便怪怨宰相。范延光投降后，杨光远秘密上表论说执政者的过失；后晋高祖石敬瑭知道事情发生的原因又无法解决，便加官给桑维翰为兵部尚书，李崧为工部尚书，把二人的枢密使罢免；任命刘处让为枢密使。

太常上奏说：“现在设置东京，然而宗庙、社稷都在西京，请搬来安置在大梁。”后晋高祖石敬瑭颁敕书指示：“暂且依旧。”

戊戌日(二十五日)，大赦天下。

杨延艺的旧将吴权从爱州起兵攻打交州的皎公羡，皎公羡派使者用贿赂向南汉求救。南汉主刘龑想乘其乱夺取交州，任用他的儿子万王刘弘操为静海节度使，改封交王，率兵去救皎公羡，南汉主刘龑带兵屯驻海门，做刘弘操的后援。南汉主刘龑向崇文使萧益问计，萧益说：“现在雨水连绵不断已经好几十天，海路危险遥远，吴权凶暴狡猾，不可看轻他。我们的大军应当持重，多用向导，然后才可以前进。”汉主刘龑听不进这些话。命令刘弘操率领战舰从白藤江向交州进军。这时吴权已经杀皎公羡，占据交州，率兵迎战。先在海口插上许多大木条，把上头削尖，裹上铁皮，派小船趁着涨潮出海挑战，然后假装败逃，引汉舰来追；一会儿退潮，汉舰都被那用铁皮包裹的木条阻挡而回不去，汉兵大败，士卒掉落水中淹死的超过半数；刘弘操战死，汉主刘龑悲伤痛哭，收集残余的士卒回去。以前，著作佐郎侯融曾经劝告南汉主刘龑息兵养民，到这时南汉主刘龑把兵力不振归罪侯融，把他的棺材挖出来，加以暴尸。萧益是唐懿宗时宰相萧仿的孙子。

楚顺贤夫人彭氏逝世。彭夫人相貌丑陋，但是治家有法，楚王马希范畏惧她。彭夫人死后，马希范就开始纵情声色，举行通宵宴饮，内宫与外朝没有分别。有个商人的妻子长得美丽，马希范杀了她的丈夫要占有她，商人妻子发誓不受玷辱，自己上吊死了。

黄河在郓州溃堤决口。

十一月，范延光从郓州入朝。

丙午日(初三日),后晋朝廷册命闽主王昶为闽国王,委命左散骑常侍卢损为册礼使,赐予王昶天子服用的赭袍。戊申日(初五日),进封威武节度使王继恭为临海郡王。闽主王昶听到这个消息,派进奏官林恩去向宰相说明,因为已经袭用"皇帝"尊号,所以请退回册命和使者。闽谏议大夫黄讽因为闽主王昶淫乱残暴,于是和妻子儿女诀别,把生死置之度外,去劝谏闽主;闽主王昶果然要用木棍打他,黄讽说:"我若是迷乱国家而不忠,即使死了也没有怨言;若是因为直言进谏而被杖罚,我不能接受。"闽主王昶发怒,将他罢黜为民。

后晋高祖石敬瑭担心天雄节度使杨光远强悍不驯,难以控制,桑维翰建议分散天雄的兵力,于是加杨光远官爵为太尉、西京留守兼河阳节度使。杨光远因此怨愤不满,暗中贿赂契丹并向契丹进行自我表白,还训养私人部曲一千余人,心里常怀叛离的想法。

辛亥日(初八日),在广晋府设邺都;在相州设彰德军,将澶州、卫州隶属它;在贝州设永清军,将博州、冀州隶属它。澶州旧州府设在顿丘,高祖石敬瑭考虑到契丹将成为后世的祸患,派前任淄州刺史汲人刘继勋将澶州州府迁往跨越黄河两岸的德胜津,连同顿丘县的县府也搬来这里。任命河南尹高行周为广晋尹、邺都留守;贝州防御使王廷胤为彰德节度使,右神武统军王周为永清节度使。王廷胤是王处存的孙子;高行周是邺都人。

范延光屡次请求退休,甲寅日(十一日),后晋高祖石敬瑭下诏,准以太子太师的身份退休。退休后,住在大梁,常常参加宴会,和群臣没有分别。起初范延光反叛的时候,相州刺史掖人王景防守辖区,不肯附从,戊午日(十五日),任用王景为耀州团练使。

癸亥日(二十日),后晋高祖石敬瑭下令,听任官厅和民间自铸铜钱,但不可以杂入铅和铁,每十个铜钱重一两,上铸"天福元宝"四字。命令盐铁使司颁布铸钱模型,只是禁止私铸其他铜器。

后晋立左金吾卫上将军石重贵为郑王,充任开封府尹。

庚辰日,后晋高祖石敬瑭下敕书,说前些时准许官厅和民间自铸铜钱，考虑到铜矿难得，每个铜钱的重量，听任个人方便，只要不至于缺口破洞就好。

辛丑日（十一月无此日），吴让皇杨溥去世。南唐主为此停止坐朝二十七日。追谥让皇杨溥为睿皇帝。这一年，南唐主徙封吴王徐璟为齐王。

凤翔节度使李从，对文士非常礼遇，对武人比较疏薄；爱护农民，严管士卒。因此将士们对他颇为怨恨。正好有一天李从曮要派遣军队戍守西方边陲，军队刚走到郊外，便开始作乱，冲破城门，进入城里，当街抢劫。李从曮发动帐下兵众攻击他们，乱兵失败，向东遁走，想到东京向后晋朝廷申诉；到达华州时，镇国节度使张彦泽进行阻击，把他们都杀了。

资治通鉴卷第二百八十二　后晋纪三

起己亥（公元939年），止辛丑（公元941年），共三年。

【题解】本卷记录了公元939年至941年的史事，共三年。正当后晋高祖石敬瑭天福四年至天福六年。本卷记录了很多南唐和闵国的军国大事。南唐主徐知诰恢复“李”姓，改名李昪，下诏命令主管部门编造族谱，建立宗庙合祭李、徐两姓，尊奉徐温为义祖，在宗庙位列唐高祖李渊、唐太宗李世民之后。南唐主李昪生性节俭，轻减赋税，勤于政事，保境安民，江、淮安定。闽主王昶深信道士，不理政事，福州政变，王延羲取代王昶成为闽主，王延羲弟弟王延政占据建州，兄弟二人互相攻伐。后晋朝廷内有大臣作恶，外有节度使反叛，后晋危机四伏。

高祖圣文章武明德孝皇帝中

天福四年（己亥，公元939年）

春季，正月，辛亥日（初九），任命澶州防御使太原人张从恩为枢密副使。

朔方节度使张希崇去世，北方的羌、胡入侵和抢掠，无所忌惮，甲寅日（十二日），后晋高祖石敬瑭任用义成节度使冯晖为朔方节度使。党项酋长拓跋彦超在各部中最为强大，冯晖到了任所，拓跋彦超入城祝贺，冯晖厚礼相待，并借此机会替他在城中安排一栋房子，送他很多衣服、器用、好玩的物品，把他留在朔方城中，不放他回去，于是辖境之内终于安定下来。

南唐群臣江王徐知证等几次上表请求南唐主徐诰恢复姓李，建立唐室宗庙。乙丑日（二十三日），南唐主徐诰准许。群臣又请加封尊号，唐主说："尊号只是虚假的美称，而且又不合古代的礼仪。"于是没有接受。以后他的子孙都效仿他的做法，不接受尊号，也不用外戚辅佐政治，宦官不得干预朝廷的政事。这些都是其他国家所赶不上的。

二月，乙亥日（初三），更改南唐太祖徐温的庙号称为义祖。己卯日（初七），南唐主徐诰为李氏父母举行哀悼，同皇后一起披麻戴孝，居住在临时搭盖的草棚里，完全依照父母初丧时候的礼数，早晚哭临，共五十四天。江王徐知证、饶王徐知谔也请求穿斩衰孝服，唐主徐诰不同意。李建勋的妻子广德长公主借机穿上居丧的礼服，进去哭临，极尽礼仪，就像为亲生父母服丧一样。

辛巳日（初九），唐主徐诰下诏，国家大事委托齐王李璟审查决定，只有军事上的事情须向他报告。庚寅日（十八日），唐主改名为李昪。

下诏令百官讨论把徐、李二姓的先人合葬起来同受祭享礼仪。辛卯日（十九日），宋齐丘等议定将义祖徐温安置在第七室的东边。南唐主李昪命令把唐高祖李渊安置在西室，其次为唐太宗李世民，又其次为义祖徐温，都是永不迁庙的牌位。群臣说："义祖是大唐的诸侯，不应该和唐高祖、唐太宗一起同享祭祀，请求在太庙正殿后面另外建造庙宇来祭祀。"南唐主李昪说："朕从小就寄身在义祖家，如果不是义祖有功于吴国，朕又怎能开创现在的中兴大业？"群臣于是不敢再提出不同的意见。

南唐主李昪想要把自己世系的始祖定为唐高祖李渊的儿子吴王李恪，有人说："李恪是被唐高宗李治诛杀的，不如以郑王李元懿为始祖。"南唐主李昪命令官吏考察二王的后代子孙，结果由于吴王的孙子李祎有功，李祎的儿子李岘做过宰相，所以就认吴王为先祖，并说明从李岘下数五代就到父亲李荣。这五代人的姓名全都是有关官吏杜撰出来的。南唐主李昪因为唐朝传了十九个皇帝，历经三百年，而从吴王到他自己才十代，所以怀疑十代太少。官吏说："三十年为一世，陛下您文德年间出生，到现在已有五十年了。”于是南唐主李昪也就赞成了。

卢损作为后晋朝廷的册礼使到达福州，闽主王昶称说有病，不予接见，命他的弟弟王继恭主持招待晋使。派他们的礼部员外郎郑元弼带着王继恭的表章随从卢损入朝进贡。闽主王昶不礼遇卢损，有个士人叫李省邹的，私自对卢损说：“我们闽主不侍奉自己的君主，不亲近自己的亲戚，不体恤自己的百姓，不恭敬本地的神祇，与自己的邻国不和睦，不接待他的宾客，还能够维持久远吗？我将披上袈裟，遁入佛门，逃到北方去，我们将会在晋国相见的。”

三月，庚戌日（初八），南唐主李昪追尊吴王李恪为定宗孝静皇帝，从自己的曾祖以下都追尊庙号和谥称。

己未日（十七日），后晋高祖石敬瑭下诏，命归德节度使刘知远、忠武节度使杜重威都加封同平章事的官衔，刘知远认为自己有辅佐皇帝平定天下的功劳，而杜重威的发达，只是靠外戚的关系，没什么大功可言，所以不屑跟他在皇帝的制书上被相提并论。制书颁布好几天，他都不出家门，连上四封奏表，推辞不肯接受。后晋高祖石敬瑭发怒，对赵莹说：“重威是朕的妹夫，知远虽然有功，怎么能坚决拒受制命！可以把他的军权削除，让他回自己的家去。”赵莹下拜请求说：“陛下以前在晋阳，兵士不超过五千，被十几万唐兵所围攻，情势危急，简直比早晨的露水还容易消亡，假如不是刘知远意志坚定得像铁石一般，哪里能够成就大业！为什么只为一点小过就遗弃他！臣个人私下担心皇帝这些话传了出去，不足以显示君主的宽大度量。”后晋高祖石敬瑭听了这席话，怒气才逐渐地消失，于是派端明殿学士和凝到刘知远的家里去说明皇帝的心意，刘知远感到惶恐，起来接受制令。

寻州守将王彦忠占据怀远城叛变，后晋高祖石敬瑭派供奉官齐延祚去招抚晓谕他投降，王彦忠投降，齐延祚却把他杀掉，后晋高祖很生气，说：“朕继位以来，从未失信于人，王彦忠已经缴械，出城投降，齐延祚怎么可以擅自把他杀掉！”削除齐延祚的官籍，重杖责打后发配边疆流放。当时议论此事的人还认为齐延祚应该处死，但他只削除官籍，贬到远方，未免处罚太轻了。

辛酉日（十九日），后晋朝廷册立回鹘可汗仁美为奉化可汗。

夏季，四月，唐国江王徐知证等请求也改姓李，没有获准。

辛巳日（初十），南唐主李昪在金陵的南郊举行祭祀天神的典礼；癸未日（十二日），大赦境内。

自从后梁太祖朱温以来，军国大政，后晋高祖石敬瑭往往同崇政使、枢密使议定，宰相不过是接受成命、颁行制敕、讲述典制和掌故、治理文书案牍而已。后晋高祖有鉴于后唐明宗李嗣源时安重诲专断蛮横，所以在当初刚即位的时候，只让桑维翰兼枢密使。等到刘处让做枢密使，奏事应答大多不合后晋高祖的意思，又正好碰上刘处让遭遇母亲去世，所以甲申日（十三日），下令废除枢密院，将院印交给中书省，枢密院的事务委托宰相分别判理。任命枢密院副使张从恩为宣徽使，直学士、仓部郎中司徒诩和，工部郎中颜衎都罢免兼职，居守本官。然而有功的大臣和后晋高祖身边的近臣不识大体，习惯于老的做法，常常想恢复枢密院。

后晋高祖石敬瑭因为被削除官籍而仍住在东京和西京的唐室大臣都非常贫困，为此，又任命李专美为赞善大夫。丙戌日（十五日），任命韩昭胤为兵部尚书，马胤孙为太子宾客，房暠为右骁卫大将军，一起退休。

闽主王昶忌妒他的叔父前任建州刺史王延武、户部尚书王延望的才华和名望，巫师林兴和王延武有仇怨，假托鬼神的话，说：“王延武和王延望将会作乱。”闽主王昶没有再核查，让林兴率领强壮兵卒在他们的府第中把他们杀死，连同他们的五个儿子也杀了。

闽主王昶听信陈守元的话，在宫禁中修建一座三清殿，用好几千斤的黄金铸造宝皇大帝、元始天尊、太上老君的塑像，一天到晚演奏音乐，烧香祷告，祈求神丹。政事不论大小，全由林兴假传宝皇大帝的命令来决定。

戊申日（四月无此日），后晋朝廷加封楚王马希范为天策上将军，赐予官印，听由他开府设置官署。

辛亥日（四月无此日），唐改封吉王徐景遂为寿王，立寿阳公徐景达为宣城王。

乙卯日（四月无此日），唐镇海节度使兼中书令梁怀王徐知谔去世。

南唐人把吴国让皇杨溥的族人迁移到泰州，称为永宁宫，防卫很严密。康化节度使兼中书令杨珙称说有病，罢官回到永宁宫。乙丑日（四月无此日），任命平卢节度使兼中书令杨琏为康化节度使；杨琏再三推辞，请求让他服完让皇杨溥的丧期后上任。南唐主李昪同意了他。

南唐主李昪将立齐王李璟为太子，李璟再三辞让；于是任命他为诸道兵马大元帅、判六军诸卫、守太尉、录尚书事、升扬二州州牧。

闽判六军诸卫建王王继严很得军士的支持，闽主王昶对他产生了疑忌，六月，罢免了王继严的兵权，把他的名字改为继裕；任用闽王王昶之弟王继镛为判六军，删去“诸卫”二字。林兴的种种欺诈行为被人发觉，于是将他流放到泉州。望气的江湖术士预言宫中将有灾祸，乙未日（二十五日），闽主王昶迁居长春宫。

秋季，七月，庚子朔日（初一），发生日食。

成德节度使安重荣出身于行伍，性情粗率，倚仗自己勇武而骄傲暴虐，常常对人们说：“现在的天子，兵强马壮的人就可以当。”节度使廨署里有旗杆高好几十尺，安重荣曾经带着弓箭对左右的人说：“如果我能一箭射中旗上的龙头，那就表示一定有天子之命。”结果真的一箭就射中了，因此更加自负。

后晋高祖石敬瑭当初派遣安重荣去代替秘琼的职务，告诫他说：“如果秘琼不接受你替代他，我自当为你另委一镇做节度使，不要用武力去夺取，这样恐怕会造成更大的后患。”安重荣因此认为后晋高祖胆小怕事，对人说：“秘琼只是一个匹夫罢了，天子竟还怕他，何况我身居将相的重要地位，又拥有众多的兵马呢！”每次上奏有所请求，大多超过他的本分，被主管官员裁决后，心里就愤激不平，于是聚集一些亡命之徒，买一些战马，有飞扬跋扈之心。后晋高祖石敬瑭也知道这回事。义武节度使皇甫遇跟安重荣是姻戚关系，甲辰日（初五），改命皇甫遇为昭义节度使。

乙巳日（初六），闽国北宫发生火灾，几乎把宫殿都烧光了。

戊申日（初九），后晋薛融等上奏他们所编定的制敕，颁行于世。

丙辰日（十七日），后晋高祖石敬瑭颁下敕书：“以前命令天下公府与民间都可以自由铸钱，现在因为民间私人所铸的钱大多杂用铅、锡，以致既小且薄，脆弱易缺，应全面禁止，专门由官府自己铸造。”

西京留守杨光远上疏奏称：中书侍郎、同平章事桑维翰对官吏调任不公，并在东、西两京经营店铺，与民争利。后晋高祖石敬瑭迫不得已，闰七月，壬申日（初三），外放桑维翰为彰德节度使兼侍中。

起初，义武节度使王处直的儿子王威，为了躲避王都之难，逃亡在契丹。到此时，义武镇因为皇甫遇调迁而缺少节度使，契丹主耶律德光遣派使者来说：“请让王威承袭他父亲的土地，比照我国的制度。”后晋高祖石敬瑭借口说：“依我们中原的法制，一定要按刺史、团练使、防御使的次序逐步升迁，才可以升到节度使，请派王威到这里来，逐渐加以升迁任用。”契丹主耶律德光大为震怒，又派使者来说：“你从节度使一跃而为天子，也有升迁次第吗？”后晋高祖石敬瑭担心契丹为此事不断滋生事端，于是送厚礼给契丹，并且请求用王处直哥哥的孙子彰德节度使王廷胤为义武节度使以满足契丹的愿望，契丹主耶律德光的怒气稍有缓解。

起初，闽惠宗王延钧把太祖王审知原来的随从士卒编为拱宸、控鹤二都，等到闵康宗王昶即位后，又募集壮士二千作为心腹，号称宸卫都，俸禄和赏赐都比二都丰厚。有人说二都有怨言，将会作乱，闽主王昶打算将他们分别隶属于漳州和泉州，二都更加愤怒。闽主王昶喜欢彻夜宴饮，强迫群臣喝酒，喝醉了就叫左右亲信去暗中观察他们的过失，闽主王昶的堂弟王继隆喝醉以后，言行失礼，闽主王昶就把他杀了。又常常因猜忌发怒而诛杀宗室，他的叔父左仆射、同平章事王延羲假装发疯痴呆，以躲避灾祸，闽主王昶赐给他道士的服装，把他安置在武夷山中，不久又召回去，把他囚禁在家里。

闽主几次侮辱拱宸、控鹤军使永泰人朱文进、光山人连重遇，二人很怨恨闽主。没过多久，北宫失火，查究放火贼人但没有抓到，闽主命令连重遇带领内外营兵扫除大火的余烬，每天役使上万人，士兵对此深以为苦。闽主王昶又怀疑连重遇知道纵火的阴谋，想要杀他，内学士陈郯私下将这个消息告诉连重遇。辛巳日（十二日）的夜晚，连重遇入宫轮班守卫，率领拱宸、控鹤二都的士兵纵火烧长春宫，来进攻闽主，派人在烧毁的瓦砾堆中迎接王延羲，对王延羲高呼万岁，又召来外营兵一起进攻闽主，只有闽主身边的宸卫都在为闽主抵抗，闽主就和他的李皇后一起到宸卫都去。等到天刚亮的时候，乱兵放火烧宸卫都，宸卫都战败，残余的军士一千多人拥着闽主和李后从北关出去，抵达梧桐岭，这时随行的军士逃走散去了一小部分。王延羲派自己的侄儿前汀州刺史王继业率兵追击闽主，赶到了一个村民的屋子旁，闽主王昶一向善于射箭，开弓射杀了好几个人，一会儿追兵全部赶到，闽主自知脱不了身，丢下弓箭，对王继业说："你做人臣子的节操哪儿去了呢？"王继业说："做国君的既没有国君的品德，做臣子的又哪有什么臣子的节操！新的国君是我的叔父，旧的国君是我的兄弟，哪一个比较亲，哪一个比较疏呢？"闽主不再说话。王继业同他一起返回，到达陀庄，让他喝酒，醉后把他勒死，连同李后及几个儿子和王继恭都被处死。宸卫都的余众逃往吴越。

王延羲自称威武节度使、闽国王，改名为王曦，改年号为永隆，赦免监狱里的罪囚，赏赐朝廷内外官吏。以"禁卫兵弑杀闽主"的说辞告丧于邻国，给闽主王昶的谥号，叫作圣神英睿文明广武应道大弘孝皇帝，庙号为康宗。派商人奉持奏表从小路前往大梁，自称愿做晋国的藩国。然而在他的国内，设置百官都如同天子的制度。任用已经以太子太傅名义退休的李真为司空兼中书侍郎、同平章事。

当连重遇攻伐闵康宗王昶的时候，陈守元正在宫里，换了衣服，正想逃走，兵士将他杀死。连重遇抓到蔡守蒙，清算他卖官的罪，然后杀了他。闽王王曦既已即位，派使者到泉州将林兴杀死。

黄河在亳州溃堤决口。

八月，辛丑日（初三），后晋高祖石敬瑭任用冯道为司徒兼侍中。壬寅日（初四），后晋高祖下诏：中书掌印只委予首相，从此事无大小，都委交给冯道办理。后晋高祖曾经向冯道咨询军事大计，冯道回答说："征伐的大事，全靠皇上自己裁决，臣是个书生，只知谨慎地墨守历代的成规而已。"后晋高祖赞同他的意见。冯道曾声称有病请求退职，后晋高祖派郑王石重贵到冯家府上看望，并交代说："明天假如还不来，朕将亲自前往。"冯道才出来处理政务。当时冯道所受到的荣宠恩遇，群臣中没有一个比得上的。

己酉日（十一日），后晋朝廷任吴越王钱元瓘为天下兵马元帅。

黔南节度辖区之内的溪州刺史彭士愁招引蒋州、锦州的蛮人一万多名侵略辰州和澧州，焚烧、抢夺边镇，边镇派使者向蜀国请求援兵，蜀主孟昶认为路途太远，不肯答应。九日，辛未日（初三），楚王马希范命令左静江指挥使刘勍、决胜指挥使廖匡齐率领衡山兵五千人前往讨伐。

癸未日（十五日），册封唐许王李从益为郇国公，以承奉唐室的祭祀。李从益年纪还小，李后在宫中抚养李从益，他侍奉王淑妃像侍奉母亲一样。

冬季，十月，庚戌日（十三日），闽康宗王昶所遣派的使者郑元弼到达晋朝东京大梁。康宗给晋朝执政大臣的信说："闽国自从国运兴盛以来，已经经历了很多年，由于北方的帝位频频改换，以致东海的风帆常常受阻。"（译者按：这意思是说："中国屡次更换朝代，因此没去进贡。”）又请求用对等国家的礼节通信往来。后晋高祖石敬瑭为这些不礼貌的言辞发怒了，壬子日（十五日），诏命退还他所进贡的物品，以及福、建各州分批转运的财货，并且命令郑元弼及进奏官林恩尽速将物资送回去。兵部员外郎李知损建议说：“王昶僭越傲慢，应该拘留他的使者，没收他的货物。”后晋高祖石敬瑭便把郑元弼、林恩关进监狱。

吴越王钱元瓘的恭穆夫人马氏去世。马夫人，是雄武节度使马绰的女儿。起初，吴越武肃王钱镠禁止朝廷内外畜养歌伎，文穆王钱元瓘到了三十几岁还没有儿子，马夫人替丈夫特地为此事请示钱镠，钱镠高兴地说：“我家的祭礼香火，实际上是由你做主的。”于是，允许钱元瓘纳妾。鹿氏生弘僔、弘倧；许氏生弘佐；吴氏生弘俶；其他众妾生弘偡、弘亿、弘仪、弘偓、弘仰、弘信。马夫人对他们的抚育照顾，都一视同仁。常在帐前放一只银鹿，抱诸儿坐在上面，逗着他们玩。

十一月，戊子日（二十一日），契丹派他的一个臣子遥折出使晋朝，最后又转往吴越。

楚王马希范开始设置天策将军府，设置护军中尉、领军司马等官，任用他的各位弟弟及将校充任。又任用幕僚拓跋恒、李弘皋、廖匡图、徐仲雅等十八人为学士。

刘勍等进攻溪州，彭士愁的军队打了败仗，放弃护州，逃了出去，据守山寨，四面都是悬崖峭壁，刘勍铺设云梯和栈道，攀登上去，将他们包围。廖匡齐战死，楚王马希范特派使者去吊慰廖匡齐的母亲，他的母亲没有哭，对使者说：“廖氏全家三百口，受楚王给予温饱的恩惠，全族效死于国家，不足以报答，何况一个儿子啊！请大王不要把此事记在心上。”楚王马希范认为廖匡齐的母亲很贤惠，丰厚地抚恤了她家。

十二月，丙戌日（十二月无此日），禁止建造新的佛寺。

闽王王曦兴建新宫，并搬进新宫居住。

这一年，南汉门下侍郎、同平章事赵光裔对汉主刘龑说："从马皇后去世以来，我国不曾和楚国互通使者，亲戚邻国之间原来的友好关系，可不能忘记了。"于是顺便推荐谏议大夫李纾，认为他可以完成这一使命，汉主刘龑同意，便照着赵光裔的话去做；楚国也派使者来答谢。赵光裔在南汉当宰相二十余年，府库充实，边境没有忧患。赵光裔死后，南汉主刘龑又任用他的儿子翰林学士承旨、尚书左丞赵损为门下侍郎、同平章事。

天福五年（庚子，公元940年）

春季，正月，后晋高祖石敬瑭引见闽国的使者郑元弼等人。郑元弼说："王昶只是一个蛮夷国的君王，不懂礼义，陛下得到他的好语也不值得高兴，听到他的恶语也不值得生气，我受他的差遣，办事不得体，愿意接受斧质腰斩之刑以赎王昶的罪过。"后晋高祖石敬瑭可怜他，辛未日（初五），下诏释放了郑元弼等人。

楚国刘勍等趁着大风，用火箭焚烧彭士愁的营寨，同时向他进攻，彭士愁率领他的部下逃入奖州和锦州的深山里。乙未日（二十九日），派他的儿子彭师暠率领各酋长送出溪、锦、奖三州的州印，向楚国请求投降。

二月，庚戌日（十四日），北都留守、同平章事安彦威入朝，后晋高祖石敬瑭说："我所看重的是信和义。过去契丹人以义救我，现在我用信来报答他们。听说他们没完没了地索取，你能屈节侍奉他们，这很符合我的心意。"安彦威回答说："陛下为了苍生百姓，尚且用谦卑的言辞和丰厚的财物来对待契丹，臣有什么屈节可说！"后晋高祖石敬瑭很高兴。

刘勍率领军队返回长沙。楚王马希范把溪州的治所改换到另外一个便于控制的地方，上表推荐彭士愁为溪州刺史，又任命刘勍为锦州刺史，从此各部落的蛮族都归顺于楚国。楚王马希范自称是汉朝伏波将军马援的后代，便用五千斤铜铸立一个铜柱，高一丈二尺，埋入地下六尺，在柱上铭刻誓词，把它立在溪州。

唐国康化节度使兼中书令杨琏拜谒平陵回来，一天夜晚，喝得大醉，死在船上，追封谥号叫弘农靖王。

闽主王曦即位以后，骄奢淫逸，酷苛暴虐，猜忌宗族，常常寻找旧怨加以报复。他的弟弟建州刺史王延政多次上书劝谏他，王曦发怒，回信责骂王延政；派亲信的官吏业翘监视建州军，教练使杜汉崇监视南镇军，二人争相收集王延政的私事去报告王曦，因此兄弟二人互相猜疑，彼此嫉恨，越积越深。有一天，业翘和王延政讨论事情，意见不合，业翘呵斥他说："你想造反吗？"王延政很生气，想杀了业翘，业翘逃往南镇，王延政发兵前往南镇攻打他，打败了南镇的守兵。业翘和杜汉崇逃往福州，西部边境的守兵全部溃败。

二月，王曦派遣统军使潘师逵、吴行真统兵四万攻打王延政。潘师逵屯军在建州城西，吴行真屯军在建州城南，都背水扎营，焚烧了城外的房舍。王延政向吴越请求救兵，壬戌日（二十六日），吴越王钱元瓘派宁国节度使、同平章事仰仁诠、内都监使薛万忠带兵四万去救王延政，丞相林鼎劝阻，不听。三月，戊辰日（初二），潘师逵分出三千兵马，派都军使蔡弘裔率领他们出战，王延政派遣他的部将林汉彻等人在茶山把他们打败，杀死一千多人。

安彦威、王建立都向后晋高祖石敬瑭请求退休；后晋高祖不准许。辛未日（初五），任命归德节度使、侍卫马步都指挥使、同平章事刘知远为邺都留守，迁调安彦威为归德节度使，加兼侍中。癸酉日（初七），迁调王建立为昭义节度使，晋封爵位为韩王；由于王建立是辽州人，所以划割辽州和沁州隶属于昭义节度。调迁建雄节度使李德珫为北都留守。

山南东道节度使、同平章事安从进凭借着地势的险要坚固，暗中怀着谋叛的打算，擅自拦截湖南所进贡的物资，又招收亡命之徒，增加甲兵，元随都押牙王令谦、押牙潘知麟向他劝谏，把他们都杀了。等到王建立迁调到潞州，后晋高祖石敬瑭派使者对他说："朕空着镇戍青州的平卢节度使等待着你，你如果有意去，我就降旨委任你。"安从进回答说："如果把青州移置在汉水以南，我就去赴任镇所。"后晋高祖也没有责怪他。

丁丑日（十一日），王延政招募敢死队一千多人，夜里渡过河水，潜入潘师逵的营垒，借着风势放火，又在城上击鼓呐喊呼应，战棹都头建安人陈诲杀了潘师逵，他的部下全都溃散。戊寅日（十二日），王延政率兵将攻吴行真的营寨，兵马还没渡过河水，吴行真和他的将士弃营逃走，死了一万人。王延政乘胜攻取了永平、顺昌二城。从此以后，建州的兵卒开始强盛起来。

夏季，四月，蜀太保兼门下侍郎、同平章事赵季良请求和门下侍郎、同平章事毋昭裔以及中书侍郎、同平章事张业分别掌理三司。癸卯日（初八），蜀主孟昶命赵季良掌理户部，毋昭裔掌理盐铁，张业掌理度支。

庚戌日（十五日），后晋朝廷任用前横海节度使马全节为安远节度使。

甲子日（二十九日），吴越孝献世子钱弘僔去世。

吴越国仰仁诠等率援军到达建州，王延政因为闽国福州军队已经败走，就取出肉酒犒劳他们，请他们班师返回吴越。仰仁诠等人不同意，扎营在州城的西北面。王延政害怕，又派使者去向闽王王曦请求救兵。闽王王曦任命泉州刺史王继业为行营都统，率兵二万人去救援王延政；一面写信责备吴越，一面派轻装士兵断绝吴越的粮道。正巧连着下了很久的雨，吴越军队的粮食吃完了，五月，王延政派兵出击，大破吴越军队，俘虏和斩首的不下万人。癸未日（十八日），仰仁诠等人趁着黑夜，率部下逃走。

胡汉筠既已依仗李金全的庇护违背后晋高祖石敬瑭诏命不肯入京朝见，又听说被他所杀害的朝廷使官贾仁沼的两个儿子要向朝廷告发，等到朝廷任命马全节镇抚安州以代替李金全，胡汉筠就骗李金全说："进奏吏派人兼程赶回来说，朝廷等您交接完毕，就要调查贾仁沼死亡的真相，认为这里头一定含有谋叛的意图。"李金全非常恐慌，胡汉筠便借此机会劝说李金全抗拒朝廷的命令，主动地归附南唐，李金全同意了。丙戌日（二十一日），后晋高祖石敬瑭听说李金全反叛，下令马全节出动汴、洛、汝、郑、单、宋、陈、蔡、曹、濮、申、唐各州的军队去讨伐他，命保大节度使安审晖做副元帅。安审晖，是安审琦的哥哥。李金全遣派推官张纬带着表章向南唐请求归降，南唐主李昪派遣鄂州屯营使李承裕、段处恭领兵三千迎接李金全。

南唐主李昪派客省使尚全恭到闽国去调解闽王王曦和王延政，使他们兄弟和睦相处。六月，王延政派牙将及女奴拿着誓书和香炉到达福州，跟王曦在宣陵结盟。可是兄弟两个还是和以前一样互相猜疑、怨恨。

癸卯日（初九），南唐李承裕等到达安州。这天晚上，李金全带领部下数百人前往南唐驻地，妓妾资财都被李承裕的人所夺取，李承裕进占安州。甲辰日（初十），马全节从应山向大化镇进军，和李承裕交战于城南，将他打得大败。李承裕抢劫安州财物向南方逃走，马全节进入安州。丙午日（十二日），安审晖追杀唐军，把他们打败于黄花谷，段处恭战死。丁未日（十三日），安审晖又打败唐兵于云梦泽中，俘虏了李承裕和他的部众。唐将张建崇据守云梦桥以抵抗安审晖，安审晖这才带兵返回。马全节斩杀了李承裕和他的部众一千五百人于城下，将监军杜光业等五百零七人送往大梁。后晋高祖石敬瑭说："这些人有什么罪！"便都赐给他们马匹、器物和服装，把他们送回南唐。

起初，卢文进投奔吴国时，南唐主李昪命祖全恩统兵迎击，告诫祖全恩不要进入安州城，列阵在城外，等待卢文进出来，就让他尾随部队回来，不许劫掠。到了这次李承裕去迎接李金全，又把当年叮咛祖全恩的那些话拿来叮咛李承裕；结果李承裕为了贪那抢劫所得的财物，而与晋兵交战，大败而回，损失伤亡了四千人。南唐主李昪惋惜痛恨了好几天，老怪自己叮咛告诫得不够深切。杜光业等人回到了唐国，南唐主李昪因为他们违反命令而失败，不接纳他们，又把他们送往淮北，并写了一封信给后晋高祖石敬瑭说："边界上的军官贪求功劳，趁机占据营垒。”又说，“不论是依军法或朝廷的律令来处治，这帮人两国都不能容他们存在。”后晋高祖又派使者把他们送回去，使者正想从桐墟渡过淮河，南唐主李昪却派战舰加以阻挡，于是他们又折回去。后晋高祖石敬瑭便把南唐诸将都授以官职，把他们的士兵组成显义都，命随兵起于晋阳的旧将刘康率领他们。

◆臣司马光说：违反命令的是将帅，士卒只不过是听从将帅的命令去做而已，又有什么罪呢？接受他们而惩罚他们的将帅，以向敌国赔罪，吊慰士卒而安抚他们，这样就可以了，为什么一定要遗弃人民，使他们反而帮助了敌国呢？◆

南唐主李昪让宦官去祭祀庐山，宦官回来，南唐主慰劳他说：“你这次出行很是虔诚洁净。”宦官说：“我从奉诏命出去，一直吃素到现在。”南唐主李昪说：“卿某一天在某处买鱼做羹汤，某一天又在某处买肉做大块肉，怎么说一直在吃素？”宦官听了，又惭愧又佩服。管理仓库的小吏到了岁末献出剩余的米粮一万多石，南唐主李昪说：“支出收入各有固定的数目，如果不是敛取民财、扣减军饷，哪来的剩余呢？”

秋季，七月，闽主王曦在福州西面修建城郭用来防备建州人。又鼓励人民剃度为和尚，人民为了逃避沉重的赋税，也多乐意做和尚，一共剃度了一万一千人。

乙丑日（初二），后晋高祖石敬瑭赐给郑元弼等人布帛，遣送他们返回闽国。

李金全叛晋时，安州马步副都指挥使桑千、威和指挥使王万金、成彦温因不追随他而死，马步都指挥使庞守荣讥诮他们愚蠢，以迎合李金全的意思。己巳日（初六），后晋高祖石敬瑭下诏，追赠贾仁沼及桑千等人官职，派使者诛杀庞守荣于安州。李金全到达金陵，南唐主李昪待他很刻薄。

丁巳日（七月无此日），南唐主李昪立齐王李璟为太子，兼大元帅，录尚书事。

后晋太子太师退休的范延光请求回到在河阳的私人宅第，后晋高祖石敬瑭准许了他。范延光载运了很丰厚的财物出发。西京留守杨光远兼管河阳，贪图他的财货，又顾虑他会找自己子孙的麻烦，所以向后晋高祖进奏说："范延光是个叛逆的臣子，不住在汴州或洛阳，而前往外地的藩镇，恐怕他会逃到敌国去，应趁早除掉他！"后晋高祖不同意。杨光远请求敕令范延光住在西京，后晋高祖同意了。杨光远派他的儿子杨承贵带领甲士包围了范延光的宅第，逼令他自杀。范延光说："天子在上，赐给我铁券，承诺不杀我，你们父子怎么可以这样？"己未日（七月无此日），杨承贵手持锋利的刀子强迫范延光上马，走到浮桥上，把他推挤到黄河里。杨光远上奏说范延光自己要投水而死，后晋高祖石敬瑭知道其中的原因，但是惧怕杨光远的势力强大，不敢究问，后晋高祖石敬瑭因为范延光之死而停止上朝，追赠他为太师。

唐齐王李璟坚决辞让太子的封号；九月，乙丑日（初三），南唐主李昪同意了，诏命朝廷内外向他写呈文比照太子的礼节。

丁卯日（初五），任命翰林学士承旨、户部侍郎和凝为中书侍郎、同平章事。

己巳日（初七），邺都留守刘知远入朝。

辛未日（初九），李崧上奏说："各州仓库所储的米粮，在总计登账之后，还剩余很多。"后晋高祖石敬瑭说："在法规以外向人民抽税，与违法同罪，管仓库的官吏特免他一死，但每个要加以严厉的惩罚。"

翰林学士李澣，为人轻薄，常常因酒误事，后晋高祖石敬瑭厌恶他，丙子日（十四日），废除翰林学士，把翰林学士的职务并入中书舍人，由中书舍人来处理。李澣，是李涛的弟弟。

杨光远入朝，后晋高祖石敬瑭想把他迁调到另一个藩镇，便对杨光远说："围攻魏州的那次战役，卿左右部属都有功劳，还没有赏赐他们，现在我想给他们各授一州，表示给他们一点荣耀。"因此把他的几个将校任命为刺史。甲申日（二十二日），调迁杨光远为平卢节度使，晋爵为东平王。

冬季，十月，丁酉日（初五），加封吴越王钱元瓘天下兵马都元帅、尚书令。

壬寅日（初十），南唐实行大赦，诏令中外奏章不得用“睿”“圣”字样，违犯者按不敬论。

江湖术士孙智永认为天上四星聚集在北斗，表示与该星宿相配的唐国领域将有灾害，因此劝南唐主李昪巡行东都。乙巳日（十三日），南唐主李昪命齐王李璟监国。光政副使、太仆少卿陈觉为了私人的恩怨而上奏朝廷，说泰州刺史褚仁规贪婪残暴。丙午日（十四日），罢免褚仁规，改任扈驾都部署，于是陈觉开始当权。庚戌日（十八日），南唐主李昪从西都金陵出发；甲寅日（二十二日），到达东都江都。

闽王王曦托商人奉表给后晋高祖石敬瑭，说自己不曾称尊号；十一月，甲申日（二十三日），后晋高祖任命王曦为威武节度使，兼中书令，封闽国王。

南唐主李昪想就此定居江都，可是因为水路结冰，不能靠水路转运物资，于是启程回来；十二月，丙申日（初五），到达金陵。

南唐右仆射兼门下侍郎、同平章事张延翰去世。

这一年，汉门下侍郎、同平章事赵损去世；任命宁远节度使南昌人王定保为中书侍郎、同平章事，没过一年，也去世了。

起初，后晋高祖石敬瑭割让雁门关以北来贿赂契丹，从此吐谷浑之地都归属契丹，他们苦于契丹人的贪婪暴虐，想回归中原，成德节度使安重荣又引诱他们，于是吐谷浑率领他们的部落一千多帐从五台来投奔中国。契丹非常愤怒，派使者责备后晋高祖招纳叛逆的人。

天福六年（辛丑，公元941年）

春季，正月，丙寅日（初六），后晋高祖石敬瑭派供奉官张澄带领两千兵马去搜寻住在并、镇、忻、代四州山谷中的吐谷浑人，赶他们回到自己的故乡。

王延政在建州修筑城池，周围二十里，请求闽王王曦在建州设置威武军，他自己做节度使。王曦因为福州就是威武军，于是以建州为镇安军，任命王延政为节度使，封为富沙王，王延政改镇安为镇武，以后就一直如此称呼。

二月，壬辰日（初二），后晋朝廷在黄河德胜口建造一座浮桥。

彰义节度使张彦泽要杀他的儿子，掌书记张式一向被张彦泽所厚待，劝谏阻止他。张彦泽很生气，拿箭射张式，左右的人平时就讨厌张式，乘机说他的坏话。张式害怕了，借口生病离去，张彦泽派兵追他。张式到达邠州，静难节度使李周向朝廷报告，后晋高祖石敬瑭因为张彦泽的缘故，把张式流放到商州。张彦泽派行军司马郑元昭到京师要人，而且说："张彦泽如果没有抓到张式，恐怕会导致难以预测的后果。"后晋高祖迫不得已，把张式交给他。癸巳日（初三），张式到达泾州，张彦泽命令撕开他的嘴，挖出他的心脏，剁断四肢。

凉州军叛乱，留后李文谦关闭门户，自焚而死。

蜀自从建国以来，节度使大多兼领禁兵，或者因别的职务留在成都，委派僚属佐吏管理军府的事务，这些人专门从事聚敛财物，政事治理不善，民众也无处申诉。蜀主孟昶了解其中的弊害，丙辰日（二十六日），加任卫圣马步都指挥使、武德节度使兼中书令赵廷隐，枢密使、武信节度使、同平章事王处回，捧圣控鹤都指挥使、保宁节度使、同平章事张公铎为检校官，同时罢免他们三人节度使的职务。三月，甲戌日（十四日），命翰林学士承旨李昊治理武宁军，散骑常侍刘英图治理保宁军，谏议大夫崔銮治理武信军，给事中谢从志治理武泰军，将作监张讚治理宁江军。

夏季，四月，闽王王曦任用他的儿子王亚澄为同平章事，判六军诸卫。王曦怀疑他的弟弟汀州刺史王延喜和王延政勾结策划，派将军许仁钦带领三千兵马到汀州，将王延喜抓了回来。

南唐主李昪任命陈觉及万年人常梦锡为宣徽副使。

辛巳日（疑误），北京太原留守李德琉派遣牙校率领吐谷浑酋长白承福入京朝见后晋高祖石敬瑭。

南唐主李昪派通事舍人欧阳遇请求借路过境以通往契丹，后晋高祖石敬瑭不准。自从黄巢进犯长安以来，天下血战几十年，然后诸国各有分土，兴兵作战的事情稍微停息。等到南唐主李昪即位，江、淮一带连年丰收，军队的粮食常有剩余，于是群臣争相建议说："陛下中兴，现在北方多事，应该出兵收复旧有的疆土。"

南唐主李昪说："我从小在军中长大，亲眼看到用兵对老百姓的危害很深，不忍心再谈用兵的事。假使他们的人民安居乐业，那么我国的人民也可以获得安定了，还有什么可追求的呢？"南汉主刘龑派使者到唐国，想跟他谋划共同攻占楚国，平分它的土地，南唐主李昪不同意。

山南东道节度使安从进准备造反，派使者带着表章到蜀国，请求出兵攻打金州、商州作为声援。丁亥日（疑误），使者到达成都。蜀主孟昶与群臣谋划，都说："金州和商州，危险又遥远，出兵少则不足以克制敌人，出兵多则水、陆运输跟不上。"蜀主孟昶于是就将此事推辞掉了。安从进又向荆南请求援兵，高从诲给安从进写信，为他分析祸福，安从进大为生气，反而上奏诬害高从诲。荆南行军司马王保义劝高从诲把事情的真相详细地奏报朝廷，并且请求出兵帮助朝廷讨伐他，高从诲听从了这一建议。

成德节度使安重荣耻于向契丹称臣，会见契丹使者时，一定伸开两腿坐着谩骂，使者经过他的辖境，有时暗中派人把使者杀了，契丹以此责备后晋高祖石敬瑭，后晋高祖常替他道歉谢过。六月，戊午日（二十九日），安重荣把契丹的使者拽剌抓起来，派骑兵抢劫幽州的南境，驻扎于博野，向后晋高祖上表说："吐谷浑、东西两突厥、浑、契苾、沙陀各自率领他们的部众前来归附；党项等也派使者来，献出契丹所颁给他们的授官委任状和任职文书，说他们被契丹欺凌和压迫，又说自从二月以来，契丹命令他们各自准备精兵壮马，将要在七月向南侵犯，恐怕老天不保佑他们，与契丹一起灭亡，所以情愿自己准备十万人马，与晋军共同攻击契丹。另外，朔州节度副使赵崇已经驱逐了契丹节度使刘山，请求归附朝廷。臣先后不断地报告这些消息，陛下却屡次命臣奉承契丹，不要由自己这边引起事端，然而天道人心，难以违抗，机会不可错过，时运不会重来。沦陷在胡虏的各节度使都仰着头，翘起脚跟，以等待王师的到来，实在值得悲伤同情。希望朝廷早日决定计策。”表章有好几千字，大致在斥责后晋高祖以侍奉父亲的礼节来侍奉契丹，竭尽中国的物资以讨好贪求无厌的胡虏。安重荣又用这种意思写信送给朝廷权贵，并且传送给各藩镇，说已经调兵遣将，决心同契丹决战。后晋高祖石敬瑭由于安重荣正掌握着强大兵力，不能节制他，极为忧虑。

当时邺都留守、侍卫马步都指挥使刘知远在大梁；泰宁节度使桑维翰知道安重荣已经怀藏叛逆的阴谋，又担心朝廷难以拒绝他的主意，于是秘密上疏说：“陛下躲过晋阳那次的祸难而拥有天下，都是契丹的功劳，不可辜负他们。现在安重荣仗着勇兵强将，轻视敌人，吐谷浑利用他来报仇，这都不是国家之福，不可以听他。我观察契丹数年以来，士兵、马匹精锐强悍，吞并四邻，战必胜，攻必取，割据中原的土地，收缴中原的器械。他们的君主智勇过人，他们的臣子上下和睦，牛羊繁殖茂盛，国家没有天灾，是不可以把他们视为敌人的。而且中国刚战败不久，士气颓丧，以此来抵挡契丹乘胜而来的威力，在势力上相差太多。再则与他们和亲的办法既然已经行不通，那就得发兵防守边塞，兵卒少则不足以抵抗敌寇，兵卒一多则粮食和军用物资的运送又跟不上。我们一出兵，他们就退回去，我们一回来，他们又到来，臣担心禁卫士兵疲于奔命，镇、定两州境内再也见不到遗留的百姓。现在天下略为安定，所受的创伤还没有复原，国库空虚，民众困苦，就是平静地守护国家，都还怕救助不了，怎么可以胡乱动兵呢？契丹对我们国家，恩义也算不轻，信誉和誓言都很明白，他们没有过失可做我们的口实，而我们自己挑起事端，就算能打败他们，也将产生更严重的后患；万一不能战胜他们，国家大事就完了。发表意见的人认为每年运送缯帛给契丹叫作耗损国库，有所卑恭谦逊叫作委屈受辱。殊不知如果兵战连绵而不罢休，灾祸交结而不消除，财力将要匮乏，与耗损国库哪个更厉害呢？用兵作战，军官和功臣就会过分地要求姑息迁就他们，边远的藩镇和州县，其主帅得以骄傲自大，下属欺凌，朝廷衰败，与委屈受辱相比，又还有什么比这危害更大的呢？臣希望陛下训导农事，熟悉战事，对士兵和百姓休养生息，等到国家没有内忧，而百姓有了余力，然后观察时机采取行动，那么行动一定成功。再说，邺都物产富饶，兵力强盛，是国家的屏障，现在主帅到京师来，军府没人治理，臣私下想起‘慢藏诲盗’（守藏不密，等于教人来偷）的至理名言，以及‘勇夫重闭’（勇敢的人也要关闭内外的门户）的真正含义，请陛下略加巡视，以杜绝奸人的阴谋。”后晋高祖石敬瑭对使者说：“朕连日以来，忧烦郁闷，不能做决定，现在看到你送的奏章，好像在大醉之中猛然醒过来一样，你不必为此担心。”

闽主王曦听说王延政写信约请泉州刺史王继业，便把王继业召回福州，赐死于郊外，又在泉州把他的儿子杀了。起初，王继业做汀州刺史，现任司徒兼门下侍郎、同平章事杨沂丰那时做士曹参军，与他交情很好，有人密告杨沂丰和王继业共同谋叛，于是就利用杨沂丰陪侍闽王王曦饮宴之际，将他收押，送进监狱，第二天，将他斩首，并杀了他的全族。杨沂丰是杨涉的堂弟，当时已经八十多岁了，闽国的民众都很哀怜他。从此宗族、元勋、旧臣相继被诛杀，人人不能自保，谏议大夫黄峻舁抬着棺木到朝堂极力劝谏，闵王王曦说：“这个老废物的癫狂症发作了！”于是贬他做章州司户。

闵王王曦淫乱奢侈无度，资金用度不足，于是就同国计使南安人陈匡范商讨办法，陈匡范请求每天收入万金，王曦高兴，加封陈匡范为礼部侍郎，陈匡范向商人收费时增加了好几倍。王曦宴会群臣时，举酒对陈匡范说：“明珠和美玉，只要去寻找就可获得，像陈匡范这样的人中之宝，是找也找不到的。”没多久，商人的税收不能满足每天提供给闽王的数量，于是借用政府各部门的费用来补足，又怕真相被发觉，陈匡范忧愁恐惧而死，王曦祭祀追赠，非常丰厚。各部门拿出陈匡范借钱的文书，将实情和盘托出。王曦十分愤怒，剖了他的棺材，斩断他的尸体丢弃到水里，任命连江人黄绍颇代理国计使。黄绍颇请求："命令凡是想做官的人，除了因祖先功勋而补官的以外，都任由人民捐钱，捐了钱就给他官做，依照官职的权责和名望的高低以及州县户口的多少来决定官位的价码，从一百缗到一千缗不等。"王曦同意了这个办法。

南唐主李昪自认为是靠了专权夺取了吴国皇位，尤其忌怕宰相权重，因为右仆射兼中书侍郎、同平章事李建勋执政的时间太长，想要罢免他。正巧李建勋上奏疏谈论政事，他料想那封奏疏大概会被搁置在宫禁里，没想到不久以后，南唐主李昪居然把它交给有关部门去执行。李建勋心里明白那封奏疏所谈的事情，实在掺杂了个人爱憎的感情成分，于是又暗中设法取回那封奏疏，加以修改。秋季，七月，戊辰日（初十），罢免了李建勋的官职，让他回到自己家里去。

后晋高祖石敬瑭忧虑安重荣飞扬跋扈，己巳日（十一日），任命刘知远为北京留守、河东节度使，又把辽、沁两州隶属于河东节度，任命北京留守李德琉为邺都留守。刘知远卑微时，是晋阳李姓人家的招赘女婿，曾经放牧马匹，侵犯了僧人的田地，僧人把他抓住打了板子。这次，刘知远到了晋阳，头一桩事便是把当年那个和尚找来，请他坐下，安慰一番，并赠送一些礼物，于是军民大为喜悦。

吴越王的府署着火，宫室府库几乎烧光。吴越王钱元瓘惊慌恐惧，得了精神病。唐国人纷纷劝说南唐主李昪趁吴越困难的时机去攻占它，南唐主李昪说："怎么可以趁别人受灾的时候去侵犯他们，而自己取利呢？"反而派使者前去慰问，并输送物资去救济他们。

闽主王曦自称大闽皇，领威武节度使，与王延政训练兵众互相攻伐，各有胜负，福州和建州之间，暴露的骨骸如同草莽一样繁茂。镇武节度判官晋江人潘承祐屡次劝请王延政停止战争，建立友好关系，王延政不听。闽主王曦的使者到来，王延政大量列陈甲兵向他显示，对使者说话非常狂妄傲慢；潘承祐跪在地上，痛切地劝谏，不肯起来，王延政很生气，看了看左右的人，说："判官的肉可以吃吗？"潘承祐不理不睬，声音和脸色越发地严厉。闽主王曦厌恶泉州刺史王继严深得民心，把他罢免回家，用毒酒毒死了他。

八月，戊子朔日（初一），任命开封尹郑王石重贵为东京留守。

冯道、李崧屡次推荐天平节度使兼侍卫亲军马步副都指挥使、同平章事杜重威的才能，把他任用为都指挥使，充当随驾御营使，代替刘知远，刘知远因此怨恨冯道和李崧两位宰相。杜重威无论到哪个地方都贪黩财货，百姓大多逃亡。曾有一次，他出门经过市场，对左右的部属说："人家都说我把百姓全给赶走了，怎么市场上竟会有这么多人呢？"

壬辰日（初五），后晋高祖石敬瑭从大梁出发；己亥日（十二日），到达邺都；壬寅日（十五日），实行大赦。后晋高祖石敬瑭用诏书晓谕安重荣说："你身为大臣，家里有年老的母亲，为了私愤，不顾后患，遗弃国君和母亲。我靠契丹而得天下，你靠我而得富贵，我不敢忘记人家对我的恩德，而你竟忘记了，为什么呢？如今我拥有天下而臣服契丹，而你想以一个藩镇的力量来抗拒契丹，不也太难了吗？你应该审慎地考虑，不要自取后悔！"安重荣接到诏书更加骄横，听说山南东道节度使安从进有谋反的心志，因此暗中派使者和他联络谋划。

吴越文穆王钱元瓘病重起不了身，他发现内都监章德安为人忠厚，能够决断大事，便想把身后的事情托付给他，就对他说："弘佐年纪还小，最好从宗族里头选择年纪较大的来继位。"章德安说："弘佐虽然还小，可是群臣都佩服他的英明和聪慧，请大王不要为此挂心！"文穆王钱元瓘说："你好好地辅佐他，我就没什么好挂心的了。"章德安，是处州人。辛亥日（二十四日），吴越文穆王钱元瓘去世。

起初，内牙指挥使戴恽是文穆王钱元瓘所亲信重用的，把军事全部委托给他。钱元瓘养子弘侑的乳母，是戴恽妻子的亲戚，有人告发戴恽蓄谋拥立钱弘侑。章德安守秘，不宣布钱元瓘死亡的消息，和几个将领谋议，在王府中埋伏军士。壬子日（二十五日），戴恽进入王府，把他抓起来杀了。钱弘侑废为平民，恢复姓孙，然后把他囚禁在明州。这一天，将军和官吏根据钱元瓘的遗命，秉承皇帝制书任命镇海、镇东副大使钱弘佐为节度使，当时年仅十四岁。九月，庚申日（初三），钱弘佐即王位，命丞相曹仲达代理政事。军中抱怨赏赐不公平，个个手持兵器，不肯接受，诸将不能控制，曹仲达亲自劝导，大家便都放下兵器下拜。钱弘佐温和谦恭，好读书，礼待士人，亲自勤理政务，揭发隐秘的坏人坏事，人们不能欺骗他。百姓有进献象征吉祥的稻禾的，钱弘佐问管仓库的官吏说："现在储藏的粮食有多少？"回答说："能用十年。"钱弘佐说："那么军队的粮食已经够了，可以让我们的百姓轻松一下。"于是下令，他的境内免税三年。

辛酉日（初四），滑州上报说黄河决口。

后晋高祖石敬瑭因为安重荣杀了契丹使者，怕契丹人侵犯边塞，乙亥日（十八日），派安国节度使杨彦询出使契丹。杨彦询到了契丹主的庐帐，契丹主耶律德光责问使者遇害的情况，杨彦询说："这就好像一个家庭里出了不肖的儿子，父母都没办法管制，又能对他怎么样呢？"契丹主耶律德光听了他的话，怒气才消了下去。

闽主王曦任用他的儿子琅邪王王亚澄为威武节度使兼中书令，改封号为长乐王。

刘知远派遣亲信将领郭威按照皇帝诏书的意思去劝说吐谷浑酋长白承福，让他离开安重荣归顺朝廷，答应授予他符节和斧钺。郭威回来，对刘知远说："胡虏只贪财利，安铁胡（译者按：安重荣小字铁胡）只用长袍和裤子去收买他们，现在想让他们来归附，必须赠送贵重的财货，才可以达到目的。"刘知远同意这个办法，并且派人对白承福说："朝廷已经割让你们隶属于契丹，你们应当自己安心在部落生活，现在竟然到南边来帮助安重荣造反。安重荣已被天下人所唾弃，早晚就要败亡，你们应该趁早服从教化，不要等到大军降临，南北都无处可归，再来后悔，就来不及了。”白承福害怕，冬季，十月，率领他的兵众归附于刘知远。刘知远把他们安置在太原东山及岚州、石州之间，上表请求白承福担任大同节度使，收揽他的精锐骑兵隶属在自己的指挥之下。

起初，安重荣传递檄文给各个藩镇，说要和吐谷浑、达靼、契苾一同起兵，不久白承福归降刘知远，于是鞑靼、契苾也没去赴约，安重荣的声势大为削弱。

闽主王曦即皇帝位，王延政自称兵马元帅。闽国同平章事李敏去世。

后晋高祖石敬瑭从大梁出发，和凝请示说：“皇上车驾已经出发，安从进如果谋反，要怎样防御他？”后晋高祖反问说：“卿的意思如何？”和凝请求留下尚未填写名字的“宣”和“敕”十几通，交给留守郑王石重贵，听到变乱便写上诸将之名，遣派他们去攻打安从进，后晋高祖听从了他。

十一月，安从进起兵攻邓州，唐州刺史武延翰将这个消息上报朝廷。郑王石重贵派宣徽南院使张从恩、武德使焦继勋、护圣都指挥使郭金海、作坊使陈思让率领大梁的军队前往叶县和申州刺史李建崇的士兵会合，一同讨伐安从进。郭金海，本是突厥人；陈思让，是幽州人。丁丑日（二十一日），任命西京留守高行周为南面军前都部署，前同州节度使宋彦筠为他的副手，张从恩为监军，又任命郭金海为先锋使，陈思让为他的监军。宋彦筠是滑州人。

庚辰日（二十四日），任命邺都留守李德珫暂时代理东京留守，召郑王石重贵前往邺都。

安从进攻打邓州，威胜节度使安审晖占据牙城抵抗他，安从进未能攻克而退兵。癸未日（二十七日），安从进到达花山，遇到张从恩的军队，由于没料到他来得这样快，交战结果大败，张从恩捉到安从进的儿子牙内都指挥使安弘义，安从进带着数十名骑兵奔回襄州，据城防守。

南唐主李昪生性节俭，常常脚穿用蒲草编织的鞋子，洗手洗脸用铁盆，暑天便睡在用青葛做的蚊帐里，左右使唤的只是又老又丑的宫女，服饰粗糙简单。而对那些为国家而死亡的人，都发给三年的俸禄，分派使者考察民田，依照土地的肥沃贫瘠规定赋税的轻重，民间认为很公平，从此长江、淮河一带征调士兵、兴办劳役以及其他的税务，都凭以前的赋税为基准而订出比率，直到现在，还沿用这套办法。南唐主李昪勤于处理政事，到了夜晚还继续白天未完的工作，从江都回来以后，不再饮宴作乐，不过颇有急躁的毛病，内侍王绍颜上书，认为“今年春天以来，群臣获罪的很多，不论朝廷内外都迟疑害怕”。南唐主李昪亲自下诏书，解释为什么会这样的原因，让王绍颜宣示朝廷内外。

十二月，丙戌朔日（初一），改封郑王石重贵为齐王，充当邺都留守，任命李德琉为东都留守。

丁亥日（初二），后晋高祖石敬瑭任用高行周主持襄州行府事。下诏命荆南、湖南共同讨伐据守襄州的安从进。高从诲派都指挥使李端率领水军好几千名到达汉水南岸，楚王马希范派天策都军使张少敌率领战舰一百五十艘进入汉江援助高行周，各自又运送粮食以保证供给。张少敌，是张佶的儿子。

安重荣听说安从进兴兵反晋，便也决定谋反，大规模集合境内饥民，人众达到数万，南向邺都，声称要入朝。起初，安重荣和深州人赵彦之同时都做散指挥使，彼此非常合得来。安重荣镇守成德，赵彦之从关西前往归附他，安重荣对待他非常优厚，派他去招募党徒，可是心里实际上是嫉恨赵彦之的，等到起兵的时候，只任命他做排阵使，赵彦之于是怀恨在心。

后晋高祖石敬瑭听说安重荣反叛，壬辰日（初七），派护圣等马步三十九指挥去攻打他。任命天平节度使杜重威为招讨使，安国节度使马全节为副使，前任永清节度使王周为马步都虞候。

安从进遣派他的弟弟安从贵领兵迎接均州刺史蔡行遇的援兵，焦继勋堵击，打败了他，抓到了安从贵，把他的脚给砍断了，然后遣送回去。

戊戌日（十三日），杜重威与安重荣在宗城西南相遇，安重荣布设偃月阵，官军一再进击，阵列不动，杜重威害怕，想要退兵。指挥使宛丘人王重胤说："兵家最忌讳临阵退兵。镇州的精兵全部集中在中军，请您分一部分精锐的士兵去攻击敌人的左右两翼，我王重胤替您率领契丹兵直冲他的中军，敌人一定狼狈而逃。"杜重威赞成他的建议。镇州兵的阵势果然稍有后退，这时赵彦之卷着旗帜鞭打着马赶来投降。赵彦之是用银子来装饰铠甲、马鞍和缰勒的，官军于是杀了他而瓜分了那些饰物。安重荣听说赵彦之背叛，非常恐惧，撤退，躲在运载物资的车上，官军借此机会，乘势冲杀，镇州兵大败，斩杀了一万五千人。安重荣收拾残余的部众，逃到宗城，据城护守，官军继续进攻，到半夜，就把宗城攻下来了。安重荣带着十几个人逃回镇州，环城自守。正好遇上天寒，有两万多镇州人战死和冻死。

契丹听到安重荣造反的消息，于是答应杨彦询回去。

庚子日（十五日），冀州刺史张建武等攻取了赵州。

汉主刘龚卧病不起，有一个北胡的和尚说汉主取名叫"龚"不吉利，于是汉主自己创造一个"龑"字作为自己的名字，它的意义是取自《易经》"飞龙在天"（龙飞翔在天上）的意思。读音跟"俨"字相同。

庚戌日（二十五日），后晋高祖石敬瑭下制书，任用钱弘佐为镇海、镇东军节度使兼中书令、吴越国王。

资治通鉴卷第二百八十三　后晋纪四

起壬寅（公元942年），止甲辰（公元944年）正月，共两年一个月。

【题解】本卷记录了公元942年至944年正月的史事，共两年又一个月。正当后晋高祖石敬瑭天福七年至齐王石重贵开运元年正月。后晋高祖平定安重荣、安从进两镇的叛乱后，不久驾崩，石重贵即位，史称晋出帝。景延广专权，排挤桑维翰，对外与契丹结怨，对内失政于民。南汉刘龑去世，刘玢即位，不久被弟弟刘弘熙杀死，刘弘熙篡位夺权，更名为刘晟。闵国王延政在建州称帝，国号殷，与福州闽主王曦势不两立，闵国内乱。南唐烈祖李昪辞世，李璟即位，冯延己、冯延鲁、魏岑、查文徽、陈觉五人都是狡诈小人，互拉关系，彼此相援引，把持要职，败坏政务，唐国人称他们为“五鬼”。后晋出帝石重贵，忠奸不辨，任人唯亲。契丹大举进犯，攻占贝州，抢夺军备粮草，不接受晋出帝的求和请求。

高祖圣文章武明德孝皇帝下

天福七年（壬寅，公元942年）

春季，正月，丁巳日（初二），镇州牙将从镇州西城外郭水碾门引导官军入城，杀了守城民众两万人，活捉了安重荣，杀死了他。杜重威杀死引导他们入城的牙将，把入城的功劳都归于自己。庚申日（初五），安重荣的人头送到邺都，后晋高祖石敬瑭命人漆上油漆，装入箱里，送给契丹。

癸亥日（初八），后晋朝廷更改镇州为恒州，改成德军为顺国军。

丙寅日（十一日），任命门下侍郎、同平章事赵莹为侍中，任命杜重威为顺国节度使兼侍中。安重荣的个人财产及恒州府库的资财，杜重威全部据为己有，后晋高祖石敬瑭知道而不过问。杜重威又上表推荐卫尉少卿范阳人王瑜为顺国节度副使，王瑜替他狠狠地搜刮民财，恒州的百姓苦不堪言。

张式的父亲张铎到朝廷为儿子申诉冤屈，告发张彦泽杀害张式的惨状。壬午日（二十七日），任命河阳节度使王周为彰义节度使，代替张彦泽。

闽主王曦立李氏为皇后，李氏为同平章事李真的女儿，喜欢喝酒，性情刚烈而固执，王曦既宠她，又怕她。

彰武节度使丁审琪，豢养家兵一千人，放纵他们在辖境内滥施暴行，军中校官贺行政与众胡人互相勾结作乱，攻打延州，后晋高祖石敬瑭派曹州防御使何重建率兵救援延州，同州和鄜州的援兵相继到达，延州才转危为安，免于陷落。二月，癸巳日（初九），任命何重建为彰武留后，召丁审琪回朝廷。何重建，是云州和朔州一带的胡人。

南唐左丞相宋齐丘坚决要求参与朝政，南唐主李昪允许他进入中书省；宋齐丘又要求领管尚书省，南唐主李昪便罢免了侍中寿王李景遂的判理尚书省一职，改为领管中书、门下省，任用宋齐丘主持尚书省事务；又命三省的事务都要请示齐王李璟然后共同决定。宋齐丘上任才几个月，他的亲信夏昌图偷拿官府的钱三千缗，宋齐丘免去他的死罪；南唐主李昪大为震怒，将夏昌图斩首。宋齐丘称病，请求解除尚书省的职务，南唐主李昪同意了。

泾州上奏，派押牙陈延晖带着皇帝的敕书到凉州，凉州的文武官员请求陈延晖任节度使。

三月，闽主王曦立长乐王王亚澄为闽王。

张彦泽在泾州，擅自发兵攻打各部胡人，而所发动的兵马都战败亡没，于是征调民间的马一千多匹来补充缺额。当他回到陕州的时候，抓到了逃亡的将领杨洪，乘着几分醉意，先砍断杨洪的手脚，然后将他斩首。王周代任彰义节度使以后，上奏张彦泽在镇时贪婪残暴违法之事二十六条，民众失散逃亡的五千余户。张彦泽回到朝廷以后，后晋高祖石敬瑭因为他有军功，又同杨光远联姻，便没有究问。

夏季，四月，己未日（初六），右谏议大夫郑受益上疏说："杨洪所以被杀，是由于陛下去年把张式交给张彦泽，让他快意一时，以致张彦泽敢于放手去做凶狠残暴的事情，而无所忌惮。凡是耳闻目睹的人，没有一个不切齿痛恨的，可是陛下却毫不动心，一点也没怪罪他，善恶不加分别，赏罚没有条理。不论朝廷或地方，都说陛下是由于接受了张彦泽所进献的一百匹马，所以才任他这样胡作非为。臣个人为陛下招惹这样的恶名而感到可惜，希望陛下公正地审定张彦泽的罪名，以洗刷无妄的污辱，恢复陛下的清誉圣德。"奏疏呈上以后，被搁置在宫禁里。郑受益，是郑从谠哥哥的儿子。

庚申日（初七），刑部郎中李涛等匍匐在阁门之下极力论说张彦泽的罪行，语言十分恳切透彻。辛酉日（初八），后晋高祖石敬瑭敕令："张彦泽的官阶削减一等，爵位降低一级。张式的父亲和他的子弟都授予官职。泾州的百姓已经恢复生业的，减轻他们的徭役和赋税。"癸亥日（初十），李涛又和中书、门下两省及御史台的官员匍匐在阁门前，上奏认为对张彦泽的处罚太轻，请求依法治罪。后晋高祖石敬瑭召见李涛，当面向他解说。李涛双手捧着牙笏向前靠近殿阶，表情和语气都非常严厉。后晋高祖很生气，连声叱喝他退下，李涛不退。后晋高祖说："朕已答应张彦泽不处他死罪。"李涛说："陛下答应张彦泽，不处他死罪，不可背约，不知赐给范延光的铁券，又在哪儿呢？"后晋高祖把衣袖一甩，起身进入宫中。丙寅日（十三日），任命张彦泽为左龙武大将军。

南汉高祖刘龑患病不起，因为他的儿子秦王刘弘度、晋王刘弘熙都骄横任性，小儿子越王刘弘昌孝顺恭谨，聪明有见识，于是和右仆射兼西御院使王翷商量，将刘弘度外放出去，镇守邕州，刘弘熙镇守容州，而立刘弘昌为太子。制书正要宣布执行，刚好崇文使萧益入宫探望病情，南汉高祖刘龑把这件事拿来征询他的意见。萧益说："立国君一定要立嫡长子，违反这个原则，一定会出乱子。”于是就搁置了这道诏命。

丁丑日（二十四日），南汉高祖刘龑去世。

南汉高祖刘龑为人善辨明察，很有权谋，喜欢自我夸大，常称中原天子为“洛州刺史”。岭南地区是珍宝异物的聚集之地，他往往极尽奢侈华丽之能事，宫殿的建筑全部都用黄金、美玉、珍珠、翡翠做装饰。使用刑罚，非常狠毒残酷，有灌鼻、割舌、分解肢体、挖肉剔骨、用火烧烤，以及烹蒸等办法，或者收集毒蛇放在水中，把罪人投下去，叫作水狱。同平章事杨洞潜劝阻他，高祖刘龑不听。到了末年他更加猜忌，以为士人往往替子孙着想，所以专任宦官，因此南汉国中宦官大为兴盛。

秦王刘弘度就皇帝位，改名为玢；任用刘弘熙辅佐朝政，改年号为光天；推尊他的母亲赵昭仪为皇太妃。

契丹因为晋国收纳了吐谷浑，所以派使者来责问。后晋高祖石敬瑭忧愁烦闷，不知怎么办。五月，己亥日（十六日），开始生病。

乙巳日（二十二日），后晋高祖石敬瑭尊奉太妃刘氏为皇太后。太后是后晋高祖的庶母。

唐丞相、太保宋齐丘解除了尚书省的职务以后，就不再上朝进见。南唐主李昪派寿王李景遂前去慰问，答应让他镇守洪州，于是他才入朝。

南唐主李昪与宋齐丘宴饮，酒喝得正痛快时，宋齐丘说：“陛下完成中兴大业，是我出的力啊，为什么把我忘了？”南唐主李昪发怒说：“公以游说之人的身份来求见朕，现在位居三公，也该满足了。而公居然向别人说朕的嘴长得像乌鸦嘴，跟越王勾践一样，难以共享安乐，有这回事吗？”宋齐丘说：“臣确实讲过这样的话。臣为游说之客时，陛下只不过是个偏将而已。今天杀臣正是时候了。”第二天，南唐主李昪亲手写了一封诏书向他道歉说：“朕的急脾气，是子嵩您平日就知道的。我们从小相亲相爱，老来却相怨，这样好吗？”

丙午日（二十三日），任命宋齐丘为镇南节度使。

后晋高祖石敬瑭患病不起，一天早上，召来冯道一个人陪着他。后晋高祖命最小的儿子石重睿出来拜见冯道，又命宦官把石重睿抱起来送到冯道怀中，他的用意大概是想要冯道立石重睿为皇帝，并辅佐他。

六月，乙丑日（十三日），后晋高祖石敬瑭去世。

冯道和天平节度使、侍卫马步都虞候景延广商议，认为国家多难，应该立比较年长的人为国君，于是就拥立广晋尹齐王石重贵为嗣君。这一天，齐王即皇帝位。景延广以为这是自己的功劳，开始弄权用事，禁止国都中的人相聚交谈。

起初，后晋高祖石敬瑭病危的时候，有命令要召河东节度使刘知远入朝辅佐政事，齐王石重贵把这道命令压下，没有发布，刘知远因此怨恨齐王。

丁卯日（十五日），后晋出帝石重贵尊皇太后刘氏为太皇太后，皇后李氏为皇太后。

闽国富沙王王延政围攻汀州，闽主王曦发动漳州和泉州兵五千人前去援救。又派他的将领林守亮进入尤溪，大明宫使黄敬忠屯驻尤溪口，想趁建州空虚的时机发动攻击，国计使黄绍颇率领步兵八千人做林、黄二军的应援。

秋季，七月，壬辰日（初十），后晋太皇太后刘氏去世。

闽国富沙王王延政攻打汀州，经过四十二次交战，攻不下来，撤兵返回。他的部将包洪实、陈望率领水军以抵御福州的军队，丁酉日（十五日），两军相遇于尤溪口。黄敬忠将要开战，江湖术士告诉他说时间不吉利，于是就按兵不动，包洪实等人引兵上岸，水、陆两军夹攻福州军，杀了黄敬忠，俘虏和斩首的达两千人，林守亮、黄绍颇都逃了回去。

庚子日（十八日），后晋朝廷实行大赦。

癸卯日（二十一日），加封景延广同平章事，兼侍卫马步都指挥使。

元勋旧臣都想恢复枢密使，冯道等人再三上奏，请求把已经并归中书省的枢密旧职让还回去，后晋出帝石重贵没有答应他们的请求。

有神降临在博罗县一个百姓的家里，会跟人说话，却看不到他的形体，乡里的人前往请他占问吉凶，大多应验，县府官吏张遇贤侍奉他很恭谨。当时循州盗贼纷纷兴起，彼此不相统属，几个盗贼的头目共同向神祈祷，神大声地说："张遇贤将是你们的首领。"于是，众贼共同拥戴张遇贤，称为中天八国王，改年号为永乐，设置百官，攻取掠抢海边沿岸一带。张遇贤年纪尚轻，没有什么方略，所属诸将只是向他报告出去、回来罢了。

汉主刘玢任命越王刘弘昌为都统，循王刘弘杲为副都统，率兵讨伐循州的盗贼，两军战于钱帛馆。汉兵作战不利，越王和循王都被贼兵包围，指挥使陈道庠等人拼命死战解救他们，才得以脱身。南汉境内靠东边的州县多被张遇贤攻陷。陈道庠是端州人。

高行周围攻襄州一年多，没能攻下。城中的粮食都吃完了。奉国军都虞候曲周人王清对高行周说："贼人的城池已经面临危险的关头；我们的军队，士气已经衰落；百姓也已十分困乏，不及早加强攻势，还等待什么呢？"于是就和奉国都指挥使元城人刘词率领部众领先登上城墙，八月，攻下了襄州。安从进全族人引火自焚。

甲子日（十三日），后晋朝廷任用赵莹为中书令。

闽主王曦派使者带着亲笔诏书、金器九百具、钱一万缗，任命将吏的文书六百四十通，向富沙王王延政和谈，王延政不接受。

丙寅日（十五日），闽主王曦在九龙殿大宴群臣。他的侄子王继柔不能饮酒，闽主王曦强迫他喝。王继柔私下把酒减少了一点，王曦很生气，将他连同客将一起斩首。

闽国人铸造永隆通宝大铁钱，一个大铁钱相当于一百个铅钱。

南汉在康陵安葬天皇大帝刘龑，庙号高祖。

南唐主李昪自从做了吴国的丞相以后，兴办有利的事业，废止有害的措施，改变很多旧有的制度。等到他当上皇帝，命令执法官和尚书将这些法规删定为《升元条》共三十卷，庚寅日（疑误），颁布施行。

闽主王曦任命同平章事候官人余廷英为泉州刺史。余廷英贪婪污秽，抢夺民间女子，骗人说是受了诏命，选择她们以充后宫。事情被发觉，王曦派御史去调查。余廷英害怕，回到福州投案自首，王曦加以责问之后，把他交给狱吏惩办。余廷英退下，马上进献买宴钱一万缗，王曦看了很高兴。第二天召见余廷英，对他说："宴已经买了，献给皇后的贡物在哪里啊？"余廷英又献钱给李皇后，便仍把他派回泉州了。从此各州都另备贡礼送给皇后。没过多久，又召命余廷英任宰相。

冬季，十月，丙子日（二十六日），张遇贤攻陷循州，杀了汉国刺史刘传。

楚王马希范建天策府，屋宇的设计极其讲究。窗户、栏杆、门槛都用金玉装饰，墙壁用丹砂粉刷，共用丹砂数十万斤。地上铺的，春天和夏天用竹篾编织的席子，秋天和冬天用木棉纺织的布匹。与他的子弟及僚属在里面游乐饮宴。

十一月，庚寅日（初十），葬圣文章武明德孝皇帝石敬瑭于显陵，庙号为高祖。

起初，黄河南、北诸州官府私自贩卖海盐，每年可以收入钱十七万缗。又发放蚕盐给民间，向百姓收钱。上奏的人说：百姓因私自卖盐而犯罪的很多，不如让他们自由贩卖，而每年依照官卖的总值，向百姓收钱，称作"食盐钱"。后晋高祖石敬瑭赞成这个办法。实行不久，盐价立刻便宜下来，每斤降到十钱。

到了这时，三司使董遇企图增加额外的收入，而又难以一下子改变从前的法规，于是就加重对盐商的征税，经过这里的每斤收七钱，留在这里贩卖的收十钱。因此盐商几乎绝迹，而官府恢复自卖，可是那个"食盐钱"到现在还是照收不误。

闽国盐铁使、右仆射李仁遇是李敏的儿子，也是闽主王曦的外甥，年纪轻，姿容英俊，为王曦所喜欢。十二月，任命李仁遇为左仆射兼中书侍郎，翰林学士、吏部侍郎李光准为中书侍郎兼户部尚书，两人同时任同平章事。

闽主王曦荒淫无度，曾在举行夜宴时，因为李光准醉酒违背了他的意旨，便命人把他绑起来送到街市上问斩，狱吏不敢杀他，就拘留在牢狱里。第二天，闽主王曦上朝听政，召他回来，恢复他的官职。这天晚上，又开宴饮酒，收押翰林学士周维岳送进牢里。狱吏整理好榻席等待着他，说："宰相昨夜就住在这里，尚书不必担心。"闽主王曦酒醒之后，果然也把他给释放了。后来有一天，又举行宴会，陪侍的臣子们都已经喝醉离去，只剩周维岳一个人在，王曦说："周维岳身体那么小，怎么喝酒能喝这么多？"身边的侍者有人答说："喝酒另有特殊的酒肠，不一定要身体高大。"王曦一听很高兴，命人揪执周维岳下殿，想剖开他的肚子，看看他的酒肠。有人说："杀了周维岳就没人陪陛下痛饮了。"这才把他放走。

后晋出帝石重贵刚即位时，朝中大臣商讨要向契丹奉表称臣报告先帝死亡之哀，景延广主张写书信不上表，并且称孙不称臣。李崧奏道："为了社稷，委屈自己，有什么耻辱可言？陛下假如这样做，以后势必要亲自穿上铠甲，戴着头盔，和契丹交战，到那时再来后悔，已经无济于事了。"景延广一再坚持自己的主张，冯道在中间模棱两可。后晋出帝石重贵最后采取景延广的意见。契丹大为震怒，派使者来责骂，并且说："怎么可以不先来禀告而仓促就帝位？"景延广听了，又以不礼貌的话回答他。

契丹卢龙节度使赵延寿想取代晋朝而在中原称帝，屡次劝说契丹攻打晋国，契丹主耶律德光很赞同他的意见。

齐王上

天福八年（癸卯，公元943年）

春季，正月，癸卯日（二十四日），蜀主孟昶派宣徽使兼宫苑使田敬全担任永平节度使；田敬全是个宦官，蜀主孟昶是援引前蜀主王衍任用宦官王承休率领秦州的例子比照着任命他，蜀国的人认为这种做法是错误的。

后晋出帝石重贵听说契丹将入内地侵略，二月，己未日（十一日），从邺都出发，乙丑日（十七日），到达东京大梁。但是，还同契丹互相遣派使者往来问询，互相馈赠，没有一个月间断过。

唐国宣城王李景达刚强坚毅、开朗豪爽，南唐主李昪很喜欢他，屡次想立他为储君，宋齐丘也屡次称赞他的才能，南唐主李昪终因齐王李璟比较年长而打消了这个念头。李璟因此怨恨宋齐丘。

南唐主李昪的小儿子李景逷的母亲种氏受到南唐主的宠爱，而齐王李璟的母亲宋皇后很少有机会能得到进见。南唐主李昪到李璟的宫中，正好看见他亲手调弄乐器，大为恼怒，一连责骂了好几天。种氏趁机向南唐主李昪说："李景逷年纪虽然很小，却很聪明，以后可以让他继承帝位。"唐主发怒说："儿子有了过错，做父亲的教训他，这是件很平常的事情。国家大计，女子怎么可以干预！"立刻就命她改嫁出去。

南唐主李昪曾经梦见自己吃了灵丹，天亮后方士史守冲献上丹方，南唐主以为应了神验就按丹方吃了起来，慢慢地便形成了急躁的毛病。左右的人加以劝谏，他不听。曾经把药赐给李建勋，李建勋说："臣吃了几天，就已经觉得燥热，何况多吃呢？"南唐主李昪说："朕服用这个灵丹，已经很久了。"群臣奏事时，唐主常常突然发怒，不过偶有严正论辩而合理的，也能严肃地表示感谢，照他的话去做。

南唐主李昪询问道士王栖霞："什么方法可以保证获得天下太平？"王道士回答说："做国君的人，先治心、治身，然后才能治国家。现在陛下还未能清除因饥而怒、因饱而喜的毛病，还论什么太平！"宋皇后从帘子后听到这话大为赞叹，认为是至理名言。凡是南唐主李昪所赐给他的，王栖霞都不收。王栖霞常常替人上奏章给天帝，唐主想替他建一座祭坛，他辞谢说："国家的用度正缺乏，哪有余暇顾到这里？等到我哪天焚烧奏章不化，不能上闻于天的时候，将会奏请陛下修建祭坛。”

驾部郎中冯延己，为齐王元帅府掌书记，为人性格爱排挤而奸巧，与宋齐丘及宣徽副使陈觉相互勾结，同时在齐王府任职而名位在自己之上的，冯延己便小施计谋把他排挤出去，冯延己曾经以开玩笑的口吻对中书侍郎孙晟说：“公有什么才能，居然做起中书侍郎来？”孙晟回答说：“我孙晟只是山东的一个鄙陋儒生，文章不如公，诙谐不如公，谄媚欺诈不如公。然而皇上让公和齐王相游处，主要是想让公用仁义的道理去辅导他，哪里只是做个追逐声色犬马的朋友而已呢！我孙晟的确是没什么才能，不过像公这样的才能，恰好足够成为国家的灾祸罢了。”冯延己，是歙州人。

又有一个名叫魏岑的人，也在齐王府中。给事中常梦锡几次上言，说陈觉、冯延己、魏岑都是奸邪的小人，不宜让他们陪侍太子。司门郎中判大理寺萧俨也上表说：“陈觉奸险邪恶，搅乱朝政。”南唐主李昪颇有所感悟，一时来不及把他们免除职务。

不久，南唐主李昪背上长了痈疽，把消息封锁起来不让人知道，秘密地让医士来治疗，他上朝听取政事仍和原来一样。庚午日（二十二日），病况危急，太医吴廷裕派亲信的人去召请齐王李璟前来侍候。南唐主李昪对李璟说：“我服食金石灵丹，本想延长寿命，不料反而伤害身体，你要以此为戒！”当晚，逝世。保密，暂不办理丧事，颁制书：“命齐王监理国事，举行大赦。”

孙晟怕冯延己等人把持朝政，就想假称：遵照先帝遗诏，命令太后临朝代行天子之事。翰林学士李贻业说：“先帝曾经说过：‘妇人干预政事，是祸乱的根源。’怎么会肯自造祸端？这一定是皇上身边奸人的欺诈行为。况且嗣位之君年纪已长，圣明贤德，人所共知，公怎么可以忽然说出这种亡国之言？如果宣布实行，我一定当着百官的面拆穿这件事。”孙晟害怕，于是打消了这个主意。李贻业，是李蔚的曾侄孙。

丙子日（二十八日），才宣布遗诏。南唐烈祖李昪末年脾气急躁，近臣很多遭受处罚。陈觉借口生病，连续几个月不入朝，等到宣布遗诏，才出来上朝。萧俨上奏弹劾他说："陈觉安居在家，一心等候皇上驾崩，请治他的罪。"齐王李璟不准。

自从南唐烈祖李昪在吴国当宰相，便禁止买良家子女做奴婢，命令买奴婢的人要通过官府立字为据。冯延已和他的弟弟礼部员外郎冯延鲁，一起在元帅府任职，草拟烈祖李昪的遗诏任由民间贩卖人口，目的在方便自己收买姬妾。萧俨反驳说："这一定是冯延已等人所做出来的，不是先帝的遗命。从前冯延鲁做东都判官，就已经有这个建议，先帝征询过臣的意见，臣回答说：'陛下从前任吴国宰相的时候，百姓有卖子女的，您都为了他们拨出府库中的钱，把人赎出来送他们回家，所以百姓才无论远近都归心于陛下。现在做了皇帝，反而违反以前的做法，致使贫苦人家的子女做有钱人家的奴婢，怎么可以呢？'先帝认为我说得对，将要治冯延鲁的罪。臣认为冯延鲁愚笨，不值得责备。先帝斜封冯延鲁的奏章，抹画三笔，拿进宫中。请派人到宫中寻找，一定还在。"齐王李璟让人取出先帝时留在宫中的奏章千余道，都是斜封后一抹的，果然找到冯延鲁的上疏。然而，由于烈祖李昪的遗诏已经施行，也就没有再做改变。

闽国富沙王王延政在建州称帝，国号大殷，大赦境内，改年号为天德，把将乐县改为镛州，延平镇为镡州，立张氏为皇后。任命节度判官潘承祐为吏部尚书，节度巡官建阳人杨思恭为兵部尚书。没过多久，把潘承祐任为同平章事，杨思恭调任仆射，掌管军国大事。

王延政穿起天子所穿的赭色袍服来上朝治事，但是在衙门行礼以及接见邻国的使者时，还是依照藩镇的礼节。

殷国国小民贫，军事活动却没有停止过。杨思恭由于善于聚敛民财而获得宠幸，增收田亩山泽的税额，以至于鱼盐蔬果，无不加倍征税，国人称他为"杨剥皮"。

三月，己卯朔日（初一），任命中书令赵莹为晋昌节度使兼中书令，任命晋昌节度使兼侍中桑维翰为侍中。

南唐元宗李璟即位，实行大赦，改年号为保大。秘书郎韩熙载请求等过了年后再改年号，没有听从。推尊皇后为皇太后，立妃子钟氏为皇后。

唐主李璟还没有正式临朝处理政事，冯延己屡次入宫报告公务，甚至一天三四次。唐主李璟说："书记有固定的职守，为什么这样子的烦琐呢？"

南唐国主李璟为人谦虚谨慎，初即位，不直接叫大臣的名字，几次邀请公卿大臣议论政事，李建勋对人说："皇上宽厚仁慈，气度恢弘，胜过先帝，但是习性还没固定，假如身边没有正直的人辅佐他，只怕不能持守先帝的基业啊。"唐主李璟任命镇南节度使宋齐丘为太保兼中书令，奉化节度使周宗为侍中。唐主李璟因为宋齐丘、周宗是先朝的元勋旧臣，所以顺应众人的期盼召他们入朝为相，其实政事都由自己决断。调徙寿王李景遂为燕王，宣城王李景达为鄂王。

起初，南唐国主李璟为齐王时，掌理政事，每当有过失时，常梦锡常常直言规劝更正他；开始虽然厌烦，最后总是因为他的坦诚正直而称赞他。等到称帝以后，承诺给他做翰林学士，宋齐丘的党徒们嫉恨他，借机给他扣上封驳皇帝制书的罪名，贬他做池州判官。池州那里有很多因获罪而被贬降的官吏，那里的节度使上蔡人王彦俦对他们防备和限制得过于苛刻，以至于几乎没办法维持生活，可是唯独对常梦锡非常礼遇，就好像他在朝廷时那样。

宋齐丘一向厚待陈觉，南唐国主李璟也认为陈觉有才干，便委以重任。冯延己、冯延鲁、魏岑三个人虽然是齐王府的旧僚属，却都依附于陈觉，和休宁人查文徽互相拉关系，彼此相援引，把持要职，败坏政务，唐人称陈觉那一帮人为"五鬼"。冯延鲁由礼部员外郎迁升为中书舍人、勤政殿学士，江州观察使杜昌业听到这个消息，很感叹地说："国家之所以能够驱使和驾驭群臣，是在于掌握了官爵而已。如果因为一句话迎合了皇上的意旨，就一下子升到显要的地位，那么对于以后建立了功勋的人，又拿什么来奖赏他们呢？"没多久，唐主李璟任命魏岑和查文徽两人同时做枢密副使。魏岑得志以后，恰好陈觉的母亲去世，就在陈觉服丧期间，魏岑宣扬陈觉的种种罪恶，排挤他。

南唐在濠州设置定远军。

南汉殇帝刘玢骄横奢侈，不喜欢过问政事。高祖刘䶮的灵柩还未安葬，他就演奏音乐、痛快喝酒；夜晚扮作平民带着酒家妓女外出，命男女裸露身体供他观赏。陪侍在他身边的人如果违背他的意思，就被处死。所以没有人敢去劝谏他。只有越王刘弘昌和内常侍番禺人吴怀恩屡次加以劝谏，可是他都不听。他经常猜忌他的几个弟弟，每次举行宴会，就命宦官把守大门，对群臣和宗室都要脱衣搜查，然后才能进门。晋王刘弘熙想要除掉他，于是就盛装打扮歌伎，博取他的欢心，借以促成他更加作恶。汉主刘玢爱好徒手搏击，刘弘熙命指挥使陈道庠带力士刘思潮、谭令禋、林少强、林少良、何昌廷五人到晋王府去练习徒手搏击，汉主刘玢听到这个消息，很高兴。丙戌日（初八），和诸王在长春宫一块儿饮宴，观赏徒手搏击，到了晚上，饮宴结束，汉主刘玢喝得大醉，刘弘熙命陈道庠、刘思潮等人搀扶南汉主，把他杀了，并把他的左右随从也都杀了。第二天早上，百官诸王不敢进入宫中，越王刘弘昌带领诸弟来到寝殿，迎奉刘弘熙即皇帝位，改名为刘晟，把年号改为应乾。任命刘弘昌为太尉兼中书令、诸道兵马都元帅，掌理政事，循王刘弘杲为副元帅，参与政事。陈道庠和刘思潮等人都受到很丰厚的赏赐。闽主王曦娶金吾使尚保殷的女儿，册立为贤妃。贤妃长得很漂亮，王曦特别宠爱她；当王曦喝醉的时候，贤妃想要杀谁，王曦就派人把他杀掉；想要赦免谁，王曦就把他放了。

夏季，四月，戊申朔日（初一），出现日食。

唐国任命中书侍郎、同平章事李建勋为昭武节度使，镇守抚州。

殷国的将领陈望等进攻闽国的福州，进入福州西城外郭，接着又战败而返。

五月，殷国的吏部尚书、同平章事潘承祐上书陈奏十件事，大体上说："兄弟之间互相攻战，伤天害理，这是一。赋税的征收，非常繁重，徭役的调遣，毫无节制，这是第二点。征调百姓为兵，把他们寄居异乡，满怀愁怨，这是第三点。杨思恭剥夺百姓的衣食费用，致使百姓把怨气归于皇上，群臣没有人敢说话，这是第四点。疆土本来就狭小，却又过多地设置州县，增加了官吏，困扰百姓，这是第五点。修筑道路，准备粮食，准备攻打临汀，一点也不考虑南唐和吴越两国会乘虚来袭击，这是第六点。向财富雄厚的人家搜括钱财，出得多的可以做官，拖欠的要被处罚，这是第七点。延平的几个渡口，征收水果、蔬菜、鱼、米等税，获利非常少，而由抽税所引起的民怨很大，这是第八点。和唐、吴越为邻，但即位以来却还不曾互通使者，这是第九点。宫室台榭，崇建华饰，没有节制，这是第十点。"殷主王延政大怒，削去了潘承祐的官爵，勒令他回到自己的家中。

南汉中宗刘晟自立以后，国内议论泛滥。循王刘弘杲请求杀刘思潮等人来向朝廷内外谢罪，汉主刘晟不答应。刘思潮等人知道了这件事，诬告刘弘杲谋反，汉主命刘思潮等人暗中监视他。刘弘杲正在宴请宾客，刘思潮和谭令禋率领卫兵乘其不备，破门而入，杀死了刘弘杲。于是汉主刘晟谋划要把几个弟弟全部杀掉。由于越王刘弘昌贤能而又获得众人的拥护，所以特别嫉恨他。雄武节度使齐王刘弘弼，考虑到自己位居重要的藩镇，恐怕会遭遇祸患，因此请求入朝，汉主刘晟同意了他。

起初，闽主王曦侍奉康宗王昶饮宴，遇上新罗国进献宝剑，康宗举起剑问同平章事王倓说："这个可以干什么用？"王倓回答说："用来斩那些做臣子而不忠心的人。"当时王曦已经怀了谋叛的野心，听了他这句话，身上一冷，脸色都变了。这时王曦又在宴请群臣，又有前来进献宝剑的，王曦命人挖开王倓的坟墓，就用那把进献来的剑，斩他的尸体。校书郎陈光逸对他的朋友说："主上无道，国家没有多久就会灭亡，我将不顾生死向他劝谏。”他的朋友阻止他，陈光逸不听，上书规谏王曦五十条大恶。王曦大为震怒，命令卫士用鞭子抽打他数百下，没有死；再用绳子绑他的脖子吊在庭院的树枝上，过了一阵才断了气。

秋季，七月，己丑日（十三日），后晋出帝石重贵下诏，由于年岁饥荒，国家财用不足，所以分派使者六十多人到各道去收缴百姓的稻谷。

吴越王钱弘佐刚刚即位，上统军使阚璠强横霸道，排斥异己，钱弘佐辖制不了他，内牙上都监使章德安屡次跟他争论，右都监使李文庆也不肯依附阚璠，乙巳日（二十九日），把章德安贬降到处州，把李文庆贬降到睦州。从此，阚璠和右统军使胡进思更加专横。阚璠，是明州人；李文庆，是睦州人；胡进思，是湖州人。

南唐主李璟遵循烈祖李昪的旨意，任用天雄节度使兼中书令、金陵尹燕王李景遂为诸道兵马元帅，徙封为齐王，居住在东宫，天平节度使，守侍中、东都留守鄂王李景达为副元帅，改封燕王。宣告朝廷内外，约定就以这个次序继承帝位。立长子李弘冀为南昌王。李景遂、李景达再三地推辞，唐主李璟不准。李景遂发誓，一定不敢继承帝位，把他的字改为退身。

南汉指挥使万景忻在循州打败了张遇贤。张遇贤向神祷告，神说：“攻占虔州，则大事可以成功。”张遇贤率领部众越过南岭，向虔州前进。唐国百胜节度使贾匡浩没有做防备，张遇贤的部众共十多万，攻陷了各个县城，两次打败虔州的军队，逼得城门白天都关闭起来。张遇贤在白云洞建筑宫室、军营和官署，派将领到处抢夺。贾匡浩，是贾公铎的儿子。

八月，乙卯日（初九），唐主李璟立他的弟弟李景逷为保宁王。南唐主的母亲宋太后怨恨李景逷的生母种夫人得宠，多次要加害李景逷，南唐主李璟极力把他保全下来。

夏州牙内指挥使拓跋崇斌图谋作乱，绥州刺史李彝敏准备协助他，结果事情被发觉，辛未日（二十五日），李彝敏放弃绥州，和他的弟弟李彝俊等五人投奔延州。

九月，后晋尊奉出帝石重贵的生母秦国夫人安氏为皇太妃。安太妃是代北人。出帝石重贵侍奉太后、太妃很恭谨，对待几个弟弟也很友爱。

起初，河阳牙将乔荣跟随赵延寿投奔契丹，契丹任命他做回图使（贸易代表），往来贸易于晋国，在大梁设置了官邸。等到契丹和晋国有了仇怨，景延广劝后晋出帝石重贵把乔荣囚禁在监狱里，将他官邸所存的财物全部收缴了，所有在晋国境内进行贸易的契丹人一律杀掉，夺取他们的货物。晋朝大臣都上言说契丹对晋朝有过大功，不能辜负。戊子日（十三日），释放了乔荣，慰问并赏赐他，让他返回契丹。

乔荣向景延广辞行，景延广对他说大话："回去告诉你的主子，先帝高祖石敬瑭是北朝所扶立，所以向你们称臣上奏表。当今皇帝则是中国自己所拥立的，我们所以自愿向北朝屈降名分的原因，正是不敢忘记先帝与北朝的盟约罢了。彼此是邻国，对你们自称孙子，已经足够了，没有自称臣子的道理。希望北朝皇帝不要听信赵延寿的诳骗诱惑，轻视欺侮中国。中国的兵马之盛，也是你所亲眼看到的。祖翁如果一怒之下就来交战，孙儿自有十万横磨利剑，足以用来对付。到那时被孙子所打败，被天下人所嗤笑，可不要后悔啊！"乔荣由于自己丧失财货，生怕回去以后会被定罪，而且想为这件事留下证据，好为以后做凭证，于是就说："公所说的话很多，恐怕记不住而有所遗漏，请用纸墨把它记下来。"景延广就吩咐文书官把他的话写下来交给乔荣。乔荣回去后，把这件事详细地向契丹主耶律德光报告。契丹主耶律德光大怒，向中原发动进攻的决心这时更坚定了。晋国使者来到契丹，都被拘禁在幽州，不能面见契丹主。

桑维翰屡次建议以谦逊的言辞向契丹道歉，常常被景延广所阻止。后晋出帝石重贵因为景延广有扶立自己为帝的功劳，所以对他的宠爱超过群臣，而且他又统领皇宫的卫队，所以大臣没一个能跟他相争。河东节度使刘知远，知道景延广的这种做法一定会招致契丹的入侵，但是又怕景延广正在执政，也不敢上言，只是更加募集兵丁，奏请设置兴捷、武节等十多个军镇，用以防备契丹。

甲午日（十九日），定难节度使李彝殷奏报李彝敏作乱的情况。后晋出帝石重贵下诏，逮捕李彝敏押送到夏州，将他斩首。

冬季，十月，戊申日（初三），立吴国夫人冯氏为皇后。起初，后晋高祖石敬瑭喜爱他的小弟弟石重胤，把他当作儿子来养育，后来石敬瑭留守邺都时，聘娶副留守安喜人冯濛的女儿给石重胤做媳妇。石重胤死得早，冯夫人寡居，容貌美丽，后晋出帝石重贵对她一见钟情，高祖石敬瑭驾崩，灵柩还停放在殡宫，后晋出帝就娶了她。群臣都向他道贺，后晋出帝对冯道等人说："皇太后有令，和众卿不举办大庆。"群臣退出后，后晋出帝和夫人畅怀饮酒，经过高祖石敬瑭灵柩前面的时候，洒酒于地并祷告说："皇太后的命令，与先帝不做大庆。"左右的人不由得笑了起来，后晋出帝自己也跟着笑了，转过头对左右的人说："我今天当新郎官，当得怎么样？"夫人和左右的人都大笑。太后虽然生气，也拿他没办法。冯夫人被正式立为皇后以后，经常干预朝政。她的哥哥冯玉，当时做礼部郎中、盐铁判官，后晋出帝石重贵一下子就把他提升到端明殿学士、户郎侍郎，参与讨论朝廷大事。

南汉主刘晟命令韶王刘弘雅退休。

唐主李璟派洪州营屯都虞候严恩率兵讨伐张遇贤，任命通事舍人金陵人边镐为监军。边镐任用虔州人白昌裕为参谋，攻打张遇贤，屡次打败他。张遇贤向神祈祷，神不再说话了，他的徒众大为恐惧。白昌裕劝边镐砍伐森林，开辟道路，绕到敌人军营的后方去袭击他们，张遇贤放弃他的部众，私自逃跑。李台得知求神没有应验，便擒拿张遇贤来投降，在金陵街市上把他斩杀。

十一月，丁亥日（十三日），汉主刘晟在南郊举行祭天的仪式，同时大赦境内，改年号为乾和。

戊子日（十四日），吴越王钱弘佐纳妃仰氏，是仰仁诠的女儿。

起初，后晋高祖石敬瑭借三百匹马给平卢节度使杨光远，景延广借皇帝的诏命向他讨要马匹。杨光远发怒说："这是怀疑我啊！"暗中召唤他的儿子单州刺史杨承祚，戊戌日（二十四日），杨承祚借口母亲生病，当天夜晚就开了城门，奔往青州。庚子日（二十六日），朝廷派左飞龙使金城人何超代理单州刺史的职务。又派宦官带着玉带、御马、金帛赐给杨光远，以安他的心。

壬寅日（二十八日），派遣侍卫步军都指挥使郭谨领兵镇守郓州。

南唐在永陵安葬光文肃武孝高皇帝李昪，庙号烈祖。

十二月，乙巳朔日（初一），派左领军卫将军蔡行遇带兵戍守郓州。杨光远派骑兵进入淄州，挟持刺史翟进宗回到青州。甲寅日（初十），迁调杨承祚为登州刺史，顺从他让自己方便的要求。

杨光远更加骄纵，暗中报告契丹，说晋主辜负恩德违背盟约，境内饥荒严重，官府和百姓困乏穷竭，乘这个时候攻打，一举可以夺取晋室天下，赵延寿也劝契丹攻晋。契丹主耶律德光于是集合山后和卢龙各地的兵马，一共五万人，命赵延寿率领他们。并委托赵延寿处理中国的事务，说："如果能够获得中国，将立你为皇帝。"又常常指着赵延寿对晋国人说："这位就是你们的君主。"赵延寿相信他的话，因此替契丹卖命，谋划夺取中国的计策。

后晋朝廷知道他们的谋划，丙辰日（十二日），派使者去建造南乐和德清军两座防城堡垒，征调附近各道的兵马去防守。

唐国侍中周宗年纪很大，谦虚谨慎，与世无争，中书令宋齐丘大量地结交党徒，树立个人势力，想尽各种办法来陷害周宗，周宗把这些事告诉唐主李璟，说到激动的时候，不由得老泪纵横，唐主李璟因此就轻视宋齐丘。

不久，陈觉被疏远，于是把宋齐丘派出去当镇海节度使。宋齐丘很怨愤，上表请求回到九华山从前隐居的地方，南唐主李璟知道他是欺骗，只上一表，便批准他，并赐给他诏书说："明天的归隐之行，是从前就预先应允的，朕确实很了解你，所以不愿剥夺你素来的心愿。"于是赐给他一个名号，叫作九华先生，封青阳公，享有一个县的租税。

宋齐丘于是在青阳盖了一栋宏伟的宅第，穿的、用的以及武将文吏都比照王公的规模和编制，但是，愤恨、忧郁得更加厉害了。

宁州酋长莫彦殊率领他所统辖的温那等十八州归附于楚；那些州没有官府，只是在山冈上竖立一个牌子，略施一些恩惠和威摄加以笼络、牵制而已。

这一年，春夏两季天旱，秋冬两季都大雨，蝗灾严重，东从海边起，直到西边的陇坻，往南越过长江、淮河，向北直到幽州、蓟州，无论原野、山谷、城郭、庐舍都布满了蝗虫，连竹叶、树叶都被吃光。再则官府收集百姓的稻谷，差官督促索求严苛又急迫，甚至封住他们的舂米器具，不给他们留下食物，有因藏匿稻谷而触罪被杀的情况。县令往往由于督催不上来，归还印信自己弹劾弃官而去的。民众饥饿而死的达数十万口，流亡逃荒的不可胜计。于是留守、节度使，下至将军，各自捐献马匹、金帛、粮草，用来救助国家。

朝廷由于恒、定二州饥荒格外严重，特准二州不搜取百姓的谷物。顺国节度使杜威上奏声称军粮不足，请求比照其他一些州的做法来办理，朝廷答应了。杜威采用判官王绪的办法，搜查敛聚，涓滴不留，总共获得一百万斛。但杜威只奏报三十万斛，其余的全部送回他的家里。又命判官李沼向百姓借贷，又满一百万斛，次年春天把它卖出，获得二百万缗。全境的百姓，没一个不叫苦。定州的官吏也想援引杜威在恒州的先例上奏，义武节度使马全节不准许，说："我做观察使，职责在于养民，怎忍心学他那种做法啊！"

楚国境内盛产金银，种茶的利润尤其丰厚，因此财物富足，然而楚王马希范奢侈贪欲，毫不知足，并且喜欢夸大自己。制造长枪大槊，用黄金装饰，可以握持，但不能使用。招募有钱人家的肥壮少年八千人，编为银枪都。宫室、园囿、器用玩好等物品，务必穷尽奢侈华丽之能事。建造九龙殿，用沉香木雕刻成八条龙，用金银珍宝做饰物，长十多丈，缠绕在柱子上两龙首相对，马希范坐在其中，把自己当成一条龙，他戴的头巾带一丈多长，用来象征龙角。

费用不够，就加重赋税，常派使者下乡，巡视民田，专门以虚增田亩的面积为功劳，以致百姓负担不起租税而逃走。楚王马希范说："只要田地还在，何愁没有谷物！"于是命营田使邓懿文登记那些因逃亡而空出的田亩，另外招募百姓去耕种，缴田租。百姓舍弃旧有的田地，从事新田的耕种，仅仅能够糊口，从西边流徙到东边，两边的产业都丧失了。楚王马希范又让百姓自由捐钱，以换取官位，依据钱财的多少，订立官位高低的等级。于是富商大贾，分布在重要的官位上。地方官若回到朝廷，一定要求他进献财物。老百姓犯罪，便有钱的捐财，强壮的当兵，只有贫穷体弱的受刑罚。又设立信箱，让人们投入匿名信相互检举告发，以致有人因此而被灭族的。

这一年，采用孔目官周陟的建议，下令在正常租税之外，大县进贡米二千斛，中县一千斛，小县七百斛；没有米的，改送布帛。天策学士拓跋恒上书说："殿下生长在深宫之中，凭借已成的大业，身体没有受过种庄稼的劳苦，耳朵没有听过战鼓的声音，骑马射猎，遨游嬉戏，住华丽的宫室，吃珍美的食物，府库的积蓄已经竭尽，而浪费更加厉害，百姓生活很贫困了，但是沉重的赋敛却仍接连不断。现在淮南方面是我们的仇敌之国，番禺方面对我们怀有吞并的野心，荆渚方面天天都在打我们的主意，溪洞方面也对我们渐渐怠慢了起来。俗语说：'脚底受寒，伤及心脏，百姓怨愤，伤及国家。'希望取消捐纳米的规定，严办周陟，以向郡县的百姓谢罪，废除不急的事务，减少建造的劳役，免得一旦遭祸败亡，被天下人耻笑。"楚王马希范看了大怒，有一天，拓跋恒请求觐见，楚王推说午睡未醒，拓跋恒对客将区弘练说："大王随心所欲而拒绝进谏，我看他的千口之家流离失所没有多久了。"楚王听到这话更加恼怒，从此终生不再见拓跋恒。

闽主王曦出嫁他的女儿，拿出记载在朝者的名册来察看，朝廷官员有十二人没有来祝贺，都在朝堂加以杖打。又因御史中丞刘赞对这些人未加检举弹劾，也要杖打他。刘赞不愿受此屈辱，准备自杀。谏议大夫郑元弼劝谏闽主王曦说："古时候，刑罚不加在大夫身上。御史中丞作为朝廷百官的榜样，哪里适合加以杖打呢！"闵王王曦板着脸说："你想学魏征是吗？"郑元弼说："我把陛下当作唐太宗李世民，所以才敢效仿魏征。"王曦怒气稍微缓解，才把刘赞释放了，刘赞最终忧愤而死。

开运元年（甲辰，公元944年）是年七月方改年号为开运。

春季，正月，乙亥日（初二），边境藩镇驰马来告："契丹前锋将赵延寿、赵延照统领兵众五万人来侵犯，逼近贝州。"赵延照是赵思温的儿子。起初，后晋朝廷因为贝州是水、陆要道，便大量聚集粮草，是大军好几年的储备，用以防备契丹。军校邵珂，生性凶狠不讲理，永清节度使王令温免了他的职，邵珂怀恨在心，秘密派人逃往契丹，告诉契丹说："贝州粮食很多，而兵马很少，容易攻下。"正巧这时王令温入朝，执政大臣派前任复州防御使吴峦代理贝州的防务。吴峦到了贝州以后，以诚相待，安抚士卒。这时遇上契丹入侵，吴峦是个读书人，没有武将，邵珂主动请战，愿意以死效忠，吴峦派他带兵防守南门。契丹主耶律德光亲自带兵攻打贝州，吴峦全力抵抗，把敌兵攻城的器械几乎烧光。己卯日（初六），契丹又来攻城，邵珂引领契丹兵从南门进城，吴峦投井而死。契丹便把贝州城攻取下来，所杀害的晋国军民将近一万人。庚辰日（初七），任命归德节度使高行周为北面行营都部署，任命河阳节度使符彦卿为马军左厢排阵使，任命右神武统军皇甫遇为马军右厢排阵使，任命陕府节度使王周为步军左厢排阵使，任命左羽林将军潘环为步军右厢排阵使。

太原奏报契丹进入雁门关。恒州、邢州、沧州都奏报契丹来侵犯。

成德节度使杜威派幕僚曹光裔会见杨光远，分析祸福利害给他听，杨光远就派曹光裔入朝上奏，说："杨承祚之所以逃回来，只是因为他母亲生病的缘故，既然承蒙皇恩宽赦，全族都感戴皇上的恩德。"后晋朝廷相信了他的话，派遣使者同曹光裔一道再次去安抚劝谕杨光远。

南唐任命侍中周宗为镇南节度使，左仆射兼门下侍郎、同平章事张居咏为镇海节度使。

南唐主李璟决定传位给他的弟弟齐、燕二王。翰林学士冯延己等因此想隔绝朝廷内外来把持权柄。辛巳日（初八），南唐主李璟下敕令："齐王李景遂参与裁决各项国政，文武百官只有枢密副使魏岑、查文徽可以直接向皇帝报告事情，其他的人若没有得到召唤，不可以觐见。"唐国的百姓大为惊讶。给事中萧俨上奏疏极力争论，不获答复。侍卫都虞候贾崇叩首阁门请求接见，他说："臣侍奉先帝三十年，亲眼看见先帝延请、接见关系疏远的臣子，殷勤诚恳，不敢怠慢，像这样子，下层的意见还有不能通达到上层的。何况现在陛下刚即位，所信任的是何等人，而竟马上和群臣隔绝，怎么可以呢？臣老了，不能再亲自侍奉陛下了。"于是泪流满面，呜咽不已。南唐主李璟感悟，急忙收回先前下的敕令。

南唐主李璟在宫中建造高楼，召集侍臣观看，众人都叹赏赞美。萧俨说："只可惜楼下没有修个井。"南唐主问他为什么。萧俨回答说："因为少此一口井就比不上陈后主陈叔宝的景阳楼了呀！"唐主李璟很生气，将他贬到舒州。观察使孙晟派兵去看守他，萧俨说："我是因劝谏皇上而获罪，并不是怀有异心。起初先主去世前留下遗命时，你可是险些要危害社稷的呀，那条罪岂不是比我还重吗？今天怎么反而防备起我来了呢？"孙晟惭愧害怕，赶紧把设防的士兵撤掉。

后晋出帝石重贵遣派使臣带书信给契丹，契丹已经屯驻邺都城外，使者不能通过而折返回来。壬午日（初九），任命侍卫马步都指挥使景延广为御营使，前任静难节度使李周为东京留守。这一天，高行周率领前锋队伍先出发。当时用的方略和号令都出自景延广，宰相以下的文武群臣都没有参与，景延广借着权势任性使气，凌侮诸将，即使是天子也不能制止他。乙酉日（十二日），后晋出帝石重贵从东京出发。丁亥日（十四日），滑州奏报契丹到了黎阳。戊子日（十五日），后晋出帝石重贵抵达澶州。

契丹主耶律德光屯驻元城，赵延寿屯驻南乐，契丹任命赵延寿为魏博节度使，封爵魏王。

契丹侵略太原，刘知远和白承福联合起来，共二万人，迎击契丹兵。甲午日（二十一日），任命刘知远为幽州道行营招讨使，杜威为副使，马全节为都虞候。丙申（二十三日），派遣右武卫上将军张彦泽等统兵在黎阳抵御契丹。

戊戌日（二十五日），蜀主孟昶恢复以将相遥领节度使的旧规。

后晋出帝石重贵又派能通译两国语言的孟守忠送书信给契丹，请求重建以前的友好关系。契丹主耶律德光回信说："已经形成的局势，不能改变了。"

辛丑日（二十八日），太原奏报：在秀容打败了契丹伟王，斩获三千首级。契丹从鸦鸣谷逃走。

殷国铸造"天德通宝"大铁钱，一枚当旧钱百枚。

唐主李璟派使者送信给闽主王曦和殷主王延政，责备他们兄弟之间互相攻伐。闽主王曦回信，引用周公诛戮管叔、蔡叔，唐太宗李世民诛戮李建成、李元吉两件史实作比喻。殷主王延政回信，斥责南唐主篡夺杨氏天下。南唐主李璟发怒，便与殷国断绝来往。

天平节度副使、知郓州颜衎派遣观察判官窦仪上奏后晋朝廷："博州刺史周儒把州城献给契丹，向契丹投降，又和杨光远互派使者往来访问，引导契丹从马家口渡过黄河，掳走了左武卫将军蔡行遇。"窦仪对景延广说："北虏如果渡过黄河与杨光远联合的话，那么黄河以南就危险了。"景延广同意他的看法。窦仪，是蓟州人。

资治通鉴卷第二百八十四　后晋纪五

起甲辰（公元944年）二月，止乙巳（公元945年）七月，共一年六个月。

【题解】本卷记录了公元944年二月至945年七月的史事，共一年又六个月，正当后晋齐王石重贵开运元年二月至开运二年七月。桑维翰重新执掌朝政大权，先后把杨光远、景延广外放任职，朝纲整肃，朝廷大事稍微得到治理。十二月，契丹第二次大举南犯，晋兵在相州大败契丹，后晋出帝石重贵下诏亲征。开运二年三月，晋军在阳城大败契丹。后晋出帝任命杜威为顺国节度使镇守恒州，杜威害怕契丹卷土重来，擅离职守逃回京都，后晋出帝姑息不问。桑维翰多次劝谏乘胜与契丹修好，后晋出帝不听，丧失了和平修好的契机。闽主王曦被部下杀死，朱文进自称闽主。王延政大破南唐兵，朱文进又被部下杀死，福州兵入援建州，南唐增兵大败王延政，李仁达趁机割据福州。

齐王中

开运元年（甲辰，公元944年）

二月，甲辰朔日（初一），后晋朝廷命前保义节度使石赟把守麻家口，前威胜节度使何重建把守杨刘镇，护圣都指挥使白再荣把守马家口，西京留守安彦威把守河阳。不久，周儒引导契丹将领麻答从马家口渡过黄河，扎营于东岸，攻打郓州北岸的渡口，以此呼应杨光远。麻答，是契丹主耶律德光的堂弟。乙巳日（初二），后晋派遣侍卫马军都指挥使、义成节度使李守贞、神武统军皇甫遇、陈州防御使梁汉璋、怀州刺史薛怀让带兵一万人，沿着黄河，水路和陆路同时并进。李守贞，是河阳人；梁汉璋，是应州人；薛怀让，是太原人。

丙午日（初三），契丹兵在戚城包围了高行周、符彦卿及先锋指挥使石公霸。起初，景延广下令各将帅各自防守自己所负责的地区，不得互相援救。高行周等人奏报情势危急，景延广迟迟才转告后晋出帝石重贵，后晋出帝亲自率兵去援救他们，契丹解围退走，三位将帅哭诉救兵来得太慢，几乎不能生还。

戊申日（初五），李守贞等到达马家口。契丹遣派一万步兵修筑堡垒，在堡垒外面散布骑兵戍守，其余兵众数万人屯驻在河西，有船数千艘载兵过河。还没运完，晋兵就攻进了他们，契丹的骑兵退却逃走，晋兵进攻他们的堡垒，攻了下来。契丹大败，骑着马冲进黄河被淹死的多达好几千人，被俘虏和斩杀的也好几千人。黄河西岸的契丹兵伤心痛哭着撤走，从此再也不敢东进。

辛亥日（初八），定难节度使李彝殷奏请带领四万人马从麟州渡过黄河，攻入契丹境内。壬子日（初九），任命李彝殷为契丹西南面招讨使。

起初，契丹主耶律德光取得贝州、博州，都对这些地方的人加以抚慰，或者拜授官职、赐给有纹彩的官服。等到他们在戚城和马家口打了败仗，愤怒怨恨，把所获得的百姓全都杀掉，抓到的士兵，则用火烧烤。因此晋国的军民愤激痛恨，同心协力，争着要为国出力。

杨光远带领青州兵，想向西与契丹兵会合，戊午日（十五日），后晋出帝石重贵下诏，命石赟分出一部分兵马驻守郓州，以防备他。

命刘知远率领本部士兵从土门出发，取道恒州以攻打契丹，又命他和杜威、马全节会师于邢州。刘知远引领他的部队驻扎于乐平，不肯前进。

后晋出帝石重贵服丧将近一年，就在宫中演奏细声女乐。等到出师北讨时，常常命左右的人弹奏三弦琵琶，再配上羌笛的吹音，一边打鼓，一边歌舞，还说："这不算是奏乐。"庚申日（十七日），百官上表请求恢复聆赏音乐，竟下诏不准。

壬戌日（十九日），杨光远率兵包围棣州，刺史李琼出兵将他打败，杨光远焚烧营垒，逃回青州。癸亥日（二十日），后晋朝廷任命前威胜节度使何重建为东面马步都部署，统兵屯驻郓州。

阶、成二州义军指挥使王君怀率领所部一千多人背叛朝廷，归降蜀国，并且自愿替蜀国做向导，以夺取阶、成二州。甲子日（二十一日），蜀国出兵打阶州。

契丹假装舍弃元城退去，把精锐骑兵埋伏在古顿丘城，来等待晋军与恒州、定州之兵会合之后再发动攻击。邺都留守张从恩屡次奏报胡兵已经逃走，朝廷据报，正准备要指挥大军去追击，恰巧遇到连续不断的雨天而停止。契丹的军队埋伏了十天，士兵和战马都饥饿疲乏。赵延寿说："晋国的军队全部在黄河的岸边，害怕我军的强锐，一定不敢前来，不如将军队开赴他们的城下，四面包围，加以攻打，夺取他们所设的浮桥，这样天下就可以平定了。"契丹主耶律德光听从了他的话，三月，癸酉朔日（初一），亲自领兵十余万在澶州城的北面排开阵势，东面和西面横向包围城的两角，登城观望，看不见边际。高行周的前锋部队在戚城的南方，和契丹交战，从中午一直战到黄昏，各有胜败。契丹主耶律德光率领精锐士卒直向晋军的中军冲了过来，后晋出帝石重贵也摆出阵势准备迎敌。契丹主耶律德光遥遥望见晋军军威盛壮，对左右的人说："杨光远说晋兵已饿死大半，现在怎么还这样多呢？"于是派精锐骑兵，分左右两边去冲杀晋军的军阵，晋军镇定不动，忽然万箭齐发，射去的箭满地都是。契丹稍微后退，又进攻晋军的东侧，攻不进去。苦战到傍晚，两军死亡的人数，无从计算。天黑以后，契丹引兵后退，在三十里之外扎营。

乙亥日（初三），契丹主耶律德光帐下的一个小军官偷了他的马逃了过来，说契丹主已经下达军令，集合军队回北方去了。景延广疑心这是骗局，静守营垒不敢追击。

南汉主刘晟命中书令、都元帅越王刘弘昌到海滨之地拜谒烈宗刘隐的陵墓，到了昌华宫时，汉主刘晟派盗贼把他杀死。契丹主耶律德光从澶州北面将军队分成两路，一路取道沧州、德州，一路取道深州、冀州。对他们所经过的地方都烧杀抢掠，方圆千里，百姓的财物几乎全没有了。留下赵延照做贝州留后。麻答攻陷德州，生擒刺史尹居璠。

闽国拱宸都指挥使朱文进、阁门使连重遇，杀了康宗王昶以后，常常害怕国人声讨他们，便互相联姻，用来巩固自己的势力。闽主王曦杀人成癖，杀起人来，毫不迟疑。曾经游览西园，因为喝醉而杀掉控鹤指挥使魏从朗。魏从朗是朱文进、连重遇的同党。又一次乘着酒兴正浓吟诵白居易的诗道："唯有人心相对间，咫尺之情不能料。"（意思是说："只有人心最隐秘，纵使彼此咫尺相对，也无法料知对方的心意。"）说着就举起酒杯向二人敬酒，二人连忙起身，流着眼泪，拜了又拜，说："臣子侍奉国君，子女侍奉父母，哪儿敢有别的意图？"王曦没有再搭腔，二人非常恐惧。

李后嫉妒尚贤妃受宠爱，想杀死王曦而立她的儿子王亚澄，她派人告诉二人说："主上对待你们二位很不公平，怎么办？"

适逢李后的父亲李真生病，乙酉日（十三日），王曦到李真的府第去探视病情。朱文进、连重遇指使拱宸马步使钱达在马上把王曦杀了，召集百官到朝堂，向大家宣告说："太祖昭武皇帝王审知，建立闽国，现在子孙荒淫暴虐，毁灭了祖先的事业，苍天已经厌弃王氏，应该另外选择一个有德的人，立他为国君。"众人都不敢说话。连重遇于是就推朱文进上殿，给他穿上皇帝的衣服冠冕，然后率领群臣向北面再拜称臣。朱文进自称闽主，将王氏的宗族王延喜以下大大小小总共五十多人全部收押起来，一一加以杀害。安葬闽主王曦，谥号为睿文广武明圣元德隆道大孝皇帝，庙号叫景宗。任命连重遇总率六军。礼部尚书、判三司郑元弼严辞不屈，被免去官职返回家乡。郑元弼准备逃往建州（投靠王延政），朱文进将他杀掉。朱文进下令，放出宫人，停止工程营建，以此改变王曦的政策。

殷主王延政派统军使吴成义带兵讨伐朱文进，没有成功。

朱文进给枢密使鲍思润加封为同平章事，任用羽林统军使黄绍颇为泉州刺史，左军使程文纬为漳州刺史。汀州刺史同安人许文稹，献出守郡向朱文进投降。

丁亥日（十五日），诏命太原、恒州、安州各地的军队回到各自的藩镇。

辛卯日（十九日），马全节攻打契丹的泰州，攻了下来。

下令天下造册登记乡兵，每七户人家共同出兵器资助一个人当兵。

秦州兵救援阶州，取道黄阶岭，在西平打败了蜀兵。

汉任命户部侍郎陈偓为同平章事。

夏季，四月，丁未日（初五），缘河巡检使梁进率领乡社兵再取德州。己酉日（初七），命归德节度使高行周、保义节度使王周留下来镇守澶州。庚戌日（初八），后晋出帝石重贵从澶州启程；甲寅日（十二日），到达大梁。

侍卫马步都指挥使、天平节度使、同平章事景延广，已被朝野所厌恶，后晋出帝石重贵也怕他傲慢无礼，难以控制；于是桑维翰追究他不援救戚城的罪过，辛酉日（十九日），加封景延广为兼侍中，外放为西京留守。任命归德节度使兼侍中高行周为侍卫马步都指挥使。景延广郁郁不得志，又见契丹国力强盛，开始忧虑起国破身亡的危险，于是一天到晚纵情喝酒。

后晋朝廷由于契丹入侵，国家财用更加枯竭，便又派遣使者三十六人分到各道搜括民间财物，每个使者各授予一柄御封宝剑，授以斩杀之权。使者带了很多随从，携带枷锁、木械、刀剑、兵器，闯入百姓的家里，弄得大人小孩都惊慌恐惧，想求一死都没有门路。州县的官吏又和使者相互勾结，从中作威作福。

河南府按规定应出缗钱二十万，景延广增加到三十七万。留守判官卢亿对景延广说："公位居将相，富贵到了极点。现在国家遭到不幸，府库空乏竭尽，不得已向百姓征收，公怎么忍心再利用这个机会求取私利，以拖累子孙呢？"景延广感到惭愧，于是停止滥征民钱。

起初，后晋朝廷因为杨光远叛变，下诏命令兖州修筑守备设施。泰宁节度使安审信借修筑城楼的名义，敛聚百姓的钱财以充实个人的库存。大理卿张仁愿为括率使，到达兖州，征收缗钱十万。刚好安审信不在军镇，于是拘禁他看守仓库的小吏，指示部属取出其中一库的钱，就已经够了十万之数。

戊寅日（初七），后晋朝廷命侍卫马步军都虞候、泰宁节度使李守贞统领步骑二万人讨伐青州的杨光远，又派神武统军洛阳人潘环及张彦泽等人率兵驻守澶州，以防备契丹。契丹派兵救援青州，齐州防御使堂阳人薛可言中途拦截，打败了契丹援军。

丙戌日（十五日），后晋朝廷诏令各州所按户籍征调的乡兵，号称武定军，共得到七万余人。当时经过战乱饥荒之后，又有这种骚扰，百姓简直无法维持生活。

丁亥日（十六日），邺都留守张从恩上奏后晋朝廷："赵延照虽然占据贝州，可是他所统率的士兵都因久留在外而回乡心切，应该及早进兵攻打他。"后晋出帝石重贵下诏：任命张从恩为贝州行营都部署，督率各军将帅攻击赵延照。辛卯日（四月无此日），张从恩奏报：赵延照放火抢劫，放弃州城而逃走，驻兵于瀛州和莫州，仗恃着河流的险阻而建筑坚固的防御工程，以自保卫。

朱文进派使者前往唐国，南唐主李璟把使者囚禁起来，准备派兵讨伐闽国，正好遇到天气暑热、疫病流行才停止。

六月，辛酉日（二十一日），官军攻克淄州，斩了淄州刺史刘翰。

后晋太尉、侍中冯道虽为首相，但办事模棱两可，什么事都不拿主意。有人对后晋出帝石重贵说："冯道是和平时期的好宰相，可是在现在这个艰难的时候，却好比心如止水、慈悲为怀的禅师去放鹰搏兔！"癸卯日（六月无此日），任命冯道为匡国节度使，兼侍中。

乙巳日（六月无此日），南汉主刘晟在他的私宅里幽禁齐王刘弘弼。

有人对后晋出帝石重贵说："陛下如果想要抵抗北狄，安定天下，非用桑维翰不可。”丙午日（六月无此日），恢复设置枢密院，任命桑维翰为中书令兼枢密使，事情不论大小，都委托给他。几个月之间，朝廷的事稍微得到治理。

黄河在滑州决口，淹没了汴、曹、单、濮、郓五州的地区，环绕梁山合流入汶水。后晋朝廷下诏大规模调集几个道的民夫去堵塞黄河缺口。堵塞完成之后，后晋出帝石重贵想要雕刻石碑来记述这件事情。中书舍人杨照俭劝谏说：“陛下雕刻石碑，记述功劳，不如降下哀痛的诏书，染墨提笔、歌功颂德，不如颁布归罪自己的文告。”后晋出帝石重贵听了，觉得他的话很有道理，于是就停止刻碑。

起初，后晋高祖石敬瑭割让北边的国土贿赂契丹，于是府州刺史折从远也随郡北属契丹。契丹想把黄河以西的民众全部迁移去充实辽东，府州民众大为惊恐，折从远因而据守险要之地，抗拒契丹。等到后晋出帝石重贵和契丹的关系闹僵，后晋出帝派使者告诉折从远，要他攻打契丹。折从远带兵深入契丹内境，接连攻下十几个营寨。戊午日（十八日），任命折从远为府州团练使。折从远，是云州人。

甲子日（二十四日），恢复设置翰林学士。戊辰日（二十八日），任命右散骑常侍李慎仪为兵部侍郎、翰林学士承旨，都官郎中刘温叟、金部郎中兼知制诰武强人徐台符，礼部郎中李瀚、主客员外郎宗城人范质，都为翰林学士。刘温叟是唐明宗李嗣源时刘岳的儿子。

秋季，七月，辛未朔日（初一），大赦天下，改年号为开运。

己丑日（十九日），任命太子太傅刘昫为司空兼门下侍郎、同平章事。

八月，辛丑朔日（初一），任用河东节度使刘知远为北面行营都统，顺国节度使杜威为都招讨使，总督十三节度以防御契丹。

桑维翰两度执掌朝廷大政，先后将杨光远、景延广外放出去。到这时，他统一指挥，十五个节度使没有一个敢违抗命令，当时人叹服他的胆识和谋略。

朔方节度使冯晖上书陈述自己的抱负，认为自己还没有老，还可以为国效劳，而后晋出帝石重贵在分派任务的制书上却遗漏了自己的名字。桑维翰借皇帝的诏命，召请在禁中值班的学士，叫他草拟诏书回答冯晖，说："不是制书忽略忘记了您，实在因为朔方是重要之地，除了你没有别人能够控制。近来考虑把你移调内地，代替你的人也需要奇才。"冯晖得到诏书，极为高兴。

当时在政治上和军事上有很多棘手的事情，朝中各部门以及各地使者来咨询请示的人，从四面八方聚集，桑维翰对每一件事都随时批示、裁定，乍看好像没有经过深思熟虑，人家认为他疏忽草率，可是回去后仔细推敲，也终还是没有更好的办法可以取代。不过他做宰相，常常凭着自己的好恶去做，一饭之恩、瞪眼之怨，必定报复，人们也因此轻视他。

契丹入侵的时候，后晋出帝石重贵又命刘知远在山东会师，可是都超过了约定的时间而还没有到达。后晋出帝对他起了疑心，对亲信的人说："太原很不帮助朕，必然有反叛的图谋。如果有当天子的福分，为什么不早点干？"到这时，刘知远虽然做了北面行营都统，然而实际上没有决定大计的权力，凡是朝中秘密谋划重大的决策，都不得参加。刘知远也知道自己被疏远，所以也只谨慎处理事务，尽到自己所负的责任而已。郭威看出刘知远心情有点忧郁，就对刘知远说："河东的山川，形势险要而牢固，风俗崇尚武勇，境内又多战马，局势安定就勤于农业生产，局势动荡就勇于练习军事，这是成就霸王事业的资本，有什么可忧虑的！"

朱文进自称为威武留后，代理闽国的政务，派遣使者奉送表章向晋国自称藩属。癸丑日（十三日），任命朱文进为威武节度使，掌理闽国的事务。

癸亥日（二十三日），后晋在澶州设置镇宁军，把濮州隶属其下。

起初，吴国濠州刺史刘金死后，他的儿子刘仁规代替了他，刘仁规死后，其子刘崇俊代替了他。南唐烈祖李昪在濠州设置定远军，就任命刘崇俊为定远军节度使。又正好遇到清淮节度使姚景去世，刘崇俊以贵重的礼品贿赂朝中的当权，请求让他同时兼任寿州节度使。唐主李璟假装不知道他的用意，迁调刘崇俊为清淮节度使，另外任命楚州刺史刘彦贞为濠州观察使，飞快地前往濠州接替他的职位，刘崇俊十分后悔。刘彦贞，是刘信的儿子。

九月，庚午朔日（初一），发生日食。

丙子日（初七），契丹入侵遂城、乐寿，深州刺史康彦进将它击退。

冬季，十月，丙午日（初七），南汉主刘晟在邕州把镇王刘弘泽毒死。

殷主王延政派遣他的将领陈敬佺带领三千兵马驻守尤溪和古田，卢进带领二千兵马驻守长溪。

泉州散员指挥使姚林人留从效对他的同僚王忠顺、董思安、张汉思说："朱文进屠灭了王氏家族，派遣他的心腹之人分别占据各州。我们世世代代蒙受王氏的恩惠，却拱手侍奉贼臣，一旦富沙王攻下福州，我们虽然死了，也将含愧九泉！"大家认为他的话很有道理。十一月，留从效等人各自带领军中交情比较深厚的壮士，夜晚在留从效的家里喝酒，留从效欺骗他们说："富沙王已经平定福州，有密旨让我们讨拿黄绍颇。我看诸位的相貌，都不是久居贫贱之人。听我的话，富贵可以谋求，不然的话，大祸就要临头了。"众人听了，都欢呼跳跃，拿起棍棒，翻越墙壁而进入黄绍颇的家里，抓住黄绍颇，将他杀了。留从效拿着州印到王继勋家里，请他主持军府事务。留从效自称为平贼统军使，把黄绍颇的头颅装在一个木箱子里，派遣副兵马使临淮人陈洪进送到建州。陈洪进到达尤溪，福州防守的士兵数千人挡住道路。陈洪进骗他们说："义师已经诛杀了朱文进，我加倍速度地赶路到建州去迎接继位的国君，你们还防守这个地方干什么呢？"说着，就取出黄绍颇的头颅来给他们看，福州的兵众于是溃散了，其中大将数人随着陈洪进前往建州。王延政任命王继勋为侍中、泉州刺史，留从效、王忠顺、董思安、陈洪进都为都指挥使。漳州将领程谟听到这个消息，杀漳州刺史程文纬，拥立王继成代理州府的事务。王继勋、王继成，都是王延政的侄子，朱文进杀灭王氏的时候他们二人因为疏远而获得保全。汀州刺史许文稹上表主动向殷国投降。

十二月，癸丑日（十五日），后晋朝廷任命朱文进为同平章事，封为闽国王。

李守贞围攻青州已经很长时间，城中食粮用尽，饿死的人有一大半。契丹的援兵不来，杨光远向遥远的契丹方向叩拜说："皇帝啊皇帝！您耽误光远的大事了！"他的儿子杨承勋、杨承祚、杨承信劝杨光远投降，希望保全他的族人。杨光远不肯答应，说："我从前在代北的时候，曾经用纸钱祭祀天池而纸灰沉没，人家都说我将会为天子，暂且再等待一段时间看看。"丁巳日（十九日），杨承勋杀了劝杨光远造反的节度判官丘涛等人，把他们的头送给李守贞，放火大声喧闹，劫持他父亲住到私宅里，向后晋朝廷上表等待治罪，打开城门接进官军。

朱文进听说黄绍颇被杀，非常恐惧，以贵重的赏金招募新兵两万人，派遣统军使林守谅、内客省使李廷锷率领他们去攻打泉州，铙钹战鼓的声音喧天价响，声传五百里外。殷主王延政派遣大将军杜进率领两万兵马援救泉州，留从效打开城门和福州兵交战，将他们打得大败，斩林守谅，擒李廷锷。王延政派统军使吴成义率领战船千艘攻打福州，朱文进遣派子弟到吴越做人质，向吴越请求救援。

起初，南唐翰林待诏臧循，与枢密副使查文徽是同乡，臧循曾经当过商贩，熟悉福建的山水情况，替查文徽谋划攻取建州的办法。查文徽上表建议出兵攻打王延政，可是国人大多不赞成。唐主李璟任命查文徽为江西安抚使，巡视边境，实地勘察，以作为决定是否出兵的参考。查文徽到了信州以后，上奏说："出兵攻击，一定胜利。"唐主李璟于是任命洪州营屯都虞候边镐为行营招讨诸军都虞候，带兵随从查文徽去讨伐殷国。查文徽从建阳出兵，驻扎于盖竹，听说漳州、泉州、汀州三州都投降殷国，殷国的大将张汉卿从镛州率领八千兵马即将到达，查文徽害怕，退兵防守建阳。臧循屯驻邵武，邵武的百姓引导殷兵偷袭击溃臧循的军队，抓获了臧循，送到建州后就把他杀了。

朝廷因为杨光远罪恶重大，而他的几个儿子却又归顺朝廷，对杨光远不便公开处斩，于是命李守贞根据情况加以处理。闰月，癸酉日（初五），李守贞进入青州城，派人先把杨光远送往另外一所住宅，然后将他拉杀而死，上报说是病死了。丙戌日（十八日），恢复起用杨承勋，授予他为汝州防御使。

殷国的吴成义听说境内有唐兵，派人去诈骗福州的官吏和百姓说："唐国帮助我讨伐贼臣，大军现在就到了。"福州人于是更加害怕。乙未日（二十七日），朱文进派遣同平章事李光准等人奉送传国玉玺给殷国。

丁酉日（二十九日），福州南廊承旨林仁翰对他的徒众说："我们世世代代侍奉王氏，现在受到贼臣的辖制，富沙王来了，有什么脸面见他！"率领他的部属三十个人披着铠甲直奔连重遇的住所，连重遇正严密部署军队保护自己，林仁翰所率领的三十个人远远望见这种情形，逐渐临阵逃走。林仁翰拿着长槊直冲上前，刺连重遇，杀死了他，砍下他的头颅，当众展示，说："富沙王即将来到，我们将受灭族的大祸了！现在连重遇已经死了，何不赶紧去杀朱文进为自己赎罪！"众人听了鼓舞跳跃地跟着他，从而杀了朱文进，迎接吴成义进城，用盒子装了朱、连二人的首级送往建州。

契丹再度大量地举兵入侵，卢龙节度使赵延寿率兵先行。契丹的前锋到达邢州，顺国节度使杜威派遣使者抄小道向朝廷告急。后晋出帝石重贵想要亲自率兵抵抗，正好因为有病，不能成行。便命令天平节度使张从恩、邺都留守马全节、护国节度使安审琦会合诸道兵马屯驻邢州，武宁节度使赵在礼屯驻邺都。契丹主耶律德光率大军随后到达，在元氏设置衙署。朝廷畏惧契丹兵势强盛，诏命张从恩等人引兵稍微后退，于是各路军队惊骇恐惧，再也无法维持行列，丢弃兵械盔甲，所过之处，放火抢劫，等到他们退至相州，已经无法重新整队。

开运二年（乙巳，公元945年）

春季，正月，后晋出帝石重贵诏令赵在礼回师驻扎在澶州，马全节还师邺都，又派遣右神武统军张彦泽屯驻黎阳，西京留守景延广从滑州引兵把守胡梁渡。庚子日（初三），张从恩奏报契丹进逼邢州，后晋出帝诏命滑州、邺都再进兵抵抗它。义成节度使皇甫遇带兵直奔邢州。契丹侵略邢、洺、磁三州，把这些地方几乎杀光抢尽，又进入邺都境内。

壬子日（十五日），张从恩、马全节、安审琦将所有出征的兵马好几万人，列阵于相州安阳水的南岸。皇甫遇和濮州刺史慕容彦超带领好几千名骑兵前往侦察契丹的情况，到了邺县，准备渡过漳水，遇到数万名契丹兵，皇甫遇等人一边作战，一边后退。到了榆林店，契丹兵大队人马来到，皇甫遇和慕容彦超商议说："我们如果现在逃走，将会死得一个也不剩！"于是停下来，布列阵势，从午时（上午十一点到下午一点）到未时（午后一点到三点），尽全力交战了一百多个回合，双方都死伤惨重，皇甫遇的马战死，只好步战，他的仆人杜知敏将自己所骑的马让给他，皇甫遇骑上马再战。经过好长时间，战况稍微缓和一点，可是杜知敏已被契丹所俘虏，皇甫遇说："知敏是个义士，不可以遗弃他。"于是又与慕容彦超跃马闯进契丹的军阵里，把杜知敏给救了回来。不一会儿，契丹又派出新兵来战，二位将领说："我们这些人已经不能退走，只能以死报国了。"

太阳将要落山，拒守在安阳的诸将奇怪前去探测的兵马没有回来，安审琦说："皇甫太师一点消息也没有，必定是被北虏所围困。"话还未说完，有一人骑马跑回来报告说：皇甫遇等人被好几万敌兵所包围，安审琦听了，立刻就率领骑兵出营，准备去救他们，张从恩说："刚才这些话，不值得相信。如果真是敌兵杂然而至，把我们军队全部派出去，恐怕也不一定能抵挡得住敌人的进攻，公前去会有什么帮助？”安审琦说：“成功、失败，那是天意，万一不成功，当共同接受祸难。假使敌兵不向南进，平白丧失皇甫太师，那我们有什么面目去见天子！”于是就渡过安阳河向北前进。契丹遥遥望见尘土飞扬，立刻解围而去，皇甫遇等人因而得以生还，和诸位将领一同返回相州，军中的士兵们都佩服二将的勇敢。慕容彦超本是吐谷浑人，与刘知远是同一个母亲。

契丹也引兵退走，它的部众自相惊吓说：“晋军全部来了！”当时契丹主耶律德光在邯郸，听到这个消息，立刻逃回北方，不到两夜，就到了鼓城。

当晚，张从恩等商议说：“契丹把全国人马都调发而来，我们的兵不多，城里的粮草不能维持十天，万一有个内奸去告诉契丹关于我们的虚实，敌人出动所有的军队来包围我们，我们立刻就死定了。不如率领军队前往黎阳仓，南边靠着黄河的险阻以抵抗它，这样可保万全。”商议未定，张从恩就带兵先行出发，诸军跟着前进，一路上骚扰混乱，人员逃亡，又乱得像从邢州出发时那样。

张从恩留下步兵五百人守护安阳桥，夜间四更时，主持相州事务的符彦伦对将佐说：“今晚乱哄哄的，人们没有坚守的意志，五百个疲惫兵卒，怎能守住桥梁？”于是就召唤守桥的步兵进入城内，命他们登上城头，防备敌兵。到了天亮，从城上眺望过去，契丹好几万名骑兵已在安阳水的北岸摆开阵势，符彦伦命令城上的守兵扬动旌旗，击鼓呼叫，申明号令，契丹兵一时难测城中的虚实。到了辰时（上午七点到九点），赵延寿和契丹惕隐率领部众渡过安阳水，绕经相州向南前进。后晋出帝石重贵诏命右神武统军张彦泽率兵直奔相州。赵延寿等人走到汤阴，听到这个消息，甲寅日（十七日），引兵回去。马全节等人在黎阳统领着大军，不敢追击。赵延寿将所有的兵马列阵在相州城下，好像将要攻城的样子，符彦伦说：“这些胡兵是马上就要走的。”派出五百全副武装的士卒，列阵在城北加以防备。契丹兵果然退走。

任命天平节度使张从恩代理东京留守。

庚申日（二十三日），振武节度使折从远出兵攻打契丹，包围胜州，趁势进攻朔州。

后晋出帝石重贵的病情稍见好转，河北相继告急。后晋出帝说：“这不是我安心睡大觉的时候！”于是部署诸将，做出征的打算。

将武定军改名为天威军。

北面副招讨使马全节等人上奏：“根据来降的胡兵说，胡寇的兵马并不多，应该趁他们解散回到各自部落的时候，大量地出兵直接袭击幽州。”后晋出帝石重贵认为很有道理，于是向各道征兵。壬戌日（二十五日），下诏亲征。乙丑日（二十八日），后晋出帝石重贵从大梁出发。

闽国的旧臣共同迎接殷主王延政，请他返回福州，改国号为闽。王延政考虑到此时正有唐兵为患，没有余暇可以迁都，于是命他的侄子门下侍郎、同平章事王继昌都督南都内外诸军事，镇守福州，任命飞捷指挥使黄仁讽为镇遏使，带兵保卫福州。

林仁翰来到福州，闽主王延政对他的赏赐很微薄，林仁翰也没有夸耀自己的功劳。

发动南都侍卫以及拱宸、控鹤两都甲兵共一万五千人，开赴建州，以抵抗唐兵。

二月，壬辰朔日（二月初一当是戊辰日），后晋出帝石重贵到达滑州；壬申日（初五），命令安审琦驻守邺都。甲戌日（初七），后晋出帝从滑州出发，乙亥日（初八），到达澶州。己卯日（十二日），马全节等各军依次开赴北方。刘知远获悉这个消息，说：“中国疲乏困弊，保全自己还怕来不及，怎么能再去胡乱地挑战强盛的北胡？即使打胜了也免不了后患，况且不能取胜啊！”

契丹从恒州回去，派遣羸弱的士兵赶着牛羊，经过祁州城下，祁州刺史下邳人沈斌派兵出城去攻击他们，契丹派出精锐的骑兵占据祁州城的城门，州兵不能回去。赵延寿知道城中没有多余的兵力，就带领契丹兵紧急攻城，沈斌这时正在城上，赵延寿对他说：“沈使君，我的老朋友。所谓‘择祸莫若轻’（两种害处相比较，当然要选择轻的），何不及早投降！”沈斌说：“侍中父子，迷途失策，沦陷在胡人的国境里，忍心率领犬羊禽兽般的胡兵来残害父母之邦，自己不感到羞耻惭愧，反而抱着骄傲的态度，这是什么意思呢？我沈斌弓已折断，箭已用完，宁可为国家去死，最后也不能仿效你的所为！”第二天，城池陷落，沈斌自杀。

丙戌日（十九日），诏命北面行营都招讨使杜威率领本道兵，和马全节等人的军队会合，一同进军。

后晋端明殿学士、户部侍郎冯玉，宣徽北院使、权理侍卫马步都虞候太原人李彦韬，都是依仗恩宠而得以掌权，他们厌恶中书令桑维翰，多次诋毁他。后晋出帝石重贵想要罢免桑维翰的相权，李崧、刘昫再三劝谏才停止。桑维翰知道这件事，建议任命冯玉为枢密副使，冯玉感到非常不服气。丙申日（二十九日），宫中传旨，任命冯玉为户部尚书、枢密使，借此分散桑维翰的权力。李彦韬年少时侍奉阎宝，当车夫，后来隶属后晋高祖石敬瑭帐下。石敬瑭从太原南下，留下李彦韬侍奉出帝石重贵，成为心腹，从此就受到宠信。他性情机灵奸巧，和受宠幸的内臣互相勾结，以蒙蔽后晋出帝的耳目，后晋出帝信任他，有事就委托他，甚至于任命或罢黜将相，他也可以参与讨论。他常常对人说：“我不知道朝廷设置文官有什么用处，必须加以淘汰，然后慢慢地将它全部废除。”

南唐查文徽上表请求增加兵力，南唐主李璟任用天威都虞候何敬洙为建州行营招讨马步都指挥使，将军祖全恩为应援使，姚凤为都监，率领数千兵马联合攻打建州，从崇安进发，屯驻赤岭。闽主王延政派遣仆射杨思恭、统军使陈望率领一万人马去抵抗唐兵，在河流的南岸布置木栅，十几天不出战，唐兵也不敢进逼。

杨思恭用闽主王延政的命令督催陈望出战，陈望说：“江、淮的唐国士兵精锐，将领熟悉用兵。国家的安危，全在这一仗，不能不在万无一失后才行动。”杨思恭愤怒地说：“唐兵深入我国境内来侵略，陛下为此夜不成眠，把国家大事委托给将军。现在唐兵不过数千人，而将军统率着好几万的兵马，不趁他们立足未稳攻击他们，如果唐兵因畏惧而自行撤退，将军有什么脸面去见陛下呢！”陈望被他这样一逼，不得已，率军涉水，与唐兵交战。祖全恩等人率领大军抵挡他的正面，派遣奇兵绕到他的后面，将他打得大败。陈望战死，杨恩恭仅仅一个人脱身逃回来。

王延政大为恐惧，绕城巡视，严兵防守，召见董思安、王忠顺，命他们率领泉州兵五千名前往建州，分别防守险要的地方。

起初，后晋高祖石敬瑭在澶州故城设置德清军，等到契丹入侵时，澶州、邺都之间的城防都陷落了。廷议大臣认为澶州和邺都之间，距离一百五十里，应该在两地的中间地带修筑城池，以应接南北，朝廷采纳了这个建议。三月，戊戌日（初二），另外修筑一座德清军城，将德清、南乐两地的百姓合并迁到新筑的城里。

起初，光州人李仁达在闽国任元从指挥使，十五年没有得到提拔。闽主王曦时代，他背叛王曦，投奔建州，闽主王延政任他为将领。等到朱文进弑杀王曦，他又背叛王延政而投奔福州，替朱文进陈述夺取建州的计策。朱文进讨厌他反复无常，就把他贬到福清居住。浦城人陈继珣也背叛闽主王延政而投奔福州，替王曦谋划计策，以夺取建州，王曦任命他为著作郎。等到王延政占据了福州，二人都畏惧不安。

王延政的侄儿王继昌镇守福州，为人愚昧懦弱，又嗜酒如命，不体恤爱护将士，将士多有怨恨。李仁达暗中进入福州，劝黄仁讽说：“现在唐兵乘胜而来，建州孤立无援，情势危险。富沙王王延政不能保住建州，又怎能保住福州！从前的王潮兄弟，只不过是光山的平民百姓罢了，攻取建州竟然易如反掌，何况我们趁着这个好机会，自求富贵，哪里还怕不如他们呢？”黄仁讽认为很有道理，就同意了他的意见。当天夜晚，李仁达等人带领甲兵冲入官舍，杀了王继昌和吴成义。

李仁达想自立为王，又怕众心不服，由于雪峰寺僧人卓岩明一向被民众所尊重，便说："这个和尚的眼睛是两个瞳子，两手下垂长过膝盖，真像个天子的模样啊！"所以就和大家一起把他迎来。己亥日（初三），立为皇帝，脱掉他的袈裟，披上龙袍、戴上皇冠，领导文武百官面朝北向他叩拜。不过，还是称为天福十年，派遣使者奉送章表给晋国，自称藩属。王延政听说以后，灭了黄仁讽全家，命令统军使张汉真统领水军五千人，会合漳州、泉州兵征讨卓岩明。

乙巳日（初九），杜威等各军在定州会合，任命供奉官萧处钧代理祁州的事务。庚戌日（十四日），各军进攻契丹，契丹的泰州刺史晋廷谦率领全州投降。甲寅日（十八日），夺取满城，擒获契丹酋长没刺以及他的部下士兵二千人。乙卯日（十九日），夺取遂城。赵延寿的亲兵有投降过来的人，说："契丹主耶律德光回到虎北口，听说晋兵夺取了泰州，又带领兵众向南进军，约有八万骑兵，预计明晚就会来到，应该赶快做准备。"杜威等害怕，丙辰日（二十日），退守泰州。

戊午日（二十二日），契丹到达泰州。己未日（二十三日），晋军向南进，契丹兵跟在后头追赶。晋军到达阳城；庚申日（二十四日），契丹大部队来到。晋军和契丹交战，契丹战败，晋军追杀十多里，契丹越过白沟逃走。

壬戌日（二十六日），晋军集结成阵列向南行进，契丹兵像山一样从四面包围，后晋诸军奋力作战，进行抵抗。这一天才走了十多里路，士兵和战马都饥饿疲乏。

癸亥日（二十七日），晋军到达白团卫村，埋下鹿角做成临时营寨。契丹兵把营寨包围了好几层，并派奇兵绕到寨后切断晋军粮道。当天晚上，东北风刮得强劲，破坏房屋，折断树木。晋兵在营中挖井，刚刚挖到有水的地方，井围就塌了，士兵们只好连泥带水取上来，用布包住拧出水来饮用，士兵和战马都渴得受不了。到了天亮以后，风刮得更厉害了。契丹主耶律德光坐在一辆奚族造的大车中，对他的兵众发命令说："晋军也只有这些了，应当全部把他们抓获，然后向南夺取大梁！”于是下令精锐骑兵分从四面下马，拔掉鹿角，冲入营中，挥舞刀剑，攻击晋军，又顺着风向，放火烧营，扬起尘沙，弥漫空中，以助其声势。

晋军军士都很愤怒，大呼说：“都招讨使为什么不出兵，让士兵们白白送死！”诸将请求出战，杜威说：“等待风势稍微转缓后慢慢再看可不可以出战。”马步都监李守贞说：“他们人多，我们人少，风沙弥漫之中，彼此不知对方人马多少，只有奋力拼斗的一方才能得胜，这阵大风正是来帮助我们的，如果等到风势停止，我们就全都没命了！”说完就大声呼叫：“各军一齐击贼啊！”又对杜威说：“令公您擅长防守，守贞我率领中军去跟敌人决一死战了！”马军左厢都排阵使张彦泽召集诸将询问计策，大家都说：“敌寇得风势的帮助，比较有利，应该等到风势转向，才能与他们交战。”张彦泽也认为这种看法很对。诸将退出，马军右厢副排阵使太原人药元福独自留下，对张彦泽说：“现在军中饥渴已到极点，如果等到风往回刮，我们这些人已经成了俘虏。敌人认为我们不能逆风出战，应该出其不意抓紧攻击他，这是用兵的诡诈之术啊！”马步左右厢都排阵使符彦卿说：“与其束手就擒，怎如以身殉国！”于是和张彦泽、药元福以及左厢都排阵使皇甫遇率领精锐骑兵出营寨的西门，攻击契丹兵，诸将随后到达。契丹兵后退数百步。符彦卿等人对李守贞说：“是要带着队伍一同进退呢？还是一直向前冲锋，奋力击贼，以打胜为原则呢？”李守贞说：“情势已经到了这个地步，怎么可以勒转马头后退？只应长驱直入直到取胜为止！”符彦卿等人策马冲了过去，风势更加强劲，天昏地暗，好像黑夜一般。符彦卿等人统率着一万多名骑兵，纵横冲杀，呼喊的声音震动天地，契丹被打得大败而逃，势如山崩。李守贞也命令步兵拔掉鹿角出去战斗，步兵和骑兵一齐向前推进，追逐契丹败兵二十多里。契丹的铁鹞军下马之后，仓皇之间来不及再上马，把马和铠甲兵器丢弃得遍地都是。

契丹溃散的士兵到了阳城东南的水边，稍微整复了队形。杜威说:“贼兵已被吓破了胆,不应再让他们排列成队形!”于是派遣精锐骑兵去攻击他们,契丹兵全都渡水逃走。契丹主耶律德光乘着奚车跑了十多里,追兵追得紧急,契丹主在途中获得一只骆驼,于是骑着那只骆驼逃走了。诸将请求加紧追赶,杜威高声对他们说:“遇到贼寇,侥幸不死,还想向他索回衣物钱袋吗?”李守贞说:“两天以来,人马都渴得很,现在喝上了水,喝得大家独自足够沉重了,难以追赶敌人,不如保全军队实力撤回去。”于是退守定州。

契丹主耶律德光回到幽州,散失的士兵稍微集结,由于军事失利,就杖打他的酋长,每人好几百下,唯独赵延寿没有被打。

乙丑日(二十九日),诸军从定州班师。后晋出帝石重贵诏命把泰州隶属于定州。

夏季,四月,辛巳日(十六日),后晋出帝石重贵从澶州出发,甲申日(十九日),回到大梁。

己丑日(二十四日),恢复邺都为天雄军镇所。

闽国的张汉真到了福州,攻打福州的东门。黄仁讽听说他的家人已经被杀死,打开城门,奋力抵抗,把闽兵打得大败,活捉张汉真,进入城内,将他斩首。

卓岩明没有什么特殊的方略,只是在殿上喷水散豆,做各种法事而已。又派遣使者到莆田把他的父亲接来,尊他为太上皇。

李仁达挟立卓岩明为帝之后,自己兼领六军及宫廷保卫的事务,让黄仁讽屯驻西门,陈继珣屯驻北门。黄仁讽对陈继珣说:“人之所以为人,在于有忠、信、仁、义等德行。我曾为富沙王王延政立过功,中途背叛他,这是不忠;人家把侄子托付给我,而我跟别人一同杀了他,这是不信;近来和建州兵交战,所杀的人都是家乡的旧相识,这是不仁;抛弃妻子儿女,让他们被人像鱼肉一样宰割,这是不义。我这一辈子,没有一点儿可贵的地方,死了也将含愧于九泉!”说着,不由得心情激动,捶胸顿足,伤心地痛哭一场。陈继珣说:“大丈夫为了建立功名,哪里还顾得着妻子和儿女!该把这些事搁在一边,不要因此得祸。”李仁达得知了这件事，指使别人告黄仁讽、陈继珣造反，把他们都杀了。从此兵权全部归于李仁达。

五月，丙申朔日（初一），大赦天下。

顺国节度使杜威，长期镇守恒州，生性贪婪残暴，自己依仗是皇室贵戚，常常不守法纪。时常用边境设防的名义，搜刮官吏、百姓的金钱布帛，以充实自己的库藏。有钱人家如果有珍贵的货品或绝色的女子、有名的骏马，都要强取过来，或者诬加罪名，把他杀了，没收他的家产。另一方面他又特别胆小懦弱，每逢契丹数十名骑兵进入辖境，杜威就怕得关闭城门，登上城墙躲在矮墙的后面了。或者契丹的几个骑兵赶着所掠得的几千几百中原人经过城下，杜威只是瞪着眼睛，伸长脖子，望着他们，从来没有意思要去拦截攻击他们。因此胡兵无所忌惮，辖区内的很多城邑居民多被胡兵杀光，杜威居然不出一兵一卒相救，以致千里之间，尸骨暴露在荒野像草莽一样，村落几乎没有了。

杜威看到自己辖区内残破凋敝，被民众怨恨又畏惧契丹的强盛，连续上表请求入朝为官，后晋出帝石重贵没有答应，杜威不等上报，就突然地弃镇入朝。朝廷听说这件事，惊讶不已，桑维翰对后晋出帝说：“杜威执意违抗朝廷的命令，擅自离开边陲重镇，平时则仗恃元勋旧臣，要求朝廷对他宽容，等到边疆多战事，不曾有防守抵御的决心，应该趁机把他罢黜，只有这样才不至于给今后留下祸患。”后晋出帝石重贵听了这话不大高兴。桑维翰又说，“陛下不忍心废除他，最好让他担任京师附近较小藩镇的官职，不要再把势力雄厚的大镇托付给他。”后晋出帝石重贵说：“杜威，他是朕的近亲，一定不会有谋叛的心志，只是宋国长公主急切地要见他而已，公千万不要因此而怀疑他！”桑维翰从此不敢再议论国事，以脚有病辞掉了职位。丙辰日（二十一日），杜威到达大梁。

丁巳日（二十二日），闽国李仁达大规模阅兵，请卓岩明亲临视察。李仁达暗中教唆军士突然上前，登上台阶，刺杀卓岩明。李仁达假装很惊讶，狼狈地逃开，军士们一起把李仁达捉回来，让他坐在卓岩明所坐的位子上。李仁达于是自称为威武留后，使用“保大”为年号，呈奉表章向唐国称藩属，同时也派遣使者向晋朝进贡，并且杀了卓岩明的父亲。唐主李璟任命李仁达为威武节度使、同平章事，赐给他名字，叫作弘义，把他编入李氏宗室族谱。李弘义又派遣使者和吴越建立良好关系。

己未日（二十四日），杜威向后晋朝廷献出他的亲兵步兵和骑兵共计四千人及配备用的铠甲兵器；庚申日（二十五日），又献粟十万斛，饲草二十万束，自称都存在恒州。后晋出帝石重贵把他所献的骑兵隶属于扈圣，步兵隶属于护国，杜威又请求将这些步兵和骑兵拨给他做卫队，而这些人的口粮和赏赐却仍然由朝廷负担。杜威又叫公主告诉后晋出帝，要求授给他天雄军的符节和斧钺，让他做天雄节度使，后晋出帝答应了他。

唐兵包围建州，屡次打败泉州兵。许文稹在汀州打败唐兵，活捉唐国将领时厚卿。

六月，癸酉日（初九），后晋出帝石重贵任命杜威为天雄节度使。

契丹连年入侵，中原疲于奔命，边民受尽苦难；契丹的人口和牲畜也死了许多，契丹百姓对这种状况也感到厌恶和痛苦。述律太后对契丹主耶律德光说：“让汉人来做契丹人的国君，可以吗？”契丹主耶律德光说：“不可以。”太后说：“那么你为什么一心想做汉人的国君？”契丹主耶律德光说：“姓石的忘恩负义，令人难以容忍。”太后说：“你现在虽然获得了汉人的土地，但是却不能住在那儿，万一有个闪失，后悔又哪里来得及呢！”又对她的群臣说：“汉家儿郎怎么可以安眠？自古以来只听说汉人主动向蕃人和解，从没听说蕃人去和汉人和解。汉儿如果能回心转意，我们又何必吝惜与他和好！”

桑维翰屡次劝后晋出帝石重贵再向契丹请和，以缓和国家的祸患，后晋出帝任命开封府的军将张晖为供奉官，派遣他奉表称臣往见契丹，以谦逊的言辞谢罪。契丹主耶律德光说："叫景延广、桑维翰亲自来谢罪，再割让镇州和定州两道隶属于我，才可以讲和。"朝廷见契丹主耶律德光的口气蛮横，认为他没有和谈的诚意，于是和谈的事，就此停止。等到契丹主耶律德光进入大梁，对李崧等人说："当初假如晋国再派使者来一次的话，那么南北双方就不会再打仗了。"

秋季，七月，闽国有人告发福州的援兵谋反，闽主王延政收缴了他们的铠甲兵器，遣送回福州，设伏兵在归路隘口，把他们全部杀掉，被杀死的一共八千多人，把他们做成肉干，带回来当作食物吃。

唐国的边镐攻陷镡州。查文徽的同党魏岑、冯延已、冯延鲁认为出师有功，都很乐意赞成出兵。然后借此机会征调军需物资的供应，府库被他们消耗光了。洪州、饶州、抚州、信州的百姓尤其深受其苦。

王延政遣派使者向吴越上表称臣，请求做吴越的附庸以求得救援。

楚王马希范由于静江节度使兼侍中、知朗州马希杲颇得人心，所以对他起了疑心，派人暗中监视他。马希杲害怕，称病请求回乡，楚王马希范不准，派医生前去看病，乘机把马希杲毒死了。

资治通鉴卷第二百八十五　后晋纪六

起乙巳（公元945年）八月，止丙午（公元946年），共一年五个月。

【题解】本卷记录了公元945年八月至946年的史事，共一年又五个月。正当后晋齐王开运二年八月至开运三年。南唐兵攻破建州，殷主王延政请求投降。闽主李仁达向吴越王钱弘佐请求援救，南唐兵败福州。后晋出帝石重贵骄奢淫逸，不体恤民生，将士寒心，国事日非。赵延寿假装投降后晋，后晋出帝委任杜威为元帅收复瀛州、莫州，契丹主耶律德光第三次大举南犯。后晋与契丹在滹沱河的两岸对峙，杜威按兵不战，投降契丹。契丹主命杜威率领晋兵南下，张彦泽为前锋直取大梁，后晋出帝迁往开封府封禅寺，后晋王朝灭亡。

齐王下

开运二年（乙巳，公元945年）

八月，甲子朔日（初一），出现日食。

丙寅日（初三），右仆射兼中书侍郎、同平章事和凝被罢免中书侍郎、同平章事的职务，只保留右仆射本官，加授枢密使、户部尚书冯玉为中书侍郎、同平章事，事情不论大小，全部托付给他。

后晋出帝石重贵自从阳城获胜，认为天下太平，更加骄横奢侈。各地进贡献上的奇珍异宝，统统归入内府；制造很多供人赏玩的器物，扩建宫殿楼阁，装饰后宫庭苑，近代几朝都赶不上；建造织锦楼，专门用来编织地毯，动员好几百名编织工，整整织了一年才完成；又赏赐歌伎艺人，毫无限度。桑维翰劝谏说："前些时陛下亲自率兵抵御胡寇，战士受重伤的，赏赐不过几匹布帛，现在那些歌伎艺人一谈一笑符合皇上的心意，常常赏赐束帛（帛五匹）、万钱、锦袍、银带，如果让那些战士看到这种情况，能不抱怨说：‘我们这些人顶着锋利的刀刃，折断筋骨，还不如一谈一笑的功劳来大呢！’这样下去，士卒人心离散，陛下还靠谁来保卫国家呢？”后晋出帝石重贵没有听从。

冯玉常常善于迎合出帝的心意，因此越发得到宠信。冯玉曾经有病在家，后晋出帝对其他各宰相说：“从刺史以上的职位，要等到冯玉病好以后才可以任命。”后晋出帝对他的依赖和信任到了这种地步。冯玉趁着得势专权的机会，滥用职权，四方的贿赂馈赠，纷纷汇集到他的家里。由此朝政更加衰败。

南唐军队围困建州已久，建州城中人心涣散。有人对董思安说：“何不及早决定自己的去留？”董思安说：“我家祖祖辈辈侍奉王氏，如果当王氏危急的时候，我背叛了他，天下有谁还能容纳我！”众人感佩他的话，竟无一人背叛。

丁亥日（二十四日），南唐先锋桥道使上元人王建封率先登城，终于攻陷了建州，闽主王延政投降。王忠顺战死，董思安整顿部众，投奔泉州。

起初，南唐军队到来时，建州百姓因苦于闽主王延政的横暴无道和杨思恭的横征暴敛，争先砍伐树木开辟道路来迎接南唐军队。等到唐兵攻破建州，纵容士兵大肆抢夺，宫室、庐舍几乎都被烧光；当天晚上，刮寒风、下大雨，冻死的人纵横叠卧，建州百姓大失所望。唐主李璟因为这些军队有功劳，都不加以追究。

南汉主刘晟杀韶王刘弘雅。

九月，许文稹率汀州，王继勋率泉州，王继成率漳州，都投降南唐。南唐在建州设置永安军。

丙申日（初三），后晋出帝石重贵命西京留守兼侍中景延广任北面行营副招讨使。

殿中监王钦祚代理恒州事务，刚好这时军中粮储缺乏，后晋出帝石重贵诏命王钦祚强行征买百姓的粟米。杜威有十几万斛的粟米留在恒州，王钦祚将它全部登记在账册上，申报朝廷。杜威大为震怒，上表说:“臣到底犯了什么罪,王钦祚竟然要没收臣的粟米?”朝廷因此将王钦祚从恒州召回,并重赏杜威以示抚慰。

戊申日(十五日),在曹州设置威信军。

后晋出帝石重贵派遣侍卫马步都指挥使李守贞守卫澶州。

乙卯日(二十二日),派遣彰德节度使张彦泽戍守恒州。

南汉主刘晟杀刘思潮、林少强、林少良、何昌廷。由于左仆射王翻曾经和高祖刘龑谋立刘弘昌为帝,因此将王翻外放为英州刺史,还没到达任所,又被赐死。于是朝廷内外官员都害怕自身难保。

冬季,十月,癸巳日(三十日),后晋在陈州设置镇安军。

南唐元敬宋太后逝世。

闽主王延政到达金陵,南唐主李璟任命他为羽林大将军。将杨思恭斩首以平建州的民愤。任命百胜节度使王崇文为永安节度使。王崇文治理政事,胸襟宽大,法令简明,建州百姓因此安定下来。

起初,高丽王王建发兵吞并灭亡邻国,势力很强大,胡人僧人袜啰因而对后晋高祖石敬瑭说:“勃海是我的亲戚,它的国王被契丹抓去,请求和朝廷共同出兵攻打契丹,救回勃海王。”高祖没有回复。等到后晋出帝石重贵和契丹相为仇敌,袜啰又旧事重提。后晋出帝想让高丽侵扰契丹的东边,以分散它的兵力,正赶上高丽王王建去世,他的儿子王武自称代理国事,上表报告丧事。十一月,戊戌日(初五),朝廷任命王武为大义军使、高丽王,派遣通事舍人郭仁遇出使高丽,宣告朝廷的旨意,要高丽攻打契丹。郭仁遇到了高丽,发现他们的兵力非常弱小,以前袜啰所说的话,只是王建夸大其词罢了,高丽实际不敢和契丹为敌。郭仁遇返回,高丽王王武又以其他理由做解释。

乙卯日(二十二日),吴越王钱弘佐诛杀内都监使杜昭达;己未日(二十六日),又诛杀内牙上统军使明州刺史阚璠。

杜昭达,是杜建徽的孙子,和阚璠都很贪爱财货。钱塘富人程昭悦用财货结交这两人,所以得以陪侍在钱弘佐的身边。程昭悦为人狡猾谄媚,吴越王却喜欢他,对他的宠信超过旧将,阚璠心里不服气,程昭悦知道后，就去向阚璠磕头认错，阚璠责骂了他很久，才说："我起初下决心要杀你；现在你已经悔过，我也就不放在心上啦。"程昭悦害怕，谋划除掉阚璠。

阚璠专横而又固执，国中怨恨他的人很多。程昭悦想把阚璠外放为地方官，恐怕被他察觉，私下对右统军使胡进思说："我现在想请公和阚璠各做自己家乡的州刺史，使阚璠不致生疑，公认为怎么样？"胡进思答应了。于是任命阚璠为明州刺史、胡进思为湖州刺史。阚璠愤怒地说："把我外放出去，这是很明显地遗弃我。"胡进思劝他说："老兵得个大州，也算幸运了，不去干什么呢！"阚璠才接受了调命。不久，程昭悦又用其他理由把胡进思留在京城。

内外马步都统军使钱仁俊的母亲就是杜昭达的姑妈。程昭悦因而诬陷阚璠和杜昭达谋划拥立钱仁俊共同作乱，把二人关进监狱，罗织罪名而定罪。阚璠、杜昭达被杀以后，又罢免了钱仁俊的官职，将他囚禁在东府。接着程昭悦惩处阚璠、杜昭达二人的同党，凡权力职位和自己相当，而为自己所嫉恨的人，被杀、被流放的有一百多人，国人害怕他而不敢正视。胡思进敦厚寡言，程昭悦认为他憨厚，所以只留下他一人。

程昭悦收押钱仁俊的旧吏慎温其，要他证明钱仁俊的罪状，鞭笞拷打，无所不至，慎温其始终坚定不屈；吴越王钱弘佐非常赞许，提拔他为京都朝官。慎温其，是衢州人。

十二月，乙丑日（初三），后晋朝廷加任吴越王钱弘佐为东南面兵马都元帅。

辛未日（初九），任命前任中书舍人广晋人殷鹏为给事中、枢密直学士。殷鹏，是冯玉的党羽。朝廷每当在人事上有所迁调任命，冯玉都和殷鹏商议，因此前来馈赠贿赂、请求谒见的人，挤满殷鹏的家门。

起初，后晋出帝石重贵的病情还没有恢复，恰值正月初一，早晨，枢密使、中书令桑维翰派女仆入宫向太后问安，顺便询问："皇弟睿近来读书吗？”这句话让后晋出帝听到，就把这句话转述给冯玉听，冯玉趁机中伤桑维翰，指他有废皇帝、立新君的意图，后晋出帝对桑维翰起了疑心。

李守贞一向痛恨桑维翰，冯玉、李彦韬和李守贞联合起来谋议排挤他，三人认为中书令行开封尹赵莹软弱，易于控制，于是共同推荐赵莹来代替桑维翰。丁亥日（二十五日），罢免桑维翰的朝廷职务，叫他当开封尹，任命赵莹为中书令，李崧为枢密使兼侍中。桑维翰于是称脚有病，很少再入朝谒见，并谢绝宾客。

有人对冯玉说：“桑公是开国元老，现在既已解除他枢密使的职务，纵使不留他在相位，也应该优待给他大的藩镇，为什么让他任开封尹，亲自处理一些琐碎的事情呢？”冯玉说：“恐怕他造反罢了。”再问说：“书生怎么能造反？”冯玉说：“纵使他自己不造反，也恐怕他会教唆别人造反啊！”

楚湘阴隐士戴偃，作诗多讥讽当时的政治，楚王马希范把他囚禁起来，天策副都军使丁思瑾上书恳切劝谏，马希范却削除了丁思瑾的官职爵位。

南唐齐王李景达府中的属官谢仲宣对李景达说：“宋齐丘是先帝的‘布衣之交’（贫贱时所交的朋友），现在把他遗弃于山野，不能让众人满意。”李景达为这件事对南唐主李璟说：“宋齐丘一向负有重望，不用他也便罢了，何必以舍弃而让他成名！”南唐主于是让李景达亲自到青阳召请宋齐丘。

开运三年（丙午，公元946年）

春季，正月，南唐任命宋齐丘为太傅兼中书令，只是参加朝会，应答召请而已，不干预政事。任命昭武节度使李建勋为右仆射，兼门下侍郎，与中书侍郎冯延已都为同平章事。李建勋熟悉官方事务，然而怯懦怕事，优柔寡断；冯延已擅长文章辞藻，但为人狡猾，善于谄媚，喜欢说大话，多结纳党羽。水部郎中高越上书指责冯延已兄弟作恶多端。南唐主李璟发怒，贬谪高越为蕲州司士。

起初，南唐主李璟在宫禁中设置宣政院，任命翰林学士、给事中常梦锡主掌院事，专门掌管机密，与中书侍郎严续都忠贞正直，大公无私。南唐主李璟对常梦锡说："大臣中只有严续立身正直，然而没有才能，恐怕应付不了周围的朋党，卿应当帮助他。"不久，常梦锡被罢免了宣政院的职务，严续也被外放为池州观察使。常梦锡于是上书称病，日日在家饮酒，不再参与朝廷政事。严续是严可求的儿子。

二月，壬戌朔日（初一），发生日食。

晋昌节度使兼侍中赵在礼，前后做过十个藩镇的节度使，所到之处，贪婪残暴，家里的钱财在各藩镇将帅中首屈一指。后晋出帝石重贵贪图他的财富，三月，庚申日（二十九日），为皇子镇宁节度使石延煦娶了他的女儿。赵在礼花费缗钱十万，皇家所花的费用，又超过好几倍。石延煦和弟弟石延宝，都是后晋高祖石敬瑭的孙子，后晋出帝石重贵收为养子。

南唐泉州刺史王继勋发信给威武节度使李弘义，想跟他建立友好关系。李弘义因为泉州从前隶属于威武军，而现在泉州刺史竟以对等地位的礼节对待他，非常愤怒。夏季，四月，派弟弟李弘通率兵一万人前去讨伐王继勋。

起初，朔方节度使冯晖在灵州，将党项酋长拓跋彦超拘留在州境，所以党项各部落不敢入境侵扰，等到冯晖将要解除节度使的职务时，把拓跋彦超放了回去。

前彰武节度使王令温取代冯晖来镇守朔方，他不去安抚羌人、胡人，却用中原的法令来处置他们，羌人、胡人都颇为怨恨愤怒，纷纷反叛，争相寇掠。拓跋彦超、石存、也厮褒三族联合攻打灵州，杀死王令温的弟弟王令周。戊午日（四月无此日），王令温上表告急。

泉州都指挥使留从效对刺史王继勋说："李弘通军力很强大，而我们的士兵因为您赏罚不当，没有人肯尽力作战，您应该辞位自我反省！"于是废除王继勋职务，命他回家。留从效代理军府的事务，指挥军队迎击李弘通，将他打得大败。上表奏报南唐主李璟，南唐主任命留从效为泉州刺史，将王继勋召回金陵，另选派将领率兵前去驻守泉州。调漳州刺史王继成为和州刺史，调汀州刺史许文稹为蕲州刺史。

定州西北二百里有一座狼山，当地人在山上建筑一个小型城堡，以躲避胡兵的骚扰，城堡里有一座佛寺，尼姑孙深意居住在那里，用妖术迷惑众人，预言事情，颇多应验，远近人民都信奉她。中山人孙方简和他的弟弟孙行友自称是孙深意的侄子，不喝酒，不吃肉，侍奉孙深意非常细心周到。孙深意死后，孙方简就接着用她的法术，称孙深意是坐化了，将尸体装扮修饰，像在世的时候一样侍奉她；孙方简的门徒日渐增多。

正好这时晋国和契丹断绝友好关系，北方边境赋税和徭役都很繁重，到处充满盗贼，百姓不能安家立业。孙方简、孙行友于是率领乡里中魁梧健壮的人，占据佛寺作为寨子来保护自己。契丹入境侵扰，孙方简率领群众在中途截击，缴获颇多铠甲、兵器、牛马和其他军用物资，百姓们携家带眷前往依靠他的人，一天比一天多起来。时间久了，达到一千多家，于是成为一群强盗。因为惧怕官吏征讨，便归顺朝廷。朝廷也借他们来抵御契丹的入侵，委任孙方简为东北招收指挥使。

孙方简不时进入契丹边境骚扰抢劫，斩杀缴获很多。后来向朝廷索取无止境，朝廷稍微不合他的意，就率领全寨投降契丹，请求作为向导引导契丹入侵。当时河北发生大饥荒，百姓饿死的，大约超过万人，兖、郓、沧、贝四州之间，盗贼蜂拥而起，官吏没法禁止。

天雄节度使杜威派遣元随军将刘延翰在边境上买马，孙方简抓住他，进献给契丹。刘延翰逃回来，六月，壬戌日（初三），回到大梁，报告朝廷说："孙方简想趁中原的大饥荒，引领契丹入侵，应该为此做好准备。"

起初，朔方节度使冯晖在灵武时，获得羌、胡民心的信赖，买马一年，共得五千匹，朝廷对他有点顾忌，调他镇守邠州和陕州，入朝做侍卫步军都指挥使，领河阳节度使。冯晖知道朝廷的用意，后悔离开灵武，于是以厚礼侍奉冯玉和李彦韬，请求再去镇守灵州。朝廷也因羌、胡正骚扰边境，丙寅日（初七），再任冯晖为朔方节度使，率领关西兵马攻击羌、胡；任命威州刺史药元福为行营马步军都指挥使。

乙丑日（初六），定州奏报：契丹指挥大军逼临边境。后晋出帝石重贵诏命天平节度使、侍卫马步都指挥使李守贞为北面行营都部署，义成节度使皇甫遇为副都部署；彰德节度使张彦泽充当马军都指挥使兼都虞候，义武节度使蓟州人李殷充当步军都指挥使兼都排阵使；派遣护圣指挥使临清人王彦超、太原人白延遇率领所部士兵十营到邢州。当时，马军都指挥使、镇安节度使李彦韬正当权，看不起李守贞。李守贞在外的所作所为，无论事情大小，李彦韬都必须知道；李守贞表面虽然尊奉李彦韬，但内心里很恨他。

起初，南唐人既已攻下建州，想乘胜夺取福州，南唐主不肯李璟。枢密使陈觉自愿亲往福州劝说李弘义，一定要说动他入朝。宋齐丘也推荐陈觉才智机辩，可不必动用刀枪，而平白招致李弘义。南唐主李璟于是封李弘义的母亲和妻子都为国夫人，四位弟弟都升官；任命陈觉为福州宣谕使，赏赐李弘义贵重的金帛。李弘义明白他们的计谋，接见陈觉时，说话、脸色非常傲慢，对待陈觉疏远冷淡，陈觉没敢提入朝归降的事就返回了。

秋季，七月，黄河在杨刘决口，洪水向西流入莘县，广达四十里，从朝城向北流。

有从幽州来的人，说赵延寿有意归顺晋国，枢密使李崧、冯玉相信了，命令天雄节度使杜威给赵延寿写信，把朝廷的旨意讲清楚，用丰厚的财利引诱他。洺州军将赵行实曾经在赵延寿手下做过事，派他持带书信暗中到契丹送给赵延寿。赵延寿回信说："长久居住他乡，思归中原，请求发动大军来接应，我好脱身南下。"言辞诚恳亲切，朝廷非常高兴，又派赵行实前往赵延寿处，与他约定接应的时间和地点。

八月，李守贞奏报："跟一千多名契丹骑兵在长城以北相遇，辗转战斗四十里，斩杀他的酋帅解里，推挤残余的胡兵陷落水中溺死的很多。”丁卯日（初九），诏命李守贞还军，驻守澶州。

后晋出帝石重贵和契丹断绝友好关系以后，屡次召请吐谷浑酋长白承福入朝，设宴款待，赏赐丰厚。白承福曾经随从后晋出帝与契丹交战于澶州，又曾经和张从恩一同戍守滑州。正好这年天气炎热，遣送白承福的部落回太原，在岚州、石州一带放牧。部落中常有人犯法，刘知远不肯宽容赦免；部落了解朝廷衰弱，又畏惧刘知远的严厉，于是商量一起逃回旧地。有个叫白可久的，地位仅次于白承福，率领自己的队伍最先逃往契丹，契丹任命他为云州观察使，用此来引诱白承福投降。

刘知远和郭威商议说：“现今天下多事，把这批人放在太原，实在是心腹之患，不如将他们除掉。”白承福家颇为富有，喂马用银槽。郭威劝刘知远杀他，没收他的财货，以供给军队所需。刘知远送上密表，称：“吐谷浑反复无常难以依靠，请把他们迁往内地。”后晋出帝石重贵派遣使者迁徙他们的部落一千九百人分别安置在河阳及其他各州。刘知远派遣郭威引诱白承福等进入太原城里定居，借机诬告白承福等五族谋反，率兵包围他们，全部予以杀害，一共四百口，没收他的家产。后晋出帝石重贵下诏褒奖刘知远。吐谷浑从此就衰落了。

濮州刺史慕容彦超因违法征收赋税，擅自取官仓的麦子五百斛造酒，分给部民。李彦韬一向跟慕容彦超有仇怨，揭发了他这件事，慕容彦超应判处死罪。李彦韬催促冯玉要他杀死慕容彦超，刘知远上表辩护解救。李崧说：“像慕容彦超这种罪，现在天下的藩镇大员都有过，如果完全依法究办，恐怕人人都不安稳。”甲戌日（十六日），后晋出帝石重贵下敕书，免慕容彦超死刑，削夺他的官爵，流放到房州。

南唐陈觉从福州返回，到达剑州，他耻于此行未能立功，就假传圣旨，让侍卫官顾忠召李弘义入朝；并自称代理福州军府事务，擅自拨遣汀州、建州、抚州、信州四州的兵马以及戍守的军士，命建州监军使冯延鲁率领，赶赴福州迎接李弘义。冯延鲁先给李弘义写信，为他分析祸福得失。李弘义回信表示愿与唐兵决战，派遣楼船指挥使杨崇保率领福州兵抵抗他们。陈觉派剑州刺史陈诲担任缘江战棹指挥使，上表给朝廷说："福州孤立危急，很快可以攻克。"唐主李璟因为陈觉擅自发号施令，非常生气，可是群臣大多数认为："士兵已经贴近城下，不可中途停战，应该发兵援助他。"

丁丑日（十九日），陈觉、冯延鲁在候官打败杨崇保；戊寅日（二十日），冯延鲁乘胜进攻福州的西城门。李弘义出兵攻击，大败唐兵，活捉南唐左神威指挥使杨匡邺。

南唐主李璟任命永安节度使王崇文为东南面都招讨使，任命漳泉安抚使、谏议大夫魏岑为东面监军使，冯延鲁为南面监军使，联合兵力攻打福州，攻下外城。李弘义坚守第二重城墙。

冯晖率兵经过旱海，到达辉德，干粮已尽。拓跋彦超几万军队列为三个阵，扼守要路，控制水源，严阵以待。冯晖军队大为恐慌。冯晖送财货给拓跋彦超，请求和好，拓跋彦超答应了他。可是从日出到正午，使者往来好几次，拓跋彦超的兵还不撤退。药元福说："敌寇知道我们既饥又渴，表面上假装答应讲和，实际上是想困住我们而已，如果到了晚上，我们就会被擒了。现在胡虏人数虽不少，但是精兵不多，就是背靠西山列阵的那些。其他的步兵，不会对我们构成威胁。请公保持严整的行阵等待我的消息，我率领精锐骑兵先去进攻西山的敌兵，获得小胜就高举黄旗做信号，然后大军合力攻击他们，一定可以将他们打败。"于是就率领骑兵先进攻，使用短兵刃（刀剑之类）奋力拼斗。拓跋彦超略为后退，药元福高举黄旗，冯晖挥军赶上去，拓跋彦超大败。第二天冯晖率兵进入灵州。

九月，契丹三万兵马侵犯河东；壬辰日（初五），刘知远在阳武谷打败了他们，斩首七千人。

南汉刘思潮等人死后，陈道庠内心不安。特进邓伸送给他一部

《汉纪》，陈道庠问他送这本书是什么用意？邓伸说：“憨愚的家伙！这本书里头有诛韩信、剁彭越的故事，应该好好读一读！”南汉主刘晟听说这件事，诛灭陈道庠和邓伸的全族。

李弘义自称威武留后，代管闽国事务，改名李弘达，奉上表章听命于后晋。甲午日（初七），任命李弘达为威武节度使、同平章事，主持闽国事务。

张彦泽奏报：在定州以北击败契丹，在泰州再次击败它，共斩首二千人。

辛丑日（十四日），福州排阵使马捷引导唐兵从马牧山攻取寨栅入城，到达善化门桥，都指挥使丁彦贞率领一百名士兵抵挡。李弘达退守善化门，外城和第二重城都被唐兵占领。李弘达改名李达，派使者向吴越王钱弘佐奉表称臣，乞求救兵。

楚王马希范知道后晋出帝石重贵喜欢奢侈浪费，屡次拿珍宝及玩赏之物进贡，请求做都元帅；甲辰日（十七日），任命马希范为诸道兵马都元帅。

丙辰日（二十九日），黄河在澶州的临黄决口。

契丹让瀛州刺史刘延祚写信给乐寿监军王峦，愿以瀛州归附朝廷，而且说：“城中契丹兵不到一千人，请朝廷派遣少数人马来袭击他们，自己在城内接应。再者，今年秋天多雨水，从瓦桥以北，积水无边无际，契丹主耶律德光已经回到大本营，即使知道关南发生什么变故，也因路途遥远、积水阻隔而无法救援。”王峦与天雄节度使兼中书令杜威屡次上奏，说瀛州和莫州趁此时机可以夺取，深州刺史慕容迁献上《瀛莫图》。冯玉、李崧都信以为真，准备派出大军迎接赵延寿和刘延祚。

在此之前，侍卫马步都指挥使、天平节度使李守贞屡次领兵经过广晋，杜威优厚地接待他，赠送他金银、兵器、铠甲，每次都数以万计。李守贞因此跟杜威亲近友好。李守贞入朝，后晋出帝石重贵慰劳他说：“听说卿做将帅，常常花费自己的钱财犒赏战士。”李守贞回答说："这都是杜威对国家竭尽忠诚，拿金帛来资助我，我怎么敢掠他人之美？"趁机又说，"陛下以后如果用兵，臣自愿和杜威共同努力，以肃清沙漠。"后晋出帝石重贵因此也认为李守贞有才能。

等到要北征契丹时，后晋出帝石重贵和冯玉、李崧商议，任命杜威为元帅，李守贞为副帅。赵莹私下对冯、李二人说："杜威是皇亲国戚，又是显贵的将相，然而他所贪求的，还不满足，心里常常觉得有所怨恨，岂可再把兵权授予给他？如果一定要用军事对付北方，不如只任命李守贞为元帅更好些。"冯、李二人不听。冬季，十月，辛未日（十四日），任命杜威为北面行营都指挥使，任命李守贞为兵马都监，泰宁节度使安审琦为左右厢都指挥使，武宁节度使符彦卿为马军左厢都指挥使，义成节度使皇甫遇为马军右厢都指挥使，永清节度使梁汉璋为马军都排阵使，前任威胜节度使宋彦筠为步军左厢都指挥使，奉国左厢都指挥使王饶为步军右厢都指挥使，洺州团练使薛怀让为先锋都指挥使。后晋出帝石重贵还颁布文告说："全力发动大军，前往扫平狡猾的胡虏，先夺取瀛州和莫州，安定瓦桥关南，下一步光复幽燕，荡平塞北。"又说，"有生擒胡虏君主的，任命上等大镇的节度使，赏赐钱一万缗、绢一万匹、银子一万两。"当时，从六月连日下雨，至此一直没停，行军和运送军粮都很艰苦。

南唐漳州将领林赞尧叛乱，杀监军使周承义和剑州刺史陈诲。泉州刺史留从效举兵驱逐林赞尧，派遣泉州副将董思安代理漳州的事务。南唐主李璟任命董思安为漳州刺史，董思安因为他父亲名叫董章而不肯接受，南唐主特地改漳州为南州，命董思安和留从效率领两州的州兵联合攻打福州。庚辰日（二十三日），包围福州。

福州的使者来到钱塘。吴越王钱弘佐召集众将领商议，都说："道路又远又险，难以救援。"只有内都监使临安人水丘昭券认为应去援救。钱弘佐说："唇亡则齿寒，我做天下的元帅，竟不能解救邻地的危难，还做什么元帅！诸君难道只顾自己吃饱肚子安坐吗？"壬午日（二十五日），派遣统军张筠、赵承泰率领三万人马，水、陆并进，援救福州。

此前招募士兵，很长时间也没人来应招，吴越王钱弘佐命令督察此事，并说："凡被查出来当兵的发给他的粮食和赏赐减少一半。"第二天，应募的人纷纷前来。吴越王钱弘佐命水丘昭券专门负责用兵，水丘昭券畏惧程昭悦，把用兵权让给他。钱弘佐命程昭悦负责应接援助、运送物资的事务，而把军事的筹划委托元德昭。元德昭，是危仔倡的儿子。

吴越王钱弘佐建议铸铁钱以增加将士们的俸禄赏赐，他的弟弟牙内都虞候钱弘亿劝谏道："铸铁钱有八条害处：新铁钱一发行，旧铜钱都流入邻国，这是第一条；只可使用于自己国内，而不能使用于其他的国家，那么商贾不便往来，各种货物不能互相流通，这是第二种害处；禁止铸造铜器的法令极为严厉，而百姓还要偷偷地铸造，何况百姓家里有铁锅，外面有铧犁，用铁铸钱，犯法的人一定很多，这是第三；闽人因铸造铁钱而造成社会混乱灭亡，不值得效仿，这是第四种害处；国家的财用尚称丰足，而主动表示贫乏，这是第五种害处；俸禄和赏赐有常规可循，现如无故增加，足以引起不知足的心理，这是第六种害处；法令一旦改变而产生弊害，不能迅速恢复，这是第七种害处；'钱'是国姓，轻易改变，不吉利，这是第八种害处。"钱弘佐于是作罢。

杜威和李守贞在广晋会师以后，向北进发。杜威屡次叫公主入朝禀奏，请求增兵，说："现今深入胡虏的境内，一定得靠大量的人力。"因此禁军都隶属于他的部下，而宿卫宫廷的警卫却空虚了。

十一月，丁酉日（初十），派李守贞代理主持幽州行营事务。

己亥日（十二日），杜威等人率兵来到瀛州，城门大开，寂静得像没有人，杜威等人不敢进城。听说契丹的将领高谟翰在大军到达以前，已经先引兵潜逃出城，杜威派遣梁汉璋率领二千名骑兵追赶，梁汉璋在南阳务遇到契丹，梁汉璋战败而死。杜威等人听到这个消息，引兵南撤。当时束城等好几个县请求投降，杜威等人焚烧他们的房舍，抢夺当地的妇女，而后返回。

己酉日（二十二日），吴越的军队来到福州，从罾浦以南偷偷进入福州城。唐兵进入并占据东武门，李达和吴越兵共同抵御他们，交战不利。从此城内城外断绝，城中更加危急。

南唐主李璟派信州刺史王建封帮助进攻福州。当时南唐军中虽然王崇文是元帅，但是陈觉、冯延鲁、魏岑三人互相争权，留从效、王建封固执强横，不听命令，各自争夺功劳，进退不相互呼应。因此将士都人心涣散，所以攻不下城。南唐主李璟任命江州观察使杜昌业为吏部尚书，兼管尚书省的事务。在此之前，杜昌业由兵部尚书兼管尚书省的事务，外放为江州观察使，等到回来，翻阅档案文书，拍着桌子叹息说："没几年工夫，府库耗费已过半，怎么能长久呢！"

契丹主耶律德光率兵大举入侵，从易州、定州直向恒州。杜威等到达武强，听到这个消息，要从贝州、冀州往南走。彰德节度使张彦泽当时在恒州，引兵与他们会合，说明可以打败契丹的理由，于是杜威等人又往恒州，任命张彦泽为前锋。甲寅日（二十七日），杜威等人到达中度桥，契丹已经占据了那座桥，张彦泽率领骑兵去抢夺，契丹把桥烧掉，然后退走。晋兵和契丹兵在滹沱河的两岸扎营。

起初，契丹人见后晋军队浩浩荡荡到来，争桥又没取胜，担心对方会强渡滹沱河，跟恒州兵联合攻击他，曾商议要引兵回去，等到听说晋军修筑堡垒，做持久的打算，于是就不撤退了。

后蜀施州刺史田行皋叛乱，后蜀派遣供奉官耿彦珣率兵讨伐他。

杜威虽然以皇室贵戚的身份担任上将，但生性懦弱胆小。他手下的将领都是节度使，只是每天奉承他、取悦他、安排宴席、饮酒作乐，很少商量军事。

磁州刺史兼北面转运使李谷劝杜威和李守贞说："现在大军距离恒州非常近，两地的烟火，可以互相望见。如果大量使用三股木（用三根木条，交叉绑缚，下端撑开为三脚）安置在水中，在上端铺架柴草，填上泥土，桥梁立刻可以造成。秘密跟城里相约，彼此以举火作为联络的信号，选募将士，利用黑夜冲杀胡虏的军营，直入城中，城里和城外合力攻击，胡虏一定逃走。”诸将都认为这个计策很好，唯独杜威不赞成，却派李谷到南方的怀、孟二州去督运军粮。

契丹用大军挡在后晋军队的前面，又悄悄派出将领萧翰、通事刘重进率领一百名骑兵和羸弱的步卒，沿西山出现在后晋军队的后面，切断后晋军的粮道和退路。上山打柴的百姓遇到他们，全被俘虏而去，有些人逃出来，都说胡虏兵马众多，气势壮盛，晋军听了，惊恐害怕。萧翰等人到达栾城，城中守兵一千多人，事先一点也没有察觉敌军的到来，一时仓皇失措，只得向他们投降。契丹俘获晋国的百姓，一一在他们的脸上刺上文字：“奉敕不杀”，然后放他们向南走。运粮的士兵在路上碰到他们，都抛弃车辆，惊慌奔逃。萧翰，是契丹主耶律德光的舅舅。

十二月，丁巳朔日（初一），李谷亲自给后晋出帝石重贵写上密奏，详细说明后晋大军危急的形势，请后晋出帝亲临滑州，派遣高行周、符彦卿随从护驾，同时发兵驻守澶州和河阳，以防备胡虏的偷袭。奏疏写好，李谷派遣军将关勋快马驰回大梁，呈给后晋出帝。

己未日（初三），后晋出帝石重贵才知道大军驻扎在中度桥的消息。这天傍晚，关勋已赶到大梁。庚申日（初四），杜威上奏章请求增兵，诏命出动全部防守宫殿的兵卒，共得数百名，开赴前线。又诏命调发河北及滑、孟、泽、潞等州的草料、粮食五十万，送到军前，督促严厉，催逼紧急，到处喧哗纷乱，有如热水沸腾。辛酉日（初五），杜威又派遣随从人员张祚等人回大梁告急。张祚等人回去的路上，被契丹所俘获，从此朝廷跟前线消息不能相通。当时宫中的禁军都在前线军营里，朝内人人心里危惧，不知该怎么办。开封尹桑维翰认为国家危在旦夕，请求朝见后晋出帝石重贵进言国事。后晋出帝正在花园里训练鹰鸟，推辞不肯接见。桑维翰又去见执政大臣，陈述他的意见，执政大臣不以为然。桑维翰从朝廷出来，对他亲近的人说：“晋朝宗庙，不再接受牲畜的祭享了！”

后晋出帝石重贵要亲自率兵北征，被李彦韬劝谏阻止。当时符彦卿虽然担任行营的职务，但后晋出帝把他留下，让他守卫荆州口。壬戌日（初六），下诏任命归德节度使高行周为北面都部署，符彦卿做他的副手，共同戍守澶州；命西京留守景延广戍守河阳，暂且展开备战的形势。

奉国都指挥使王清向杜威进言道：“现在大军离恒州城只有五里，守在这里干什么！军营孤立，粮食吃完，必将自己溃败。请让我率领两千名步兵做前锋，夺占桥梁，开辟道路，公率领各军跟随前进，如能进入恒州，就没什么可忧虑的了。”杜威答应了，派遣王清和宋彦筠一起前进。王清打仗很勇猛，契丹人不能抵挡，军队稍微后退，诸将请求指挥大军跟上去，杜威不准。宋彦筠被契丹打败，游水到岸边，才得以幸免。王清独自率领部下在河水的北岸布阵，与契丹拼斗，双方都有杀伤，屡次向杜威请求援救，杜威居然不肯派一兵一卒去援助他。王清对他的部众说：“上将统率着大军，却坐看我们疲困危急而不救，这一定怀有叛逆之心。我辈只当以死报国罢了！”部众听了他的话，很受感动，没有一个人后退，一直到傍晚，战斗不停。契丹又派新调来的军队前来进攻，王清和士兵们全都战死。从此后晋各军丧失了士气。王清是洺州人。

甲子日（初八），契丹派兵从远处包围了后晋军营，军营与外界联系断绝，军中粮食即将吃完。杜威和李守贞、宋彦筠谋划投降契丹，杜威还暗中派遣心腹到契丹主耶律德光的牙帐里，邀功求取重赏。契丹主耶律德光骗他说：“赵延寿的声威名望，一向低微，恐怕不能做中国的皇帝，假如你真的投降，将让你来做。”杜威得了这个消息，非常兴奋，于是就决定投降。丙寅日（初十），埋伏甲兵，召集诸将，拿出降表给他们看，要他们签名。诸将惊骇讶异，没有人敢说话，只是唯唯诺诺地听人指示。杜威派遣阁门使高勋带着降表去见契丹主耶律德光，契丹主颁赐诏书慰劳他，并接受他的降表。这一天，杜威下令所有的士兵在营外列阵，士兵们都欢呼雀跃，以为将要出战，杜威亲自向他们宣布说："现在粮食已经吃完，走投无路，将跟你们共同谋求一个逃生的办法。"说完，就下令全军脱下战衣，放下兵器。军士们都悲伤痛哭，哭声震动原野。杜威和李守贞于是在士兵中扬言说："皇上失德，信任奸诈邪恶的人，猜忌我们。"听到的人，无不恨得咬牙切齿。契丹主耶律德光命赵延寿穿赭色龙袍到晋营去安抚士卒，说："那些紫袍都是你们的东西。"赵延寿到了晋营，杜威以下，都到他的马前迎接拜见；赵延寿也拿赭色龙袍给杜威穿上，给晋军观看，其实都是戏弄他们的。契丹任命杜威为太傅，李守贞为司徒。

杜威带领契丹主耶律德光到恒州城下，向顺国节度使王周说明自己投降的情形，于是王周也出城投降。戊辰日（十二日），契丹主耶律德光进入恒州，派兵袭击代州。代州刺史王晖以州城投降。

此前，契丹屡次进攻易州，刺史郭璘死守抗拒。契丹主耶律德光每次经过城下都指着易州城叹息说："我能够吞并天下，却被此人所扼阻！"等到杜威投降以后，契丹主耶律德光派遣通事耿崇美到易州，劝诱郭璘的部众，部众都投降了，郭璘不能控制，最后被耿崇美杀害。郭璘，是邢州人。

义武节度使李殷、安国留后方太，都向契丹投降，契丹主耶律德光任命孙方简为义武节度使，麻答为安国节度使，派遣客省副使马崇祚代理恒州的事务。

契丹翰林承旨、吏部尚书张砺对契丹主耶律德光说："现在大辽已得天下，中原的将相应由中原人来做，不宜用契丹人和身边亲近的人。若是政令出现差错，那么人心就不服，虽然得到天下，也还会失去的。"契丹主耶律德光不听。

契丹主率兵从邢、相二州南下，杜威率降兵跟随。契丹主又派遣张彦泽率领两千名骑兵先去夺取大梁，并且安抚官吏和百姓，任命通事傅住兒为都监。

杜威投降的事，皇甫遇最初没参与谋划。契丹主耶律德光要派皇甫遇先率兵进入大梁，皇甫遇推辞了，回来后，对他所亲近的人说："我身为将相，军败不能以死报国，还忍心图谋自己的国君吗？"到达平棘，对随从的人说："我不吃饭已经好几天了，有何面目再向南走！"于是掐自己的咽喉而死。

张彦泽日夜兼程飞奔疾驰，夜里渡过白马津。壬申日（十六日），后晋出帝石重贵才知道杜威等人已投降。当天晚上，又听说张彦泽到达滑州，召唤李崧、冯玉、李彦韬进入宫禁商议国事，议定将下达诏书，命刘知远发兵入朝援救。癸酉日（十七日），天还没亮，张彦泽从封丘门斩杀守城军士，长驱直入，李彦韬率领禁卫兵五百名前去抵挡，也无法阻止。张彦泽驻兵于明德门外，城中大大骚动。

后晋出帝石重贵在宫中点火，自己提着宝剑驱赶后宫十几个人将跳入火中，被亲军将领薛超抱住。一会儿，张彦泽从宽仁门传来契丹主耶律德光给太后的信，以慰抚他们，并且召请桑维翰和景延广，后晋出帝石重贵于是命人灭火，打开所有的宫城门。后晋出帝坐在花园中，和后妃们一起哭泣，召翰林学士范质草拟降表，自称"孙男臣重贵灾祸降临，神明惑乱，气运已尽，天命已亡。现在与太后、妻子冯氏，领导全族在郊外捆缚待罪。派遣儿子镇宁节度使石延煦、威信节度使石延宝，奉持传国玺一件、金印三颗出来迎接"。太后也上表称"新妇李氏妾"。

傅住兒入宫宣布契丹主耶律德光的命令，后晋出帝石重贵脱下黄袍，穿上素色衣衫，再次叩拜听从宣布，宫内左右侍从们都掩面哭泣。后晋出帝让人邀请张彦泽，想要跟他商议事情，张彦泽说："臣没有脸面见陛下。"后晋出帝又邀请他，张彦泽只是微笑，不作应答。

有人劝桑维翰逃走，他说："我是大臣，逃了又往哪里去？"静坐待命。张彦泽借后晋出帝石重贵的命令，召唤桑维翰，桑维翰经过天街，遇到李崧，停下马来谈话，话还没说完，有军官在马前向桑维翰作揖行礼，请桑维翰前往侍卫司。桑维翰知道不免一死，回过头来对李崧说："你主持国事，现在国家灭亡，反而让我桑维翰去死，这是为什么？”李崧脸上出现惭愧的样子。张彦泽傲慢地盘坐着接见桑维翰，桑维翰斥责他说：“去年从犯人中把你解救起来，又让你统领重要的藩镇，交给你兵权，怎么竟然辜负恩德到这种地步！”张彦泽无话可答，派兵看守桑维翰。

宣徽使孟承诲，一向靠巧言令色而获得后晋出帝石重贵的宠信，到了这个时候，后晋出帝召唤孟承诲，想跟他商量事情，孟承诲躲藏起来，不去相见，张彦泽逮捕并杀掉了他。

张彦泽放纵士兵大肆抢掠，贫民趁乱也争着闯入富人家里杀人抢钱财，两天后才停止，而都城已经被洗劫一空。张彦泽所住的地方，宝货堆积如山，自认为有功于契丹，一天到晚以饮酒作乐来自我娱悦，出门的时候，常有好几百名骑兵护卫着，他的旗帜上都题着“赤心为主”四个字，看到的人，都觉得好笑。军士捉到犯罪的人送到他面前，张彦泽一概不问他犯了什么罪，只是瞪着眼睛，竖起中指，犯人就被推出去实行腰斩。

张彦泽一向跟阎门使高勋不和，乘着醉意到高勋家里，杀害他的叔父和弟弟，把尸体摆在门口。士民看了都怕得发抖。

中书舍人李涛对人说：“我与其逃到水沟里而不免一死，不如前去见张彦泽。”于是送上名帖谒见张彦泽，说：“上疏请求杀太尉的人李涛，谨来请死。”张彦泽欣然接受他的求见，并对他说：“舍人今天害怕了吗？”李涛说：“我今天的害怕，也像足下当年的害怕一样。从前假如后晋高祖石敬瑭听从我的意见，事情怎么会落到这种地步？”张彦泽大笑，命人拿酒请他喝，李涛斟满一杯，一口喝干，旁若无人地离去。

甲戌日（十八日），张彦泽把后晋出帝石重贵迁往开封府，而且片刻不让停留，宫里大哭。后晋出帝和太后、皇后坐着肩舆，宫人、宦官十几人步行跟随，看到的人都忍不住流泪。后晋出帝把内库所有的金银珠宝都随身带着。张彦泽让人暗示他说：“契丹主来了，这些物品不可以藏匿。”后晋出帝全部把它们送回去，也分一部分送给张彦泽，张彦泽选取其中的珍奇宝物，而把剩下的封好，以等待契丹主耶律德光。张彦泽派遣控鹤指挥使李筠带兵看守后晋出帝，内外不能相通。后晋出帝的姑母乌氏公主贿赂守门的人，进去跟后晋出帝诀别，相扶而哭，然后回家自杀。出帝和太后给契丹主耶律德光所上的表章，都先给张彦泽看过，然后才敢发出。

后晋出帝让人向内库取几段布帛，守库的人不给，说："这不是皇帝的财物。"又向李崧求酒，李崧也用其他的理由推辞不送。后晋出帝又想见李彦韬，李彦韬也推辞不肯去。后晋出帝伤感了很久。

冯玉巧言谄媚张彦泽，请求让自己送传国玺，希望契丹能再任用他。

楚国夫人丁氏，是石延煦的母亲，容貌很美。张彦泽派人去把她带过来，太后犹豫不给，张彦泽大骂一顿，立刻把丁氏装上车拉走。

这天傍晚，张彦泽杀了桑维翰，并用带子套在他的脖子上，告诉契丹主耶律德光，说桑维翰是上吊自杀。契丹主耶律德光说："我无意杀桑维翰，为什么要这样做？"下令优厚地抚恤他的家属。

高行周、符彦卿都到契丹主耶律德光的牙帐投降。契丹主想起以前阳城之战就是被符彦卿所打败的，因此就责问他。符彦卿说："臣当时只知道为晋主尽力，今天是死是生都任由您决定。"契丹主耶律德光笑着把他释放了。

己卯日（二十三日），石延煦、石延宝从契丹牙帐返回，契丹主耶律德光赐给后晋出帝石重贵亲手写的诏书，并派解里对后晋出帝说："孙儿不要担忧，一定会让你有个吃饭的地方。"后晋出帝石重贵听了，心里才稍微安定，上表谢恩。

契丹认为后晋出帝石重贵献的传国玺雕琢不精细，又和以前的历史记载不相吻合，怀疑不是真品，下诏书追问后晋出帝，让他献出真宝。后晋出帝石重贵奏称："以前潞王李从珂自焚，旧的传国玺就不知在哪里，一定是跟他一起烧掉了。现在这颗传国玺是先帝所造，群臣全都知道，臣现在怎么还敢隐藏玉玺！"于是就不再追究。

后晋出帝石重贵听说契丹主耶律德光将要渡黄河，想和太后先到前面的路上迎接，张彦泽事先奏报，契丹主耶律德光不同意。有关官员又想让后晋出帝口衔璧、手牵羊，大臣抬着棺材，到郊外迎接，事先把这些仪式报告契丹主，契丹主说："我是派遣奇兵，直接攻下大梁，不是接受投降的。"也不准。契丹主又下诏命后晋文武百官一切照旧，朝廷的制度，全部采用中原的礼仪。有关衙门想准备天子的车驾迎接契丹主，契丹主回答说："我正披着战衣，统率军队，太常寺的那一套仪仗，没有功夫施行。"都把它推辞掉了。

此前，契丹主耶律德光到达相州，立刻派兵开往河阳抓捕景延广。景延广仓促之间无处逃跑藏匿，就到封丘去见契丹主。契丹主责问他说："导致两国君主断绝友好关系，都是你做出来的。所谓'十万横磨剑'，如今何在？"召唤乔荣，让他跟景延广互相对质，当年所说的事一共十条。景延广开始不承认，乔荣把记录在纸上的话拿给他看，景延广这才承认。当他每承认一件事，就给他一支筹码。到第八支筹码的时候，景延广就把脸伏在地上，请求死罪，于是契丹主耶律德光命人用铁链将他锁起来。

丙戌晦日（三十日），后晋文武百官在封禅寺住下。

资治通鉴卷第二百八十六　后汉纪一

起丁未（公元947年）正月，止四月，共四个月。

【题解】本卷记录了公元947年正月至四月的史事，仅四个月。正当后汉高祖刘知远天福十二年元月至四月。契丹主耶律德光进入大梁，囚禁后晋出帝石重贵与李太后，并把他们迁往北方。张彦泽放纵士兵大肆掠夺京都，欺压凌辱文武百官，军民怨愤，契丹主诛杀张彦泽以安抚民心。太原留守刘知远，既不挽救晋室的危难，也不与契丹作战，坐山观虎斗，养蓄力量，为称帝做准备，史称后汉高祖。公元九四七年二月，刘知远称帝，契丹主耶律德光北还，一路烧杀屠城，在途中病死。临终时，契丹主自称有三个失误：一是向各辖区征敛钱财，二是放纵上国的士兵“打草谷”，三是不及早下令各节度使回到自己的镇所。南唐主李璟被奸佞之臣耽误，丧失了北进中原的大好时机。南唐兵败福州，吴越王钱弘佐坐收渔翁之利，占据闽国土地。

高祖睿文圣武昭肃孝皇帝上

天福十二年（丁未，公元947年）

春季，正月，丁亥朔日（初一），后晋的文武百官在大梁城北远远地向后晋出帝石重贵辞别，然后改换素服纱帽，迎接契丹主耶律德光，全都匍匐在路边请罪。契丹主戴貂皮帽，穿貂皮衣，铠甲穿在衣服里面，停马在高丘上，命百官起身，更换衣服，加以安抚一番。左卫上将军安叔千独自从百官行列中走出来，用胡语跟契丹主说话，契丹主耶律德光说：“你就是安没字吧？你从前镇守邢州，已经连上几封表，向我表示忠心，我并没有忘记。”安叔千叩头称谢，依照胡人的礼节，呼跃退下。

后晋出帝石重贵和太后及以下官员在封丘门外迎接，契丹主耶律德光推辞不见。

契丹主耶律德光进入大梁城门时，百姓们都惊叫着跑开。契丹主登上城楼，命翻译官告诉百姓们说："我也是人，你们不要害怕！我将会让你们休养生息。我本无心南来，只是汉兵引导我到这里罢了。"到了明德门，下马，拜了一下，然后入宫。任命他的枢密副使刘密代理开封尹的职务。傍晚，契丹主又出城去，屯驻于赤冈。

戊子日（初二），契丹主耶律德光命人抓捕郑州防御使杨承勋，将他押解到大梁城，斥责他杀父、背叛契丹，契丹主命左右的人把他切成肉块，吃掉。不久，任命杨承勋的弟弟右羽林将军杨承信为平卢节度使，将他父亲的旧部全部交给他。

高勋向契丹主耶律德光控诉张彦泽杀他的家属。契丹主也愤恨张彦泽放纵士兵抢掠京城，就将张彦泽和监军傅住兒一起用铁链锁起来。把张彦泽的罪行向百官宣告，并问："应该处死吗？"大家异口同声地答说："应该处死。"百姓也纷纷投递文书，清算张彦泽的罪孽。己丑日（初三），斩张彦泽、傅住兒于大梁北市，依然派高勋监斩。以前被张彦泽所杀害的士大夫的子孙们都披着孝服，拿着丧棒，号啕大哭地跟在后面，一面痛骂，一面用丧棒扑打张彦泽。高勋下令砍断张彦泽的手腕，脱落铁锁，剖开他的胸腔，挖出心脏来祭那些被他杀害的人。街上的人争着砸碎他的头，取出他的脑髓，并把他切成肉块吃掉。

契丹解送景延广返回他的国家，庚寅日（初四），住宿于陈桥。当天晚上，景延广趁着守兵稍微疏忽的时候，掐自己的咽喉而死。

辛卯日（初五），契丹封后晋出帝石重贵为负义侯，安置在黄龙府。黄龙府就是原慕容氏的和龙城。契丹主耶律德光派人对李太后说："听说重贵不听母亲的话，以致落到这个地步，你可以请求自便，不跟重贵同行。"太后说："重贵侍奉我很周到。他的过错，只是违背先君的遗志，断绝两国的友好罢了。现在侥幸蒙受大恩，得以保全性命，维持家庭，做母亲的不跟随儿子，能回什么地方去呢？”癸巳日（初七），契丹把后晋出帝石重贵和他的家人迁到封禅寺，派大同节度使兼侍中河内人崔廷勋领兵看守。契丹主耶律德光屡次派遣使者去慰问，晋主石重贵每当听到使者到来，全家担心害怕。当时连下几十天的雨雪，外面没有供给，一家大小挨饿受冻。太后派人对寺里的和尚说：“我曾在这里给几万名和尚供饭，现在难道没有一个人念起吗？”和尚借口说“胡虏的心意难以揣测，所以不敢进献食物”。晋主石重贵暗地里请求看守的人帮助，才稍微获得一点食物。

当天，契丹主耶律德光率兵从赤冈进入宫中。都城各门和宫禁大门，都派契丹兵把守，昼夜不放下兵器。并且在宫廷门口杀狗，用竹竿悬挂羊皮竖在庭院中以压制邪气。契丹主对群臣说：“从今以后，不治甲兵，不买战马，减轻赋税，减少徭役，天下就太平了。”废除东京的设置，把开封府降为汴州，开封府尹降为汴州防御使。乙未日（初九），契丹主改穿中国的衣冠，百官起居，一切按照旧的规矩。

赵延寿、张砺一起推荐李崧的才能，正赶上威胜节度使冯道从邓州入朝，契丹主对二人的声名早有耳闻，都给予礼遇以示重视。不久，任命李崧为太子太师，充当枢密使，冯道兼任太傅，在枢密院侍候，以备咨询。

契丹主分别派遣使者，颁赐诏书给晋廷的藩镇，晋廷的藩镇纷纷上表称臣，被召请的人，无不快马飞奔去报到。唯独彰义节度使史匡威据守泾州，不接受命令。史匡威是史建瑭的儿子。雄武节度使何重建把来传诏书的契丹使者杀死，率领秦、阶、成三州投降后蜀。

起初，杜威恢复旧名杜重威领着后晋军投降契丹后，契丹主耶律德光收缴了全部兵器铠甲，有数百万件之多，贮存于恒州，派人将军马数万匹赶回他们国内，命令杜重威率他的部众，跟随自己南下。走到黄河，契丹主考虑到晋兵太多，恐怕他们叛变，想要让契丹的骑兵将他们全部推挤到黄河里去。有人劝谏说：“晋兵驻守在其他地方的还很多，他们听说投降的人都被害死，一定都起来抵抗。不如暂时安抚他们，慢慢地再想其他的办法。”

契丹主耶律德光于是命令杜重威带领他的部众驻扎在陈桥。这时正好雪下了很久，官方没有东西可供给，士卒们受冻挨饿，都怪罪杜重威，大伙儿聚在一起，相对哭泣，杜重威每次出去，路边的人都骂他。

契丹主耶律德光还是想诛杀后晋士兵。赵延寿对他说：“皇帝亲自率兵冒着飞矢流石夺取了晋国江山，是想自己占有呢，还是想替他人夺取呢？”契丹主马上变了脸色，说：“朕动员全国，向南征讨，连续五年没有休兵，好不容易才得到它，难道还为了别人吗！”赵延寿说：“晋国的南面，还有唐国，西面还有蜀国，常常做我们的仇敌，皇上是否也知道？”契丹主说：“知道。”赵延寿说：“晋国东从沂州、密州算起，西到秦州、凤州，广阔好几千里，边境跟吴（后来的唐）、蜀相接，常常派兵在那里戍守。南方炎热，湿气又重，上国（指契丹）的人民是不能居住的。以后皇帝回到北方去，以晋国这样广大的土地，没有军队防守它，吴、蜀两国，一定相率乘虚入侵，这样的话，岂不是替别人去卖命吗？”契丹主说：“这是我没料到的。那么应该怎么办呢？”赵延寿说：“陈桥的降兵，可分开来把守南部边疆，这样吴、蜀就不能成为后患了。”契丹主说：“我从前在上党，决断错误，把唐兵全部交给晋国，后来反而变为仇敌，矛头指向北方跟我开战，艰辛劳苦好几年，勉强打了胜仗。现在侥幸落在我的手中，不趁这个时候全部把他们除掉，难道还要留下他们给自己制造后患吗？”赵延寿说：“从前把晋兵留在河南，没有把他们的妻子和儿女做抵押，所以有这种忧虑。现在如果把他们的家全部迁到恒州、定州、云州、朔州那一带，每年派他们分批轮流地戍守南方的边境，何必担心他们叛变呢？这是最好的计策。”契丹主很高兴，说：“好！就按照大王所说的办法处置。”于是陈桥降兵才得豁免，分别遣返兵营。

契丹主耶律德光之所以杀死右金吾卫大将军李彦绅、宦官秦继旻，是因为他们替后唐潞王李从珂杀了东丹王的缘故。把他们家族的财货赐给东丹王的儿子永康王兀欲。兀欲瞎了一只眼睛，为人勇武有力，喜欢施舍于人。

癸卯日（十七日），后晋出帝石重贵与李太后、安太妃、冯后以及弟弟石重睿、儿子石延煦、石延宝全部向北迁移，后宫左右随从有一百多人。契丹派遣三百名骑兵护送他们，同时提防他们。又派遣后晋中书令赵莹、枢密使冯玉、马军都指挥使李彦韬跟他们同行。后晋出帝石重贵在路上，食物供给接不上，有时和太后一同断了粮食，而那些旧日的大臣竟没人敢去晋见的，只有磁州刺史李谷在路上迎接拜谒。君臣相对，悲伤地哭了起来，李谷说："臣没有尽到责任，辜负陛下。"于是把所有的家财都进献给后晋主。

后晋主石重贵路经中度桥，看到杜重威所遗留下来的寨垒，长叹不已，说："天哪！我家哪一点对不起人家，竟被这个叛贼给毁掉！"说着，悲伤痛哭着离开。

癸丑日（二十七日），后蜀主孟昶派左千牛卫上将军李继勋为秦州宣慰使。

契丹主耶律德光任命前任燕京留守刘晞为西京留守，永康王兀欲的弟弟留珪为义成节度使，兀欲的姐夫潘聿撚为横海节度使，赵延寿的儿子赵匡赞为护国节度使，汉将张彦超为雄武节度使，史佺为彰义节度使，客省副使刘晏僧为忠武节度使，前任护国节度使侯益为凤翔节度使，代理凤翔府事务的焦继勋为保大节度使。刘晞，是涿州人。不久以后，何重建归附于后蜀，史匡威拒绝交接职务，契丹的势力稍微衰落。

晋昌节度使赵在礼入朝，他留在长安的副将作乱，节度副使建州人李肃讨伐诛灭了叛乱，军府得以平安。

后晋主石重贵跟契丹断绝友好关系的时候，匡国节度使刘继勋为宣徽北院使，曾经多次参与这件事情的谋划工作，契丹主耶律德光进入汴州，刘继勋入朝，契丹主责骂他。当时冯道正好在殿上，刘继勋急忙指着冯道说："冯道是宰相，和景延广才是真正主谋的人。臣地位卑微，怎么敢胡妄发言！”契丹主说：“这老头儿不是多事的人，你不要胡乱牵涉他！”命人锁上刘继勋，押送黄龙府。

赵在礼到洛阳，对人说：“契丹主曾说唐庄宗李存勖之乱由我引起。看来我此行，实在让人担忧。”契丹主耶律德光派契丹的将领述轧、奚王拽刺、勃海将领高谟翰驻守洛阳，赵在礼去进见他们，在庭下叩拜，而拽刺等人都蹲坐着受礼。乙卯日（二十九日），赵在礼抵达郑州，听到刘继勋被囚禁的消息，大为惊恐，夜里在马房上吊自杀。契丹主听说赵在礼死了，就释放刘继勋，刘继勋忧愤而死。刘晞在契丹做过枢密使、同平章事，到了洛阳，斥骂奚王说：“赵在礼是汉家大臣，你只不过是北方的一个酋长罢了，怎么可以用这样傲慢的态度来对待他！”叫他站在庭下，杀他的威风，于是洛阳的人心才稍微安定。

契丹主耶律德光广泛接受四面八方送上来的进贡礼品，大肆饮酒作乐，常常对原后晋的臣子说：“中国的事情，我都了解；我国的事情，你们就不懂了。”

赵延寿请求供给契丹军队的粮饷，契丹主耶律德光说：“我国没有这种制度。”于是放纵胡人骑兵四面八方出去，以放马为名，分批轮流去抢劫民家，称为“打草谷”。民间年轻力壮的人，死于他们的刀下，年老体弱的人弃尸于田野与山谷，从东、西两个京畿，到郑州、滑州、曹州、濮州好几百里之间，百姓的家财和牲畜，几乎被搜刮得干干净净。

契丹主耶律德光对判三司刘昫说：“契丹大军三十万，平掉了晋国，就应该发给丰厚的赏赐，要赶快筹办。”当时官府仓库里已经空竭，刘昫不知赏赐从何处来，只好用“借贷”的名义，向京师的士大夫和老百姓征收钱帛，从宰相、将帅以下，都不例外。又分别派遣使者数十人，到各州去征收借贷，都用严厉的刑罚加以逼迫，使得百姓们无以维生。而实际上，契丹并没有拿来发给士兵，都储存在内库里，打算输送回国。于是从朝廷到地方，无不怨恨、愤怒，这才觉得契丹所带给他们的，只是无穷的祸害，都想赶走他们。

起初，后晋出帝石重贵与河东节度使、中书令、北平王刘知远相互猜忌。虽然任命刘知远为北面行营都统，但徒有虚名罢了，各军的行动，实际上他一点都不能干预。刘知远因此大量地招募士卒。阳城那次战役，各军散失的士卒投奔于他的有好几千人，又获得吐谷浑的财货和牲畜，因此河东的富强超过其他的藩镇，步兵和骑兵达到五万人。

后晋出帝石重贵和契丹结下怨仇，刘知远判断后晋必然凶多吉少，但从未加以劝谏。契丹屡次深入进犯，刘知远全然没有拦击、入援的打算。等到听说契丹进入了汴州，刘知远分派军队防守四面边境，以防备契丹的越界侵略。同时派遣客将安阳人王峻奉持三封奏表，前往觐见契丹主耶律德光：第一封表，祝贺契丹进入汴州；第二封表，说明因为太原是蛮夷和汉人混杂居住的地方，戍守的军队集结在那里，所以自己没敢离开镇所；第三封表说明本来是应该进贡物品的，正好这时契丹将领刘九一的军队从土门向西进发，屯驻在南川，太原城中的民众忧愁恐惧，必须等到这批军队调回去，道路通畅无阻，才可以进贡。契丹主耶律德光命人草拟诏书加以褒奖，等到诏草拟好，送呈契丹主画押签名的时候，契丹主亲自在刘知远的姓名之上加了一个“儿”字，又赐给他手杖。依照胡人的规矩，对大臣表示优厚的礼遇，才颁赐手杖，就好像汉人颁赐茶几手杖之类是一样的，这样的恩宠礼遇，只有伟王以叔父的尊贵地位得到过。

刘知远又派遣北都副留守太原人白文珂献上珍奇的丝织品和名贵的马匹。契丹主耶律德光知道刘知远持观望态度不肯前来，等白文珂返回太原时，叫他对刘知远说：“你不侍奉南朝，又不侍奉北朝，你想等待什么呢？”蕃汉孔目官郭威对刘知远说：“胡虏恨我们恨得深了！王峻说契丹贪婪残忍，失去民心，一定不能长久地占有中原。”

有人劝刘知远起兵进攻，夺取中原。刘知远说：“用兵的道理，有时候要宽缓，耐心等待；有时候要紧急，把握先机，应当衡量当时的情况而采取适当的对策。现在契丹刚刚降服了晋国的十万大军，以雄强的势力占领京师，还没有其他的变化，岂可轻举妄动？而且观察他所贪图的，只在财货上；财货搜刮够了以后，一定会回北方去的。何况冰雪已经融化，他们势必不会久留，应该等到他们回去以后，再出兵去夺取，这样才能万无一失。”

昭义节度使张从恩，因为辖区紧靠怀、洛二州，想向契丹朝觐，派使者先去和刘知远商量。刘知远说：“我们以一隅之地，怎么敢与偌大的天下抗争！君可先走一步，我随后即将前往。”张从恩认为是这样。判官高防劝谏他，说：“公是晋室最亲的亲戚，不可轻易地改变为人臣子的节操。”张从恩不听。左骁卫大将军王守恩跟张从恩是亲家，当时在上党。张从恩命节度使赵行迁掌管留后时宜，发公文给王守恩，命他代理巡检使，和高防共同辅佐赵行迁。交代妥当以后，就启程前往大梁。王守恩，是王建立的儿子。

荆南节度使高从诲派使者向契丹进贡，契丹派使者赐给他马匹。高从诲同时也派遣使者到河东去，劝刘知远即位为皇帝。

南唐主李璟立齐王李景遂为皇太弟；又改封燕王李景达为齐王，兼任诸道兵马元帅；改封南昌王李弘冀为燕王，做副元帅。李景遂和宫中僚属宴饮，赞善大夫元城人张易有所劝谏，

而李景遂正和客人们传看赏玩玉杯，没有理睬他。张易愤怒地说：“殿下看重宝物而轻视士人！”将玉杯拿过来，摔在地上，碎了！众人都惊骇得变了脸色，李景遂马上端庄脸色向张易赔罪，对待张易更加亲厚。

李景达生性刚强正直。南唐主李璟常和宗室近臣饮宴，冯延已、冯延鲁、魏岑、陈觉等人在此时竭尽谄媚丑态，有时借酒喧哗大笑；李景达屡次斥责他们，又用极重的话劝谏唐主，认为他不应该亲近奸邪的臣子。冯延已自认为李景遂被立为皇太弟和李景达为齐王不合自已的心意，想在口头上向他施点恩惠，要他向自已表示感恩。有一次在东宫饮宴，冯延已表面上假装喝醉，用手抚摩李景达的背说：

"你不可忘记我!"李景达非常生气,将衣袖一甩,进入宫中报告唐主李璟,请将他斩首;唐主加以开导劝慰,才平息了这件风波。张易对李景达说:"小人们互相陷害我们,这是祸福的关键所在。殿下想尽了办法,不能除掉他们,屡次当面加以斥责,使得他们感到恐惧而有所防备,还有什么事做不出来的呢!"从此每次游乐宴会,李景达大多借口身体不适而不参加。

南唐主李璟派遣使者祝贺契丹灭亡晋国,并且请求到长安整修唐朝的陵墓,契丹不答应,但仍然派遣使者回复南唐主。

后晋密州刺史皇甫晖、棣州刺史王建,都躲避契丹而率众投奔南唐,淮水以北的盗贼头目大多向南唐请求颁授官职。唐虞部员外郎、史馆修撰韩熙载上疏论奏,认为:"陛下要恢复祖先的基业,现在正是时候。如果胡虏的首领回北方去,中原有了君主,就没那么容易图谋了。"当时正对福州用兵,没有余力向北发展。唐人都感到很遗憾,南唐主李璟也很后悔。

契丹主耶律德光召集后晋的文武百官在朝廷上,问他们:"我国域土辽阔,方圆数万里,有君长二十七人;而中原的习俗和我国不一样,我想选一个人做中原的国君,你们认为怎么样?"大家异口同声地说:"天上没有两个太阳,不论是胡人或是汉人的人心,都愿意拥戴皇帝您。"这样说了几次,契丹主才说:"你们既然想推我做国君,那么现在所要做的,以什么事为最要紧?"大家都说:"做国君的刚开始临治天下,应该举行大赦。"二月,丁巳朔日(初一),契丹主头戴通天冠,身穿深红色纱袍,登上正殿,在庭中设置全套乐器、仪仗和卫兵。百官上朝祝贺,汉籍官员都穿法定的礼服;胡籍官员仍旧穿胡人的衣服,站在文武两班官员的中间。下制书称大辽会同十年,举行大赦。又说,"从今以后,各节度使、刺史,不可以设置衙兵,也不可以购买战马。"

赵延寿因为契丹主耶律德光违背了立他为皇帝的承诺,心里愤愤不平,派李崧向契丹主说:"我不敢奢望为汉人天子,但请求做个皇太子。”李崧不得已，替他转达。契丹主说：“我对于燕王，凡事只要对燕王有益，就是割我的肉，我也不吝惜。然而我听说皇太子应当由天子的儿子来做，哪里是燕王所能担任的呢？”所以命令有关部门为燕王迁升官职。当时契丹以恒州为中京，翰林承旨张砺上疏拟定任命燕王赵延寿为中京留守、大丞相、录尚书事、都督中外诸军事，仍旧做枢密使。契丹主看过以后，取笔涂掉“录尚书事、都督中外诸军事”，其余照准施行。

壬戌日（初六），后蜀李继勋和兴州刺史刘景进攻并夺取了固镇。何重建请求后蜀派兵与阶、成二州兵马共同把守散关，以便夺取凤州。丙寅日（初十），蜀主孟昶拨遣山南兵三千七百名，依照何重建的计划，开赴散关。

刘知远听到何重建投降蜀国的消息，叹息说：“戎狄欺凌中国，中原没有君主，使得藩镇依附外邦，我做北面行营都统，为各藩镇的领导人，实在惭愧得很！”

于是他手下的将佐劝刘知远称皇帝尊号，以便号令四方，看各藩镇的动向。刘知远不同意。听说后晋出帝石重贵北迁，刘知远放出风声要出兵井陉，迎接后晋出帝石重贵回晋阳城。丁卯日（十一日），命令武节都指挥使荥泽人史弘肇在球场集合各军，对他们宣告出兵的日期。军士们都说：“现在契丹攻陷京城，俘虏天子，天下没有君主。做天下君主的人，除了我王，还能有谁！应该先即帝位，称尊号，然后再出兵。”于是不停地争喊万岁。刘知远说：“胡虏的势力还很强大，我们的军威尚未振作，应当暂且先建功业。士兵们懂得什么！”说完，就命令左右的人制止士兵们呼喊。

己巳日（十三日），行军司马潞城人张彦威等三次上书劝刘知远登皇帝位。刘知远迟疑不决。郭威和都押牙冠氏人杨邠入内劝说刘知远：“现在远近的人心，不谋而合，这是天意。王不乘着这个时机取得帝位，而谦让不居，恐怕人心将会转变；人心一转变，就反而会遭受灾祸了。”刘知远听从了他们的意见。

契丹派他的将领刘愿为保义节度副使，陕城人苦于刘愿的暴虐。奉国都头王晏与指挥使赵晖、都头侯章商议说："现在胡虏扰乱中华，这正是我们振作奋斗的时候。河东刘公，声威和恩德远近著名，我们如果杀掉刘愿，把陕城交给刘公，向他投靠，做天下的倡导，求取富贵就像翻一下手掌般容易了。"赵晖等人赞成他的意见。于是王晏带着好几个壮士，在夜间翻越牙城，进入军府，拿出仓库里的兵器，交给部众；庚午日（十四日）的清晨，杀了刘愿，并把他的人头高挂在军府的大门上，又杀掉契丹监军，公推赵晖为保义留后。王晏，是徐州人；赵晖，是澶州人；侯章，是太原人。

辛未日（十五日），刘知远登皇帝位。他说不忍心改变晋国的国号，但又不喜欢"开运"这个名称，于是沿用高祖石敬瑭的年号，改称今年为天福十二年。

壬申日（十六日），下诏说："诸道被契丹征敛钱帛的，全部停止征敛。晋廷的臣子被逼迫做他们官吏的，不加追究，命他们前往行在（皇帝的所在地）报到，其余的契丹人，就在当地杀掉。"

何重建派宫苑使崔延琛领兵攻打凤州，没能攻克，退守固镇。

甲戌日（十八日），皇帝（此指刘知远）亲自率领部众向东进发，迎接晋主石重贵及太后。走到寿阳，听说晋主和太后业已经过了恒州好几天，于是留下军队戍守承天军，自己返回太原。

后晋出帝石重贵到塞外，契丹就不再提供饮食，跟随的官员、宫女都自己去采摘树上的野果和草叶充饥。到了锦州，契丹命令晋主及后妃们向契丹主耶律阿保机的坟墓下拜行礼，晋主觉得无限委屈、耻辱，哭泣着说："薛超害了我！"冯后暗中让左右的人设法找毒药，想跟晋主一起自杀，结果没有毒药，自杀不成。

契丹主耶律德光听说刘知远已即皇帝位，就派通事耿崇美为昭义节度使，高唐英为彰德节度使，崔廷勋为河阳节度使，以控制险要的地方。

起初，后晋设置乡兵，号称"天威军"，教习演练了一年多，村民们还是不熟悉军旅作战，结果不能用，于是又下令解散，只让每七户交钱十千，原来的兵器铠甲全部交纳官府。然而无赖的子弟们却不肯再回到农村从事耕作，于是出没山林的盗贼从此就多了起来。等到契丹进入汴州，放纵胡兵“打草谷”，又多任命胡人子弟及左右亲信的人做节度使、刺史，不通晓政治事务，汉人里头比较狡猾的都投效在他们的部下，教唆那些胡人胡妄地作威作福，聚敛财货，使得老百姓不能活命。于是到处相聚为盗贼，人数多的达到几万人，少的也不下千百，他们攻陷州城，抢劫杀害官吏百姓。滏阳的盗贼首领梁晖，有部众数百人，向晋阳投诚，自愿效命，后汉高祖刘知远答应了他。磁州刺史李谷秘密上表给后汉高祖，建议后汉高祖命令梁晖去袭击相州，梁晖侦察得知高唐英尚未到达，相州只储藏了兵器，没有什么军队防守。丁丑日（二十一日）的晚上，梁晖派遣壮士翻越城墙，进入城里，打开城门，接纳他的部众，杀死好几百个契丹兵，契丹的守将突围逃走。梁晖占据了相州，自称留后，并向后汉高祖上表陈述作战经过。

戊寅日（二十二日），后汉高祖刘知远回到晋阳城，提议向百姓征收钱财赏给作战将士，夫人李氏劝谏他说：“陛下靠河东开创大业，但没有给百姓们带来恩惠好处，反而先剥夺他们赖以维生的资财，这大概不是新天子解救百姓的用意吧！现在宫中所有的东西，我愿全部拿去犒赏军队，虽然不怎么多，但是每个人都不会有怨言的。”后汉高祖说：“那好极了！”于是马上停止征收民财的方案，把内宫府库所储藏的财物全部拿出来赏赐将帅和士兵，京城内外的人听说这件事，都非常兴奋。李氏，是晋阳人。

吴越内都监程昭悦大量地聚集宾客，储备兵器，跟江湖术士们交往。吴越王钱弘佐想要杀他，对水丘昭券说：“你今天晚上带领一千名士兵去包围程昭悦的住宅。”水丘昭券说：“程昭悦只是一个家臣，有罪就该公开处决，不应在夜晚出动军队。”钱弘佐说：“对！”于是命内牙指挥使储温等待程昭悦回家，抓送丞相府审讯。己卯日（二十三日），将他斩首。并把关押的钱仁俊释放出来。

武节都指挥使史弘肇进攻代州，攻克了，斩了王晖。

建雄留后刘在明朝见契丹主耶律德光，让节度副使骆从朗主持州中事务。后汉高祖刘知远派遣使者张晏洪等人前往晋州，告诉他们，自己已经即皇帝位，结果骆从朗把张晏洪等人全部囚禁起来。大将药可俦杀了骆从朗，推举张晏洪代理留后。庚辰日（二十四日），派遣使者入朝奏报这件事情。

契丹主耶律德光派遣右谏议大夫赵熙出使晋州，搜刮老百姓的钱财，征收催逼得很急。这时骆从朗已死，百姓合力杀掉赵熙。契丹主颁赐诏书给赵晖，任命他为保义留后。赵晖斩杀契丹的使者，烧掉他的诏书，派遣河间人赵矩为使者，送表到晋阳。契丹派遣他的将领高谟翰进攻赵晖，结果攻不下。后汉高祖刘知远见到赵矩，非常高兴，说："你带着咽喉要地前来归顺于我，天下是不难平定了！"赵矩劝他早日率兵南下，以满足天下人的盼望。后汉高祖答应了。

辛巳日（二十五日），任命赵晖为保义节度使，侯章为镇国节度使、保义军马步都指挥使，王晏为绛州防御使、保义军马步副指挥使。

高防跟王守恩共同谋划，派遣指挥使李万超率领部众在白天大声呼喊着冲入军府，斩杀赵行迁，推举王守恩代理昭义留后。王守恩杀死契丹使者，率藩镇前来归降。

镇宁节度使耶律郎五，生性残忍暴虐，澶州百姓吃够了他的苦头。盗贼首领王琼率领他的一千多人趁夜袭击占领了南城，然后向北穿过浮桥，放纵士兵大肆劫掠，将耶律郎五围困于牙城之内。契丹主耶律德光得知这个消息，非常害怕，这才派遣天平节度使李守贞、天雄节度使杜重威回到自己所驻守的藩镇，从此没有长久留在黄河以南的打算。契丹主派遣军队援救澶州，王琼退兵屯驻在澶州近郊，派遣他的弟弟王超奉持章表前来求救。癸未日（二十七日），后汉高祖刘知远重重地赏赐王超，打发他回去。王琼兵败，被契丹杀了。

后蜀主孟昶加封雄武节度使何重建为同平章事。

延州录事参军高允权，是高万金的儿子。彰武节度使周密，昏庸愚昧，贪求钱财，将士发动叛乱，攻打周密，周密被打败，据守延州东城，大家认为高允权家世世代代都镇抚延州，所以推举高允权做彰武留后，占据延州西城。周密，是应州人。

丹州都指挥使高彦珣杀死契丹指派的刺史，自己统领丹州事务。

契丹述律太后派遣使者携带他们国内所产的美酒、菜肴、干肉和水果，赐给契丹主耶律德光，祝贺他平定晋国。契丹主跟群臣在永福殿一起宴饮，每次举起酒杯，一定先站起来才把它喝下，说："太后所赏赐的，不敢坐着喝。"

后唐明宗李嗣源的王淑妃和郇公李从益住在洛阳，赵延寿娶后唐明宗的女儿燕国长公主为妻，王淑妃到大梁城举行见面礼。契丹主耶律德光见到她就下拜行礼，说："这是我的嫂夫人。"统军刘遂凝通过王淑妃的关系，向契丹主请求符节和斧钺（做节度使），于是契丹主封李从益为许王、威信节度使，刘遂凝为安远节度使。王淑妃以李从益年纪幼小为理由，辞谢不上任，又回到洛阳。

契丹主耶律德光任命张砺为右仆射兼门下侍郎、同平章事，左仆射和凝兼中书侍郎、同平章事，司空兼门下侍郎、同平章事刘昫，因为患了眼疾而辞职，于是被免去职务，改命为太保。

东方成伙的盗贼蜂拥而起，攻陷宋、亳、密三州。契丹主耶律德光对左右官员说："我没料到中国的百姓居然这样难以统治！"赶紧下令泰宁节度使安审琦、武宁节度使符彦卿等人回到自己的藩镇，仍然派遣契丹兵护送他们。符彦卿来到埇桥，盗贼头领李仁恕率领几万军兵加紧进攻徐州。符彦卿和数十名骑兵来到城下，扬鞭想要招抚劝谕他们，李仁恕上前抓住符彦卿的马缰绳，要求随从符彦卿进城。符彦卿的儿子符昭序，从城里派遣军校陈守习从城上攀缘绳索出城，在盗贼群中大声呼喊："相公已经陷入虎口，就算相公帮助盗贼攻城，也不能攻下。"盗贼知道劫持符彦卿也没用，于是一同下拜于符彦卿的马前，请求赦免他们的罪过。符彦卿跟他们立下誓言，盗贼们才解散而去。

三月，丙戌朔日（初一），契丹主耶律德光穿上赭色袍服，坐在崇元殿，百官依照上朝的礼仪进见契丹主。

戊子日（初三），后汉高祖刘知远派遣使者持着诏书下乡，去安抚那些为躲避契丹战乱祸患而聚集到山谷借以自保的农民。

辛卯日（初六），高允权奉持表章来归降。后汉高祖刘知远告知高允权，允许周密前来行在所，周密于是放弃东城而来投降。

壬辰日（初七），高彦询率丹州前来归降。

蜀翰林承旨李昊对枢密使王处回说："敌人如果再占据固镇，那么通往兴州的道路就被阻断，不再能够援救秦州。我建议派遣山南西道节度使孙汉韶率兵紧急攻打凤州。"癸巳日（初八），后蜀主孟昶命孙汉韶赶往凤州行营。

契丹主耶律德光又召见原后晋的文武百官，告诉他们说："天气渐渐热起来，我难以久留此地，想暂时北归辽国看望太后。应当留一名亲信在这里任节度使。"百官建议迎接太后到大梁来。契丹主说："太后的宗族太庞大，就像古老柏树的根一样，不能移动。"

契丹主耶律德光想命令晋廷的百官全部随从他北上。有人说："整个国家的政府官员一起迁到北方，恐怕会动摇人心，不如只迁少数几个人。"于是下令任职的官员跟随契丹主走，其他的人都留在大梁。契丹主耶律德光又将汴州改置为宣武军，派萧翰为节度使。萧翰，是述律太后哥哥的儿子，他的妹妹又嫁给契丹主做皇后。萧翰开始以萧为姓，从此契丹皇后的族人都称萧氏。

吴越王钱弘佐又调发水军，派将领余安率领，从海路救援福州。己亥日（十四日），水军到达白虾浦，海岸全是泥沼，必须铺上竹席军队才能登岸，唐国在城南的各军，聚集在一起用箭射击他们，使得他们无法进行铺设竹席的工作。冯延鲁说："福州城不投降的原因，就是依赖这批援军，现在双方相持不战，只会把我们的军队拖疲，不如让他们登上岸来，然后将他们全部消灭，那么福州城无须攻击就会自动投降了。”偏将孟坚说：“吴越兵来到这里，不能前进，也不能后退，寻求拼死一战而没有机会。若让他们登上岸来，他们一定会跟我们拼死战斗，气势一定锐不可当，又怎能将他们消灭呢？”冯延鲁不听，说：“我自己去攻打他们。”吴越兵上岸以后，呼喊喧哗，奋勇战斗，冯延鲁抵挡不住，放弃部众，私自逃走，孟坚力战阵亡。吴越兵乘胜向前推进，福州城里的军队也出城来，跟吴越兵夹攻唐兵，把唐兵打得大败。唐国在城南的各军都逃走了，吴越兵追击他们，王崇文率领三百名亲兵顽强抵抗，各路军马在王崇文后面布阵，追击的吴越兵这才回去。

有人说吴越兵想舍弃福州，抽调李达的军队回钱唐，东南面的守将刘洪进等禀告王建封，请他把吴越兵全都放出城然后夺取城池。留从效不愿福州被平定，王建封也怨恨陈觉等人专制蛮横，于是就说：“我们的军队被打败了，怎么能跟人家争夺城池！”当天晚上，焚烧营垒逃走，城北各军也相继溃散。冯延鲁抽出自己身上的佩刀自杀，亲近的官吏救了他，没有死。唐兵一共死了两万多人，丢弃军用物资和兵械武器好几十万件，国库因此消耗光了。

余安领兵进入福州，李达把全部军队都交给他指挥。

留从效领兵回泉州，对南唐守将说：“泉州和福州世世代代都是仇敌，南方接近充满瘴疠之气的岭南和大海，形势险峻，土地贫瘠，近几年来，屡次爆发战火，农耕和蚕桑事业荒废，一年到头向百姓征敛赋税，勉强能够自足，岂能劳动大军长久戍守在这里！”于是摆设酒宴为他们饯行，南唐守将不得已就率兵回国了。南唐主李璟不能控制留从效，就加封他为检校太傅。

壬寅日（十七日），契丹主耶律德光从大梁出发，后晋文武各部门被带走的官员有几千人，各军兵将又有几千人，宫女、宦官几百人，把府库中值钱的统统装车运走，所留下的只有乐器仪仗罢了。当天晚上，住在赤冈，契丹主看到村庄都空虚无人，命令有关部门发布好几百通公告，要各辖区招抚百姓，然而仍然不禁止胡兵的抢劫行为。丙午日（二十一日），契丹主从白马渡黄河，对宣徽使高勋说："我在上国的时候，以射箭打猎为乐，到了中国，令人忧愁寡欢，现在能够回去，纵是死了，也没有什么遗憾了。"

后蜀孙汉韶率领两万人马，攻打凤州，军队驻扎在固镇，分兵把守散关，以断绝外援之路。

张筠、余安都回到钱塘，吴越王钱弘佐派遣东南安抚使鲍修让率兵戍守福州，任命东府安抚使钱弘倧为丞相。

庚戌日（二十五日），命后汉高祖刘知远的弟弟北京马步都指挥使刘崇兼摄太原尹，治理太原军府的事务。

辛亥日（二十六日），契丹主耶律德光将要进攻相州，守将梁晖请求投降，契丹主赦免了他的罪，并答应封他为防御使。梁晖怀疑其中有诈，又登城设防抵抗。夏季，四月，己未日（初四），天还没亮，契丹主命令胡、汉各军急速攻打相州，到了早餐的时候，便把它攻克，将城里所有的男人全部杀光，强逼妇女跟他们一起向北走，胡人将婴孩抛向空中，然后用刀尖去接，以此来取乐。契丹主命令高唐英留下来防守相州。高唐英巡视城里，遗留下来的百姓，男女合起来，才七百多人。后来节度使王继弘收集城里的骸骨加以埋葬，总共达十多万具。有人告发磁州刺史李谷策划率州响应后汉。契丹主把李谷抓起来讯问，李谷不服，契丹主把手伸向车中，像要取出所查获的书信。李谷知道他在装模作样，趁机就向他请求说："如果真有证据，请拿出来让大家看看。"一共责问了六次，李谷的神情口气，丝毫不为所动，契丹主这才放了他。

后汉高祖刘知远派堂弟北京马军都指挥使刘信兼任义成节度使，充任侍卫马军都指挥使；武节都指挥使史弘肇兼任忠武节度使，充当步军都指挥使；右都押牙杨邠代理枢密使；蕃汉兵马都孔目官郭威代理副枢密使；两使都孔目官南乐人王章代理三司使。

癸亥日（初八），后汉高祖刘知远立魏国夫人李氏为皇后。

契丹主耶律德光看见所经过的城市乡村都已变成荒丘和废墟，对蕃、汉群臣说："导致中国到这种地步，都是燕王赵延寿的罪过。"又回过头来对张砺说："你也要负一点责任。"

甲子日（初九），后汉高祖刘知远任命河东节度判官长安人苏逢吉、观察判官苏禹珪为中书侍郎、同平章事。苏禹珪，是密州人。

振武节度使、府州团练使折从远入朝，改名为折从阮。在府州设永安军，命折从阮为节度使。又任命河东左都押牙刘铢为河阳节度使。刘铢，是陕州人。

契丹的昭义节度使耿崇美驻兵在泽州，将要进攻潞州。乙丑日（初十），诏命史弘肇率领一万名步兵和骑兵去援救潞州。

丙寅日（十一日），后汉高祖刘知远任命王守恩为昭义节度使，高允权为彰武节度使，又任命岢岚军使郑廉为忻州刺史，兼任彰国节度使，兼忻代二州义军都部署。丁卯日（十二日），任命缘河巡检使阎万进为岚州刺史，兼任振武节度使，又兼岚、宪二州义军都制置使。后汉高祖听说契丹要回北方，想谋划占有河南，所以调命史弘肇为先锋部队，又派遣阎万进出兵到北方，以分散契丹的兵力。阎万进，是并州人。

契丹主耶律德光用几十艘大船装载后晋国中的武器铠甲向北运走，计划从汴水沿着黄河而上返回辽国，命令宁国都虞候榆次人武行德率领士卒一千多人护送船只。到达河阴后，武行德跟将士们商议，说："我们现在被契丹所控制，将要远离家乡。人生总归有一死，怎么可以做他乡的鬼呢！胡虏势必不能长久留在中国，不如共同驱逐他们的同党，坚守河阳，以等待天命所归的天子，再去归附他，这难道不是长远打算吗？"众人认为很对。武行德就把所运载的铠甲和武器交给部众，合力杀死契丹的监军使者。正好这时契丹的河阳节度使崔廷勋带着军队护送耿崇美前往潞州，武行德于是乘着州城空虚的机会占据河阳，众人推举武行德为河阳都部署。武行德派遣他的弟弟武行友先把章表装在蜡丸中，然后带着这封蜡表抄小路前往晋阳。

契丹派武定节度使方太到洛阳巡行视察，到达郑州，州里的守兵一起强迫方太为郑王。后梁朱温的后代密王朱乙避祸当了和尚，嵩山盗贼头领张遇得到朱乙，就立朱乙为天子，把嵩岳大神的冠冕龙袍扒下来给他穿上，率领部众一万多人袭击郑州，方太把他们打跑了。方太考虑到契丹势力还很强大，恐怕事情不能成功，于是对守兵百般分析、劝导，打算带着他们一起投奔洛阳，众人不听，方太就从西门逃走，奔向洛阳。守兵既已被方太所遗弃，反而在契丹面前出卖了方太，说是方太要挟他们作乱，方太派他的儿子方师朗主动去向契丹解释，契丹将领麻答将他杀掉，方太没有办法表明自己的心意。刚好这时各方盗贼攻打洛阳，契丹的留守刘晞放弃城池，逃往许州，方太于是进入洛阳官府执行留守的职务，跟巡检使潘环攻击盗贼，将他们打退，张遇杀了朱乙，主动前来投降。伊阙地区的盗贼首领自称天子，在洛阳城南的祭坛上当众宣誓，将要进入洛阳，方太迎击，把他们赶走。

方太打算归附晋阳，武行德却派人诱骗他说："我只是个军中偏校，先生以前曾经镇守这个地方，现在把河阳的首领位置让出来，等待先生的到来。"方太听信他的话，到了河阳，被武行德杀死。

萧翰派遣高谟翰援助刘晞，并且护送他从许州回洛阳，刘晞怀疑是潘环煽动部众驱逐自己，于是就让高谟翰把潘环杀死。

戊辰日（十三日），武行友来到晋阳。

庚午日（十五日），史弘肇奏报说派先锋将马诲袭击契丹，杀死千余人。当时耿崇美、崔廷勋来到泽州，听说史弘肇的军队已进入潞州，不敢前进，领兵南下。史弘肇派遣马诲前去追杀，将他们打败，耿崇美、崔廷勋和奚王拽刺退兵防守怀州。

辛未日（十六日），后汉高祖刘知远任命武行德为河阳节度使。

契丹主耶律德光听说河阳发生动乱，感叹道："我有三个失误，天下应该背叛我啊！向各辖区征敛钱财，这是第一项失误；叫上国的士兵"打草谷"，这是第二项失误；不及早下令各节度使回到自己所管辖的藩镇，这是第三项失误。”

南唐主李璟认为伪传圣旨以致军事失败，都是陈觉、冯延鲁的罪过，壬申日（十七日），下诏赦免其他将领，廷议斩杀陈、冯向全国上下谢罪。御史中丞江文蔚在朝堂当前弹劾冯延已、魏岑，说：“陛下即位以来，所信任的人，只有冯延已、冯延鲁、魏岑和陈觉四人而已，这些人都阴险狡诈、玩弄权术，隐瞒事实，使皇上听不到、看不见，排斥忠贞良善的君子，引荐任用众多小人，向皇上劝谏力争的人被驱逐，私下议论的人被处刑。上下相互包庇，使人民敢怒不敢言。在路上相遇，只好用眼色来示意。现在陈觉和冯延鲁即使处死，但是冯延已和魏岑还在。根部没有铲除，枝干还会再生。同样的罪名，受到不同的惩罚，人心将会感到疑惑。”又说，“皇上所看所听的，只是那几个人，虽然每天接见群臣，最后还是陷于孤立。”又说，“任职在外的人掌握兵权，任职朝廷的人专断国事。”又说，“魏岑、陈觉、冯延鲁等人乖戾，他向前，我就退后，他向东，我就往西。天生的各种材质，国家的兵权，现在居然成为小人们愤恨争夺、轻率行动的工具。”又说，“出征讨伐的大权，由魏岑决定，国库库藏的取用，全在于魏岑的一句话。”

南唐主李璟认为江文蔚所说的话太过分，有点恼怒，把他贬为江州司士参军。陈觉、冯延鲁被戴上刑具押送到金陵。宋齐丘因为曾经举荐陈觉出使福州，所以这时向南唐主送上表章等待定罪。南唐主诏令陈觉流放蕲州，冯延鲁流放舒州。知制诰会稽人徐铉、史馆修撰韩熙载上疏说：“陈觉、冯延鲁罪大恶极，死有余辜，但是宋齐丘、冯延已替他们讲情，请求开恩，所以陛下赦免了他们。擅自兴兵的人不加以治罪，那么边疆上就会有制造事端的人了，丧失军队的人获得生存，那么行伍战阵中就没有效忠牺牲的人了。请施行明罚大刑来重震军威。”南唐主没有听从。

中书侍郎、同平章事冯延已被罢免，降为太弟少保，贬降魏岑为太子洗马。

韩熙载多次上言宋齐丘一党必定成为国家的祸乱。宋齐丘则奏劾韩熙载嗜好饮酒，行为猖狂，于是贬降韩熙载为和州司士参军。

乙亥日（二十日），凤州防御使石奉頵以凤州投降蜀国。石奉頵，是后晋宗室成员。

契丹主耶律德光到达临城，得了病，到达栾城时，病情加重，身上滚烫，把冰放在胸部、腹部和手脚上，还吃冰块。丙子日（二十一日），契丹主走到杀胡林，就死了。国人剖开他的肚子，塞进几斗盐巴，载回北方，晋人称他为“帝羓”。

赵延寿怨恨契丹主耶律德光背弃信约，对人说：“我不能再进龙沙了。”当天就先引兵进入恒州，契丹永康王兀欲以及南北二王，各率自己的部队也跟着相继进入恒州。赵延寿想拒绝他们，又恐怕得不到大军的援助，只好让他们进来。

这时契丹的众多将领已秘密商议拥戴兀欲为契丹主，兀欲登上鼓角楼受叔父、兄弟的朝拜。而赵延寿不晓得这件事情，自称接受契丹皇帝的遗诏，代理南朝的军国大事，于是颁下命令，通告各地，他供给兀欲的俸禄和其他将领一样，兀欲很恨他。恒州各城门的锁和钥匙以及仓库的物资出入，兀欲都亲自管理。赵延寿派人去向他要那些钥匙，兀欲不肯给。

契丹主耶律德光的尸体运到辽国，述律太后没有哭，说：“等到各部落恢复像以前那样安定团结，再安葬你吧！”

后汉高祖刘知远从寿阳回来的时候，留下一千人马戍守承天军。守兵听说契丹回北方去了，便不再设防，契丹前来偷袭，守兵惊慌、溃败。契丹焚烧他们的都邑，一天之中，燃起烽火一百多次。后汉高祖说：“这些胡虏将要逃走，故意虚张声势。”派遣亲信的将领叶仁鲁带领三千名步兵和骑兵开赴承天军。正好这时契丹出外抢劫，叶仁鲁乘虚而入，大破契丹，丁丑日（二十二日），再夺回承天军。

冀州人杀死契丹刺史何行通，推举牢城指挥使张廷翰主持州中事务。张廷翰，是冀州人，是符习的外甥。

有人劝赵延寿说："契丹各位大人连日聚会谋议，这里一定有变故。现在汉兵不下一万人，不如在他们采取行动之前图谋进取。"赵延寿犹豫不决。壬午日（二十七日），赵延寿下令，在下个月初一那天，在待贤馆举行就职典礼，接受文武百官的朝贺。仪式是宰相、枢密使在阶上朝拜，节度使以下的官员在阶下朝拜。李崧认为胡虏的意思跟我们不一样，形势难以预测，再三地劝赵延寿不要举行这个典礼，赵延寿这才罢休。

资治通鉴卷第二百八十七　后汉纪二

起丁未（公元947年）五月，止戊申（公元948年）二月，共十个月。

【题解】本卷记录了公元947年五月至948年二月的史事，共九个月。正当后汉高祖刘知远天福十二年五月至乾祐元年二月。此时期中原王朝又一次易主，刘知远起兵太原，赶跑契丹，建立后汉，史称高祖。契丹永康王耶律阮，小名兀欲，是太宗耶律德光哥哥耶律倍的儿子。太宗喜爱兀欲把他当成自己儿子培养，兀欲跟从太宗讨伐后晋。太宗耶律德光死在北还辽国的途中，兀欲用诡计在恒州即帝位，史称辽世宗。后汉高祖刘知远不仅容不下后唐明宗李嗣源之子李从益母子，还信任、依赖苏逢吉、史弘肇等贪残暴虐之臣。又滥杀幽州无辜士兵一千五百人，这不是仁心；诱骗张琏投降而又把他杀死，这不是诚信；杜重威罪恶大而赦免他，这是用刑不当。司马光评论说，刘知远失去了仁、信、刑这三项，所以他的国运不长久。后蜀兵进攻凤翔，吴越国发生政变，钱弘俶取代钱弘倧成为国主。

高祖睿文圣武昭肃孝皇帝中

天福十二年（丁未，公元947年）

五月，乙酉朔日（初一），永康王兀欲召请赵延寿及张砺、和凝、李崧、冯道等人到自己的馆舍饮酒。兀欲的妻子一向把赵延寿当哥哥看待，兀欲从容地对赵延寿说："妹妹从上国来，可想要见见她吗？"赵延寿很高兴地跟他一块儿进去。过了好一阵子，兀欲出来，对张砺等人说："燕王图谋叛变，刚才已经用铁链把他锁起来了。"又说，"先帝在汴梁的时候，留给我一个计划，答应由我主持南朝的军国政事。最近临终的时候，没有其他遗诏。然而燕王却擅自治理南朝的军国大事，哪有这样的道理呢？”于是下令：“赵延寿的亲信和党羽都不加追究。”隔了一天，兀欲到待贤馆接受蕃、汉百官的进谒祝贺，笑着对张砺等人说：“燕王如果真的在这里行这种礼仪，我就用铁甲骑兵包围此地，诸位也就难免遭殃了。”

过了几天，在恒州的州府召集蕃、汉群臣，宣布契丹主耶律德光的遗诏。大略内容是说：“永康王乃是大圣皇帝耶律阿保机的嫡孙，也就是人皇王耶律倍的长子，太后疼爱他，大家的心意也确实归向他，可在中京即皇帝位。”于是替契丹主耶律德光举行丧礼，穿起丧服，替他守丧。然后又换上吉服接见群臣，不再行丧礼，歌声乐声在府署内响个不停。

辛卯日（初七），后汉高祖任命绛州防御使王晏为建雄节度使。

后汉高祖刘知远召集群臣在朝廷商议进取中原。众将领都建议从井陉出兵，攻取镇、魏二州，先平定黄河以北，黄河以南就会自己拱手称臣，后汉高祖则主张从石会直趋上党。郭威说：“胡虏的首领虽已死亡，可是他的部众还很强盛，各自据守坚固的城池。我们向黄河以北出兵，兵力缺少，路途又弯曲遥远，没有别的力量来接应援助；如果胡虏们联合进攻我军，那么我们前进，他们在前面挡住去路；我们后退，他们又在后面拦截；运送粮草的道路也会被断绝，这是危险的一条路。上党那地方，山路险隘难行，粟米稀少，民家残破，无法供应军需，也不可以走。近来陕州和晋州两个藩镇相继诚心归附，引兵向这个地方进发，可保万无一失，不出二十天，洛阳、汴州就可以平定了。”后汉高祖说：“你说得很对。”苏逢吉等人说：“史弘肇的大军已经屯驻上党，胡虏各部相继逃走，不如出兵取道天井，直达孟津来得有利。”主管天文的官员奏道：“太岁在午，不利于向南走。应该经由晋州和绛州，抵达陕州。”后汉高祖采纳了他的意见。辛卯日（初七），诏令十二日从太原发兵，通告各道。

甲午日（初十）后汉高祖刘知远任命太原尹刘崇为北京留守，赵州刺史李存瑰为副留守，河东幕僚真定人李骧为少尹，牙将太原人蔚进为马步指挥使辅佐刘崇。李存瑰，是唐庄宗李存勖的堂弟。

这一天，刘晞放弃洛阳逃奔大梁。

武安节度副使、天策府都尉、领镇南节度使马希广，是楚国文昭王马希范的同母弟，生性谨慎和顺，马希范喜爱他，教他治理内外诸司的事务。壬辰日（初八）的晚上，马希范去世，将帅幕僚商议继位的人选。都指挥使张少敌、都押牙袁友恭认为武平节度使兼主持永州事务的马希萼，在马希范几个弟弟中年纪最大，主张立马希萼。长直都指挥使刘彦瑫，天策府学士李弘皋、邓懿文，小门使杨涤等人则一致主张立马希广。张少敌说："知永州事的马希萼年纪比较大，而个性刚强，一定不肯位居天策府都尉马希广之下，是很显然的。如果一定要立都尉，那就应当想出一套良好的计策来控制永州，使他服服帖帖、不敢行动才行，不然的话，国家就危险了。"刘彦瑫等人不同意。天策府学士拓跋恒说："三十五郎马希广即使主理军政大事，但三十郎马希萼年龄居长，也应派遣使者以礼相让；不然，一定会起争端。"刘彦等人都说："现在军政大权在手，这是上天的恩赐；上天的恩赐不接受，而让别人拣去，以后我们何处容身呢？"马希广怯懦软弱，自己决定不下。乙未日（十一日），刘彦瑫等人假托马希范的遗命，共同拥立马希广。张少敌退朝以后，叹息说："祸患恐怕就从这里开始了吧！"与拓跋恒都称病不出。

丙申日（十二日），后汉高祖刘知远从太原起兵，从阴地关开往晋、绛二州。

丁酉日（十三日），史弘肇奏报攻克泽州。起初，史弘肇进攻泽州，刺史翟令奇死守城池，攻不下来。后汉高祖认为是史弘肇兵少，想召他回来。苏逢吉、杨邠说："现在陕州、晋州、河阳都已经归附我们，崔廷勋、耿崇美早晚会逃走；如果召唤史弘肇回来，那么黄河以南的人心就会因此而动摇，这样一来，胡人的势力又强盛起来了。"后汉高祖没有立刻做出决定，派人去征求史弘肇的意见。史弘肇说："军队已经来到这里，势如破竹，只可前进，不可后退。"他的意见跟苏逢吉等人的意见相合，后汉高祖这才采纳他们的意见。史弘肇派遣部将李万超去劝说翟令奇，翟令奇于是投降了。史弘肇命李万超代理主持泽州事务。

崔廷勋、耿崇美、奚王拽剌联兵逼近河阳城，张遇率领几千人马前往救援，在南阪和敌军展开战斗，战败而死。武行德出战，也被打败，关闭城门，严密防守。拽剌想要攻城，崔廷勋说："现在北军已经离去，得到这座城池有什么用！而且杀害一人都还觉得可惜，何况是一城呢？"听说史弘肇已经得了泽州，于是放弃河阳，退兵防守怀州。当史弘肇将要到达怀州的时候，崔廷勋等率领部众向北逃走，经过卫州，大肆抢夺后离去。留在黄河以南的契丹人相继回到北方，史弘肇领兵和武行德会合。

史弘肇为人稳重坚毅、沉默寡言，统领军队，号令严明、军纪整肃，将校稍微不听命令，立刻击杀他。士兵经过的地方，如果有人侵害百姓的田地，或把马系在树上的，一律斩首，军中人人恐惧，没有一个敢违抗命令，所以无论打到什么地方，都获得胜利。后汉高祖刘知远从晋阳安安全全地进入洛阳和汴州，兵器连一点血迹都没有沾到，这都是史弘肇的功劳。后汉高祖从此更加倚重、喜爱他了。

辛丑日（十七日），后汉高祖刘知远到达霍邑，派遣使者晓瑜河中节度使赵匡赞，并且把契丹囚禁他父亲赵延寿的消息告诉他。

滋德宫内有五十多名宫女，萧翰想要带走，宦官张环不给。萧翰砸坏宫门的锁，抢夺宫人，将张环抓起来，用烧红的铁块烙他，张环腹部被烧烂而死。

起初，萧翰听说后汉高祖刘知远率兵南下，想向北回国，又担心中原无主后，必然大乱，自己就不能轻松地回国了。当时后唐明宗李嗣源的儿子许王李从益跟王淑妃在洛阳，萧翰派高谟翰去迎接他们，假称契丹主耶律德光的命令，任命李从益主持南朝军政大事，召自己前往恒州。王淑妃、李从益躲藏在后唐明宗李嗣源的陵墓——徽陵的地宫中，最后不得已，只好出来。到了大梁，萧翰立李从益为皇帝，率领各酋长向他下拜。又任命礼部尚书王松、御史中丞赵远为宰相，前任宣徽使甄城人翟光邺为枢密使，左金吾大将军王景崇为宣徽使，任命随契丹主耶律德光北来的指挥使刘祚代理侍卫亲军都指挥使，充任在京巡检。王松，是王徽的儿子。

文武百官拜见王淑妃，淑妃哭着说："我们母子二人这样孤单弱小，却被你们各位推上这个位置，这是祸害我家啊！"萧翰留下一千名燕兵，把守各个大门，并为李从益担任警卫。壬寅日（十八日），萧翰及刘晞辞行，李从益在城北的郊外为他们饯行。李从益派遣使者到宋州召请高行周，到河阳召请武行德，结果都不来。王淑妃害怕，召集大臣商量说："我母子两人被萧翰所逼迫，自料难免一死。诸公无罪，应该及早迎接新的君主，自求多福，不要为了我母子两人而有所顾虑！"大家被她的话所感动，都不忍心背叛她而离开。有人说："现在集合各营的士兵，不下五千人，跟燕兵合力坚守一个月，北方契丹的救兵一定会到来。"王淑妃说："我母子两人是亡国的遗民，怎么敢跟人家争天下！现已不幸落到这种地步，生死只有任由人家决定。如果新的君主能够体察，当会知道我们并没有什么对不起他的地方。现在如果再做别的打算，那么就会引起大祸，祸害连累其他人，将整个城中的百姓陷于困苦的境地，到底有什么益处呢！"大家还是想防守抵抗，三司使文安人刘审交说："我是燕人，怎能不为燕兵着想！但事情有无可奈何的情况。现在城中大乱以后，无论官家私人都穷到了底，留下的百姓没有多少，如果再被围一个月，那就没有能喘气的人。希望大家不要再说了，一切都听从太妃的安排。"于是采用赵远、翟光邺的计策，李从益改称梁王，主持军国政事。派遣使者奉表称臣，迎接后汉高祖刘知远，请后汉高祖早日前往京师，接着李从益出宫住在私宅里。

甲辰日（二十日），后汉高祖刘知远到达晋州。

契丹主兀欲由于契丹主耶律德光有儿子在国内，自己以侄子的身份承袭帝位，又没有述律太后的命令，擅自即位，内心不安。

起初，契丹主耶律阿保机死于勃海，述律太后杀死酋长和众将领几百人。契丹主耶律德光又死在国境之外，酋长诸将害怕被杀，于是打算奉请契丹主兀欲统领军队回契丹。

契丹主兀欲任命安国节度使麻荅为中京留守，前任武州刺史高奉明为安国节度使。晋廷的文武官员和士兵全部留在恒州，只命翰林学士徐台符、李澣以及宫女、宦官、教坊的乐师跟随自己。乙巳日（二十一日），从真定启程。

后汉高祖刘知远即位后，绛州刺史李从朗和契丹将军成霸卿等人抗命，后汉高祖派遣西南面招讨使、护国节度使白文珂去攻打他们，但是没有攻下。后汉高祖走到城下，命令各军四面布阵而不攻打，分析利害给他们听。戊申日（二十四日），李从朗献城投降。后汉高祖下令亲信的将领分别把守各门，士兵们一个也不能进去。任命偏将薛琼为防御使。

辛亥日（二十七日），后汉高祖刘知远到达陕州，赵晖亲自牵后汉高祖的马进城。壬子日（二十八日），到达石壕，大梁百姓有前来迎接的。

六月，甲寅朔日（初一），萧翰来到恒州，与麻荅派铁甲骑兵包围了张砺的住宅。张砺正卧病在床，出来接见他们，萧翰数落他说："你为什么告诉先帝，说胡人不可以做节度使？还有，我做宣武节度使，而且又是国舅，你在中书省，居然对我使用堂帖（宰相处分百官的案卷）！还有，先帝留我防守汴州，叫我住在宫中，你又认为不可以。还有，在先帝面前中伤我和解里，说解里喜欢抢夺人家的财物，说我喜欢抢夺别人的女子。今天我一定要杀你！"说完，就下令把张砺用铁链锁起来。张砺大声地说："这都是国家的根本，我照实而说，要杀就杀，干吗还要锁起来！"麻荅认为大臣不可以擅自杀戮，尽力加以劝阻，萧翰才释放他。当晚，张砺愤怒而死。

崔廷勋看到麻荅，快步走上前去叩拜，并起身后跪着献酒，麻荅蹲坐着接受。

乙卯日（初二），后汉高祖刘知远到达新安，留在西京的官员都来迎接。

吴越国忠献王钱弘佐去世。遗命委任丞相钱弘倧为镇海、镇东节度使兼侍中。

丙辰日（初三），后汉高祖刘知远来到洛阳，进入宫中居住。汴州的文武百官奉上表章前来迎接。后汉高祖下诏告诉他们接受契丹任命的人都不必疑虑，于是把所有的敕告文书收集起来烧掉。赵远因避讳而改名为赵上交。后汉高祖命令郑州防御使郭从义先进入大梁，清理内宫，密令杀死李从益和王淑妃。王淑妃即将死去的时候，说："我的儿子是由契丹所册立的，有什么罪而要被处死！何不留下他，让他在每年寒食节的时候，盛一碗麦饭敬祭于明宗李嗣源的陵墓呢！"听到的人都不禁流下泪来。

戊午日（初五），后汉高祖刘知远从洛阳出发。枢密院吏魏仁浦从契丹逃回，在巩县叩见后汉高祖。郭威问他有关契丹的兵数及前代制度，魏仁浦博闻强记，头脑精敏，因此，郭威亲近他、信任他。魏仁浦，是卫州人。

辛酉日（初八），汴州的窦贞固等文武百官在荥阳迎接后汉高祖刘知远。甲子日（十一日），后汉高祖到达大梁，晋国的藩镇相继前来投降。

丙寅日（十三日），吴越钱弘倧继承王位。

戊辰日（十五日），后汉高祖刘知远下诏书实行大赦。凡是契丹所委任的节度使，下至将领官吏，各自安于职守，不再变更。又把汴州恢复为东京，改国号为汉，依旧用"天福"为年号，说："我不忍心忘记晋国。"恢复青州、襄州、汝州三个节度。壬申日（十九日），任命北京留守刘崇为河东节度使，同平章事。

契丹述律太后听说契丹主兀欲自立为皇帝的消息，大为震怒，发兵抵抗他。契丹主兀欲命伟王为前锋，两军相遇于石桥。起初，后晋的侍卫马军都指挥使李彦韬随从后晋主石重贵北迁，隶属在述律太后的部下，太后任命他为排阵使。李彦韬迎接伟王，向他投降，太后的兵马因此被打得大败。契丹主兀欲把太后囚禁在耶律阿保机的陵墓里。改年号为天禄，自称天授皇帝，任命高勋为枢密使。契丹主兀欲仰慕中原的风俗，所以多用原后晋的大臣，而他自己沉迷于酒色，轻视怠慢各部落的酋长，因此契丹人不归附，各部落频频叛变，契丹主不得不兴兵讨伐，所以几年内，无暇向南侵略。

起初，契丹主耶律德光命奉国都指挥使南宫人王继弘、都虞候樊晖带领所部人马守卫相州，彰德节度使高唐英对他们很好。守兵没有铠甲兵器，高唐英便供给他们铠甲兵器，依赖、信任得像亲戚一样。高唐英听说后汉高祖刘知远南下，献出自己所管辖的藩镇，主动投降；派去的使者还没有回来，王继弘和樊晖就杀了高唐英。王继弘自称留后，派遣使者去报告说高唐英反复不定。后汉高祖下诏，任命王继弘为彰德留后。庚辰日（十七日），任命樊晖为磁州刺史。

安国节度使高奉明听说高唐英被杀，心里忐忑不安，向麻荅请求任命马步都指挥使刘铎为节度副使，主持军府的事务，自己回到恒州。

后汉高祖刘知远派遣使者通告安抚荆南。高从诲上表祝贺，并要求统辖郢州，后汉高祖不准；等到使者前去宣布加恩的时候，高从诲拒绝接受。

南唐主李璟听说契丹主耶律德光去世，萧翰放弃大梁逃往北方，下诏书道："我们眷恋中原，那是本朝的故土。"任命左右卫圣统军、忠武节度使、同平章事李金全为北面行营招讨使，图谋进取北方。后来获悉后汉高祖刘知远已经进了大梁，于是不敢出兵。

秋季，七月，甲午日（十一日），任命马希广为天策上将军、武安节度使、江南诸道都统，兼中书令，封为楚王。

有传言赵延寿已经死了。郭威对后汉高祖刘知远说："赵匡赞是契丹任命的，现在还留在河中，我们应派遣使者前往吊唁祭祀，趁机起用他，并调换镇所。他已无家无国可归，一定会感恩戴德听从陛下的诏命。”后汉高祖赞成他的意见。正好这时邺都留守、天雄节度使兼中书令杜重威与天平节度使兼侍中李守贞都上表归降。杜重威又请求调到别处做节度使。而归德节度使兼中书令高行周又在此时入朝。于是在丙申日（十三日）那天，调杜重威为归德节度使，命高行周代替他；任命李守贞为护国节度使，加兼中书令；调护国节度使赵匡赞为晋昌节度使。过了两年，赵延寿才死在契丹。

吴越王钱弘倧派他的弟弟台州刺使钱弘俶共同参与相府事务。

李达命他的弟弟李通主持福州留后的事务，亲自前往钱塘见吴越王钱弘倧，钱弘倧秉承皇帝旨意加封李达兼侍中，改他的名字叫作李孺赟。过了不久，李孺赟既后悔又恐惧，用二十株金笋及各种宝物贿赂内牙统军使胡进思，求他帮忙，好让自己回福州。胡进思替他请求，钱弘倧答应了他。

杜重威自从投靠契丹、背叛中原后，心里常常疑虑恐惧，等到调任归德节度使的制令下达，他又拒不接受，他派自己的儿子杜弘璲到麻荅那里做人质，以换取契丹的援兵。赵延寿有幽州的亲兵两千人在恒州，由指挥使张琏率领，杜重威请求派遣这支军队来防守魏州，麻荅派遣他的部将杨衮率领契丹兵一千五百人及幽州兵开赴魏州。闰月，庚午日（十八日），后汉高祖刘知远下诏，废除杜重威的官爵，任命高行周为招讨使，镇宁节度使慕容彦超为副招讨使，以讨伐杜重威。

辛未日（十九日），杨邠、郭威、王章都由原暂理职位改为正使。当时在兵荒马乱以后，政府和民间都贫乏困穷，北方来的士兵和后晋朝廷的兵合起来，数量一下增加好几倍。王章建议后汉高祖刘知远，停办不急的事务，节省无益的费用，以供给军队所需，于是经费足够应付。

庚辰日（二十八日），后汉高祖刘知远制令兴建宗庙。太祖高皇帝刘邦及世祖光武皇帝刘秀都永远不变动。又立四代亲庙，追尊谥号。一共六庙。

麻荅为人贪婪、奸诈、残忍，民间有珍宝、美女，他都一定要夺取到手。又逮捕村民，诬陷他们为盗贼，撕裂脸面，挖出眼睛，砍断手腕，然后用火烧烤而死，想要借此来威胁民众。麻荅常把用刑的器具随身携带着，起居饮食的地方，左右前后都悬挂着人肝、人胆以及手、脚，谈笑如常。出入常穿黄袍，坐皇帝坐的车子，佩戴天子所用的饰物，说："这些事汉人认为不可，可是在我国是没有什么忌讳的。"又因宰相员额不够，于是发公文命冯道掌理弘文馆，李崧掌理史馆，和凝掌理集贤，刘昫掌理中书，僭越狂妄到这个地步。不过如果契丹有人犯法，也丝毫不加宽容，所以街市商铺不受骚扰。他常担心汉人逃走，因此对守门的人说："汉人如果有前来窥探城门的，就砍他的头来向我报告。"

麻荅派使者到洺州督运粮草，洺州防御使薛怀让听说后汉高祖刘知远已入大梁城，就杀死那使者，率全州归降。后汉高祖派遣郭从义率领一万人马和薛怀让会合，一起在邢州攻打刘铎，结果没有攻下。刘铎向麻荅请求援助，麻荅派遣他的部将杨安及前任义武节度使李殷率领一千骑兵前往洺州攻击薛怀让。薛怀让严密布防，固守州城，杨安等人纵容士兵在邢、洺二州境内大肆抢劫。

契丹留在恒州的兵不满二千人，麻荅却让有关官员发给一万四千人的粮饷，他把多出的收入自己的腰包。麻荅常猜疑汉兵，而且认为他们没什么用处，所以稍微加以裁减，又扣减他们的粮食，以供给胡兵。众人感到怨愤，听说汉高祖刘知远进入大梁，都有南下归附的想法。前任颍州防御使何福进、控鹤指挥使太原人李荣，暗中联络军中的壮士好几十人计划攻打契丹，可是惧怕契丹势力还很强大，犹豫了一阵子，还没发动。正好这时杨衮、杨安等人率兵出征，契丹留在恒州的只有八百人，何福进等人于是就决定照计划而行，彼此相约，以佛寺敲钟为信号。

辛巳日（二十九日），契丹主兀欲派骑兵到恒州，召前威胜节度使兼中书令冯道、枢密使李崧、左仆射和凝等，会同安葬契丹先帝耶律德光于木叶山。冯道等人还没启程，到了吃饭的时间，寺庙的钟声响起。汉兵夺取契丹守门人的武器攻击契丹人，杀死十几个人，趁机冲入府中。李荣先占据军械库，召集所有的汉兵及市民，把铠甲、兵器交给他们，纵火焚烧牙门，和契丹交战。李荣召请汉人众将合力作战，护圣左厢都指挥使、恩州团练使白再荣迟疑不定，躲在偏室里，军吏用佩刀划破帘幕，拉住他的手臂，白再荣不得已而跟着军吏走。诸将相继来到，烟火四处弥漫，喧哗呼叫，声震天地。麻荅等人大为吃惊，载运宝物和家属逃到北城，设防自卫。可是汉兵缺乏统一的指挥，贪婪狡猾的人趁着战乱的机会打家劫舍，懦弱胆怯的人，趁机逃走，或藏匿不出。八月，壬午朔日（初一），契丹从北门入城，势力又振作起来，汉人死了两千多人。前任磁州刺史李谷担心事情不能成功，特地请冯道、李崧、和凝到战地慰勉士兵，士兵看到冯道等人到来，争相奋力。正好日落西山，有好几千村民在城外鼓噪呐喊，打算抢夺契丹人的金银财宝和妇女，契丹害怕而向北逃去。麻荅、刘晞、崔廷勋全都逃往定州，与义武节度使邪律忠会合，邪律忠就是邪律郎五。

冯道等人四出巡行安抚士兵和百姓，大家推举冯道为节度使。冯道说："我是个书生，只会奏报事情而已。应该从诸将里头推选一位做留后。"当时李荣功劳最大，而白再荣地位较高，于是就以白再荣代理留后，把详细的情形奏报后汉高祖刘知远，并且请求拨遣援兵。后汉高祖派遣左飞龙使李彦从带兵前往援助。

白再荣为人贪婪昏昧，猜忌其他将领。奉国厢主华池人王饶怕被白再荣吞并，假称脚有病，占据东门楼，严加防范守卫。司天监赵延乂跟白再荣和王饶都很要好，往来于两人之间，多方劝解，两人才得和解。

白再荣认为李崧、和凝等人久做宰相，家中一定很富有，派军士们包围二人的住宅，请求发赏钱，李崧、和凝各自拿出家财分给他们，白再荣又想杀李崧、和凝灭口。李谷去见白再荣，责备他说："国家灭亡，君主受辱，你们统领着重兵却不救援。现在只勉强驱逐一个虏将，而镇州的民众就死了将近三千人，哪里是靠您一个人的力量呢！刚刚才死里逃生，马上就想杀死宰相，新天子如果责问您擅自杀人的罪过，您将怎么回答呢？”白再荣害怕而住手了。他又打算征收百姓的钱财来供给军队，李谷极力劝阻，他才停止。汉人当中，凡是曾经替麻荅做过事的，白再荣都把他们关起来，然后夺取他们的财物。恒州人由于他贪婪暴虐，称他为“白麻荅”。

杨衮到达邢州，听说麻荅已被驱逐，当天向北返回，杨安也领兵跑了，李殷率领他的部队，前来投降。

庚寅日（初九），任命薛怀让为安国节度使。刘铎听说麻荅逃走，献出邢州而来投降，薛怀让假称巡视检阅，引兵前往邢州，刘铎打开城门接他进去，薛怀让把刘铎杀死，向朝廷报告说打了胜仗，收复邢州。朝廷知道这件事的真相，却不加以追究。

辛卯日（初十），后汉又把恒州顺国军改为镇州成德军。

乙未日（十四日），后汉高祖刘知远任命白再荣为成德留后。过一年，才任命何福进为曹州防御使，李荣为博州刺史。

后汉高祖刘知远敕令：“盗贼不问赃物多少全都处死刑。”当时各地盗贼蜂起，朝廷深为担忧，所以刑法从严，并分派使者到各处追捕。苏逢吉亲自草拟诏书，主要内容是说：“一切盗贼，连带他们的四周邻居以及同保（等于现在的村、里）的人，都全族处斩。”大家认为：“盗贼尚且不可以灭族，何况是邻居同保人呢！”苏逢吉再三争辩，不得已，只删掉“全族”两字。因此，缉捕盗贼的使者张令柔杀掉平阴县十七村的村民。

苏逢吉这个人，用法峻刻，喜欢杀人。在河东幕府的时候，后汉高祖刘知远曾经命他把监狱里的犯人全部审理结案，以便祈神赐福，苏逢吉竟把全部的罪囚都杀死，向后汉高祖刘知远交差。等到做了宰相，朝廷刚刚创始，后汉高祖刘知远把军事事务全部交给杨邠、郭威去负责，所有部门事务则交给苏逢吉和苏禹珪去处理。这两个宰相处理事情，都凭自己的心意，不管旧有的制度，虽然事务不至于耽搁停滞，可是对意见的取舍，对人物的升降，只凭自己的好恶。后汉高祖刘知远正倚赖他们，信任他们，所以没人敢说。苏逢吉尤其贪婪狡诈，公然地索求财货，一点都没有顾忌。他的继母死后，也不穿丧服。他的异母哥哥从外地来，没禀报他就去看各个侄子，苏逢吉恼怒了，私下告诉郭威，借口其他事把哥哥用杖打死。

楚王马希广的异母弟弟天策左司马马希崇，生性狡猾阴险，悄悄写信给长兄马希萼，说刘彦瑫违背先王的遗命，废黜年长的哥哥，拥立年少的弟弟，借此来激怒马希萼。

马希萼从永州前来奔丧，乙巳日（二十四日），到达跌石。刘彦瑫告诉马希广，请派侍从都指挥使周廷诲等人率水军前往迎接，命永州将士都脱下铠甲才准进城，安置马希萼在碧湘宫住，并且就在住的地方穿上丧服，不让他进宫去见马希广。马希萼要求回朗州，周廷诲劝马希广杀掉他。马希广说："我怎么忍心杀自己的哥哥？宁愿把潭州和朗州分给他去治理。"于是赠送马希萼丰厚的礼物，遣送他回朗州。马希崇常常替马希萼侦察马希广，马希广的一言一行，一举一动，全都照实告诉他，相约做他的内应。

契丹灭亡后晋，驱赶战马两万匹回归辽国。到了这时，汉兵缺马，后汉高祖刘知远下诏命到河南各辖区没被抢劫过的地方向士民买马。

后汉高祖刘知远下制令，任命钱弘倧为东南兵马都元帅、镇海镇东节度使兼中书令、吴越王。

高从诲听说杜重威反叛，就出动水军几千人袭击襄州。山南东道节度使安审琦将他击退。高从诲又侵略郢州，郢州刺史尹实将他打得大败，高从诲于是跟后汉断绝一切关系，归附南唐、后蜀。

起初，荆南介于湖南、岭南和福建之间，地域狭窄，兵力薄弱。从武信王高季兴时起，各道进贡经过这里者，被他多次掠夺钱财货物。等到各辖区写信去责备他，或者出兵去讨伐他时，不得已，只好送回给他们，一点也不觉得惭愧。等到高从诲继位，南唐、后晋、契丹、后汉轮番占据中原，南汉、闽、吴、后蜀都称帝，高从诲为了贪图各国的赏赐，无论对哪一国，都奉表称臣。各国都看不起他，称他为“高无赖”。

南唐主李璟任命太傅兼中书令宋齐丘为镇南节度使。

南汉主刘晟担心弟弟们和他的儿子争天下，就杀掉齐王刘弘弼、贵王刘弘道、定王刘弘益、辨王刘弘济、同王刘弘简、益王刘弘建、恩王刘弘伟、宜王刘弘照，同时把他们的儿子也都杀掉，女儿则纳入后宫。南汉主建了一千多间行宫，用珠宝装饰，设置油锅、铁床、解剖等酷刑，号称“生地狱”。有一次，喝醉了，跟乐工开玩笑，把一条瓜放在乐工的脖子上，然后试验宝剑快不快，就这样把他的头给砍断了。

起初，后汉高祖刘知远和吏部尚书窦贞固一起侍奉后晋高祖石敬瑭，互相赏识敬重，等到后汉高祖当了皇帝，想任命窦贞固为宰相，他问苏逢吉说：“再往下推，谁可以做宰相？”苏逢吉跟翰林学士李涛很要好，因此推荐李涛，说：“以前李涛请求斩杀张彦泽，那时陛下在太原，曾经对他表示过敬重、赞赏的意思，凭这一点就可以做宰相了。”

正好高行周、慕容彦超到邺都共同讨伐杜重威。慕容彦超想要加紧攻城，而高行周想放慢进攻来等待敌人的漏洞。高行周的女儿是杜重威的儿媳妇，慕容彦超扬言说：“高行周为了女儿的缘故，顾念贼臣，不肯进攻。”因此两位将领不和。后汉高祖刘知远怕引起其他变故，想亲自率兵攻打杜重威，但是还没有最后下决心。李涛上疏，建议后汉高祖亲征。后汉高祖大为高兴，认为李涛有宰相的才识。九月，甲戌日（二十三日），加封苏逢吉为左仆射兼门下侍郎，苏禹珪为右仆射兼中书侍郎，窦贞固为司空兼门下侍郎，李涛为户部尚书兼中书侍郎，全都为同平章事。

戊寅日（二十七日），后汉高祖刘知远下诏亲临澶州及魏州慰劳军队，任命皇子刘承训为东京留守。

冯道、李崧、和凝从镇州回来，己卯日（二十八日），任命李崧为太子太傅，和凝为太子太保。

庚辰日（二十九日），后汉高祖刘知远从大梁出发。

晋昌节度使赵匡赞担心最终还是不被朝廷所接纳，冬季，十月，派遣使者向后蜀投降，请后蜀从终南山路出兵接应、救援。

戊戌日（十七日），后汉高祖刘知远来到邺都城下，住在高行周军营中。高行周对后汉高祖说："城里粮食还没吃完，急迫进攻，白白地损失士兵，不容易攻下，不如拖久一点，等到他们粮食吃光了，自然会崩溃。"后汉高祖认为是这样。慕容彦超屡次借事端欺压高行周，高行周向执政大臣哭诉自己好比被人捧粪土塞进嘴里而不敢言，苏逢吉、杨邠秘密地把这件事报告后汉高祖。后汉高祖深知慕容彦超不对，但还是让苏逢吉和杨邠去劝解他们；同时后汉高祖又把慕容彦超叫到帐中来教训一顿，并且要他到高行周那里道歉。

杜重威曾声称后汉高祖刘知远的车驾到达就投降，后汉高祖派给事中陈观前去宣布旨意，杜重威却又关城门拒绝使者。城里的粮食渐渐地吃完了，将士们很多出来投降。慕容彦超再三地请求攻城，后汉高祖答应了他。丙午日（二十五日），后汉高祖亲自指挥诸将攻城，从寅时到辰时，士兵受伤的有一万多人，死亡的一千多人，没有攻下，只好停止。慕容彦超这才不敢再说攻城。

起初，契丹留下一千五百名幽州兵守卫大梁。后汉高祖刘知远进入大梁，有人密报幽州兵将发动兵变，后汉高祖把所有幽州兵都杀死在繁台下。等到这次包围邺都，张琏率领两千名幽州兵帮助杜重威防守、抵抗，后汉高祖屡次派人去向他们招抚、劝告，承诺不杀他们。张琏说："繁台的士兵，究竟有什么罪而被杀戮？现在防守此地，只有以死为期罢了。"因此邺城久攻不下。十一月，丙辰日（初六），内殿直韩训进献攻城的器具，后汉高祖说："城池所依赖的，只是众人的决心。众人的心如果涣散分离，城池就不能守护，要这些器具干什么！"

杜重威背叛后汉时，观察判官金乡人王敏屡次哭泣劝谏，杜重威不听。到现在粮食吃光、兵力用尽，甲戌日（二十四日），杜重威派遣王敏奉表出城投降。乙亥日（二十五日），杜重威的儿子杜弘琏前来觐见；丙子日（二十六日），杜重威的妻子石氏前来觐见。石氏，是后晋的宋国长公主，后汉高祖刘知远又遣送他们入城。丁丑日（二十七日），杜重威开门投降，城里饿死的人已达到十之七八，幸存的人也都瘦得不成人样。张琏首先要求朝廷的保证，后汉高祖下诏，承诺让他们回自己家乡去，等到他们出城投降，便杀了张琏等将校好几十人，释放他们的士兵，让他们回北方去，这些士兵将要出魏州州境的时候，大肆抢劫一番，才离去。

郭威请求杀死杜重威的一百多名牙将，并抄没杜重威家中的资财赏给士兵们，后汉高祖刘知远同意了。后汉高祖任命杜重威为太傅兼中书令、楚国公。杜重威每次出门，路上的行人常常一边向他丢石头，一边骂个不停。

◆臣司马光说：后汉高祖刘知远杀死一千五百名无罪的幽州兵，这不是仁心；诱骗张琏投降，而又把他杀死，这不是诚信；杜重威罪恶大而赦免他，这是用刑不当。仁，是用来团结众人的；信用，是用来推行政令的；刑罚，是用来惩罚奸臣的。失去这三样，还靠什么来治理国家！难怪他的国运不长啊！◆

高行周因为慕容彦超在澶州，所以坚决推辞镇守邺都。己卯日（二十九日），后汉高祖刘知远命忠武节度使史弘肇领归德节度使，兼侍卫马步都指挥使；义成节度使刘信担任忠武节度使，兼侍卫马步副都指挥使，迁调慕容彦超为天平节度使，全都为同平章事。

吴越王钱弘倧盛大地检阅水军，赏赐比以前加了一倍。胡进思再三劝谏，钱弘倧很生气，把笔丢在水中，说："我的钱财，跟士兵共享，为什么要限制给多少！"

十二月，丙戌日（初六），后汉高祖刘知远从邺都出发。

后蜀主孟昶派遣雄武都押牙吴崇恽，带着枢密使王处回的信去招降凤翔节度使侯益。庚寅日(初十),任命山南西道节度使兼中书令张虔钊为北面行营招讨安抚使,雄武节度使何重建做他的副使,宣徽使韩保贞为都虞候,一共带领五万人马,张虔钊取道散关,何重建取道陇州,以进攻凤翔,奉銮肃卫都虞候李廷珪率领两万人马取道子午谷,以援助长安。各军从成都出发,旌旗互连好几十里。

辛卯日(十一日),后汉高祖刘知远的皇子开封尹刘承训去世。刘承训为人孝顺、友爱、忠诚、厚道,而且通晓政务,人们都对他的死感到惋惜。

癸巳日(十三日),后汉高祖刘知远回到大梁。

威武节度使李孺赟跟吴越守将鲍修让不和,打算乘鲍修让不备,杀死他,再以福州投降南唐国。鲍修让发觉这件事,引兵攻打福州府署,当天,杀死李孺赟,灭了他的全族。

乙未日(十五日),后汉高祖刘知远追立皇子刘承训为魏王。

侯益主动向后蜀国投降,让吴崇恽带着兵籍、粮账先回成都,跟赵匡赞一同上表,自请出兵平定关中。

己酉日(二十九日),鲍修让传送李孺赞的首级到钱塘,吴越王钱弘倧任命丞相山阴人吴程兼理威武节度使的职务。

吴越王钱弘倧生性刚毅、严厉,愤恨忠献王钱弘佐容忍姑息众将,政令不由自己颁发。等到他承袭王位,诛杀杭、越二州败坏法纪的三个官吏。

内牙统军使胡进思倚仗着有迎立新王的功劳,干预政事。钱弘倧厌恶他,想让他去管辖一个州,胡进思不愿意。他有时陈述自己的谋略,钱弘倧就多次当面斥责他。胡进思回到家,设置忠献王钱弘佐的灵位,然后披散头发,对着灵位悲痛地号哭一番。百姓有杀牛的,官吏加以审问,拿来他人所买的肉近一千斤。钱弘倧问胡进思:“一头最大的牛,肉有多少?”答说:“不超过三百斤。”钱弘倧说:“那么官吏是乱说的了!”于是就命胡进思治他的罪。胡进思拜贺吴越王钱弘倧的精明。钱弘倧却突然又问他说:“你怎么知道得这么清楚?”胡进思很恭敬，但又很不安地回答说：“臣从前还没从军的时候，也曾经做过这种营生。”胡进思认为钱弘倧是明知他以前的职业，故意使他难堪，所以更加痛恨、愤怒。胡进思建议遣送李孺赟回福州，等到李孺赟叛乱，钱弘倧又责备他，胡进思更加感到不安。

钱弘倧和内牙指挥使何承训计划驱逐胡进思，又和内都监使水丘昭券商议，水丘昭券认为胡进思党羽众多难以制服，不如容忍他，钱弘倧犹豫不定。何承训害怕事情泄露出去，反而把自己和钱弘倧所定的计谋告诉胡进思。

庚戌晦日（三十日），钱弘倧夜里宴请将领官吏，胡进思怀疑他谋害自己，便与他的党羽策划作乱，率领亲兵一百人，穿着军装，拿着武器，进入天策堂，见钱弘倧，说：“老奴没有罪，大王为什么要谋害我？”钱弘倧大声呵斥，胡进思不退，左右拿着兵器的人都很愤怒。钱弘倧却慌张失措说不出话来，快步跑进义和院。胡进思锁上义和院的门，假传王命，告示中外说：“大王突然中风，传位给同参相府事钱弘俶。”胡进思因而率领诸将到钱弘俶的私宅去迎接他，并且召请丞相元德昭。元德昭来到，站在帘外，不肯下拜，说：“等着觐见新君。”胡进思赶紧出来，掀起帘幕，元德昭才下拜。

胡进思伪称钱弘倧之命，承奉制书授钱弘俶镇海、镇东节度使兼侍中。钱弘俶说：“要能保全我的哥哥，才敢接受制命。不然的话，我将避位让贤。”胡进思答应了他。于是钱弘俶才开始处理政事。

胡进思杀死水丘昭券及进侍鹿光铉。鹿光铉，是钱弘倧的舅舅。胡进思的妻子说：“杀其他的人还有理由可说，至于水丘昭券，他是个君子，为什么要杀害他？”

这一年，南唐主李璟命羽林大将军王延政为安化节度使、鄱阳王，镇守饶州。

乾祐元年（戊申，公元948年）

春季，正月，乙卯日（初五），后汉高祖刘知远大赦天下，改年号为乾祐。

后汉高祖刘知远因为赵匡赞、侯益和后蜀兵联合入侵，颇为担心。正好这时回鹘前来进贡，诉说被党项所拦截，请求发兵接应。后汉高祖下诏命左卫大将军王景崇、将军齐藏珍率领禁卫兵数千名前往应援，同时也借此机会命他们经略关西。

晋昌节度使判官李恕，多年在赵延寿幕府中，赵延寿派他去辅佐赵匡赞。赵匡赞将要入蜀，李恕劝谏说："燕王归附契丹，难道是他自愿的吗？现在汉家新得天下，正虚心诚意地招抚怀柔，如果谢罪回朝，一定能够长保富贵。入蜀不是万全之计，古人说'蹄涔不容尺鲤'（意思是由马蹄踏陷所造成的水洼，是容纳不了一尺的鲤鱼的——也就是说蜀国太小，容不了赵匡赞），如果执意要入蜀，将来您一定会后悔。"赵匡赞于是就派遣李恕奉表请求入朝。王景崇等人还没有启程，而李恕已经到了大梁。后汉高祖刘知远问李恕："赵匡赞为什么要归附蜀国？"李恕回答说："赵匡赞自认为身受胡虏所颁授的官职，父亲又在胡虏的朝廷里，恐怕陛下不谅解，所以归附蜀国，以求苟且免于一死罢了。臣认为国家一定会加以存恤安抚，所以派臣前来请求陛下的抚恤。"后汉高祖说："赵匡赞父子，本来就是我们自己人，不幸陷身于虏庭，现在赵延寿刚刚才陷落在胡人所设的陷阱里，我又怎么忍心再加害赵匡赞呢！"于是就答应他入朝。侯益也请前来参加二月四日圣寿节（后汉高祖刘知远的生日）的盛会，向后汉高祖祝寿。王景崇等人将要出发，后汉高祖召请他们到卧室里面指示他们说："赵匡赞、侯益的心，都不可知。你们兵到那里，他们如果已经入朝，就什么也不用说，如果他们还在拖延观望，应当随机从事。"

己未日（初九），后汉高祖刘知远改名为刘暠。

后汉高祖刘暠任命前威胜节度使冯道为太师。

壬戌日（十二日），吴越王钱弘俶把前王钱弘倧迁往衣锦军的私宅居住，派遣匡武都头薛温率领亲兵护卫钱弘倧。吴越王钱弘俶秘密告诫薛温说："如果有不同寻常的处置，都不是我的意思，你要拼命地加以阻挡。"

后汉高祖刘暠自从魏王刘承训去世之后，过于悲伤哀痛，甲子日（十四日），开始发病。

赵匡赞不等到李恕回来报告，就已经离开长安，丙子日（二十六日），入朝谒见后汉高祖刘暠。

王景崇等来到长安时，听说后蜀军队已开入秦川，因为自己带的兵少，所以就起用本道兵马和赵匡赞的一千多名牙兵共同拒敌。王景崇担心赵匡赞的牙兵逃跑，想要在他们的脸上刺上花纹，但是不便明白下令这么做，于是很委婉地把这个意思透露出去。有一个军官叫作赵思绾，率先表示自愿在脸上刺花纹，以做部下的表率，引导大家都跟着这么做，王景崇很高兴。齐藏珍私下对王景崇说："赵思绾凶狠暴戾，难以驾驭，不如把他杀掉。"王景崇不听。赵思绾，是魏州人。

后蜀李廷珪快到长安时，听说赵匡赞已经入朝，想率兵退回蜀地，王景崇拦击，在子午谷打败李廷珪。张虔钊到达宝鸡，诸将意见不合，按兵不动。侯益听说李廷珪向西返回，因此关闭营门，抗拒蜀国的军队，张虔钊势力孤单，率领军队连夜逃走。王景崇率领凤翔、陇州、邠州、泾州、鄜州、坊州的士兵追赶蜀国的军队，在散关将他们打得大败，俘虏了将帅和士兵达四百人。

丁丑日（二十七日），后汉高祖刘暠病危，杨邠嫉恨侍卫马军都指挥使、忠武节度使刘信，立刻送刘信前往镇所。刘信不能辞行，泪如雨下而离去。

后汉高祖刘暠召唤苏逢吉、杨邠、史弘肇、郭威等人进宫去接受临终的遗命，说："我气息微弱，不能多说话。承祐还很弱小，我身后的事都委托在诸位的身上。"又说，"要谨慎防备杜重威。"当天，驾崩于万岁殿，苏逢吉等人保守秘密，不发布后汉高祖驾崩的消息。庚辰日（三十日），传下后汉高祖的诏书，声称："杜重威父子，乘朕小病，毁谤诽议，动摇人心，连同他的儿子杜弘璋、杜弘琏、杜弘璨一起斩首。晋室公主以及内外亲族，一概不加追究。"把杜重威分尸暴露在街市上，市人抢着吃他的肉，官吏无法禁止，一会儿就吃光了。

二月，辛巳朔日（初一），立皇子左卫大将军、大内都点检刘承祐为周王，同平章事。不久，发布后汉高祖刘暠驾崩的消息，宣布遗嘱，命周王即皇帝位。当时，刘承祐才十八岁。

蜀国的韩保贞、庞福诚引兵从陇州返回，约何重建一起向西走。当天，韩保贞等人到达秦州，分派士兵把守各个城门及主要通路，何重于是进入蜀国。

丁亥日（初七），后汉尊皇后为皇太后。

朝廷知道成德留后白再荣不是当将帅的人才，庚寅日（初十），命前任建雄留后刘在明代替他的职位。

癸巳日（十三日），大赦天下。

吴越内牙指挥使何承训又建议诛杀胡进思及他的党羽。吴越王钱弘俶痛恨他反复无常，而且害怕因此而引起祸患，乙未日（十五日），逮捕何承训，将他斩首。

胡进思屡次请求杀掉废王钱弘倧以绝后患，钱弘俶不允许。胡进思假称王命，密令薛温害死钱弘倧。薛温说："我自受命守卫那天起，没有听到过这句话，不敢妄自行动。"胡进思于是派遣他的党羽方安等两人利用夜晚翻墙进去，钱弘倧关上大门，把他们挡住，大声地喊"救命"。薛温听到，率领部众进去，把方安等人打死在庭院中。薛温入朝禀告钱弘俶，钱弘俶大为惊讶，说："保全我的哥哥，是你的功劳。"

钱弘俶对于胡进思，既害怕，又嫉恨，常常委屈自己，百般忍让。胡进思也忧愁恐惧，不久，背上所患的毒疮发作而死。钱弘倧因此得以保全生命。

后汉隐帝刘承祐诏令王景崇兼凤翔巡检使。王景崇领兵到达凤翔，侯益还没有启程，王景崇让禁兵分守各个城门。有人劝说王景崇杀掉侯益，王景崇认为自己接受先朝秘密的旨令，继位的新君并不知道，如果杀了侯益，或许会被认为擅自杀人，因此犹豫不定。侯益听说有人建议杀他，没有告诉王景崇就离开了，王景崇很后悔，内心一直自责。戊戌日（十八日），侯益入朝，后汉隐帝刘承祐问："为什么要招来蜀国军队？"回答说："臣是想引诱他们来，然后把他们给杀死。"后汉隐帝刘承祐听了，微微地笑了笑。

后蜀张虔钊恨自己劳师无功，癸卯日（二十三日），回到兴州，羞惭愤恨而死。

侍卫马步都指挥使、同平章事史弘肇遭逢母亲去世，没过几天，就又上朝参见。

资治通鉴卷第二百八十八　后汉纪三

起戊申（公元948年）三月，止己酉（公元949年），共一年十个月。

【题解】本卷记录了公元948年三月至949年的史事，共一年又十个月。正当后汉隐帝刘承祐乾祐元年三月至乾祐二年。乾祐元年后汉高祖刘知远驾崩，次子刘承祐即帝位，史称汉隐帝。隐帝年纪小不稳重，没有声威谋略。永兴小校赵思绾跟随王景崇西征后蜀，从凤翔返镇途中据守长安，赵思绾联络河中节度使李守贞、凤翔节度使王景崇反叛后汉，史称三镇叛汉。后汉枢密使郭威奉命征讨，平定三镇叛乱，对后汉立下大功，然而从河中还师，路过洛阳，因为个人的小愤恨就擅自更换藩镇主帅，后汉隐帝姑息不问，标志朝纲已经败坏混乱。后蜀主孟昶昏庸，权臣、奸臣当政。南汉与楚国交兵。吴越王钱弘俶奖励垦荒，不收赋税，境内没有闲置的田地。

高祖睿文圣武昭肃孝皇帝下

乾祐元年（戊申，公元948年）

三月，丙辰日（初七），史弘肇出仕复职，加官兼侍中。

侯益家里钱财富厚，重重地贿赂执政大臣及史弘肇等人，因此大臣们争相称誉他的才干。丙寅日（十七日），命侯益兼中书令，代行开封尹的职务。

改广晋府为大名府，改晋昌军为永兴军。

侯益在朝中大肆诋毁王景崇，说他恣意横行。王景崇听说侯益主政开封府，明白事态已产生变化，内心忐忑不安，而且怨恨朝廷。正好这时后汉隐帝刘承祐下诏派遣供奉官王益前往凤翔，征调赵匡赞的牙兵到京师，赵思绾等人很害怕，王景崇便趁机用煽动性的言语激他们。赵思绾在路上对他的党羽常彦卿说："小太尉（指赵匡赞）已经落入他们的手中，我们如果到了京师，只有一起送死了，怎么办？"常彦卿说："临机应变，你不必再说了。"

癸酉日（二十四日），王益到达长安，永兴节度副使安友规、巡检乔守温出城迎接王益，并在客亭设置酒宴款待。这时，赵思绾走上前来说："壕寨使已经在城东预订了居住的馆舍。现在将士们的家属都在城里，想各自进城去带领家属到城东住宿。"安友规等人认为赵思绾说得对。当时赵思绾等人都没有铠甲和兵器，赵思绾进了西门，有一个本州的军官坐在门边，赵思绾快速地夺了他的剑，把他杀死。赵思绾的部众趁机大声叫嚷，手拿白木棒，杀死守门的十多人，分派他的党徒把守各个城门。赵思绾进入府中，打开军械库，取铠甲和兵器交给他们，安友规等人全部逃走。赵思绾于是占据州城，召集城内的少年，共得四千多人，修筑城池，整建敌楼及城上的小墙，十天之内，一切战斗和防守的器具都准备好了。

王景崇示意凤翔的官吏士民向朝廷上表，推举自己主持军府事务，朝廷对此深为担忧。甲戌日（二十五日），迁调静难节度使王守恩为永兴节度使，迁调保义节度使赵晖为凤翔节度使，全都为同平章事。任命王景崇为邠州留后，命他从长安直接赴任。

虢州的一个乐人靖边庭杀死团练使田令方，强迫驱赶本州的百姓，投奔赵思绾。走到潼关的时候，潼关的守将出兵攻打靖边庭，他的部众被打败，都溃散而走。

起初，契丹主耶律德光北行回国，来到定州，命义武节度副使耶律忠为节度使，调原节度使孙方简为大同节度使。孙方简怨恨愤怒，而且怕去朝见被契丹扣留，迟延推脱，不肯接受任命，率领他的党徒三千人固守狼山旧寨，把守险要的地方。契丹攻打他，攻打不下。不久，孙方简派遣使者前来，表示愿意投降后汉，后汉隐帝刘承祐恢复他原来的官职（义武节度使），用以抵御契丹。

邪律忠听说邺都已经平定，常常害怕汉人制造叛乱。后汉隐帝刘承祐下诏任命成德留后刘在明为幽州道马步都部署，令他出兵筹划夺取定州。刘在明还没有启程，邪律忠和麻荅等人在定州烧杀抢劫一番，然后放弃州城，把所有人驱赶到北方。孙方简率领他的部众好几百人从狼山回来，占据定州，又奏请任命他的弟弟孙行友为易州刺史，方遇为泰州刺史。每当契丹入境侵略，兄弟奔走救援，契丹对他们颇为害怕。于是后晋末年沦陷于契丹的州县，又都为后汉所有。

丙子日（二十七日），后汉任命刘在明为成德节度使。

麻荅回到他的国内，契丹主兀欲责备他失守州城。麻荅不服气，说："这是由于朝廷征用汉籍的官员，才招致祸乱罢了。"契丹主非常恼怒，将他毒杀。

苏逢吉等人做宰相，频繁提升补充官员，杨邠认为白白耗费国家钱财，在奏章里多次贬抑这种做法，苏逢吉等人不高兴。

中书侍郎兼户部尚书、同平章事李涛上疏说："现在关西形势纷乱，抵御外寇入侵是当务之急。二位枢密使都是先朝辅佐创业的功臣，官阶虽然显贵但家资并不富裕，应该颁授重要的藩镇给他们两人。至于枢密院的事务，就在陛下的眼前，很容易处断决定，苏逢吉和苏禹珪在先帝时就已担任重要职务，都值得委托、信赖。"杨邠、郭威获悉这件事，去见太后，一面哭泣，一面说："臣等两人跟随先帝在艰难中奋斗出来，现在天子听信别人的话，想把我们弃置在外，何况关西刚刚有变乱，臣等怎么忍心贪图安逸，不顾国家！如果臣等一定不称职，也请求留任到先帝下葬山陵。"太后听了，非常生气，拿这件事诘问后汉隐帝刘承祐，说："国家有功劳的旧臣，为什么听信别人的话而把他们赶走？"后汉隐帝说："这是宰相说的。"所以责问宰相。李涛说："这封奏疏，是臣独自一人草拟的，其他人没有参加意见。"丁丑日（二十八日），解除李涛的一切官职，勒令他回家。

这一天，邠、泾、同、华四镇都向朝廷上报：护国节度使兼中书令李守贞和永兴、凤翔二镇同时反叛。

起初，李守贞听说杜重威被杀而心中害怕，暗中萌生反叛念头。

自以为后晋时曾为上将，有战功，平常慷慨好施，所以颇得士兵之心。而汉室刚刚建立，天子年纪还轻，又刚即位，执政大臣又是后生晚辈，因此就有轻视朝廷的意思。于是招收亡命之徒，豢养敢死之士，修筑城池，整理铠甲和武器，昼夜不停。派遣使者暗中抄小路，带着用蜡丸包装的书信，去和契丹联系，屡次被守边的军吏查获。

浚仪人赵修己，一向擅长星象占卜之术，自从李守贞镇守滑州，任命他为司户参军，屡次跟随藩镇调动，对李守贞说："时运、天命不允许，不要轻举妄动！"前后痛切地劝谏，不止一次，可是李守贞不听，于是称病辞职，回到家乡。有个和尚，叫总伦，用妖术取悦李守贞，说他一定会做天子，李守贞信以为真。李守贞又曾经召集将吏僚属一起饮酒，手拿弓箭指着《舐掌虎图》说："我有不同寻常的福气，这一箭，一定射中老虎的舌头。"箭一离弦，果然射中。左右的人都向他道贺。李守贞于是更加自负。

正赶上赵思绾占领长安城，向李守贞奉上表章献上御衣。李守贞自认为是天道、人心相契合，于是自称秦王，派遣他部下的勇将平陆人王继勋率兵据守潼关。任命赵思绾为晋昌节度使。

同州距离河中最近，匡国节度使张彦威常常侦察李守贞的所作所为，奏请朝廷预先做准备。后汉隐帝刘承祐诏命滑州马军都指挥使罗金山带领所部兵戍守同州，所以李守贞起兵的时候，同州没有被他吞并。罗金山，是云州人。

后汉定难节度使李彝殷派兵驻守边境，向朝廷上奏章，称："三年以前，羌族𠰵毋杀死绥州刺史李仁裕反叛逃走，请求发兵征讨。"庆州方面也上奏说："请增兵以作防备。"由于主掌天象的官员说今年不利于先发兵，所以后汉隐帝刘承祐下诏劝谕他们，不要兴兵。

夏季，四月，辛巳日（初二），陕州都监王玉奏报收复潼关。

后汉隐帝刘承祐和身边的大臣商量，由于太后恼怒李涛的挑拨离间，现在想再提拔任用两位枢密使，以便表明以前的事不是后汉隐帝的意思。大臣们也憎恨二苏专政，想削减他们的权力，于是共同劝后汉隐帝再提拔任用杨邠和郭威。壬午日（初三），后汉隐帝刘承祐下制书，任命枢密使杨邠为中书侍郎兼吏部尚书、同平章事，枢密使照旧；任命副枢密使郭威为枢密使，又加封三司使王章同平章事。

凡中书省任命官员、各部门上奏公事，后汉隐帝刘承祐全委任杨邠斟酌办理。从此其他三位宰相全都拱手无事，一切政事都由杨邠决定。事情如果有未经杨邠批准的，没有人敢施行，政事就因此而耽搁停滞。三位宰相每次拟议进用人才，如果不是出于杨邠的意思，虽属主簿、县尉那样的小官，也不肯给他。杨邠一向不喜欢书生，常常说："国家府库充实，甲兵强盛，才是当务之急。至于文章礼乐，哪里值得放在心上！"他既痛恨二苏排挤自己，又因他们任命官吏太过浮滥，被众人所指责，想要矫正它的弊端，因此对于除授官职，非常吝啬，士大夫往往有从汉室兴起到灭亡从没有受过一次任命的情形，凡是因祖先功勋而补官，以及流外入仕，全部停止。这固然是由于杨邠的愚昧，可是当时的人，也归罪于二苏，认为这也是由二苏的不公平导致的。

后汉隐帝刘承祐命镇宁节度使郭从义充任永兴行营都部署，率领侍卫兵讨伐赵思绾。戊子日（初九），命保义节度使白文珂为河中行营都部署，内客省使王峻为都监。辛卯日（十二日），废除李守贞的官爵，命令白文珂等人把军队联合起来讨伐他。乙未日（十六日），任命宁江节度使、侍卫步军都指挥使尚洪迁为西面行营都虞候。

王景崇拖延时间不到邠州上任，集合、检阅凤翔的丁壮，假称要讨伐赵思绾，并发牒文与邠州合兵。

契丹主兀欲前往辽阳，后晋主石重贵和太后、皇后都去觐见契丹主。有一个叫禅奴利的人，是契丹主妻子的哥哥，听说后晋主有个女儿还没出嫁，亲自去见后晋主，请求后晋主把女儿嫁给他。后晋主推辞说年纪还小，没有答应。过了几天，契丹主派人骑着快马抢走他的女儿，赐给禅奴利。

王景崇写信给蜀国的凤州刺史徐彦，请求互通贸易。壬戌日（四月无此日），后蜀主孟昶命徐彦回信给他，招他来投降。

契丹主兀欲扣留后晋翰林学士徐台符于幽州，徐台符逃了回来。

五月，乙亥日（二十七日），滑州奏报说黄河在鱼池决口。

六月，戊寅朔日（初一），出现日食。

辛巳日（初四），后汉隐帝刘承祐任命奉国左厢都虞候刘词充当河中行营马步都虞候。

乙酉日（初八），王景崇派使者向后蜀请求归降，同时接受李守贞给予的官爵。

高从诲跟后汉绝交以后，北方的商人旅客不到荆南来了，境内贫苦穷困，于是派遣使者上表谢罪，请求准许他来进贡。后汉隐帝刘承祐诏命派遣使者去安抚慰问他。

西面行营都虞候尚洪迁攻打长安，身受重伤而死。

秋季，七月，后汉隐帝刘承祐任命工部侍郎李谷充当西南面行营都转运使。

庚申日（十三日），枢密使郭威加官任同平章事。

后蜀司空兼中书侍郎、同平章事张业，生性奢华，强买别人的田地住宅，在自己的宅院里藏匿亡命的罪犯，私设监狱，抓欠债的人，有的被关了好几年，甚至有病死在监牢里的。他的儿子检校左仆射张继昭，喜欢击剑，曾经与和尚归信一起去访寻善于击剑的人，右匡圣都指挥使孙汉韶跟张业有仇怨，密告张业、张继昭图谋造反；翰林承旨李昊、奉圣控鹤马步都指挥使安思谦又趁机诬陷他们。甲子日（十七日），张业入朝，后蜀主孟昶命令壮士在朝堂上将他打死，下诏公布他的罪行，没收他的家产。

枢密使、保宁节度使兼侍中王处回，也擅权专横，贪婪骄纵，出卖官职，收受罪犯的贿赂，各地赠送的贡物，都先送到王处回那里，然后才送到宫内的府库，家财亿万。他的儿子王德钧，也骄奢蛮横。张业死了以后，后蜀主孟昶不忍心杀王处回，允许他回家。王处回惊慌恐惧，辞去官位。后蜀主却又任命他为武德节度使兼中书令。

后蜀主孟昶想任命普丰库使高延昭、茶酒库使王昭远为枢密使，由于他们的名望和地位向来很低，于是先任命他们为通奏使，掌理枢密院的事务。王昭远，是成都人，幼年时以僧童的身份跟随他的师父进入官府，后蜀高祖孟知祥喜爱他敏捷聪慧，让他留在后蜀主孟昶的身边供事。到了这时，把中枢的要务委托给他，府库的金钱布帛，任他取用，不再加以核算。

戊辰日（二十一日），后汉隐帝刘承祐任命郭从义为永兴节度使，白文珂兼理河中行府的事务。

后蜀主孟昶命翰林承旨、尚书左丞李昊为门下侍郎兼户部尚书；翰林学士、兵部侍郎徐光溥为中书侍郎兼礼部尚书，全都为同平章事。

蜀国的安思谦图谋把旧将全部排挤掉，又诬陷卫圣都指挥使兼中书令赵廷隐，说他谋反，想要取代他的职位。夜晚，发兵包围赵廷隐的住宅。正好这时山南西道节度使李廷珪入朝，极力保证赵廷隐无罪，才获得赦免。赵廷隐因而称病，再三请求解除军职，甲戌日（二十七日），后蜀主孟昶答应了他。

凤翔节度使赵晖到达长安，乙亥日（二十八日），上表章说王景崇反叛的情况日益明显，请求发兵攻打。

起初，后汉高祖刘知远镇守河东，皇弟刘崇是马步都指挥使，与蕃汉都孔目官郭威争夺权力，二人有仇怨。等到郭威执掌政权，刘崇感到忧虑。节度判官郑珙劝刘崇做保全自己的打算，刘崇采纳了他的建议。郑珙，是青州人。八月，庚辰日（初四），刘崇上表招募四个指挥的兵力，从此选拔和招募勇士，招收亡命之徒，修治铠甲武器，充实府库，停止对朝廷的财赋供应，都以防御契丹为名义，朝廷的诏令，多不接受。

自从河中、永兴、凤翔三个藩镇抗拒朝廷命令以来，朝廷连续派众将领讨伐他们。昭义节度使常思驻守潼关，白文珂驻守同州，赵晖驻守咸阳。只有郭从义、王峻二人靠近长安安营扎寨，可是二人相互憎恨，像水火般不能相容，从春天到秋天，都互相观望，不肯出战。后汉隐帝刘承祐为此感到忧虑，想派遣一个有威望的大臣前去临阵指挥。壬午日（初六），任命郭威为西面军前招慰安抚使，各军都受郭威的调度指挥。

郭威将要上路，向太师冯道请教良策。冯道说："李守贞自认为是老将，士兵之心都归附于他，希望您不要吝惜公家的财物，而拿来赏赐士卒，这样一来，就夺走了他所依赖的东西了。"郭威采用了他的计策。因此，军民之心从此就归附于郭威。

后汉隐帝刘承祐诏令，白文珂赶赴河中，赵晖赶赴凤翔。

甲申日（初八），后蜀主孟昶任命赵廷隐为太傅，赐爵为宋王，国家遇有军国大事，亲自前往他的府第请教。

戊子日（十二日），蜀国改凤翔为岐阳军，己丑日（十三日），命王景崇为岐阳节度使、同平章事。

乙未日（十九日），后汉任命钱弘俶为东南兵马都元帅、镇海镇东节度使，兼中书令，封为吴越国王。

郭威与众将领商议讨伐进攻之事，众将领想先夺取长安、凤翔。镇国节度使扈彦珂说："现在三个叛藩联合，推举李守贞为首领，如果李守贞败亡，那两个藩镇便不攻自破了。如果放过近处，而去攻打远方，万一王景崇、赵思绾在我们的前面抵抗，李守贞在我们的后面牵制，这是危险的战略。"郭威认为他说得很对。于是郭威从陕州，白文珂及宁江节度使、侍卫步军都指挥使刘词从同州，常思从潼关，三路一同进攻河中。郭威对于士卒，抚慰照顾，跟他们同甘同苦，有一点小功就奖赏他们，稍微受点伤害，就亲自去探望他们；士人不论贤能与否，如果有所请求或建议，都以温和态度去接受他们；违背触犯他不发怒，小的过错不责罚。因此士兵、将领之心都归附于郭威。

起初，李守贞以为禁军都曾是自己的老部下，受过他的恩惠，而且士兵一贯骄横，苦于后汉军法的严格，所以认为他们一到，就会在城门恭敬地迎接他，因此可以安静地等待他们。没想到士卒们刚刚接受过郭威的赏赐，都忘记了李守贞的旧恩。己亥日（二十三日），兵临城下，高举旌旗，猛挝战鼓，士卒们奔腾跃进，呼喊喧哗。李守贞见了，大惊失色。

白文珂攻克西关城，在黄河西岸设营栅，常思在城南设营栅，郭威驻扎于城西。不久，郭威看出常思没有将领的才能，先派遣他回到自己所治理的藩镇。

众将领想赶快攻城，郭威说："李守贞是前朝有经验的老将，勇猛善斗，慷慨好施，多次建立战功。况且城临黄河，城楼护墙完好坚固，不容轻视。而且他们凭靠着城池而战斗，我们在城下仰面进攻，岂不等于率领士卒投进汤火里去吗？勇气有时强盛，有时衰弱；进攻有时该缓，有时该急；时机有时适宜，有时不宜；事情有的当先，有的当后。不如暂且设置包围圈，采取守势，使任何通往外界的通道都完全断绝。我们清洗兵器，放牧战马，安闲地享用后方转送来的粮饷，穿暖吃饱还有余。等到城中粮食吃完，国库和私人的财物都用完，然后一面推进云梯冲车进逼他们，一面飞传檄文招降他们。他们的将士，将各自脱身逃亡，父子尚且不能相顾，何况是乌合之众呢！至于赵思绾、王景崇方面，只要分一部分人马牵制他们就可以，不值得忧虑。"于是发动各州壮丁两万多人，命白文珂等人率领，挖掘长的壕沟，修筑相连的城堡，排列队伍，把它包围起来。郭威又对诸将说："李守贞过去畏惧后汉高祖刘知远，不敢过于猖狂；现在他认为我们从太原起家，功业还不明显，有轻视我们的意思，所以才敢造反。正应采取静守的方略来制服他。"于是把军旗、战鼓都收起来，只沿黄河设置"火铺"传递军情，连绵几十里，派步卒轮番守护；派水军船只停泊在岸边，敌人有偷偷往来的，无不抓获，于是李守贞就像困在罗网中了。

蜀国的武德节度使兼中书令王处回告老还乡，辛丑日（二十五日），以太子太傅的身份退休。

南汉主刘晟派知制诰宣化人钟允章到楚国求婚，楚王马希广不同意。南汉主刘晟大怒，问钟允章："马希广还能治理南方吗？"答道："马氏兄弟，正在互相倾轧，彼此争权，不顾国家的兴亡，哪里还有余力来危害我们！"南汉主刘晟说："对！马希广懦弱而吝啬，他的士卒长期没有打过仗，这是我们图谋进取的最佳时机啊。"

楚国武平节度使马希萼向后汉朝廷提出要与楚王马希广各自尽职进奉贡品，请求朝廷另加封官爵。马希广采用天策府内都押牙欧弘练、进奏官张仲荀的计策，重重地贿赂执政大臣，使执政大臣拒绝马希萼的请求。九月，壬子日（初七），后汉隐帝刘承祐赐马希萼及楚王马希广诏书，告诫他们说："兄弟应该和睦相处，凡是马希萼所进贡的东西，应当和马希广的东西附在一起奏呈。"马希萼不肯答应。

蜀兵赴散关援助王景崇，赵晖派都监李彦从袭击，打败了他们，蜀军逃走。

后蜀主孟昶因为张业、王处回执掌政权，政事大多被阻隔隐瞒，己未日（十四日），开始设置匦函，后来改为献纳函。

王景崇把侯益的家属七十多人全部杀死，只有侯益的儿子前天平行军司马侯仁矩事前在外，才免于一死。庚申日（十五日），后汉隐帝刘承祐任命侯仁矩为隰州刺史。侯仁矩的儿子侯延广，还是个婴儿，乳母刘氏用自己的儿子替换了他，抱着侯延广逃走，一路向人讨饭充饥，终于走到大梁，回到侯益的家里。

李守贞屡次出兵想突出长围，都战败而回；派人带上蜡丸密信向南唐、后蜀、契丹求救，全被巡逻士兵抓获。城中粮食即将吃完，饿死的人一天比一天多。李守贞心中的忧愁，已表现在脸色上，召唤总伦加以诘问，总伦说："大王将会做天子，别人不能夺走。但是这里分野有灾难，等到磨难即将消磨完，只剩一人一马的时候，就是大王兴起的时运。"李守贞还信以为真。

冬季，十月，王景崇派遣他的儿子王德让，赵思绾派遣他的儿子赵怀义，前往成都觐见蜀主孟昶。

戊寅日（初三），王景崇派兵出西门，赵晖打败了他，于是夺取了西关城。王景崇退守大城。赵晖挖掘壕沟，把他包围起来，屡次向他挑战，王景崇不出。赵晖暗中派遣一千多人，披着战甲拿着兵器，仿制蜀兵的旗帜，沿着南山而下，令各军扬言说："蜀兵到了。"王景崇果然派出好几千人马出城迎接，赵晖预先埋设伏兵，出其不意加以攻击，把他们全部消灭。从此以后，王景崇再也不敢出来。

后蜀主孟昶派山南西道节度使安思谦领兵救援凤翔，左仆射兼门下侍郎、同平章事毋昭裔上疏进谏道："臣私下见到唐庄宗皇帝李存勖贪图西方的土地，派兵伐蜀，前蜀主孟知祥刻意向北方发展，当时所有在朝廷的臣子都上疏劝谏，可是都不接受，最后有什么成就！就这两个朝代的事，可以作为借鉴！"后蜀主孟昶不听，又派遣雄武节度使韩保贞引兵向汧阳进发，以分散汉兵的兵力。

王景崇派前义成节度使酸枣人李彦舜等去迎后蜀援军。丙申日（二十一日），安思谦驻扎在宝鸡以西，后汉军驻扎在宝鸡。安思谦派遣眉州刺史申贵率领两千人马直趋模壁，在竹林里设伏兵；丁酉日（二十二日）早晨，申贵率领数百名士兵逼近宝鸡而列阵，汉兵追逐他，遇到伏兵而溃败，蜀兵乘胜追杀，攻破宝鸡寨。后蜀军队离开以后，后汉军队又进入宝鸡。己亥日（二十四日），安思谦进兵屯驻谓水，汉增兵五千名戍守宝鸡。安思谦害怕，对部众说："我们粮食很少，而敌兵强盛，应该另订计划。"辛丑日（二十六日），退兵驻守凤州，不久，回到兴元。申贵，是潞州人。

荆南节度使兼中书令、南平文献王高从诲卧床病重，命他的儿子节度副使高保融治理内外兵马的事务。癸卯日（二十八日），高从诲去世，高保融主持留后事务。

彰武节度使高允权跟定难节度使李彝殷有仇怨，李守贞秘密向李彝殷求援兵，李彝殷发兵屯驻延州、丹州边境上，后来听说官军包围河中，才退回去。甲辰日（二十九日），高允权将此事上报朝廷，李彝殷也自己申诉，朝廷命二人和解。

起初，后汉高祖刘知远入大梁城，太师冯道、太子太傅李崧都在真定，后汉高祖把冯道的住宅赐给苏禹珪，李崧的住宅赐给苏逢吉。李崧宅中埋藏的东西以及洛阳庄园，苏逢吉全都占了。等到李崧回朝，自认为由于行事而陷于孤立无援的危殆境地，因此对待汉室的权臣，常常谦让谨慎，恭敬惊惕，大多称病，不出门。而他的两个弟弟李屿、李䍩，和苏逢吉的子弟都是朝廷的官员，时常在喝酒以后对他们口出怨言，说："夺走我的住宅、家产。"苏逢吉因此痛恨他们。不久，李崧把洛阳和大梁的房契献给苏逢吉，苏逢吉更加不高兴；翰林学士陶谷，以前是由李崧引荐进用，现在却又趁机诬陷他。

后汉法律已经很严酷，而侍卫都指挥使史弘肇尤其残忍，史弘肇宠信、重用孔目官解晖，凡抓到军中监狱的人，让他随意罗织罪名，最后没有不屈打成招的。等到三个叛臣连兵谋乱，人心恐慌，民间有人散播谣言，耸人听闻。史弘肇掌管禁军，巡逻京城，捉到犯罪的人，不问罪过轻重，在法律上犯了哪一条，一律擅自加以处死，不向上级请示。有的撕裂嘴巴，割断舌头，截断筋骨，砍断小腿，没有一天停止过。虽然奸恶的盗贼因此而销声匿迹，但是冤屈而死的人很多，没有一个敢控诉争辩的。

李屿的车夫葛延遇为李屿贩卖东西，常常欺骗主人、藏匿钱财；李屿鞭打他，催他交出所欠的东西逼得很急。葛延遇和苏逢吉的车夫李澄，商量向上诬告李屿谋反。苏逢吉听说后就引诱他们去做，于是召李崧来到家中，抓起来送入侍卫狱。李屿在狱中屈招说："跟哥哥李崧、弟弟李䍩、外甥王凝以及家僮一共二十个人，计划借着先帝出殡的机会，放火焚烧京城作乱；又派人携带蜡书进入河中城，联络李守贞；又派人召请契丹兵。"等到这份口供呈递上去，苏逢吉拿起笔来，改"二十"为"五十"两字。十一月，甲寅日（初九），后汉隐帝刘承祐下诏诛杀李崧兄弟、家属以及供词所牵连到的人，都暴尸街头，同时重赏葛延遇等。当时的人无不替他们感到冤枉。从此，士人和百姓家里都害怕车夫和家奴，往往被这种人要挟控制。

有一天，秘书郎真定人李昉拜访陶谷，陶谷问："你和李侍中关系远近？"李昉说："是我的族叔父。"陶谷说："李氏的灾祸，是我所导致的。"李昉听了这句话，吓得冒出汗来。陶谷，是邠州人，本来姓唐，为避后晋高祖石敬瑭的名讳而改为姓陶。

史弘肇特别憎恶文人，常说："这些家伙瞧不起人让人最难忍受，常叫我们是兵卒。"史弘肇兼领归德节度使，委托亲信的官吏杨乙替他收领军府应取的财利。杨乙仗势骄纵蛮横，整个辖区内畏惧他如同畏惧史弘肇一般；节度副使以下，远远望见他便恭敬地向他施礼，杨乙都把他们当部下看待，每月征敛万缗的钱送交史弘肇，当地的官吏百姓苦得受不了。

起初，沈丘人舒元、嵩山道士杨讷，都以游客身份谒见李守贞，当李守贞被后汉围攻，派舒元改姓朱，杨讷改姓李，名叫平，奉持章表抄小路去向唐国求救兵，唐国的谏议大夫查文徽、兵部侍郎魏岑请求出兵援救他。

南唐主李璟命北面行营招讨使李金全率兵救援河中，派清淮节度使刘彦贞为他的副手，查文徽为监军使，魏岑为沿淮巡检使，驻兵于沂州境内。李金全跟诸将正要一起吃饭，侦察敌情的骑兵报告说，有数百名汉兵在涧水的北岸，都很瘦弱，请乘他们不备，偷袭他们。李金全下令说："敢说渡过涧水的人一律斩首！"等到傍晚，伏兵四起，鸣金击鼓声远传十几里，李金全说："刚才可以和他们交战吗？"当时南唐士兵厌战，没有一个有斗志，而且河中路途遥远，军力不能相救。丙寅日（二十一日），唐兵退守海州。南唐主李璟致信后汉隐帝刘承祐告罪，请求通商贸易，并请求赦免李守贞，朝廷没有答复。

壬申日（二十七日），安葬睿文圣武昭肃孝皇帝刘知远于睿陵，庙号高祖。

十二月，丁丑日（初三），后汉隐帝刘承祐任命高保融为荆南节度使、同平章事。

辛巳日（初七），南汉主刘晟任命内常侍吴怀恩为开府仪同三司、西北面招讨使，率兵攻打楚国，进攻贺州；楚王马希广派决胜指挥使徐知新等人率兵五千人去援救贺州。还没到达，南汉兵已经攻下贺州，在城外挖了一个大陷阱，盖上竹箔，又在竹箔上覆盖泥土，底下设置机关，从壕沟挖掘地道直通陷阱。徐知新等人赶到以后，率兵攻城，南汉派人从地道里发动机关，楚国的士兵全部陷落在陷阱里，南汉出兵加以攻击，楚兵死了上千人；徐知新等人逃了回去，楚王马希广将他斩首。南汉兵又攻陷昭州。

王景崇屡次向后蜀上表章告急求救。后蜀主孟昶命安思谦再次出兵援救。壬午日（初八），安思谦从兴元引兵驻守凤州，请求先运粮四十万斛，才可以出境。蜀主孟昶说："看安思谦的意思，哪里肯为朕图谋进取中原！"可是仍然拨出兴州、兴元数万斛的米供给他。

戊子日（十四日），安思谦进兵驻扎在散关，派马步使高彦俦、眉州刺史申贵袭击并攻克后汉箭筈岭上的安都寨。庚寅日（十六日），安思谦打败汉兵于玉女潭，汉兵撤退，驻守宝鸡，安思谦向前推进，驻守模壁。韩保贞从新关出兵，壬辰日（十八日），驻扎在陇州神前，汉兵不出战，韩保贞也不敢前进。

赵晖向郭威告急，郭威亲自前往。当时李守贞派遣副使周光逊和副将王继勋、聂知遇防守城西，郭威告诫白文珂、刘词说："贼兵如果不能冲出重围，最后总会被我们捉住；万一能够冲出重围，那么我们就不能再留在此处。成败的关键，就在这里。敌人勇猛精锐的部队，都在城西，我走了以后，他们一定出来试图突破我们的包围，你们要谨慎防备！"郭威来到华州，听说后蜀军队军粮吃完已退走了，郭威于是返回河中。韩保贞听说安思谦离去，他也退守到弓川寨。

蜀国的中书侍郎兼礼部尚书、同平章事徐光溥，因为用有关情爱的话语挑逗前蜀安康长公主，所以，丁酉日（二十三日），解除他的宰相职衔，只担任本来的官职。

隐皇帝上

乾祐二年(己酉,公元949年)

春季,正月,乙巳朔日(初一),大赦天下。

郭威将要到达河中,白文珂出城迎接。

戊申日(初四)夜里,李守贞派王继勋等率领精锐部队一千多人沿黄河南下,袭击后汉军队的营栅。他们在堤岸上挖坑攀登而上,于是进入营栅,放火,大声呼喊,军营里狼狈不堪,不知所措。

刘词从容自在,神色如常,下令说:"只是一批小盗,不值得惊慌。"率领部众反击。客省使阎晋卿说:"贼兵的铠甲上都有黄纸,被火所照,很容易辨认;可是大家都没有斗志,又有什么办法呢?"副将李韬说:"哪有平时没事干拿国君的俸禄,遇有危难却不拼死作战的道理呢?"说完,拿起长矛率先前进,众人跟着他。河中军队退却逃走,死了七百人,王继勋受重伤,勉强得以脱身。己酉日(初五),郭威回到河中,刘词迎向马头请罪。郭威重重地赏他,说:"我所担忧的,正是在这里,若不是老兄勇猛作战,几乎被敌人耻笑。不过,敌人的招数,恐怕也止于这样而已了。"阎晋卿,是忻州人。

李守贞策划偷袭河西营栅,先派人出城到村里卖酒,有的赊欠白给,不索要酒钱,后汉巡逻的骑兵大多喝醉,因此河中兵得以偷偷地进入寨里,而使得营寨几乎失守。郭威于是下令:"将士们若不是犒赏饮宴,不得私下喝酒!"他所喜欢的将领李审,早上喝了少量的酒,郭威很生气地说:"你是我的部下,却率先违背我的军令,怎么叫我整治军众?"立刻将李审斩首,以申军令的威严。

甲寅日(初十),后蜀安思谦退守驻扎在凤州,送上表章等待朝廷降罪,蜀主孟昶却把它搁在一边,不加追究。

后汉隐帝刘承祐下诏书,把静州隶属于定难军。二月,辛未日(二月无此日),李彝殷上表谢恩。李彝殷眼看中原多事,因此有轻视傲慢的心理,每当藩镇有人叛乱,常常暗中帮助他们,然后向他们索求贵重的财货。朝廷知道这些事，但仍用恩泽来笼络他。

淮北众多盗贼大都请求听命于南唐，南唐主李璟派神卫都虞候皇甫晖等领兵一万人从海州、泗州出来招抚接纳他们。蒙城的守将咸师朗等人投降于皇甫晖；徐州将领成德钦把唐兵打败于峒峿镇，俘虏和斩杀六百人，皇甫晖等人引兵退回。

后晋李太后去见契丹主兀欲，请求靠着汉人城寨的旁边，给一块田地用来耕种养蚕养活自己，契丹主准许并让她和后晋出帝石重贵一起迁往建州。还没到达，安太妃就死在路上。她临终时嘱咐说："一定要把我的遗体火化，然后把我的骨灰撒向南方，让它随风飘扬，魂魄或许回到汉室。"到了建州以后，得到田地五十多顷，后晋主石重贵命令随从人员在田里耕种来供应食物。不久，述律王派遣骑兵将后晋主所宠爱的姬妾赵氏、聂氏抢走。述律王，就是契丹主耶律德光的儿子。

三月，己未日（十六日），后汉隐帝刘承祐命归德牙内指挥使史德珫兼任忠州刺史。史德珫是史弘肇的儿子，很爱读书，常不喜欢父亲的所作所为。有一个举人，在礼部的贡院门呼喊喧闹，苏逢吉命人把他抓起来，送到侍卫司，想叫侍卫司对他痛打一番，并在他脸上刺字。史德珫对他的父亲说："读书人无礼，自然有御史府处置，并不属于军中的事务。这只是公卿大臣要暴露大人的过失罢了。"史弘肇认为他说得非常对，立刻就打开刑具，把举人放走。

楚国将领徐进在风阳山打败南蛮，斩首五千人。

夏季，四月，壬午日（初九），太白星在白天出现；百姓有抬头看个究竟的，被巡逻兵抓住，史弘肇将他腰斩。

河中城里粮食将要吃光，百姓饿死的有十之五六。癸卯日（三十日），李守贞出兵五千多人，携带梯桥，分五路进攻包围圈的西北角；郭威派遣都监吴虔裕引兵对他拦腰截击，河中兵战败退走，把他们杀伤一大半，夺取了他们攻城的器具。五月，丙午日（初三），李守贞再次出兵，后汉军队又把他们打败，擒获他们的将领魏延朗、郑宾。

壬子日（初九），周光逊、王继勋、聂知遇率领他们的部众一千多人前来投降。李守贞的将士来投降的前后不断，郭威乘他们军心离散，庚申日（十七日），督率各军发起全面进攻河中。

赵思绾喜欢吃人肝，曾经当面剖开人腹取肝而切成细丝，切完了，人还没死。又喜欢用酒吞吃人胆，对人说："吞食这个一千枚，就胆大无敌了。"等到长安城里粮食吃完，就取妇女、幼儿充当军粮，每天按数量供给，每次犒赏军队，就屠杀好几百人，烹煮的方法，就跟烹羊烹猪一样。赵思绾无计可施，不知怎么样好。郭从义派人诱骗他。

起初，赵思绾年轻的时候，请求当已退休的左骁卫上将军李肃的仆人，李肃不收纳他，说："这个人眼珠乱转而且言语荒诞，来日一定是个叛臣。"李肃的妻子张氏，是张全义的女儿，说："您现在拒绝他，以后对我们将构成祸害。"于是赠送他贵重的金帛。等到赵思绾占据长安，李肃闲居在城里，赵思绾好几次前去见他，仍照旧礼向他下拜。李肃对他的妻子说："这个家伙屡次前来，将会玷污我。"想要自杀。他的妻子说："何不劝他归顺朝廷？"正好这时赵思绾向他请教保全自己的计策，李肃于是跟判官程让能劝赵思绾，说："公本来就跟国家没有嫌怨，只是怕被判罪而已。现在国家三路用兵，都还没有建立功劳，若在这个时候回心转意，改变计划，朝廷一定欢喜，自然不会失去富贵。比起坐而待毙的困局来，哪一种比较好呢？"赵思绾接受他们的意见，派遣使者到朝廷请求投降。乙丑日（二十二日），朝廷任命赵思绾为华州留后，都指挥使常彦卿为虢州刺史，让他们直接上任。

吴越的内牙都指挥使钭滔，是胡进思的党羽，有人告发他蓄谋反叛，口供牵涉丞相钱弘亿。吴越王钱弘俶不愿意追究到底，只把钭滔贬谪到处州。

六月，癸酉朔日（初一），出现日食。

秋季，七月，甲辰日（初三），赵思绾脱下盔甲出城接受后汉隐帝刘承祐的诏书，郭从义派兵把守南门，又把赵思绾送回城里。赵思绾请求给他牙兵及铠甲武器，郭从义也给了他；可是赵思绾拖延时间，征敛财货，再三改变启程的日期。郭从义等对他产生了怀疑，秘密地报告郭威，请求采取措施对付他。郭威同意。壬子日（十一日），郭从义跟都监、宣徽南院使王峻骑着马缓步入城，住在官舍，召请赵思绾一起喝酒，为他饯别，趁机把他抓起来，连同常彦卿及他的父兄、家兵共三百人，全都在街市上斩首。

甲寅日（十三日），郭威进攻河中城，攻克外城。李守贞收集余部退守子城。各将领要求赶快进攻子城，郭威说："飞鸟一旦走投无路，就会啄人，何况是一军呢！在干涸了的河里抓鱼，何必要那么性急！"

壬戌日（二十一日），李守贞和他的妻子及儿子李崇勋等人自焚而死，郭威入城，抓到他的儿子李崇玉等人，以及他所任命的宰相靖馀、孙愿、枢密使刘芮、国师总伦等人，押送到大梁，凌迟于街头。征召赵修己为翰林天文。

郭威查阅李守贞的公文书信，得到朝廷权臣及藩镇大员和李守贞来往勾结的书信，言语大逆不道，郭威想要奏报朝廷，秘书郎榆次人王溥劝谏说："魑魅鬼魂，乘着黑夜，争相出现，一见到阳光，自然就不见了。希望把它全部烧掉，以安定那些不安分的人的心。"郭威采纳了他的建议。

三个叛臣平定后，后汉隐帝刘承祐逐渐骄奢放纵，和身边的宠臣随意玩耍。飞龙使瑕丘人后匡赞、茶酒使太原人郭允明靠谄媚的言行获得后汉隐帝的宠信，后汉隐帝喜欢跟他们猜谜语、说脏语，太后屡次训诫他，后汉隐帝不把它放在心上。癸亥日（二十二日），太常卿张昭上疏说："应该亲近儒臣，讲习经义。"后汉隐帝不听。张昭，就是张昭远，为了避后汉高祖刘知远的名讳而改名。

戊辰日（二十七日），永兴节度使郭从义加任同平章事，调镇国节度使扈彦珂为护国节度使，另外任命河中行营马步都虞候刘词为镇国节度使。

南唐主李璟再度起用魏岑；吏部郎中会稽人钟谟、尚书员外郎李德明凭着能说善辩、聪明机警得到宠幸，参与国政。两人都自恃恩宠而轻浮骄躁，虽然不跟魏岑同党，但是国人都痛恨他们。户部员外郎范冲敏性情耿直，刚正不阿，于是让天威都虞候王建封上书，一一指责当权者的过错，请求提拔任用正直的人。唐主李璟认为王建封是武臣，统领军队，不应干预国家大事，所以看了他的奏疏，大为恼火，把王建封流放到池州，还没走到池州，又把他杀死；范冲敏也被当街斩首。

南唐主李璟听说河中城被攻破，就任命朱元为驾部员外郎，待诏文理院李平为尚书员外郎。

吴越王钱弘俶命丞相钱弘亿治理明州。

西京留守、同平章事王守恩为人贪婪卑鄙，专门聚敛钱财。出殡的丧车如果不送钱给他，就不能出城去，甚至打水洗厕所的人以及乞丐，都不免要交税。有时还教唆部下去偷人的钱财。有一户有钱人家娶媳妇，王守恩跟几个艺人前去做客，得到几锭银子才回来。

八月，甲申日（十三日），郭威从河中返回，途经洛阳；王守恩倚仗自己位兼将相，坐在轿里出来迎接。郭威大怒，认为有意怠慢自己，用洗澡推辞，不出来见王守恩，立即写一张帖子，命保义节度使、同平章事白文珂代替王守恩做西京留守，白文珂不敢违背。王守恩还坐在客位，等待接见，一个小吏告诉他说："新任的留守已经在官府上任办公事了！"王守恩大为吃惊，仓皇回去，见到家属数百人，已经被赶出府门，流落在大街上了。朝廷根本不管这件事，就直接任命白文珂兼侍中，充当西京留守。

◆欧阳修评论说：自古动乱、灭亡的国家，一定是先破坏了它的法制，然后动乱才跟随而起，这是势所必然的，五代的时候正是这样。白文珂、王守恩都是后汉的大臣，然而后周太祖（指郭威）用一张枢密使的帖子就更换了他们的职位，好像更换一名守兵一般。这时候周太祖还没有篡夺帝位的野心，而所做出来的事却是这个样子，大概是因为已经习以为常，所以白文珂不敢违背，王守恩也不敢抗拒。后周太祖郭威既然毫不迟疑地这样干，而汉廷君臣也把它搁在一边，不理不睬，这岂不是国家的纲常纪律混乱到了极点，才会有这种现象产生吗？所以擅长为天下考虑的人，不敢忽略细微的事情，而常常防微杜渐逐渐萌生的征兆，岂可不引为借鉴而有所警惕呢？◆

王守恩来到大梁，害怕获罪，所以各处打点，用重礼贿赂权贵。朝廷也念在王守恩率先献出潞州而归降于后汉，所以宽赦他，只惩罚几个在他属下当权的人而已。

马希萼征调朗州所有的壮丁组成乡兵，创立军号为静江军；制造了七百艘战船，准备攻打潭州。他的妻子苑氏劝他说："兄弟相攻，不论是胜是败，都会被人所耻笑。"马希萼不听，引兵直向长沙进发。

马希广听到朗州军情后说："朗州，那是我的哥哥，不能和他争斗，只应当把国家让给他罢了。"刘彦瑫、李弘皋再三争论，认为不可这样做，马希广于是任命岳州刺史王赟为都部署战棹指挥使，命刘彦瑫督察这支军队。己丑日（十八日），大破马希萼于仆射洲，掳获他的战舰三百艘。王赟追赶马希萼，眼看就要赶上，马希广派人把他叫回来，说："不要伤害我的哥哥。"王赟带兵返回。王赟，是王环的儿子。

马希萼从赤沙湖乘小船逃回来，苑氏哭着说："大祸就要临头了，我不忍心看见。"投井而死。

戊戌日（二十七日），郭威回到大梁，入朝拜见后汉隐帝刘承祐，后汉隐帝慰劳他，赐给他金帛、衣服、玉带、鞍马。郭威推辞说："臣受命出征，经过一整年，才攻克一城，有什么功劳可言！而且臣率兵在外，所有镇守保卫京师，使京师安定，供应军用物资，使军粮不致缺乏，都是各位大臣坐镇朝廷的功劳，臣怎么敢独自接受这些赏赐！请分赏给大家吧！"朝廷又拟议加授给他藩镇，郭威推辞说："杨邠官位在臣之上，不曾领有藩镇，而且自己是任职中枢的臣子，不可比照史弘肇的例子。"九月，壬寅日（初二），普遍赏赐宰相、枢密使、宣徽使、三司使、侍卫使等九人，跟郭威完全一样。后汉隐帝刘承祐又想另外再特赏郭威，郭威仍然推辞，说："作战的运筹策划，出于朝廷；发兵运粮，依靠藩镇；野外战斗，在于将士，而把功劳只归于我，为臣的怎能受得了！"

乙巳日（初五），郭威加任兼侍中，史弘肇加任兼中书令。辛亥日（十一日）加任窦贞固为司徒、苏逢吉为司空、苏禹珪为左仆射、杨邠为右仆射。各大臣讨论，认为朝廷的执政大臣普遍加恩，恐怕各藩镇会有所怨望。乙卯日（十五日），加封天雄节度使高行周兼摄太师，山南东道节度使安审琦兼摄太傅，泰宁节度使符彦卿兼摄太保，河东节度使刘崇兼中书令；己未日（十九日），加封忠武节度使刘信、天平节度使慕容彦超、平卢节度使刘铢都兼侍中；辛酉日（二十一日），朔方节度使冯晖、定难节度使李彝殷都加官兼任中书令。冬季，十月，壬申日（初三），加封义武节度使孙方简、武宁节度使刘赟同平章事；壬午日（十三日），加封吴越王钱弘俶尚书令，楚王马希广太尉；丙戌日（十七日），加封荆南节度使高保融兼侍中。议论此事的人认为："郭威不肯独揽功劳，而是把功劳推让分给别人，确实是高尚的行为，但是国家的爵位，因一个人立功而普及天下，不也太滥了吗？"

吴越王钱弘俶招募能够开垦荒地的百姓，不收赋税，因此吴越境内没有闲弃的田地。有人建议，把已经成年而户籍漏登的男丁，一一查出来，以增加税收，而由他自己掌管此事；钱弘俶把建议的人抓来，在都城的大门前，杖打一番，国人都很高兴。

楚国的静江节度使马希瞻因为哥哥马希萼、马希广二人互相争斗，屡次派使者向二人劝谏阻止，二人都没有听从。马希瞻深知这样下去，终有一天会被灭族；不久，背上毒疮恶化，丁亥日（十八日），去世。

契丹入侵河北，所过之处，烧杀抢劫；节度使、刺史各自巡视城池，严密防守。契丹的游击骑兵到达贝州及邺都的北境，后汉隐帝刘承祐感到忧虑。己丑日（二十日），派遣枢密使郭威指挥诸将去抵御胡寇，命宣徽使王峻监督这支军队。

十一月，契丹兵听说后汉军队渡过黄河，就后退离去。辛亥日（十二日），郭威的军队到达邺都，命令王峻分一部分军队，向镇州和定州进发。戊午日（十九日），郭威到达邢州。

唐兵渡过淮河，进攻正阳。十二月，颍州将领白福进打败了南唐军队。

杨邠主持政务苛刻琐碎。起初，邢州人周璨为诸卫将军，被罢官后没有依靠，就跟随王景崇西征，王景崇叛变，于是他就成为王景崇的主要谋划人。杨邠上奏道："前朝所任命的各个官吏，喜欢煽动藩镇大臣，应该全部遣送到京师来。"不久，这种身份的人从四方聚拢而来，每天拦住宰相的乘马，要求给他官做。辛卯日（二十二日），杨邠又奏，说："前朝所任命的官吏应该分别居住在两京，以等待有缺额时补官。"结果流离失所的人很多；杨邠又奏，说："往来通行的官吏，都发给通行证。"结果执行机关人满为患，拥挤不堪，搞得民心骚动。杨邠眼看不对劲儿，才宣布停止。

赵晖加紧进攻凤翔，周璨对王景崇说："你过去与李守贞、赵思绾二藩镇互为声援，而现在两个藩镇已被平定，蜀国的小子不值得依赖，不如投降的好。"王景崇说："好吧！让我再仔细地想想。"

过了九天，城外围攻得更加紧急，王景崇对他的党羽们说："事情已经山穷水尽了，我想采取应急计策。"于是对他的部将公孙辇、张思练说："赵晖的精锐部队，多在城北，明天五更以前，你们两人放火烧东门，假装投降，不要让敌寇进城，我跟周璨率领牙兵出北门冲杀赵晖的军队，纵使是失败而死，也还比束手就擒来得好。"二人都说："好！"

癸巳日（二十四日），天还没亮，公孙辇、张思练二人放火烧东城门，请求投降，府衙内也火光冲天；两位将领派人去侦察，原来王景崇已经跟他的家人自焚了。周璨也投降了。

丁酉日（二十八日），密州刺史王万敢进攻南唐海州获水镇，打得这个镇残破不堪。

这个月，南汉主刘晟前往英州。

这一年，南唐泉州刺史留从效的哥哥南州副使留从愿，毒死南州刺史董思安而取代他的地位。南唐主李璟不能制止，便在泉州设置清源军，任命留从效为节度使。

资治通鉴卷第二百八十九　后汉纪四

起止庚戌（公元950年），共一年。

【题解】本卷记录了公元950年的史事，共一年，正当后汉隐帝刘承祐乾祐三年。在这一年间，中原又一次发生政权更迭，后汉灭亡，后周建立。后汉隐帝行事乖张，权力欲望一天天膨胀，辅臣的怨愤情绪一天天高涨，年龄仅二十岁，做事冲动，左右人离间，突然间诛杀枢密院使杨邠、中书令史弘肇、三司使王章，朝廷内外惊骇，隐帝又下诏要诛杀手握重兵在外的郭威等人，逼反郭威。隐帝亲征，最后被乱兵杀死。后汉建立国家的时间短暂，根基不稳，郭威久经沙场，手握兵权，制造兵变，自立为帝。楚国内讧，兄弟交兵，马希萼攻破长沙，杀死马希广，自立为王。

隐皇帝下

乾祐三年（庚戌，公元950年）

春季，正月，丁未日（初九），凤翔节度使赵晖加官兼任侍中。

密州刺史王万敢请求增兵，以攻唐国；后汉隐帝刘承祐诏命前任沂州刺史郭琼为东路行营都部署，率领禁卫军及齐州兵前往援助。

郭威请求统率军队北上进逼契丹边境，后汉隐帝刘承祐下诏制止。

丙寅日（二十八日），朝廷派遣使者分别到河中、凤翔去收埋战死将士及饿死百姓的尸骨，当时已经有和尚收聚二十万了。

南唐主李璟听说汉兵已把三个叛臣全部讨平，这才罢免李金全的北面行营招讨使。

南唐清淮节度使刘彦贞大肆搜刮民财来贿赂当朝权贵，权贵争相称赞他；刘彦贞在寿州坐镇多年，恐怕被人取代，想借紧急事变来巩固自己的地位，于是虚妄地上奏说汉兵即将大举南伐。二月，南唐主李璟任命东都留守燕王钱弘冀为润、宣二州大都督，镇守润州；宁国节度使周宗为东都留守。

朝廷想要趁各节度使回京师参加“嘉庆节”（皇帝生日）祝寿活动的机会，更调他们的藩镇，隐帝表示同意。

甲申日（十六日），郭威巡行北部边境返回京师。

福州人有的到建州向南唐永安留后查文徽报告，说吴越军队已经弃城离去，请求查文徽当统帅。查文徽相信了他，派遣剑州刺史陈诲带领水军沿闽江而下，自己率领步兵、骑兵跟在后面。正好这时下了大雨，江水上涨，水势湍急，陈诲一夜之间走了七百里，到达福州城下，打败福州兵，活捉他们的将领马先进等人。庚寅日（二十二日），查文徽到达福州，吴越知威武军吴程假装派遣几百人出城迎接。陈诲说：“闽人大多狡诈，不能够轻信他们，应该安下营寨，慢慢再做打算。”查文徽说：“稍微迟疑，事情就会发生变化，不如乘机占据他们的州城。”说完，就率兵直接向前进。

陈诲整饬部众，敲打战鼓，停驻在江边。查文徽没有戒备，吴程率领军队向他出击，结果唐兵大败，查文徽跌下马，被福州人抓到，士兵死伤上万人。陈诲保全了他的军队，回到剑州。吴程押送查文徽到了钱唐，吴越王钱弘俶将查文徽作为战利品在祖庙举行献俘礼，然后放了他。

丁亥日（十九日），汝州奏报防御使刘审交去世。当地官吏百姓到朝廷上书，以刘审交生前有仁政的理由，恳求将其尸体留葬在汝州，以便能够侍奉他的坟墓，后汉隐帝刘承祐下诏准许。于是汝州人聚集在一起，相对痛哭，把刘审交安葬好，替他建了一座祠堂，每年定时祭祀他。太师冯道说：“我曾做过刘君的幕僚，看他治理政事，没有什么过人的地方，并不是能够减少百姓的赋税，免除百姓的徭役，只是本着公平、廉洁、慈爱的精神去做罢了。这也是一般人所能做到的，只是其他的人不做，而唯独刘君这样做，所以汝州人如此地爱戴他。假使全国所有食禄二千石的官员都效仿他这样做，还怕得民心不如刘君吗！”

甲午日（二十六日），吴越丞相、昭化节度使、同平章事杜建徽去世。

乙未日（二十七日），任命前任永兴节度使赵匡赞为左骁卫上将军。

三月，丙午日（初九），是后汉隐帝刘承祐的生日嘉庆节，邺都留守高行周、天平节度使慕容彦超、泰宁节度使符彦卿、昭义节度使常思、安远节度使杨信、安国节度使薛怀让、成德节度使武行德、彰德节度使郭瑾、保大留后王饶都入朝。

甲寅日（十七日），后汉隐帝刘承祐下诏在西汉高祖刘邦的长陵、东汉世祖刘秀的原陵营建寝庙，按时祭祀。主事的官吏考虑到经费庞大，停办这件事。一直到国家灭亡，二陵竟没有受过一次祭奠。

壬戌日（二十五日），迁调高行周为天平节度使，符彦卿为平卢节度使；甲子日（二十七日），调任慕容彦超为泰宁节度使。

永安节度使折从阮全族入朝。

夏季，四月，戊辰朔日（初一），调任薛怀让为匡国节度使；庚午日（初三），调任折从阮为武胜节度使；壬申日（初五），迁调杨信为保大节度使，迁调镇国节度使刘词为安国节度使，永清节度使王令温为安远节度使。李守贞叛乱的时候，王饶暗中和他勾结，李守贞被讨平以后，大家认为王饶一定会被安置在闲散的职位上；等到他入朝，以重礼巴结史弘肇，获调迁为护国节度使，消息传出来，大家都感到惊骇。

杨邠请求解除自己枢密使的职务，后汉隐帝刘承祐派遣中使劝谕阻止。宣徽北院使吴虔裕在杨邠身旁说：“枢密使是个重要的职位，不宜长期担任，应该让后辈轮换着做，相公辞掉这个职位是对的。”后汉隐帝听了，不大高兴，辛巳日（十四日），任命吴虔裕为郑州防御使。

后汉朝廷因为契丹军队近来入侵，横行黄河以北地区，诸位藩镇长官各自防守，没有出来抵抗的，便商议任命郭威镇守邺都，让他督率诸将来防备契丹军队。史弘肇希望郭威仍然担任枢密使，苏逢吉认为没有这样的先例，史弘肇说：“担任枢密使就可以不必请示，而见机行事，各军敬畏服从，号令可以顺利推行。”后汉隐帝刘承祐最后采纳了史弘肇的意见。史弘肇埋怨苏逢吉持反对意见，苏逢吉说：“以内朝官节制外朝官，是合乎情理的；现在反过来以外朝官节制内朝官，那怎么可以？”壬午日（十五日），后汉隐帝刘承祐下制书，任命郭威为邺都留守、天雄节度使，枢密使照旧。于是诏命黄河以北地区，所需兵器铠甲、钱币谷粱，只要见到郭威所发的文书，就立即供应。第二天，朝廷权贵在窦贞固家里聚会，一起饮酒，史弘肇举着大酒杯盯着郭威，大声地说：“昨天的朝廷议论，大家的意见是何等的不同！今天特地为老弟干了这一杯！”苏逢吉、杨邠也举起酒杯说：“这是国家的事情，彼此为了国家而产生一点争执，怎么值得老是挂在心上！”史弘肇又拉大嗓门说：“安定国家，靠的是长枪大剑，要毛锥（按：毛锥就是笔）干什么！”王章说：“没有毛锥，那么财源赋税从哪里来？”从此将相之间开始有了摩擦。

癸未日（十六日），后汉撤销永安军。

壬辰日（二十五日），后汉隐帝刘承祐任命左监门卫将军郭荣为贵州刺史、天雄牙内都指挥使。郭荣，本姓柴，父亲柴守礼，是郭威妻子的哥哥，郭威没有儿子，当时收养郭荣做儿子。

五月，己亥日（初二），后汉隐帝刘承祐任命府州蕃汉马步都指挥使折德扆为府州团练使。折德扆是折从阮的儿子。

庚子日（初三），郭威辞行，向后汉隐帝刘承祐进言说：“太后跟随先帝很久，经历许多天下之事，陛下年纪尚轻，有大事应当接受太后教诲再行动。亲近忠贞正直的人，远离谄佞邪恶的人，善跟恶之间，应该分辨清楚。苏逢吉、杨邠、史弘肇都是追随先帝的旧臣，尽忠谋国，希望陛下推心置腹地信任他们，一定不会有过失或差池。至于边疆的国防问题，臣自愿竭尽庸劣的才能，希望不致辜负陛下的嘱托。”后汉隐帝端肃仪容，恭敬地答谢他。郭威到了邺都，鉴于黄河以北地区的困难凋敝，告诫边境上的将领谨慎守卫疆界，严密防备，不得外出侵扰抢掠，契丹军队入侵，就采用坚壁清野的办法对付它。

辛丑日（初四），后汉隐帝刘承祐下敕书，说："防御使和团练使，如果不是战争期间，不得擅自直接向朝廷进奏言事，都须先申报各地观察使斟酌后再来奏报。”

丙午日（初九），后汉隐帝刘承祐任命皇弟山南西道节度使刘承勋为开封尹，加兼中书令，其实刘承勋年纪还小，所以并未任职。

平卢节度使刘铢，贪婪暴虐，恣意横行，后汉朝廷准备征召他回京，恐怕他抗拒命令，便乘在沂州、密州对南唐用兵的机会，派遣沂州刺史郭琼率兵驻守青州。刘铢心里恐惧不安，摆设酒席，召请郭琼前来共饮，在幕后埋伏士兵，打算要杀害郭琼；郭琼知道他的阴谋，屏退所有的随从人员，不慌不忙地赴会，一点都没有害怕的神情，刘铢不敢下手。郭琼趁机分析利害祸福给他听，刘铢被感动折服，皇帝的诏书一到就启程。庚戌日（十三日），刘铢入朝。辛亥日（十四日），任命郭琼为颍州团练使。

癸丑日（十六日），王章设宴聚会各位朝廷显贵，饮酒尽兴，用手势行酒令，史弘肇不熟悉酒令，客省使阎晋卿座位紧挨史弘肇，多次教他。苏逢吉跟他开玩笑说："旁边有个姓阎的人，何必担心被罚酒。”史弘肇的妻子正好姓阎，本来是酒家女，史弘肇以为苏逢吉在讥笑他，顿时板起脸孔，大怒，以极难听的话骂苏逢吉，苏逢吉不搭腔。史弘肇想打他，苏逢吉起身离开。史弘肇拿剑要追杀他，杨邠哭着劝阻他说："苏公是宰相，您如杀了他，把天子的颜面摆到什么地方去，希望您仔细地想一想！”史弘肇立即上马离去，杨邠跟他并骑，一直送到他家才回去。于是将相之间，像水火一般不相容了。后汉隐帝刘承祐让宣徽使王峻设置酒宴来和解，没有成功。苏逢吉想请求出任藩镇，避开史弘肇，后来又打消这个念头，说："我离开朝廷以后，只要史公一下命令，我就粉身碎骨了！"王章也闷闷不乐，打算求任外官，杨邠、史弘肇再三劝阻他。

闰月，宫中屡次出现怪物。癸巳日（二十七日），大风狂作，掀屋拔树，吹得京城西南的郑门门扇飞起，飞出十多步才落地，被震死的有六七人，平地水深一尺多。后汉隐帝刘承祐召请司天监赵延义，问他求神除灾的方法，赵延义回答说："臣的职责，在天象历法；求神除灾，我没学过。不过做帝王的人想要消除灾变，没有比修德更重要的了。"赵延义回去以后，后汉隐帝刘承祐又派宦官去问他："怎样才是修行德政？"赵延义回答说："请读《贞观政要》，而照着去做。"

六月，黄河在郑州决口。

马希萼打了败仗回来后，就写信引诱辰州、溆州以及梅山蛮族，打算和他们共同进攻湖南。蛮族一向听说长沙的库藏非常丰富，接到马希萼的信，非常高兴，纷纷出兵前往，立刻就进攻益阳。楚王马希广派遣指挥使陈璠抵抗他们，两军战于淹溪，陈璠战败而死。

秋季，七月，南唐归还马先进等战俘给吴越来交换查文徽。

马希萼又调遣各蛮族部落进攻迪田，八月，戊戌日（初三），攻破迪田，杀死守将张延嗣。楚王马希广派遣指挥使黄处超去援救，结果黄处超也战败而死；潭州人震恐，楚王马希广又派牙内指挥使崔洪琏率领七千人马，驻守于玉潭。

庚子日（初五），后蜀主孟昶封立他的弟弟孟仁毅为夔王，孟仁贽为雅王，孟仁裕为彭王，孟仁操为嘉王。己酉日（十四日），立他的儿子孟玄喆为秦王，孟玄珏为褒王。

后晋的李太后，在建州生了病，没有医药，只有跟后晋主石重贵仰天号啕而哭，叉着手指骂杜重威及李守贞说："我死了以后，不会放过你们！"戊午日（二十三日），李太后去世。后周显德年间，有从契丹来的人说："后晋出帝和冯后身体还好，但他的侍从逃回来和死亡的却超过一半了。”

马希萼上表请求在京师另设一个进奏务。九月，辛巳日（十七日），朝廷下诏，因为湖南已经有一个进奏务，所以不准再设。同时也赐诏给楚王马希广，劝他们兄弟和睦相处。

马希萼以为后汉朝廷有意袒护楚王马希广，发怒，派遣使者向南唐称臣，请求出兵攻打楚王马希广。南唐加封马希萼为同平章事，将鄂州当年租税赏赐给他，命令楚州刺史何敬洙领兵援助马希萼。冬季，十月，丙午日（十二日），马希广派遣使者向朝廷上表告急，说：“荆南、岭南、江南共同谋划，想瓜分湖南的土地，请发兵驻守澧州，以控制江南、荆南援助朗州的道路。”

丁未日（十三日），朝廷任命吴越王钱弘俶为诸道兵马元帅。

楚王马希广因为朗州人与山蛮入侵，众将屡吃败仗，面有忧色。刘彦瑫对马希广说：“朗州军队不到一万，马匹不到一千，您有精兵十万，为什么担忧不能取胜？希望借给我一万多人马，一百五十艘战舰，直接奔赴朗州，把马希萼给捆绑过来，以解除大王的忧愁。”楚王马希广很高兴，就任命刘彦瑫为战棹都指挥使、朗州行营都统。刘彦瑫进入朗州境内，父老们纷纷送牛肉酒菜来犒劳军队，说：“百姓不愿随从叛军作乱，盼望都府的军队已经很久了！”刘彦瑫重赏他们。战舰通过以后，便运来竹子木头隔断后路。这一天，马希萼派遣朗州军队和蛮族军队六千、战舰一百艘在湄州迎战。刘彦瑫乘着风势放火烧对方的战舰，不一会儿，风势转向，反而烧到自己。刘彦瑫往回走，江上的水路已经被自己阻断，士兵战死及淹死的达数千人。马希广听到这个消息，只知哭泣，不晓得怎么办。他平时很少颁赐奖赏，到了这个时候，只好大量地拿出金钱及布帛来讨好士兵们。

有人密告天策左司马马希崇散布谣言，煽惑群众，反叛的迹象已经很明显，建议把他杀掉。马希广说：“我若亲自害死自己的弟弟，有什么面目在地下见先王？”

马军指挥使张晖领兵从别的路进攻朗州，到达龙阳，听说刘彦瑫兵败，便后退屯驻益阳。马希萼又派遣指挥使朱进忠等人率领三千人马紧急攻打益阳，张晖骗他的部众说：“我带领部下包抄到贼兵的背后，你们留在城里等我，然后合力夹攻他们。”张晖出城以后，就从竹头市逃回长沙。朗州兵知道益阳城里没有主帅，紧急发动攻势，进攻益阳，结果城里的九千多名士兵全部战死。

吴越王钱弘俶让查文徽返归南唐。查文徽患哑疾，以工部尚书之职退休。

十一月，甲子朔日（初一），出现日食。

后蜀太师、中书令宋忠武王赵廷隐去世。

楚王马希广派遣他的幕僚孟骈劝马希萼说：“您忘记父兄之仇，臣服南唐，与东汉末年的袁谭向曹操求救有什么不同呢？”马希萼将要杀掉孟骈，孟骈说：“古时候两军交战，使者往来于彼此之间，我孟骈如果怕死，怎么肯来到这里！我所说的话，并不是偏袒潭州人，实际上是替您谋划。”马希萼于是放了他，让他回去报告说：“兄弟的情义已经断绝了，不到九泉，是永远不会再相见的。”

朱进忠请求马希萼亲自领兵攻取潭州。辛未日（初八），马希萼留下他的儿子马光赞防守朗州，发动境内所有的军队，直接开赴长沙，自称顺天王。

后汉隐帝刘承祐下诏书命侍卫步军都指挥使、宁江节度使王殷领兵驻扎在澶州来防备契丹入侵。王殷，是瀛州人。

朝廷讨论发兵的事，打算任命安远节度使王令温为都部署，以援救潭州，正好这时朝廷发生内乱，所以没有成行。

后汉隐帝刘承祐从即位以来，枢密使、右仆射、同平章事杨邠总理机要政务，枢密使兼侍中郭威主持征战，归德节度使、侍卫亲军都指挥使兼中书令史弘肇负责京城警卫，三司使、同平章事王章掌管财政赋税。杨邠非常公正忠诚，退朝以后，没有人上门请托，虽然不推辞四方的馈赠，但是馈赠多了，他便捐献给公家。史弘肇督察京城，路不拾遗。这时正值契丹扰乱中原之后，官府和百姓都贫穷困乏，王章拾取遗漏的小利，紧缩开支，以充实府库的储藏。正当这个时候，三个叛臣联合叛乱，军队连年戍守在外，而军需粮饷的供应却不曾缺乏。等到乱事平定以后，除了赏赐之外，还有剩余，所以国家大致安定。

王章征集赋税苛刻严厉。以前规定，田税每斛之外再交二升，叫作“雀鼠耗”，王章开始下令再交二斗，称作“省耗”；旧钱的流通使用无论出入都以八十钱为一“陌”，王章开始下令，缴入公库时，八十钱为一陌，从公库发放出去，则以七十七钱为一陌，叫作“省陌”；凡是违犯盐禁、麹禁及酒曲禁的人，纵然只有锱铢涓滴那么少量，也一律判死罪。因此百姓忧愁怨恨。王章尤其不喜欢文臣，曾经说：“这一帮人，把计算的筹码交给他，他也不知道摆弄计算，有什么用处？”所以对于文官，都是把不能供给军队食用的粟米拿来做他们的俸禄。核算的时候，官吏所估的价值已经偏高，王章又估得更高。

后汉隐帝刘承祐的左右宠臣逐渐被任用，太后的亲戚也干预朝政，杨邠等屡次加以裁减抑制。太后有一个旧友的儿子请求担任军职，史弘肇一怒之下，将他斩首。武德使李业，是太后的弟弟，后汉高祖刘知远让他掌管宫内的府库，后汉隐帝刘承祐即位以后，李业特别受到宠爱与信任。正好这时宣徽使空缺，李业想要这个职位，后汉隐帝及太后也向执政大臣暗示这个意思；杨邠、史弘肇认为宫廷内使职的升迁递补，有一定的次序，不能因为是外戚而越级担任，这件事才作罢。内客省使阎晋卿，论职级应当可以做宣徽使，可是拖了很久没有递补上去；枢密承旨聂文进、飞龙使后匡赞、翰林茶酒使郭允明都受到后汉隐帝的宠信，可是也都很久没有升官，大家都怨恨执政大臣。聂文进，是并州人。刘铢免除了青州职务回来，长期上朝参谒，一直没有授官职给他，因此，他常常叉着手，臭骂执政大臣。

后汉隐帝刘承祐刚解除了三年的丧服，就听音乐，赏赐乐官锦袍、玉带。乐官到史弘肇那里告谢，史弘肇大怒道：“将士守卫边疆殊死苦战尚且没有赏赐这些，你们这等人有什么功劳得到锦袍、玉带！”都夺过来，还给官府。后汉隐帝想立他宠爱的耿夫人为皇后，杨邠认为言之过早；后来耿夫人死了，后汉隐帝想用皇后的礼仪来安葬她，杨邠也认为不可以。后汉隐帝的年纪渐渐大了，不喜欢被大臣控制。杨邠、史弘肇曾经在后汉隐帝面前议论国事，后汉隐帝说：“好好地筹划，不要让人家有所批评！”杨邠说：“陛下只管不作声，凡事有臣等在。”后汉隐帝心情郁积，愤愤不平，左右的人就趁机在后汉隐帝面前诬陷他们说：“杨邠等人专横，终将作乱。”后汉隐帝相信了这些话。后汉隐帝刘承祐曾经在夜晚听到作坊里有打铁的声音，怀疑有紧急的战事，一直到天亮都没有睡着。司空、同平章事苏逢吉以前就和史弘肇有矛盾，知道李业等人怨恨史弘肇，就多次用言语来激他们。后汉隐帝于是跟李业、聂文进、后匡赞、郭允明等人共同谋划诛杀杨邠等大臣。计划决定以后，进宫去报告太后，太后说：“这件事怎么可以轻率地发动！还应该跟宰相商量商量。”李业当时也在旁边，说：“先帝曾经说过，朝廷的大事，不可拿去跟书生商量，书生懦弱怕事，只会耽误人家的事情。”太后又重申前面讲过的话，后汉隐帝愤怒地说：“国家的事情，不是闺中的妇人所能了解的！”说完，把衣袖一甩，就出去了。乙亥日（十二日），李业等将他们的密谋告诉了阎晋卿，阎晋卿恐怕事情不成，到史弘肇家里想报告他，史弘肇因为别的事推辞不见。

丙子日（十三日）早晨，杨邠等上朝，有几十名全副武装的武士从广政殿出来，在东厢房杀死杨邠、史弘肇、王章，聂文进立刻召集宰相、朝臣在崇元殿按朝班排列，宣旨说：“杨邠等人图谋造反，已经受国法制裁而处死，跟各位一同庆贺。”又召集各军将到万岁殿庭中，后汉隐帝刘承祐亲自说明了这件事，并且说：“杨邠等把我当小孩子看待，现在我才有机会做你们的主人，你们可以避免无谓的忧愁了！”大家都下拜称谢，然后退下。又召请前任各节度使、刺史等人上殿，说明这件事。又分派使者率领骑兵收捕杨邠等人的亲戚、党羽、侍从人员，全部杀掉。

史弘肇对侍卫步军都指挥使王殷特别厚待，杨邠等死后，后汉隐帝刘承祐派遣供奉官孟业携带密诏到澶州以及邺都，命令镇宁节度使李洪义杀死王殷，又命邺都行营马军都指挥使郭崇威、步军都指挥使真定人曹威杀郭威及监军、宣徽使王峻。李洪义，就是太后的弟弟。又紧急下诏征召天平节度使高行周、平卢节度使符彦卿、永兴节度使郭从义、泰宁节度使慕容彦超、匡国节度使薛怀让、郑州防御使吴虔裕、陈州刺史李谷入朝。命苏逢吉代理枢密院事务，前任平卢节度使刘铢代理开封府事务，侍卫马军都指挥使李洪建代理侍卫司事务，内侍省使阎晋卿代理侍卫马军都指挥使。李洪建，是李业的哥哥。

当时朝廷内外人心惶惶，苏逢吉虽然厌恶史弘肇，但没有参与李业等人密谋，听到事变很震惊，私下里对人说："事情发生得太匆促，皇上假如问我一声，不至于落到这种地步！"李业等人命刘铢杀郭威、王峻的家属，刘铢极其残忍狠毒，婴儿小孩也没一个幸免。命李洪建诛杀王殷的家人，李洪建只是派人把守监视，仍然送食物给他们吃。

丁丑日（十四日），使者到达澶州，李洪义畏缩胆怯，顾虑王殷已经知道此事，不敢动手，于是带着孟业去见王殷；王殷把孟业囚禁起来，派遣副使陈光穗拿密诏给郭威看。郭威召见枢密院吏魏仁浦，拿出诏书让他看，并问他："你看怎么办？"魏仁浦说："您是国家的大臣，功勋和名望一向显赫，加上统率强兵，据守重镇，一旦被小人陷害，祸患出乎意料，这不是言辞所能解释得清楚的。时局到了这步田地，不可坐以待毙。"郭威于是召集郭崇威、曹威以及众将，告诉他们杨邠等人冤屈而死以及有秘密诏书的情况，并且说："我和杨邠等人，披荆斩棘，跟随先帝夺取天下，接受先帝托孤的重任，尽力保卫国家，现在杨、史诸公已经死了，我怎么好意思独自贪生！你们无妨遵照诏书的意思，取了我的头颅，以回报天子，这样大概不会拖累你们。"郭崇威等人都哭着说："天子年纪还小，这一定是天子身边的几个小人所做出来的，如果让这帮人的野心得逞，国家哪里能够太平呢！崇威愿随您入朝，主动向天子申诉，扫清那些鼠辈小人，肃清朝廷，不可被一个使者杀死，蒙受千载洗刷不清的恶名。”翰林天文赵修己对郭威说：“您白白地送死有什么益处！不如顺应众人之心，领兵南行，这是天赐良机啊。”郭威于是留下他的养子郭荣镇守邺都，命令郭崇威率骑兵为先锋，戊寅日（十五日），自己带领大部队跟随其后。

慕容彦超正在吃饭的时候，接到后汉隐帝刘承祐的诏书，立即丢下碗筷入朝；后汉隐帝把军事全部交托给他。己卯日（十六日），吴虔裕入朝。

后汉隐帝刘承祐听说郭威领兵南下，商议发兵抵抗。前开封尹侯益说：“戍守邺都士兵的家属都在京师，官府军队不可轻易出去，不如关闭城门，以挫他的锐气，让他们的母亲、妻子登上城楼，招呼他们，可以不战而使他们降服。”慕容彦超说：“侯益年老体衰，出的是胆小鬼的计策。”后汉隐帝刘承祐于是派遣侯益、阎晋卿、吴虔裕及前任保大节度使张彦超率领禁卫兵直赴澶州。

这一天，郭威已经到达澶州，李洪义接纳郭威；王殷在迎接拜见郭威时，伤心痛哭，率领所统辖的士兵跟随郭威渡过黄河。后汉隐帝刘承祐派遣太监鸗脱刺探郭威的军情，被郭威抓到，于是郭威写了一封表，放在鸗脱的衣领内，让他回去报告后汉隐帝说：“臣昨天得到诏书，便静候处分，准备受死。但是郭崇威等人不忍心杀臣，说这都是陛下身边贪权而不知足的人中伤臣罢了。因此逼臣向南行进，亲自到京师请罪。臣求死不得，又不能制止他们。臣在几天内当可到达朝廷。陛下如果认为我有罪，岂敢逃避惩处？如果确实有进谗言的小人，希望把他抓起来交给军前以大快人心，那么，我又岂敢不安抚晓谕各军，撤退返回邺都！”

庚辰日（十七日），郭威赶赴滑州。辛巳日（十八日），义成节度使宋延渥出迎并投降了郭威。宋延渥是洛阳人，他的妻子是后晋高祖石敬瑭的女儿永宁公主。郭威拿出滑州府库的财物犒劳将士，并且训示他们说："听说侯令公已经督率各军从南方出发前来，现在有个难题，如果遇到他，跟他交战，就失去入朝的本意；不战，就会被他所屠杀。我想还是成全你们的功名，奉行诏书的意思，我死而无憾！"大家都说："是国家辜负您，不是您辜负国家，所以才万众一心，人人奋勇争先，像是报私仇一样，侯益这些人能够做什么呢！"王峻对众人宣示说："我已得到郭公的指示，等到攻克京城，任你们抢夺十天。"众人听了，高兴得跳了起来。

辛巳日（十八日），鸗脱到达京城大梁。在此之前后汉隐帝刘承祐提议准备亲自前往澶州，听说郭威已到黄河边上而作罢。后汉隐帝的心情，既后悔，又恐惧，私下对窦贞固说："近来做事也太草率了。"李业等人请求把府库所藏的财物全部拿来赏赐各军，苏禹珪认为不可以，李业当着后汉隐帝的面向苏禹珪下拜，说："为了天子，请相公暂且不要吝惜府库！"于是赏赐禁卫兵每人二十缗，其他各军每人十缗，将士在北方的赏赐给他们的家属，并且让家属通家信，以劝诱在北方的将士。

壬午日（十九日），郭威的军队到达封丘，人心惶惶。太后哭着说："不听李涛的话，理该要灭亡啊！"慕容彦超依仗自己勇猛，对隐帝说："在臣看来，北来的军队不过像一群蠛蠓虫罢了，臣一定替陛下生擒他们首领！"退下时，遇到聂文进，问他北来的兵数，及将校的姓名，颇为害怕，说："这些是强劲的敌人，不可轻视！"后汉隐帝又派遣左神武统军袁䳭、前任威胜节度使刘重进等人率领禁卫军跟侯益等人联合驻守赤冈。袁䳭，是袁象先的儿子。慕容彦超率领大军驻守七里店。

癸未日（二十日），南、北两方军队在刘子陂相遇。后汉隐帝刘承祐准备亲自出去慰劳军队，太后说："郭威是我们家的旧臣，如果不是生死攸关，哪里会到这种地步！只要按兵守城，急送诏书晓谕他，观察他的想法，如果他有正当的言辞与理由，那么君臣的关系还在，千万不要轻率出城。"后汉隐帝不听。当时护卫隐帝的军队士气高昂，太后派遣使者警告聂文进说："必须特别小心！"聂文进回答说："有臣在，即使有一百个郭威，也可以把他活捉来！"直到傍晚，两军没有交战，后汉隐帝返回宫中。慕容彦超夸下海口，说："陛下明天如果宫中没什么事，希望再出城，观看臣大破贼兵。臣不必跟他们直接交战，只要吆喝几声，就可以让他们退散回营了！"

甲申日（二十一日），后汉隐帝刘承祐想再次出城，太后极力制止，后汉隐帝不答应。已经摆好军阵，郭威训诫部众说："我是来诛杀这帮小人的，不敢与天子对抗，千万不要先动手。"过了一阵子，慕容彦超率领矫健的骑兵直冲向前，奋力攻击，郭崇威跟前任博州刺史李荣率领骑兵去抵抗他。慕容彦超的战马摔倒在地，差一点就被捉到。慕容彦超被救起来以后，引兵后退，部下战死的达一百多人，于是各军被吓得士气丧失，有一小部分向北军投降。侯益、吴虔裕、张彦超、袁嶬、刘重进都暗中前往拜见郭威，郭威分别遣送他们回营，又对宋延渥说："天子正面临危急，您是天子的近亲，最好率领牙兵前去保护天子的车驾，并且顺便禀奏陛下，希望陛下找个适当的机会，亲临臣的军营。"宋延渥还没有走到后汉隐帝的营帐，乱兵纷乱如云，不敢前进，只好折回。到了傍晚，南军大部分向北军投降。慕容彦超跟他部下的十几名骑兵奔回兖州。

当晚，后汉隐帝刘承祐只与窦贞固、苏逢吉、苏禹珪三位宰相以及随从官员数十人在七里寨住宿，其余人都逃跑溃散。乙酉日（二十二日）的早晨，郭威远远望见天子的旌旗在高坡上，于是下马，脱下头盔，前往跟随，到了那边，后汉隐帝已经走了。后汉隐帝赶着坐骑，将要回宫，走到玄化门，刘铢在城门上，问后汉隐帝左右的人说："兵马哪里去了？"说着就射杀后汉隐帝身边的人。后汉隐帝掉转马头，往西北走，走到赵村，追兵已经赶上，后汉隐帝下马进入百姓家里，结果被乱兵所杀。苏逢吉、阎晋卿、郭允明全都自杀；聂文进脱身逃走，军士追上，把他杀死。李业逃奔陕州，后匡赞逃奔兖州。郭威听说后汉隐帝刘承祐遇害，悲痛地号哭，说："这是老夫的罪过啊！"

郭威到达玄化门，刘铢像雨点似的向城外射箭。郭威从迎春门入城，回到自己的家，派遣前任曹州防御使何福进率兵防守明德门。诸军大肆抢劫，整个晚上烟火四起。

军士闯入前任义成节度使白再荣的家里，把白再荣抓起来，把他的财物抢夺一空，然后上前对他说："我们以前在你的帐下待过，一旦无礼到这个地步，有什么面目再见到你呢？"于是砍下白再荣的头，然后离去。

吏部侍郎张允，家产数以万计，但生性吝啬，即使是妻子也不信任，总是把全部钥匙系在自己衣服底下，走起路来丁当作响如同佩戴玉环。当天晚上，躲藏在佛殿的藻井上，被人发现以后，上去的人越来越多，木板被拉断，大家掉落下来，军士们为了争夺张允身上的钥匙，纷纷抢走他的衣服，张允终于因此而被冻死。

起初，作坊使贾延徽受到后汉隐帝刘承祐的宠信，与魏仁浦是邻居，想吞并魏仁浦的房屋来扩大自己宅第，屡次向隐帝说魏仁浦的坏话，几乎酿成杀身之祸。到了这个时候，有人抓到贾延徽，送交魏仁浦，魏仁浦加以婉拒，说："趁着变乱的时机而报复私仇，是我所不愿做的！"郭威听说这件事，更加看重魏仁浦。

右千牛卫大将军枣强人赵凤说："郭侍中起兵，只是想诛灭天子身边的奸臣以安定国家罢了，而鼠辈竟敢这样嚣张，这乃是盗贼的行径，哪里会是郭侍中的意思呢！"把胡床搬到巷口，盘坐在上面，手持弓箭，抢劫的士兵到来，就一一把他们射杀，整个里巷都靠他而得以保全。

丙戌日（二十三日），抓获刘铢、李洪建，囚禁了他们。刘铢对他的妻子说："我死了，你将会做人家的奴婢吗？"妻子答说："以你的所作所为来看，注定是会的！"

王殷、郭崇威对郭威说："如果不禁止抢劫，到了今天晚上，只剩下一座空城了。"郭威于是命令诸将，各自禁止自己的部下抢劫，不听从就杀头。到了日落的时候，才逐渐安定下来。

窦贞固、苏禹珪从七里寨逃回来，郭威派人寻访找到他们，不久他们官复原职。窦贞固做宰相，正逢杨邠、史弘肇当权，李业等人作乱，他只是以严谨持重的态度与他们相处，以求保全自己而已。

郭威命令有关部门将后汉隐帝刘承祐的灵柩迁到西宫。有人建议，依照魏高贵乡公的先例，以公礼安葬，郭威不赞成，说："仓促之间，我不能保护天子的车驾，罪过已经很大了，何况还敢贬降国君的名分呢？"

太师冯道率领百官拜见郭威，郭威见到冯道，仍行拜礼，冯道也接受他的拜礼，像平时一样，然后慢慢地说："侍中这一路，真不容易！"

丁亥日（二十四日），郭威率领百官到明德门向太后请安，并且进奏说："军政事务繁多，请早立继位的国君。"太后下诏说："郭允明叛逆杀君，君位不可没有君主；河东节度使刘崇，忠武节度使刘信，都是高祖的弟弟；武宁节度使刘赟、开封尹刘勋，是高祖的儿子，现在就命百官共同商议，择定适当的人选。"刘赟，是刘崇的儿子，高祖刘知远很喜欢他，把他当亲生儿子来养育。郭威、王峻到万岁宫进见太后，请求立刘勋为君主。太后说："刘勋长期虚弱生病，不能起床。"郭威出来告诉各位将领。众将请求见到刘勋，太后让左右的人把卧榻抬出来给众人看，众将这才相信。于是郭威跟王峻商量改立刘赟。己丑日（二十六日），郭威带领百官上表，请以刘赟继承帝位。太后诏令有关部门选择日期，准备天子的銮驾，迎接刘赟即皇帝位。郭威上奏，请派太师冯道及枢密直学士王度、秘书监赵上交到徐州去奉迎刘赟。

郭威领兵讨伐三镇叛乱时，每次看到朝廷的诏书，处置军务切合实际，便问使者："谁起草的这诏书？"使者答说，是翰林学士范质。郭威说："这是做宰相的材料。"入城以后，到处去访求范质，终于把他找到了，非常高兴。当时下着大雪，郭威脱下自己所穿的紫袍给他穿上，让他草拟太后的诰令及迎立新君的礼仪制度。在仓促之中，讨论撰写，一经定稿，都很合适。

起初，后汉隐帝刘承祐派遣供奉官押班阳曲人张永德赐给昭义节度使常思皇帝生日回赠的礼物，张永德是郭威的女婿，遇上杨邠等人被诛杀，后汉隐帝秘密下诏命常思杀死张永德。常思一向听说郭威有很多不同寻常的才能，因此把张永德暂时囚禁起来，以观望时局的发展，等到郭威攻克大梁，常思便释放张永德，并向张永德谢罪。

庚寅日（二十七日），郭威带领百官向太后进言，说："等皇帝到达京城，行程需要十天，在这期间，请求太后临朝听政。"

在此之前，马希萼派遣蛮兵包围玉潭，朱进忠引兵跟他会合；崔洪琏兵败，逃回长沙。马希萼引兵继续前进，攻打岳州，岳州刺史王赟抵抗，五日不能攻下。马希萼派人对王赟说："你不是马氏的臣子吗？不侍奉我，难道想要侍奉别的国家吗？做人的臣子而怀着异心，岂不是污辱了祖先吗？"王赟说："先父王环，是先王的将领，六次攻破淮南的军队。现在大王兄弟互不相容，我常担心淮南坐收渔翁之利，一旦我自己臣事淮南，那的确是污辱祖先了！大王如果能够消除仇怨，停止用兵，兄弟和睦相处，像从前一样，那么我岂敢不尽忠效死，以侍奉大王兄弟呢？哪有什么三心二意呢！"马希萼感到惭愧，率领军队离去。辛卯日（二十八日），马希萼到达湘阴，焚烧抢掠而过。到达长沙，马希萼领兵驻扎在湘西，步兵以及蛮军驻扎在岳麓，朱进忠从玉潭领兵和他会合。

楚王马希广派遣刘彦瑫召令水军指挥使许可琼率领五百艘战舰驻守城北渡口，首尾相接，一直连接到城南渡口，任命马希崇为监军；又派遣马军指挥使李彦温率领骑兵驻守驼口，控制通往湘阴的道路；步军指挥使韩礼率领两千人驻守杨柳桥，控制通往湘西寨的道路。许可琼，是许德勋的儿子。

壬辰日（二十九日），太后开始临朝听政，任命王峻为枢密使，袁𪣻为宣徽南院使，王殷为侍卫马步军都指挥使，郭崇威为侍卫马军都指挥使，曹威为侍卫步军都指挥使，陈州刺史李谷代理主持三司。

刘铢、李洪建及其党徒都在街市上被斩首，而赦免他们的家属。

郭威对朝廷大臣们说：“刘铢屠杀我的家人，我又屠杀他的家人，反复报仇，哪有终结的时候呢！”因此好几家都获得赦免。王殷屡次替李洪建求情，免他一死，郭威不准。

后匡赞到达兖州，慕容彦超抓住他献给朝廷。李业到了陕州，他的哥哥保义节度使李洪信不敢把他藏在家里，李业带着金钱，将逃往晋阳，到了绛州，盗贼把他杀死，拿走他的金钱。

后蜀施州刺史田行皋投奔荆南。高保融说：“他背叛了蜀国，又怎么肯尽忠于我们呢！”把他抓起来，送还蜀国，被处死。

镇州、邢州奏报：“契丹主兀欲率领数万骑兵入侵，攻打内丘，五天没有攻下，死伤很多。有五百名守兵叛变，投降契丹，引导契丹入城，屠杀城里的军民，又攻陷饶阳。”太后敕令郭威率领大军攻打契丹，国事暂时委托给窦贞固、苏禹珪、王峻；军事委托给王殷。十二月，甲午朔日（初一），郭威率军从大梁出发。

丁酉日（初四），任命翰林学士、户部侍郎范质为枢密副使。

起初，蛮族部落首领彭师暠向楚国投降，楚人讨厌他粗犷耿直，只有楚王马希广爱怜他，任命他为强弩指挥使，兼领辰州刺史，彭师暠随时准备为马希广效忠而死。等到朱进忠跟蛮兵会合，共七千多人，到达长沙，扎营湘江的西岸，彭师暠登上城楼，眺望敌军，对楚王马希广说：“朗州人突然获胜，十分骄傲，军中又掺杂着蛮兵，我们攻打他们，很容易就可以攻破。希望给我三千名步兵，从巴溪渡过湘江，从岳麓后面绕过去，到湘水以西，命令许可琼用战舰渡江，前后夹攻，一定可以打败敌军。前锋部队失败，那么他的大队人马自然不敢轻率前进了。”楚王马希广想听从他的建议。当时马希萼已经派遣使者以重利收买许可琼，承诺事成之后，分湖南的一半归他统治，许可琼于是怀有叛逆之心，对马希广说：“彭师暠和梅山诸蛮都是同一族类，怎么可以相信他！可琼世代为楚国的将领，一定不会辜负大王，马希萼终究能有什么作为！”马希广这才不用彭师暠的计策。

马希萼不久率领战舰四百余艘停泊湘江西岸。楚王马希广命令众将都受许可琼的指挥，每日赐给许可琼白银五百两，马希广多次到许可琼的营帐筹划军事。许可琼常常关闭寨门，不让士兵们知道朗州兵的进退情况，马希广赞叹地说："真不愧为大将军啊！我还担忧什么呢！"许可琼有时在夜晚乘一叶小舟谎称巡视江面的防务，实际上是跟马希萼在湘江西岸会面，相约做他的内应。有一天早晨，彭师暠遇见许可琼，瞪大眼睛吆喝他，并甩了一下衣袖，入见马希广说："许可琼将要背叛国家，人人都知道，请赶快把他除掉，不要留下后患。"马希广说："许可琼，是许侍中的儿子，怎会做这种事呢？"彭师暠退出后，长叹了一声，说："大王仁慈而不果断，败亡举手可待啊！"

潭州下起大雪，平地积雪四尺，潭州、朗州两军许久不能交战。马希广迷信巫师与和尚的话，在江面上塑造鬼象，举着手以喝退朗州兵。又在高楼上雕塑大鬼像，手指着湘江西岸，怒目而视，命和尚们一天到晚诵经，马希广自己也穿起和尚的袈裟，虔诚地膜拜求福。

甲辰日（十一日），朗州步军指挥使武陵人何敬真等率领蛮军三千在杨柳桥列阵，何敬真望见韩礼营中旗帜纷乱，说："对方兵众已经恐惧，很容易把他攻破。"朗州人雷晖穿着潭州兵的服装，偷偷地潜进韩礼的营中，拿剑刺杀韩礼，没有刺中，军中惊慌纷乱。何敬真等人趁他们自乱阵脚的机会，挥军进攻，韩礼的军队被打得大败，韩礼受伤逃走，回到家就死了。于是朗州兵水军和陆军两路同时急攻长沙。步军指挥使吴宏、小门使杨涤，互相勉励说："以死报国，现在正是时候！"各自领兵出城作战。吴宏从清泰门出，交战不利。杨涤从长乐门出，从辰时战到午时，朗州兵稍稍后退。许可琼、刘彦瑫按兵不救。杨涤的士兵饥饿疲乏，退回来吃饭。彭师暠在城东北角作战。蛮兵从城东放火，城上的人招呼许可琼的军队来救火，许可琼领着全军向马希萼投降，长沙就此陷落。朗州兵及蛮兵尽情地抢夺三天，杀害吏民，焚烧房舍，从武穆王马殷以来所营建的宫室，全部化为灰烬，所储存的宝物财货，全部落入蛮人的手中，运回他们的部落。李彦温望见长沙城里烟火升起，从驼口引兵去援救，朗州人已经占据城池，向他抵抗。李彦温进攻清泰门，攻不下，跟刘彦瑫各率一千多人护卫着文昭王马希范及马希广的几个儿子直奔袁州，最后投奔南唐。张晖投降马希萼。左司马马希崇率领将军和官吏们去见马希萼，劝他继承王位。吴宏战血满袖，见到马希萼说："不幸被许可琼所耽误，今日虽死，也不愧对先王了。"彭师暠将长矛扔到地上，大喊求死。马希萼感叹地说："真是像铁石一样坚硬的人啊！"都没有杀。

乙巳日（十二日），马希崇迎接马希萼进入府第办理公务，关闭城门，分头搜捕马希广以及掌书记李弘皋、其弟李弘节、都军判官唐昭胤和邓懿文、杨涤等，全部抓获。马希萼对马希广说："继承父兄的基业，难道不讲长幼的次序吗？"马希广说："我只是接受将吏们的推举、朝廷的任命罢了。"马希萼把他们都关起来。丙午日（十三日），马希萼下令内外巡检侍卫指挥使刘宾禁止士兵烧杀抢夺。

丁未日（十四日），马希萼自称天策上将军，武安、武平、静江、宁远等军节度使、楚王。任命马希崇为节度副使、判官府事；湖南的重要职位，全部由朗州人担任。杀死李弘皋、李弘节、唐昭胤、杨涤等人，切成肉块，供大家吃；斩邓懿文于街市上。戊申日（十五日），马希萼对将领和官吏们说："马希广是个懦夫，被左右的人所控制罢了，我想留他一条命，你们认为怎样？"诸将都默不作声。朱进忠曾经被马希广鞭打过，因此回答说："大王经过三年血战，才攻下长沙，一个国家，不容两个君主，如果留下他，您以后一定会后悔。"当天，赐马希广自杀。马希广临刑时，还诵读佛经。彭师暠把他葬在浏阳门外。

武宁节度使刘赟留下右都押牙巩廷美、元从都教练使杨温守卫徐州，与冯道等人从西而来，在路上的仪仗警卫，都按照王的规格，左右高呼万岁。郭威到达滑州，停留了几天，刘赟派遣使者慰劳诸将。众将在接受命令时，彼此相见不下拜，诸将私下相互说："我们攻陷京城，屠杀官吏、百姓，罪过太大了；如果刘氏又被立为皇帝，我们还会有子孙后代吗？"己酉日（十六日），郭威听说这件事，立即引兵前进，直赴澶州。辛亥日（十八日），派遣苏禹珪到宋州迎接继位的君主。

楚王马希萼任命儿子马光赞为武平留后，任命何敬真为朗州牙内都指挥使，领兵戍守。马希萼召请拓跋恒，想重用他，拓跋恒说有病，不肯起身为官。

壬子日（十九日），郭威渡过黄河，住在澶州。癸丑日（二十日）早晨，正要出发，将士数千人忽然大声喧闹。郭威让人关闭大门，将士翻越围墙，爬上屋顶，进入房内，说："天子必须由侍中自己来做，将士们已经跟刘氏结下冤仇，不可再立他们！"有人撕裂黄旗，披在郭威身上，一起扶抱着他，高呼万岁，声音震动天地，簇拥着郭威向南走。郭威于是写了一封笺表，呈交太后，表示愿意侍奉刘氏的宗庙，尊奉太后为母亲。丙辰日（二十三日），到达韦城，颁下公告，安抚、晓谕大梁的士民，大致说明：昨天离开黄河以来，一路上秋毫无犯，不要有所忧愁疑虑。戊午日（二十五日），郭威抵达七里店，窦贞固率领百官出城迎接拜谒，并趁机劝郭威即皇帝位。郭威扎营在皋门村。

武宁节度使刘赟已经到达宋州，王峻、王殷听说澶州军变，派遣侍卫马军都指挥使郭崇威带领七百骑兵前往阻挡刘赟，又派遣前申州刺史马铎领兵到许州巡察。

郭崇威一会儿就到达宋州，列阵在府门外，刘赟大吃一惊，关上府门，登上楼，责问郭崇威。郭崇威说："澶州军变，郭公怕陛下有所误会，所以派崇威来护卫陛下，并没有其他的用意。"刘赟召见郭崇威，郭崇威不敢进去。冯道出来和郭崇威谈话，郭崇威这才登上楼。刘赟握着郭崇威的手，哭了。郭崇威把郭威的意思拿来安慰刘赟。

不一会儿，郭崇威出府第，当时护圣指挥使张令超率领所辖军队为刘赟警卫。徐州判官董裔劝刘赟说："观察郭崇威的眼色举止，必定有阴谋。路人相传，都说郭威已经称帝，而陛下深入不止，恐怕祸事就要降临了！请赶紧召见张令超，分析祸福的关键给他听，让他利用夜晚率兵劫持郭崇威，夺取他的军队。明天，夺取睢阳的金钱布帛，招募士兵，向北投奔晋阳。他们刚刚平定京城，没有余暇来追我们，这是最好的计策。"刘赟犹豫迟疑，未做决定。当天晚上，郭崇威暗中引诱张令超，张令超率领部众归降。刘赟大为恐惧。

郭威写信给刘赟，说自己是被众军所逼迫。召冯道先回京城，留下赵上交、王度侍候。冯道告辞上路，刘赟说："我这次前来所依靠的，就在于冯公是三十年的老宰相，所以毫无疑虑。现在郭崇威夺走我的卫兵，情势已经很危急了，冯公有什么办法可想？"冯道默然无语。客将贾贞屡次注视冯道，想要杀他。刘赟说："你们不要太鲁莽，这件事跟冯公扯不上关系。"郭崇威把刘赟迁到府外馆舍，杀掉他的心腹董裔、贾贞等好几个人。

己未日（二十六日），太后发布诰令，废刘赟为湘阴公。

马铎引兵进入许州，刘信惊慌恐惧，自杀而死。

庚申日（二十七日），太后发布诰令，任命侍中郭威监理国事。文武百官和四方藩镇相继上表劝郭威即帝位。壬戌日（二十九日）晚，郭威营中有一个步兵将校喝醉了，扬言说以前在澶州的时候，骑兵扶立郭威为帝，现在步兵也要扶立天子。郭威把他抓起来，斩首。

南汉主刘晟任命宫人卢琼仙、黄琼芝为女侍中，穿着朝服，戴冠束带，参与决策政事。宗室、元勋旧臣，几乎被杀戮一空，只有宦官林延遇等人当权。

资治通鉴卷第二百九十　后周纪一

起辛亥（公元951年），止壬子（公元952年）八月，共一年八个月。

【题解】本卷记录了公元951年至952年八月的史事，共一年又八个月。正当后周太祖郭威广顺元年至二年八月。郭威代汉，建立后周，史称太祖。后周太祖知人善任，礼葬后汉隐帝刘承祐，平反被害后汉大臣，国葬史弘肇、杨邠、王章等人，又和好南唐，不禁止两国边民往来。泰宁节度使慕容彦超反叛，后周太祖御驾亲征，立即扑灭，两次打败契丹南犯，巩固了后周政权。刘崇在晋阳称帝，建立北汉。刘崇向契丹称侄皇帝，乞求册命，向契丹求援，一年之内两次与契丹人大举进攻后周。北汉的百姓，对内要供应军队和国家，对外要供奉契丹，赋税繁多，徭役沉重，民不聊生。楚国马希萼即位后，荒淫暴虐，失去人心，受到南唐与南汉夹击，楚国灭亡。南唐主李璟侥幸得到湖南，不但没有安抚民众，反而大肆掳掠楚国财物，加重赋税、劳役，湖南民众大失所望。

太祖圣神恭肃文孝皇帝上

广顺元年（辛亥，公元951年）

春季，正月，丁卯日（初五），后汉太后颁下诰令，授予监国郭威传国玺印，正式即皇帝位。郭威从皋门进入皇宫，在崇元殿即位，颁布制书说："朕是周室的后裔，虢叔的后代，国号应该为周。"改年号为广顺，大赦天下。杨邠、史弘肇、王章等人都追赠官职，由国家为他们安葬，又寻访他们的子孙，加以分级任用。所有粮仓、府库掌管税收的官吏，不得收取斗余、称耗；以前所规定要缴的多余的物资，全部罢除。犯了偷盗罪和强奸罪的人，都依照后晋天福元年以前的刑法条文处理；犯罪的人如果不是谋反叛逆，不得株连亲族，没收家产。后唐庄宗李存勖、明宗李嗣源、后晋高祖石敬瑭的陵墓各置十户负责守陵，后汉高祖刘知远陵墓的官吏、宫人，祭祀的时间及守陵的户数，都照旧。起初，唐室衰落，多盗贼，不用传统的法律条文，另外制定严厉的刑法，偷人财物达三匹绢帛便判死刑；天福年间，增到五匹。凡婚姻关系以外的奸情，不论强奸、通奸，男女都一律判处死刑。后汉刑法规定，盗窃钱一文以上的都处死。此外罪行还不属于谋反的，往往满族抄斩、没收家产。所以后周太祖郭威一即位，首先革除这些弊端。

起初，杨邠因为功臣元勋、皇亲国戚担任镇守一方长官大多不熟悉行政事务，于是以三司军将出任都押牙、孔目官、内知客。结果这帮人仗着自己是由朝廷任命的，大多专横不讲理，节度使不能控制。到了这时，这些办法全部废止。

后周太祖郭威命令史弘肇的亲信上党人李崇矩寻访史弘肇的亲族，李崇矩说："史弘肇的弟弟史弘福现今还在。"起初，史弘肇让李崇矩掌管他家的财产账簿，因此李崇矩得到他家的全部财产，现在找到了史弘福，李崇矩把那些得自史弘肇的财产，全部交给史弘福。后周太祖知道了这件事，认为李崇矩贤德，让他隶属在皇子郭荣的帐下。

戊辰日（初六），任命前复州防御使王彦超代理武宁节度使。

后汉李太后搬到西宫居住，己巳日（初七），上尊号为昭圣皇太后。

开封尹兼中书令刘勋去世。

癸酉日（十一日），给王峻加同平章事的职衔。

命令卫尉卿刘皞主办后汉隐帝刘承祐的丧事。

起初，河东节度使兼中书令刘崇听说后汉隐帝刘承祐遇害，准备起兵向南进发，听说迎立湘阴公刘赟继位，这才作罢，说："我儿子当皇帝，我又有什么可求！"太原少尹李骧暗中游说刘崇说："观察郭公的心思，最后还是想自己做皇帝，公不如急速引兵越过太行山，占据孟津，等到徐州相公即位，然后回来，这样郭公就不敢妄动了。不然的话，则会被人出卖。”刘崇觉得不中听，勃然大怒说：“腐儒！你竟敢离间我父子的感情！”命令左右的人把他拉出去斩首。李骧大喊说：“我怀有经世济民的才能，却替愚昧的人谋划事情，死了固然心甘情愿！家里还有老妻，愿跟她一起死！”刘崇果真把他的妻子也一起杀掉，并且上奏朝廷，表示没有异心。等到刘赟被废为湘阴公，刘崇于是派遣使者赴京师，请求朝廷让刘赟回晋阳。后周太祖郭威下诏：“湘阴公最近在宋州，现在正取道回京师，一定会替他安排适当的职位，公不要为此事忧虑。公如能同心协力辅佐朝廷，当会另加王爵，永远镇守河东。”

巩廷美、杨温听说湘阴公刘赟失去帝位，便尊奉刘赟的妃子董氏占据徐州坚守抵抗，以此等待河东援军，后周太祖郭威让刘赟用书信劝谕他们。巩廷美、杨温想要投降，但又怕投降后仍不免一死。后周太祖又写信给刘赟说：“想到这些人尽忠侍奉主人，就令人敬佩他们的忠义，怎么会责备他们的过失？等到新节度使入城，每个人都将授官刺史，公无妨再用亲笔手书转告他们。”

契丹军队进攻内丘，死伤很多，又碰到月食，军中出现许多奇异怪事，契丹主兀欲恐惧，不敢继续深入，便领兵返回，派遣使者向后汉请求和好。正好这时汉室灭亡，安国节度使刘词遣送契丹的使者到大梁，后周太祖郭威派遣左千牛卫将军朱宪回访契丹，并且说明改朝换代的缘由，送给他们金器、玉带等物品。

后周太祖郭威因为邺都镇抚黄河以北，控制契丹，打算派心腹去镇守。乙亥日（十三日），任命宁江节度使、侍卫亲军都指挥使王殷为邺都留守、天雄节度使、同平章事，仍然统领侍卫亲军，仍然率领侍卫司的随从赴任。

丙子日（十四日），后周太祖郭威率领文武百官到西宫，为后汉隐帝刘承祐发丧，穿上丧服，完全依照天子的丧礼来办。

慕容彦超派遣使者入朝进贡，后周太祖郭威担心他会疑惑恐惧，特赐诏书安慰他，说："现在老哥我的事，已到了这个地步，不必多说，希望老弟扶持，共同努力，使亿万的百姓能过安定太平的生活。"

戊寅日（十六日），在宋州杀死湘阴公刘赟。

当天，刘崇在晋阳即皇帝位，仍旧沿用乾祐年号，所统辖的有并州、汾州、忻州、代州、岚州、宪州、隆州、蔚州、沁州、辽州、麟州、石州十二州的地方。任命节度判官郑珙为中书侍郎，观察判官荥阳人赵华为户部侍郎，都同平章事。任命次子刘承钧为侍卫亲军都指挥使、太原尹，任命节度副使李存瑰为代州防御使，副将武安人张元徽为马步军都指挥使，陈光裕为宣徽使。

北汉主刘崇对李存瑰、张元徽说："朕只因为高祖刘知远的大业一朝断送，所以今日的帝位年号，是不得已才称的。看看我像是什么天子，你们又像是什么节度使呢！"因此不建立宗庙，祭祀就像平常家里的人一样，宰相每个月的俸禄只有一百缗，节度使只有三十缗，除此以外的官吏，只是略微给点俸禄而已，所以他们国内很少有清廉的官吏。

客省使河南人李光美做过直省官，很熟悉宫廷旧事，北汉朝廷的各项制度，都出于李光美。

北汉主刘崇听说湘阴公的死讯，哭着说："我不采纳忠臣的意见，以致落到这种地步！"为李骧建立祠堂，每年定时祭祀他。

己卯日（十七日），后周太祖郭威任命太师冯道为中书令，窦贞固加官侍中，苏禹珪加官司空。

王彦超上奏请派遣使者持送敕书到徐州，巩廷美等人犹豫迟疑，不肯打开城门。后周太祖郭威诏命进兵攻打他。

后周太祖郭威对王峻说："朕出生在贫寒之家，饱尝艰辛困苦，遭遇时世沉沦动乱，如今一朝成为帝王，岂敢自己有丰厚的供养而让下面百姓吃苦呢！"命令王峻清理四方所进贡的珍美食物，庚辰日

（十八日），下诏，全面废止进贡。诏书大略说："所奉养的只是朕一人；而所受累的却波及每个百姓。"又说，"贡品储存在有关部门，没有什么用处。"又下诏说："朕生长在军队中，不接近学问，不懂得治理天下的道理。文武官员如果有利国利民的方法，各自用密封的奏章告诉我，都应该直接陈述书写，不要考究文章的辞藻。"后周太祖把苏逢吉的宅第赐给王峻，王峻说："这个宅第是苏逢吉屠灭李崧家人的祸根啊！"推辞不肯居住。

起初，契丹主兀欲返回北方，横海节度使潘聿撚离弃镇所跟随契丹主北上，契丹主任命潘聿撚为西南路招讨使。等到北汉主刘崇称帝，契丹主让潘聿撚给刘承钧写信；北汉主刘崇让刘承钧回信，说："本朝沦亡，我继承帝位，想依照晋室的往例，向北朝请求援助。"契丹主非常高兴。北汉主刘崇发兵驻守阴地、黄泽、团柏。丁亥日（二十五日），任命刘承钧为招讨使，跟副招讨使白从晖、都监李存瓌率领步兵和骑兵一万人进攻晋州。白从晖，是吐谷浑人。

郭崇威改名为郭崇，曹威改名为曹英。

二月，丁酉日（初五），任命皇子天雄牙内都指挥使郭荣为镇宁节度使，选择朝中官吏做他的幕僚佐吏，任命侍御史王敏为节度判官，右补阙崔颂为观察判官，校书郎王朴为掌书记。崔颂，是崔协的儿子；王朴，是东平人。

戊戌日（初六），北汉军队分五路进攻晋州，节度使王晏紧闭城门不出。刘承钧认为王晏胆怯，下令士兵像蚂蚁那样密集攀墙登城。王晏埋设伏兵奋力迎击，北汉兵死伤一千多人。刘承钧派遣副兵马使安元宝焚烧晋州西城，结果安元宝跑来投降。刘承钧于是掉转军队，改攻隰州。癸卯日（十一日），隰州刺史许迁派遣步军都指挥使耿继业在长寿村迎击北汉兵，抓获他们的将领程筠等人，把他们杀死。不久，北汉兵攻打隰州的州城，连攻几天攻不下，死伤很多，只好引兵退走。许迁，是郓州人。

甲辰日（十二日），楚王马希萼派遣掌书记刘光辅到南唐进贡。

后周太祖郭威将后汉宫中数十件珠宝玉器全部拿出来，在庭院里砸碎，说："所有当帝王的，哪里用得着这些东西！听说汉隐帝刘承祐每天跟他所宠爱的人在后宫玩乐，珍宝玩器不离身边。这件事才刚过不久，应当记住，时时警惕。"于是劝诫左右的人，从今以后，凡是珍贵华美、赏心悦目的东西，不得送到宫里来。

丁未日（十五日），契丹主兀欲派遣他的臣子袅骨支与朱宪一同来朝，祝贺后周太祖郭威即皇帝位。

戊申日（十六日），敕令前朝所任命的官吏，允许每人根据自己的方便，居住两京以外的州县。

陈思让还没到达湖南镇府，马希萼已攻克长沙，陈思让只得滞留屯驻郢州，后周太祖郭威下敕书召回。

丁巳日（二十五日），朝廷派遣尚书左丞田敏出使契丹。北汉主刘崇派遣通事舍人李巩言出使契丹，请求出兵援助。

后周太祖郭威下诏泰宁节度使慕容彦超加官中书令，派遣翰林学士鱼崇谅到兖州宣旨。鱼崇谅就是鱼崇远。慕容彦超上表谢恩。三月，壬戌朔日（初一），后周太祖下诏答复他，说："前不久，由于前朝失德，年轻的国君听信谗言，仓促之间，征召你赶回京城，你就立刻奉命，快马加鞭，只不过两三天的工夫，就到达京城，为了解救国家的灾难而不顾自己的生命，一旦接获国君的召令，不等到车驾准备好就立刻动身；后来上天灭亡汉室的命运，汉室的军队在大梁郊外奔逃溃散，投降的将领，覆败的士兵，纷纷前来归附我，只有你立即掉转马头，直接返回兖州；为了国君，为了时局，表现出有始有终的精神，这真是所谓在危乱中看出忠臣的节操，在强风中知道劲草的心志。倘若做臣子的都能如此，那么有国家的君主谁不想任用！你所说的朕到黄河北岸回避退让的关头，在大梁郊外平定祸乱的时候，因为没有接到指示，所以你也没能派人到朕的行军驻地。其实，侍奉君主的方式，又何必要这样！如果三心二意地对待汉朝，又怎么肯忠贞诚恳地对待周室？为了上述的原因，而心怀恐惧，岂不是忧虑得太多了吗？只要你推心置腹，竭尽全力，安抚民众，体恤国家，辅佐我像辅佐已故的国君一样，那么不但广大的百姓获得安宁，而且整个国家，也正依赖着你呢！但愿你坚定地忠于朝廷，做群臣的表率，朝廷从来没有想过要更换你的职位。这些都是发自内心流出的真心话，已经全部表明在这里了。”

南唐主李璟任命楚王马希萼为天策上将军，武安、武平、静江、宁远节度使兼中书令、楚王；命右仆射孙忌、客省使姚凤为册礼使。

丙寅日（初五），派遣前任淄州刺史陈思让率兵戍守磁州，扼守黄泽关的路口。

楚王马希萼既已得志称王，便时常回忆旧日怨仇，诛杀屠戮没有节制，日夜纵酒，荒淫无度，把军政事务全部委托给马希崇。马希崇私心很重，以致政事刑罚都紊乱无章。政府的库藏，已经被乱兵抢夺一空，只好征敛百姓的钱财来赏赐士兵，有时竟封闭百姓的大门而强取他家的财货，士兵们还为了赏赐不均而怨恨，即使是朗州以前的将领和僚佐跟随马希萼来的，也都不高兴，有背离的心意。

刘光辅到南唐进贡，南唐主李璟待他很优厚，刘光辅秘密进言道：“湖南百姓疲惫，君主骄横，可以攻取啊。”南唐主于是任命营屯都虞候边镐为信州刺史，率兵驻守袁州，暗中图谋夺取湖南。

小门使谢彦颙，原本是楚王马希萼的家奴，因为面目俊美得到马希萼宠幸，甚至与马希萼的妻妾同坐，依仗恩宠专横跋扈。常常紧随着马希崇，有时甚至拍马希崇的背，马希崇因此很恨他。依照往例，军府宴会，小门使拿着兵器站在门外。马希萼让谢彦颙一起坐，有时候座次在诸将的上位，诸将都感到很耻辱。

楚王马希萼因为军府的房舍焚烧毁坏，命令朗州静江指挥使王逵、副使周行逢率领所管辖的士兵千余人进行修建，所做的工作很劳苦，又没有犒劳和赏赐，士兵们都很怨恨，私下说：“只有罪囚才要在免除死罪以后，被奴役，做苦工。我们追随大王冒着生命危险，历经种种艰难，夺取湖南，究竟有什么罪，竟被当作囚徒，而被差来做苦工！而且大王整天饮酒歌舞，哪里知道我们的劳苦呢！”王逵、周行逢听到了，彼此商量说：“士兵们的怨恨太深了，不及早做打算，灾祸就会牵连我们。”壬申日（十一日）的早晨，王逵、周行逢率领他们的部众，每人拿着长柄斧头、白木棒，逃回朗州。当时马希萼醉酒还没有醒，左右的人不敢把这个消息告诉他，癸酉日（十二日），才向他报告。马希萼派遣湖南指挥使唐师翥带领千余人追赶他们，没追上，一直追到朗州。王逵等乘他们疲惫困乏，埋伏的士兵全力出击，追兵几乎全军覆没，唐师翥脱身逃回。

王逵等废黜朗州留后马光赞，改用马希萼哥哥的儿子马光惠主持朗州政事。马光惠是马希振的儿子。不久，尊奉马光惠为节度使，王逵等人跟何敬真及各军指挥使张倣共同参与处理军府的事务。马希萼把详细情况报告唐国，唐主李璟派遣使者用厚重的赏金招抚他们，劝他们归顺马希萼。王逵等人收下唐主所送的礼物，放回唐主所派的使者，就是不答复唐主的诏令，唐主也不敢追问。

王彦超奏报攻克徐州，杀死巩廷美等人。

北汉李訔到了契丹，契丹主兀欲派遣拽刺梅里回访北汉。

丙子日（十五日），后周太祖郭威敕令：“本朝与唐国本来没有仇怨，沿淮河的军镇，各守自己疆域，不得放纵士兵、百姓擅自进入南唐境内；商人旅客往来，不得阻止。”

己卯日（十八日），潞州方面送来涉县所虏获的北汉将领及士兵二百六十多人。朝廷送给他们每人衣衫、裤子、头巾、鞋子等物品，然后遣送回去。

后周太祖郭威给吴越王钱弘俶加官诸道兵马都元帅。

夏季，四月，壬辰朔日（初一），临近淮河的各州镇上奏说：“淮南的饥民渡过淮河购买稻谷，不敢加以禁止。”后周太祖郭威下诏说：“那边的百姓，与这边的百姓有什么不同？应下令各州、县渡口、粮铺不得禁止。”

后蜀通奏使高延昭坚决推辞主持枢密院事务。丁未日（十六日），后蜀君主孟昶任命前云安榷盐使太原人伊审征为通奏使，主持枢密院事务。伊审征，是后蜀高祖孟知祥的妹妹褒国公主的儿子，小时候跟蜀主亲近，等到他掌理枢密院，政事不论大小，后蜀主全都要咨询他的意见。伊审征也以经世济民为己任；可是他贪心奢侈，奸诈邪恶，跟王昭远互为表里，狼狈为奸，后蜀政权因此日渐衰败。

吴越王钱弘俶将废黜的前王钱弘倧迁居东府，为他建筑宫室，修造园林，让他住得欢欣愉快，逢年过节，馈赠他很多物品。

契丹主兀欲派遣使者前往北汉，告知后周使者田敏来前来，约定每年送钱十万缗。北汉主刘崇派遣郑珙为使者，携带贵重钱财答谢契丹，自称"侄皇帝送信给叔父天授皇帝"，请契丹主举行册封典礼。

五月，己巳日（初八），后周太祖郭威派遣左金吾将军姚汉英等人出使契丹，契丹把他们扣留下来，不让回去。辛未日（初十），北汉礼部侍郎、同平章事郑珙在契丹去世。

甲戌日（十三日），义武节度使孙方简为了避皇帝亡父的名讳，改名为孙方谏。

定难节度李彝殷派遣使者持奉表书到北汉。

六月，辛亥日（二十一日），后周太祖郭威任命枢密使、同平章事王峻为左仆射兼门下侍郎，枢密副使及兵部侍郎范质、兼领三司李谷为中书侍郎，都为同平章事，李谷仍然兼领三司。司徒兼侍中窦贞固和司空兼中书侍郎、同平章事苏禹珪，都解除宰相职务，只担任本官。癸丑日（二十三日），范质参与处理枢密院的事务。丁巳日（二十七日），命宣徽北院使翟光邺兼枢密副使。

起初，后周太祖郭威征讨河中，已为众望所归。李谷当时任转运使，后周太祖多次用委婉言语劝告他，李谷只用为人臣子应该尽守臣节作为回答，后周太祖因此很器重他；即位以后，首先就起用李谷做宰相。当时国家刚刚建立，四方多事，王峻从早到晚竭智尽忠，只要是他所知道的，无不尽量地做得圆满，对于军事上的谋划，贡献很多，助益很大。范质聪明敏捷，记性又好，做起事来，谨守法度。李谷沉着坚毅，有度量，有胆略，在后周太祖面前议论国事，言辞气概，豪壮慷慨，善用比喻，以启发后周太祖的思想。

武平节度使马光惠，愚蠢胆小，专好饮酒，不能折服众将。王逵、周行逢、何敬真商量，认为辰州刺史庐陵人刘言打仗勇猛很得蛮夷士众之心，想要迎接他来做节度副使。刘言知道王逵等人很难控制，说："不去的话，他们将会攻打我。"于是单人匹马前往朗州。到了朗州以后，众人罢黜马光惠，把他送交唐国，推举刘言代理武平留后，上表向唐国请求颁给旄旗与符节，唐国没有答应他；同时刘言也上表给周室，自称藩属。

吴越王钱弘俶由于前任内外马步都统军使钱仁俊无罪，恢复他的官爵。

契丹派遣燕王耶律述轧等人来主持典礼，册命北汉主刘崇为大汉神武皇帝，妃子为皇后。北汉主刘崇改名为刘旻。

秋季，七月，北汉主刘旻派遣翰林学士博兴人卫融等人前往契丹，答谢册礼，并且请求援兵。

八月，壬戌日（疑误），将后汉隐帝刘承祐安葬在颍陵。

义武节度使孙方谏入朝，壬子日（二十三日），迁调孙方谏为镇国节度使，任命他的弟弟易州刺史孙行友为义武留后。又调建雄节度使王晏改任武宁节度使镇守徐州，任命武宁节度使王彦超接替王晏原职。

戊午日（二十九日），后周太祖郭威追立已故的夫人柴氏为皇后。

九月，北汉主刘旻派遣招讨使李存瑰领兵从团柏入侵。契丹主兀欲准备领兵会合北汉军队，与酋长们在九十九泉商议。各部都不愿南侵，契丹主强行出兵。癸亥日（初四），行军到新州西面的火神淀，燕王耶律述轧和伟王的儿子太宁王耶律沤僧作乱，杀了契丹主兀欲而拥立耶律述轧。契丹主耶律德光的儿子齐王耶律述律逃入南山，各部拥戴耶律述律，以进攻耶律述轧、耶律沤僧，杀死了他们，并且屠灭他们的宗族和党羽。拥立耶律述律为帝，改年号为应历。从火神淀进入幽州，派遣使者告知北汉，北汉主刘旻派遣枢密直学士上党人王得中前往契丹，祝贺耶律述律即帝位，仍以侍奉叔父的礼节侍奉契丹主，请求出兵攻打晋州。

契丹主耶律述律年轻，喜好玩耍，不亲理国事。每天夜里摆酒畅饮，直到天亮才睡觉，中午才起床，国人称他为“睡王”。后来，改名为明。

壬申日（十三日），后蜀任命吏部尚书、御史中丞范仁恕为中书侍郎兼吏部尚书、同平章事。

楚王马希萼既已攻克长沙，没有奖赏许可琼，怀疑许可琼有怨恨，便让他出任蒙州刺史。派遣马步都指挥使徐威、左右军马步使陈敬迁、水军都指挥使鲁公馆、牙内侍卫指挥使陆孟俊率领所部军队在城西北角扎下营寨，以防备朗州兵。马希萼对于这些服役的士兵，一点都不体恤、不安抚，将士们都埋怨愤怒，共谋作乱。马希崇知道了他们的谋划，戊寅日（十九日），马希萼宴请将帅及官吏，徐威等人不参加，马希崇也推说生病，不来。徐威等人先派人赶十几匹会踢人咬人的马进入府内，自己率领部众拿着斧头、木棒，说是要来拴系马匹，突然闯到座位上，四处打人，打得他们跌倒满地。马希萼翻墙逃跑，徐威等抓住并囚禁他，抓住谢彦颙，从头到脚剁成碎块。拥立马希崇为武安留后，放纵士兵大肆抢掠。将马希萼幽禁在衡山县。

刘言听说马希崇被立为武安留后，便调遣军队奔赴潭州，声称要讨伐马希崇篡位夺权的罪行；壬午日（二十三日），军队驻扎在益阳西面。马希崇害怕，癸未日（二十四日），发兵两千人抵抗刘言，又派遣使者到朗州求和，请求做刘言的友好邻镇。掌书记桂林人李观象劝刘言说：“马希萼的旧将和僚属还在长沙，这些人一定不愿与公为邻，不如先传递军书给马希崇，要他取这些人的首级，然后谋取湖南，可以兼并占有它。”刘言采纳了他的意见。马希崇畏惧刘言，就杀了都军判官杨仲敏、掌书记刘光辅、牙内指挥使魏师进、都押牙黄勍等十几个人，取下他们的首级，派遣前任辰阳县令李翊送到朗州；当李翊到达朗州时，人头已经腐烂，无法辨认，刘言跟王逵等人都认为不是杨仲敏等人的首级，发怒斥责李翊，李翊惶恐不安而自杀。

马希崇即位以后，也同样纵酒荒淫，处理政事偏私不公，说话多狂妄不诚，国人不服从他。

起初，马希萼进入长沙，彭师暠虽然免于死刑，但仍背受杖刑废黜为民。马希崇认为彭师暠必定仇恨马希萼，便派他送马希萼到衡山，实际要彭师暠杀死马希萼。彭师暠说："想要让我做弑杀国君的罪人吗？"不但不杀，反而侍奉马希萼更加恭敬。丙戌日（二十七日），马希萼被送到衡山，衡山指挥使廖偃，是廖匡图的儿子，跟他的叔父节度巡官廖匡凝商量，说："我们家世世代代蒙受马氏的恩惠，现在马希萼排行居长，却被罢黜，一定不能避免灾祸，我们何不共同辅佐他！"于是招募佃农及乡人，把他们全部组织成军队，跟彭师暠共同扶立马希萼为衡山王，把县府当作临时的军府，沿着湘江的江岸修筑寨垒，用竹子编造战舰，任命彭师暠为武清节度使，招募部众，没几天工夫，就招募了一万多人，很多州县响应他们。派遣判官刘虚己向南唐求援。

徐威等人看到马希崇的所作所为，知道一定不会成功，又害怕朗州、衡山两方面的逼迫，担心一旦马希崇败亡，都会受到牵连而遭遇祸乱，想杀掉马希崇，以解除自己的危机。马希崇暗地里察觉到他们的阴谋，大为恐惧，秘密派遣客将范守牧奉表向唐国，请求援兵，南唐主李璟命令边镐率领一万人马从袁州向西直赴长沙。

冬季，十月，辛卯日（初三），后周潞州巡检陈思让在虒亭击败北汉军队。

南唐边镐领兵进入醴陵。癸巳日（初五），楚王马希崇派遣使者犒劳军队。壬寅日（十四日），派遣天策府学士拓跋恒奉表到边镐住处请求投降。拓跋恒叹了一口气，说："我长久不死，居然替这小子送降书！”癸卯日（十五日），马希崇率领弟弟侄儿们迎接边镐，边镐下马，表达诏书的意思，慰劳他们。甲辰日（十六日），马希崇等人跟随边镐进城。边镐住在浏阳门楼，湖南的将帅和官吏全部前来道贺，边镐一一赐给贵重的礼物。当时湖南正闹饿荒，边镐大量地拨出马氏仓库所储藏的粟米，以赈济那些饥饿的百姓，楚人非常高兴。

契丹派遣彰国节度使萧禹厥统率奚族、契丹兵五万人马会合北汉军队入侵，北汉主刘旻亲自统领二万军队从阴地关侵犯晋州。丁未日（十九日），军队驻扎在晋州城北，三面设置寨垒，不分昼夜地进攻，游兵深入绛州。当时王晏已经离开晋州，王彦超还没有到达，巡检使王万敢代理晋州的军务，跟龙捷都指挥使史彦超、虎捷指挥使何徽合力抵抗北汉兵。史彦超，是云州人。

癸丑日（二十五日），南唐武昌节度使刘仁赡率领战船二百艘攻取岳州，刘仁赡对投降归附的人尽量接纳安抚，使得楚人忘了自己是亡国的遗民。刘仁赡，是刘金的儿子。

南唐文武百官共同庆贺平定湖南，起居郎高远说：“我们乘楚国内乱，所以夺取它很容易。观察众将的才能，只怕守住它就难了！”高远，是幽州人。以司徒身份退休的李建勋说：“灾祸大概就从这里开始了吧！”南唐主李璟即位以来，未曾亲自祭祀天地宗庙，礼官请求举行祭祀，南唐主说：“等到天下统一，变成一家，然后向上天和祖先告谢。”等到这次一出兵就灭了楚国，南唐主认为其他各国只要稍微指挥，便可平定。魏岑陪着南唐主饮宴，说：“臣小时候游览元城，喜欢那个地方的风土民情，等到陛下平定了中原以后，请让我做魏博节度使。”南唐主答应了他，魏岑赶紧离开席位，向南唐主下拜称谢。南唐国君的骄傲，臣子的谄媚，到了这种地步。

马希萼希望南唐人扶立自己为潭州主帅，可是潭州人痛恨马希萼，共同请求任命边镐为主帅，南唐主于是任命边镐为武安节度使。

王峻有个老熟人叫申师厚，曾任兖州牙将，因失去职务而饥寒交迫，在路上望见王峻的马而叩拜谒见。正好这时凉州留后折逋嘉施上表朝廷请求任命主帅，后周太祖郭威认为凉州那个地方太过偏远，一般人都不想去，于是在东宫率府公开征募，看看哪一位供奉官愿意去，经过一个多月，没有人应募，于是王峻向后周太祖推荐申师厚，后周太祖郭威接纳了这个建议。丁巳日（二十九日），任命申师厚为河西节度使。

南唐边镐催促马希崇带领族人入朝，马氏族人聚在一起相对哭泣，打算用重礼贿赂边镐，上奏乞求留住长沙。边镐微微一笑说："国家跟你们家世世代代都是仇敌，到现在将近六十年了，可是从来不敢存心打你们国家的主意。现在你们兄弟自相争夺，遭遇穷困，主动归降，如果再三心二意，恐怕会产生无法预测的忧患。"马希崇无话可答。十一月，辛酉日（初三），马希崇跟宗族及将帅僚属一千多人号啕痛哭地上船，所有送行的人，也都感伤地哭了，哭声震动了整个河川和山谷。

后周太祖郭威因为北汉、契丹的军队仍在晋州，甲子日（初六），任命王峻为行营都部署，领兵援救晋州，下诏令各路军队都接受王峻的调度指挥，任由他随机应变，因时制宜，不必向上级请示，并且可以由他自己选择将领和官吏。乙丑日（初七），王峻启程，后周太祖亲自到大梁城西，置酒为他饯行。

楚静江节度副使、知桂州马希隐是楚武穆王马殷的小儿子。楚王马希广、马希萼兄弟争夺王位的时候，南汉主刘晟任命内侍吴怀恩为西北招讨使，率兵驻守在边境，等待机会，暗中筹划进兵攻取楚国。马希广派遣指挥使彭彦晖率兵驻守龙峒以防备他。马希萼从衡山派遣使者任命彭彦晖为桂州都监、在城外内巡检使、判军府事，马希隐很恨彭彦晖，暗地里派人告诉蒙州刺史许可琼。许可琼正害怕南汉的逼迫，立即放弃蒙州，引兵直赴桂州，跟彭彦晖在城中交战，彭彦晖战败，投奔衡山，许可琼留驻桂州。吴怀恩占据蒙州，进兵侵略抢夺，桂管重地受到骚扰，马希隐、许可琼不知怎么办，只是聚在一起饮酒，相对哭泣。

南汉主刘晟给马希隐写信，说："楚武穆王拥有整个楚国，富强安宁五十多年。现在呢，三十五舅马希广和三十舅马希萼兄弟动武，自相残杀，利用先人的基业，向仇人称臣。如今听说唐国的军队已经占据长沙，我私下估计，桂林也将跟着被南唐夺取。当今朝廷与你们世世代代都是友好的国家，又有婚姻的关系，看到你们现在即将倾覆的危险局面，还能忍下心肠不去救援吗？现在已经发动大军，水路和陆路同时前进，将来一定让你永远拥有实权，长久统治一方。"马希隐接到这封信，跟僚属商议是否投降。支使潘玄珪认为不可以。丙寅日（初八），吴怀恩引兵突然到达城下，马希隐、许可琼率领他们的部众，利用夜晚冲杀出城，逃奔全州，桂州就此溃败。吴怀恩乘机率兵基本平定宜州、连州、梧州、严州、富州、昭州、柳州、龚州、象州等，南汉从此完全占有大庾岭以南之地。

辛未日（十三日），南唐边镐派遣先锋指挥使李承戬领兵前往衡山县，催促马希萼入朝。庚辰日（二十二日），马希萼和将帅僚属士兵一万多人从潭州东下。

王峻在陕州停留十日，后周太祖郭威因北汉军队攻打晋州紧急，担心晋州不能坚守，商议亲自统军从泽州路与王峻会师救援晋州，同时派遣使者去告知王峻。十二月，戊子朔日（初一），后周太祖下诏，在三日率兵西征。使者到了陕州，王峻托使者向后周太祖报告，说："晋州州城坚固，不容易攻下；刘崇的军队现在锐气正旺，不能和他以力相争。臣之所以驻兵不进，正是要等待他士气衰落，不是臣怯懦怕战。陛下刚即位不久，不应轻举妄动。如果车驾出了汜水，那么慕容彦超引兵进入大梁，大事就完了！"后周太祖听了他这段话，自己用手拉着耳朵，说："几乎败坏了我的大事！"庚寅日（初三），敕令停止亲征。

起初，泰宁节度使兼中书令慕容彦超听说徐州平定，疑虑恐惧越发加重，于是招纳亡命之徒，积聚粮草，暗中写书信勾结北汉，官吏截获他的书信而奏报朝廷。慕容彦超又派人假扮商人去向唐国请求援兵。后周太祖郭威派遣通事舍人郑好谦到慕容彦超那里去表达劝谕的意思，并跟他订下誓约。慕容彦超更加感到不安，屡次派遣都押牙郑麟到京城，表面上假装表达诚意，实际上是来探听机密的消息；又献上天平节度使高行周写给他的信，信中都是些毁谤朝廷以及和慕容彦超相互勾结的话。后周太祖笑了笑说："这是慕容彦超的欺诈！"把那些信拿给高行周看，高行周上表谢恩。不久，慕容彦超反叛的迹象更加显露，丙申日（初九），后周太祖派遣阁门使张凝率兵前往郓州，巡视检阅，以防备慕容彦超。

庚子日（十三日），王峻到达绛州；乙巳日（十八日），领兵奔赴晋州。晋州南面有蒙阬，最为险要，王峻担心被北汉兵所占据，当天，听说先锋部队已经度过蒙阬，于是很高兴地说："我的事情成功了！"

慕容彦超上奏，请求入朝，后周太祖郭威知道那是欺诈，立即答应他；不久，慕容彦超又说境内多盗贼，不敢离开镇所。

北汉主刘旻攻打晋州，久攻不下。碰上天下大雪，百姓互相聚集保护山寨，野外没有可抢掠的，军队缺乏食物。契丹军队想返回，听说王峻已经到达蒙阬，就焚烧营垒，乘夜逃走。王峻进入晋州，诸将建议赶紧去追他们，王峻犹豫不决。第二天，才派遣行营马军都指挥使仇弘超、都排阵使药元福、左厢排阵使陈思让、康延沼率领骑兵去追契丹军队，结果，在霍邑追上了，挥军奋力攻击，北汉兵坠落悬崖深谷而死的人很多。霍邑的道路很狭窄，康延沼怯懦害怕，不敢急迫，因此北汉兵能够顺利渡河。药元福说："刘崇出动所有的军队，挟持胡人骑兵前来，志在吞并晋州和绛州，现在士气低落，力量疲乏，狼狈逃走，不趁机把他们消灭，一定会留下后患。"可是诸将不愿再前进，王峻又派使者去阻止，于是返回。契丹到了晋阳，士兵和战马损失十之三四；萧禹厥恼羞自己没有功劳，把一个大酋长钉在街市上，十几天后才斩首。北汉主刘旻从此才打消向南图谋发展的念头。北汉土地贫瘠、民众穷困，对内要供给军队、官府的费用，对外要供奉契丹，赋税繁多，徭役沉重，民不聊生，逃入后周境内的人很多。

南唐主李璟任命镇南节度使兼中书令宋齐丘为太傅；任命马希

萼为江南西道观察使，镇守洪州，仍旧赐爵为楚王；任命马希崇为永泰节度使，兼侍中，镇守舒州。湖南的将领和官吏，地位较高的，拜官刺史、将军、卿监，地位较低的，再往下按照等级拜官。南唐主称赞廖偃、彭师暠的忠诚，任命廖偃为左殿直军使、莱州刺史，彭师暠为殿直都虞候，赏赐极为丰厚。湖南刺史都入朝南唐，唯独永州刺史王赟最后到，南唐主毒杀了他。

南汉主刘晟派遣内侍省丞潘崇彻、将军谢贯领兵进攻郴州，南唐边镐发兵救援。潘崇彻在义章击败南唐军队，于是攻取了郴州。边镐请求任命全州及道州两州刺史，以防备南汉。丙辰日（二十九日），南唐主李璟任命廖偃为道州刺史，命黑云指挥使张峦去治理全州。

这一年，南唐主李璟任命安化节度使鄱阳王王延政为山南西道节度使，再赐爵为光山王。

起初，蒙城镇将咸师朗率领所部兵将投降唐国，南唐主李璟把他的军队改编为奉节都，随边镐平定湖南。唐国收取所有湖南的金帛、珍宝、玩器、粟米，以至于比较好的舟船、战舰、亭馆、花果等，都搬运到金陵，又派遣都官郎中杨继勋等人征收湖南的赋税，以供给戍守部队的需要。杨继勋等人非常苛刻，湖南人大失所望。行营粮料使王绍颜扣减士兵的粮饷和赏赐，奉节指挥使孙朗、曹进愤怒地说："从前我们跟随咸公投降唐国，唐国对待我们，哪里像今天对待湖南将士那样优厚呢！如今有功劳不增加俸禄赏赐，反而减少，不如杀了王绍颜和边镐，占据湖南，回归中原，荣华富贵指日可待。"

广顺二年（壬子，公元952年）

春季，正月，庚申日（初三）夜晚，孙朗、曹进率领他们的部众造反，将藁草打成捆暗中焚烧军府大门，火没点着。边镐察觉了这件事，出兵格斗，并且命人击鼓、吹号角，孙朗、曹进等人以为天快要亮了，冲杀出城，直奔朗州。王逵问孙朗说："我从前追随武穆王，

跟淮南交战，屡次获胜，淮南兵容易对付。现在想靠朗州的军队再取湖南，你看怎么样？"孙朗说："我在金陵多年，全面了解南唐的

政事，朝廷没有贤臣，军队没有良将，忠贞和奸佞没有区别，赏罚不合理，像这种情形，能够维持生存已经是很幸运了，哪里还有余力管人家的事！我愿做你的先锋，夺取湖南像捡拾小草一样罢了！”王逵听了，很高兴，对孙朗很礼遇。

壬戌日（初五），后周征发开封府五万民夫修缮大梁城，十天就停止了。

慕容彦超调发乡兵入城，引泗水灌注壕沟中，做战斗防守的准备；又拿很多旗帜分给诸将，命他们招募各地的盗贼，抢劫邻近的区域，被抢劫的地方奏报朝廷有关慕容彦超造反的迹象。甲子日（初七），后周太祖郭威敕令沂州和密州不再隶属泰宁军。任命侍卫步军都指挥使、昭武节度使曹英为都部署，讨伐幕容彦超，齐州防御使史延超为副部署，皇城使河内人向训为都监，陈州防御使药元福为行营马步都虞候。后周太祖考虑到药元福是老将，所以命曹英、向训不得用军礼来见他，二人都把他当父辈来看待。

南唐君主李璟发兵五千，驻扎在下邳，以便援助慕容彦超；听说周兵将要来到，退兵驻守沭阳。徐州巡检使张令彬攻打南唐军队，大败唐兵，杀死和淹死的达一千多人，活捉他们的将领燕敬权。

起初，慕容彦超因周朝新建，认为容易动摇，所以北面召呼北汉和契丹，向南引诱南唐人，让他们侵扰边境，希望把朝廷弄得奔走救急都来不及，然后把握适当的时机下手行动。等到北汉及契丹从晋州逃回北方，唐兵败于沭阳，慕容彦超的势力便衰败了。

永兴节度使李洪信，因为自己是北汉皇室的近亲，内心不能自安。城中的士兵不满一千人，王峻在陕州的时候，以援救晋州为名义，调走了好几百名。等到北汉兵逃走，朝廷派遣一千多名禁卫兵戍守长安，李洪信害怕，于是入朝。

壬申日（十五日），王峻从晋州回来，入朝拜见后周太祖郭威。

曹英等人到了兖州，布设长围。慕容彦超屡次出战，药元福都把他打败，慕容彦超不敢出战。十多天以后，长围合围，形成了包围圈，于是下令进攻。

起初，慕容彦超将要反叛时，判官崔周度劝谏说："鲁地这个地方，是诗书的国家，自从伯禽以来虽不能称霸诸侯，然而用礼义守护此地，可以长存于世。公对于国家，并没有私怨，为什么自己那么多疑！何况皇上开导劝谕，殷勤至极，如果撤除守备，归附投诚，那么就可坐享泰山一般的安定了。难道没看见杜中令（杜重威）、安襄阳（安从进）、李河中（李守贞）最后究竟有什么成就吗？"慕容彦超很生气。等到这时官军包围州城，慕容彦超搜刮士民的钱财以供给军队所需，因犯藏匿财物罪而死的人很多。前任陕州司马阎弘鲁，是阎宝的儿子，畏惧慕容彦超的残暴，把全部家产献出来，慕容彦超还是认为他有所隐藏，命令崔周度搜他的家，崔周度对阎弘鲁说："您的死生，关键在于财物的多少，最好不要有所吝惜。"阎弘鲁哭着向他的妻妾下拜说："把所有的东西全都拿出来，以救我的命。"大家都说："已经拿光了！"崔周度把情形报告了慕容彦超，慕容彦超不信，把阎弘鲁夫妇收押在监牢里。有一个奶妈用手挖土，在土中挖出一个金缠臂，献给慕容彦超，希望能够赎回她的主人，慕容彦超说："所隐藏的必定还有很多。"拷打阎弘鲁夫妇，皮开肉绽而死。慕容彦超又认为崔周度袒护包庇阎弘鲁，将他在闹市上斩首。

北汉派兵侵略府州，府州防御使折德扆打败了他们，杀死两千多人。二月，庚子日（十四日），折德扆奏报进兵夺取了北汉的岢岚军，并派兵戍守该地。

甲辰日（十八日），后周太祖郭威释放燕敬权等人让他们回归南唐，对南唐主李璟说："叛逆之臣，是天下所共同痛恨的，没想到唐主扶助他们，恐怕是失策了吧！"唐主大感惭愧，对以前所虏获的中原人，都很礼貌地送他们回国。唐国议论国事的人还建议攻取中原的计策，中书舍人韩熙载说："郭氏建国虽然不久，可是已经治理得很稳固，我们的军队轻易地出动，一定有害无益。"

唐国自从烈祖李昪以来，常常派遣使者渡海与契丹结盟，想跟契丹共同控制中原，互相赠送物品，约为兄弟。可是契丹只是贪图南唐的财物，仅用一些空话跟南唐应付，实际上，是不会被南唐所利用的。

南唐主李璟喜好文学，所以韩熙载与冯延己、冯延鲁、江文蔚、潘佑、徐铉等人都得到高官。潘佑是幽州人。当时，唐国的文雅风气比起各国来为最盛，可是没有办过科举考试，大多数人是因上书谈论国事而拜官，到了这时，才命令翰林学士江文蔚主持科举考试，庐陵人王克贞等三个人考中。南唐主问江文蔚："卿主持考试，选拔人才，比起前朝来怎么样？"回答说："前朝，公开的选拔和私下的请求各占一半，臣则完全秉公办理！"南唐主听了很高兴。中书舍人张纬，在前朝就中了进士，听到江文蔚这句话，怀恨在心。当时执政大臣都不是由科举考试上来的，他们一起批评阻挠，最后竟又废止科举。

三月，戊辰日（十二日），任命内客省使、恩州团练使晋阳人郑仁诲为枢密副使。

甲戌日（十八日），改威胜军为武胜军。

南唐主李璟任命太弟太保、昭义节度使冯延己为左仆射，前镇海节度使徐景运为中书侍郎，和右仆射孙晟都为同平章事。宣读制书后，户部尚书常梦锡在大庭广众之中大声说："这封白麻制书很好，只是比不上江文蔚以前那封奏疏罢了！"孙晟一向瞧不起冯延己，对人说："金杯玉碗，居然拿来装狗屎吗！"冯延己对南唐主李璟说："陛下亲自处理众多的事务，所以宰相没办法竭尽他的才能，这是治国之道所以不能成功的原因所在啊！"南唐主于是把所有的政事都交给他，只听他禀奏处理的结果而已。不久，冯延巳不能勤理政事，文书都依赖小吏拟定，军事则委托给边境的将帅，过了一阵子，政事更加紊乱，南唐主于是又亲自处理。

大理卿萧俨憎恶冯延己的为人，多次上疏攻击冯延己。正好遇上萧俨犯了错判人死罪的过失，钟谟、李德明等一帮人一定要杀萧俨，冯延己说："萧俨误杀一个妇人，诸君就认为应当处死。萧俨，是九卿之一，难道可以误杀吗？”他独自对唐主李璟说：“萧俨一向有正直的名声，现在他所判的犯人正好已经遇到赦免，应该从宽考虑，赦免他。”萧俨因此得以免死；人们也因此称赞冯延己。徐景运不久罢除宰相的职务，而做太子少傅。

夏季，四月，丙戌朔日（初一），出现日食。

后周太祖郭威因为曹英等攻打兖州长时间攻不下，乙卯日（三十日），下诏亲征，命李谷代理东京留守兼判开封府，郑仁诲代理大内都点检，又命侍卫马军都指挥使郭崇充任在京都巡检。

南唐主李璟已经攻克湖南，派遣其将领李建期屯兵益阳来谋取朗州，任命主持全州事务的张峦兼任桂州招讨使来谋取桂州，很长时间，没有功绩。南唐主对冯延己和孙晟说：“楚人指望我可以让他们休息，结果，我还没有能够抚慰他们的伤痛，反而滥用武力，这不符合他们期待休息的愿望；我想停止桂林的战役，调回益阳的戍兵，把权力交给刘言，你们认为怎样？”孙晟认为应该这样。冯延已说：“我们派出偏将平定湖南，远近震惊；一旦丧失所得到地方的三分之二，别人将轻视我们。请委托边境的将帅观察形势后再说。”南唐主于是派遣统军使侯训率领五千名士兵从吉州那条路直奔全州，跟张峦会师，共同攻打桂州。南汉在山谷中埋下伏兵，张峦等人刚到城下，身体疲乏，伏兵四起，城里又出兵夹攻南唐军队，唐兵大败，侯训战死，张峦收拾散兵数百人逃回全州。

五月，庚申日（初五），后周太祖郭威从大梁出发；戊辰日（十三日），到达兖州。己巳日（十四日），后周太祖派人招抚、劝谕慕容彦超，城上的人说话不恭敬；庚午日（十五日），下令各军进攻。

在此之前，方士欺骗慕容彦超说：“土星已运行到角、亢二宿，角、亢是兖州的分野，土星下面有福运。”慕容彦超于是建立祠堂，向它祈祷，下令民间都插黄色的旗帜。慕容彦超生性贪婪吝啬，官军进攻州城攻得正紧急，他还在埋藏珍宝，因此人人都没有斗志，将帅和士兵陆陆续续出城投降。乙亥日（二十日），官军攻陷兖州城，慕容彦超正在土星祠里祈祷，然后率领部众奋力战斗，没有取胜，于是烧掉土星祠，和他的妻子一起投井而死。他的儿子慕容继勋出逃，官军追上抓获了慕容继勋，杀死了他。官军恣意地抢夺，城中死亡的将近一万人。起初，慕容彦超将要谋反的时候，招募各地的盗贼，编在自己的帐下，应募而来的人，有两千多名，都是出没山林、粗犷强悍之人，最后也没有被他所用。

后周太祖郭威想诛杀兖州所有的将领官吏，翰林学士窦仪谒见冯道、范质，和二人共同对后周太祖说："他们都只是胁从罢了。"于是就把他们都赦免了。丁丑日（二十二日），命端明殿学士颜衎代理兖州的事务。壬午日（二十七日），在兖州辖区内实行大赦，慕容彦超的党羽逃亡藏匿的，限一个月内自首。以前已经被依法处决的人，赦免他的亲戚。癸未日（二十八日），把泰宁军降级为防御州。

南唐以司徒退休的李建勋去世，临死时，告诫他的家里人说："世道到了如此地步，我能善终已经很幸运了！我死以后，不要修筑高坟，不要竖立石碑，任由人家在上面耕种，以免日后成为被人挖掘的目标。"到了后来江南灭亡的时候，各个富贵人家高大的坟冢，没有一个不被挖开的，唯独李建勋的坟墓，没有人知道在什么地方。

六月，乙酉朔日（初一），后周太祖郭威前往曲阜，拜谒孔子祠。献上供品以后，将要下拜，左右的人说："孔子，只是一个陪臣（按：陪臣是诸侯属下的大夫，他对天子称陪臣），不应当以天子的身份向他下拜。"后周太祖说："孔子，是百代帝王的老师，岂敢不尊敬呢！"说完就向他下拜。又拜孔子的坟墓，命人整修孔子庙，禁止在孔林打柴取薪。访寻孔子、颜渊的后代子孙，任命为曲阜令及主簿。丙戌日（初二），后周太祖从兖州出发，返回大梁。

乙未日（十一日），吴越顺德太夫人吴氏去世。

丁酉日（十三日），蜀国洪水泛滥，灌入成都，漂流、淹没一千多家，淹死五千多人，冲毁太庙四室。戊戌日（十四日），蜀国大赦境内，赈济受灾的人家。

己亥日（十五日），后周太祖郭威回到大梁。

朔方节度使兼中书令陈留王冯晖去世，他的儿子牙内都虞候冯继业杀掉他的哥哥冯继勋，自己掌理军府的事务。

后周太子宾客李涛的弟弟李浣，在契丹当勤政殿学士，与幽州节度使萧海真关系很好。萧海真是契丹主耶律兀欲的妻弟。李浣劝说萧海真归附后周，萧海真欣然答应。李浣通过定州间谍田重霸持送绢表奏报朝廷，并且写信给李涛说："契丹主耶律述律年少无知，专门从事于饮宴游玩，没有远大的志气，远远比不上他的前人，朝廷如果能对他用兵，一定可以战胜；不然的话，与他讲和，也一定成功。这两种方法都只有赶快才有利，估计契丹的形势，以后终究不能出力援助河东的北汉。"壬寅日（十八日），田重霸到达大梁，正好这时中原多事，始终没有依照李浣的计划去做。

辛亥日（二十七日），任命冯继业为朔方留后。

枢密使王峻性情轻浮急躁，善于算计，贪图权利，喜欢人家奉承自己，自负地认为治理天下的重任只有自己才能承担。每次谈论政事，后周太祖郭威赞成他，他就高兴；有时不采纳他，他就生闷气，往往说些刺耳的话。后周太祖顾念他是旧臣，而且有帮助自己开创帝业的大功，又一向了解他的个性，所以常常宽宏大量地容忍他。王峻的年纪，比后周太祖稍大一点儿，后周太祖即位以后，还称他为兄，或称他的字，王峻因此更加骄傲。枢密副使郑仁诲、皇城使向训、恩州团练使李重进，都是后周太祖在藩镇时的心腹将佐，后周太祖即位以后，渐渐提拔任用。王峻嫉妒他们，多次上表称病，请求解除枢密使的职务，来试探后周太祖的想法。后周太祖多次派遣左右的人谆谆劝慰，王峻回答使者语气严厉；又写信给各道节度使求得保举。诸道节度使各自向后周太祖献上保举王峻的书信，后周太祖惊讶了半天，再派遣左右亲近的人去安慰他、鼓励他，请王峻任职治事，并且说："卿如果不来，朕将亲自前往。"王峻还是不到。后周太祖知道枢密直学士陈观跟王峻交情深厚，命他前往劝慰王峻，陈观说："陛下只要扬言说临幸他的府第，王峻一定不敢不来。”后周太祖听从他的话。秋季，七月，戊子日（七月无此日），王峻入朝，后周太祖慰劳他，让他任职处理政事。李重进，是沧州人，他的母亲就是后周太祖的妹妹福庆长公主。

李谷失足跌倒，伤了右臂，休假一个多月。后周太祖郭威因为李谷主管的工作繁多紧急，便催促他入朝，李谷以不能行朝拜大礼为理由推辞。癸巳日（七月无此日），诏命不必上朝谒见，只让他处理公务。

后蜀工部尚书、判武德军郭延钧对监押王承丕无礼，王承丕阴谋发动叛乱。辛丑日（十八日），左奉圣都指挥使安次人孙钦将要率领所部兵戍守边境，前往向王承丕辞行，王承丕邀请他一起去见军府长官郭延钧；孙钦不知道他的阴谋，便答应了他。王承丕到了府中，就下令左右的侍从人员击杀郭延钧，屠杀他的家属，假称是奉了诏命处理军府，于是就打开府库，犒赏士兵，放出监牢里的囚犯，调遣驻守当地的戍卒。将帅和官吏全都集合在一起，孙钦对王承丕说：“现在郭延钧已经伏法，您应当拿出诏书来给大家看。”王承丕说：“我能够使您富贵，不要问诏书的事。”孙钦这才知道王承丕谋反，所以骗他说：“现在府内府外都还没安定，我愿率领自己的部众，为公巡察。”说完立即跃马而出，王承丕连连呼喊他，他都不停。孙钦回到自己营中，告诉他的部众，率领他们进入府中，攻击王承丕。王承丕左右的人想上前抵抗，孙钦大声呵斥他们，他们都丢弃武器逃走，于是抓到王承丕，将他斩首，连带也杀了他的亲党，然后把首级传送回成都。

天平节度使、守中书令高行周去世。高行周勇猛而知晓大义，功高而不骄傲自夸，战场上扬鞭策马亲临敌阵，叱咤风云，平常跟宾客僚友聚会，则从容不迫，平易近人，因此大家很敬重他。

癸卯日（二十日），后蜀主孟昶派遣客省使赵季札前往梓州，抚慰官吏百姓。

后汉的法律，凡是犯法贩卖私盐、私造酒曲的人，不论数量多少，一律处死罪。郑州有一个百姓，以屋税向官府领取食盐，经过州城，官吏以为是私盐，把他抓起来，处死。他的妻子替他申诉冤情。癸丑日（七月无此日），后周太祖郭威开始发布诏令：犯法走私食盐、酒曲的人，根据斤两多少确定刑罚轻重不同的等级。

资治通鉴卷第二百九十一　后周纪二

起壬子（公元952年）九月，止甲寅（公元954年）四月，共一年八个月。

【题解】本卷记录了公元952年九月至954年四月的史事，共一年又八个月。正当后周太祖郭威广顺二年九月至显德元年四月。后周太祖郭威废除营田，把耕种营田的人重新编入户籍，由地方管理，把那些田地、房舍、耕牛、农具，全部赐给租佃土地的人作为永久的产业，废除全部租牛税，并且贬逐跋扈之臣王峻，勉强支撑病体在南郊祭祀，平生崇尚俭约，临终时留下遗命只使用纸衣、瓦棺，是五代时难得的一位开明之君。养子郭荣即位，史称周世宗。北汉主刘崇趁机南侵后周，后周世宗御驾亲征。高平战役，后周世宗大破北汉兵，乘胜兵围晋阳。楚国旧将刘言、王逵赶走南唐兵，尽力恢复楚国旧土，只有郴州、连州落入南汉之手。湖南局势恢复，王逵杀死刘言，向后周称藩。

太祖圣神恭肃文武皇帝中

广顺二年（壬子，公元952年）

九月，甲寅朔日（初一），吴越丞相裴坚去世。任命台州刺史吴延福共同参与丞相府事务。

庚午日（十七日），后周太祖郭威敕令北方边境的官吏、百姓不得进入契丹境内抢掠人口、财物。

契丹将领高谟翰用芦苇编成筏子渡过胡卢河入侵，到达冀州，成德节度使何福进派遣龙捷都指挥使刘诚诲等屯驻贝州来抵抗。契丹听到这个消息，赶忙引兵向北渡过胡卢河；所俘虏的冀州男丁数百人望见官军，纷纷呼喊喧闹，想攻击契丹兵，可是官军不敢响应，结果契丹兵把他们全部杀掉。

后蜀山南西道节度使李廷珪奏报后周人在关中地区集结军队，请求增加兵力进行防备。蜀主孟昶派遣奉銮肃卫都虞候赵进率兵直向利州进发，不久，听说周人集结军队是为了防备北汉，于是又引兵回去。

南唐武安节度使边镐，昏庸怯懦不能决断，在湖南，政令出自多家，不符合民众心意。吉水人欧阳广上书，说："边镐不是将帅之才，一定会把湖南丢掉，应该另外选择良将，增加军队以解救危机。"结果没有下文。

南唐主李璟让边镐筹划治理朗州，有从朗州来的人，大多说刘言忠顺朝廷，边镐因此不作防备。南唐主召刘言入朝，刘言不去，对王逵说："如果唐国一定要来攻打我，将怎么办？"王逵说："武陵这个地方，有险要的长江、洞庭湖做屏障，拥有好几万的甲兵，怎么可以拱手让给别人而受别人的宰割！边镐领导无方，士民不服，可以一战就擒住他。"刘言犹豫不决，周行逢说："机密之事贵在迅速；缓慢一点对方就有了防备，不可谋取了。"刘言于是任命王逵、周行逢及牙将何敬真、张仿、蒲公益、朱全琇、宇文琼、彭万和、潘叔嗣、张文表十个人都为指挥使，部署发兵的事宜。潘叔嗣、张文表都是朗州人。周行逢擅长谋划，张文表善于攻战，潘叔嗣果断勇敢，三个人常互相配合而完成任务，感情非常亲密。

众将想召请溆州酋长苻彦通作为援军，周行逢说："蛮人贪婪而不讲信义，前年跟从马希萼进入潭州，烧杀抢掠没有遗留。我们的军队是为了正义而战，所向无敌，何必用这些蛮人，使他们残害百姓呢！"于是这件事就停了下来。可是，又怕苻彦通对他们构成威胁，成为后患，于是以群蛮所畏惧的蛮酋土团都指挥使刘瑫担任西境镇遏使，用来防备苻彦通。

冬季，十月，王逵等领兵分路奔赴长沙，任命孙朗、曹进为先锋使，边镐派遣指挥使郭再诚等领兵屯驻益阳抵抗。戊子日（初五），王逵等攻克沅江，生擒都监刘承遇，副将李师德率领部众五百人投降。壬辰日（初九），王逵命军士各乘小舟，直抵益阳，从四面砍伐营寨而入，终于攻下了益阳，消灭两千名守兵。边镐向唐国告急。甲午日（十一日），王逵等人攻克桥口及湘阴。乙未日（十二日），到达潭州，边镐据城自守；救兵还没有到来，城里兵员又少，丙申日（十三日）的晚上，边镐放弃州城，逃走，所留下的官吏及民众全都溃散。醴陵门的桥梁折断，死了一万多人，道州刺史廖偃被乱兵杀死。丁酉日（十四日）的早晨，王逵进入城里，自称武平节度副使、权知军府事，任命何敬真为行军司马。派何敬真等去追赶边镐，没有赶上，却斩了五百个首级。蒲公益进攻岳州，唐国的岳州刺史宋德权逃走，刘言任命蒲公益代理主持岳州事务。唐国防守湖南各州的将领，听说长沙陷落，一个接一个地逃走。刘言收复了马氏岭北的全部旧土，只有郴州及连州两州，沦陷于南汉。

契丹瀛州、莫州、幽州发大水，流民进入边塞散居河北的有数十万人，契丹各州、县也禁止流民。后周太祖郭威下诏，命各地救济安顿灾民，中原的百姓以前被强掳而去的，有十之五六得以借此机会回来。

丁未日（二十四日），李谷因为手臂的伤长久不能痊愈，三次上表要求辞去职位，后周太祖郭威派遣宫中使者传达旨意，说："卿所负责的事务，极为重要，朕很难找到适当的人选，如果事务能够顺利地推展，又有成绩表现，何必要上朝参谒？朕现在在便殿等待卿，卿无妨暂时来相见一下。"于是李谷在金祥殿觐见后周太祖，当面向后周太祖陈诉自己的苦衷。后周太祖不准。李谷不得已，又处理公务。李谷还不能拿笔，后周太祖体念他政务繁重，特地下诏，让他雕刻图章来使用。

辛亥日（二十八日），后周太祖郭威下敕令："百姓若有诉讼，必须先经县、州以及观察使处理，如果不服审判，才可以上诉到御史台及尚书省的刑部，若是自己不能写起诉的状子，而必须托人写，必须写上所托人的姓名、住址。如果没人可托，可以只拿白纸。所诉讼的事情，必须是跟自己有关的，不得为了私情，而替别人诉讼。”

庆州刺史郭彦钦生性贪婪，党项野鸡族羊马很多，郭彦钦故意骚扰他们来索求贿赂，野鸡族因此造反，抢夺在边境上贩卖物品的商人。后周太祖郭威命令宁州及环州联合起来讨伐他们。

刘言派遣使者前来上表，说：“湖南世代侍奉朝廷，不幸被南唐所攻陷，臣虽然事先没有遵奉诏命，但是已经集合义兵，平定楚国旧有土地。”

南唐主李璟削去边镐的官职爵位，流放饶州。起初，边镐以都虞候的职位跟随查文徽攻下建州，对所有俘虏来的人，都保全了性命，建州人称他为“边佛子”；等到攻陷潭州，街上的店铺，一点儿也不受干扰，潭州人称他为“边菩萨”；不久，做节度使，政事没有法度，只是天天准备供佛的物品，郑重地从事念佛，潭州人对他感到失望，于是便称他为“边和尚”了。

左仆射同平章事冯延己、右仆射同平章事孙晟上表请罪。南唐主李璟都不追究。孙晟再三请罪，表示要对湖南失陷的事负责，于是南唐主李璟才下令孙晟跟冯延已都罢免宰相的职务，只担任原有的官职。

南唐主李璟因连年出师无功，于是商议停止用兵休养生息。有人说：“希望陛下几十年不要用兵，就可以达到小康了！”南唐主说：“我将一辈子不用兵，何止几十年而已！”南唐主想起欧阳广所说“边镐一定会丧失湖南”的话，拜他为吉水县令。

十一月，辛未日（十九日），迁调保义节度使折从阮为静难节度使，讨伐野鸡族。

癸酉日（二十一日），后周太祖郭威颁发敕令：“规定每年民间所进贡的牛皮，减免三分之二。每十顷田，征税收取一张牛皮，剩下来的，任由百姓使用或买卖，唯独禁止卖给别的国家。”在此以前，从战事兴起开始，就禁止民间私自买卖牛皮，全部都依规定交给官府，然后领取一点报酬。后唐明宗李嗣源的时候，官府只对百姓补偿一点食盐；后晋天福年间，连盐都不给。后汉的法律，规定私自买卖牛皮一寸，就犯死罪，然而民间的日常使用，实在是不可缺少。后周太祖早就了解到其中的弊端，所以到了这时，李谷建议，把牛皮税按田亩来计算，公私都方便。

十二月，丙戌日（初四），黄河在郑州、滑州决口，朝廷派遣使者前去巡视，并加以抢修堵塞。

甲午日（十二日），前静难节度使侯章进献买宴的绢一千匹、银子五百两，后周太祖郭威不接受。说："诸侯入朝觐见，天子应该自设酒宴，犒劳诸侯，哪里还要诸侯出钱来买呢？从今以后，像这一类的，都不接受。"

王逵率领所部以及洞蛮军队共五万进攻郴州，南汉将领潘崇彻救援郴州，在蠔石相遇。潘崇彻登上高地眺望湖南兵，说："疲乏而不整齐，容易攻破。"挥军进击，果然把湖南兵打得大败，尸体横陈八十里。

翰林学士徐台符请求诛杀诬告李崧的葛延遇和李澄，冯道认为经过了多次赦令，没有同意。王峻赞许徐台符的大义，特地把这件事报告后周太祖郭威。癸卯日（二十一日），逮捕葛延遇及李澄，把他们杀死。

刘言上表，说潭州经过战火以后，府署残破，请求把节度使的府署迁设到朗州，并且请求准他进贡、卖茶，完全比照马氏当年的旧例，朝廷答应了他。

唐国的江西观察使楚王马希萼入朝，南唐主李璟留下了他，几年以后，死在金陵，谥号为恭孝。

起初，麟州土豪杨信自称刺史，接受后周的命令。杨信去世，他的儿子杨重训继位，却把麟州献给北汉，向北汉投降。到了这时，被各部羌族所包围，于是又投诚归附后周，向夏、府两州求救。

广顺三年（癸丑，公元953年）

春季，正月，丙辰日（初五），后周太祖郭威任命武平留后刘言为武平节度使、置制武安及静江等军事、同平章事。任命王逵为武安节度使，何敬真为静江节度使，周行逢为武安行军司马。

后周太祖郭威诏令折从阮，说："野鸡族能改过的人，拜授官职，赏赐金帛，不然就进兵讨伐他们。"壬戌日（十一日），折从阮上奏说："除酋长李万全等人服从诏命立有誓约以外，其他人还不服，正在讨伐他们。"

前代屯田都在边疆，让戍守的士兵耕种。唐朝末年，中原驻扎军队，所在之处都设置营田来耕种空地。以后又招募富户，让他们交纳租税，土地由他们租出去，户部另外特设一个机构，专门负责这方面的事务，不隶属州县，这样一来，造成两种情况：一方面，有许多成年男子想耕田却没田可耕，一方面又收容了奸盗不法之徒，使他们得到了庇护，州县没有权力过问。后梁太祖朱温攻打淮南，抢夺了成千上万的耕牛，供给东南各州的农民，规定他们每年向官府缴税。从此之后，经过几十年，牛死而租税没有免除，百姓深受其苦。后周太祖郭威向来知道其中的弊端，正好这时阁门使、知青州张凝上奏利国利民之事，请求废除营田机构，李谷也说这件事。十四日，后周太祖敕令："废除户部的全部营田官署，将耕种营田的民众归州县管辖；所有的田地、房舍、耕牛、农作器具，全部赠送给现在正在耕种的人，作为他永久的产业，全面废止租牛税。"这一年，根据户部的统计，户口增加了三万多。民众获得了这些田产作为永久的产业，才敢修葺房屋，种植树木，田地的生产量增加了好几倍。有人说："营田中有肥沃富饶的，不如卖掉它，可以得到数十万缗的钱来充实国库。"后周太祖郭威说："利益在农民那里，如同在国家一样，朕用这些钱干什么！"

莱州刺史叶仁鲁，是后周太祖郭威的旧吏，犯了贪污一万五千匹绢、一千缗钱的罪，庚午日（十九日），赐死。后周太祖派遣中使赐他酒食，说："你自己触犯国法，我也无可奈何！不过，将会照顾你的母亲。”叶仁鲁听了，感动得哭起来。

后周太祖郭威为黄河决口而忧愁，王峻请求前往巡视，后周太祖准许。镇宁节度使郭荣屡次请求入朝，王峻嫉妒他杰出的功绩，屡次阻止他。闰月，郭荣又请求入朝，正好这时王峻出京去巡视黄河，后周太祖于是准许了。

契丹侵犯定州，包围义丰军，定和都指挥使杨弘裕夜晚袭击敌营，大获全胜，契丹逃走。契丹又侵略镇州，镇州兵加以反击，把他们赶走。

丙申日（十五日），镇宁节度使郭荣进京入朝。原李守贞的骑士马全义随郭荣入朝，后周太祖郭威召见他，补授他为殿前指挥使，后周太祖对左右的人说："马全义忠于主人，以前在河中的时候，屡次挫败我的军队，你们应该效仿他。"王峻听说郭荣入朝的消息，匆匆从黄河边上回来，戊戌日（十七日），到达大梁。

彰武节度使高允权去世，他的儿子牙内指挥使高绍基图谋承袭父亲的职位，假称高允权生病，上表说让自己主持军府的事务。观察判官李彬极力劝谏，高绍基很生气，将他斩首，辛巳日（正月三十日），向朝廷报告说李彬谋反。

王峻再三请求兼领藩镇，后周太祖郭威不得已，任命王峻兼任平卢节度使。

高绍基屡次奏报各部落的胡虏侵犯边境，希望借此得以承袭他父亲的职位，后周太祖郭威派遣六宅使张仁谦到延州巡视考察，高绍基不能再隐瞒，这才替他父亲办理丧事。

戊申日（二十七日），折从阮奏报野鸡二十一个部族投降。

南唐布衣邵棠上言说："近来出游淮河，听说周主恭敬俭朴，不断推行德政。我们的军队刚刚在潭州和朗州吃了败仗，恐怕周室怀有南征的意思，应当加以戒备。"

起初，王逵既已取得潭州，便任命指挥使何敬真为静江节度副使，朱全琇为武安节度副使，张文表为武平节度副使，周行逢为武安行军司马。何敬真和朱全琇各自设置牙兵，跟王逵分庭处理政事，官吏百姓不知道该听谁的。每当聚会饮酒的时候，诸将借着酒兴，意气闹事，纷乱嘈杂像菜市一般，不再有上司下属的分别，只有周行逢、张文表完全按照应有的礼节侍奉王逵，所以王逵也亲近喜欢他们。何敬真跟王逵不和，辞别回到朗州，但是，又跟刘言处不来，于是就跟朱全琇一起图谋作乱。刘言一向顾忌王逵的强大，怀疑是王逵派何敬真刺探自己，将要讨伐王逵，王逵听到这消息，很害怕。周行逢说："刘言一向不与我们一条心，何敬真、朱全琇以在您手下为耻，您应当及早处置他们。"王逵大喜说："跟您一同消灭凶党，一同治理潭州及朗州，还担心什么！"正好这时南汉入侵全州、道州及永州，周行逢建议说："让我亲自到朗州游说刘言，派遣何敬真、朱全琇向南讨伐南汉，等他们到达长沙，设计对付他们，就像囊中取物一样。"王逵赞成他的意见。周行逢到了朗州以后，刘言果然任命何敬真为南面行营招讨使，朱全琇为先锋使，率领一百多名牙兵和潭州兵会合，以抵御南汉。何敬真和朱全琇到了长沙，王逵出城到郊外迎接，相见很愉快，接连几天设宴饮酒，多用美貌妓女来引诱他们，何敬真因此停留不再前进。朗州指挥使李仲迁的部兵三千人长期戍守潭州，何敬真命他们先出发，直奔岭北，都头符会等人因为士兵们想回家，挟持李仲迁擅自返回朗州。王逵趁何敬真喝醉的时候，让人伪装成刘言的使者，指责何敬真："南方的寇盗，深入边境侵略，不赶紧去防御抵抗，而专门从事饮酒作乐，太师命我来押解你回朗州军府。"趁机将何敬真逮捕关进监狱。朱全琇逃走，派兵追捕他。二月，辛亥朔日（初一），把何敬真斩首示众。不久，捕获朱全琇及其党徒十几人，把他们全部斩首。

癸丑日（初三），镇宁节度使郭荣返回澶州。

起初，契丹主耶律德光返回北方，将后晋传国玺印随身携带。到了这时，另外用玉做了两枚传国玺印。

王逵派遣使者把斩杀何敬真的事告知刘言，刘言不得已，庚申日

（初十），斩杀符会等好几个人。

枢密使、平卢节度使、同平章事王峻，晚年性情越发狂妄急躁，奏请任用端明殿学士颜衎、枢密直学士陈观取代范质、李谷为宰相，后周太祖郭威说："调换宰相，不可仓促行事，等朕再考虑一番。"王峻极力论说他的意见，语气逐渐不恭逊。时间已经快到正午，后周太祖还没吃饭，王峻还争论不停，后周太祖说："现在正逢寒食节，等到休假结束，再依照你的意见去做。"王峻这才退下。

癸亥日（十三日），后周太祖郭威紧急召见宰相、枢密使入朝，将王峻软禁在别的地方。后周太祖见到冯道等人，流下眼泪说："王峻欺凌我太过分，竟想赶走所有大臣，废除我的辅佐。我只有一个儿子，王峻极力地从中阻挠，我暂时让我儿子回京一趟，他就心怀怨恨。岂有已经主掌枢密院，又兼宰相，还要求做大镇的节度使的道理！看他的意思，实在是没有满足的时候。这样子藐视国君，谁能够忍受！"甲子日（十四日），贬谪王峻为商州司马，制书的内容大略说："视群臣如案板上的肉，待朕身似几岁孩童。"后周太祖考虑到邺都留守王殷也许会因此感到不安，于是就派王殷的儿子尚食使王承诲到王殷那里，告诉他王峻获罪的情形。王峻到了商州，得了腹泻病，后周太祖还怜悯他，命王峻的妻子前去探望，不久王峻就死了。

后周太祖郭威命折从阮分兵屯驻延州，高绍基这才有点害怕，屡次向朝廷进贡。又命供奉官张怀贞率领禁卫兵两个指挥使驻守鄜州及延州，高绍基于是把军府的事全部交给副使张匡图。甲戌日（二十四日），任命客省使向训代理掌管延州事务。

三月，甲申日（初五），后周太祖郭威任命镇宁节度使郭荣为开封尹、晋王。丙戌日（初七），任命枢密副使郑仁诲为镇宁节度使。

起初，杀牛族跟野鸡族有仇恨，听说官军讨伐野鸡族，便输送粮饷，迎接官军，官军贪图他们的财货及牲畜，反而抢劫他们。于是杀牛族造反，跟野鸡族合作，在包山打败宁州刺史张建武。后周太祖郭威因为郭彦钦骚扰各地的胡人，导致他们叛乱，把郭彦钦罢免在家。

起初，解州刺史浚仪人郭元昭与榷盐使李温玉有矛盾，李温玉的女婿魏仁浦为枢密主事，郭元昭怀疑魏仁浦包庇岳丈；正好遇上河中李守贞造反，李温玉有个儿子在河中，郭元昭收押李温玉，奏报他反叛朝廷，事情牵连魏仁浦。后周太祖郭威当时做枢密使，知道他们是被冤枉的，便把这事搁置一边，不加追究。到了这时，魏仁浦做枢密承旨，郭元昭任期届满回来，非常害怕，经过洛阳，把这件事情告诉魏仁浦的弟弟魏仁涤，魏仁涤说："我哥哥平生不跟人家结仇，又哪里会以私人恩怨而害您呢？"郭元昭回到京师以后，丁亥日（初八），魏仁浦报告后周太祖，任命郭元昭为庆州刺史。

己丑日（初十），后周太祖郭威任命棣州团练使太原人王仁镐为宣徽北院使兼枢密副使。

南唐主李璟又任命左仆射冯延已为同平章事。

周行逢憎恶武平节度副使张倣，对王逵说："何敬真，是张倣的亲戚，临刑的时候，把后事托给张倣，公应该防备他。"夏季，四月，庚申日（十一日），王逵召请张倣饮酒，乘他喝醉，把他杀掉。

丙寅日（十七日），归德节度使兼侍中常思入朝；戊辰日（十九日），调任平卢节度使。常思即将上路，启奏说："臣在宋州，给民间贷有四万多两丝的债，到蚕丝成熟时，向他们征收价值相当的蚕丝，现在谨把这些献给皇上，请皇上那时候下令征收。"后周太祖郭威点头答应了他。五月，丁亥日（初九），在宋州公布敕令，凡是常思所贷放的丝债全部免除，已上缴的全部退回。常思也并不感到惭愧。

自从唐朝末年以来，各地学校荡然无存，后蜀毋昭裔拿出私人财产上百万营办学馆，并且建议刻板印制《九经》，后蜀主孟昶赞成他。因此蜀地的文献之学又兴盛起来。

六月，壬子日（初四），沧州奏报契丹的知卢台军事范阳人张藏英前来投降。

起初，后唐明宗李嗣源时，宰相冯道、李愚建议，命判国子监田敏校正《九经》，刻板印刷，对外销售，朝廷采纳了这个意见。丁巳日

（初九），刻板完成，进献朝廷。从此，虽然世道大乱，但《九经》流传仍然很广。

王逵任命周行逢掌管潭州事务，自己率兵袭击朗州，攻下之后，杀死指挥使郑珓，抓到武安节度使、同平章事刘言，把他囚禁在别馆。

秋季，七月，王殷三次上表请求入朝，后周太祖郭威怀疑他不诚心，派遣使者阻止他。

南唐大旱，井水、泉水干涸，淮河干得可徒步而过，饥民渡过淮河北上的接连不断，南唐濠州、寿州发兵阻止，百姓与士兵争斗，朝北奔来。后周太祖郭威听说这件事，说："他们跟我们的百姓是一样的，让他们自由过淮河买米。"南唐人却因此盖了许多仓库，大量地买米，以供军队的需要。八月，己未日（十二日），后周太祖下诏：南唐百姓靠人力或牲畜来运米粮的，不加限制，如果是用车船来载运粮食的，就不要卖给。

王逵派遣使者上表，诬告说："刘言图谋率朗州向南唐投降，又准备攻打潭州，他的部众不肯从命，将他废黜并囚禁起来，臣已经到达朗州，并且安抚军府完毕。"又请求把军府迁回潭州。甲戌日（二十七日），后周太祖郭威派遣通事舍人翟光裔到湖南宣示安抚，答应王逵的请求。王逵回到长沙，任命周行逢掌管朗州事务，又派遣潘叔嗣到朗州杀死刘言。

九月，己亥日（二十二日），武成节度使白重赞奏报堵塞了黄河决口。

契丹侵略乐寿，齐州的戍守部队右保宁都头刘彦章，杀掉都监杜延熙，打算和契丹配合，结果没有成功，连同他的部下、党徒，全部都被处决。

南汉主刘晟封立他的儿子刘继兴为卫王，刘璇兴为桂王，刘庆兴为荆王，刘保兴为祯王，刘崇兴为梅王。

东起青州、徐州，南到安州、复州，西到丹州、慈州，北到贝州、镇州，一大片疆域都发生水灾。

后周太祖郭威入秋以来受风得了手足麻木病，影响饮食和行走，术士说应该散发财物来祛病消灾。后周太祖打算在南郊举行祭祀，又因从后梁以来，南郊祭天常在洛阳举行，因此迟疑不决。执政大臣说："天子建都的地方，就可以祭祀百神，何必一定要在洛阳！"于是开始修筑圜丘、社稷坛，在大梁建造太庙。癸亥日（九月无此日），派遣冯道到洛阳迎奉太庙的社稷神主牌位。

南汉实行大赦。

冬季，十一月，己丑日（十三日），太常请求比照洛阳修筑四郊各坛，后周太祖郭威同意了。十二月，丁未朔日（初一），冯道所奉迎的神主牌位到达大梁，后周太祖到西郊迎接，然后安置在太庙，一起接受祭祀。

邺都留守、天雄节度使兼侍卫亲军都指挥使、同平章事王殷恃仗有功专横跋扈，凡是河北藩镇的卫戍部队应用皇帝敕书才能处理的事，王殷却直接用自己的手帖就处置了，同时大量盘剥百姓钱财。后周太祖郭威知道这种情况以后，不大高兴，派人去对他说："卿跟国家是一体，邺都的库藏很丰富，卿要用就去拿，何必担心没有钱！"成德节度使何福进一向厌恶王殷，甲子日（十八日），何福进入朝，秘密地向后周太祖报告王殷的事情，后周太祖因此对王殷起了疑心。乙丑日（十九日），王殷入朝，后周太祖诏命留下王殷充任京城内外巡检。

戊辰日（二十二日），府州防御使折德扆奏报北汉将领乔赟入侵，已将他打跑了。

王殷每次出门，随从人员常有好几百人。王殷请求酌量供给铠甲及兵器，以备巡逻之用，后周太祖郭威感到为难。当时，后周太祖身体不大好，正要举行祭天的典礼，而王殷挟持威震君主的势力留在后周太祖左右，众人心里都不免嫉恨他。

壬申日（二十六日），后周太祖郭威勉强扶病坐在滋德殿，王殷入殿请安，就趁此机会把他抓起来。颁下制书，妄称王殷将在祭天的时候作乱，把他放逐到登州；等到王殷出城，就把他杀掉。命令镇宁节度使郑仁诲到邺都去安抚吏民。郑仁诲贪图王殷的财产，擅自杀死王殷的儿子，把他的家属迁到登州。

南唐祠部郎中、知制诰徐铉进言贡举制度刚开始设立，不应马上停止，于是又恢复实行。

在此之前，楚州刺史田敬洙请示修理白水塘灌溉田地来充实边疆，冯延己认为有利。李德明因此请示大力开辟空地作为屯田，整修各地已经污塞废弃的水渠及池塘。结果官吏从中假借名目，妄加骚扰，动用很多的劳力，侵占很多的民田，百姓忧愁怨恨，又无处申诉。徐铉把这种情形告知南唐主李璟，南唐主命徐铉巡视调查，徐铉把被侵占的民田一一登记下来，全部交还原主。有人中伤徐铉，说他擅自作威作福，南唐主发怒，把徐铉贬谪到舒州。不过，白水塘最后还是没有修理好。

南唐主李璟又命少府监冯延鲁巡视安抚各州，左拾遗徐锴上表弹劾冯延鲁没有才能却有许多罪行，举止轻浮浅薄，不适合奉命做使者。南唐主很生气，贬谪徐锴为校书郎、分司东都。徐锴，是徐铉的弟弟。

道州盘容洞蛮的酋长盘崇聚集众人，自称盘容州都统，屡次侵略郴州及道州。

乙亥日（二十九日），后周太祖郭威祭祀太庙，穿戴衮衣冠冕，由左右人搀扶着登上台阶，才到一室，刚斟酒进献，便低下头不能下拜而退下，下令命晋王郭荣代行典礼到结束。当天晚上，住在京城的南郊，病情极其严重，几乎不能救治，到了半夜，稍微好了一点儿。

显德元年（甲寅，公元954年）

春季，正月，丙子朔日（初一），后周太祖郭威到圜丘祭天，仅能抬头瞻仰表示致敬而已，进酒、奠币都由有关官员代劳。大赦天下，改年号为显德。准允蜀境民众自由地往来买卖。

戊寅日（初三），废掉邺都，只建天雄军。

庚辰日（初五），晋王郭荣加官兼侍中，管理京城内外兵马事务。当时群臣很少能见到后周太祖郭威，朝野都感到恐慌，听说晋王掌握兵权，人心才稍微安定。

军队将士中有流言说祭天的赏赐比后唐明宗李嗣源时少，后周太祖郭威听说了，壬午日（初七），召集众将到寝殿，责备说："朕从即位以来，穿得很粗糙，吃得很简单，完全以供给军需为首要任务；府库里所储藏的财物，四方所进贡的货品，除了供应军需以外，就很少有剩余，你们难道不知道吗？现在竟然放任凶恶之徒散布谣言，不顾惜人主是如何地勤俭，不体察国家是如何地贫乏，又不想自己有什么功劳可以接受赏赐，只知道抱怨，你们心里安稳吗？"诸将都惶恐谢罪，退出以后，找出带头闹事的人杀掉，以作警戒，谣言才平息。

起初，后周太祖郭威在邺都时，格外喜爱小吏曹翰的才能，让他侍奉晋王郭荣。郭荣镇守澶州，任命他为牙将。郭荣回京做开封尹，没有立刻召回曹翰，曹翰主动回到京师，郭荣感到很诧异。曹翰请求屏退左右的人，进言说："大王当是国家的储君，现在皇上卧病，大王应当入宫侍奉汤药，怎么还待在外头处理事情呢？"郭荣懂了他的意思，当天就进入宫中服侍后周太祖。丙戌日（十一日），后周太祖病重，命各部门小事都不要上奏，如有大事，则由晋王裁决，经禀告后周太祖以后，宣布施行。

任命镇宁节度使郑仁诲为枢密使、同平章事。

戊子日（十三日），任命义武留后孙行友、保义留后韩通、朔方留后冯继业都为节度使。韩通，是太原人。

后周太祖郭威屡次告诫晋王郭荣说："从前我西征时，看到唐朝十八座皇陵没有不被挖掘的，这没有别的原因，只是多藏金银宝玉的缘故。我死后，应该给我穿纸做的衣服，用瓦棺盛殓遗体；尽快安葬，不要久留在宫中；墓穴里不要使用石头，用砖来代替；修筑坟墓的工人，都出资雇用，不要麻烦百姓；安葬完毕，招募坟墓附近的百姓三十户，免除他们的各种徭役，让他们看护陵墓；不要修建地下宫室，不要安排守陵宫人，不要雕刻石羊、石虎、石人、石马，只刻一面石碑竖在陵墓前面，上面刻道：‘周天子平生崇尚俭约，遗命使用纸衣、瓦棺，继位的天子不敢违背。’你如果违背我的要求，我将不保佑你！”又说，“李洪义应当颁授给他节钺，让他做节度使，魏仁浦不要让他离开枢密院。”

庚寅日（十五日），诏令前登州刺史周训等堵塞黄河决口。此前，黄河在灵河、鱼池、酸枣、阳武、常乐驿、河阴、六明镇、原武决口，共八个缺口。到了这个时候，分别派遣使者到各地堵塞决口。

后周太祖郭威命令赶紧草拟制书，任命端明殿学士、户部侍郎王溥为中书侍郎、同平章事。壬辰日（十七日），宣读制书完毕，左右的人把这件事上报后周太祖，后周太祖说：“我没有遗憾了！”任命枢密副使王仁镐为永兴节度使，任命殿前都指挥使李重进兼武信节度使。李重进的年纪比晋王郭荣大，后周太祖召他入宫，把后事托付给他，又命他向郭荣下拜，以此确定君臣的名分。当天，后周太祖在滋德殿去世，保守秘密，不发布消息。乙未日（二十日），宣布遗制。丙申日（二十一日），晋王郭荣即皇帝位。

起初，静海节度使吴权去世，儿子吴昌岌继位；吴昌岌去世，弟弟吴昌文继位。这个月，才向南汉请求颁授官职，南汉任命吴昌文为静海节度使兼安南都护。

北汉主刘旻听说后周太祖郭威去世，极为高兴，图谋大举入侵后周，派遣使者到契丹请求出兵。二月，契丹派遣武定节度使、政事令杨衮率领一万多名骑兵前往晋阳。北汉主刘旻亲自率领三万人马，任命义成节度使白从晖为行军都部署，武宁节度使张元徽为前锋都指挥使，跟契丹从团柏向南直奔潞州。

后蜀左匡圣马步都指挥使、保宁节度使安思谦进谗言杀害张业，废黜赵廷隐，蜀人都痛恨他。蜀主孟昶派他率兵去救王景崇，安思谦逗留不进，没有功劳，内心惶恐害怕，感到不安。自从张业被杀，宫门的守卫更加严密，安思谦以为这是猜疑他，说话多不恭逊。安思谦掌管京城警卫，多次杀士兵来树立自己的威信。后来蜀主孟昶查阅卫兵名册，发现有个人年纪还不大，身体也很健壮，却被安思谦所斥退，于是蜀主恢复他的兵籍，叫他回到军中，安思谦竟把他杀掉，蜀主心里很气愤。安思谦有三个儿子，即安扆、安嗣、安裔，仗着父亲的权势，凶暴蛮横，危害国人。翰林使王藻屡次向蜀主报告说安思谦满怀怨恨，将要谋反，丁巳日（十八日），安思谦入朝，蜀主孟昶命令壮士击杀他，并杀掉他的三个儿子。王藻也因为擅自奏报边境的事情，连带被杀。

北汉军队屯驻梁侯驿，昭义节度使李筠派遣将军穆令均带领步兵、骑兵二千人迎战，李筠率领大部队在太平驿修建营垒。张元徽跟穆令均交战，假装打不过而败退，穆令均追赶他，伏兵四起，杀死穆令均，所俘虏和斩杀的士兵共一千多人。李筠逃回上党，据城自守。李筠，就是李荣，为避后周世宗郭荣的名讳，才改为李筠。

后周世宗郭荣听说北汉主刘旻领兵入侵，准备亲自率领军队抵抗，朝廷群臣都说：“刘旻自从平阳逃走以来，势力缩小，士气沮丧，必定不敢亲自再来。陛下刚刚即位，又不久就要安葬先帝，人心容易动摇，不应该轻易出动，最好派遣将领去抵抗他。”后周世宗说：“刘崇庆幸我国大丧，轻视我年轻，又刚即位，于是有吞并天下的野心，这次一定亲自前来，朕不可不去。”冯道再三争论，后周世宗说：“从前唐太宗李世民平定天下，未尝不亲自出征，朕怎么敢偷安！”冯道说：“不知陛下能不能做唐太宗呢？”后周世宗说：“凭我兵力的强大，打败刘崇就像山岳压卵罢了！”冯道说：“不知陛下能不能做山岳呢？”后周世宗不大高兴。唯独王溥劝后周世宗亲征，后周世宗听从他。

三月，乙亥朔日（初一），后蜀主孟昶下令捧圣、控鹤都指挥使兼中书令孙汉韶加官武信节度使，赐爵位乐安郡王，免去他典掌禁军的职务。蜀主有鉴于安思谦跋扈的教训，命令山南西道节度使李廷珪等十个人分别统领禁兵。

北汉军队乘胜推进逼近潞州。丁丑日（初三），后周世宗郭荣诏令天雄节度使符彦卿领兵从磁州固镇出发到北汉军队的背后，任命镇宁节度使郭崇做他的副帅；又命河中节度使王彦超引兵从晋州向东进发，截击北汉军，任命保义节度使韩通做他的副帅；又命马军都指挥使、宁江节度使樊爱能，步军都指挥使、清淮节度使何徽，义成节度使白重赞，郑州防御使史彦超，前任耀州团练使符彦能率兵先奔赴泽州，由宣徽使向训监军。白重赞，是宪州人。

辛巳日（初七），后周实行大赦。

癸未日（初九），后周世宗郭荣命冯道奉送先帝的灵柩前往陵墓，任命郑仁诲为东京留守。

乙酉日（十一日），后周世宗郭荣从大梁出发；庚寅日（十六日），到达怀州。世宗想日夜兼程快速前进，控鹤都指挥使真定人赵晁私下对通事舍人郑好谦说："贼兵气势正盛，应该保持稳重，以挫一挫他们的锐气。"郑好谦把这个意见告诉后周世宗，后周世宗很生气地说："您怎么说这些话，一定是被人家所指使，你说出那个人来就活命，不然一定把你处死。"郑好谦只好照实回答，后周世宗下令把他连同赵晁一起戴上刑具囚禁在怀州监狱。壬辰日（十八日），后周世宗经过泽州，住宿于州城东北。

北汉主刘旻不知后周世宗郭荣到来，所以经过潞州时没有进攻，领兵向南，当晚，军队驻扎在高平城南。癸巳日（十九日），后周前锋部队和北汉军遭遇，官军发动攻击，北汉军后退。后周世宗担心他们逃走，督促各军急速前进。北汉主刘旻率领中军驻扎在巴公原，张元徽驻扎在他的东边，杨衮驻扎在他的西边，部众颇为严肃整齐。当时河阳节度使刘词率领后军还没到达，众人心里惴惴不安，而后周世宗郭荣的志气却越发地壮盛，命白重赞跟侍卫马步都虞候李重进率领左军居于西面，樊爱能、何徽率领右军居于东面，向训、史彦超率领精锐骑兵居于中央，殿前都指挥使张永德率领禁兵保护后周世宗。后周世宗穿着战衣，跨着战马，亲自临阵督战。

北汉主刘旻看到北周军队人数少，后悔召来契丹军队，对众将说："我自己利用汉家军队就可破敌，何必再用契丹！今天不仅要打败周兵，也可以使契丹心服我们。"诸将都认为很有道理。杨衮策马向前眺望周军，回来后对北汉主说："周军是强敌，不可轻率前进！"北汉主两颊的胡子震动说："机不可失，请你不要再说了，试看我与他们交战。"杨衮默然不高兴。当时东北风正大，一会儿忽然转成南风。北汉副枢密使王延嗣派司天监李义报告北汉主说："时机可以作战了！"北汉主听从他。枢密直学士王得中勒住北汉主的马头，劝谏说："李义该杀头！风势这样，哪里是帮助我们的呢？"北汉主说："我的计划已经决定，老书生不要乱说话，小心斩你！"于是指挥东军首先前进，张元徽率领一千名骑兵攻击后周右军。

交战不久，樊爱能、何徽带着骑兵首先逃跑，右路军队溃败，一千多步兵脱下盔甲口呼万岁，向北汉投降。后周世宗郭荣看到形势危急，自己带贴身亲兵冒着箭矢飞石督战。宋太祖皇帝赵匡胤当时任后周宿卫兵的将领，对同伴说："皇上的处境这样危险，我们怎么可以不效死杀敌！"又对张永德说："贼兵士气骄傲，奋力战斗，可以将他们打败！公部下有很多人能用左手射箭，请引兵登上高地为左翼，我引兵为右翼，合力攻击他们。国家的安危，关键就在这一次行动！"张永德听从他的话，各率两千人向前作战。宋太祖皇帝赵匡胤身先士卒，驱马向北汉军队冲锋，士卒拼死奋战，无不以一当百，北汉兵崩溃离散。内殿直夏津人马仁瑀对众人说："让天子受到敌人的攻击，还要我们干什么！"跃马拉弓，大声叱喝，一连杀死数十人，士气更加振奋。殿前右番行首马全义对后周世宗说："贼兵的气势已经到尽头了，将被我们所擒，希望陛下勒住缰绳，不要走动，慢慢地观看诸将攻破他们。"马全义说完，就率领好几百名骑兵前进，深入敌阵。

北汉主刘旻得知后周世宗郭荣亲临战阵，便嘉奖重赏张元徽，催促他乘胜进兵。张元徽前往攻阵，马倒了，被后周士兵杀死。张元徽，是北汉的勇将，北军因他战死而丧失士气。当时南风更大，周兵奋勇争先，北汉兵大败，北汉主亲自举起红旗以收兵，但也不能制止士兵的败退。杨衮畏惧周兵的强盛，不敢前往援救，而且痛恨北汉主所说的话，保全军队撤退。

樊爱能、何徽率领数千骑兵向南逃奔，箭上弦、刀出鞘，抢掠军用物资，负责运送的人惊慌奔逃，跑失、死亡的人很多。后周世宗郭荣派遣近臣及亲信的军官追上去，劝告他们停止，没有人肯接受后周世宗的命令，使者甚至被军士所杀，并扬言说："契丹军队大量地来到，官军吃了败仗，残余的士兵已经投降胡虏了。"刘词在路上碰到樊爱能等人，樊爱能等人要他停下来，刘词不听，领兵向北。当时北汉主刘旻还有残余的部众一万多人，隔着涧水列阵。傍晚，刘词赶到，又和各军攻击北汉军队，北汉兵又败，后周军队杀死王延嗣，追到高平，僵硬的尸体堆满山谷，丢弃御用的物品及辎重、器械、各种牲畜，数都数不完。

当天傍晚，后周世宗郭荣在野外住营，抓到投降敌人的步兵，全部杀死。樊爱能等听说北周军队大捷，才与士兵逐渐又返回，有的直到天亮还没到。甲午日（二十日），后周在高平整休军队，挑选北汉投降过来的士兵数千人组成效顺指挥，命前任武胜行军司马唐景思率领他们，派他们戍守淮河一带，其余两千多人赐给路费、衣服，遣送他们回北汉。李谷被乱兵所逼迫，逃匿在山谷里，好几天才出来。丁酉日（二十三日），后周世宗到达潞州。

北汉主刘旻从高平起穿上粗布衣服、戴上斗笠，乘着契丹所赠送的黄骝骏马，率一百多骑兵从雕窠岭逃回，夜晚迷路，俘虏一个村民做向导，错误地走上前往晋州的道路，走了一百多里才发觉，于是杀掉向导。昼夜不停地往北走，每到一个地方，找到吃的，还没拿起筷子，有人传说周兵追来了，就慌慌张张地逃走。北汉主年老力衰，身体疲惫，趴在马上，昼夜不停地奔驰，几乎撑不下去，勉勉强强地回到晋阳。

后周世宗郭荣想诛杀樊爱能等人以整肃军纪，但犹豫未决。己亥日（二十五日），白天躺在行宫的帐篷中，张永德在旁边侍候，后周世宗拿此事询问他，张永德回答说："樊爱能等人一向没有大功，却非分地蒙受节度使的重任，现在一遇敌人，就先逃走，纵使处他死罪，也抵偿不了他所应负的责任。而且陛下正想铲除群雄，平定天下，如果军法的威严不能建立，虽有勇猛的壮士，百万的兵卒，又怎么能够指挥呢！"后周世宗听了，把枕头往地上一扔，连声说："好！好！"立即收押樊爱能、何徽及他们的部下军使以上，一共七十多人。斥责他们说："你们都是历经好几朝的旧将，不是不能战。现在所以望风而逃，没有其他的原因，只是想把朕当作稀有的货物，卖给刘崇罢了！"于是全部斩首。由于何徽以前防守晋州有功，后周世宗想免他一死，后来又认为军法不可废弃，所以还是连同他一起诛杀，特地赐给运载棺木的车子把他的尸首送回安葬。从此骄傲的将帅、懒惰的士兵，才知道有所畏惧，不敢再苟且偷安了。

庚子日（二十六日），后周世宗郭荣赏赐高平战役中的有功人员，任命李重进兼忠武节度使，向训兼义成节度使，张永德兼武信节度使，史彦超为镇国节度使。张永德大大地夸赞宋太祖皇帝赵匡胤的机智勇敢，后周世宗提拔宋太祖皇帝赵匡胤为殿前都虞候，兼任严州刺史，任命马仁瑀为控鹤弓箭直指挥使，马全义为散员指挥使；其余的将校拜官、升迁的共有好几十人，士兵有从行伍中提升为军厢主帅的。另外，把囚禁在怀州监狱的赵晁释放出来。

北汉主刘旻收拾残兵，修缮武器装备，加固城墙壕沟来防备后周。杨衮率领他的部众前往北方，驻守代州，北汉主派王得中护送杨衮，顺便向契丹求救；契丹主耶律述律派王得中回来答复北汉主，承诺发兵救晋阳。

壬寅日（二十八日），后周世宗郭荣任命符彦卿为河东行营都部署兼知太原行府事，任命郭崇做他的副手，向训为都监，李重进为马步都虞候，史彦超为先锋都指挥使，率领步兵和骑兵两万人，从潞州出发；又命王彦超、韩通从阴地关启程，跟符彦卿会师，然后一同向前推进；又任命刘词为随驾都部署，保大节度使白重赞做他的副手。

后汉昭圣皇太后李氏在西宫去世。

夏季，四月，北汉盂县投降。符彦卿驻军晋阳城下，王彦超进攻汾州，北汉防御使董希颜投降。后周世宗郭荣派遣莱州防御使康延沼攻打辽州，密州防御使田琼攻打沁州，都没有攻下。供备库副使太原人李谦溥单枪匹马去游说辽州刺史张汉超，张汉超立即投降。

乙卯日（十二日），后周将圣神恭肃文武孝皇帝郭威安葬在嵩陵，庙号为太祖。

南汉主刘晟任命高王刘弘邈为雄武节度使，镇守邕州。刘弘邈因为齐王和镇王相继死在邕州，所以再三推辞，请求宿卫京城；南汉主不准。刘弘邈到了镇所，将政事交给佐僚，自己每天饮酒，祈祷鬼神。有人上书诬告刘弘邈阴谋作乱，戊午日（十五日），南汉主派遣甘泉宫使林延遇赐给毒酒，将刘弘邈毒死。

起初，后周世宗郭荣派遣符彦卿等人北征，只是想在晋阳城下炫耀兵力，并没有打算攻取。进入北汉境内后，那里的百姓争相用食物迎接后周军队，哭诉刘氏赋税和徭役的繁重，表示愿意供应军队所需，帮助攻打晋阳，而北汉的州县也相继有来投降的。后周世宗听到这个消息，于是才有兼并北汉的念头。因而派遣使者前往跟诸将商议，众将都说“粮草不足，请暂且回师，以等待时机再发兵”。后周世宗不听。不久各路军队几十万人聚集在太原城下，军士不免抢劫，北汉的民众失望，渐渐地退守山谷以保全自己。后周世宗郭荣知道了这件事，派人飞速传送诏书到前线，禁止军士们的抢劫行为，安抚农民，停止征收今年的租税，并招募百姓捐献粟米，依据捐献数量的多少，授予不同等级的官职；同时征发泽州、潞州、晋州、绛州、慈州、隰州以及崤山以东路近方便的各州百姓运送粮食来供应军队。己未日（十六日），派遣李谷到太原核算各地输送的粮草。

庚申日（十七日），太师、中书令瀛文懿王冯道去世。冯道少年时以孝顺恭谨闻名，后唐庄宗李存勖时期开始位高显达，从此以后，一连几个朝代，总是不离将帅、宰相、三公、三师的职位，为人娴静俭约、宽容大度，别人看不出他的喜怒，滑稽多智，随世浮沉，求容于世，曾经著有《长乐老叙》，自述历朝受到荣宠礼遇的详细情形，当时的人往往推崇他的德行雅量。

◆欧阳修评论说："礼、义、廉、耻，是国家赖以生存的四大纲要；四大纲要不伸张，国家就要灭亡。"礼义，是统治人民的根本大法；廉耻，是树立人格的重要节操。何况作为国家的大臣而没有廉耻的观念，那么天下哪有不乱，国家哪有不亡的道理呢！我读冯道的《长乐老叙》，见他自述生平际遇，自以为自己很荣耀，真可算是没有廉耻观念的人了，而当时天下国家的情况，也由此可以看出来了。

我从五代历史中找到保全节操的志士有三位，为事业而死的仁人有十五位，都是武夫战卒，难道在文人中间果真没有那样的人吗？难道是那些节操高尚的人士，痛心时局的混乱，瞧不起那个时代而不肯出来吗？还是君临天下的君主不值得一顾，因而没有人能够招致他们前来呢？

我曾经听说五代时有个叫王凝的人，家住青州、齐州之间，做虢州司户参军，因生病而死于任上。王凝家里一向贫困，有一个儿子，年纪还小，妻子李氏，带着她的儿子，背着她丈夫的遗骸，回到家乡，向东经过开封，在旅馆歇脚，主人不让她住。李氏见天色已晚，不肯离去，主人拉她的手臂，强迫她出去。李氏仰天痛哭，说："我作为妇人，不能守节，这只手臂竟被人抓过！"说完，就拿起斧头，砍断自己的手臂。看见的人，都为她叹息流泪。开封尹听说这件事，把它报告朝廷，优厚地抚恤李氏，抽打那个旅馆主人。唉！士人不珍惜自身，而忍受耻辱，苟且偷生，这种人听到李氏的风节，应当稍稍感到惭愧吧！◆

◆臣司马光说：天地各设其位，圣人作为准则，用来制定礼仪、建立法度，家中有夫妇，家外有君臣。妇人随从丈夫，终身不变；臣子侍奉国君，至死没有二心；这是做人之道的最大伦常。如果废弃了伦常，就没有比这更混乱的了！范质称赞冯道道德纯厚，效仿古人，才识广博，度量宏大，虽然朝代不断地更替，人家对他没有责难的评语，像一座大山屹立着，不会动摇。臣的愚见认为，守正的女子不跟从两个丈夫，忠诚的臣子不侍奉两个君主。女子不正派，即使如花的容貌再美丽，纺织的手工再灵巧，也称不上贤惠了；作为臣子而不忠诚，纵使才智再高，政绩再好，也不值得看重了。为什么呢？因为大节已经丧失了。冯道做宰相，经历过五个朝代，服侍过八姓天子，就像在旅馆里观看过路的旅客，早晨还是仇敌，傍晚就成为君臣，换了脸孔，变了言辞，一点都不觉得愧疚，大节像这个样子，纵使有那么一点小优点，哪里值得称赞呢！

有人认为自从大唐皇室灭亡，群雄武力相争，一位帝王的兴盛衰亡，长的十几年，短的三四年，虽然有忠臣智士，又能怎么样呢！在这种时候，丧失做大臣节操的人，不只冯道一个，怎么可以单独指责冯道呢！臣的愚见，认为忠臣忧劳公家的事，如同自己的事，遇到危难的时候，效命捐躯，国君如有过失，就极力劝谏争辩，国家如果败亡，就尽节效死。明智之士，国家有道就出来，国家无道就隐居，或者在山林中隐藏自己的踪迹，或者悠然的任职小吏。现在冯道，论尊贵荣宠则在三师之上，论权力职位则居诸宰相之首，国家存在就拱手沉默，随波逐流，窃据高位，白拿俸禄；国家灭亡以后，便图谋保全性命，苟且偷生，拜迎新君，劝主即位。各朝国君，兴亡相继，冯道还是照常享受他的富贵，这乃是奸臣之最，怎么可以跟其他的人相提并论呢！有人说，冯道能够在乱世之中保全自身，远离祸害，这也总算是贤能了。臣认为君子只有牺牲生命以保全仁义，不能为了求生存而危害仁义，怎么能专门以保全自身远离祸害为贤能呢！如果照一般人的说法，那么盗跖病死，寿终正寝，而子路则被人杀害，还被剁成肉酱，到底是谁才算贤能呢？

然而这不光是冯道的过错，当时的君主也有责任。什么缘故呢？不正派的女人，一般男子羞以为妻；不忠诚的小人，一般君主羞以为臣。当冯道做前朝宰相的时候，说他忠诚，但后来终于背叛国君，侍奉仇敌；说他智慧，但到头来国家变成废墟；而后来的国君，不诛杀他，也不遗弃他，竟然又任命他做宰相，他又怎么能够尽忠于我，而我能获得他的帮助呢！所以说，这不只是冯道一个人的过失，当时的国君，也有应负的责

任。◆

辛酉日（十八日），符彦卿奏报北汉宪州刺史太原人韩光愿、岚州刺史郭言都率城投降。

起初，符彦卿有个女儿嫁给李守贞的儿子李崇训，看相的人说她有贵相，日后当为天下的国母。李守贞欣喜地说："我的儿媳妇都能当天下的国母，何况我呢！"造反的主意，就这样决定下来。等到李守贞失败，李崇训先刺杀他的弟弟和妹妹，下一个就要刺杀符氏。符氏躲藏在帷帐里面，李崇训仓促之间找不到她，就自杀了。乱兵进来以后，符氏安坐在堂上，斥责乱兵说："我的父亲和郭公为兄弟，你们不得无礼！"宋太祖赵匡胤派遣使者把她送回到符彦卿那里。到了后周世宗郭荣镇守澶州的时候，宋太祖为后周世宗娶符彦卿的女儿做妻子。壬戌日（十九日），立为皇后。皇后性情温和贤惠，而又明智果决，后周世宗很看重她。

王彦超、韩通进攻石州，攻克州城，抓获刺史安彦进。癸亥日（二十日），沁州刺史李廷诲投降。庚午日（二十七日），后周世宗郭荣从潞州出发，直奔晋阳。癸酉日（三十日），北汉的忻州监军李勍杀死刺史赵皋及契丹通事杨耨姑，举州城投降。朝廷任命李勍为忻州刺史。

王逵上表请求再次将节度使的治所迁到朗州。

资治通鉴卷第二百九十二　后周纪三

起甲寅（公元954年）五月，止丙辰（公元956年）二月，共一年十个月。

【题解】本卷记录了公元954年五月至956年二月的史事，共一年又十个月。正当后周世宗郭荣显德元年五月至显德三年二月。后周世宗立志革新，实行多项强国政策。第一是整训禁军，淘汰瘦弱的士兵；第二是肃清盗贼，安抚流民，重视民生；第三是堵塞黄河决口，使百姓安居；第四是下诏求言，任用贤才，比部郎中王朴进献统一治安之策，切中要害，策略得当，受到后周世宗的高度重视，被升职为左谏议大夫；第五是裁汰三万三百三十六座寺庙，只留下二千六百九十四座，迫使僧人大批还俗；第六是毁铜佛像以铸钱，废无用为有用。司马光称赞后周世宗是五代时最有民望的仁明之君。后周军队西征，夺取后蜀秦、凤、阶、成四州。后周世宗对新区民众，只收夏、秋两税，凡是蜀人订立的各种租税及徭役，全部废止。北方稳固，后周世宗立即挥师南下，对南唐用兵，第一次亲征淮南。

太祖圣神恭肃文武孝皇帝下

显德元年（甲寅，公元954年）

五月，甲戌朔日（初一），王逵从潭州迁居朗州，任命周行逢为知潭州事，任命潘叔嗣为岳州团练使。

丙子日（初三），后周世宗郭荣到达晋阳城下，后周军队的旗帜环绕晋阳城长达四十里。杨衮怀疑北汉代州防御使郑处谦要向后周投降，召请郑处谦，跟他商量军事，想借此机会杀死郑处谦。郑处谦预先知道杨衮的企图，不去。杨衮派遣数十名胡籍的骑兵看守城门，郑处谦把那些守兵全部杀死，关闭城门，以抵抗杨衮。杨衮逃回契丹。契丹恼怒他出兵无功，将他囚禁起来。郑处谦举城投降。丁丑日（初四），后周在代州设置静塞军，任命郑处谦为节度使。

契丹数千骑兵屯驻在忻州、代州之间，作为北汉的援军，庚辰日（初七），派遣符彦卿等人率领一万多名步兵和骑兵攻击契丹；符彦卿进入忻州，契丹退守忻口。

丁亥日（十四日），后周在汾州设置宁化军，将石、沁二州隶属于宁化军。

代州将领桑珪、解文遇杀掉郑处谦，诬奏说他暗中勾结契丹。

符彦卿上奏请求增加兵力，癸巳日（二十日），后周派遣李筠、张永德领兵三千前往。契丹的流动骑兵时常到忻州城下，丙申日（二十三日），符彦卿跟诸将排开阵势以等待他们。史彦超率领两千名骑兵做前锋，遭遇契丹，跟他交战，李筠领兵增援，杀死契丹两千人。史彦超仗着勇猛，轻敌前进，离开大军越来越远，结果敌人多，官军少，支持不住，被契丹军所杀。李筠勉强脱身，周兵死伤很多。符彦卿退守忻州，不久，又引兵回晋阳。

府州防御使折德扆率领州兵前来朝见后周世宗郭荣；辛丑日（二十六日），后周又在府州设置永安军，任命折德扆为节度使。当时大量征发士兵、民夫，东起怀州、孟州，西至蒲州、陕州，用以进攻晋阳，没有攻克。正好这时下了很久的雨，士卒疲劳生病，等到史彦超去世，于是才提议引兵返回。

起初，王得中从契丹回来，正好遇到周兵包围晋阳，所以停留在代州。等到桑珪杀死郑处谦，便把王得中囚禁起来，送交周军。后周世宗郭荣释放了他，赐给他玉带、马匹，问他说："胡人的军队什么时候会到？"王得中说："臣只是受命送杨衮，没有提其他要求。"有人对王得中说："契丹答应你要发兵，你不照实说出来，契丹兵一旦到达，你的处境不是很危险吗？"王得中叹了一口气，说："我拿刘氏的俸禄，有老母在包围圈内，如果把实情说出来，周人一定发兵据守险要的地方，以抵抗契丹，这样一来，家和国都同时灭亡，我独自活着又有何用！不如杀身来保全家、国，所得到的就多了！”甲辰日（初二），后周世宗因为王得中欺骗蒙蔽，便勒死了他。

乙巳日（五月无此日），后周世宗郭荣从晋阳出发。匡国节度使药元福对后周世宗说：“进军容易，退军困难。”后周世宗说：“朕把这项任务全部交给你负责。”药元福于是指挥军队，排成阵势，负责断后。北汉果然出兵跟在后头，追杀上来，药元福把他们击退。然而军队撤退得太匆促，数十万的粮草在晋阳城下，只好全部焚毁丢弃。军中受谣言所惊扰，有的互相抢夺，军用物资损失很大，无从计算。所获得的北汉州县，后周所任命的刺史等官，都弃城逃走，只有代州的桑珪，既已背叛北汉，又不敢归降于后周，于是据城自守，北汉派遣军队攻取了代州。

乙酉日（十二日），后周世宗郭荣到达潞州；甲子日（二十二日），到达郑州；丙寅日（二十四日），拜谒嵩陵；庚午日（二十八日），到达大梁。后周世宗违背朝臣众议击败了北汉，从此政事无论大小全都亲自决定，文武百官只是从世宗那里接受成命罢了。河南府推官高锡上书劝谏，认为：“四海的广大，事情的繁多，纵使是尧舜，也没有办法独自处理，一定要选拔人才来担任。现在陛下亲自处理，天下人不认为陛下聪明睿智，足以兼任百官的事务，都认为陛下心胸狭隘、怀疑猜忌，完全不信任群臣！不如选拔能够知人善任、公正无私的人来做宰相，能够爱护人民、善理诉讼的人来做太守及县令，能够增加财富、丰足衣食的人来执掌钱粮，能够推究人情、遵守法令的人来掌管刑狱，陛下只要安坐明堂、垂衣拱手，察看他们的功绩及过失而赏罚他们就可以了，这样一来，何必担心天下不能治理得很好！又何必贬降国君尊崇的身份而代替群臣的职责，委屈高贵的地位而亲办繁杂的事情，这岂不是失去了为政的根本吗？”后周世宗不听。高锡，是河中人。

北汉主刘旻忧愤成疾，将国家大事全部委托给他的儿子侍卫都指挥使刘承钧。

河西节度使申师厚不等到诏命下达，就擅自离开藩镇入朝，任命他的儿子为留后。秋季，七月，癸酉朔日（初一），后周世宗郭荣授给他率府副帅的职务，以表示斥责他。

丁丑日（初五），后周世宗郭荣下诏吴越王钱弘俶加官天下兵马都元帅。

癸巳日（二十一日），门下侍郎、同平章事范质加官守司徒，任命枢密直学士、工部侍郎长山人景范为中书侍郎、同平章事、判三司，加枢密使、同平章事郑仁诲兼侍中。乙未日（二十三日），任命枢密副使魏仁浦为枢密使。范质既已担任司徒，原任司徒窦贞固便返回洛阳，河南府及洛阳县都把他当平民看待，租税、徭役都不能免除。窦贞固向留守向训诉说，向训不听他的。

起初，后周世宗郭荣与北汉主刘旻在高平对峙，命令前泽州刺史李彦崇领兵扼守江猪岭，阻断北汉主回去的道路。李彦崇听说樊爱能等人向南逃走，就引兵撤退，结果北汉主果真从那条路逃走。八月，己酉日（初八），贬谪李彦崇为率府副率。

己巳日（二十八日），后周撤销镇国军。

起初，后周太祖郭威因为建雄节度使王晏有抵抗北汉的功劳，而他的家乡在滕县，因此迁调王晏为武宁节度使。王晏年轻时曾经做过强盗，当他到达镇所，召集所有旧党，赠送他们金帛、鞍马，对他们说："我们家乡一向以强盗多闻名，以前我跟各位也都做过，我想后生晚辈做强盗的，应该不会比各位更厉害。希望各位向他们转达我的话，让他们不要再做强盗了，如果再做，我一定灭他的全族！"于是整个境内清静安宁。九月，徐州人请求为王晏树立衣锦还乡碑。后周世宗郭荣准许。

冬季，十月，甲辰日（初三），左羽林大将军孟汉卿因为犯了收受禾藁税、税官扰民、多取正税以外的附加税等罪，赐死。有关官员上奏说，孟汉卿的罪不至于处死。后周世宗郭荣说："这我知道，不过我要借此警诫大家罢了。”

己酉日（初八），后周撤销安远军、永清军。

起初，宫禁的警卫士兵，历朝相承，只求息事宁人，不想再检查挑选，恐怕伤害人情，因此瘦弱年老的占据多数。但又骄横傲慢，不听命令，实际上不能使用，每次遇到大敌，不是逃走，便是投降。前朝所以亡国，也大多是由于这个缘故。后周世宗郭荣是经过高平那次战役，才知道其中的弊端。癸亥日（二十二日），后周世宗郭荣对随从的大臣们说：“大凡军队求精不求多，现在一百个农夫养不起一名全副武装的士兵，为什么要搜刮百姓的血汗，来养活这些没有用的东西呢！况且勇健和懦弱不加区分，用什么去激励众人呢！”于是下令全面地检查各军，精锐的把他升到上军，体弱的把他淘汰。又因骁勇的士兵大多为藩镇所蓄养，所以下诏招募天下壮士，由各藩镇遣送到京师来，命宋太祖皇帝赵匡胤挑选其中特别精锐的，编为殿前各班，其他骑兵和步兵各军，各命将帅挑选淘汰。因此士兵精锐强盛，近代没有一个国家没有一个朝代可以跟这时相比，征伐四方，所向无敌，这都是挑选训练士兵的功劳。

戊辰日（二十七日），后周世宗郭荣对侍从大臣说：“各道盗贼很多，讨伐搜捕终究不能绝迹，这大概是由于几个朝代以来，分别派使者到各地去巡视检查，以致藩镇节度使、州县守令都不肯尽力。应该全部把使臣召回来，而把缉捕盗贼的工作，专门交给藩镇、州县去负责，要他们肃清自己境内的强盗。”

黄河从杨刘到博州有一百二十里，连年在东面冲溃堤防，分成两个支流，汇合成大的湖泽，河水弥漫达数百里。又朝东北冲坏前代所筑的旧堤而流出去，侵灌齐、棣、淄各州，直到海滨，被冲走、淹没的民田、房舍，多得无法计算，无家可归的难民靠着采菰米、稗籽，捕捞鱼虾来充饥。朝廷屡次派遣使者都没办法堵塞。十一月，戊戌日（二十八日），后周世宗郭荣派李谷到澶州、郓州、齐州考察，巡视堤防的堵塞情况，李谷发动六万人工作，三十天堵塞完成。

北汉主刘旻病重，命令他的儿子刘承钧代理国政，不久去世。北汉派遣使者向契丹报丧。契丹派遣骠骑大将军、知内侍省事刘承训到北汉，册命刘承钧为皇帝，改名为刘钧。北汉孝和帝刘钧天性孝顺恭谨，即位以后，勤于治理政事，爱护人民，礼遇贤士，境内大致安定。每次上表给契丹主耶律述律，自称“男”。契丹给他颁赐诏书，称他为“儿皇帝”。

马希萼率领各蛮族部落攻破长沙时，府库中历代积累的财富，全被溆州蛮族部落酋长苻彦通所抢，苻彦通因此富有强盛，在溪谷洞蛪之间自称为王。王逵得了湖南以后，想派使者去安抚他，于是公开招募能前往的人，他的部将王虔朗请求担任这项任务。王虔朗到了那边，苻彦通摆出盛大的侍卫场面接见他，礼数很傲慢。王虔朗大声地斥责他，说：“足下自称是苻秦的后代，应该知晓礼义，与蛮族有别。从前马氏在湖南，足下的祖父、父亲都北面称臣而侍奉马氏；现在王公得到马氏之地，足下不早一点去请求结盟，

反而要他的使者先来，又不用礼节接待使者，你以后难道不后悔吗？”苻彦通听了，既惭愧，又害怕，站起身来，握着王虔朗的手，连连向他谢罪。王虔朗看得出来，苻彦通可以用言辞打动，因而进一步游说他说：“溪洞这一块地方，在隋、唐时代都是州县，记载在图籍里。现在足下上无天子的诏书，下无节度使府的命令，虽然自己称王于山谷之中，也只不过是蛮夷里头的一个酋长而已！何不放弃王号，主动归附于王公，王公一定会请得天子的同意，以天子的命令授给足下节度使的职位，跟中原的侯伯平起平坐，岂不是既尊贵，又光荣吗？”苻彦通大为高兴，当天去掉王号，通过王虔朗向王逵进献多枚铜鼓。王逵说：“王虔朗一席话胜过数万军队，真是国家的贤士啊！”王逵接受皇帝制书任命苻彦通为黔中节度使；任命王虔朗为都指挥使，参与湖南都府政务。

王逵担心西界镇遏使、锦州刺史刘瑫构成边境的祸患，上表请求朝廷任命刘瑫为镇南节度副使，充任西界都招讨使。

当年，湖南出现大饥荒，百姓食用草木的果实。武清节度使、知潭州事周行逢打开粮仓赈济灾民，存活了许多人。周行逢出身贫贱，了解民间的疾苦，励精图治，虽然严格，但没有私心，所拔取、任用的幕僚及部属，都是廉洁公正的人士，办事简约不烦，而得要领，吏民都感到很方便，他奉养自己很节俭，有人说他对自己太刻薄了，周行逢说："马氏父子，极尽奢侈浪费，不体念百姓，落得现在他的子孙向人讨饭吃，又哪里值得效仿呢！

世宗睿武孝文皇帝上

显德二年（乙卯，公元955年）

春季，正月，庚辰日（初十），后周世宗郭荣因为漕运自从后晋、后汉以来不给运粮的"斗耗"，负责运送的官吏不少因为损耗造成粮食亏欠而被处死，因此下诏，从今天开始，每斛给予损耗一斗。

定难节度使李彝兴因为折德扆也当了节度使，与自己地位相同，感到羞耻，便阻塞道路不与后周互通使者。癸未日（十三日），后周世宗郭荣跟宰相商量，宰相回答说："夏州是边疆的重镇，朝廷向来都从优宽待；府州土地狭小，得到它或失去它都不关轻重，最好暂时先安抚李彝兴顾全大局。"后周世宗说："折德扆这几年以来，努力尽忠以抵抗刘氏，为什么一朝将他遗弃！而且夏州只产羊马，他们要买卖百货，完全仰赖中原，我们如果与他们断绝关系，他们还能怎样！"于是就派遣供奉官齐藏珍带着诏书，前往夏州，斥责李彝兴，李彝兴惶恐谢罪。

戊子日（十八日），蜀国在凤州设置威武军。

辛卯日（二十一日），后周开始命令翰林学士、门下和中书两省官员推举县令、录事参军。授官之日，必须签署推举人的姓名，如果所推举的人贪赃枉法、败坏官箴，那么推举人都要连带受罚。

契丹自从后晋、后汉以来，频繁侵犯河北地区，轻骑兵长驱直入，没有任何屏障的阻隔，郊区野外的农民经常陷入烧杀抢掠的困境。上言国事的人，说：“深州和冀州之间，有一条胡卢河，横亘好几百里，可以把它挖深，以限制敌寇的奔驰。”这个月，诏命忠武节度使王彦超、彰信节度使韩通率领士兵跟民夫挖掘胡卢河，在李晏口修筑城池，留下部队戍守。后周世宗郭荣召见德州刺史张藏英，向他征询防备边疆的计策。高藏英详细地陈述地形要害，请求设置戍守的军队，招募边境百姓中勇猛的人，给予优厚的供给；张藏英自己请求率领他们，随机应变，出击讨伐敌人。后周世宗都照他的话去做，任命张藏英为沿边巡检招收都指挥使。张藏英到任几个月，募得一千多人。王彦超等人巡视挖河的工程，曾经被契丹包围。张藏英率领所募来的士兵飞驰攻击，大破契丹。从此契丹不敢渡过胡卢河，于是胡卢河以南的百姓才可以休养生息。

二月，庚子朔日（初一），出现日食。

后蜀夔恭孝王孟仁毅去世。

壬戌日（二十三日），后周世宗郭荣诏令群臣畅所欲言陈述政事的得失利弊，诏书大致说：“朕对各位卿大夫才能无法全部了解，面孔无法全部认识。如果不搜集大家的言论，从而观察大家的行为，明白大家的意见，从而观察大家的忠诚，那么如何能够看出才略的深浅，了解任用的当否？如果没有人愿意进言，那实在是我的罪过。如果请求发言而缄默不言，那么将是谁的过错呢？”

南唐主李璟任命中书侍郎、知尚书省严续为门下侍郎、同平章事。

三月，辛未日（初二），后周在李晏口设置静安军。

后周世宗郭荣经常为唐僖宗李儇广明以来中原日益缩小而愤慨，等到高平一战获胜后，慨然萌生削平各国统一天下的志向。正好这时秦州的百姓有人前往大梁提供计策、请求恢复旧土的，后周世宗采纳了他的意见。

蜀主孟昶听到了这个消息，派遣客省使赵季札考察巡视边疆的守备情况。赵季札一向以文武才略自负，出使回来，上奏说：“雄武节度使韩继勋、凤州刺史王万迪都不是担当将帅的人才，不足以抵御大敌。”蜀主问：“谁可以前往？”赵季札主动表示愿意去。丙申日（二十七日），任命赵季札为雄武监军使，于是拨遣侍卫精兵一千人做他的部属。

后周世宗郭荣因为大梁城中狭窄，夏季，四月，乙卯日（十七日），下诏拓展外城，先设立标记，等待当年冬天农闲再兴土木。到了明年春天，农事开始，就暂时停工，再等到第二年冬天才施工，以逐年分期完成的方式来进行。并且下令，从现在开始，凡是埋葬尸骨都必须送出所标示的新城预定地七里以外的地方安葬，标示以内的土地，等到朝廷规划好街道、仓场、营房官舍以后，其余地方任由百姓在空地上修建私人的住房。

丙辰日（十三日），后蜀主孟昶命令知枢密院王昭远巡视检查北部边界的城镇要塞以及铠甲兵器。

后周世宗郭荣对宰相说：“朕常常思考致使国家太平的方策，可是得不到要领，睡觉吃饭，都不能忘记。还有自从唐、晋以来，吴、蜀、幽、并等地区都阻隔了政令与教化，不能统一，应该命近臣撰写《为君难为臣不易论》及《开边策》各一篇，朕将一一览读。”

比部郎中王朴进献策文，认为：“中原朝廷丧失吴地、蜀地、幽州、并州，都是由于丧失了治国之道。如今一定要首先考察之所以丧失土地的根本原因，然后才知道取得失地的方法。当初刚失去的时候，无不是因为君主昏庸，大臣奸邪，士兵骄傲，百姓困苦，在内奸党势力强盛，在外武将专横，这些弊害，开头很小，逐渐扩大。起初隐微，逐渐明显。现在要取得失地，不如反其道而行了。进用贤士，摒斥小人，这是收揽人才的方法；恩及隐士，讲求诚信，这是结交人心的方法；赏赐功劳，惩罚罪过，这是要大家尽力的方法；去除奢侈，节约费用，这是增加财富的方法；依时使用民力，减少赋税，这是使百姓富足的方法。等到群才已经聚集，政事已经治理，财用已经充足，士民已经归附，然后善加运用，事情就没有不成功的了！那些地区的人民，看出我们有必胜的势头，那么了解他们境内情况的人，愿意做我们的间谍；了解他们山川形势的人，愿意做我们的向导，民心既已归附，那么天意也就一定保佑我们了。

“大凡进攻夺取的方法，必定先从容易的地方下手。唐国跟我们相接的边界，将近两千里，形势上容易搅乱它。要搅乱它，应当从没有防备的地方开始，他们防备东方，那么我们就搅乱西方；他们防备西方，那么我们就搅乱东方。他们一定奔走救急。在奔走之间，可以看出他们的虚实、强弱，然后我们避开坚实强固的地方，而攻击空虚衰弱的地方，不需大举出兵，暂且用少量快速的部队去搅乱他。南方人懦弱胆怯，听到有小小的警报，就发动所有的军队援救。军队频频出动，就会使得百姓困乏，财用枯竭；如果不出动所有的部队，那么我们就可以乘虚夺取那里。这样一来，长江北岸的各州，将全部归我们所有。得了江北以后，就利用他们的人民，进行我们的计划，江南也容易夺取。得了江南，那么岭南、巴蜀可以靠传递军书而平定。南方既已平定，那么燕地一定望风归附；如果不来归附，便调遣军队攻打，也可像卷起草席一般加以平定了。唯有河东，是拼死也不归附的敌人，不可用恩德与诚信来劝导，应当以强大的兵力压制他，然而它从高平失败以后，国力空虚士气沮丧，必定不能再起边患，应该暂且放在以后谋取，等待天下已经平定，然后瞅准时机，一举就可以擒获。如今士兵精练，武器齐全，部下畏服军法，众将愿意效力，一年以后可以出师，应该从夏季、秋季就开始积蓄粮草来充实边疆了。”

后周世宗郭荣很欣喜地接纳了他的计策。当时群臣大多墨守成规，苟且偷生，所答的意见，很少有可取的；只有王朴，精神豪迈，气势强劲，富于谋略，善于决断，凡是他所规划的，都合后周世宗的心意，因此，后周世宗很看重他的器量和见识。不久，升任他为左谏议大夫，知开封府事。

后周世宗郭荣谋划攻取秦州、凤州，寻找可以统领军队的人。王溥推荐宣徽南院使、镇安节度使向训。后周世宗命令向训跟凤翔节度使王景、客省使高唐人昝居润一同前往。五月，戊辰朔日（初一），王景出兵从散关直向秦州进发。

后周世宗郭荣敕命天下寺院，未经朝廷敕赐匾额的全部废除。禁止私下剃发出家当和尚、尼姑，凡是打算出家的人必须得到祖父母、父母亲、伯伯叔叔的同意，只有两京、大名府、京兆府、青州等地可以自由设置僧尼受戒的戒坛。禁止僧俗舍身、断手、断足、炼指、挂灯、带钳这一类惑乱世俗的人。下令两京及各州每年编造和尚的名册，遇有死亡、还俗等情形，都随时注销。这一年，天下寺院保存下来的，共二千六百九十四座，被废除的，共三万零三百三十六座，现有的和尚共四万二千四百四十四名，现有的尼姑共一万八千七百五十六名。

王景攻取黄牛等八个营寨。戊寅日（十一日），后蜀主孟昶任命捧圣控鹤都指挥使、保宁节度使李廷珪为北路行营都统，左卫圣步军都指挥使高彦俦为招讨使，武宁节度使吕彦珂为副招讨使，客省使赵崇韬为都监。

后蜀赵季札到达德阳，听说后周军队入境，恐惧不敢前进，上书请求解除守边的任务，返回京城奏报情况，先遣送载运物资的车辆及妓女、侍妾西行。丁亥日（二十日），单枪匹马，奔入成都，民众以为他战败逃回来，没有不震惊恐惧的。蜀主孟昶问他军机事务，他都答不上来。蜀主很生气，把他囚禁在御史台，庚午日（二十七日），把他斩首于崇礼门外。

六月，庚子日（初三），后周世宗郭荣在内苑亲自查阅囚犯的档案。有一个汝州的百姓，名叫马遇，父亲及弟弟都被官吏冤屈致死，反复地调查，都不能得到伸张，后周世宗亲自问讯，才发现事情的真相，大家都佩服后周世宗神明。因此各个官吏无不亲自审查诉讼案件。

壬寅日（初五），西征的军队跟蜀国的李廷珪等人的部队交战于威武城的东边，不顺利，排阵使濮州刺史胡立等人被蜀兵活捉。丁未日（初十），蜀主孟昶派遣使者暗中前往北汉及南唐，想跟他们一同出兵以制服后周，北汉主刘钧、南唐主李璟都答应了他。

己酉日（十二日），后周任命彰信节度使韩通充任西南行营马步军都虞候。

戊午日（二十一日），南汉主刘晟杀死祯州节度使通王刘弘政，于是高祖刘龑的几个儿子到了这时全部死了。

壬戌日（二十五日），后周世宗郭荣任命枢密院承旨清河人张美为右领军大将军、权点检三司事。起初，后周世宗在澶州，张美掌管澶州隶属于三司的钱粮，后周世宗有时候私下有所需求，张美想尽办法供应他，以满足他的需求。周太祖郭威听说这件事，很生气，但又怕伤了跟后周世宗之间的感情，于是只把张美调为濮州马步军都虞候。张美理财精明敏捷，当时很少有人赶得上他，所以后周世宗把理财的大权交给他；后周世宗征伐四方，经费从不缺乏，都是张美的功劳。不过，想起当年他在澶州的所作所为，终究不把他当作公正忠诚的人看待。

秋季，七月，丁卯朔日（初一），后周世宗任命王景兼西南行营都招讨使，向训兼行营兵马都监。宰相因为王景等人长期没有战功，粮食的运送又接继不上，所以再三请求罢兵。后周世宗命宋太祖皇帝赵匡胤前往观察，回来以后，说明秦、凤两州可以夺取的状况，后周世宗听从他的意见。

八月，丁未日（十一日），中书侍郎、同平章事景范罢免判三司之职，不久因为父丧而免除政事。

王景等人打败蜀兵，俘虏将帅及士卒达三百人。己未日（二十三日），蜀主孟昶派通奏使、知枢密院、武泰节度使伊审征前往前线军营慰抚士卒，并且督战。

后周世宗郭荣因为朝廷长久没有铸造钱币，而民间许多人销毁钱币做成器皿以及佛像，钱币越来越少，九月，丙寅朔日（初一），后周世宗敕令设立专门的机构，采铜铸造钱币，除了天子的仪仗、军器及佛寺道观的钟磬钹铎之类，可以自由留用以外，其余的民间铜器、佛像等物，五十天内全部捐送到官府，付给相当的价钱；过了期限还隐藏不送的话，五斤以上，便处死罪；不到五斤的，依照轻重，判处不等的刑期。后周世宗对侍臣说："卿辈不要因为我下令毁佛像而觉得疑惑。佛以善道感化人，如果有志向善，就是尊奉佛法了。那些铜像岂是所说的佛呢！况且我听说佛立志要利于世人，即使是脑袋、眼睛也都可以舍弃布施给需要的人，倘若朕的身体可用来救济百姓，朕也不会有所吝惜的。"

◆臣司马光说：像后周世宗郭荣，可以算是仁君了，不爱他的身体，而爱护百姓；像后周世宗，可以算是明君了，不拿无益的东西来妨害有益的事业。◆

后蜀李廷珪派遣先锋都指挥使李进占据马岭寨，又派遣奇兵从斜谷出发，屯驻白涧，又分兵取道凤州北面的唐仓镇及黄花谷，断绝周师的运粮道路。闰月，王景派遣副将张建雄率领两千人到达黄花谷，又派遣一千人直奔唐仓镇，控制蜀兵的归路。蜀国的染院使王峦率兵取道唐仓镇，跟张建雄在黄花谷交战，蜀兵战败，奔向唐仓镇，遇到周兵，又战败，后周军队俘获了王峦和他的三千将士。马岭、白涧的后蜀军队全都溃败，李廷珪、高彦俦等人退守青泥岭。后蜀雄武节度使兼侍中韩继勋丢弃秦州，逃回成都，观察判官赵玭举城投降，斜谷的援兵也崩溃了。成、阶二州都投降了，蜀国朝野震惊恐惧。赵玭，是澶州人。后周世宗郭荣想任命他为节度使，范质再三争辩，认为不可以，于是任命他为郢州刺史。

壬子日（十七日），文武百官入朝庆贺，后周世宗举杯为王溥敬酒说："边疆战争的成功，全仰仗爱卿选择主帅得当的功劳啊！"

甲子日（二十九日），后周世宗郭荣与将军、丞相在万岁殿进餐，借此机会说："这两天非常寒冷，朕在宫中享用美味的膳食，深感惭愧的是自己无功于百姓，却坐享天赐的福禄，既不能亲自耕种以供养自己，就只有亲自冒着矢石的危险，为民除害，才勉强可以让自己安心罢了！”

乙丑日（闰九月无此日），后蜀李廷珪上表等候治罪。冬季，十月，壬申日（初八），伊审征到达成都请罪。蜀主孟昶写信给后周世宗郭荣，请求和好，信中自称大蜀皇帝。后周世宗恼怒他用对等的礼节，不答复他。蜀主更加恐惧，在剑门、白帝聚集兵马、粮食，做防守抵御的准备，所募的士兵已经很多，费用不够，于是开始铸造铁钱，境内的铁器由官府专卖，百姓为此极为困苦。

南唐主李璟生性温和柔顺，爱好文辞，而且喜欢人奉承自己，因此善于花言巧语、献媚取宠的臣子大多晋升任用，政事日益混乱。打败建州，攻下湖南以后，更加骄傲，有吞并天下的野心。李守贞、慕容彦超叛变的时候，唐主都为他们而出兵，遥为应援，又派遣使者从海上前往契丹及北汉，跟他们相约，共同谋取中原。这时正逢中原多事，后周没有时间跟他们较量。

从前，每年冬天淮河水浅干涸，南唐人经常发兵守卫淮河，称作“把浅”。寿州监军吴廷绍认为边境无事，白白地浪费物资粮饷，于是下令全面停止把浅。清淮节度使刘仁赡上表再三地争论，没有成功。十一月，乙未朔日（初一），后周世宗郭荣任命李谷为淮南道前军行营都部署，兼知庐、寿等行府事，任命忠武节度使王彦超为副都部署，指挥侍卫马军都指挥使韩令坤等十二位将领，讨伐南唐。韩令坤，是磁州武安人。

汴水从唐朝末年溃堤决口以来，自埇桥东南全都成了污泥沼泽。后周世宗郭荣计划攻打唐国，先命武宁节度使武行德发动民丁，顺着旧堤疏导汴水，向东流入泗水。廷议的人都认为难以成功，后周世宗说：“数年以后，一定可以获得利益。”

丁未日（十三日），后周世宗郭荣跟侍臣讨论有关处罚和奖赏的事，后周世宗说：“朕一定不因发怒而惩处人，因高兴而奖赏人。”

在此以前，大梁城里的百姓侵占街道盖房子，所以能够通行大车子的街道很少，后周世宗下令，把所有的街道都拉直、拓宽，最宽的达三十步；又命所有的坟墓都迁徙到标志以外的地方。后周世宗说：“近来拓宽京城的工程，无论对活着的人或死去的人都扰乱很多；所有怨恨与毁谤的言语，朕愿自己承当，将来终会对人有利的。”

王景等包围凤州，韩通分出部分军队修筑固镇城来截断后蜀的援军。戊申日（十四日），攻克凤州，擒获后蜀威武节度使王环以及都监赵崇溥等将吏士兵五千人。赵崇浦绝食而死。王环，是真定人。乙卯日（二十一日），后周世宗郭荣颁下制书，赦免在秦州、凤州、阶州、成州境内所俘获的蜀国将士，愿意留下来的人，给予优厚的俸禄及赏赐；愿意回去的人，付给盘缠路费，遣送他们离去。诏书说：“为了安慰众人的情绪，避免违背人性，那四州的百姓，除了夏、秋两税必须征收以外，凡是蜀人所订的各种租税及徭役全部废止。”

南唐人听说后周军队即将到达而恐惧。刘仁赡神情自若，部署军队守卫抵御，与平日没有两样，大家的情绪稍趋安稳。南唐主李璟任命神武统军刘彦贞为北面行营都部署，率领两万人直趋寿州；任命奉化节度使、同平章事皇甫晖为应接使，常州团练使姚凤为应援都监，率领三万人驻守定远。召请镇南节度使宋齐丘返回金陵，筹划应付国难的计策；任命翰林承旨、户部尚书殷崇义为吏部尚书、知枢密院。

李谷等架设浮桥，从正阳渡过淮河。十二月，甲戌日（初十），李谷奏报王彦超在寿州城下击败南唐军队二千余人。己卯日（十五日），又上奏说，先锋都指挥使白延遇在山口镇打败唐兵一千多人。

丙戌日（二十二日），枢密使兼侍中韩忠正公郑仁诲去世。后周世宗郭荣要亲自吊唁，近臣上奏说，从岁星所经的星空区域来看，不利于亲临吊唁。后周世宗说：“君臣情意深重，哪里还有时日有利无利的限制！”前往临哭，极尽哀伤之情。

吴越王钱弘俶派遣元帅府判官陈彦禧入朝进贡，后周世宗郭荣赐诏书晓谕钱弘俶，让他出兵进攻南唐。

显德三年（丙辰，公元956年）

春季，正月，丙午日（十二日），后周世宗郭荣任命王环为右骁卫大将军，奖赏他不投降的忠贞精神。

丁酉日（初三），李谷奏报在上窑击败南唐军队一千多人。

戊戌日（初四），发动开封府、曹州、滑州、郑州等地的老百姓十多万人，修筑大梁城的外城。

庚子日（初六），后周世宗郭荣颁下诏书亲征淮南，任命宣徽南院使、镇安节度使向训暂时代理东京留守，端明殿学士王朴为副留守，彰信节度使韩通代理点检侍卫司及在京内外都巡检。命令侍卫都指挥使、归德节度使李重进率兵先前往正阳，河阳节度使白重赞率领三千名亲兵驻守颍上。壬寅日（初八），后周世宗从大梁出发。李谷进攻寿州，攻了很久，不能攻下；唐国的刘彦贞引兵救援，到了来远镇，离寿州二百里，又派遣战舰数百艘直趋正阳，摆出一副进攻浮桥的态势。李谷很忧虑，召见将帅僚佐商议，说："我们的军队，不能在水上作战，如果贼兵破坏浮桥，那么我们前后受敌，就都不能生还了！不如退兵防守浮桥，以等候皇帝前来。"后周世宗到了圉镇，听到这个计划，立刻派遣宦官乘驿车前去阻止李谷。等到宦官抵达寿州，李谷已经烧掉粮草，退守正阳。丁未日（十三日），后周世宗到达陈州，紧急派遣李重进引兵直趋淮河。

辛亥日（十七日），李谷上奏："贼寇战舰在淮水中央前进，弓弩石炮的射程不能到达，倘若浮桥失守，就会人心动摇，必定导致退兵。现在敌人和战舰每天向前行进，淮河水每天上涨，如果皇上亲临前线，万一运粮的通路被切断，那么危险的状况就很难预料。希望陛下暂时留驻在陈州和颍州一带，等到李重进到达后，臣跟他共同估计敌人的战舰。我们已有把握防御，浮桥已有把握保全的时候，立刻详细地禀奏皇上。不过，我想如果我们做好战斗准备，维持到春天过去，冬天到来，足可使得贼寇疲困，到那时再攻取也不晚。"后周世宗郭荣看了奏疏，不大高兴。

刘彦贞向来骄横显贵，既无才能谋略，又不熟悉军事，历次任职藩镇，专行贪污暴虐，积财亿万，用来贿赂权贵，因此魏岑等权臣争相称誉他，认为他治民像汉朝的龚遂、黄霸；用兵像韩信、彭越，所以周师来到，唐主李璟首先重用他。他的副将咸师朗等人皆有勇无谋，听说李谷撤退，非常高兴，引兵直接前往正阳，旌旗和辎重连接数百里。刘仁赡及池州刺史张全约再三阻止他，刘仁赡说："您的军队还没到，敌人就先逃走，这是畏惧您的威名啊，怎么能够采用速战的方法？万一失利，大事就完了！"刘彦贞不听。启程以后，刘仁赡说："如果两军相遇，一定战败。"于是增调城中的战士登上城去，加强防备。李重进渡过淮河，在正阳的东边迎战，大破唐兵，斩杀了刘彦贞，活捉了咸师朗等人，斩首一万多级，尸体横陈三十里，接收军用物资、器械三十多万。这时长江、淮河一带长期安定，民众不习惯战争，刘彦贞战败以后，唐人大为恐慌，张全约收拾残余的部众逃奔寿州，刘仁赡上表荐举张全约为马步左厢都指挥使。皇甫晖、姚凤退守清流关。滁州刺史王绍颜弃城逃走。

壬子日（十八日），后周世宗郭荣到达永宁镇，对侍从大臣说："听说寿州围困解除，农民大多回归村落，如今听说大部队到达，必定再次入城。可怜他们聚集起来会成为饿死的人，应先派遣使者安抚，让他们各自安心务农。"甲寅日（二十日），后周世宗到达正阳，命李重进代替李谷做淮南道行营都招讨使，命李谷治理寿州行府的事务。丙辰日（二十二日），后周世宗到达寿州城下，扎营在淝水的北岸，下令各军包围寿州，把设在正阳的浮桥移往下蔡镇。丁巳日（二十三日），征发宋州、亳州、陈州、颍州、徐州、宿州、许州、蔡州等地的壮丁几十万人，攻打州城，昼夜不停。南唐军队一万多人把船系在淮河边上，在涂山山脚下扎营。庚申日（二十六日），后周世宗命宋太祖皇帝赵匡胤攻打南唐军队，宋太祖皇帝派遣一百多名骑兵逼近他们的军营，然后假装逃走，当唐兵追过来的时候，伏兵突然出来拦截，在涡口大败唐兵，斩杀了他们的都监何延锡等人，夺取了五十多艘战舰。

后周世宗郭荣下诏任命武平节度使兼中书令王逵为南面行营都统，让他进攻南唐的鄂州。王逵领兵经过岳州，岳州团练使潘叔嗣准备了丰富的酒宴犒劳他，侍候得非常恭敬。王逵左右的人索求无厌，没有满足而心怀怨恨的人在王逵面前中伤潘叔嗣，说他图谋叛变，王逵的神情和言辞都表露出愤怒，潘叔嗣因此很害怕，内心不安。

南唐主李璟听说湖南军队将要到达，命令武昌节度使何敬洙将百姓都迁移入城，做坚持防守到底的打算。何敬洙不听，让百姓们把农作物采收起来，准备做战场，说："敌人来到，就跟军民一块儿死在这里！"南唐主称赞他。

二月，丙寅日（初三），下蔡浮桥架成，后周世宗郭荣亲自前往视察。

戊辰日（初五），庐、寿、光、黄巡检使元城人司超上奏说，在盛唐打败唐兵三千多人，活捉都监高弼等人，夺得战舰四十多艘。

后周世宗郭荣命令宋太祖皇帝赵匡胤兼程进军袭击清流关。皇甫晖等在山下列阵，正与后周前锋部队交战，宋太祖皇帝领兵从山后出来，皇甫晖等大吃一惊，逃入滁州，想要切断桥梁，固守州城，太祖皇帝跃马指挥军队渡水，直抵城下。皇甫晖说："每个人都各为自己的君主效力，希望等我排成阵势以后再交战。"太祖皇帝笑了笑，答应了他。皇甫晖整好队伍出城，太祖皇帝俯身抱着马颈冲入敌阵，大声叫道："我只抓皇甫晖，其他的人不是我的敌手！"手持长剑攻击皇甫晖，击中他的脑袋，活捉了他，同时也捉到姚凤，于是攻下了滁州。过了几天，宣祖皇帝（宣祖皇帝就是太祖皇帝赵匡胤的父亲赵弘殷）为马军副都指挥使，引兵在半夜到达滁州城下，传令让太祖皇帝开门。太祖皇帝说："父子虽是最亲的人，可是防守城门，却是国家的大事，不敢奉命。"到了第二天早晨，才让赵弘殷进城。

后周世宗郭荣派遣翰林学士窦仪清点登记滁州府库的财物，宋太祖皇帝赵匡胤派心腹官吏提取库藏绢帛。窦仪说："公刚刚攻下州城的时候，即使把整个仓库所藏的财物取走，都无所谓。现在既已登记为官府的财物，如果没有诏书的指示，是不可以擅自索取的。"太祖皇帝因此很敬重窦仪的为人。后周世宗诏命左金吾卫将军马崇祚负责滁州事务。

起初，永兴节度使刘词遣送表书荐举他的幕僚蓟州人赵普有才能可以重用。正好这时滁州平定，范质推荐赵普为滁州军事判官，宋太祖皇帝赵匡胤与他谈话，很喜欢他。当时抓到一百多个强盗，本来都应处死，赵普请求先审问，然后处决，结果有十之七八被救活。太祖皇帝更加认为他是个奇才。

宋太祖皇帝赵匡胤的威望名声一天比一天大，每当亲临军阵，必定用精美的辂马绳带装饰坐骑，铠甲和武器都很明亮。有人对他说："这样让敌人一眼就认出来了。"太祖皇帝说："我正是想让敌人认出我来呀！"

南唐主李璟派遣泗州牙将王知朗携带书信抵达徐州，称："唐皇帝奉上书信致达大周皇帝，请求休战讲和，自愿以侍奉兄长的礼节来侍奉大周皇帝，每年输送财货，以资助军费。"甲戌日（十一日），徐州方面把这件事情奏报后周世宗郭荣，后周世宗不答复。戊寅日（十五日），后周世宗命令前任武胜节度使侯章等人攻打寿州的水军营寨，挖开壕沟的西北角，引导壕沟的水注入淝水。

宋太祖皇帝赵匡胤派遣使者献上皇甫晖等战俘，皇甫晖伤势严重，看到后周世宗郭荣，卧着说："臣不是不忠于自己所服侍的君主，只是士卒有勇敢与怯懦的不同罢了。臣以前屡次跟契丹交战，没有见过像这样精良的士兵。"接着盛赞太祖皇帝的英勇。后周世宗放了他，过几天皇甫晖便死了。

后周世宗郭荣侦察到扬州没有防备，己卯日（十六日），命令韩令坤等人率兵前往袭击，告诫他不得残害百姓，至于李氏的坟陵，派人跟李氏的族人共同守护。

南唐主李璟因军队多次失败，惧怕亡国，于是派遣翰林学士、户部侍郎钟谟和工部侍郎、文理院学士李德明奉持表书称臣，前来请求讲和，进献御服、茶药及金器一千两，银器五千两，缯锦二千匹，犒劳军队的牛五百头、酒二千斛，壬午日（十九日），送到寿州城下。钟谟、李德明一向能说善辩，后周世宗郭荣知道他们是想来游说，于是盛大地陈设甲兵来接见他们，说："你们的君主自称是唐室的后裔，应该懂得礼仪，而跟其他的国家有所不同才是。然而跟朕只隔着一条河，却不曾派遣一个使者前来通好，只知航海联络契丹，舍弃华夏，侍奉夷狄，礼义在哪儿呢？你们还想游说我让我罢兵吗？我不是战国时代六国的愚昧君主，哪里是凭你们的口舌所能打动的呢？不妨回去告诉你们的君主：赶紧来见朕，向朕再三下拜谢罪，就没事了。不然的话，朕打算亲自到金陵城游赏，借用金陵国库慰劳军队，你们君臣可不要后悔啊！"钟谟、李德明全身发抖不敢说话。

吴越王钱弘俶派遣军队屯驻边境以等待后周命令。苏州营田指挥使陈满向丞相吴程进言说："周师南征，唐国整个国家惊慌骚动，常州没有防备，很容易夺取。"正好这时南唐主李璟下令安抚江阴的官吏百姓，陈满告诉吴程说："周皇帝的诏书已经到了。"吴程把此事告诉钱弘俶，请赶快依照陈满的计策发兵。丞相元德昭说："唐是个大国，不可以轻视。如果我们的军队开入唐国境内，而周师不到，跟谁合作？能够没有危险吗？请暂时等一等。"吴程再三争论，认为大好时机不可错过，钱弘俶终于采纳了吴程的意见。癸未日（二十日），派吴程指挥衢州刺史鲍修让、中直都指挥使罗晟直趋常州。吴程对将士们说："元丞相不想出兵。"将士们很愤怒，放出风声说要击杀元德昭，钱弘俶把元德昭藏匿在自己府中，下令逮捕散布流言的人，叹息说："正要出兵而士卒想攻击丞相，不吉利得很啊！"

乙酉日（二十二日），韩令坤神不知鬼不觉地到了扬州。天刚亮，先派白延遇率领数百名骑兵飞驰入城，城中的人一点都没有察觉。韩令坤随后跟着进城，南唐东都营屯使贾崇焚烧官府民房，放弃州城，向南逃走，副留守工部侍郎冯延鲁剃光头发，披着袈裟，藏在佛寺里，军士把他抓住。韩令坤抚慰城中百姓，让他们都安定。

庚寅日（二十七日），王逵奏报攻取鄂州的长山寨，抓获南唐将领陈泽等人，献给朝廷。

辛卯日（二十八日），宋太祖皇帝赵匡胤奏报说唐国的天长制置使耿谦前来投降，获得粮草共二十多万。

南唐主李璟派遣园苑使尹延范前往泰州，将吴让皇的家族迁居润州。尹延范因为道路艰难，恐怕杨氏家族发生变乱，于是把杨氏的男子六十人全部杀掉，然后回去报告南唐主。南唐主大为震怒，把尹延范腰斩而死。

韩令坤等进攻泰州，占领泰州，刺史方讷逃奔金陵。

南唐主李璟派人带着蜡丸密函向契丹请求援兵。壬辰日（二十九日），静安军使何继筠捕获使者，交给朝廷。

后周任命给事中高防临时主持泰州政务。

癸巳日（三十日），吴越王钱弘俶派遣上直都指挥使路彦铢进攻宣州，罗晟率领战舰驻守江阴。唐国的静海制置使姚彦洪，率领士兵及百姓一万人投奔吴越。

潘叔嗣集合将士告诉他们说："我侍奉王逵到了极点，如今反而听信谗言，对我怀疑发怒，军队返回，必定攻击我，我不能乖乖地等死，你们愿意跟我一起向西走吗？"众人愤愤不平，一致表示愿意跟他走，于是潘叔嗣率领他们向西前进，袭击朗州。王逵听到这个消息，回军追赶他们，在武陵城外赶上，跟潘叔嗣开战，结果王逵战败而死。

有人劝说潘叔嗣就此占据朗州，潘叔嗣说："我只不过救命罢了，怎敢自立称尊，应该把督府交给潭州太尉，难道潭州太尉不安排我做武安节度使吗？"于是返回岳州，派遣团练判官李简率领朗州的将领及官吏迎接武安节度使周行逢。众人告诉周行逢说："一定要把潭州交给潘叔嗣。"周行逢说："潘叔嗣杀害主帅，他的罪应当灭族。可以宽恕的是得了武陵，而不占有，把它交给我罢了。如果仓促之间就任命他做节度使，天下将说我跟他同谋，我怎么解释呢？应该暂且任命他为行军司马，等到过了年，再让他做节度使才好。"于是任命衡州刺史莫弘万暂时主持潭州事务，自己率领部众进入朗州，自称武平、武安留后，向朝廷报告，任命潘叔嗣为行军司马。潘叔嗣很生气，称病不到任。周行逢说："行军司马，我曾经做过，权力与节度使大致相当，潘叔嗣却还不满意，难道还想对我图谋不轨吗？"

有人劝说周行逢："授给潘叔嗣武安的符节及斧钺，以引诱他，命他到都府来接受命令，这不过是砧板上的一块肉罢了！"周行逢采纳了他的意见。潘叔嗣将要启程，他所亲信的人阻止他。潘叔嗣仗着自己常把周行逢当哥哥看待，彼此感情很好，于是就毫不迟疑地出发了。周行逢派遣使者迎接等候，整个路上，络绎不绝。到了之后，周行逢亲自去郊外慰劳，彼此相见非常高兴。潘叔嗣进去拜见，还没走到正厅，周行逢就派人把他抓起来，站在庭下，斥责他说："你做一个小军官，没有大功劳，王逵任命你为团练使，你反而杀害了主帅。我因往日的情谊，不忍心杀你，任命你为行军司马，你竟敢违抗我的命令而不接受！"潘叔嗣自知难免一死，请求保全宗族。于是将他斩首。

资治通鉴卷第二百九十三　后周纪四

起丙辰（公元956年）三月，止丁巳（公元957年），共一年十个月。

【题解】本卷记录了公元956年三月至957年的史事，共一年又十个月。正当后周世宗郭荣显德三年三月至显德四年。此时期最大的政治事件是后周与南唐在淮南进行大规模地主力对决。南唐大败，但南唐主李璟不愿意割让江北求和。后周世宗第二次亲征淮南，打败南唐援兵，攻破寿春城，但南唐屡败屡战，仍在江北抗击周军。吴越为了夹击南唐，攻取了常州，南唐将领柴克宏，率领老弱残兵，手拿破败兵器，大败吴越精兵，光复常州，救援寿州，半路病死，没能救援寿州，最后寿州城破。后周中书舍人窦俨上书论述治理政事的根本，认为要讨论古今的礼仪、考究乐器的音律，要选贤任能，淘汰无用的官员，要治理盗贼，安定民生，这些都得到后周世宗的认可。后周世宗深化政治改革，命侍御史知杂事张湜等人对五代相沿的律、令、格、敕进行删减，编写成《刑统》，颁行全国。

世宗睿武孝文皇帝中

显德三年（丙辰，公元956年）

三月，甲午朔日（初一），后周世宗郭荣巡视水边的营寨，到达淝桥，自己捡了一块石头，骑在马上拿到寨中来用作炮石，随从官员过桥的每人也携带一块石头。宋太祖皇帝赵匡胤乘坐牛皮船进入寿春的护城河中，城上发射连弩箭，箭像屋椽般大，牙将馆陶人张琼赶紧以自己的身体遮挡太祖皇帝，结果箭射中了张琼的大腿，晕过去，又疼醒过来。箭头插进骨头里，取不出来，张琼喝下一大杯酒，让人割开腿骨，把箭头取出来，血流了好几升，神情脸色镇定自若。

南唐主李璟又任命右仆射孙晟为司空，派遣他与礼部尚书王崇质奉持表章入周进见，表中说："自从唐天祐年间以来，天下分崩离析，有的占据一方，有的改朝换代，臣下继承祖先基业，拥有江南之地，只因为流离的民众没有安定，所以不知道要归附于谁！现在天命有所归属，天子的政声与教化传播远方，愿意比照两浙、湖南的先例，遵奉天子颁行的正朔历法，谨守疆土，请求收回征讨的声威，宽赦臣下延迟投降的罪过，点头同意我们小国作为天子的外臣，那么天子安抚远方的大德，还有谁不敬畏服从呢？"又献上黄金千两，银子十万两，罗绮二千匹。孙晟对冯延己说："这一次应该是由左相您出使，可是我若推辞，又对不起先帝。"启程以后，自知终不能免于一死，半夜，一面叹息，一面对王崇质说："您家有一百多人，应该妥善安排。我考虑得很久了，绝不辜负先帝在天之灵，其他的我就一无所知了！"

南汉甘泉宫使林延遇，为人阴险，善于算计，南汉主刘晟依靠信任他。南汉主诛灭自己的各位兄弟，都是林延遇的主意。乙未日（初二），林延遇死了，国人互相庆贺。当林延遇病重的时候，推荐内给事龚澄枢代替自己，南汉主当天就升迁龚澄枢主持承宣院及内侍省。龚澄枢，是番禺人。

光、舒、黄招安巡检使、行光州刺史何超率领安、随、申、蔡四州军队数万人进攻光州。丙申日（初三），何超奏报说，唐国的光州刺史张绍，放弃州城逃走，都监张承翰以州城投降。

丁酉日（初四），行舒州刺史郭令图攻占了舒州。唐国的蕲州将领李福杀了知州王承巂，举州前来投降。后周派遣六宅使齐藏珍进攻黄州。

彰武留后李彦頵，生性贪婪暴虐，所辖百姓和羌胡部落发动叛乱，攻打李彦頵。后周世宗郭荣召李彦頵回朝。

秦州、凤州平定的时候，后周世宗郭荣赦免所俘虏的后蜀士兵，把他们编入军籍，随从征淮南，结果他们又逃走投降南唐。癸卯日（初十），南唐主李璟上表献上一百五十人。后周世宗下令把他们全部斩首。

舒州人驱逐郭令图，铁骑都指挥使洛阳人王审琦挑选轻骑兵夜晚袭击舒州，又夺取了舒州，郭令图才得以回去。

马希崇及王延政的儿子王继沂都在扬州，后周世宗郭荣下诏抚恤他们。

丙午日（十三日），孙晟等人到达后周世宗郭荣驻留的地方。庚戌日（十七日），后周世宗派遣中使带领孙晟到寿春城下，并且让他招安南唐守将。刘仁赡见到孙晟，在城上穿着整齐的军服向他下拜。孙晟对刘仁赡说："君蒙受国家的厚恩，不可以开门接纳敌寇。"后周世宗听说这件事，非常愤怒，孙晟说："臣身为唐国的宰相，怎么可以让节度使背叛国家呢？"后周世宗于是放过了他。

南唐主李璟派遣李德明、孙晟对后周世宗郭荣说，请求废除帝号，割让寿州、濠州、泗州、楚州、光州、海州六州之地，并且每年进贡黄金、绢帛百万，以求休兵停战。后周世宗眼看淮南的土地大半已归后周所有，诸将战胜的捷报，每天不断地传来，想要获得所有江北的土地，于是不答应唐主的请求。李德明见周兵一天一天地推进，上奏说："唐主不知道陛下的兵力是这样的强盛，请宽延五天的限期，让我得以回去报告唐主，献出所有江北的土地。"后周世宗这才答应了他。孙晟因而奏请后周世宗派遣王崇质跟李德明一同回去。后周世宗派遣供奉官安弘道护送李德明等人返回金陵，赐给南唐主李璟诏书，大略的内容是说："即使保存皇帝的称号，一定不会经不起考验而失约！如果能坚定地侍奉大国，朕终究不会把你逼到险恶境地。"又说，"等到江北各州全部献来，我的大军立即休战。话已说到这里，不再反复述说了。倘若说还不行，请从此断绝关系。"又赐给南唐将相们书信，让他们仔细商议再来。南唐主李璟又上表称谢。

李德明盛赞后周世宗郭荣的声威和德行及甲兵的强大，劝唐主李璟割让所有江北的土地；唐主很不高兴。宋齐丘认为割地没有益处；李德明为人轻佻，说话多超过实情，国人也不相信他。枢密使陈觉、副使李征古一向厌恶李德明及孙晟，让王崇实故意说得跟他不一样，趁机在唐主面前诬陷李德明，说："李德明卖国求利。"南唐主听了，大为震怒，在街市上把李德明斩首。

吴程进攻常州，攻破常州外城，抓获南唐常州团练使赵仁泽，押送到钱塘。赵仁泽见到吴越王钱弘俶不下跪叩拜，斥责钱弘俶背信负约，钱弘俶发怒，命人撕他的嘴巴，一直裂到耳根。元德昭怜惜他的忠诚，替他敷上良药，才得以不死。

南唐主李璟因吴越军队在常州城下，害怕他们侵逼润州，又因为宣、润大都督燕王李弘冀年纪小，担心他不懂军事，所以征调他回金陵。部将赵铎告诉李弘冀说："大王是元帅，众心都仰赖着您，如果自己退回去，部下一定大乱。"李弘冀认为很有道理，就推辞而不接受征召，部署诸将，做战斗防守的准备。

龙武都虞候柴克宏是柴再用的儿子，沉默寡言、乐善好施，不治家产，虽然统领着宫廷警卫，但是每天跟宾客下棋饮酒，不曾谈论军事，当时的人都认为他不是当将帅的材料。到了这个时候，有人说柴克宏很久没有升官，于是南唐主李璟任命他为抚州刺史，柴克宏向南唐主表示，自愿在军中效命，他的母亲也上表说柴克宏有他父亲的风范，可以担任将领，如果不能胜任，甘愿跟儿子一同被杀。南唐主于是任命柴克宏为右武卫将军，命他率兵跟袁州刺史陆孟俊会师，前往解救常州。

当时南唐精锐部队都在长江以北，柴克宏所率领的数千人都瘦弱年迈，枢密使李征古又将铠甲兵器中腐朽破烂的给他。柴克宏向李征古诉说，李征古傲慢地痛骂他一番。众人都感到愤恨不平，柴克宏却安然处之。柴克宏到了润州，李征古派遣使者召他回来，命神卫统军朱匡业代替柴克宏。燕王李弘冀对柴克宏说："君尽管进兵作战，我会向皇上说明。"于是上表说凭柴克宏的才能与谋略，可以成功，常州危在旦夕，不应中途更换主将。柴克宏引兵直趋常州，李征古又派遣使者召他回来，柴克宏说："我算定几天内就要攻破贼兵，你来召我，一定是奸人！"命人将斩首使者。使者说："我是受李枢密的命令而来的。"柴克宏说："李枢密来了，我也要斩他！"

起初，鲍修让、罗晟在福州时，与吴程有隔阂，到这时，吴程压制刁难他们，二人都有怨恨。在此之前，南唐主李璟派遣中书舍人乔匡舜出使吴越，壬子日（十九日），柴克宏到达常州，用布幕把船蒙起来，里面暗藏身穿铠甲的士兵，声称去迎接乔匡舜。吴越的巡逻兵把这件事报告上级，吴程说："两国交兵，使者往来于两国之间，不可妄加猜疑。"唐兵上了岸，直接逼近吴越的军营，罗晟不尽力交战，故意放纵唐兵，让他们杀向吴程的营帐，吴程勉强脱身，柴克宏大破吴越兵，斩首上万级。朱匡业到达军营，柴克宏侍奉他很恭谨。吴程回到钱塘，吴越王钱弘俶把他的所有官职都剥夺了。

甲寅日（二十一日），后蜀主孟昶任命捧圣控鹤都指挥使李廷珪为左右卫圣诸军马步都指挥使，仍旧分卫圣、匡圣步兵、骑兵为左右十个军，任命武定节度使吕彦琦等人为军使，由李廷珪总领，像当年赵廷隐的职务一样。

起初，柴克宏为宣州巡检使，刚到任时，城池长年失修，兵器用具都有破损，官吏说："自从田頵、王茂章、李遇相继叛变以来，到此任职的人没一个敢加以整修的。"柴克宏说："时代不同了，形势也变了，哪有这种道理！"于是一一加以整建修理，恢复它的坚固完整。因此路彦铢攻它不下，听说吴程失败，乙卯日（二十二日），引兵返回。南唐主李璟任命柴克宏为奉化节度使，柴克宏又请求率兵救援寿州，还没到达就去世了。

河阳节度使白重赞因为天子南征，顾虑北汉有可能乘虚入侵，修治防御工事，并且向西京请求增兵。西京留守王晏起初不肯拨遣，又担心事情发生在非常时期，于是亲自率兵前往。白重赞因为王晏没有接到诏命而擅自前来，拒不接纳他，派人告诉他说："令公以前在陕州，已经立下大功，河阳这个小城，不敢劳烦令公大驾！"王晏惭愧返回。孟州和洛阳的百姓，好几天都受到惊扰。

南唐主李璟命令诸道兵马元帅齐王李景达领兵抵抗后周军队，任命陈觉为监军使，前武安节度使边镐为应援都军使。中书舍人韩熙载上书说："论信任，没有比亲王更值得信任的，论重要，没有比元帅更重要的！何必要设监军使！"唐主不听。

派遣鸿胪卿潘承祐到泉州、建州招募矫健勇猛的人才，潘承祐推荐前任永安节度使许文稹、静江指挥使陈德诚、建州人郑彦华、林仁肇。唐主任命许文稹为西面行营应援使，郑彦华、林仁肇都做将领。林仁肇，就是林仁翰的弟弟。

夏季，四月，甲子日（初二），后周世宗郭荣任命侍卫亲军都指挥使、归德节度使李重进为庐、寿等州招讨使，任命武宁节度使武行德为濠州城下都部署。

南唐右卫将军陆孟俊从常州领兵一万多人赶赴泰州，后周军队逃走，陆孟俊收复泰州，派遣陈德诚守卫泰州。陆孟俊进攻扬州，驻兵于蜀冈，韩令坤丢弃扬州而逃走。后周世宗郭荣派遣张永德率兵援救，于是韩令坤又入扬州。后周世宗又派宋太祖皇帝赵匡胤率兵驻守六合。太祖皇帝下令说："扬州兵如果有经过六合的，砍断他的脚！"于是韩令坤这才有固守的想法。后周世宗自从到达寿春以来，命令各军昼夜不停地攻城，攻了很久，攻它不下；正好这时下了大雨，军营中水深好几尺，攻城的器械及士兵们流失、死亡的很多，粮草的运送接继不上，李德明过了期限而不见回来，于是商议撤军回朝。有人劝后周世宗东临濠州，扬言寿州已经攻下；后周世宗同意了。己巳日（初七），后周世宗从寿春沿着淮河向东进发，乙亥日（十三日），到达濠州。

韩令坤在扬州城东击败南唐军队，擒获陆孟俊。起初，陆孟俊废黜马希萼拥立马希崇，诛灭原舒州刺史杨昭恽全家而取得杨家财产。杨家有个女儿长得漂亮，陆孟俊把她献给马希崇。韩令坤进入扬州，马希崇把杨氏送给韩令坤，韩令坤非常宠爱她。这时既已活捉了陆孟俊，正要给他加上械具，押送到后周世宗郭荣那里。杨氏在帘后，忽然抚胸痛哭，韩令坤很惊讶，问她为什么，杨氏回答说："陆孟俊从前在潭州，杀了我家二百多人，今天见到他，请报冤仇。"韩令坤于是杀死了陆孟俊。

南唐齐王李景达领兵二万从瓜步渡过长江，距离六合二十余里，设置栅栏不再前进。后周众将领想出击，宋太祖皇帝赵匡胤说："他们设置营寨防卫自己，这是怕我们的表示。现在我们的军队不满两千人，如果前去攻击，那么他们就会看出我们兵少；不如等他们前来，再攻击他们，这样一定可以把他们打败！"过了几天，唐兵向六合进发，太祖皇帝奋力攻击，把他们打得大败，杀死及俘虏的将近五千人，剩下的还有一万多人，纷纷逃走，抢着渡江，为了争船而淹死的很多，于是唐国的精锐士卒全都没有了。

这场战斗，士兵有不尽力作战的。宋太祖皇帝赵匡胤假装督战，用剑砍那些不尽力作战士兵的皮斗笠。第二天，检查每人的斗笠，发现皮笠上留有宝剑砍过的痕迹的，有好几十人，都把他们斩首了，因此他的部众没有一个敢不奋力效命的。

在此之前，南唐主李璟听说扬州失守，命令扬州的四临州县发兵夺回扬州。己卯日（十七日），韩令坤奏报说，在湾头堰打败楚州兵一万多人，擒获涟州刺史秦进崇；张永德奏报说在曲溪堰打败泗州兵一万多人。

丙戌日（二十四日），后周世宗郭荣任命宣徽南院使向训为淮南节度使兼沿江招讨使。

涡口奏报说新造的浮桥已经完成。丁亥日（二十五日），后周世宗郭荣从濠州前往涡口。

后周世宗郭荣锐意进取，打算亲自到扬州，范质等人认为军队疲乏、粮食缺少，哭着劝谏，这才作罢。后周世宗曾经生翰林学士窦仪的气，想要杀他；范质入朝救他，后周世宗望见他进来，知道他的用意，就起身避开他。范质抢前几步，扑在地上，叩头劝谏说："窦仪的罪，不至于死，臣做宰相，致使陛下冤枉地杀死近臣，罪过都在臣的身上。”说着，哭起来。后周世宗的怒气消了，就放了窦仪。

北汉在交城的北山安葬神武帝刘旻，庙号世祖。

五月，壬辰朔日（初一），后周将涡口改为镇淮军。

丙申日（初五），南唐永安节度使陈诲在南台江打败福州兵，俘虏、斩杀一千多人。南唐主李璟改称永安军为忠义军。陈诲，是陈德诚的父亲。

戊戌日（初七），后周世宗郭荣留下侍卫亲军都指挥使李重进等围攻寿州，从涡口北上返回；乙卯日（二十四日），到达大梁。

六月，壬申日（十一日），赦免淮南各州的囚犯，免除李氏不合理的徭役及赋税，凡是对百姓不便的事情，委托地方长官向上级奏报。

侍卫步军指挥使、彰信节度使李继勋扎营在寿州城南，南唐刘仁赡趁李继勋没有防备，出兵袭击，杀死士兵数百人，焚毁后周军队的攻城器具。

南唐的驾部员外郎朱元趁奏报事情的机会，谈论用兵的策略，南唐主李璟认为他有才能，命他率兵收复江北各州。

秋季，七月，辛卯朔日（初一），后周世宗郭荣任命周行逢为武平节度使，辖理武安、静江等军事。周行逢既已兼管洞庭湖、湘水地区，于是矫正前人的弊端，留心百姓的事情，全面废除马氏所订的不合理的赋税，凡是侵扰百姓的贪官污吏全都废黜，选择清廉公正的官吏为刺史、县令。

朗州地区华夏、蛮夷之民混杂居住，刘言、王逵的旧将大多骄横，周行逢一律用法处置他们，没有一点宽容姑息，众人既怨恨又恐惧。有大将跟他的党羽十多人阴谋作乱，被周行逢知道，于是集合所有将领，在座位中当众把他抓起来，责备他说：“我穿破旧的衣服，吃粗糙的饭菜，充实府库的储藏，正是为了你们，怎么可以辜负我而造反？今天的聚会，是要跟你诀别！”说完，立即打死了他，其他在座的人双腿颤抖。周行逢说：“各位没有罪，都尽管安心。”于是跟大家畅快地喝酒作乐一番，才结束。

周行逢足智多谋，善于发觉隐秘的非法行为，将吏士兵有阴谋作乱和叛变逃亡的，周行逢必定事先察觉，拘捕斩杀，因此部众对他十分敬畏。可是他生性多疑而残忍，常分别派人去刺探各州的情况，其中被派往邵州的，没什么事可以报告，只说刺史刘光委常常设宴饮酒。周行逢说："刘光委屡次聚集宾客宴饮，想要谋害我吗？"立刻召他回来，杀掉了他。亲卫指挥使、衡州刺史张文表害怕获罪，请求解除兵权，回衡州任所；周行逢批准了他。张文表逢年过节，馈赠进献非常丰富，同时很谨慎地服侍周行逢左右亲近的人，因此得以免罪。

周行逢妻子郧国夫人邓氏，丑陋而刚强果断，善于操持生计，曾经规劝周行逢，用法太严的话别人就不会亲附。周行逢发怒说："你妇道人家知道什么？"邓氏很不高兴，找个机会自请前往村庄去察看田园，从此不再回朗州府舍。周行逢屡次派人去接她，都不肯来；有一天，邓氏亲自带着僮仆到官府缴税，周行逢到缴税的地方去见她，说："我都做了节度使，夫人何必如此辛苦！"邓氏说："租税，是公家的东西。公做节度使，不先缴税，怎能领导部下？而且，难道不记得公做里正时替人家缴税，以免被拷打的情景了吗？"周行逢想跟她一道回府舍，邓氏不肯，说："公诛杀得太过严厉，常担心有一天会发生变乱，到那时村庄里还比较容易躲藏逃生呢。"周行逢又惭愧又恼怒，他的僚属说："夫人的话很直率，公应该接受。"

周行逢的女婿唐德要求补任官吏，周行逢说："你的才能不配做官吏，我现在如果想徇私，当然可以；可是，若你任职绩效不彰，我不敢宽恕你，只好依法处理，那么亲戚的恩情就断绝了。"于是给他耕牛、农具，让他去耕田。

周行逢年轻时曾经因事定罪受黥刑，发配辰州铜矿，有人劝说周行逢："您脸上刺有字，恐怕会被朝廷的使者所嘲笑，请用药把它除掉。"周行逢说："我听说汉朝有个黥布，并不妨碍他做个英雄，我有什么好感到羞耻的？"

从刘言、王逵以来，多次起兵，将领官吏积累功劳以及所笼络的蛮夷部落首领，赏赐加封得到司徒、司马、司空三公散官头衔的数以千计。前任天策府学士徐仲雅，自从马希广被废以后，就闭门不出，周行逢仰慕他，任命他为节度判官。徐仲雅说："周行逢从前在我手下做过事，为什么我要做他的幕僚？"推说生病，不去报到。周行逢强迫要挟，再三召请，当面交给他任职的文书，徐仲雅始终推辞不接受。周行逢很生气，把他流放到邵州，不久，召他回来。正好碰到周行逢过生日，各道分别派遣使者前来祝贺，周行逢有点骄傲的样子，对徐仲雅说："自从我兼镇三府，

四邻是否畏惧呢？"徐仲雅说："侍中的境内，漫天都是太保，遍地都是司空，四邻怎么能够不畏惧？"周行逢又把他流放到邵州，徐仲雅最终也不向他屈服。有个和尚叫仁及，被周行逢所信任，军府的事情，他都参与，也加"检校司空"的职衔，娶了好几个妻子，出门的时候，前面有人开道，后面有人随从，跟王公一样。

辛亥日（二十一日），后周宣懿皇后符氏去世。

南唐将领朱元夺取舒州，刺史郭令图弃城逃走。李平夺取蕲州。南唐主李璟任命朱元为舒州团练使，李平为蕲州刺史。朱元又夺取和州。

起初，南唐强行百姓购买茶、盐，而征收他们的粮食布帛，称为"博征"。又在淮南兴办营田，百姓深受其苦。等到后周军队到达，百姓争相奉送牛酒来迎接慰劳。可是周师的将帅并没有体恤安抚他们，专门从事抢劫，把百姓当作粪土、草芥看待，百姓都很失望，于是互相聚集在山谷水泽，修筑堡垒以保卫自己，手执农具当兵器，聚集纸片当铠甲，当时的人称之为"白甲军"。周兵讨伐他们，屡次被他们打败，以前所获得的唐国各州，大部分又为唐国所有。南唐援兵在紫金山安营，与寿春城中的烽火遥相呼应。淮南节度使向训上奏请求派广陵的军队合力进攻寿春，等待攻克寿春城，再计划进取，后周世宗郭荣下诏同意。向训封好府库，把它交给扬州典掌府库的人，命扬州牙

将分别巡视城中，考察部众，秋毫不犯，扬州百姓感动欣悦，军队回来的时候，有人带着干粮来送他们。滁州守将也弃城离去，都引兵前往寿春。

南唐众将请求占据险要来迎击后周军队，宋齐丘说："这样，两国的怨恨就更深了，不如撤除此地的驻兵，以仁德来感化他们，那么兵祸就容易解除了。"于是命诸将各自守卫，不得擅自出兵袭击周师。因此，寿春的包围更加危急。齐王李景达驻扎于濠州，遥为寿州声援，军事都出自陈觉的主意，李景达只是在纸尾签个名而已；带兵五万，没有决战的意思，将帅官吏都怕陈觉，没人敢说话。

八月，戊辰日（初九），端明殿学士王朴、司天少监王处纳撰成《显德钦天历》上奏。后周世宗郭荣诏令从来年开始实行。

殿前都指挥使、义成节度使张永德驻守下蔡，唐将林仁肇率领水、陆两军援救寿春。张永德跟他交战，林仁肇用船装满柴草，顺风放火，想要烧下蔡的浮桥，一会儿风向转变，吹向自己，唐兵败退。张永德做了一条一千多尺的铁索，在距离浮桥十几步的地方，拦腰割断淮河水流，绑上大木头，因此唐兵不能接近浮桥。

九月，丙午日（十七日），后周世宗郭荣任命端明殿学士、左散骑常侍、权知开封府事王朴为户部侍郎，充任枢密副使。

冬季，十月，癸酉日（十四日），李重进奏报说南唐军队侵犯盛唐，铁骑都指挥使王彦升等人击破他们，斩首三千多级。王彦升，是蜀州人。

丙子日（十七日），后周世宗郭荣对侍从大臣说："近代各朝征收粮食、布帛，大多不等到收获、纺织完毕。"于是诏令三司，从今以后，夏税从六月开始征收，秋税从十月开始征收，民间很方便。

山南东道节度使、守太尉兼中书令安审琦镇守襄阳十多年，到了这时入朝，后周世宗郭荣任命他为守太师，命他回到镇所。启程以后，后周世宗询问宰相："你们有没有送他？"回答说："送到城南。安审琦深感圣恩。"后周世宗说，"近代各朝大多不用诚信对待藩镇，藩镇即使有想效忠尽节的，那路也无从可走。统治天下的人只要能不失信用，怕什么藩镇不心归诚服呢！”

壬午日（二十三日），张永德奏报说在下蔡打败南唐兵。这时，南唐又命水军攻击张永德，张永德命善于游泳的人在夜晚潜入唐兵的船下，用铁索系船，然后下令士兵进攻，船不能进，也不能退，因此淹死的人很多。张永德解下身上的金带赏给善于游泳的士兵。

甲申日（二十五日），任命宋太祖皇帝赵匡胤为定国节度使兼殿前都指挥使。宋太祖皇帝上表推荐渭州军事判官赵普为节度推官。

张永德和李重进关系不好，张永德秘密上表说李重进有二心，后周世宗郭荣不相信。当时两位将领各自握有重兵，众人心里担忧恐惧。一天，李重进单枪匹马，前往张永德的营中，从容饮酒，对张永德说：“我与公因为与皇上为近亲的关系，都侥幸地做了将帅，为什么相互猜疑这么深呢？”张永德的心结这才解开，大家心理也因此安定下来。南唐主李璟听说这件事，把一封蜡丸密函送给李重进，拿重利来引诱他，书中所写的，都是一些毁谤朝廷及离间的话。李重进把它呈给后周世宗。

起初，南唐使者孙晟、钟谟跟随后周世宗郭荣到达大梁，后周世宗待他们很优厚，每次朝会，让他们排在中书省官员的后面，时常召见，让他们喝美酒，询问南唐的情况。孙晟只说：“唐主畏惧陛下的神威，侍奉陛下没有异心。”等到得到南唐主李璟写给李重进的蜡书，后周世宗大为震怒，召见孙晟，责备他回答不真实。孙晟神情严肃，言辞慷慨，请求一死而已。问他南唐虚实，他默然不答。十一月，乙巳日（十七日），后周世宗命都承旨曹翰送孙晟到右军巡院，再拿后周世宗的意思来问他。曹翰跟孙晟饮酒，彼此敬酒好几番，曹翰和气地问他，孙晟始终不说。曹翰于是告诉孙晟说：“有敕令，赐相公死。”孙晟神色安然和悦，索要官靴朝笏，整理衣冠，向南方下拜，说：“臣谨以死报国。”才从容赴刑。连同随从一百多人，全部杀掉，贬钟谟为耀州司马。事后后周世宗怜惜孙晟的忠诚守节，后悔杀了他，召回钟谟，授予卫尉少卿。

后周世宗郭荣召见华山隐士真源人陈抟，问他羽化升仙、冶炼金子的方法。陈抟回答说："陛下做天子，应当以治天下为急务，要这些方法干什么？"戊申日（二十日），把陈抟遣送回华山，诏命州县长官常去看望慰问他。

十二月，壬申日（十四日），后周世宗郭荣任命张永德为殿前都检点。

后周世宗郭荣分别派宦官传令，征调陈州、蔡州、宋州、亳州、颍州、兖州、曹州、单州等地的民夫数万人修筑下蔡城。

这一年，南唐主李璟诏令废除淮南营田损害百姓特别严重的。派遣兵部郎中陈处尧携带厚礼渡海到契丹乞求出兵，契丹不能为南唐出兵，却扣留陈处尧，不让他回去。陈处尧刚直善辩，过了很久，心中怨愤，屡次当面斥责契丹主耶律述律，契丹主也不怪罪他。

后蜀陵州、荣州等地的獠人造反，弓箭库使赵季文讨平他们。

吴越王钱弘俶下令搜求境内的百姓当兵，骚扰颇多，明州刺史钱弘亿亲笔上疏恳切劝谏，吴越王停止了这件事。

显德四年（丁巳，公元957年）

春季，正月，己丑朔日（初一），北汉大赦境内，改年号为天会。任命翰林学士卫融为中书侍郎、同平章事，内客省使段恒为枢密使。

后周宰相多次请求册立皇子为王，后周世宗郭荣说："儿子们都还年幼，而且功臣的儿子都还没有加封爵号，而唯独先立朕的儿子，能安心吗？"

后周军队围攻寿春，连年没有攻下，城中粮食吃光。齐王李景达从濠州派遣应援使、永安节度使许文稹和都军使边镐、北面招讨使朱元领兵数万，沿淮水而上救援寿春，驻兵在紫金山，排列成十几个营寨，像成串的珠子一样，与城中的烽火早晚相呼应。又修筑甬道通往寿春，绵延数十里，想利用它来运送粮草供应城里。将要通到寿春的时候，李重进拦腰截击，将南唐兵打得大败，杀死五千人，夺取南唐两个营寨。丁未日（十九日），李重进把经过奏报后周世宗郭荣。戊申日（二十日），后周世宗下诏，下个月临幸淮上。

刘仁赡请求让边镐守城，自己率领部众决一死战，齐王李景达没有同意，刘仁赡忧愤成疾。他最小的儿子刘崇谏乘夜划船前往淮北，被官军抓到，刘仁赡下令把他腰斩，左右的人都没有敢救的，监军使周廷构在中门哭着救他，刘仁赡不准。

周廷构又派人向夫人求救，夫人说："贱妾对崇谏不是不怜爱，然而军法不可徇私，名节不可亏损。如果宽恕了他，那么刘氏就成为不忠之家，我与公有什么脸面见将士们呢？"催促刘仁赡下令将他腰斩，然后办理丧事。将士们都为此感动得掉下泪来。

议事的人认为南唐援军还很强大，多数人请求撤兵，后周世宗郭荣迟疑。李谷卧病在家，二月，丙寅日（初八），后周世宗派范质、王溥前去跟他商量。李谷上疏，认为："寿春困危，早晚可以攻破，如果皇上亲征，那么将士奋力争先，援兵震惊恐惧，城中自知将亡，一定可以攻下了！"后周世宗很高兴。

庚午日（十二日），后周世宗郭荣诏令有关部门另外制造祭器、祭玉等，命国子博士聂崇义探讨研究礼仪制度，画出图样。

甲戌日（十六日），后周世宗郭荣命王朴代理东京留守，兼判开封府事，任命三司使张美为大内都巡检，任命侍卫都虞候韩通为京城内外都巡检。

乙亥日（十七日），后周世宗从大梁出发。在这之前后周与南唐交战，南唐水军精锐敏捷，后周无法同它抗衡，世宗经常以此为憾。从寿春回来以后，在大梁城西汴水岸边，建造战舰好几百艘，命令南唐降兵教北方人在水上作战的方法，几个月以后，后周水军纵横出没，差不多胜过南唐水军。到了这个时候，后周世宗命令骁卫大将军王环率领水军数千人从闵河沿颍水进入淮河，南唐人见了后周水军，大为吃惊。

乙酉日（二十七日），后周世宗郭荣到达下蔡。三月，己丑日（初二）的晚上，后周世宗渡过淮河，抵达寿春城下。庚寅日（初三）早晨，后周世宗亲自穿上铠甲，戴上头盔，驻扎在紫金山南面，下令宋太祖皇帝赵匡胤攻打南唐的先锋寨及山北的一个营寨，全都攻破，斩杀、俘虏三千多人，切断他们的甬道，因此唐兵首尾不能相救。到了傍晚，后周世宗分兵防守各寨，自己返回下蔡。

南唐朱元倚仗有战功，常常违抗元帅指挥。陈觉与朱元有嫌隙，屡次上表说朱元反复无常，不可领兵，南唐主李璟任命武昌节度使杨守忠取代朱元。杨守忠到了濠州，陈觉借齐王李景达的命令，召朱元到濠州商量计策，将要夺去他的兵权。朱元知道他的用心，很愤怒，想自杀，门下的宾客宋垍劝朱元说："大丈夫到哪里不能富贵，何必为了保全妻子和儿女而白白地牺牲了呢！"辛卯日（初四）的晚上，朱元跟先锋壕寨使朱仁裕等人领着整个营寨一万多人投降后周，副将时厚卿不肯从命，朱元把他杀死。

后周世宗郭荣考虑南唐其余部众会沿着水流向东溃逃，赶紧命令虎捷左厢都指挥使赵晁带领数千水军沿着淮水而下。壬辰日（初五）早晨，后周世宗郭荣驻兵于赵步，诸将攻打南唐的紫金山寨，把寨攻破，杀死、俘虏一万多人，活捉了许文稹、边镐、杨守忠。残余的部众果然沿着淮河向东逃走，后周世宗从赵步率领几百名骑兵沿着北岸追赶，众将率领步兵和骑兵沿南岸追赶，水军从淮河中流而下，南唐军队战死、淹死和投降的将近四万人，缴获船舰、粮草、武器以十万计数。傍晚时分，后周世宗奔驰到荆山洪，距离赵步二百多里。当晚，住宿在镇淮军，癸酉日（三月无此日），随从的官员才到达。刘仁赡听到援兵溃败的消息，气噎着咽喉，不住地叹息。

甲午日（初七），后周征发附近州县壮丁民夫修筑镇淮军城，建造两座城，夹着淮水，将下蔡浮桥迁移到两城之间，掐断濠州、寿州接应救援的道路。正好这时淮河河水上涨，南唐的濠州都监彭城人郭廷谓率领水军逆淮河而上，想乘后周不备，焚烧浮桥。右龙武统军赵匡赞侦察到这个情报，预先埋伏军队截击，把他打败。

南唐齐王李景达和陈觉都从濠州逃回金陵，只有静江指挥使陈德诚全军返还。

戊戌日（十一日），任命淮南节度使向训为武宁节度使、淮南道行营都监，率领部众戍守镇淮军。

己亥日（十二日），后周世宗郭荣从镇淮军再度前往下蔡。庚子日（十三日），赐诏书给刘仁赡，让他自行决定要降还是要战。

南唐主李璟讨论亲自督率众将抵抗后周，中书舍人乔匡舜上书恳切劝谏，南唐主认为他动摇军心，将他流放抚州。南唐主询问神卫统军朱匡业、刘存忠防御策略，朱匡业诵读罗隐的诗说："时来天地皆同力，运去英雄不自由"（意思是说："时机来临的时候，天地都帮助你；气运衰亡的时候，英雄也不能做主。"），刘存忠也认为朱匡业的话很对。南唐主很生气，贬朱匡业为抚州副使，流放刘存忠于饶州。后来，南唐主还是没有亲自出征。

甲辰日（十七日），后周世宗郭荣在寿春城北炫耀兵力。南唐清淮节度使兼侍中刘仁赡病得很重，不省人事，丙午日（十九日），监军使周廷构、营田副使孙羽等人，擅自为刘仁赡作表，派遣使者奉表前来投降。丁未日（二十日），后周世宗赐给刘仁赡诏书，派遣阁门使万年人张保续进城宣旨安抚，刘仁赡的儿子刘崇让又出城谢罪。戊申日（二十一日），后周世宗隆重地陈列甲兵，在寿春城北接受投降。周廷构等人合力抬着刘仁赡出城，刘仁赡躺着不能起身，后周世宗慰劳赏赐，又命他进城养病。

庚戌日（二十三日），将寿州府治迁到下蔡，赦免州境内死罪以下的囚犯。州中百姓因受到南唐刑法追责而聚集山林的，一并召回让他们恢复生计，不加问罪；如有曾经被他们杀伤的，不得报仇打官司。以前的政令有不便于民的，命本州分条上奏。辛亥日（二十四日），后周世宗郭荣任命刘仁赡为天平节度使兼中书令，制书的内容大致说："对所侍奉的君主竭尽忠诚，坚守节操，没有亏欠，前代名臣，有几人能与你相比！朕讨伐叛国，得到你才算收获多多。"当天，刘仁赡去世，追赐爵号为彭城郡王。南唐主李璟得了消息，也赠他为太师。后周世宗又把清淮军改名为忠正军，以表彰刘仁赡的节操，任命右羽林统军杨信为忠正节度使、同平章事。

前许州司马韩伦，是侍卫马军都指挥使韩令坤的父亲。韩令坤兼领镇安节度使，韩伦居住在陈州，干预当地政事，贪污违法，既危害官府，又侵犯百姓，被人告到官府，韩令坤屡次替他求情，甚至哭泣掉泪。癸丑日（二十六日），后周世宗郭荣诏命赦免韩伦死罪，流放于沙门岛。

韩伦后来得到赦免返回，住在洛阳，跟光禄卿致仕柴守礼及当时的将相王溥、王晏、王彦超的父亲相交往，仗着势力放肆蛮横，洛阳百姓怕他们，称他们为“十阿父”。后周世宗成为后周太祖郭威的继承人后，没有人敢说他是柴守礼的儿子，只以大舅看待柴守礼，给他优厚的俸禄，但未曾到过大梁，他曾经为了小事愤怒杀人，有关部门不敢责问，后周世宗虽然知道，也不加追究。

后周世宗郭荣诏命打开寿州的仓库，赈救饥民。丙辰日（二十九日），后周世宗北上返回。夏季，四月，己巳日（十二日），后周世宗回到大梁。

后周世宗郭荣诏令修缮永福殿，命令宦官孙延希监督工程。丁丑日（二十日），后周世宗到工程现场，看到工人有削木片为饭匙，用瓦片盛饭吃的，大为震怒，在街市上斩杀了孙延希。

后周世宗郭荣攻克秦州、凤州后，将后蜀士兵数千人组建为怀恩军。乙亥日（十八日），派遣怀恩指挥使萧知远等将士八百多人西还蜀国。

壬午日（二十五日），李谷抱病入朝拜见后周世宗郭荣，后周世宗让他不用下拜，坐在御座的旁边。李谷诚恳地推辞禄位，后周世宗不准。

甲申日（二十七日），后周将江南投降的士兵分编成六军、三十指挥，号称怀德军。

乙酉日（二十八日），后周世宗郭荣诏命疏通汴水，使它向北注入五丈河，从此齐、鲁的舟船都可以通到大梁。

五月，丁酉日（十一日），后周世宗郭荣任命宋太祖皇帝赵匡胤兼领义成节度使。

后周世宗郭荣下诏，由于法律条文的文字深奥难懂，格式、敕令繁杂不一，命侍御史知杂事张湜等人解释删定为《刑统》。

南唐郭廷谓率领水军切断涡口浮桥，并且在定远偷袭击败武宁节度使武行德，武行德仅仅自己逃脱。南唐主李璟任命郭廷谓为滁州团练使，充当上淮水、陆应援使。

后蜀人大多议论左右卫圣马步都指挥使、保宁节度使、同平章事李廷珪担任将领而兵败丧地，不应该再统领军队，李廷珪自己也请求罢免。六月，乙丑日（初十），后蜀主孟昶加授李廷珪检校太尉，罢除军职。李太后眼见统兵的人都不是将帅的材料，便对后蜀主说："我从前看见后唐庄宗李存勖跨越黄河跟梁兵交战，以及先帝在太原平定二蜀，众将如果没有大功，不得统领军队，所以士卒敬畏服从。现在王昭远出身僮仆，伊审征、韩保贞、赵崇韬都是乳臭未干的富贵子弟，一向不熟悉军事，只凭旧恩就被安置在他人之上，平时有谁敢说？一旦边境有事，又怎能抵御大敌呢？依我来看，只有高彦俦是太原时的旧人，终究不会辜负你，其余不见有值得信任的。"后蜀主不肯听。

丁丑日（二十二日），后周世宗郭荣任命前华州刺史王祚为颍州团练使。王祚是王溥的父亲。王溥做宰相，王祚有宾客，王溥常常穿着朝服陪在身边，站着侍候，客人坐在席上不安，王祚说："犬子不值得为他起身。"

秋季，七月，丁亥日（初二），后周世宗郭荣追究定远军和寿春城南的战败，任命武宁节度使兼中书令武行德为左卫上将军，河阳节度使李继勋为右卫大将军。

北汉主刘钧开始设立祖宗七庙。

司空兼门下侍郎、同平章事李谷卧病两年，一共上了九封奏表，请辞相位。八月，乙亥日（二十一日），后周世宗郭荣诏令免去李谷同平章事之职保留原官，让他每月坐着轿子到便殿一次，议论朝廷政事。

后周世宗郭荣任命枢密副使、户部侍郎王朴为检校太保，充任枢密使。

怀恩军到达成都，后蜀主孟昶派遣梓州别驾胡立等八十人向东返回，并且致书信表示感谢，请求通使友好。癸未日（二十九日），胡立等人回到大梁。后周世宗郭荣因为后蜀主采用对等的礼节，所以不回信给他。后蜀主听到这个消息，愤怒地说："朕做天子，在南郊祭祀天地的时候，你还在当贼，今天你怎么敢这样待我！"

九月，中书舍人窦俨上书请求命令有关官员讨论古今的礼仪，撰作《大周通礼》；考究乐器的音律，撰作《大周正乐》。窦俨又认为："治理政事的根本，没有比选择人才更重要的；选择人才的重要，又没有比宰相更重要的。自从唐朝末年以来，轻易授予禄位，一个官员刚刚到任宰相，就兼任三公、仆射的官职。所以当他还没得到官位的时候，就一心奔走争逐，得到官位以后，就事事逢迎沉默，只想解除机要的政务，担任尊崇重要的官职，逍遥在园林亭榭之中，保护宗族的平安。请命令现任宰相，在尚书省的六部尚书、中书省及门下省的给事中、中书舍人以上，各自推举自己所认为贤能的人才，如果陛下平时就知道他贤能，自然可以提拔任用，如果不认为他贤能，暂且命他以本官暂时主持政事。一年以后，考察他的绩效，如果能够胜任称职，那么官位已高的，就授予平章事，官位不高的，就再稍加升官，照旧暂时代理政事。如果不能称职，就解除他代理政事的职权，追究推荐不当的责任。另外，在百官的班位当中，有员额而无职务的占了大半，请衡量他们的才能，授给地方上实际的职务，让他们在实际的事务上考验磨炼，调回朝廷以后，便以原来的官职检叙录用，考察他们的政绩，贤能的人，提拔他；无能的人，罢退他。"又建议，"让盗贼相互检举揭发，将被告发者的一半财产赏给告发者；或有亲戚替他自首的，就判处盗贼的同伙而赦免代为自首的盗贼。像这样，盗贼就不能聚集了。另外，新郑的乡村组成义营，分别设立将佐，一户当盗贼，就连累一村，一户遭遇盗抢，就怪罪一将。每当盗贼一出现，就敲鼓举火，丁壮云集，盗贼少，良民多，没有一个逃得掉。因此邻县的盗贼充斥而唯独新郑境内清静平安。请下令其他各县都效仿新郑，这也是防御盗贼的一种方法。还有，好几代以来，屡次下诏，任由百姓开拓耕地，多种农作物，而只缴纳旧税。等到农民已经耕种以后，官吏就丈量田亩而增税，所以百姓都怀疑害怕，而田地不另加开辟。治理政务的先决条件，没有比加强信用更重要的，信用如果彰著了，那么田地没有不扩大的，田地扩大则稻谷增多，稻谷增多，那么藏在农民，也等于藏在官府了。”又说，“陛下南征江、淮，一举而获得八州，再度亲征，便平定寿春，神威所到的地方，没有强劲的敌人。现在以众击寡，以治伐乱，没有攻不下的城池。只是行动贵在迅速，那么敌国的百姓免去了斩杀俘虏的灾祸，而我们的百姓也可停止运送粮饷的困苦了。”后周世宗郭荣阅后认为很好。窦俨是窦仪的弟弟。

冬季，十月，戊午日（初五），后周设立“贤良方正直言极谏”“经学优深可为师法”“详闲吏理达于教化”等科。

癸亥日（初十），北汉麟州刺史杨重训率城投降，后周世宗郭荣任命他为麟州防御使。

己巳日（十六日），任命王朴为东京留守，允许他随机应变，不必请示。任命三司使张美充任大内都点检。

壬申日（十九日），后周世宗郭荣从大梁出发。十一月，丙戌日（初四），到达镇淮军，当夜五更，渡过淮水。丁亥日（初五），到达濠州城西。濠州东北十八里有个水滩，南唐人靠着岸边筑寨，以环绕着的河流险滩做天然的屏障，认为周兵一定没办法渡过。戊子日（初六），后周世宗亲自率兵进攻营寨，命内殿直康保裔率领甲兵数百人，骑骆驼涉水而过，宋太祖皇帝赵匡胤率领骑兵随后跟着，于是攻取了营寨。李重进攻破濠州的南关城。癸巳日（十一日），后周世宗亲自进攻濠州，王审琦攻下南唐军队的水寨。南唐人在城北停驻好几百艘战舰，又在淮河岸边竖起巨大的木头，以阻挡周兵。后周世宗命令水军进攻敌军，拔掉巨木头，烧掉战舰七十多艘，斩首两千多级，又攻下羊马城，城中震惊恐惧。丙申日（十四日）的夜晚，南唐濠州团练使郭廷谓上表给后周世宗，说："臣的家在江南，如今倘若马上投降，恐怕被南唐诛灭全族，请求先派遣使者到金陵请命，然后出城投降。"后周世宗答应了他。辛丑日（十九日），后周世宗听说南唐有数百艘战舰在涣水东岸，将要前来援救濠州，于是亲自率兵，利用晚上，从水路和陆路进发，前往攻击。癸卯日（二十一日），在洞口大破唐兵，斩首五千多级，投降的士兵二千多人，乘势向东击鼓而行，所到的地方，都一一攻克。乙巳日（二十三日），到达泗州城下，宋太祖皇帝赵匡胤先攻城南，乘势焚烧城门，攻破水寨和月城。后周世宗住在月城楼上，监督将士攻城。

北汉主刘钧自从即位以来，正忙于安定国内，没空对外攻略。当月，契丹派遣大同节度使、侍中崔勋领兵会合北汉军队，准备共同入侵后周，北汉主派遣忠武节度使、同平章事李存瓌率兵跟崔勋会合，向南侵略潞州，到达潞州城下又返回。北汉主知道契丹不能完全依靠，但又不敢马上跟他断绝关系，便赠送崔勋很多礼物。

十二月，乙卯日（初三），南唐泗州守将范再遇率城投降，后周任命范再遇为宿州团练使。后周世宗郭荣亲自到泗州城下，禁止军中割草打柴的人侵犯民田，百姓都欣喜感谢，纷纷奉献粮草；平定泗州以后，没有一个士兵敢擅自入城。后周世宗听说南唐数百艘战舰停泊在洞口，于是派遣骑兵侦察，南唐兵则退守清口。

戊午日（初六），后周世宗郭荣亲自率领亲军从淮水北岸前进，命令宋太祖皇帝赵匡胤率领步兵、骑兵从淮水南岸前进，众将率领水军从淮水中流前进，共同追击南唐军队。当时淮河两岸长久没人走过，蒹葭芦苇，长得非常茂密，中间又有很多泥沼及壕沟，士兵们乘着胜利的气势，踏草涉水，抢着前进，都忘记了劳苦。庚申日（初八），追上唐兵，一边战一边走，锣鼓声传到数十里外。辛酉日（初九），到达楚州西北，大败南唐军队。南唐军队有沿着淮河向东而下的，后周世宗亲自追赶，宋太祖皇帝赵匡胤为前锋，追赶了六十里，抓到南唐保义节度使、濠泗楚海都应援使陈承昭而返回。所获得的战舰除了烧毁、沉没的以外，有三百多艘，士兵除了杀死、淹死的以外，共俘获七千多人。南唐在淮河沿线的战舰这次完全被消灭了。

郭廷谓的使者从金陵回来，知道南唐不能派兵救援，便命令录事参军鄱阳人李延邹草拟降表。李延邹以忠义来责备郭廷谓，郭廷谓用兵器逼迫他。李延邹把笔丢在地上，说："大丈夫最终不辜负国家，而替叛臣写降表！"郭廷谓将他斩首，献出濠州投降，后周获得士兵一万人，粮食数万斛。南唐主李璟把官职赏赐给李延邹的儿子。

壬戌日（初十），后周世宗郭荣渡过淮水，到达楚州，在城西北扎营。

乙丑日（十三日），南唐雄武军使、知涟水县事崔万迪投降。

丙寅日（十四日），任命郭廷谓为亳州防御使。

戊辰日（十六日），后周世宗攻打楚州，攻克月城。

庚午日（十八日），郭廷谓在行宫拜见后周世宗，后周世宗说："朕南征以来，江南众将相继战败逃亡，只有爱卿能切断涡口浮桥，击破定远寨，以此来报效已经足够了。濠州这个小城，纵使让李璟自己防守，能守得住吗？"于是命他率兵进攻天长。后周世宗派遣铁骑左厢都指挥使武守琦率领数百名骑兵奔赴扬州，到了高邮。南唐人把扬州的官府民房全部烧掉，驱赶那里的民众向南渡过长江，过后几天，周兵到来，城中只剩下衰弱疲病的十几个人而已，

癸酉日（二十一日），武守琦把这个情况呈报上去。后周世宗听说泰州没有防备，派兵袭击。丁丑日（二十五日），攻取泰州。

南汉的中书侍郎、同平章事卢膺去世。

南汉主刘晟听说南唐军屡遭失败，忧愁溢于言表，派遣使者向后周进贡，但道路被湖南所阻塞，于是建造战舰，整顿军备，后来又

纵情痛快地喝酒，说：“我自己能够避免灾祸，就很幸运了，哪有空闲考虑后代呢！”

南唐使者陈处尧留在契丹，禀告契丹主耶律述律请求南游太原，北汉主刘钧很热诚地接待他。停留了几天，北上返回，最后死在契丹。

资治通鉴卷第二百九十四　后周纪五

起戊午（公元958年），止己未（公元959年），共两年。

【题解】本卷记录了公元958年至959年的史事，共两年。正当后周世宗郭荣显德五年至显德六年。后周世宗郭荣接受南唐主李景取消帝号，只称国主，举国内附，划江为界，后周世宗在取得南唐江北后班师回朝。南唐主惩办宋齐丘、陈觉、李征古等人，把宋齐丘幽囚在九华山，宋齐丘不堪其辱，自缢而亡。后周世宗以一统天下，北逐契丹为目标，亲征契丹，又分出兵力讨伐后蜀。后周世宗进兵幽州，不幸患病，返回大梁，不久辞世。后周世宗在位六年，勤于政事，征伐四方，司马光称他为英明勇武的君主，他以诚信对待群臣，以正义要求各国，江南尚未归附时，亲临战阵，势必要攻克，江南归顺以后，则爱护他们如同子女，推心置腹，替他们做长远打算。后周世宗第四子郭宗训即帝位，只有七岁。

世宗睿武孝文皇帝下

显德五年（戊午，公元958年）

春季，正月，乙酉日（初三），废除匡国军。

南唐改年号为中兴。

丁亥日（初五），右龙武将军王汉璋奏报说攻下海州。

己丑日（初七），任命侍卫马军都指挥使韩令坤代理扬州军府事务。

后周世宗郭荣打算率领战舰从淮水进入长江，但受到北神堰阻断，没法渡过，打算开凿楚州西北的鹳水来打通淮水、长江的河道。派遣使者巡视，回来说地形条件不利，预计费工很多。后周世宗亲自前往察看，加以规划，发动楚州的民夫去挖掘，十天就完成，所用的人工很节省，几百艘巨大的战舰都到达了长江。南唐人大感惊讶，认为神奇到极点。

壬辰日（初十），后周攻取静海军，开始打通与吴越的陆路。在此以前，后周世宗郭荣派遣左谏议大夫长安人尹日就等人出使吴越，告诉他们说："卿等现在去的时候，虽然乘船航海，可是等到你们回来的时候，淮南已经平定，将可以取道陆路返回。"后来果真如此。

甲辰日（二十二日），后蜀右补阙章九龄谒见后蜀主孟昶，说政事没有治理好，是由于奸人佞臣在朝廷专权。后蜀主问奸诈谄谀的臣子是谁，章九龄指着李昊、王昭远来回答。后蜀主很生气，认为章九龄毁谤大臣，于是贬章九龄为维州录事参军。

后周军队进攻楚州，超过四十天，南唐楚州防御使张彦卿仍然坚守而无法攻下；乙巳日（二十三日），后周世宗郭荣亲自指挥诸将攻城，当晚，住宿在城下；丁未日（二十五日），攻克楚州。张彦卿和都监郑昭业仍然率领部众抵抗作战，弓箭和刀剑都已经用完，张彦卿举起绳床战斗而死，他的部属一千多人，到死没有一个人投降。

高保融派遣指挥使魏璘率领一百艘战船向东顺流而下，要跟周师联合讨伐南唐，船队到达鄂州。

庚戌日（二十八日），后蜀在果州设置永宁军，将通州隶属永宁军。

南唐把天长称为雄州，任命建武军使易文赟为刺史。二月，甲寅日（初二），易文赟举城投降。

戊午日（初六），后周世宗郭荣从楚州出发；丁卯日（十五日），到达扬州，命韩令坤发动民夫一万多人，在旧城的东南角筑一小城用来治理扬州。

乙亥日（二十三日），黄州刺史司超奏报说，与控鹤右厢都指挥使王审琦攻打南唐舒州，活捉了刺史施仁望。

丙子日（二十四日），后周建雄节度使真定人杨廷璋奏报，在隰州城下击败北汉军队。当时隰州刺史孙议突然死亡，杨廷璋对都监、闲厩使李谦溥说："现在皇帝南征，泽州没有守将，河东方面一定会打它的主意，如果奏报朝廷，等待回报，那么这座孤城就危险了。"于是立即发公文命李谦溥代理隰州的事务，李谦溥到达隰州就整顿守备。不久，北汉军队果然到来，众将请求赶快救援，杨廷璋说："隰州城池坚固，守卫的是良将，是不容易攻破的。"北汉兵攻打州城很久不能攻下，杨廷璋料定他疲困无备的时候，暗中和李谦溥约定，各自招募敢死之士一百多人偷袭他们的军营，北汉兵惊慌溃败，斩首一千多级，于是北汉兵撤军离去。

三月，壬午朔日（初一），后周世宗郭荣前往泰州。

丁亥日（初六），南唐大赦境内，改年号为交泰。

南唐皇太弟李景遂前后共十次上表请求辞去皇位继承人，并且说："如今国家危难不能救助，请求出宫就任藩镇节度使。燕王李弘冀是嫡长子又有军功，应该由他来做皇位继承人，谨奉上太弟的宝册。"齐王李景达也因败军而辞卸元帅的职务。南唐主李璟于是立李景遂为晋王，加天策上将军、江南西道兵马元帅、洪州大都督、太尉、尚书令，任命李景达为浙西道元帅、润州大都督。李景达由于浙西正在用兵，再三推辞，于是改为抚州大都督。立李弘冀为太子，参与处理各种政事。李弘冀为人猜忌多疑，刻薄严厉，李景遂的左右亲近，有人还没有离开东宫，李弘冀立刻赶走他们。他的弟弟安定公李从嘉畏惧李弘冀，不敢参与政事，专门以经籍自我娱乐。

辛卯日（初十），后周世宗郭荣前往迎銮镇，屡次到达长江口，派遣水军攻击南唐军队，打败敌军。世宗听说南唐数百艘战舰停泊在东州，将开赴入海口，以控制苏、杭的通路，于是派遣殿前都虞候慕容延钊率领步兵和骑兵，右神武统军宋延渥率领水军，由长江顺流而下。甲午日（十三日），慕容延钊奏报说大破唐兵于东沛州。后周世宗郭荣派遣李重进率兵前往庐州。

南唐主李璟听说后周世宗在长江岸边，担心他就要南下渡江，又耻于贬降帝号改称藩臣，于是派遣兵部侍郎陈觉奉持表章，请求传位给太子李弘冀，让他听从后周的命令。当时淮南一带，只有庐州、舒州、蕲州、黄州等地还没有被攻下。丙申日（十五日），陈觉到达迎銮镇，看到周兵强盛，报告后周世宗，请求派人渡江去取表章，献出四州的土地，划江为界，以此来请求后周世宗停战，言辞很悲哀。后周世宗说："朕起兵的目的，本来只想取得江北，你的国君能够领导全国来归附，朕还要求什么？"陈觉下拜称谢后退下。丁酉日（十六日），陈觉请求派遣他的属下阁门承旨刘承遇前往金陵，后周世宗赐给南唐主书信，称"皇帝恭问江南国主"，安慰接纳他。

戊戌日（十七日），吴越奏报派遣上直指挥使、处州刺史邵可迁和秀州刺史路彦铢率领四百艘战舰、士兵一万七千多人，驻守在通州的南岸。

南唐主李璟又派刘承遇奉表称唐国主，愿意献出江北四州的土地，每年输送进贡物品数十万。于是江北一带，全部平定，一共获得了十四个州、六十个县。

庚子日（十九日），后周世宗郭荣赐给南唐主书信，告诉他："沿长江各支军队和在两浙、湖南、荆南的军队都应撤回，其中庐州、蕲州、黄州三路军队，也下令他们退到近郊。等到那些将士及他们的家属上了路，可派人去召请我军将校，把城邑交给他们。长江的船舰，如果有需要来往的，都准许由北岸引向南岸。"辛丑日（二十日），陈觉辞行，后周世宗又托他携带书信，赐给南唐主李璟，告诉他不必传位给他的儿子。

壬寅日（二十一日），后周世宗郭荣从迎銮镇再次前往扬州。

癸卯日（二十二日），后周世宗郭荣诏命吴越军及荆南军，各自回到本道，赐给吴越王钱弘俶犒劳军队的布帛三万匹，高保融一万匹。

甲辰日（二十三日），后周在庐州设置保信军，任命右龙武统军赵匡赞为节度使。

丙午日（二十五日），南唐主李璟派遣冯延已进献银子、绢布、钱币、茶叶、稻谷等物，共一百万，用来犒劳军队。

己酉日（二十八日），后周世宗郭荣命令宋延渥率领水军三千人沿江而上巡逻警戒。

庚戌日（二十九日），敕令对已故淮南节度使杨行密、已故升府节度使徐温等人的坟墓，酌量分配守陵民户，其余江南群臣的坟墓在江北的，也委托地方长官按时加以关照。

辛亥日（三十日），南唐主李璟派遣临汝公徐辽代表自己前来敬酒祝贺。

这个月，疏浚汴口，引导黄河的水流通入淮河，于是长江、淮河的舟船这才可以畅通。

夏季，四月，乙卯日（初四），后周世宗郭荣从扬州启程返回大梁。

后周大梁新造的太庙建成。庚申日（初九），神主牌位迎入太庙。

辛酉日（初十）夜晚，吴越钱塘城南起火，延及内城，官府民舍几乎烧尽；壬戌日（十一日）清晨，大火将要烧到镇国仓。吴越王钱弘俶得病已久，勉强出来救火；大火熄灭以后，对左右的人说："我的病因火灾而痊愈了。"大家的心情才稍微安定。

后周世宗郭荣南征的时候，契丹乘虚入侵。壬申日（二十一日），后周世宗回到大梁，命镇宁节度使张永德率兵防备北方边境。

五月，辛巳朔日（初一），发生日食。

后周世宗郭荣下诏，奖赏、慰劳南征的士兵以及淮南最近归附的百姓。

辛卯日（十一日），后周世宗郭荣任命宋太祖皇帝赵匡胤兼领忠武节度使，调任安审琦为平卢节度使。

成德节度使郭崇进攻契丹的束城，攻下了它，这是对契丹入侵的报复。

南唐主李璟为避后周世宗郭荣祖先名讳，改名为李景。下令取消帝号，只称国主，所有天子的礼仪制度都有所降低减损，取消年号，改用后周的历法，但仍祭告于太庙。左仆射、同平章事冯延己罢免宰相职务为太子太傅，门下侍郎、同平章事严续罢为少傅，枢密使、兵部侍郎陈觉免去宰相职务，担任原来的兵部侍郎之职。

起初，冯延己用夺取中原的计策来劝说南唐主李景，因此得到南唐主的宠幸。冯延己曾经嘲笑南唐烈祖李昪息兵有些拘于小节，他说："安陆那次战役，所丧亡的只不过几千名士兵而已，烈祖就因此长吁短叹，十几天吃不下饭，这简直是乡村老农的见识和度量，怎么能够成就大事呢！又哪里比得上当今皇上陈列好几万军队在外面，而自己打球、饮宴像平常一样呢？像当今皇上，才真正是英明的君主啊！"冯延己和他的同党谈论，常常以天下为己任，互相唱和呼应。翰林学士常梦锡屡次上言说冯延己等人浮夸荒诞，不可听信。南唐主不听，常梦锡说："奸臣的话，说得好像是忠言，陛下不觉悟，国家势必会灭亡的！"等到南唐臣服于后周，冯延己的党徒互相谈论，有人说后周为大朝的，常梦锡大笑说："诸位平常想引导国君成为统治天下的尧、舜，哪里想得到今日却自称小朝廷呢？"众人沉默无语。

自从南唐主李景归顺以后，后周世宗郭荣只通过南唐主的使者赐给他书信，不曾派遣使者到他的国家去。己酉日（二十九日），后周世宗才命太仆卿冯延鲁、卫尉少卿钟谟出使唐国，赐给南唐主御衣、玉带等物品以及犒劳军队的绢帛十万匹，并赐当年的《钦天历》。

刘承遇从金陵回来的时候，南唐主李景让陈觉禀告后周世宗郭荣，因为江南没有盐田，希望能把海陵盐监归属江南，以供给军队。后周世宗说："海陵在江北，难以让周、唐两国的官吏杂居在一起，这件事将会另做处理。"到这时，诏令每年拨出三十万斛盐给江南，所俘获的江南士兵，渐渐地释放回国。

六月，壬子日（初二），昭义节度使李筠奏报说攻击北汉的石会关，占据了他们的六个营寨。乙卯日（初五），晋州奏报说都监李谦溥攻打北汉，攻陷孝义。

荆南高保融派遣使者劝说后蜀主孟昶向后周称臣，后蜀主回复说去年派胡立致书给后周，后周没有答复。

秋季，七月，丙戌日（初七），开始实行《大周刑统》。

后周世宗郭荣想要平均分配田租，丁亥日（初八），将元稹《均田图》普遍赐发各地。

闰月，南唐清源节度使兼中书令留从效，派遣牙将蔡仲赟穿着商人的衣服，把绢表藏在皮带中间，从偏僻小路前来称臣。南唐江西元帅晋王李景遂前往洪州赴任的时候，因为当时正在用兵，于是请求南唐主李景派一位大臣做他的副帅，南唐主任命枢密副使、工部侍郎李征古为镇南节度副使。李征古傲慢凶狠、专横跋扈，李景遂虽然宽容仁厚，但时间长了也不能忍受，经常想斩了李征古，然后自己再到有关执法部门自首，被左右人劝谏而住手，李景从此闷闷不乐。

太子李弘翼在东宫，做了很多不法的事，南唐主李景很生气，曾经用击球的木棍打他说："我应当再召回李景遂。"昭庆宫使袁从范跟从李景遂任洪州都押牙，有人在李景遂的面前说袁从范儿子的坏话，李景遂想杀了他，袁从范因此怨恨李景遂。李弘冀知道了这件事，秘密教唆袁从范毒害李景遂。八月，庚辰日（初二），李景遂打球口渴得厉害，袁从范送上酒，李景遂喝下就死了。李景遂还没出殡，身体就溃烂了。南唐主不知道真相，追赠他为皇太弟，谥号为文成。

辛巳日（初三），南汉中宗刘晟去世，长子卫王刘继兴继承帝位，改名为刘鋹，改年号为大宝。刘鋹才十六岁，国事都被宦官玉清宫使龚澄枢及女侍中卢琼仙等人所把持，御史台及三省的官员只是虚有其名而已。

甲申日（初六），南唐开始在大梁设置进奏院。

壬辰日（十四日），后周世宗郭荣命令西上阁门使灵寿人曹彬出使吴越，赐给吴越王钱弘俶二百副骑兵用的钢铠甲，五千副步兵用的铁铠甲以及其他的武器。曹彬一办完公务就赶紧返回，不接受吴越王的馈赠，吴越人乘轻快的小船追上去，送给他礼物，再三地请他收下。曹彬说："我若坚持不接受，显得我在沽名钓誉。"于是一一加以清点登记，带回去献给后周世宗。后周世宗说："以往奉命出使的人，一味地索求财物，毫不知足，使得四方国家轻视朝廷的命令。爱卿能够如此，非常好，然而别人既已将此送给爱卿，爱卿就可拿走。"曹彬这才跪拜接受，全部散发给亲戚、熟人，家中一点没留。

辛丑日（二十三日），冯延鲁、钟谟来到唐国，南唐主李景亲手写表谢恩，表章大致说："天地的恩泽深厚啊，父母的恩情深厚啊，子女无法感谢父母，人又怎么报答天地，只有赤诚之心，可以报答大恩大德。"又请求比照藩镇的待遇，颁赐诏书。又说，"有事情让钟谟上奏，请尽早让他回来。"南唐主又让钟谟禀告后周世宗郭荣，想传位给太子。九月，丁巳日（初九），后周世宗任命冯延鲁为刑部侍郎，钟谟为给事中。己未日（十一日），先派钟谟回去，赐书给南唐主，告诉他不必传位给太子。南唐主又派吏部尚书、知枢密院殷崇义前来庆贺天清节（按：天清节就是周世宗的生日）。

后周世宗郭荣计划讨伐后蜀，冬季，十月，己卯日（初二），任命户部侍郎高防为西南面水、陆制置使、右赞善大夫李玉为判官。

甲午日（十七日），后周世宗遣送冯延鲁及左监门卫上将军许文稹、右千牛卫上将军边镐、卫尉卿周廷构等人回到南唐。南唐主李景因许文稹等人都是打败仗的俘虏，弃置不再任用。

高保融再次送信给后蜀主孟昶，劝他向后周称臣，后蜀主召集将相商议这件事。李昊说："照他的话去做，则君父受辱；违背他的意思，则周兵一定到来，诸将能够抵抗得了周兵吗？"诸将都说："凭陛下的睿智英明，以及江山的险要坚固，怎么可以望风屈服？喂饱战马，磨利兵器，正是为了今日抵御外敌。我们请求用生命来保卫国家！"丁酉日（二十一日），后蜀主命令李昊起草回信，慷慨陈词拒绝劝降。

后周世宗郭荣诏命左散骑常侍须城人艾颖等三十四人分别巡行各州，平均订定田租。庚子日（二十三日），诏命各州合并乡村，一般以百户为一团，每团设置年老的团长三人。世宗留心农事，用木头刻成耕田农夫、养蚕农妇，安放在宫殿庭院中。

后周世宗郭荣命令武胜节度使宋延渥率领水军沿长江巡视。

高保融奏报说，听说王师将要伐蜀，愿率水军前往三峡；后周世宗郭荣诏令嘉奖他。

十一月，庚戌日（初四），敕令窦俨编纂《大周通礼》《大周正乐》。

辛亥日（初五），南汉将文武光明孝皇帝刘晟安葬在昭陵，庙号为中宗。

乙丑日（十九日），南唐主李景再派礼部侍郎钟谟入朝进见后周世宗郭荣。

李玉到达长安，有人说："后蜀归安镇在长安南面三百多里，可以偷袭夺取。"李玉听信这话，发公文给永兴节度使王彦超，索求二百士兵。王彦超认为归安道路险恶狭窄难以攻取，李玉说："我自己奉有秘密的旨令。"王彦超不得已，只好拨给他士兵。李玉率领士兵前往归安镇。十二月，后蜀归安镇遏使李承勋据守险要的地点，截击他们，斩杀李玉，他的部众全都战死。

乙酉日（初九），后蜀君主孟昶任命右卫圣步军都指挥使赵崇韬为北面招讨使；丙戌日（初十），任命奉銮肃卫都指挥使、武信节度使兼中书令孟贻业为昭武、文州都招讨使，左卫圣马军都指挥使赵思进为东面招讨使，山南西道节度使韩保贞为北面都招讨使，率领六万人马，分别驻守险要的地方，以防备周兵。

丙戌日（初十），后周世宗郭荣诏命所有各种课户及俸户都勒令回到自己的州县。所有幕僚、州县官从今以后一律由州县开支俸钱和粮食。

起初，南唐太傅兼中书令楚公宋齐丘大肆拉帮结伙、培植党羽，想以此垄断朝廷大权，急于提升的朝官争相攀附，推誉宋齐丘为国家元老。枢密使陈觉、副使李征古仗着宋齐丘的势力，尤其骄横傲慢。到了许文稹等人败于紫金山，陈觉跟宋齐丘、李景达从濠州逃回来，国人恐惧。南唐主李景曾经叹息地说："我的国家竟落到这种地步！"说着，眼泪掉了下来。李征古说："陛下应当整顿军队来抵抗敌人，流泪哭泣有什么用！难道是饮酒过量了吗，还是奶妈没来呢？"南唐主脸色大变，而李征古举止自如。正好这时司天监的官员上奏说："天象发生变化，国君应该避开帝位，以消除灾害。"南唐主于是说："祸难正多，我想放下所有的政务，让我的心胸清净一下，谁可托付国事？"李征古说："宋公是缔造国家的元老，陛下如果厌烦政务，何不把整个国家交给他！"陈觉说："陛下只要深居在宫禁之中，国事都交给宋公，先处理，然后奏报，臣等时时入宫陪侍陛下，谈谈佛学，谈谈老庄，这样就好了。"南唐主心中怨恨，立即命中书舍人豫章人陈乔草拟诏书，照着他们的意思去做。陈乔接到命令，惊慌恐惧，请求觐见。陈乔说："陛下一签署这道诏书，臣就永远不能再见到皇上了！"接着极力陈说不可这样做。

南唐主李景这才笑着说："你也知道那样不行吗？"于是此事作罢，因此借晋王出任藩镇之机，任命李征古为他的副手，陈觉从后周返回，也被撤销朝廷近臣之职。

钟谟向来与李德明要好，因为李德明的死而怨恨宋齐丘，等到奉命出使回到南唐，对南唐主进言："宋齐丘趁着国家危急的时候，急着谋划篡夺帝位，陈觉、李征古做他的帮手，不可宽容。"陈觉从后周回来，假托后周世宗郭荣的命令，对南唐主说："听说江南连年违抗命令，都是宰相严续的主意，应当替我将他斩首。"南唐主知道陈觉向来与严续有仇怨，本来就不相信他的话。钟谟请求向后周复核这件事，南唐主于是借着钟谟返周复命的机会，托他上奏，说："长期抵抗王师，都是我的愚昧迷惑，不是严续的罪过。"后周世宗听了，大为惊讶，说："果真是这样的话，那么严续乃是忠臣，朕做天下的君主，怎么可以让人杀忠臣呢！"钟谟回国，将情况禀报南唐主。

南唐主打算诛杀宋齐丘等人，又派遣钟谟入朝向后周世宗禀报。后周世宗认为宋齐丘等人是他国的臣子，因此不置可否。己亥日（二十三日），南唐主李景命令知枢密院殷崇义草拟诏书，清算宋齐丘、陈觉、李征古的罪恶，允许宋齐丘回到他以前隐居的九华山，官职爵位全部照旧；陈觉降为国子博士，安置于宣州；李征古则削夺官职爵位，赐他自杀；他们的党羽都不追究。派使者把这些处分的情况，向后周报告。

丙午日（三十日），后蜀任命峡路巡检制置使高彦俦为招讨使。

平卢节度使、太师、中书令陈王安审琦的车夫安友进跟安审琦的宠妾私通，小妾害怕事情泄露出去，于是就跟安友进商议要杀安审琦，安友进不同意，侍妾说："不这样的话，我必定反过来告发你。"安友进恐惧而听从她的主意。

显德六年（己未，公元959年）

春季，正月，癸丑日（初七），安审琦喝醉了，正睡得很熟，小妾从安审琦的枕头下取了宝剑，交给安友进，杀死了安审琦，又杀死在帐下服侍的所有婢女，以图灭口。事后数日，安审琦的儿子安守忠才知道真相，抓住安友进等人将他们凌迟处死。

起初，有关部门准备设立正式的仪仗，前一天晚上在正殿厅堂上悬挂乐器，后周世宗郭荣前去参观，看有些钟磬只摆在那里，并没有敲打，询问乐师，乐师都答不上来。于是命窦俨讨论古今，考定校正雅乐。王朴一向通晓音律，后周世宗向他询问有关音乐的事。王朴上疏，认为：

"礼仪是用来约束行为的，音乐是用来陶冶心灵的；外在的行为合理，内在的心灵和谐，这样一来，要说天下不能治理好，那是不可能的。所以朝廷推行礼乐的教化，天下所有的国家都会受到良好的影响，圣人的教化，不严急却能成功，圣人的政令，不严厉却能治理得好，都是因为这个道理。大抵音乐产生于人的心灵，而声音形成于物体，物体的声音既已形成，又能感化人的心灵。

从前黄帝吹九寸长的竹管，得到黄钟的正声，截去一半变为清声，加长一倍变为缓声，用增减三分之一长度的方法产生十二音律。十二音律轮流定为宫音，便可产生七个调，成为一均。一共十二均、八十四宫调，这就完全齐备了。后来遭遇秦始皇毁灭学术，历代研习演奏音乐的人很少能够运用它。唐太宗李世民时代，祖孝孙、张文收考订校正大乐，设置了八十四调；安史之乱，乐器和乐师亡失十之八九；到了黄巢之乱，完全亡失，毫无遗留。当时有太常博士殷盈孙，依照《考工记》，铸造出十二枚大钟，二百四十枚编钟。处士萧承训校订石磬，就是今天挂在架上所使用的。这些虽有钟和磬的形状，却没有相应的和声。其中的铸钟，不管音律，只是循环敲打而已，至于编钟、编磬，更是悬挂着好看罢了。丝、竹、匏、土等各种乐器只有七声，名为黄钟之宫，所存下来的只有九支曲子。考察九个曲子，三个曲子合符音律，六个曲子夹杂各种音调。音乐的缺失，没有比当今更严重的了。

"陛下武功既已卓著，开始注意振兴礼乐，因为臣下曾经学过律吕之术，展示古今的音乐记载，命令臣下探讨研究。臣谨慎地依照古代的方法，用黑黍定尺，长九寸，直径三分，为黄钟之管，与现在的黄钟之声相应，因而推算，得出十二音律。因为众管互吹，使用和发声不方便，于是作律准，一共有十三条长弦，长九尺，都和黄钟之声相应，按照次序设柱，调为十一个音律，及黄钟清声，轮番使用七律成为一均。做均的主音是宫，徵、商、羽、角、变宫、变徵为次。先发一均主音的声音，最后回归到本音的音律，更迭相应而不杂乱，于是就成一个音调，共八十一调。这个方法音律久已失传，而由臣自己发现，请召集百官审查它的得失。"

后周世宗郭荣下诏采用王朴的建议。百官都认为是正确的，于是实行。

南唐宋齐丘到了九华山，南唐主李景命人封锁他的住宅，在墙上挖开一个洞，以供给饮食。宋齐丘叹息地说："我从前提供计谋，让皇帝的全族幽禁在泰州，所以今天应该落到这步田地！"于是上吊而死。谥号为丑缪。

起初，翰林学士常梦锡主掌宣政院，参与机要的政事，非常痛恨宋齐丘的朋党，屡次对南唐主李景说：“不除掉这些人，国家必致危亡。”因而跟冯延己、魏岑一帮人天天争论。过了一段时间，被罢除宣政院的职务。常梦锡郁郁寡欢，不再参与政事，纵情饮酒，引发病症而死。到宋齐丘死时，南唐主李景说：“常梦锡生前总是想杀死宋齐丘，遗憾的是不能让他见到这一天。”追赠常梦锡为左仆射。

二月，丙子朔日（初一），后周世宗郭荣命令王朴前往河阴巡视黄河堤防，在汴水入河口建立放水闸门。壬午日（初七），命令侍卫都指挥使韩通、宣徽南院使吴延祚，发动徐州、宿州、宋州、单州等地的民夫数万人疏通汴水。甲申日（初九），命令马军都指挥使韩令坤从大梁城东引导汴水进入蔡水，以畅通陈州、颍州一带的水路运输；命令步军都指挥使袁彦疏通五丈渠，向东经过曹州、济州、梁山泊，以畅通青州、郓州一带的水路运输；征发京畿一带以及滑州、亳州的民夫好几千人，以从事这些工程。

丁亥日（十二日），开封府上奏说以前征税的田地一共十万二千多顷，现在核查多出的田地四万二千多顷，后周世宗郭荣敕令减免租税三万八千顷。各州的巡田使回来，所奏报的多出田地，减免租税的比例仿照开封府。

淮南发生饥荒，后周世宗郭荣命令把米粮借贷给百姓。有人说：“百姓贫穷，恐怕没有能力偿还。”后周世宗说：“百姓是我的子女啊，哪有子女倒悬在那里而父亲不去解救他们呢？哪里要求百姓必定偿还呢？”

庚申日（二月无此日），枢密使王朴去世。后周世宗郭荣亲自到他的灵前吊祭，用玉钺击打地面，一再悲伤地哭泣，自己都控制不了。王朴生性刚直而敏锐，智谋才略超过常人，后周世宗因此爱惜他。

甲子日（十九日），后周世宗郭荣下诏，由于北方的边土还没收复，将亲自临幸沧州，命义武节度使孙行友防备西山路，任命宣徽南院使吴延祚代理东京留守，判开封府事、三司使张美代理大内都部署。丁卯日（二十二日），命令侍卫亲军都虞候韩通等人率领水路、陆路军队先行出发。甲戌日（二十九日），后周世宗从大梁出发。

夏季，四月，庚寅日（十五日），韩通上奏说，从沧州修治水道进入契丹境内，在乾宁军的南面设置栅栏，修补损坏的堤防，在水流不到的地方挖开缺口，以便洪水上涨时排泄游水，挖开排水口三十六个，于是直通瀛州、莫州。

辛卯日（十六日），后周世宗郭荣到达沧州，当日率领步兵、骑兵数万人从沧州出发，直奔契丹国境。黄河以北的州县，凡是后周世宗所没有经过的，都不晓得这件事。壬辰日（十七日），后周世宗到达乾宁军，契丹的宁州刺史王洪举城投降。

乙未日（二十日），后周世宗郭荣大力整顿水军，分别命令诸将，各率水军和陆军同时进发，任命韩通为陆路都部署，宋太祖皇帝赵匡胤为水路都部署。丁酉日（二十二日），后周世宗郭荣乘龙舟沿着水流向北前进，舟船前后连接数十里。己亥日（二十四日），到达独流口，再向西逆流而上。辛丑日（二十六日），到达益津关，契丹守将终廷辉率城投降。

从益津关往西，水路逐渐狭窄，无法通行大船，于是弃船。壬寅日（二十七日），后周世宗登陆西进，住在野外，侍卫的士兵不足五百人，随从官员都很害怕。胡人的骑兵成群结队地出现在他们的左右，可是，却始终不敢逼近。

癸卯日（二十八日），宋太祖皇帝赵匡胤先到达瓦桥关，契丹守将姚内斌率城投降，后周世宗郭荣进入瓦桥关。姚内斌是平州人。甲辰日（二十九日），契丹的莫州刺史刘楚信举城投降。五月，乙巳朔日（初一），侍卫亲军都指挥使、天平节度使李重进等人才引兵相继到达，契丹的瀛州刺史高彦晖举城投降。高彦晖，是蓟州人。于是瓦桥关以南全部平定。

丙午日（初二），后周世宗郭荣在行营宴请诸将，讨论夺取幽州的事情。诸将认为："陛下离开京城四十二天，兵器都还没派上用场，就取得燕南之地，这是世上罕见的战果。现在胡虏的骑兵都聚集在幽州的北面，最好不要深入。"后周世宗听了，不大高兴。当天，催先锋都指挥使刘重进先出发，据守固安，后周世宗亲自到达安阳水，命人建桥，这时，天快黑了，回到瓦桥住宿，当天，世宗因身体不适而停止建桥。契丹主耶律述律派遣使者日行七百里赶到晋阳，命令北汉主刘钧发兵骚扰后周边境，听说后周世宗南下返回，这才罢兵。

戊申日（初四），孙行友上奏说攻克易州，活捉契丹的易州刺史李在钦，献给朝廷，朝廷将他斩首于军市。

己酉日（初五），将瓦桥关改为雄州，割出容城、归义二县隶属于它；把益津关改制为霸州，将文安、大城两县划归它管辖。征发滨州、棣州好几千名民夫修筑霸州城，命韩通监督这项工程。

庚戌日（初六），后周世宗郭荣命令李重进领兵从土门出发，进攻北汉。

辛亥日（初七），后周世宗任命侍卫马步都指挥使韩令坤为霸州都部署，义成节度留后陈思让为雄州都部署，各率本部兵戍守。

壬子日（初八），后周世宗从雄州南下返回。

己巳日（二十五日），李重进上奏说在百井打败北汉兵，斩首二千多级。

甲戌日（三十日），后周世宗到达大梁。

六月，乙亥朔日（初一），昭义节度使李筠上奏说率兵攻打北汉，夺取了辽州，抓获辽州刺史张丕。

丙子日（初二），郑州奏报黄河在原武决口，后周世宗郭荣命令宣徽南院使吴延祚征发附近州县的二万多民夫堵塞决口。

南唐清源节度使留从效派遣使者入朝进贡，请求在京城设置进奏院，直接隶属于后周。戊寅日（初四），后周世宗郭荣下诏回复说："江南新近归服，正在设法安抚，卿长期归附金陵，不可以改变原意。如果在京师设置进奏院，跟南唐抗衡，而我朝廷一概接受，其过错就在朕的身上。卿从边远的地方前来进贡，足以表示忠贞勤勉，好好地侍奉过去的君主，最好仍保持以前的关系。这样的话，对于爱卿来说可以加深始终如一的情义，对于朕来说可以尽到安抚四方的义务，希望你通情达理，体谅明白朕的心意。”南唐主李景派遣他的儿子纪公李从善跟钟谟一同入朝进贡，后周世宗问钟谟说：“江南也操练军队，整修守备吗？”回答说：“既已臣事大国，不敢再这样了。”后周世宗说：“这样不对！以往我们是仇敌，现在则已成为一家，我跟你们的国家，关系已经确定，保证没有其他的意外，可是世上的事情，很难预料，到了后世，事情的演变，就更难预知了。回去告诉你们的君主：可以趁我还在的时候加固城邦，整治甲兵，据守要害地方，为子孙着想。”钟谟回去以后，把这些话告诉了南唐主。南唐主于是补筑金陵城，各州的城池凡是不完整、不坚固的，都加以整修，戍守的士兵如有数量不够的，增加他们的员额。

◆臣司马光说：有人问臣：五代的帝王，后唐庄宗李存勖、后周世宗郭荣都可算英明勇武，两位君主中谁更贤明？臣下回答说：天子之所以能统治万国，是他能讨伐不服，安抚弱小，推行号令，统一法度，重视昭明信义，用以兼爱亿万百姓的缘故。后唐庄宗李存勖灭掉梁以后，天下震动，湖南的马氏派遣他的儿子马希范入朝进贡，庄宗说：“最近听说马氏的基业终将被高郁所篡夺，现在他有这样的儿子，高郁怎么可能夺得了呢？”高郁，是马氏的好帮手。马希范的哥哥马希声听到庄宗所说的话，最终假托他父亲的命令，将马希范杀掉。像这件事情，只是街市上生意人的做法，哪里是帝王的原则呢？后唐庄宗是一个善于作战的人，所以能够以弱小的晋国战胜强大的梁国，得了天下以后，连几年都不到，内外叛离，没有容身的地方。这实在是因为只知用兵的方法，而不知治理天下道理的缘故啊！后周世宗郭荣以诚信对待群臣，以正义要求各国，王环因为不投降而受到奖赏，刘仁赡因为坚决防守而受到表扬，严续因为尽忠而获得保全，蜀兵因为反复无常而被诛，冯道因为丧失节操而被遗弃，张美因为私人恩惠而被疏远，江南尚未归附，则亲自冒着飞矢流石，期望一

定要攻克，江南归顺以后，则爱护他们如同子女，推心置腹，知无不言，替他们做长远的打算。他的宏伟规划，博大胸怀，哪能与后唐庄宗同日而语啊？《尚书》中说："不要偏袒不要结党，为王之道浩浩荡荡。"又说："大国畏惧他的威力，小国感念他的恩德。"后周世宗可谓接近《尚书》上的话了。◆

辛巳日（初七），建雄节度使杨廷璋奏报攻打北汉，一共降服了十三个堡寨。

癸未日（初九），后周世宗郭荣立符氏为皇后，她是宣懿皇后的妹妹。

立皇子郭宗训为梁王，兼任左卫上将军；郭宗让为燕公，兼任左骁卫上将军。

后周世宗郭荣想任命枢密使魏仁浦做宰相，议论的人认为魏仁浦不是从科第出身，不可以做宰相。世宗说："自古以来任用有文才武略的人作为辅佐，哪里全是从科举出身的呢！"己丑日（十五日），王溥加官门下侍郎，与范质都参加枢密院事务。任命魏仁浦为中书侍郎、同平章事，枢密使依旧。魏仁浦虽然身居权力核心，担任重要职务，却能够谦虚谨慎。后周世宗生性严厉而急迫，近臣有和后周世宗意见相左的，魏仁浦常亲自出面承担罪过，以解救他人，所保全救活的占十之七八，所以虽然他出身于文书小吏而做官到宰相，当时的人并不认为他愧居官位。又任命宣徽南院使吴延祚为左骁卫上将军，充任枢密使，加归德节度使、侍卫亲军都虞候韩通、镇宁节度使兼殿前都点检张永德都为同平章事，又命韩通充任侍卫亲军副都指挥使，任命宋太祖皇帝赵匡胤为殿前都点检。

后周世宗郭荣曾经问兵部尚书张昭，大臣中何人可为宰相？张昭举荐李涛。后周世宗惊愕地说："李涛为人轻薄没有大臣的原则，朕问宰相人选而爱卿首先荐举他，为什么？"张昭回答说："陛下追究的是鸡毛蒜皮的小事，臣所看重的，是臣子的重大节操。从前后晋高祖石敬瑭时，张彦泽暴虐残忍杀害无辜，李涛多次上奏请求诛杀他，认为不杀他，必定要成为国家的祸患。后汉隐帝刘承祐时，李涛也上疏请求解除先帝的兵权。由此可见，当国家的安危还没形成的时候，他便已经预先知道，这真是做宰相的好材料啊！所以臣推荐他。”后周世宗说：“卿说得很对，也很公正，可是像李涛这样的人，终究不适合安排在中书省。”李涛喜欢说笑逗乐，不拘小节，与弟弟李浣都以文章闻名，虽然互相很友爱，却常常调笑放荡，没有长幼的规矩，后周世宗因此轻视他。

后周世宗因为翰林学士单父人王著是从前幕府中的旧僚属，所以屡次想要拜他为宰相，但是又因为他嗜好喝酒，行为不检而作罢。

癸巳日（十九日），后周世宗郭荣病情加剧恶化，召见范质等人入宫接受临终的遗命。世宗说：“王著是我在藩王府时的旧人，朕如果去世，应该让他做宰相。”范质等人退出来，互相说：“王著整天遨游醉乡，怎么可以做宰相？千万不要把这句话泄露出去。”当天，后周世宗驾崩。

后周世宗郭荣在藩镇时，很注意韬光养晦，等到即位以后，在高平大破北汉入侵之敌，人们开始佩服他的英勇神武。他统率军队，纪律严明，没有人敢违反。攻打城池，面对敌寇，箭石落在他的身边，别人看了，吓得脸色都变了，而他一点也不动声色，顺应时机，果断决策，出人意料之外。又勤于治理政事，各部门的文书、资料，过目就不会忘记，发觉奸邪揭露隐恶，聪睿明察犹如神明。闲暇的时候就召读书人阅读前代的史书，商讨其中的大义。生性不喜欢音乐和珍宝玩物等东西，常常说后周太祖郭威姑息养成王峻、王殷的罪恶，以致君臣的情分不能维持到最后。所以群臣如有过失，就当面指责他，承认过错之后，就赦免他，如有功劳，就重赏他。文武人才，同时进用，各尽他们的才能，大家没有不畏惧他的严明而怀念他的恩惠的。所以能够攻破敌人，拓展土地，所向无敌。然而使用刑法太严厉，群臣的职务稍有一点没做成功，往往处以极刑，即使一向有才干名望，也没有一点宽容。不久自己也后悔，最后几年逐渐放宽。后周世宗去世之日，四方远近都哀悼仰慕。

甲午日（二十日），宣布遗诏，命梁王郭宗训继皇帝位，这时已经七岁了。

秋季，七月，壬戌日（十九日），后周恭帝郭宗训任命侍卫亲军都指挥使李重进兼领淮南节度使，副都指挥使韩通兼领天平节度使，宋太祖皇帝赵匡胤兼领归德节度使。任命山南东道节度使、同平章事向拱为西京留守；庚申日（十七日），加向拱兼侍中。向拱，就是向训，为了避恭帝的讳而改名。

丙寅日（二十三日），大赦天下。

南唐主李景因金陵距后周国境只隔一条长江，而洪州地势险要坚固，居于金陵的上游，便召集群臣商议迁都。群臣大多数不愿意迁都，只有枢密副使、给事中唐镐劝说迁都，于是命令营建豫章（洪州），使它具备都城的规模。

南唐自从在淮河一带用兵，及割让江北，向后周臣服以来，每年按时向后周进贡，府库储蓄空竭，钱币越来越少，物价飞涨。礼部侍郎钟谟建议铸造大钱，一个大钱相当五十钱；中书舍人韩熙载建议铸造铁钱。南唐主李景开始都不赞成，钟谟不断地陈情请求，才批准了它。当月，开始铸造一当十的大钱，钱上文字为“永通泉货”，又铸造一当二的钱，钱上文字为“唐国通宝”，与唐开元钱同时通行。

八月，戊子日（十五日），后蜀主孟昶命李昊兼任武信节度使，右补阙李起上奏说：“依照往例，宰相没有兼任节度使的。”后蜀主说：“李昊家里需要很多繁杂的费用，命他做节度使，只是拿丰厚的俸禄来优待他罢了。”李起，是邛州人，个性直爽，李昊曾经对他说：“以你的才能，假如能够谨慎沉默，将可以做翰林学士。”李起说：“只有等我没舌头了，才能不说话。”

庚寅日（十七日），立皇弟郭宗让为曹王，改名为熙让；封郭熙谨为纪王，郭熙诲为蕲王。

九月，丙午日（初四），南唐太子李弘冀去世，有关官员援引他在浙西打败吴越兵的功劳，谥为武宣。句容县尉全椒人张洎上书说：“太子的德行，以孝敬为主，现在基于武功的考虑而封谥号，不符合防微杜渐而注重德行的原则。”于是改谥号为文献，提升张洎为上元县尉。

南唐礼部侍郎、知尚书省事钟谟屡次奉命出使后周，向南唐主李景传达后周世宗郭荣的命令，后周世宗及南唐主都待他很好，钟谟依仗这些在国中骄横跋扈，尚书、中书、门下三省事务都加干预。

文献太子总理朝政时，钟谟请求兼任东宫的官职没有得到，于是推荐与他关系好的阎式为司议郎，掌握各个部门的禀报启奏。李德明死的时候，唐镐参与谋划，钟谟听说唐镐接受贿赂，曾经当面责问他，唐镐很害怕。钟谟跟天威都虞候张峦很要好，常常在私宅里，屏退旁人，谈到半夜，唐镐向南唐主李景中伤钟谟，说：“钟谟和张峦气味不相投，却来往非常亲密，钟谟屡次出使中原，张峦又是北方人，恐怕他们有反叛的打算。”又说，“永通大钱民间很多人私铸，犯法的人很多。”文献太子去世以后，南唐主想立他的同母弟弟郑王李从嘉，钟谟曾经和纪公李从善一同奉命出使后周，彼此很要好，钟谟对南唐主说：“从嘉德行轻浮，心志懦弱，又深信佛教，不是做国君的人才。从善、果敢、持重，做继承人比较适合。”南唐主为此很生气，不久就改封李从嘉为吴王、尚书令、知政事，居住在东宫。冬季，十月，钟谟请求命令张峦率所部军队巡逻都城。南唐主于是下诏公布钟谟越职侵权的罪状，将他贬谪为国子司业，流放饶州，贬谪张峦为宣州副使，不久，将他们都杀了。废止永通钱。

十一月，壬寅朔日（初一），把睿武孝文皇帝郭荣安葬在庆陵，庙号为世宗。

南汉主刘鋹因中书舍人钟允章是自己藩镇府第的旧僚，提升他为尚书右丞、参政事，十分重用他。钟允章请求诛杀扰乱法纪的几个人来肃正朝廷纲纪，南汉主没有听从，宦官们听说后憎恨钟允章。南汉主将要在圜丘祭天，前三天，钟允章带着几个礼官登上祭坛，环顾四面，指挥设置神位，内侍监许彦真看到这些情况说：“这是在谋反啊！”说完，就带着宝剑，登上祭坛，钟允章大声呵斥他。许彦真飞驰入宫，报告南汉主说钟允章将在祭天那一天作乱。南汉主说：“朕待钟允章优厚，哪里能有这种事情！”玉清宫使龚澄枢、内侍监李托等人共同出面做证，证明许彦真的话是真实的，于是下令收押钟允章，囚禁在含章楼下，命宦官及礼部尚书薛用丕一同审问他。薛用丕一向跟钟允章关系好，告诉他一定不能免死，钟允章握着薛用丕的手，哭着说：“老夫现在就好像砧板上的一块肉，本应该被仇人所烹煮。只恨儿子钟邕、钟昌年幼，不知我的冤屈，等到他们长大，请您替我告诉他们。”许彦真听说这些话，骂他说：“叛贼！竟想让你的儿子报仇吗？”便又禀告南汉主刘鋹说：“钟允章同他两个儿子一起登上祭坛，暗中有别的祈祷。”于是将他们全都斩首。从此宦官越发骄横。李托是封州人。

辛亥日（初十），南汉主在圜丘祭天，大赦境内。不久，任命龚澄枢为左龙虎观军容使、内太师，军务国政全部取决于他。凡是文武百官有才能的和进士第一名或和尚道士谈得来的，都先送到施宫刑的蚕室，然后才能进用，也有自己主动阉割以求进用的，也有为了抵赎死罪而接受阉割的，因此宦官多到将近两万人。尊贵显赫当权的人，大多是宦官，他们称士人为门外人，不可以干预政事，最终南汉因此而亡国。

南唐改称洪州为南昌府，建立南都，任命武清节度使何敬洙为南都留守，任命兵部尚书陈继善为南昌尹。

后周军队攻打秦州和凤州的时候，后蜀国中大为恐惧。都官郎中徐及甫自认具有才略，可是官运不佳，抑郁不得志，暗中勾结党徒，打算推尊前蜀高祖王建的孙子少府、少监王令仪为君主来发动叛乱，正好这时周兵撤退，才作罢。到这时，徐及甫的同党中有向朝廷告发的，便拘捕了徐及甫，徐及甫自杀。十二月，甲午日（二十三日），后蜀主孟昶赐王令仪自杀。

端明殿学士、兵部侍郎窦仪出使南唐，正好下着大雪，南唐主李景想在廊檐下接受诏书。窦仪说："使者奉持诏书而来，不敢有失旧时礼仪。倘若害怕雪花沾上衣服，请求等待他日。"南唐主于是在庭中下拜接受诏书。

契丹主耶律述律派遣他的舅舅出使南唐，泰州团练使荆罕儒重赏购求刺客去杀他。南唐官员在清风驿夜宴契丹使者，喝酒喝得正畅快的时候，使者起身上厕所，很久没有回来，前去看个究竟，契丹使者已经掉了脑袋。从此契丹与南唐断绝关系。荆罕儒是冀州人。